天津市中小学"未来教育家行动计划"学员成果丛书

单元整体教学模式
在小学英语课堂的实践探究

刘祎娜　著

DANYUAN ZHENGTI JIAOXUE MOSHI
ZAI XIAOXUE YINGYU KETANG DE SHIJIAN TANJIU

天津社会科学院出版社

图书在版编目（CIP）数据

单元整体教学模式在小学英语课堂的实践探究 / 刘
祎娜著. -- 天津 ：天津社会科学院出版社，2024. 8.
ISBN 978-7-5563-1007-4

Ⅰ. G623.312

中国国家版本馆 CIP 数据核字第 2024JU2410 号

单元整体教学模式在小学英语课堂的实践探究

DANYUAN ZHENGTI JIAOXUE MOSHI ZAI XIAOXUE YINGYU KETANG DE SHIJIAN TANJIU

选题策划：柳　晔
责任编辑：柳　晔
责任校对：付聿炜
装帧设计：高馨月
出版发行：天津社会科学院出版社
地　　址：天津市南开区迎水道 7 号
邮　　编：300191
电　　话：（022）23360165
印　　刷：北京建宏印刷有限公司
开　　本：787×1092　　1/16
印　　张：42
字　　数：900 千字
版　　次：2024 年 8 月第 1 版　　2024 年 8 月第 1 次印刷
定　　价：98.00 元

版权所有　翻印必究

在全球化迅猛发展的今天，英语作为一门国际语言，其重要性日益凸显。小学阶段是英语学习的起步阶段，是学生语言能力和学习兴趣培养的关键期。传统的教学模式往往侧重于语法和词汇的机械记忆，忽视了学生综合语言运用能力的培养，难以激发学生的学习兴趣和主动性。为此，探索更为科学、高效的英语教学模式，成为小学英语教学改革的重要课题。

单元整体教学模式应运而生，它注重以学生为中心，通过设计系统化、连贯性的教学内容，帮助学生在真实语境中综合运用所学知识，提高语言综合运用能力。该模式不仅关注知识的传授，更重视培养学生的语言交际能力、学习策略和文化素养，旨在全面提升学生的英语综合素质。

《义务教育英语课程标准（2022年版）》在教学建议的第二条指出"教师要强化素养立意，围绕单元主题，充分挖掘育人价值，确立单元育人目标和教学主线"，围绕素养立意和核心素养综合表现达成，对单元育人蓝图的描绘和单元与课时教学目标的制定给出具体的建议，同时对制定目标、依据目标规划教学活动、实施单元持续性评价等提出具体的要求。达成发展核心素养的课程目标不可一蹴而就，需要在实施单元整体教学的过程中逐步实现。可见，单元教学目标是课程目标细化后的具体单元育人目标。

小学英语单元整体教学设计是指教师在整体教学观的指导下，依据课程目标和课程内容，解读教材单元话题和功能特点，在分析学情的基础上，对整个单元教学诸要素进行有序规划，具体内容包括单元教材及学情分析、单元教学目标设计、单元教学过程设计以及单元学习效果评价设计。

本书基于单元整体教学模式的理论框架，通过实证研究的方法，探讨其在小学英语教学中的具体实践和应用。本研究将结合具体教学案例，分析单元整体教学模式在提高学生英语学习兴趣、语言应用能力以及课堂教学效果等方面的实际效果。希望通过本研究，为小学英语教师提供新的教学思路和实践指南，促进小学英语教育的改革与发展。

在此，我们感谢所有参与本研究的教师，他们的支持和合作是本研究得以顺利开展的重要保障。同时，也希望本研究的成果能够为广大教育工作者提供有益的参考，为提升小学英语教学质量贡献绵薄之力。

目 录
contents

第一章

追本溯源：
单元教学的理念与背景

　　单元教学是相较于传统教学而言的一种教学策略，它通过将课程内容划分为若干单元，每个单元涵盖一个或多个核心主题，以促进学生对知识的系统理解和综合运用能力的提高。随着社会的发展和知识的爆炸式增长，传统的教学模式逐渐显现出其局限性。传统教学往往以知识点为导向，忽视了知识的系统性和综合性，难以满足现代教育对学生综合素质培养的需求。单元教学应运而生，旨在通过知识的系统整合和深度学习，培养学生的综合素质和创新能力。

第一节 小学英语课堂教学的现状与困境

小学英语教学面临诸多困境，但通过优化资源配置、提升教师水平、改进教材内容、关注学生差异、减轻考试压力、增强家校合作以及创设语言环境等措施，可以逐步改善教学现状，提高小学英语教学的质量和效果。

一、小学英语课堂教学现状

课程设置方面。小学英语课程通常从三年级开始，部分地区从一年级就开始了英语教学。课程内容包括基础的听说读写训练，旨在培养学生对英语的兴趣和基本的语言能力。

教学资源方面。大多数学校配备了基本的教学资源，如英语教材、多媒体教学设备等。部分学校还引入了外籍教师和原版英语读物，以提升英语教学的质量和水平。

教学方法方面。教师普遍采用情景教学法、游戏教学法、歌曲教学法等，以激发学生的学习兴趣和参与度。同时，课外活动如英语角、英语戏剧表演、英语歌曲演唱等也成为课堂教学的有益补充。

师资力量方面。小学英语教师普遍具有较高的学历和专业素养。许多教师参加了各类培训和交流活动，积极探索和实践新的教学方法和理念。

家校合作方面。学校和家长之间的沟通与合作逐渐加强，家长在学生英语学习中的角色也越来越重要。家长通过家庭辅导和参与学校活动，支持和促进孩子的英语学习。

二、小学英语课堂教学困境

（一）教学资源不均衡

城乡之间、地区之间的教育资源分配不均衡，农村和偏远地区的学校在师资力量、教学设备和教材资源等方面明显落后。这导致这些地区的英语教学质量较低，学生的学习效果不理想。

（二）学生英语基础薄弱

许多学生在进入小学时没有接触过英语，缺乏英语学习的基础。这使得教师在教学过程中需要花费大量时间进行基础知识的补习，影响了教学进度和效果。

（三）教师教学水平参差不齐

虽然大多数教师具有较高的学历，但教学经验和教学能力差异较大。一些教师缺乏系统的教学培训和实践指导，难以有效实施创新的教学方法和理念。

（四）教学内容与学生需求不匹配

部分英语教材内容陈旧，缺乏趣味性和实用性，难以激发学生的学习兴趣。同时，教学内容与学生的实际需求和兴趣爱好不匹配，导致学生学习的积极性不高。

（五）考试压力与教学目标冲突

小学阶段的英语教学目标应以培养兴趣和基本能力为主，但教师在实际教学中常常受到考试压力的影响，过于注重知识点的记忆和应试技巧，忽视了语言运用能力和综合素质的培养。

（六）家长英语水平有限

一些家长的英语水平有限，无法为孩子提供有效的辅导和支持。学生在家庭中缺乏良好的英语学习环境，影响了学习效果。

（七）语言环境不足

许多学生在课堂之外缺乏使用英语的机会和环境，导致所学知识难以巩固和应用。这种语言环境的不足严重影响了学生的语言实际运用能力的提高。

三、小学英语课堂教学研究概况

小学英语课堂教学的发展在全球范围内面临着共性问题和独特挑战。国内外的研究成果为改进小学英语教育提供了丰富的理论支持和实践经验。国内学者对小学英语教学方法进行了大量研究，探索了情境教学法、任务型教学法等在小学英语课堂中的应用效果。例如，黄燕在《小学英语单元整体教学现状及对策研究》一文中指出，情境教学能够有效提高学生的英语学习兴趣和语言表达能力。作为天津市河北区育婴里小学市级课程基地实验校的天津市北辰区实验小学的教师们在小学英语单元教学方面作出了诸多研究和努力：老师们撰写论文以核心素养为指引提炼学科单元主题，并在此基础上整合文本内容，进行单元整体教学；韩旭《教育高质量发展研究》一文强调知识与技能、过程与方法、情感态度与价值观"三维目标"的达成；高欣欣《基于钉钉平台的网络教学评价》一文利用钉钉网络平台结合课堂多元化评价不仅实现了以评促学，以评促教，更帮助学生养成了自主学习的好习惯……也正因此，形成了育婴里小学英语学科独特的单元教学范式，相关研究成果层出不穷，均为本书的编订提供了重要参考。

国外研究较为关注儿童早期语言习得的关键期理论，探讨了在小学阶段学习外语的最佳时机及其对长期语言能力发展的影响。这些研究为小学英语教学提供了理论依据，支持了早期英语教学的必要性。同时，国外研究强调在小学英语教学中培养学生的跨文化交际能力，认为语言学习不仅是语言技能的掌握，还应包括文化理解和跨文化交际能力的提升。这一理念在欧美等国家的小学英语教学中得到了广泛应用。随着技术的发展，国外对数字化教学工具在小学英语课堂中的应用进行了大量研究，探索了在线学习平台、虚拟现实（VR）技术等对英语学习的促进作用。这些研究为国内相关领域的研究和实践提供了参考。此外，国外的研究还深入探讨了小学英语教师的专业发展，关注教师的持续培训、教学反思和实践改进。这些研究强调了教师在课堂教学中的关键作用，并为教师的职业发展提供了建议。

四、小学英语课堂教学对策与建议

（一）优化教学资源分配

为了实现教育公平，政府和教育部门应加大对农村和偏远地区学校的投入，改善这些地区的教学条件。这不仅包括基础设施的改善，如教室的建设、教学设备的更新，还应注重提供更多的教学资源和师资培训机会。例如，政府可以通过专项资金支持，确保这些地区能够获得与城市学校相当的教材、图书、电子资源等。此外，还可以引入远程教育技术，让偏远地区的学生也能享受到优质的教育资源。通过加强对农村教师的支持，组织定期的专业培训和教学指导，使他们能够掌握最新的教学理念和方法，从而有效缩小城乡之间的教育差距。

（二）加强师资培训

教师是教学质量的关键，因此定期组织教师参加专业培训和教学研讨活动至关重要。这些培训应包括语言教学方法、课堂管理技巧、心理学知识等方面的内容，以全面提升教师的专业素养和教学能力。同时，教育部门应鼓励教师通过教学实践和同行交流，分享经验、探讨问题，共同提高教学水平。通过建立教师之间的合作网络，促进教学方法的改进，使教师能够不断学习和成长。此外，针对不同地区和学校的具体需求，设计个性化的培训课程，确保教师在提升自身能力的同时，能够更好地满足学生的学习需求。

（三）改进教材内容

教材是学生学习的重要工具，其内容的优化能够直接影响学生的学习效果。首先，应确保教材内容更加贴近学生的生活和兴趣，让学生在学习过程中感受到知识的实际应用价值。教材可以增加趣味性和实用性，例如通过情境对话、真实案例等方式，使学习内容更具吸引力。同时，教育部门可以引入多样化的教学资源，如原版读物、电子教材和多媒体教学资源，丰富课堂教学内容，满足不同层次学生的需求。教师还可以根据学生的兴趣和学习水平，灵活调整教材内容，提供个性化的学习材料，帮助学生更好地掌握英语技能。

（四）关注学生个体差异

在教学过程中，关注学生的个体差异，采取因材施教的方法是提高教学效果的重要手段。教师应通过观察和评估，了解每个学生的学习风格、兴趣和能力水平，并根据这些信息调整教学策略。例如，教师可以通过小组合作学习，让不同水平的学生在合作中互相学习，共同进步；对于有特殊需求的学生，教师可以提供个别辅导，帮助他们克服学习中的困难。此外，教师还应关注学生的情感需求，通过鼓励和支持，增强他们的自信心和学习兴趣，从而激发他们内在的学习动机。

（五）减轻考试压力

为了减轻考试压力，教育部门和学校应积极调整评价体系，减少应试教育对小学英语教学的负面影响。首先，应减少对单一考试成绩的依赖，更多地采用过程性评价和多元化评价方式，如课堂表现、作业完成情况、项目展示等，全面考查学生的语言运用能力和综合素质。其次，可以通过增加非正式评估，如口头问答、角色扮演等，帮助学生在轻松的氛围中展示他们的英语能力。学校还应组织丰富多彩的英语活动，鼓励学生在实践中应用所学，淡化对考试成绩的过度关注，培养他们对英语学习的长期兴趣。

（六）增强家校合作

家校合作是学生全面发展的重要保障。学校应加强与家长的沟通与合作，通过家长会、家校互动平台等方式，帮助家长了解英语学习的重要性和有效方法。教师可以向家长提供指导，帮助他们在家中为孩子创造良好的学习环境，例如通过阅读英文书籍、观看英文动画片等方式，培养孩子的英语兴趣。同时，学校可以组织英语学习讲座或工作坊，让家长参与到孩子的学习中，提升他们在家庭辅导中的角色。通过家校共建，形成教育合力，为学生创造一个支持性的英语学习氛围，促进他们在语言学习上的全面发展。

（七）创设语言环境

课堂之外的语言环境对学生的语言学习至关重要。学校应鼓励学生在日常生活中多使用英语，通过组织英语角、英语夏令营、外教交流等活动，为学生提供更多的语言实践机会。例如，学校可以定期举办英语演讲比赛、戏剧表演等活动，激发学生的语言表达欲望。还可以利用外教资源，开展英语交流课程，让学生在真实的语言环境中提高口语和听力能力。此外，学校还应鼓励学生参与线上英语社区，与来自世界各地的同龄人交流，拓宽他们的国际视野，增强他们的语言运用能力。通过这些丰富多彩的活动，学生将能够更自信地使用英语，并在实际生活中不断提升他们的语言水平。

总之，小学英语教学是一项长期的事业，需要社会各界的共同努力，只有通过不断探索和创新，才能为学生的英语学习创造更好的条件和环境。

第二节　小学英语单元教学的优势所在

　　小学英语单元整体教学是指在通盘考虑《义务教育英语课程标准（2022年版）》对教学目标的要求、教材整体和局部的关系以及学情分析的基础上，针对一个单元整体组织教学内容、整体设计教学方法、整体安排教学时间、整体设计形成性评价。小学英语单元教学作为一种创新的教学模式，具有许多独特的优势，能够显著提升学生的学习体验和效果。基于对小学英语单元教学现状及困境的探寻，笔者归纳出单元教学在小学英语教学中的主要优势。

一、促进知识系统化

（一）整体性学习

　　整体教学设计需要教师在备课过程中提高效率，不能只是走形式，需更注重结果，认真整合研究每个单元的知识，确定单元主题，围绕主题开展教学活动，还要结合学生的实际情况选择适合的方式。单元教学通过将相关知识点整合在一个大的教学单元中，使学生能从整体上理解和掌握知识。这种方式避免了传统教学中知识点零散、孤立的问题，有助于学生建立系统的知识结构。

（二）深入理解

　　在一个单元内，教师可以深入探讨一个主题或话题，使学生对该主题有更全面和深入的理解。这种深度学习有助于学生掌握知识的内在联系，提高对知识的理解和应用能力。

二、提升学生兴趣与参与度

（一）主题导向

　　在小学英语教学中，主题导向的单元教学方法通过围绕一个有趣且具有吸引力的主题展开教学活动，能够显著激发学生的学习兴趣。主题的选择通常基于学生的年龄特点和生活经验，如"家庭与朋友""动物世界""假日与庆祝活动"等，这些主题贴近学生的日常生活，让学生感受到学习内容的实际意义和价值。此外，主题导向的教学方法有助于学生将零散的语言知识系统化。在一个单元的学习过程中，学生围绕主题进行多种语言活动，如阅读、写作、听力和口语练习，这使得他们能够在不同的语境中反复接触并应用相关的词汇和句型，从而形成深层次的理解和掌握。通过主题的贯穿，学生能够在学习中逐步构建起完整的知识体系，这不仅提高了他们的语言能力，还增强了他们学习英语的兴趣与信心。

（二）多样化活动

单元教学包含丰富多样的教学活动，如角色扮演、项目学习、合作学习、歌曲演唱、文本配音等。这些活动不仅增加了课堂的趣味性，还促进了学生的积极参与和互动。

三、增强综合素质与能力

（一）跨学科整合

整体设计教学，创设各种与主题相关，与日常生活相关的各种教学情境，能发挥学生的主观能动性，使其结合日常及所学知识，激发学习的欲望，这种真实的情境，为学生提供了真实的语言环境，使其能发自内心地愿意用英语来表达情感，这样在实践中使用语言，其交际能力、综合运用能力就会得到相应的提高。单元教学鼓励跨学科整合，学生在学习英语的同时，可以接触到其他学科的知识和内容。这种综合学习方式有助于培养学生的跨学科思维和综合素质。

（二）实践能力

通过项目学习和实践活动，学生不仅学会了知识，还提升了动手能力、合作能力和解决问题的能力。这些实践经验对于学生的全面发展具有重要意义。

四、个性化学习与差异化教学

（一）因材施教

单元教学为教师提供了一个灵活的平台，可以根据学生的不同兴趣、能力水平和学习需求，设计多层次、多形式的学习活动。这种因材施教的策略不仅尊重了学生的个体差异，还能有效促进学生的个性化发展，帮助他们在学习中找到适合自己的方式，提升学习效果。在单元教学中，教师首先需要全面了解学生的学习背景和能力水平，包括他们的兴趣爱好、学习风格以及在特定学科或主题中的优势与不足。基于这些信息，教师可以设计出不同难度的任务和活动，让每个学生都能在自己适应的挑战中学习。例如，对于英语基础较好的学生，教师可以提供更加复杂的阅读材料，或者要求他们完成内容更为深入的写作任务。而对于需要更多帮助的学生，则可以提供简单易懂的文本或更多的语言支持，通过分步骤地引导，帮助他们逐步掌握学习内容。

（二）自主学习

在单元教学中，学生有更多机会进行自主学习和探究性学习。通过自主选择学习内容和方法，学生可以发展自我管理和自我学习的能力，培养独立思考和创新精神。

五、减轻学习负担与考试压力

（一）减少重复

整体教学设计需要遵循整体性原则，主要包括整体把握、整体优化、整体设计、整体推进四个方面。首先整体把握，要求教师对单元的教学目标、教学重难点的选择、教学资源的选择等围绕单元主题进行整体把握，为后续单元教学目标的达成打下基础。其次是整体优化，优化也就是根据教学目标对所选取的教学内容、教学资源进行科学的选择，选择更容易被学生接受的，对实现目标有帮助的；再次是整体设计，就是要科学安排优化完成的各项教学内容及教学资源，并把系统化的课程分为不同授课课时进行教学；最后是整体推进，根据设计完成的课时及学生的语言能力发展，来完成整个单元的学习。遵循整体性原则的好处就是通过教师的前期努力，使学生在学习过程中既能系统性地学到知识，又能节省时间，以达到事半功倍的效果，产生更高的效益。

（二）综合评价

单元教学注重过程性评价和综合评价，淡化了对考试成绩的过度关注。通过多元化的评价方式，如项目展示、口语表达、合作活动等，全面评价学生的学习效果和综合能力，促进学生核心素养的发展。

六、提升教师教学水平与创新能力

（一）教学反思

单元教学不仅是对学生学习能力的考验，同时也是对教师教学能力的一次全面挑战。由于单元教学涉及内容广泛、活动形式多样，教师在设计和实施的过程中需要进行深度的教学设计和持续的反思。这种反思过程对于提升教师的教学水平和专业素养具有重要意义。单元教学要求教师进行深度的教学设计和反思。在设计和实施过程中，教师需要不断调整和改进教学方法，从而提升自身的教学水平和专业素养。

（二）专业成长

通过单元教学，教师能够积累更多的教学经验，培养创新思维和教学创新能力。与同事的合作和交流，也促进了教师的专业成长和团队建设。

小学英语单元教学以其整体性、系统性和综合性的特点，显著提升了学生的学习体验和效果。通过促进知识系统化、提升学习兴趣与参与度、增强综合素质与能力、实现个性化学习与差异化教学、减轻学习负担与考试压力以及提升教师教学水平与创新能力，单元教学为小学英语教学注入了新的活力和动力。在教育改革不断深化的背景下，单元教学有望成为提升小学英语教学质量的重要途径。

小学英语单元教学模式研究现状

小学英语单元教学模式是一种注重系统性、综合性和深度学习的教学方法，近年来在教学领域受到了越来越多的关注。诸多教育教学专家开展了相关研究。以下是关于小学英语单元教学模式的研究现状概述：

一、研究背景与起源

单元教学模式源自对传统教学方法的反思和改进。传统的教学往往注重知识点的逐一传授，忽视了知识的系统性和学生综合素质的培养。随着教学改革的深入，教育界开始关注如何通过整合教学内容、提升教学效率和质量，培养学生的综合能力和创新精神。单元教学模式应运而生，并逐渐在小学英语教学中得到推广和应用。其中，单元整体教学模式作为一种创新的小学英语教学模式，其理论基础深厚且多元。整体语言教学理论和建构主义学习理论是最为关键的两大支柱。

整体语言教学的核心理念在于，语言学习应在有意义的主题和情境中进行。通过创设贴近学生生活的真实语言环境，让学生在情境中感知、理解和运用语言，从而培养其语言综合运用能力。这种教学模式强调语言的实际应用和交际功能，鼓励学生通过参与、体验、实践等方式，积极运用语言进行交流和表达。在单元整体教学模式中，整体语言教学理论得到了充分的体现。单元整体教学模式以单元为主题，围绕主题整合教学内容，设计贴近学生生活的真实语言情境，引导学生在情境中学习和运用语言。这种教学模式注重语言的整体性和综合性，强调听说读写之间的关联和互动，促进学生的全面发展。同时，通过有意义的主题和情境，激发学生的学习兴趣和积极性，提高其语言综合运用能力。

建构主义学习理论是一种强调学习者主体性和主动性的学习理论。它认为学习是一个主动建构知识的过程，学习者通过与环境、他人的互动，不断构建和修正自己的知识体系。建构主义学习理论对单元整体教学模式具有重要的指导意义。单元整体教学模式通过创设贴近学生生活的主题情境，引导学生在互动中学习和运用语言。在这种教学模式中，学生不再是被动接受知识的对象，而是积极参与学习活动的主体。他们通过与教师、同伴的互动和合作，共同建构语言知识体系，提高语言运用能力。

同时，建构主义学习理论还强调学习的情境性和社会性。它认为学习应在真实的情境中进行，通过与他人的合作和交流来促进知识的建构和运用。在单元整体教学模式中，这一理念得到了充分的体现。教师创设贴近学生生活的真实语言情境，让学生在情境中感知、理解和运用语言。同时，通过小组合作、角色扮演等互动方式，促进学生之间的合作和交流，共同建构语言知识体系。

综上所述，整体语言教学理论强调语言的整体性和综合性，注重在有意义的主题和情境中培养学生的语言综合运用能力。而建构主义学习理论则强调学习者的主体性和主动性，注重在真实的情境中通过互动和合作来建构知识。这两大理论相互补充、相互支持，共同构成了单元整体教学模式的坚实理论基础。在实践中，教师应充分运用这两大理论来指导教学设计和实施过程，更好地促进学生的全面发展和提高其语言运用能力。

二、研究内容与方法

（一）理论探讨

研究者通过对教学理论的探讨，阐述了单元教学模式的基本理念和原则。单元教学强调知识的系统整合、跨学科学习、深度理解和综合应用，符合现代教育对学生综合素质培养的要求。

（二）实践案例

大量研究通过案例分析展示了单元教学模式在实际教学中的应用情况。例如，一些研究通过具体的教学设计和课堂实例，展示了如何围绕一个主题设计单元教学内容，如何组织教学活动，以及如何进行过程性评价和终结性评价。

（三）效果评价

研究者通过量化和质化的方法，评价单元教学模式的实际效果。这些研究通常包括学生学业成绩、学习兴趣、综合能力等多个维度的评价，以验证单元教学模式的有效性和优越性。

三、研究发现与成果

单元教学模式在近年来的教学研究中获得了广泛关注和认可。通过对这一教学模式的系统研究，教育学者和实践者们取得了诸多重要发现和成果，这些成果不仅验证了单元教学模式的有效性，也为其进一步推广和应用提供了坚实的理论与实践支持。

（一）提升学习兴趣

研究表明，单元教学模式能够显著提升学生的学习兴趣和积极性。由于单元教学通常以学生感兴趣的主题为导向，并通过多样化的教学活动将知识与实际生活联系起来，学生在学习过程中更容易找到个人意义，从而激发他们的内在动机。例如，通过项目制学习、角色扮演、实地考察等多样化的活动形式，学生不仅能够在有趣的情境中学习英语，还能体验到学习带来的乐趣和成就感。这种兴趣驱动的学习模式使得学生在课堂上的参与度大大提高，学习过程中表现出更多的主动性和创造力。

（二）促进深度学习

单元教学模式注重知识的整合和系统化学习，这一特点有助于学生在学习过程中形成完整的知识体系，从而提升对所学内容的深度理解和应用能力。研究发现，学生在单元教学模式下，不再只是机械地记忆单一的知识点，而是能够通过跨学科的联系，将知识内化为有机的整体。例如，在学习英语时，学生不仅掌握了语言技能，还能够通过与科学、历史、艺术等学科的整合，理解更广泛的文化背景和科学原理。这种深度学习的方式有助于培养学生的批判性思维和解决问题的能力，使他们能够在复杂的现实情境中灵活运用所学知识。

（三）增强综合素质

单元教学模式强调跨学科整合和实践活动，这不仅帮助学生掌握学科知识，还在很大程度上培养了他们的综合素质和多方面能力。研究发现，学生在单元教学中不仅学习英语，还能够接触和运用其他学科的知识，如数学、科学、社会学等。通过这种跨学科的学习，学生的思维方式得到了拓展，他们学会了从多个角度分析问题，综合运用不同领域的知识解决实际问题。同时，单元教学中的实践活动，如合作项目、社区服务、探究性学习等，也增强了学生的社会责任感和团队合作能力，使他们在综合素养上得到全面发展。

（四）改善师生关系

研究还发现，单元教学模式有助于改善师生关系。由于这一模式强调学生的主体地位和教师的引导作用，课堂上师生之间的互动和合作更加频繁且融洽。教师在单元教学中不仅是知识的传授者，更是学生学习的促进者和支持者，他们通过观察学生的兴趣和需求，灵活调整教学策略，并给予个性化的指导和反馈。这种教学方式使得教师更关注学生的个体差异和学习体验，尊重每一位学生的成长过程。同时，学生在这种平等、互动的教学环境中，也更愿意表达自己的想法，与教师建立起信任和理解的关系。这种良好的师生关系不仅有利于学生的学业发展，也有助于他们的心理健康和社会性成长。

四、未来研究方向

随着教学改革的深入推进，单元教学模式作为一种具有创新性和实践性的教学方法，越来越受到关注。然而，要使这一教学模式在更广泛的教学实践中得到有效应用，还需要进一步地研究和探索。未来的研究方向可以集中在以下几个方面：

（一）深入理论研究

单元教学模式的有效实施离不开坚实的理论基础。当前，虽然这一教学模式在实践中显示出了一定的优势，但对其理论框架、实施原理和基本理念的系统性研究仍显不足。未来的研究需要进一步深化对单元教学模式的理论探讨，明确其理论基础、核心概念以及与其他教学模式的区别与联系。通过深入的理论研究，可以为实践提供科学的指导，帮助教师更好地理解单元教学的实质，避免在实施过程中出现概念模糊或操作不当的情况。同时，理论研究还应关注单元教学在不同教学阶段、不同学科领域中的适用性，提出适应性强的实施原则，为各类教学实践提供理论支持。

（二）优化教学设计

教学设计是单元教学模式实施的关键环节。未来的研究应着眼于探索和总结更加有效的教学设计和实施策略，以帮助教师更好地规划和组织教学活动。具体来说，研究可以集中在如何结合学生的认知特点和学习需求，设计出具有高参与度和高效性的教学活动。同时，还应探讨如何在单元教学中合理分配教学时间、整合教学资源，确保教学内容的系统性和连贯性。为了提高研究的实践应用价值，未来的研究可以通过案例分析、行动研究等方式，提供可操作性强的教学范例和指导方案。这些实践经验的总结不仅可以为教师提供参考，还可以作为教师培训中的重要内容，进一步推动单元教学模式的广泛应用。

（三）完善评价体系

评价体系是衡量单元教学效果的重要工具，但现有的评价体系往往侧重于学生的学业成绩，忽视了学生在思维能力、创新能力和综合素质等方面的发展。未来的研究应致力于建立科学、全面的评价体系，既关注学生的学业成绩，又注重对学生综合素质和能力的全面评价。评价体系的设计应考虑到单元教学的多元化和复杂性，涵盖过程性评价和终结性评价，并通过多种评价方式，如项目展示、课题研究、合作学习等，全面考查学生的学习成果。同时，还应探讨如何在评价过程中体现公平性和激励性，激发学生的学习兴趣和自主学习能力，促进他们的全面发展。

（四）加强教师培训

单元教学模式的成功实施依赖于教师的专业素养和教学能力。因此，未来的研究应关注如何加大对教师的培训力度，帮助教师更好地理解和掌握单元教学模式的理念和方法。研究可以通过开发系统化的培训课程，提升教师在教学设计、课堂管理、评价方法等方面的能力。此外，研究还应探讨如何在教师培训中引入现代教育技术，如在线学习平台、虚拟教室等，提供更加灵活和个性化的培训方案。同时，可以通过建立教师学习共同体，促进教师之间的经验交流和共同成长，形成一个持续学习和改进的专业发展生态。

（五）推广成功经验

单元教学模式的推广需要借鉴和推广成功的实践经验。未来的研究应致力于总结单元教学模式在不同学校和不同学科中的成功案例，并通过示范学校、示范课等形式，将这些成功经验推广到更广泛的教学实践中。研究可以探索如何建立有效的经验推广机制，通过教育行政部门、教育科研机构和学校的合作，形成系统化的推广计划。同时，还应关注推广过程中的本土化问题，确保单元教学模式在不同地区、不同学校的应用中能够因地制宜，充分发挥其优势。通过成功经验的推广，可以加快单元教学模式的普及步伐，推动教育教学质量的全面提升。

　　小学英语单元教学模式作为一种创新的教学方法，具有显著的优势和广阔的发展前景。通过不断地研究和实践，单元教学模式在提升学生学习兴趣、促进深度学习、增强综合素质等方面展现了强大的优势。未来，需要进一步深化理论研究、优化教学设计、完善评价体系、加强教师培训和推广成功经验，推动单元教学模式在小学英语教学中的广泛应用和发展。

第二章

擘肌分理：
单元教学的价值与互动

　　单元教学作为一种创新的教学模式，以其整体性、系统性、深度学习和跨学科整合的特点，契合了现代教育对学生综合素质和创新能力培养的要求。在教育改革不断深入的背景下，单元教学有望成为推动教育质量提升的重要途径。通过科学的课程设计和有效的教学实施，单元教学能够为学生提供更加丰富和有意义的学习体验，助力他们在未来的学习和生活中取得成功。

第一节　单元教学对小学英语教学意义

单元教学作为一种系统性、综合性和深度学习的教学方法，对小学英语教学具有重要的意义。它不仅优化了教学过程，还显著提升了学生的学习效果和综合素质。以下是单元教学对小学英语教学的主要意义：

一、促进知识系统化

（一）整体理解

单元教学通过将零散的知识点整合成系统的教学单元，使学生能够从整体上理解和掌握英语知识。相比于传统的教学方法，单元教学提供了一种整体性学习的方式，这种方式帮助学生形成知识网络，增强他们对语言结构和运用的理解。例如，学生在学习一个主题时，可以同时接触到相关的词汇、语法、句型等各方面的知识，通过不断地综合运用，加深对这些知识的理解和掌握。

（二）知识连贯性

单元教学的另一个重要意义在于增强知识的连贯性。在传统教学中，知识点往往是孤立的、分散的，学生容易出现学习内容碎片化的情况，导致知识记忆的零散和应用的困难。而单元教学通过在一个连贯的主题下展开相关的学习活动，使学生能够在语境中理解和运用词汇、语法和表达方式。这种连贯的学习体验不仅有助于知识的长期记忆，还能促进知识的灵活应用，增强学生的语言能力。

二、提升学习兴趣与参与度

（一）主题导向

单元教学以一个有趣且与学生生活经验相关的主题为导向，使得学习内容更加生动和吸引人。学生在学习过程中感受到主题与自己的生活、兴趣密切相关，从而激发更强的学习动机。例如，在学习"食物"这个主题时，学生不仅学习了相关的词汇和句型，还能够通过讨论自己喜欢的食物、制作食谱等活动，将学习与实际生活相结合。这种主题导向的教学方式使学生感到学习是有意义的，因而更愿意投入时间和精力。

（二）多样化活动

单元教学包含丰富多样的教学活动，如角色扮演、游戏、项目学习等。这些活动不仅提高了课堂的趣味性，还增加了学生的参与度和互动性。例如，在学习英语的过程中，学生可以通过模拟场景进行对话练习，通过项目合作完成一项英语任务，或通过游戏巩固所学知识。这些多样化的活动不仅帮助学生巩固了知识，还提升了他们在课堂中的参与感和互动性，使学习过程更加生动活泼。

三、增强综合素质与能力

（一）跨学科整合

单元教学鼓励跨学科学习，这使得学生在学习英语的同时，也能接触到其他学科的知识，如科学、社会、艺术等。这种综合性的学习方式有助于培养学生的跨学科思维能力和综合素质。例如，在学习环境保护的主题时，学生不仅学习相关的英语词汇和表达，还可以通过阅读科学文章了解环保知识，通过绘制环保宣传画表达自己的环保理念。这样的跨学科整合，不仅拓宽了学生的知识面，也培养了他们的综合能力，使他们在学习英语的过程中获得更广泛的认知发展。

（二）实践能力

单元教学特别重视通过项目学习和实践活动来提升学生的实践能力。学生不仅在课堂上学习理论知识，还通过动手实践、团队合作和问题解决的过程，将所学知识转化为实际能力。例如，学生可以通过策划和实施一个英语戏剧表演项目，锻炼自己的语言表达能力、合作能力和创造力。这些实践经验不仅帮助学生更好地掌握英语知识，还为他们的全面发展打下坚实基础，培养了他们应对复杂问题的能力和实际操作能力。

四、减轻学习负担与考试压力

（一）减少重复

单元教学通过整合相关知识点，减少了内容的重复讲解，从而提升了教学效率。在传统的教学模式中，知识点往往被反复讲解，学生在掌握知识的过程中需要进行大量的重复练习，这不仅加重了学习负担，还可能降低学习兴趣。而单元教学通过系统化的知识整合，使得学生能够在一次学习中掌握多个相关知识点，减少了重复学习的时间和精力，从而有效减轻了学习负担。

（二）综合评价

单元教学模式强调过程性评价和综合评价，淡化了对单一考试成绩的过度关注。这种评价方式通过多元化的形式，如项目展示、口语表达、合作活动等，全面考查学生的学习效果和综合能力。例如，学生可以通过完成一个英语项目或参与小组合作活动，展示他们的学习成果和语言应用能力。这种综合评价方式不仅使得评价更加公平全面，还能够减轻学生的考试压力，使他们更加专注于学习过程中的探索和创新。

　　单元教学模式为小学英语教学带来了显著的改变和提升。通过系统化的知识整合、提升学习兴趣与参与度、增强综合素质与能力、支持个性化学习与差异化教学、减轻学习负担与考试压力、提升教师专业水平与创新能力，以及强化师生互动与合作，单元教学模式不仅优化了教学过程，还全面促进了学生的学习效果和综合素质发展。在未来的教育改革中，单元教学模式将发挥越来越重要的作用，为小学英语教育注入新的活力和动力。

第二节 小学英语应用单元教学的必要

在当今全球化背景下，英语已成为一门重要的工具性语言，小学阶段的英语教育不仅是语言能力培养的基础，也是学生未来学术发展和国际交流的起点。单元教学作为一种系统性、综合性和深度学习的教学方法，能够有效应对传统英语教学中的诸多挑战，提升学生的语言综合能力。单元教学模式在小学英语教学中的应用具有一定的必要性，能有效提升教学效果和学生的综合素质。

一、新课标的指导与要求

《义务教育英语课程标准（2022年版）》在教学实施建议中指出：在教学中教师要以学生素养为核心，全面挖掘单元育人价值，确定单元育人目标；基于学生的认知逻辑和生活经验，在分析教材的基础上，对单元内容进行重组、整合；贯通单元内语篇内容和育人功能之间的联系，引导学生在学习语篇内容和探究主题意义的过程中，围绕单元主题，形成自己的认知和价值判断，达成核心素养的最终表现。

二、丰富的研究价值

从小学英语教学现状剖析来看，部分教师虽学习了新课标教学理念，但在英语课堂设计中仍会存在"穿新鞋走老路"的现象，单元整体设计意识淡薄，缺乏整合，教学内容碎片化，缺乏系统性；教学设计浅层化，对主题意义的深层挖掘不够充分；活动创设随意零散，流于形式；教师解读直接替代学生探究，学生思维品质的提升受限等。因此，教师在教学中要推进单元整体教学的实施，立足单元整体，进行系统化、科学化的整体教学设计，才能优化教学内容，解决英语教学碎片化、表层化和标签化的问题，关注对学生核心素养的培养。

三、提升学生的综合语言能力

小学英语教学的目标不仅仅是让学生掌握词汇和语法，更重要的是培养他们的语言综合运用能力。然而，传统教学模式往往将知识点割裂开来，使学生只能机械地记忆词汇和句型，难以形成连贯的语言能力。而单元教学通过系统化的知识整合和连贯的主题设置，帮助学生在一个完整的语境中学习和运用英语。这种教学方式能够有效促进学生的听、说、读、写综合能力的提高，使他们在真实的情境中灵活运用语言。

四、培养学生的跨学科思维

单元教学鼓励跨学科学习，我们可将英语与其他学科内容有机结合。例如，学生在学习"环境保护"主题时，除了学习相关的英语表达，还可以接触到科学知识、社会问题以及环境保护的实践方法。这种跨学科的学习不仅拓宽了学生的知识面，还培养了综合思维能力，促使他们能够从多个角度分析和解决问题。这对培养具有全球视野和综合素质的学生具有重要意义。

五、促进学生的自主学习和合作能力

单元教学重视学生的主体地位，通过主题探索、项目学习和合作活动，培养学生的自主学习能力和团队合作精神。在传统教学模式下，学生往往被动接受知识，缺乏独立思考和解决问题的机会。而单元教学通过任务驱动、项目导向等方式，引导学生自主探究、发现问题、解决问题，并在小组合作中互相帮助，共同完成学习任务。这不仅提高了学生的学习兴趣和主动性，也增强了他们的合作意识和社会性能力。

六、满足学生个性化发展的需求

单元教学为学生提供了多样化的学习路径和丰富的学习资源，使得每个学生都能根据自己的兴趣和能力找到适合的学习方式。在传统教学模式中，教学内容和进度往往一刀切，难以顾及学生的个体差异。而单元教学通过差异化的教学设计和灵活的教学方式，更好地满足学生的个性化发展需求。例如，在同一个教学单元中，教师可以设计不同层次的学习任务，供学生根据自身水平选择，使优秀学生获得更大的挑战，帮助基础较弱的学生逐步提升。

小学英语应用单元教学模式具有显著的必要性。通过促进知识系统化和深度学习、提升学生学习兴趣与参与度、培养学生综合素质与能力、支持个性化学习与差异化教学、减轻学习负担与考试压力、促进教师专业发展与教学创新以及改善师生关系与课堂氛围，单元教学模式为小学英语教学带来了新的机遇和挑战。未来，在教学改革和发展的背景下，进一步推广和完善单元教学模式，将有助于全面提升小学英语教学的质量和效果。

第三节 单元教学与小学英语间的互动

单元教学作为一种综合性、系统性和深度学习的教学方法，与小学英语教学之间存在着紧密的互动关系。通过单元教学的实施，小学英语教学能够实现更高效的教学目标和更全面的学生发展。下面，笔者将从多个方面分析单元教学与小学英语教学之间的互动。

一、整合知识，提高学习效果

单元教学强调将零散的知识点整合在一个连贯的主题下，使学生在一个单元内系统地学习相关的词汇、语法和语言表达方式。比如，在学习"Food and Health"这一主题时，学生不仅学习食物相关的词汇，还能学到饮食习惯、健康饮食等方面的内容，从而形成一个完整的知识体系。

通过单元教学，学生在一个主题下连续学习相关知识，避免了传统教学中知识点分散、记忆困难的问题。学生能够通过多次重复和综合运用，加深对知识的理解和记忆，提高学习效果。

二、主题导向，激发学习兴趣

单元教学围绕学生感兴趣的主题展开，如"Animals""Space Exploration""Festivals"等，使学习内容更加生动有趣。通过设计贴近学生生活和兴趣的主题，激发学生的学习动机和积极性。

单元教学包含丰富的教学活动，如角色扮演、项目学习、合作探究等。这些活动不仅增加了课堂的趣味性，还促进了学生的积极参与和互动。例如，在学习"Travel"这一单元时，学生可以模拟规划一次旅行，设计行程和预算，并进行相关的语言表达练习。

三、跨学科整合，培养综合素质

单元教学鼓励跨学科学习，学生在学习英语的同时，可以接触其他学科的知识，如科学、社会、艺术等。例如，在学习"Environmental Protection"这一单元时，学生不仅学习相关英语词汇，还可以了解环境科学知识，增强环境保护意识。

通过跨学科整合和实践活动，单元教学有助于培养学生的综合素质和跨学科思维能力。学生在完成项目和任务过程中，提升了动手能力、合作能力和解决问题的能力。例如，在学习"Healthy Lifestyle"这一单元时，学生可以进行健康调查、设计健康饮食计划等活动，提升综合素质。

四、个性化学习与差异化教学

单元教学允许教师根据学生的不同兴趣和能力水平，设计不同层次和形式的学习活动。通过差异化教学，满足每个学生的学习需求，促进个性化发展。例如，在学习"Stories and Legends"这一单元时，教师可以根据学生的阅读能力，推荐不同难度的故事材料。

单元教学为学生提供了更多的自主学习机会，学生可以根据自己的兴趣和进度选择学习内容和方式，培养自主学习能力和独立思考能力。例如，在学习"Science and Technology"这一单元时，学生可以选择自己感兴趣的科技话题进行深入研究和探讨。

五、综合评价，减轻学习负担

单元教学注重过程性评价和综合评价，淡化了对考试成绩的过度关注。通过多元化的评价方式，如项目展示、口语表达、合作活动等，全面评价学生的学习效果和综合能力。例如，在学习"Cultural Exchange"这一单元时，学生可以通过展示自己制作的关于文化介绍内容的海报、进行文化交流活动等方式进行评价。

单元教学通过整合相关知识，减少了知识点的重复讲解，提升了教学效率。学生在掌握知识的同时，不必面对过多的重复练习，减轻了学习负担。例如，在学习"Seasons and Weather"这一单元时，学生通过综合活动了解各个季节和天气现象，避免了枯燥的机械记忆。

六、提升教师专业发展与教学创新

单元教学要求教师进行深度的教学设计和反思。在设计和实施过程中，教师需要不断调整和改进教学方法，从而提升自身的教学水平和专业素养。例如，在设计"Community Helpers"这一单元时，教师需要考虑如何通过互动活动和实际案例，使学生更好地理解和运用相关知识。

单元教学模式鼓励教师探索和尝试新的教学方法和策略，通过创新教学设计和教学活动，提升教学效果和学生的学习体验。例如，在实施"Global Issues"这一单元时，教师可以尝试引入现代信息技术手段，如网络资源、虚拟现实等，增强教学效果。

七、改善师生关系与课堂氛围

单元教学强调学生的主体地位和教师的引导作用，促进了师生之间的互动与合作。通过课堂中的互动和交流，师生关系更加融洽，有助于创造积极的学习氛围。例如，在学习

"Personal Goals"这一单元时，教师可以通过与学生共同制定学习目标和计划，增进师生互动。

在单元教学中，学生通过小组合作和项目学习，不仅在知识上相互帮助，还培养了团队合作精神和沟通能力。这种合作学习方式有助于学生的社会性发展和综合素质提升。例如，在实施"Adventure and Exploration"这一单元时，学生可以组成探险小组，共同设计探险路线，解决探险中遇到的问题。

单元教学模式与小学英语教学之间的互动，展现了教学改革和创新的巨大潜力。通过促进知识系统化和深度学习、提升学生学习兴趣与参与度、培养学生综合素质与能力、支持个性化学习与差异化教学、综合评价与减轻学习负担、提升教师专业发展与教学创新以及改善师生关系与课堂氛围，单元教学模式为小学英语教学注入了新的活力和动力。未来，进一步推广和优化单元教学模式，将有助于全面提升小学英语教学的质量和效果，为学生的全面发展打下坚实的基础。

第三章

循循善诱：
单元教学的设计与实施

　　设计和实施单元教学需要教师全面考虑教学目标、内容、方法和评价等方面，注重教学过程的系统性、连贯性和有效性。通过合理的设计和灵活的实施，单元教学能够有效提升教学效果和学生的学习体验，促进学生综合素质的全面发展。小学英语学科的单元教学设计与实施，需要根据教学总结和反思，调整教学计划和教学策略，进一步提升教学质量。

第一节 小学英语单元教学设计

小学英语单元教学设计可以采用多种方式，根据学生的年龄、水平和兴趣特点，选择合适的设计方式可以更好地实现教学目标。以下是几种常见的设计方式。

一、主题式设计

选择主题：选择一个生活中常见、具有代表性的主题，如"My School Life"（我的校园生活）、"Seasons and Weather"（季节和天气）等。

整合内容：围绕主题设计各种教学内容和活动，包括词汇、语法、听力、口语、阅读、写作等方面。

多样化活动：设计丰富多彩的教学活动，如角色扮演、游戏、歌曲、手工制作等，以吸引学生的注意力和激发学习兴趣。

二、项目式设计

项目主题：确定一个具体的项目主题，如"Designing a Dream House"（设计一个梦想的房子）、"Creating a Comic Strip"（创作一部漫画）等。

合作实践：让学生分组合作，完成项目设计和实践，包括信息收集、策划、制作和展示等环节。

语言运用：项目过程中要求学生使用英语进行沟通、讨论、描述和展示，以提升语言运用能力和综合素质。

三、故事式设计

选择故事：选择一个有趣的英语故事作为教学内容，如"A Day at the Zoo"（在动物园的一天）、"The Magic Hat"（神奇的帽子）等。

情景再现：通过角色扮演、图画故事等方式，让学生参与到故事情节中，亲身体验英语语境和情景。

语言运用：在故事学习过程中，引导学生学习和运用故事中的词汇、句型和语言结构，以提升语言表达能力。

四、实践式设计

实际应用：选择一些与学生生活密切相关的实践活动，如购物、旅游、饮食、健康、举办聚会等。

现实模拟：通过模拟购物场景、制作健康饮食计划等实践活动，让学生运用英语进行交流和表达。

语言输出：鼓励学生在实践过程中积极运用所学英语知识，进行口头交流和书面表达，加强语言输出能力。

五、游戏式设计

游戏选择：选择适合学生年龄和英语水平的英语游戏，如语言板游戏、单词拼图、语言竞赛等。

游戏规则：设计简单明了的游戏规则，使学生能够轻松理解和参与游戏。

语言练习：通过游戏形式，让学生在愉快的氛围中进行语言练习和运用，提升语言技能和自信心。

以上是几种常见的小学英语单元教学设计方式，每种方式都有其独特的优势和适用场景。教师可以根据教学目标、学生特点和教学环境选择合适的设计方式，以达到更好的教学效果。

第二节 **小学英语单元宏观架构**

单元教学作为一种系统性、综合性、深度学习的教学模式，需要在设计和实施过程中有一个清晰的宏观架构。这个架构应当包含教学目标、主题选择、教学内容、教学方法、评价机制等多个方面。小学英语单元的宏观架构通常包括以下几个方面的内容。

一、教学主题与目标

主题选择：确定一个具有代表性和吸引力的主题，如"My Family"（我的家庭）"Animals Around the World"（世界各地的动物）等。

教学目标：明确教学目标，包括语言技能、知识掌握和综合素养等方面的目标，以及学生应达到的水平和能力。

二、教学内容与课时安排

内容设计：根据主题和目标，设计丰富多彩的教学内容，包括词汇、语法、听力、口语、阅读、写作等方面的内容。

课时安排：合理安排教学进度和课时分配，确保教学内容的有序展开和学生学习效果的达成。

三、教学活动与教学资源

活动设计：设计多样化的教学活动，如角色扮演、游戏、歌曲、故事、手工制作等，以激发学生的学习兴趣和积极性。

资源准备：准备与教学内容和活动相关的教学资源，包括教材、课件、图片、音频、视频等，以支持教学过程的开展和学生的学习需求。

四、教学评价与反思

评价方式：确定教学评价的方式和标准，包括口头表达评价、书面作业评价、教学活动评价等。

反思与调整：在教学过程中不断进行反思和调整，根据评价结果和学生反馈，及时调整教学策略和方法，以提升教学效果和学生学习动机。

五、教学组织与管理

组织安排：合理组织教学活动和学生学习，包括分组合作、个人练习、集体讨论等，以最大程度地发挥学生的学习潜能。

管理措施：建立良好的教学秩序和学习氛围，注重学生自主学习和合作交流，以培养学生的学习自觉性和团队合作精神。

六、教学反馈与跟进

反馈机制：建立有效的教学反馈机制，及时了解学生的学习情况和教学效果，以便及时调整教学策略和方法。

学习跟进：针对学生的学习需求和困难，提供个性化的学习支持和指导，以确保每个学生都能够取得进步和提高。

小学英语单元的宏观架构应该综合考虑教学目标、内容、活动、评价等方面的因素，以确保教学过程的有序进行和教学效果的达成。同时，教师在实践中可以根据具体情况和学生需求进行灵活调整和优化，以提升教学质量和学生学习体验。

第三节 小学英语单元学习目标

小学英语单元的学习目标应该全面涵盖语言技能、知识掌握和综合素养等方面，以确保学生在学习过程中能够全面发展和提高。基于英语学科核心素养的培养要求，归纳出了几个常见的学习目标。

一、语言技能目标

听力技能：能够听懂简单的日常用语和指令，理解简短对话和故事内容。

口语技能：能够运用简单的句型和词汇进行日常对话，描述人物、事物和活动。

阅读技能：能够阅读简单的短文和故事，理解基本意思和主要信息。

写作技能：能够用简单的语言表达个人观点和感受，写出简单的日记、便条或短文。

二、知识掌握目标

词汇积累：掌握与单元主题相关的词汇，包括人物、动物、活动、场所等方面的常用词汇。

语法应用：理解并能正确运用单元中涉及的基础语法知识，如简单句型、时态、形容词和副词等。

文化意识：了解与单元主题相关的文化背景和习俗，增进对英语国家和地区的了解和认识。

三、综合素养目标

学习策略：培养学生的自主学习能力和合作学习意识，掌握有效的学习方法和技巧。

跨学科能力：促进学生跨学科思维和能力的培养，如与科学、社会、艺术等学科的联系和应用。

情感态度：培养学生对学习英语的兴趣和自信心，增强学习动机和积极态度。

四、实用能力目标

日常交流：能够运用所学英语进行日常交流和社交活动，如问候、介绍、询问信息等。

问题解决：能够运用英语解决简单的日常问题和情境，如购物、旅游、求助等。

信息获取：能够通过阅读、听力等方式获取所需信息，如理解简单的说明书、广告和海报等。

小学英语单元的学习目标应该全面考虑语言技能、知识掌握和综合素养等方面，旨在帮助学生全面发展英语能力，并能在实际生活中运用所学知识和技能。这些学习目标应该具体、可操作，能指导教学过程和评价学生学习成果。

第四节 实施策略与项目案例分析

随着全球化进程的加速，英语作为国际交流的重要工具，其教育地位日益凸显。在小学阶段，英语教学不仅是语言知识的传授，更是学生跨文化意识、思维能力和自主学习能力培养的关键时期。单元整体教学作为一种有效的教学模式，强调在整体框架内整合教学内容、优化教学方法、关注学生发展，对于提升小学英语教学质量具有重要意义。

一、单元整体教学模式的实施策略

单元整体教学模式作为一种创新且高效的小学英语教学模式，其实施策略对于确保教学质量和效果至关重要。以下将详细阐述单元整体教学模式的四大实施策略：分析教材学情，提炼单元主题；梳理情境主线，整合教学内容；制定单元目标，明确教学重难点；设计教学活动，促进学生发展。

（一）分析教材学情，提炼单元主题

在实施单元整体教学模式时，教师首先需要深入研究教材内容，对单元内的每一个板块进行细致解读，了解其类型、内容及意义。这一步骤是提炼单元主题的基础，也是确保教学针对性和有效性的关键。同时，教师还需要分析学生的学情，包括学生的认知水平、学习需求以及兴趣爱好等。通过结合教材内容和学生实际情况，教师可以提炼出既符合教学要求又贴近学生生活的单元主题。

（二）梳理情境主线，整合教学内容

在单元主题的指引下，教师需要创设有利于学生主动参与和探究主题意义的情境。这些情境应贴近学生的生活实际，能够引发学生的兴趣和共鸣。同时，教师还需要梳理出清晰的情境主线，以确保教学过程的连贯性和一致性。在情境主线的引领下，教师需要对教材内容进行重组、补充与拓展，使教学内容形成一个学习结构上逐层递进、主题意义上不断深入的有机整体。这样的教学内容安排有助于学生在学习过程中不断积累和深化对单元主题的认识和理解。

（三）制定单元目标，明确教学重难点

制定明确的单元目标是实施单元整体教学模式的重要步骤。教师应根据单元主题和学生实际情况，制定语言能力、思维品质、文化意识和学习能力等方面的目标。这些目标应具体、可操作，并能引导学生在学习过程中不断进步和发展。同时，教师还需要找准教学重难点，为单元中各板块的整体教学创造条件。通过明确教学重难点，教师可以更有针对性地设计教学活动和策略，以确保教学的有效性和针对性。

（四）设计教学活动，促进学生发展

单元整体目标的实现依赖于各课时目标的达成。因此，教师需要设计有效的教学活动，引导学生在互动中学习和运用语言。活动设计应注重情境性、趣味性和挑战性，以激发学生的学习兴趣和积极性。同时，教师还需要注重活动的多样性和层次性，以满足不同学生的学习需求和能力水平。通过设计丰富多样的教学活动，教师可以促进学生的全面发展，提高其语言运用能力、思维品质和文化意识等方面的素养。

综上所述，单元整体教学模式的实施策略包括分析教材学情、提炼单元主题；梳理情境主线、整合教学内容；制定单元目标、明确教学重难点；设计教学活动、促进学生发展。这些策略相互关联、相互支持，共同构成了单元整体教学模式的实施框架。在实践中，教师应灵活运用这些策略来指导教学设计和实施过程，更好地促进学生的全面发展和提高英语素养。

二、单元整体教学在课程基地建设的项目分析

（一）润育素养　创生课程

2023年9月，笔者所在的育婴里小学以《润育潜质　奠基未来——单元整体教学模式在小学英语学科的实践探究》为题，成功申报《天津市义务教育阶段中小学课程基地培育项目》。基于此，我们以单元整体教学为根基，通过深入研究单元整体教学目标的确立、单元内容重组、课堂教学的实施、单元作业设计、单元整体性评价等内容落实国家课程，并依据单元主题，融入绘本教学，建构校本课程资源。

为推进英语课程建设，学校以"润育素养　创生课程"为载体，实施"双维研究活动"。一是"润育系列活动"以教师为主体，拟通过新课标学习、新理念践行、新课程创设、实现新文化生成、赋能教师新成长，提升教育新境界。为达成上述目标，学校开展单元整体性教学视域下的新理念学习、单元整体教学文本再构、多元评价应用、分层作业设计、精品课展示等一系列资源建设。二是"创生系列活动"以学生为主体，关注学科素养的落实落地。进一步建构深化基于学生素养发展的课程。如：创编以传统文化为基础的绘本资源；拓展可视化活动资源，如视频、集册、文创等；多维度营造英语文化氛围，形成独具特色的英语校园文化。

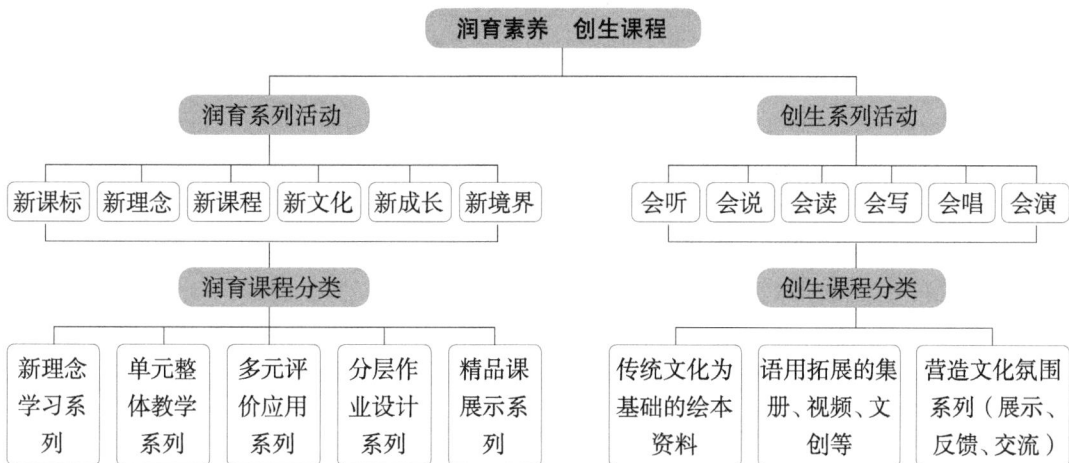

图 3-1　创生系列活动

（二）"1+N+3"主题式作业范式

结合"润创"课程建设，学校以作业改革为"支点"，打造具有学校特色的"1+N+3"主题式作业范式，助推学校教学减负提质和高质量发展。一是聚焦 1 个核心，明晰作业指向。学校聚焦"素养"核心，结合学生生活实际，进一步明晰作业指向。二是设计 N 种形式，提升作业质量。包括：1. 要素统领式作业，助力学生素养提升。以学科核心素养为要素，整体规划、组织设计单元整体作业和单课时作业，循序渐进地提升学生的素养和能力。2. 主题探究式作业，连结学生真实生活。将主题情境与作业紧密融合，赋予作业现实意义，弥补课堂中"虚拟情景"操练的空洞感，让学生在"真实世界"中完成任务，感受作业的生活化意义。3. 任务驱动式作业，培养学生实践能力。通过设计驱动型学习任务，让学生走进生活去学习、探究，让作业聚焦学生的实践运用。4. 融合挑战式作业，发展学生创新精神。横向打通学科壁垒，纵向打通年级学段，为学生设计五育融合、学科融通的作业，实现持续、立体的深度学习。

（三）单元整体教学模式在课堂的实践应用

在小学英语单元整体教学模式的实践中，教师们通过深入分析教材内容和学情，提炼单元主题，围绕主题设计层层递进的学习活动，有效地促进了学生的全面发展。以下将详细分析具体案例，以展示单元整体教学模式在实际教学中的应用和效果。

案例：小学英语六年级上册 Unit 6　Season

1. 单元主题和设计思路

本单元以"Season"为主题，通过四季情景的学习，引导学生认识四季、欣赏四季之美，并根据季节合理安排不同的活动。教师首先深入分析教材内容，解读了单元内的每一个板块，包括 Let's try、Let's talk、Let's learn、Read and match 以及 Story time 等，了解它们的类型、内容及意义。同时，教师还分析了学生的学情，包括学生的认知水平、学习需求以及兴趣爱好等。结合教材内容和学生实际情况，教师提炼出了单元主题"认识四季，欣赏四季之美"。

在设计思路方面，教师围绕单元主题，设计了层层递进的学习活动。这些活动注重情境性、趣味性和挑战性，旨在激发学生的学习兴趣和积极性。同时，教师还注重活动的多样性和层次性，以满足不同学生的学习需求和能力水平。

2. 单元内容框架和目标

教师将单元内容分为 Part A、Part B、Part C 三部分，通过对各板块内容的深入分析和整合，构建了结构严谨、逻辑清晰的单元内容框架。在 Part A 中，教师主要通过 Let's try 和 Let's talk 板块教学句型 "Which season do you like best? Why?"，引导学生学会询问及回答最喜欢的季节，并能从天气、景色等方面简单说明原因。在 Part B 中，教师通过 Let's learn 和 Read and match 板块学习四季单词和发现四季之美，进一步加深学生对四季的认识和欣赏。在 Part C 中，教师通过 Story time 板块了解中澳季节差异等，拓宽学生的国际视野。

单元目标包括语言能力、思维品质、文化意识和学习能力等方面的目标。具体来说，学生需要能够认识四季、欣赏四季之美；学会询问及回答最喜欢的季节，并能从天气、景色等方面简单说明原因；了解中澳季节差异，拓宽国际视野；以及通过学习活动，提高语言综合运用能力和思维品质。

3. 教学活动设计

为了达成单元目标，教师设计了多个教学活动。在 Part A 中，教师通过 Let's try 板块引导学生听录音、选择季节，并通过 Let's talk 板块进行对话练习，巩固句型 "Which season do you like best? Why?" 在 Part B 中，教师通过 Let's learn 板块教授四季单词，并通过 Read and match 板块引导学生阅读短文、匹配季节与景色，进一步加深对四季的认识和欣赏。在 Part C 中，教师通过 Story time 板块讲述中澳季节差异的故事，引导学生了解不同国家的季节特点，拓展国际视野。此外，教师还设计了其他有趣的活动，如季节拼图游戏、四季诗歌创作等，以激发学生的学习兴趣和积极性。

三、实施单元整体教学的成效

（一）中华优秀传统文化融入单元整体教学

在开展单元整体教学研究的过程中，我们注重挖掘与主题相关联的中华优秀传统文化，让优秀传统文化走进学生心里，用中华优秀传统文化的大仁大爱、大德大能，培根铸魂，润育生命。在学科项目的推进中，学校通过不断实践"单元整体教学"，以学校英语教学为根基，将中华优秀传统文化与英语教学、学科课程和拓展活动等内容进行多方位的融合渗透，与社会主义核心价值观建设相结合，营造建构易于落地践行的课程资源和教学体系，把学生培养成为具有文化底蕴，传统美德，富有创新精神的中华好少年，建构"润创"课程让中华优秀传统文化落地。

（二）单元项目研究的成果

通过单元研究相关论文、小学英语单元教学案例集和习题集、典型课例视频、单元教学评价标准、课题结题报告、一部教学专著等汇总单元整体教学的实践成果。促进学生英语核心素养的发展；促进市、区小学英语教师的专业化成长；促进相关学校英语学科组的学科特色课程建设。

（三）单元整体教学有利于培养学生多元能力

单元整体教学有利于培养学生的跨文化交际能力、创新思维能力和自主学习能力等核心素养。这将有助于更全面地提升学生的综合素质，为其未来的学习和生活奠定坚实的基础。

综上所述，单元整体教学模式在小学英语学科中的应用是一项有益的探索和实践，具有广泛的应用前景。通过明确单元教学目标、整合单元教学内容、设计多样化的教学活动、实施分层教学、注重文化意识的培养以及建立多元化的评价体系等措施的实施，可以显著提高小学英语教学的质量和效果。未来，教师应继续深化对单元整体教学的研究和实践探索，不断总结经验教训，推动小学英语教学的持续发展和创新，为学生的全面发展创造更多的可能性。

第四章

管中窥豹：
单元教学的多元评价

　　单元教学的多元评价旨在全面、准确地了解和评价学生的学习过程和成果，通过多样化的评价方式，不仅关注学生的学业成绩，还关注他们的综合素质和个性化发展需求。教师在设计和实施评价时，应注重评价的科学性、公正性和可操作性，确保评价结果能够真实反映学生的学习状况，并为进一步的教学改进和学生成长提供有力支持。

第一节 小学英语单元评价任务的设计

在小学英语单元教学中，评价任务不仅要检验学生对知识的掌握情况，还要关注他们的综合语言运用能力和实际应用能力。有效的评价任务设计应当符合教学目标，具有针对性、全面性和实践性。以下是小学英语单元评价任务的设计原则和具体实施策略。

一、设计原则

任务导向：评价任务应与单元的主题和目标紧密相关，通过实际任务来检验学生的语言运用能力和综合素质。

综合性：评价任务应涵盖听、说、读、写四方面的语言能力，并关注学生在实际使用语言中的表现。

过程性与结果性结合：评价不仅要关注学生的最终成果，还要重视学习过程中的表现，包括任务参与、合作精神和解决问题的能力。

多元化：评价任务应采用多种形式，如项目作业、小组合作、展示演讲等，以全面考查学生的学习成果。

个性化：任务设计应考虑到学生的个体差异，提供适合不同能力层次学生的任务选项，以满足他们的不同需求。

二、评价任务设计策略

（一）项目任务

1. 项目主题设定

选择与单元主题相关的项目任务，如"设计一个环保宣传活动""策划一个国际文化交流会"等。项目任务应当具有实际应用价值，能够引导学生综合运用所学语言知识和技能。

2. 任务分解与指导

将项目任务分解为若干个子任务，明确每个阶段的目标和要求。例如，在"环保宣传活动"项目中，可以分为策划、制作宣传材料、组织活动、撰写报告等阶段。教师应提供详细的指导，帮助学生逐步完成任务。

3. 评估标准

制定清晰的评估标准，涵盖语言准确性、创意性、合作能力和任务完成度等方面。教师可以根据这些标准对学生的项目进行评价,同时给予具体的反馈。

（二）小组合作任务

1. 小组讨论与演讲

设计需要小组合作完成的任务,如"讨论并展示一个节日庆典的活动计划"、"合作编写并表演一个短剧"等。通过小组合作,学生可以互相学习,提高语言能力和团队合作能力。

2. 角色扮演

在小组内进行角色扮演,模拟实际情境,如"在外国旅行时的情景对话""模拟一个商业会议"等。学生通过角色扮演锻炼实际语言运用能力,并在小组内进行评价和反馈。

3. 合作评价

采用同行评价和小组自评的方式,鼓励学生对自己和他人的表现进行评价。这不仅有助于学生自我反思,也能促进他们对评价标准的理解和应用。

（三）个体任务

1. 写作任务

设计与单元主题相关的写作任务,如"撰写一篇关于环境保护的文章""编写一个关于国际旅行的日记"等。写作任务应关注语言的准确性、内容的连贯性和创意的表现。

2. 口语表达

设计口语任务,如"进行一段关于自己喜欢的节日的演讲""与同学进行一对一的英语对话"等。口语表达任务应评估学生的发音、流利度、表达清晰度和语言运用能力。

3. 阅读理解

选择与单元主题相关的阅读材料,设计阅读理解任务,如"阅读并总结一篇关于文化差异的文章""完成阅读理解练习题"等。通过阅读任务,评估学生的理解能力和信息提取能力。

（四）反思与反馈

1. 自我反思

鼓励学生在完成任务后进行自我反思,撰写学习日志或反思报告,评估自己的表现和进步。自我反思有助于学生认识到自己的优点和不足,促进学习和改进。

2. 同伴反馈

组织同伴互评环节,让学生对彼此的任务完成情况进行评价,提供建设性的反馈。这种方式不仅能帮助学生从不同角度理解任务要求,还能提升他们的评价能力和沟通能力。

3. 教师反馈

教师应根据评价标准对学生的任务进行详细反馈,指出优点和不足,提供改进建议。反馈应具体、建设性,并鼓励学生在后续学习中应用所学的改进措施。小学英语单元评价任务的设计应注重多样性和全面性,通过多元评价方法全面了解学生的学习情况和能力发展。教师应结合学生的实际情况，灵活运用各种评价任务，以促进学生的全面发展和英语综合能力的提高。

实施单元评价任务的途径

实施小学英语单元评价任务的途径应注重多样化和实用性，通过设计丰富的评价任务，采用多元化的评价方式，确保能够全面、有效地评价学生的学习情况。这种评价方式不仅有助于了解学生的语言能力和综合素质，还能促进他们在实际应用中的成长和发展，为他们的未来学习和生活奠定坚实的基础。以下是一些具体的途径和方法。

一、课堂活动评价

（一）课堂观察

方法：教师在日常教学过程中，通过观察学生的课堂表现、参与度、互动情况等，记录和评价学生的学习进展。

途径：使用观察记录表、课堂笔记等工具进行系统记录。

（二）课堂提问

方法：通过有针对性的提问，了解学生对所学内容的掌握情况，并及时进行反馈和指导。

途径：设计与单元主题相关的问题，涵盖词汇、语法、听力、口语等方面。

二、项目式学习评价

（一）项目展示

方法：让学生完成一个综合性项目，如制作海报、撰写报告、设计角色扮演剧本等，并进行展示和讲解。

途径：设置项目展示日，邀请其他学生、教师或家长参与评价和反馈。

（二）小组合作

方法：学生分组合作完成项目，教师观察和记录小组成员的合作情况、任务分工和完成情况。

途径：使用小组合作评价表，记录每个小组成员的表现和贡献。

三、纸笔测试

（一）单元测试

方法：设计与单元主题相关的纸笔测试题目，包括听力、阅读、写作、语法和词汇等方面。

途径：在单元结束时进行测试，分析学生的答题情况，提供详细的反馈和指导。

（二）写作任务

方法：根据单元主题布置写作任务，如写一篇短文、日记或便条，评估学生的写作能力。

途径：批改学生的写作作业，提供具体的反馈和改进建议。

（三）多媒体与技术支持评价

方法：在线测试利用在线平台进行测试，包括听力、阅读、语法和词汇等方面。

途径：选择适合的小学英语在线测试平台，设置测试题目并进行数据分析和反馈。

（四）电子档案袋

方法：学生将学习成果（如写作作品、录音、视频表演等）上传到个人电子档案袋中。

途径：定期检查和评估学生的电子档案袋，记录学生的学习进展和成果。

（五）自我评价与同伴评价

1. 自我评价

方法：学生撰写学习反思日志，记录学习过程中的收获、困难以及改进计划。

途径：定期布置反思日志任务，教师检查并提供反馈。

2. 同伴评价

方法：学生交换作业进行互评，给出评分和建议，互相学习和改进。

途径：设计互评表格，指导学生如何进行有效的评价和反馈。

（六）家庭与社区参与评价

1. 家长反馈

方法：通过家长会、家校沟通平台等渠道，收集家长对学生学习表现的反馈和建议。

途径：定期与家长沟通，了解学生在家庭中的学习情况，并进行综合评价。

2. 社区活动

方法：组织学生参与社区活动，如义务劳动、公益活动等，观察学生在实际生活中的表现和社会责任感。

途径：记录学生的参与情况和表现，作为评价学生综合素质的依据。

实施小学英语单元评价任务的途径应多样化，注重过程性评价与总结性评价相结合，关注学生的全面发展和个性化成长。教师应根据具体的教学情况和学生需求，灵活运用上述途径，确保评价的公平性、科学性和有效性。

第三节 从"听说读写"提升学习质量

在小学英语教学中，"听说读写"四项技能是语言学习的核心。这四项技能不仅是语言学习的基础，也是学生全面掌握英语、实现有效沟通和语言运用的关键。通过综合提升这四项技能，可以显著提高学生的学习质量。笔者总结出一些具体的策略和方法，有助于帮助教师在单元教学中有效提升学生的听、说、读、写能力。

一、听力技能提升

（一）多样化的听力材料

方法：使用多种听力材料，如故事录音、对话录音、歌曲、电影片段等，丰富学生的听力体验。

途径：结合单元主题选择相关的听力材料，确保内容有趣且具有教育意义。

（二）听力活动设计

方法：设计多种听力活动，如听后回答问题、听写、听后复述、角色扮演等。

途径：在听力材料播放后，进行相关活动，帮助学生理解和记忆听力内容。

（三）互动听力练习

方法：通过小组活动或师生互动进行听力练习，如对话练习、听力游戏等。

途径：在课堂上安排时间进行互动练习，鼓励学生积极参与。

二、口语技能提升

（一）口语练习机会

方法：提供多种口语练习机会，如小组讨论、班级演讲、情景对话等。

途径：根据单元主题设计相关的口语活动，鼓励学生大胆表达。

（二）口语纠正与反馈

方法：在学生进行口语表达时，及时进行纠正和反馈，帮助学生改进发音和表达。

途径：使用积极的反馈方式，鼓励学生自我改进和提高。

（三）口语任务设计

方法：设计真实生活中的口语任务，如模拟购物、问路、介绍家庭等。

途径：在课堂上进行模拟练习，让学生在实际情境中运用口语技能。

三、阅读技能提升

（一）丰富的阅读材料

方法：提供多种阅读材料，如短文、故事书、漫画、报纸等，激发学生的阅读兴趣。

途径：结合单元主题选择适合学生阅读水平的材料，确保内容有趣且具有挑战性。

（二）阅读理解活动

方法：设计阅读理解活动，如回答问题、填空、连线、讨论等。

途径：在学生阅读后进行相关活动，帮助他们理解和记忆阅读内容。

（三）阅读策略教学

方法：教学生阅读策略，如预测、寻读、略读、做笔记等，提高他们的阅读效率和理解力。

途径：在课堂上介绍和示范阅读策略，鼓励学生在阅读过程中应用。

四、写作技能提升

（一）多样化的写作任务

方法：布置多样化的写作任务，如日记、书信、故事续写、海报设计等。

途径：根据单元主题设计相关的写作任务，确保任务有趣且具有实用性。

（二）写作过程指导

方法：指导学生写作过程中的每个环节，包括构思、起草、修改、润色等。

途径：在课堂上进行写作过程指导，提供范例和模板，帮助学生逐步完成写作任务。

（三）写作反馈与改进

方法：对学生的写作进行详细反馈，指出优点和不足，提出改进建议。

途径：通过面批、写作评语等方式，帮助学生了解自己的写作水平和改进方向。

在小学英语教学中，"听说读写"四项技能是语言学习的核心，它们相互关联、互为补充，共同促进学生的语言能力发展。通过以上策略和方法，教师可以在单元教学中全面提升学生的"听说读写"能力。关键在于为学生提供丰富的语言输入和输出机会，及时进行纠正和反馈，鼓励他们在真实情境中运用语言，从而显著提高他们的英语学习质量。

第五章

融会贯通：
单元作业的设计与实践

单元作业的设计与实践应当注重综合性、连贯性和实用性，以便学生在真实情境中运用所学知识和技能。单元作业的设计与实践应以学生为中心，通过综合性、连贯性和实用性的任务设计，全面提升学生的听说读写能力。教师应在实施过程中提供指导和反馈，帮助学生不断改进和提高，最终实现英语综合能力的全面发展。

第一节 小学英语单元作业设计

在小学英语教学中，单元作业设计是提升学生综合语言能力的重要环节。单元作业不仅要求学生掌握单元内的核心知识点，还需要通过实际任务和活动将所学内容运用到真实情境中。以下是小学英语单元作业设计的详细方案，涵盖了任务类型、设计原则、实施策略和评价方法等方面：

一、任务类型

（一）项目作业

项目作业是单元作业中最具综合性的任务，通过长时间的研究和实践，学生能够在实际应用中运用所学知识。例如：

环境保护项目：学生围绕环境保护主题进行研究，撰写报告，并设计一个环保宣传活动。项目包括调研、资料收集、报告撰写和活动策划四个阶段。通过项目作业，学生不仅能够提升语言能力，还能提高研究和表达能力。

国际文化交流活动：学生选择一个国家进行文化研究，制作海报或展示板，并用英语进行介绍。这个项目能够帮助学生了解不同文化，培养跨文化交流能力。

（二）小组合作任务

小组合作任务可以促进学生之间的互动和合作，提升他们的团队合作能力和语言应用能力。例如：

角色扮演：设计一个角色扮演活动，如模拟一次国际旅行的情境对话。学生在小组内分配角色，进行对话练习，并在全班展示。这个任务不仅能够提高学生的口语表达能力，还能增强他们的团队合作意识。

小组讨论与展示：小组讨论一个主题，如"未来的学校生活"，并制作一个展示演示文稿。通过讨论和展示，学生能够练习语言表达和组织能力，同时提高协作和沟通技巧。

（三）个体任务

个体任务能够关注每个学生的独特需求，提供个性化的学习机会。例如：

写作任务：学生撰写与单元主题相关的文章，如"描述我最喜欢的节日"。写作任务能够提高学生的写作技巧和语言表达能力，同时培养他们的创造性思维。

口语表达：学生进行个人演讲或介绍，如"介绍我的梦想职业"。通过演讲任务，学生能够锻炼口语表达能力和自信心，提高在公众场合的沟通能力。

（四）实践性任务

实践性任务能够模拟真实的语言使用情境，增强学生的实际应用能力。例如：

实地调研与采访：学生进行实地调研或采访，如采访家长或同学关于他们的节日习惯，并用英语撰写调查报告。这个任务能够提高学生的信息收集和语言运用能力。

模拟实际情境：如模拟一个英语商店的购物场景，学生在模拟中进行对话和交流。通过这种任务，学生能够在实际情境中应用所学的语言知识，提高语言实际运用能力。

二、设计原则

（一）任务导向

单元作业应围绕教学目标和单元主题设计，确保任务能够有效检验学生对知识的掌握和应用能力。例如，在一个关于"健康生活"的单元中，任务可以涉及健康饮食计划的设计和展示，这样能够帮助学生在实际中运用所学知识。

（二）综合性

设计任务时，应涵盖听、说、读、写四方面的技能，确保学生能够在全面的语言运用中提高综合能力。例如，一个项目作业可以包括阅读相关材料、撰写报告、进行口头展示等环节，全面检验学生的语言能力。

（三）实用性

任务应与学生的实际生活和未来需求相关，使学生能够在完成任务的过程中获得实际的应用经验。例如，在设计一个关于"国际文化"的项目时，可以鼓励学生研究和介绍他们感兴趣的国家，从而提升他们的跨文化交流能力。

（四）灵活性

根据学生的能力水平和兴趣，灵活调整任务的难度和形式。例如，为能力较强的学生设计具有挑战性的项目任务，为基础较弱的学生提供相对简单的任务选择，确保每个学生都能在任务中获得适当的挑战和成长。

三、实施策略

（一）任务分解与指导

将单元作业分解为若干个小任务，并为每个任务提供详细的指导和要求。例如，在一个项目作业中，可以将任务分解为调研、资料收集、报告撰写和展示等阶段，并为每个阶段制定具体的目标和要求。

（二）评价标准

制定清晰的评价标准，涵盖语言准确性、创意表现、任务完成度等方面。例如，为写作任务设定评价标准，包括语法、词汇使用、结构组织和内容创意等，确保评价的全面性和公正性。

（三）反馈与修正

在任务完成后，提供具体的反馈和建议，帮助学生认识到自己的优缺点，并进行改进。例如，教师可以对口语表达任务进行录音，给予详细的反馈，帮助学生修正发音和语法错误，提高语言表达能力。

（四）反思与总结

鼓励学生在完成任务后进行自我反思和总结，撰写学习日志或反思报告。通过反思，学生能够认识到自己的进步和不足，制订改进计划，为后续学习做好准备。

四、评价方法

（一）过程性评价

关注学生在完成任务过程中的表现，通过观察、记录和反馈，评估学生的学习进展和能力发展。例如，在小组合作任务中，教师可以观察学生的参与情况和合作态度，给予及时的反馈和指导。

（二）结果性评价

在任务完成后，进行结果性的评价，评估学生的最终成果。例如，通过评分表或评价量表，评估学生的写作、口语表达、项目展示等方面的表现，确保评价的全面性和公正性。

（三）同伴评价与自我评价

鼓励学生进行同伴评价和自我评价，增强他们的自我反思和评价能力。例如，在小组任务中，让学生对同伴的表现进行评价，并撰写自我评价报告，促进学生的自我认知和改进。

（四）教师反馈与指导

教师应根据评价标准对学生的任务进行详细反馈，指出优点和不足，提供改进建议。教师的反馈应有具体性、建设性，帮助学生在后续学习中应用所学的知识改进措施。

小学英语单元作业设计应注重任务的多样性和实用性，通过项目作业、小组合作任务、个体任务和实践性任务等形式，全面评估学生的语言能力和综合素质。设计过程中，教师应考虑任务的导向性、综合性、实用性和灵活性，确保任务能够有效检验学生的学习成果。以上方法可以根据具体教学情境和学生特点进行灵活运用，以促进小学英语单元作业设计的有效实施和学生综合素质的全面提升。

第二节 小学英语单元作业类型

在现实的教育场域中，我们往往过分强调作业的认知价值，而忽视了作业所蕴涵的生活、体验、交往等方面的价值，这种异化衍生才使作业变成了学生的噩梦。单元作业的内容设计要避免唯智倾向，真正落实学生在正确价值观、必备品格和关键能力等方面的培养目标。在设计小学英语单元作业时，教师可以考虑以下几种类型的作业，以促进学生在听、说、读、写等方面的全面发展。

一、听力任务

听录音并回答问题：播放一段录音，要求学生听后回答相关问题，以测试他们的听力理解能力。

听力填空：播放一段对话或文章，要求学生根据所听内容填写相应的空格，培养学生捕捉关键信息的能力。

听力练习：播放一段简短的对话或故事，要求学生根据所听内容进行模仿、跟读或复述，提高他们的语音语调和语流能力。

二、口语任务

角色扮演：设计一些情景，让学生分角色进行对话或表演，锻炼他们的口语交流能力和表达能力。

口头介绍：要求学生选择一个主题，如家庭、假期等，进行口头介绍，提高他们的口语表达和自信心。

小组讨论：组织学生进行小组讨论，讨论某个话题或问题，并分享自己的看法和观点，培养他们的合作和交流能力。

三、阅读任务

阅读理解：布置一篇短文或故事，要求学生阅读后回答相关问题，检验他们的阅读理解能力。

阅读表达：要求学生根据所读内容进行个人见解或感想的表达，提高他们的思辨能力和写作能力。

课外阅读：鼓励学生选择自己感兴趣的英语读物，在课外阅读，并分享自己的阅读体会，拓展他们的阅读兴趣和能力。

四、写作任务

书面表达：设计一些写作题目，如写一篇关于假期的日记、介绍家乡的文章等，培养学生的写作能力和表达能力。

情景写作：根据一些情景或图片，要求学生进行想象和描述，写一篇短文或故事，激发他们的创造力和想象力。

写作练习：布置一些写作练习，如句型转换、句子填空、翻译练习等，巩固学生所学的语法知识和词汇量。

在教学中，教师要改变教学理念，改变以学业成就为评判唯一标准的做法。教师要用发展的观点来看待学生，要注意发掘和运用形象化的评价方法。以上是在设计小学英语单元作业时可以采用的几种类型，根据教学目标和学生实际情况，可以灵活选择和组合不同类型的作业，以促进学生全面发展。

第三节 单元作业的评价与反馈

学生的作业负担之所以重,作业的碎片化、重复化、机械化是主要原因之一。很多教师习惯以课时为单位设计和布置作业,缺乏针对学生全面发展的系统思考,导致作业内容割裂,思维含量较低。学生被迫陷入"题海",疲于应付,消减了主动学习的热情。基于单元视角统整作业目标,有助于凸显单元的整体性和结构性,加强课时作业的关联性和递进性,深化作业功能的灵活性和综合性,体现教学评过程的一体性和完整性,并借由目标驱动学生主动学习。对于小学英语单元作业的评价与反馈,以下是一些有效的方法。

一、设定明确的评价标准

根据作业类型和学习目标,制定具体的评价标准,例如语法准确性、词汇运用、句子连贯性、内容完整性等。教师将评价标准分解成具体的要点,使学生清楚作业的要求和期望。比如,创建详细的评价量表,以清晰地划分各个评价要点的评分标准,设定每个要点的评分等级,如"优秀""良好""合格""待改进",并提供具体的评分描述,帮助学生更好地理解评价标准。

二、及时进行作业评价

教师应对学生的作业进行及时评阅,给予具体的反馈和建议,以便他们及时了解自己的表现,并进行改进。避免拖延评价,尽量在学生提交作业后的较短时间内完成评阅。教师可以设定定期的评阅时间,如每周一次,对学生的作业进行集中批改。通过合理安排时间,可以提高评价的效率和质量。

三、给予积极的反馈

教师应强调学生的优点和进步,鼓励他们继续努力,树立自信心。使用肯定性的语言,使学生感受到理解和支持。在评价中应重点突出学生的优点和进步,如在语法使用、词汇运用等方面的表现。通过积极的反馈,学生能够感受到自己的成长和努力得到认可,从而增强学习信心。使用积极、建设性的语言,如"你在这次作业中做得很好",而不是"这个部分做得不够好"。这样的语言能够鼓励学生继续努力,树立自信心。

四、提供具体的改进建议

教师应在评价中指出学生的不足之处，并提供具体的改进建议，如语法错误的修改方法、表达不清的修正方式等。帮助学生明确下一步的学习方向和重点，如推荐相关的练习题、学习资料或补充课程。提供具体的改进步骤，帮助学生制订切实可行的学习计划，促进其进一步提高。

五、建立个性化的学习计划

教师可以根据学生的个性特点和学习需求，制订个性化的学习计划，帮助他们针对性地提高英语能力。鼓励学生在评价和反馈的基础上进行自我反思和总结，形成良好的学习习惯。例如，对于词汇积累较弱的学生，可以制订专项的词汇学习计划；对于口语表达较弱的学生，可以安排更多的口语练习活动。

六、建立家校沟通渠道

与家长保持沟通，及时反馈学生的学习情况和作业表现，共同关注学生的学习进展。将学生的成绩和评价反馈及时传达给家长，以便他们更好地配合学校的教育工作。鼓励家长与教师共同关注学生的学习情况，讨论并制定家庭辅导策略。通过家校合作，形成教育合力，为学生创造更好的学习环境。

单元作业的评价是提高学生英语能力的重要环节，教师应通过设定明确的评价标准、及时进行作业评价、给予积极的反馈、提供具体的改进建议、建立个性化的学习计划以及建立家校沟通渠道等措施，确保评价的全面性和有效性。通过以上方法，可以有效地对小学英语单元作业进行评价与反馈，促进学生的学习进步和能力提高。

第四节 小学英语单元课本剧例

小学英语学科课本剧	
剧目名称	Subway Story
剧目类型	结合生活实际跳出教材的短剧
演出单位	天津市河北区育婴里小学
演出年级	三、四年级
演员姓名	曹乐彤　赵夕金　唐子涵　邵译正　于亿洁　李隆毅　李沛涵　孟一诺　王晗宇　邹昕赢　王天睿　张　尧
指导教师	谢　萍　杨晓林　秦伟霞
提交日期	2017 年 4 月
话　题	在地铁上的不文明行为
关键能力	口语表达能力和运用能力, 交际能力和团队合作能力
必备品格	讲文明, 懂礼貌, 遵守公德, 友善待人
剧情介绍	本剧描述的是发生在一列地铁上的故事, 几位演员诠释了各种在乘坐地铁时的不文明行为, 如: 私自占有 "共享单车", 地铁上抢座, 吐痰, 乱扔果皮纸屑, 吃东西等。这些行为令车上一个小男孩不解, 为什么大人们没有按照老师说的话去做。通过主人公善意的谎言使车上的乘客都意识到了自己的错误, 并改正了错误。借此剧警示大家出入公共场所时, 应该遵守公共道德, 不文明的事不做, 不文明的话不说。提倡大家做讲文明, 懂礼貌, 遵守公共道德, 友善待人的好学生。

职员表

编　　剧: 谢　*

导　　演: 谢　*

舞台音响: 杨 * *

道具、服装: 秦 * *

演员表

曹 * *　饰演 "Little Tiger" ("小老虎")

赵 * *　饰演 a boy (小男孩)

邵＊＊　饰演 the boy's dad（男孩的爸爸）

唐＊＊　饰演 Man B（不讲卫生的男人）

于＊＊　饰演 a beautiful woman（扔果皮女）

李＊＊　饰演 Man A（私占单车男）

李＊＊　饰演 an old woman（老奶奶）

孟＊＊　饰演 A pregnant woman（孕妇）

王＊＊　饰演 Man C（过路乘客）

邹＊＊　饰演 a fat woman（胖女）

王＊＊　饰演 the fat woman's husband（胖女夫）

张　＊　饰演 Man D（乘客）

天津市小学英语学科课本剧

2016—2017 学年度第一学期

剧本正文：

Subway Story

Characters：

A boy，The boy's dad，"Little Tiger"，Man A，Man B，Man C，Man D，A beautiful Woman，A fat woman，the fat woman's husband，A pregnant woman，An old woman

Scene One：Disneyland Station

（一个人骑着"共享单车"到地铁站口，拿出自己的车锁正在锁车，准备进站时，遇到了男孩和他的爸爸）

Dad：Look. It's a fine day today.

Boy：Yes. Hey，what are you doing?

Man A：I'm locking my bike.

Boy：But it isn't yours. It's a Shared Bicycle. It was locked up，other people couldn't ride.

Man A：None of your business，little boy.

Dad：Hey，what did you say? Please be polite to my son.

Man A：Ok，ok. I'm sorry. Oh，it's a bad day.

Scene Two：Disneyland

"Little Tiger"：Hello，everyone! Welcome to our Disneyland. Today's closing time is up. Thank you. Oh，it's time to go home now.

Scene Three：On the subway

Voice-over：We are arriving at Disneyland Station，please get ready for your arrival.

Boy：Dad，this aunty is wearing like a big yellow dog.

Dad：Don't say that.

"Little Tiger"：Hello，I'm not a big yellow dog. I'm a little tiger. Lovely boy，it's for you.

Dad：Thank you. But we don't have any money.

"Little Tiger"：It's free. It's for your child.

Dad：Oh，really? Give me six more.

Man B：Give me ten flowers.

"Little Tiger"：All right.

A beautiful Woman：Give me four kilos.

"Little Tiger"：Hey，that's not vegetable. I'll give you two then.

（A fat woman 上场）

The fat woman's husband：Are you OK? Who can offer a seat?

Boy：Aunty，aunty，sit here，please.

Dad：You，sit down. You said you were very sleepy last night，right?

（A fat woman 做恶心状）

"Little Tiger"：Pregnant woman，come and sit here.

A fat woman：Who is the pregnant woman?（出拳打了 "Little Tiger" 一下）

"Little Tiger"：Are you a ...?

A fat woman：No，I'm not. What do you mean that? Honey，honey.

The fat woman's husband：What's the matter?

A fat woman：She said I'm fat.

The fat woman's husband：No，no，no，you are not fat at all. You are the thinnest in my heart.

（A fat woman 生气地离场）

A beautiful woman：（拍拍 "Little Tiger" 的肩膀）

A beautiful woman：You are too young. I know she isn't pregnant.

Man B：Yes，that's right.

"Little Tiger"：I saw she was not very well. I thought she's a....

A beautiful woman：If she's really pregnant，we must offer our seats to her.

Man B：Yes，that's right.

（A pregnant woman 上场，A beautiful woman、Man B 装睡）

"Little Tiger"：Hi!

A pregnant woman：What's up?

"Little Tiger"：Excuse me，are you pregnant or fat?

A pregnant woman：Who?

"Little Tiger"：You?

A pregnant woman：What?

"Little Tiger"：Are you pregnant or fat?

A pregnant woman：I'm ... pregnant.

"Little Tiger"：Great! Great! She's pregnant. She's pregnant.

A pregnant woman：I'm pregnant. Why are you so happy?

A pregnant woman：（接电话）Hello，here's a woman. She must be crazy!

"Little Tiger"：Hey，I didn't mean that.

Man B：（脱鞋抠脚）Oh，so comfortable.

"Little Tiger"：Hey，what's that smell? It really stinks.

Man B：（拿鞋给 "Little Tiger" 看）There's nothing. You can have a smell.

"Little Tiger"：No，no，no. Help me.

Man B：I have worn this pair of shoes for seven years. Everything is OK except the itch.

"Little Tiger"：Yes，seven-year itch.

Man B：I'm scratching now.

"Little Tiger"：Look，there are so many people here. Don't scratch. OK?

Man B：Even the child didn't say a word. Why did you mind that?

Boy：I'm so sorry.（说完晕倒）

Dad：Wake up，wake up. Hey! Put on your shoes.（生气地说）

Man B：Wait a moment. Your son is too weak.

Dad：Quickly! Put on your shoes.

Man B：I won't do that.

Dad：Are you sure? OK!（自己也脱掉鞋，音乐响起，两人比起脚来）

Voice-over：We are arriving at Jianshelu Station，please get ready for your arrival.

Man C：（上车）So lucky to get on. Oh，what's this?（跑下车）

"Little Tiger"：（拿出塑料袋）How about putting on this?

Man B：Good idea!

"Little Tiger"：Yes.

A beautiful woman：Don't mind him. Bad mannered!

"Little Tiger"：Ok.

A beautiful woman：Have an orange，please.（边吃边扔桔子皮）

"Little Tiger"：No，thanks.

"Little Tiger"：Take this，please.

A beautiful woman：Thank you.

"Little Tiger"：That's OK.

Man B：You are mistaken. Why are you still doing like this?

A beautiful woman：It's not your business.

Man B：You shouldn't eat something like oranges. Look at me. It's delicious.

（拿出一罐臭豆腐＋榴莲）

"Little Tiger"：What are you eating?

Man B：I'm eating stinky tofu and durian.

Boy：Dad，Dad，wake up，wake up.

Man B：Have a taste.

Boy：No，thanks.（说完再次晕倒）

Man B：Oh，my god.

Voice-over：We are arriving at Youyilu Station，please get ready for your arrival.

（上来一个老太太和一个年轻人）

"Little Tiger"：Hello，granny. Come and sit here.

An old woman：Pardon?

"Little Tiger"：Hello，granny. Come and sit here.

An old woman：What? Little girl? I'm not a little girl. How naughty you are!

"Little Tiger"：Don't go away! Come and sit here.

Man D：She's gone. Will you leave or not?

A beautiful woman：Look here everyone. She wants to offer the seat to the old lady.

"Little Tiger"：Let it go. Let it go. I don't mind this at all. Let it go. Let it go. This never bothers me anyway.（蹲下捡垃圾）

Boy：Aunty，let me help you.

"Little Tiger"：You are really a good boy.

Boy：Aunty，our teacher told us we should respect old people and take good care of children. And we should protect environment. But they didn't do that. Does it mean I won't need to do this when I grow up. Right?

"Little Tiger"：Of course not. Maybe they have their own reason.

Boy：Well. Why did she throw rubbish everywhere?

"Little Tiger": Maybe she wanted to make the air clean. Then she will pick it up.

Boy: Will you, aunty?

A beautiful woman: Of course.

Boy: Why did he take off his shoe?

"Little Tiger": Maybe he wants to show his new sock to us.

Boy: Really?

Man B: Yes.

Boy: Why did he lock the Shared bicycle?

"Little Tiger": Maybe the lock is broken, he's afraid the bike will be lost.

Boy: Is that true?

Man A: Yes. I will unlock it later.

Dad: Son, are you OK?

Boy: I'm OK. Aunty, why did my dad stop me offering the seat?

"Little Tiger": That's because your dad is a great father. He ...you say it by yourself.

Dad: That's because... Er, I'm so sorry. Let's offer the seat to the old woman. Ok?

Boy: That's great.

Old woman: Thank you. Thank you.

Together: Dear friends, we should obey the rules on the subway. No spitting. No littering. No smoking. No drinking or eating. No chasing. No shouting. No photos. No bicycles. No durians. No pets. Let's be civilied students from now on.

Voice-over: We are arriving at Wenminglu Station, please get ready for your arrival.

Thank you.

第六章

古为今用：
单元主题与传统文化的融合

　　单元主题与传统文化的融合可以为学生提供更加丰富和有意义的学习体验，同时促进传统文化的传承和发展。将单元主题与传统文化融合在一起，不仅可以促进传统文化的传承和发展，还能够拓宽学生的视野，提升其综合素养和文化品位，对于教育教学工作具有重要的意义和价值。

传统文化与英语教学的融合方法

《义务教育英语课程标准（2022 年版）》指出，学习和应用英语有助于学生了解不同文化，比较文化异同，汲取文化精华，逐步形成跨文化沟通与交流的意识和能力，帮助学生涵养家国情怀，坚定文化自信。在小学英语教学过程中，将中华优秀传统文化融入其中，引导学生认知、理解、认同以及传播中华优秀传统文化，培养家国情怀，增强文化自信，是英语课程的重要职责和使命。将中华优秀传统文化与英语教学进行深度融合是教师义不容辞的义务，两者之间的融合有利于体现英语学科的育人价值，培育具有中国情怀和文化自信的时代新人。将传统文化与小学英语教学融合在一起，可以通过以下方法实现。

一、教材选择与设计

选择与传统文化相关的英语教材或教学资源，如包含传统故事、民间歌谣、节日庆典等内容的教材。在教材设计中融入传统文化元素，例如在阅读课文中介绍传统节日，或在听力材料中播放传统音乐。

二、词汇与语法教学

结合传统文化教授相关的词汇和语法，例如教授与传统节日相关的词汇、描述传统服饰的形容词等。通过传统文化故事或文学作品来教授语法知识，例如分析传统故事中的语法结构和句式。

三、口语与听力训练

设计口语练习，让学生模仿传统文化活动中的对话，如春节拜年、中秋赏月等，提升口语表达能力。使用传统文化音乐或戏剧片段进行听力训练，让学生通过听力理解传统文化背后的故事和情感。

四、阅读与写作任务

设计阅读材料，让学生阅读有关传统文化的文章或故事，了解其历史、传说和价值观。引导学生写作与传统文化相关的作文或小品文，如写一篇关于传统节日庆典的文章或写一封邀请信邀请朋友共度传统节日。

五、文化体验与实践活动

安排学生参与传统文化体验活动，如制作传统手工艺品、学习传统舞蹈或音乐演奏等。组织学生参观传统文化场所，如博物馆、文化村、古迹等，让他们亲身感受传统文化的魅力。

六、跨学科整合

我们可尝试将传统文化融入其他学科的教学中，例如英语课程中融入历史、地理、艺术等相关内容，促进跨学科整合和综合发展。

通过以上方法，可以将传统文化与英语教学有机地结合起来，提高学生的文化素养和英语水平，同时增强他们对传统文化的认知和理解。

传统节日教育主题

中华优秀传统文化逐步走进中小学课堂，意在培养学生对于中华优秀传统文化的认识，增强学生对中华优秀传统文化的理解，强化中华优秀传统文化的育人功能。课程是落实中华优秀传统文化教育的主要渠道，以单元主题意义为文化"生长点"，基于英语学习活动观开展学习活动，将中华传统文化融入小学英语课堂教学。针对小学英语的中华传统节日教育单元主题的教学，我们可以设计以下内容。

一、教育目标

1. 让学生了解和体验中国的传统节日文化，如春节、清明节、端午节等。
2. 培养学生对中国传统文化的认同感和自豪感。
3. 提高学生的英语听说读写能力。

二、教学内容

（一）单元一：春节

听力活动：听取关于春节的故事和音乐，了解春节的传统习俗和文化内涵。

口语活动：进行春节晚会的角色扮演和对话，进行口语表达和交流。

阅读活动：阅读有关春节的短文和诗歌，了解春节的由来和庆祝方式。

写作活动：撰写一封春节祝福信或作文，描述自己的春节生活和感受。

（二）单元二：清明节

听力活动：听取关于清明节的故事和音乐，了解清明节的传统习俗和文化内涵。

口语活动：进行清明节祭祖活动的角色扮演和对话，进行口语表达和交流。

阅读活动：阅读有关清明节的传说和民俗故事，了解清明节的意义和象征。

写作活动：撰写一篇关于清明节的感悟和思考的作文，表达对逝去亲人的思念之情。

（三）单元三：端午节

听力活动：听取关于端午节的故事和音乐，了解端午节的传统习俗和文化内涵。

口语活动：进行包粽子和赛龙舟的角色扮演和对话，进行口语表达和交流。

阅读活动：阅读有关端午节的传说和历史故事，了解端午节的起源和发展。

写作活动：撰写一篇关于端午节的传统习俗的说明文或故事，介绍端午节的庆祝方式和象征意义。

三、教学方法

多媒体辅助：利用图片、音频、视频等多媒体资源丰富教学内容，激发学生的学习兴趣。

角色扮演：组织学生进行角色扮演活动，让他们身临其境地体验节日氛围，提高口语表达能力。

小组合作：设置小组任务，让学生在小组内合作完成相关活动，促进团队合作和交流能力。

实地体验：组织校外参观活动，如参观博物馆、传统庙会等，让学生亲身体验传统节日文化。

作品展示：鼓励学生展示他们的作品，如手工制作品、创作作品等，增强学生的自信心和成就感。

通过以上教学内容和方法，可以帮助学生全面了解和体验中国的传统节日文化，提高他们的英语水平和跨文化交流能力。在英语课堂教学中，教师要借助英语传承"文化知识"，厚植"家国情怀"，奠定"人文底蕴"，增强学生的"文化自信"和"跨文化意识"，汲取经典文化之精髓，帮助学生形成良好的品格和正确的价值观，为学生的终身学习和发展打下坚实的基础。

第三节 中华绘本故事主题

中华经典故事蕴含丰厚的育人价值，将其融入小学英语课堂教学，既是对《义务教育英语课程标准》相关要求的积极落实，也是发挥学科育人价值的创新探索。针对小学英语的中华绘本故事单元主题教学，我们可以设计以下内容。

一、教育目标

1. 通过中华绘本故事，让学生了解中国文化和传统价值观。
2. 提高学生的阅读理解能力和英语表达能力。
3. 培养学生的跨文化交流能力和对中华文化的认同感。

二、教学内容

（一）单元一：中国传统节日

故事阅读：选择适合年龄的中华绘本故事，如《过年啦》《嫦娥奔月》等，讲述中国传统节日的由来和习俗。

口语表达：学生围绕节日主题展开口语交流，讨论他们在节日期间的活动和体验。

写作任务：学生撰写有关节日的短文或日记，描述他们对节日的理解和感受。

（二）单元二：中国古代传说

故事阅读：选取经典的中华传说故事，如《孙悟空闹天宫》《牛郎织女》等，讲述中国古代传说的故事情节和寓意。

角色扮演：组织学生进行传说故事中角色的扮演和表演，加深对故事的理解和感受。

创作活动：学生根据传说故事的主题和情节，进行绘画、手工制作或书写续篇故事，展示他们的创造力和想象力。

（三）单元三：中国文化传统

故事阅读：选择反映中国传统文化的绘本故事，如《三字经》《百家姓》等，介绍中国文化的基本知识和价值观。

讨论活动：组织学生就故事中涉及的文化内容展开讨论，探讨中华文化的传统和现代意义。

文化体验：安排学生参与中国传统文化活动，如书法、剪纸、民俗游戏等，亲身体验中华文化之美。

三、教学方法

1. 互动朗读。教师和学生共同朗读绘本故事，加深对故事内容的理解和记忆。

2. 角色表演。组织学生进行绘本故事中角色的角色扮演，提高口语表达和情感表达能力。

3. 小组合作。设置小组任务，让学生在小组内合作完成相关活动，促进团队合作和交流能力。

4. 创作分享。鼓励学生进行绘本故事的创作和分享，展示他们的想象力和创造力。

5. 文化体验。安排学生参与中国传统文化活动，如书法、剪纸、民俗游戏等，亲身体验中华文化之美。

通过以上教学内容和方法，探讨如何运用迁移语境、优选绘本和双语共读的策略，用英语对中国经典故事进行再构、嵌入和创编后实施教学，从而提升学生的核心素养和对中华文化的理解与传播能力。小学英语的中华绘本故事单元主题教学可以帮助学生深入了解和体验中国的传统文化，提高他们的英语水平和跨文化交流能力，增强对中华文化的认同感和自豪感。

中华文化童谣主题

　　《中华优秀传统文化进中小学课程教材指南》明确提出，在中小学开展中华优秀传统文化教育，巩固民族文化自信和价值自信的基础。在小学英语学习中，通过了解重要历史人物、认知中华传统节日、感受风俗节气和学习特色技艺等方式，让学生初步感知中国传统文化的精神内涵，并增强对其的理解和认同。针对小学英语的中华文化童谣单元主题教学，我们可以设计以下内容：

一、教育目标

　　1. 通过学习中华文化童谣，使学生了解中国传统文化和价值观。

　　2. 提高学生的英语听说读写能力。

　　3. 培养学生对中华文化的认同感和兴趣。

二、教学内容

　　（一）单元一：童谣介绍

　　童谣欣赏：介绍中国传统童谣的悠久历史和特点，并播放几首经典童谣给学生欣赏。

　　歌词学习：学生跟随教师学习童谣的歌词，学习其中的字词和表达方式。

　　口语练习：学生模仿童谣的语调和节奏，进行口语练习并小组内角色扮演。

　　（二）单元二：传统文化童谣

　　传统童谣学习：学生学习几首反映传统文化的童谣，如《小白船》《拔萝卜》等，了解其中蕴含的文化内涵。

　　情景表演：学生分组进行童谣情景表演，通过表演展示对童谣内容的理解和情感表达。

　　口语交流：学生展开小组内口语交流，讨论童谣中的故事情节和寓意，加深理解。

　　（三）单元三：现代创作童谣

　　现代童谣创作：鼓励学生创作自己的童谣，可以是反映自己生活、家乡或想象的内容，培养创造力和表达能力。

　　歌曲制作：学生选取自己创作的童谣进行歌曲制作，可以加入简单的音乐和节奏，让学生体验童谣的多样性和乐趣。

　　分享交流：学生进行童谣作品分享和交流，欣赏彼此的创作成果，培养学生的合作精神和团队意识。

三、教学方法

多媒体辅助:通过播放音频和视频,让学生更直观地感受童谣的魅力。

小组合作:设置小组任务,让学生在小组内合作完成相关活动,促进团队合作和交流能力。

创意发挥:鼓励学生在学习童谣的基础上进行创作,发挥想象力和创造力,培养学生的创新思维。

表演展示:组织学生进行童谣情景表演和作品分享,提高学生的自信心和表达能力。

文化沉浸:通过童谣学习,让学生深入了解中国传统文化,增强对中华文化的认同感和兴趣。

通过以上教学内容和方法,帮助学生建立对优秀传统节日文化的理解和认同,从而坚定信念的文化自信,使学生在轻松愉快的氛围中学习中华文化童谣,提高英语水平和对中华文化的了解和认同。

第七章

同心合力：
单元教学主题实践案例

单元教学主题多样，涉及的教学方法也丰富多彩，汇集案例有助于教师们探索新的教学方法和策略，丰富教学手段，提高教学质量。同时，汇集这些案例可以促进教师之间的经验分享和借鉴，让更多的教育工作者受益。此外，单元教学主题常常涉及多个学科，如语言、文化、历史等，汇集跨学科的教学案例有助于促进学科之间的融合与协作，丰富学生的知识结构。

案例一 英语六年级上册教学设计

六年级上册 Unit 1　教学设计（人教精通版）[①]

Period 1　Lucy's daily life.

【课时对应的子主题】人与自我；生活与学习；学习与生活的自我管理

【适用年级】六年级

【语篇类型】新媒体语篇（电子邮件）

【语篇研读】

What: Lucy 给 Li Yan 发电子邮件，向她详细介绍自己的日常生活和学习情况，希望 Li Yan 给她回信。结合生活情境引入本课目标语言，让学生整体感知、理解、学习，运用目标语言进行交流。

Why: Lucy 通过邮件的方式介绍自己的日常生活，引导学生反思自己的日常生活是否有计划、有意义，鼓励学生制订计划，规划自己的日常生活，合理安排课余时间、主动承担家务劳动的意识。

How:通过电子邮件的方式学习一般现在时第一人称的用法，涉及许多动词短语，如 have breakfast, have lunch, have dinner, get up, go to school, go home, watch TV, go to bed；交流目标语言，如：I get up at 7：30 every morning. I have breakfast at eight 等。

【课时目标】

1. 你将知道

（1）英文电子邮件的格式。（2）一日三餐的英文表达，即：breakfast, lunch, dinner. 在表达吃早/中/晚餐时，要用动词 have, 即 have breakfast, have lunch, have dinner.（3）get up, go to school, go home, watch TV, go to bed 等日常生活行为短语的正确读音及词义。（4）School begins. 开始上课。School is over. 放学。（5）am = in the morning 表示上午，pm = in the afternoon/in the evening 表示下午/晚上。（6）用 I have/I don't have breakfast at 7：30 in the morning. 的句式表达自己日常生活习惯。（学习理解）

---

① 本文作者：天津外国语学校南普小学　张薇。

2. 你将掌握

我们要学会合理科学地安排时间, 有规律地做事情, 养成良好的学习生活习惯。（应用实践）

3. 你将能够

通过听力的方式提取出 Lucy 的个人信息, 并能对 Lucy 进行介绍。在 Lucy 和 Li Yan 聊天的情境中, 获得 Lucy 日常生活安排的信息, 帮助她用英文表达。借助时间轴表述自己的日常生活安排。熟练运用 I+ 动词短语 + 时间（如 I have breakfast at 7: 30 in the morning. ）的句式介绍自己日常生活习惯。（迁移创新）

【教学过程】

1. Warm up

（1）师生问好。

T: Good morning/afternoon, children.　　　　Ss: Good morning/afternoon, Vivian.

T: Nice to see you again!　　　　　　　　　Ss: Nice to see you, too!

（2）引入话题。

①课件中出现一个礼物盒子, 让学生猜猜是什么。学生通过听声音了解到礼物是一个漂亮的钟表。教师告诉大家钟表对自己的重要性, 它可以提醒自己科学安排时间, 有规律地做事情, 所以要把它送给同学们。

②教师一边调节钟表的指针, 一边问学生:

What do you usually do at seven in the morning? When do you go to school?

How many classes do you have today? What are they?

What subject do you like? What do you do after school/in the evening?

2. Presentation

（1）Tell the students how to write an email.

T: Where is it from? Ss: It is from Lucy.

T: Yes, it's from my new friend Lucy. But how do you know that?

Oh, you can see the email address. Do you have an email address?

（2）Teach the text.

Listen to the tape, and then answer the following questions:

△ Where does she have lunch?

△ Where does Lucy come from?

△ When does school end?

△ When do classes begin? Does she go to bed late?

➲ 设计意图: 在教学设计中, 问题的导入与思考的引导是关键的一环。通过精心设计问题，激发学生思考，点燃他们对知识的渴望。这样的引导不仅让他们主动探寻答案，更为后续的教学内容铺设坚实的基石。

3.Practice

（1）Listen to the tape and read the email.

（2）Fill in the blanks.

Hi,LiYan. My name is____. I come from_____. I get up at____ every morning. I have classes from____ to_____. I get home at about_____. Then I do my ____.

 设计意图："精读"是"知识阅读"，指在阅读时对文章中的内容、细节以及有突出影响的段落进行批判性分析，拥有独立思考能力，能够深入地理解文章的内容、内涵以及写作方式或者写作技巧。

4.Consolidation

（1）Read and label the clock. A：What time is it? B：It's nine o'clock.

（2）Talk about my daily life.

 设计意图：拓展时间的表达，让学生学会表达任何时间。对日常生活展开讨论，让学生知道时间对于我们很重要。我们要学会合理科学安排时间，有规律地做事情，养成良好的学习生活习惯。

【作业设计】

Period 1　Homework
Activity Card

1.Must—do Tasks

基本要素	具体内容		
作业内容	1. Listen to the dialogue and read it. 2. Recite the new lesson.		
形式和类型	形式	听–说□　听–写□　读–写□　其他□	
	类型	基础型□　拓展应用性□　实践型□	
作业时长	___5___ 分钟（建议时长 5—10 分钟）		
完成方式	独立完成□　合作完成□		
提交时间	当天完成□　____天后□		
评价标准	根据实际情况选择活动 查找补充相关周末活动 正确朗读所填写的对话	☆☆☆☆☆ ☆☆☆☆☆ ☆☆☆☆☆ （自我评价）	☆☆☆☆☆ ☆☆☆☆☆ ☆☆☆☆☆ （小组评价）
	（教师评价）　Good □　　Super □　　Excellent □		

2.Optional Task

基本要素	具体内容		
作业内容	Write about your daily life.		
形式和类型	形式	听—说□　听—写□　读—写□　其他□	
	类型	基础型□　拓展应用性□　实践型□	
作业时长	___10___ 分钟（建议时长 5—10 分钟）		
完成方式	独立完成□　合作完成□		
提交时间	当天完成□　___天后□		
评价标准	根据实际情况选择活动 查找补充相关周末活动 正确朗读所填写的对话	☆☆☆☆☆ ☆☆☆☆☆ ☆☆☆☆☆ （自我评价）	☆☆☆☆☆ ☆☆☆☆☆ ☆☆☆☆☆ （小组评价）
	（教师评价）　Good □　Super □　Excellent □		

Period 2　Li Yan's mum's daily life.

【课时对应的子主题】人与自我；生活与学习；学习与生活的自我管理

【适用年级】六年级

【语篇类型】新媒体语篇

【语篇研读】

What：Li Yan 给 Lucy 回复电子邮件，详细介绍了她和妈妈的日常生活。通过生活情景引导学生继续学习如何用英语介绍日常生活情况，拓展表示日常生活中经常性活动的动词短语和表示时间的短语。了解第三人称单数动词的用法。

Why：Li Yan 通过邮件介绍妈妈的日常生活，让学生学会关心家庭中每个人，用英语向同学介绍家人的日常生活，增进相互了解。

How：学习一般现在时第三人称的用法，引导学生听、说、认读以下短语和句子：cook breakfast，teach English，read stories，take a walk. She gets up at 6：00 in the morning. She doesn't get up at 6：30 in the morning.

【课时目标】

1. 你将知道

日常活动：cook breakfast，teach English，read stories，take a walk 的正确读音及词义。一般现在时主语为第三人称单数的肯定句的表达方式，知道与主语非三单的句子结构的差异。一般现在时主语为第三人称单数的否定句表达方式，知道与主语为非三单的句子结构的差异。动词第三人称单数形式的变化规则。句型 Her students often learn English by sing-ing, chanting and playing games. 来表达借助某种形式做某事。（学习理解）

2. 你将学会

介绍他人日常时间安排和日常生活情况，熟练运用一般现在时第三人称单数的表达方式。（应用实践）

3. 你将能够

合理安排自己的学习、生活，做时间的管理者。（迁移创新）

【教学过程】

1. Warm up

（1）师生问好。

（2）教师与学生展开自由交谈。参考问题：

① When do you go to school every day?

② How do you go to school?

③ What do you usually do at school?

④ What do you do in English class?

2. Presentation

（1）整体感知课文

教师用挂图呈现 Li Yan 的电子邮件，告诉学生 Li Yan 收到 Lucy 的 email 非常开心，很快给 Lucy 回信。引导学生观看课文动画或听录音之前，教师提出问题：What is Li Yan's email about?

（2）深入学习课文

教师指导学生默读课文，借助细节性问题，让学生提取表述一日生活的具体信息。细节性问题举例：

① What does LiYan's mother do every day?

② How many lessons does LiYan's mother have every day?

③ How do the students learn English?

④ After dinner, what does her mother do?

（3）教师让学生听录音或观看课文动画，借助细节问题，通过听录音圈出正确时间的方式，了解 Li Yan 妈妈的日常活动时间，掌握第三人称单数的正确用法。

（4）最后快速阅读一遍短文，完整理解全文。

➲ 设计意图：通过精心设计的问题，激发学生的思考，点燃他们对知识的渴望。这样的引导让他们主动探寻答案，为后续教学内容铺设坚实的基石。

3.Practice

（1）教师：Let's talk in pairs. Look! This is our family members' timetable. 用课件呈现时间轴和相关活动短语及图片，让学生两人一组操练重点句型，教师适时板书重点单词组walk，every morning，afternoon，evening。

（2）Let's talk

教师让学生在小组内展示家人或好朋友的照片，运用本课所学语言介绍他们的生活、学习情况。做成一个小组活动或者个人采访的活动，教师提出采访要求后，学生可以设计好自己的采访表格，选择采访对象，并用 What's her/his name? When does she/he…? Does he/she like…? Does he/she often…? 等进行提问。通过小组合作的方式，自然运用所学知识。

➲ 设计意图：采访活动是一个综合性活动，需要学生通过各种渠道搜集资料，提出有意义的问题，提升理解力和概括能力。在采访时，学生首先要注意礼貌行为及用语，对培养良好的行为习惯具有积极作用。

4.Consolidation Fill the blanks.

James Flunk is a music teacher. He plays the piano every day，but he never plays the piano in his holidays.

James likes playing tennis，so he always plays on Wednesdays. He sometimes plays football with his daughter Jane，too.

Every Saturday morning James takes his son for his swimming lesson，but James never goes swimming.

He sometimes takes his family to the mountains on Sundays. They sometimes sing songs in the car.

"频度副词"，是用来表示动作频率的，即在一定的时间内动作重复发生或状态重复出现的次数。一般说来可按频率大小排列：

always ＞ usually ＞ often ＞ sometimes ＞ seldom（很少）＞ never（决不）

always（100%） usually（80%） often（30%–50%）

sometimes（20%） hardly/ever（5%） never（0%）

➲ 设计意图：通过小阅读学习频率副词，了解频率副词的排序，会使用频率副词表达不同频率的事件。

Period 3　What do you do on Saturdays?

【课时对应的子主题】人与自我；生活与学习；学习与生活的自我管理

【适用年级】六年级

【语篇类型】日常对话

【语篇研读】

What：语篇为小学日常对话，以 Kate 和 Peter 谈论周六生活为语境，互相询问对方周六做什么。Peter 看电影，Kate 上钢琴课。钢琴课有些难，周培会帮助她。周培周六在家练琴并助妈妈做家务。

Why：学习表达日常活动的用语，鼓励学生结合现实生活用英语进行交流，描述日常活动。通过合理安排时间和日常活动，享受健康生活！

How：听、说、认读短语 see a film，have piano lessons，play the piano，do the housework，学习巩固有关日常活动的对话 What do you...? I often... 等，并把动词短语学习融入句子和对话中进行学习和运用。

【课时目标】

1. 你将知道

日常活动 clean the window，clean the door，clean the floor，play the piano，see a film 的正确读音及意义。频度副词 always，usually，often，sometimes 的意义及用法。单词 difficult 和 easy 的正确读音，词义及用法。What do you do on...? I often... 句式结构。What does she/he do on...? She/He usually... 主语为第三人称单数的句式结构。（学习理解）

2. 你将学会

学习日常活动的用语，鼓励学生结合现实生活用英语进行交流，描述日常活动。通过合理安排时间和日常活动，享受健康生活！（应用实践）

3. 你将能够

运用 What do you do on...? I often...What does she/he do on...? She/He usually... 询问日常活动。运用所学的动词短语以及频度副词介绍日常生活。（迁移创新）

【教学过程】

1.Warm up

（1）师生问好。

（2）欣赏图片。教师通过课件，展示一系列关于自己周末活动的图片，go swimming，play football 等表动作的图片，引导学生边看边读。

2.Presentation

（1）教师展示 Kate 和 Peter 的人物头像，提出以下问题，引导学生回答。

① Who is this boy?

② Who is that girl?

③ What are they talking about?

④ Can you guess?

（2）播放动画，播放前提出两个问题：What does he do on Saturdays? What does she do on Saturdays? 当学生回答问题时，教师顺势展示词语卡片，学习新词。

T：What does Peter do on Saturdays?

Ss：He sees a film…

（3）看教学挂图或动画学习对话。教师鼓励学生观察图中信息，引领学生学会提问，然后进行视听、模仿、学习。教师带读对话，在黑板上贴图，适当拓展。

⇨ 设计意图：通过精心设计问题，发展学生英语思维能力。培养学生的英语综合语用能力。

3.Practice

（1）读课文对话。

（2）引导学生模仿 Just read and talk 部分要求掌握的语句。

（3）引导学生分角色表演对话，巩固语言。

（4）表达练习。

学生四人一组，小组内各拿自己的一张照片，依次表达照片上的信息。例如：On weekends I have a lot of things to do. I often play football in the morning. Then I usually watch TV at home. 小组内同学依次交换手中的照片后，继续练习。

4.Let's chant

通过 Chant 复习周一到周日的读法与写法。在每周的这一天要用复数。

⇨ 设计意图：角色扮演设计在培养学生语言表达和思维能力方面具有重要作用，提升了他们的语法和词汇运用能力。

5.Let's act

（1）教师创设语境：假定同学们去参加"明星访谈秀"节目，主持人来采访。展示 Let's act 部分的主题图，隐去文字，用问题引导学生观察并描述图片：

T：Boys and girls. What can you see in the picture? What are they doing?

Ss：They are talking.

T：Yes, this lady wants to talk with us about our daily activities.

（2）Let's act 示范。教师借助 PPT 提示语，找一两个学生做采访示范。

T：Hello, boys and girls. Can I ask you some questions?　　　Ss：OK.

T：What do you usually do on Sundays?　　　Ss：I usually read stories.

T：That's interesting. What stories do you read?　　　　　Ss：I read Harry Porter…

（3）学生以组为单位操练对话并展示。

Period 4　Enjoy a healthy daily life.

【课时对应的子主题】人与自我；生活与学习；学习与生活的自我管理

【适用年级】六年级

【语篇类型】绘本故事

【语篇研读】

What：Micky 和 Mimi 的新朋友 Dancing Cat 通过每天认真坚持练习跳舞，在朋友们的聚会上赢得大家赞赏。趣味故事提供语言环境，集中复现本单元所涉及日常活动的语言知识，通过理解和简单复述小故事达到复习总结的目的。

Why："只要功夫深，铁杵磨成针"，只有坚持不懈地努力，才能取得成功，"Practice makes perfect." 任何事情只有坚持练习，才能做到熟能生巧。

How：听、说、认读短语 get up，go to school，go home，go to bed，cook dinner，teach English，take a walk，read stories，play the piano，have breakfast，see a film，clean the window，用 What do you do at…/on…? 直接询问对方的活动安排并回答，把动词短语融入句子和对话中运用。

【课时目标】

1. 你将知道

daily life 的相关活动表达：get up，go to school，go home，go to bed，cook dinner，teach English，take a walk，read stories，play the piano，have breakfast，see a film，clean the window。email 的书写格式。用第一人称介绍自己一日生活。用第三人称单数介绍他人（父母或朋友）的一日生活。用 What do you do at…/on…? 直接询问对方的活动安排并准确回答。（学习理解）

2. 你将学会

故事最后一幅图中句子："Practice makes perfect."（应用实践）

3. 你将能够

在理解、感悟、听说、复述 Fun story 的学习活动中了解到新朋友 Dancing cat 对舞蹈的热爱程度以及她的努力付出和收获。借助图片以及教师的反复追问，理解故事传递的信息"Practice makes perfect"，为自己的梦想而努力。（迁移创新）

【教学过程】

1.Warm up

（1）师生问好。

（2）自由回答。

Do you like singing? Are you good at it? What do you do on weekends?

2.Presentation

（1）教师和学生自由谈话后，板书英语谚语 Practise makes perfect. 让学生猜猜意思，最后告诉学生谚语的中文含义"熟能生巧"，让学生明白，学英语跟做其他任何事情一样，只有多多练习，才能熟练掌握。

（2）引入故事。教师介绍故事:Micky 和 Mimi 新结识一位朋友 Dancing Cat, 提出问题：What is she interested in? When does she start dance every day? What do Micky and Mimi do? Do they often dance with Dancing Cat? Why does Dancing Cat dance very well? 引导学生看视频，理解故事。视频可以根据学生理解故事的情况多放几遍，直到多数学生能正确回答上面的问题。

⟳ 设计意图:通过精心设计的问题，激发学生的思考，促进学生全面发展。

3.Practice

（1）播放课件，让学生分组进行配音比赛。

（2）引导学生分角色表演故事，巩固语言。提供 Fun story 挂图，让学生分别扮演不同的小动物。

（3）指导学生完成听力练习。放录音之前。教师可以引导学生先观察小图片，预测听力内容。根据学生情况播放一次或两次录音，让学生按录音顺序给各图片标上序号。核对答案后，对有问题的地方，再放一两遍录音，大家一起帮助有困难的学生解决问题。

4.Language use 教师引导学生续编故事或复述故事

（1）教师设置任务，并做示范。

（2）引导学生使用道具，自编故事。语言支持：本单元所学词汇和句子。

（3）展示活动，师生共同评价。

⟳ 设计意图:对学生掌握本单元语言知识、语言技能等方面进行评价，引导学生在真实情境中学会问询及表达某人的日常生活。对学生学习中表现出的表演能力、合作精神、动机和兴趣等方面进行评价。

5.Let's listen and draw

（1）指导学生根据听到的内容给图片画上时针和分针。

（2）学生填写自己书上的钟表信息，听录音后进行双人交流或多人交流。可以借助教师提供的问题和素材进行提问，核对钟表画得是否正确。教师可以为学生提供语言支持:

When does Jim have breakfast?   When does Jim go to school?

When does Jim get up?   When does Jim have classes?

When does Jim play basketball?   When does Jim go to bed?

教师将六幅图片进行随机分配，一组六人，每人一张图片。教师播放录音，学生看自己手中的图片，按照听到的顺序进行标号。最终将 Jim 的一日生活在小组内排列好。学生在组长的带领下，按照排列好的顺序进行介绍。

➲ 设计意图：引导学生完成综合复习并灵活运用这一单元所学语言知识。在完成各项游戏活动的同时，提高在语境中进行简单语言交流的能力。在教师的指导下以小组为单位进行自主学习和合作学习。

Period 5　Fun Facts

【课时对应的子主题】人与自我；生活与学习；学习与生活的自我管理

【适用年级】六年级

【语篇类型】绘本故事

【语篇研读】

What：介绍了中国、英国和新西兰等国家中小学生的午餐情况。在中国，城市中的学生午餐多在学校里，农村地区和小城镇的学生，回家吃午饭的也有很多。文本结合本单元话题内容介绍各地学生午餐情况。

Why：Fun fact 教学目标包括：一是复习、巩固本单元语言；二是通过实际的阅读过程，逐步培养学生的阅读兴趣，提高英语阅读技能；三是开阔学生的视野，提高多元文化理解力和综合人文素养。

How：在课堂实施分层教学：基础稍差的学生，鼓励他们积极阅读，理解部分内容或文段大意即可；中等程度的学生在理解文段大意的基础上了解更多细节，在老师帮助下完成 Thinking tasks 活动；学有余力的学生，除阅读文段完成相应活动，尝试完成一些拓展性任务，比如查资料了解更多国家中小学生吃午餐的情况，写书面简介贴在教室的英语墙报栏，课堂上向同学们做口头介绍等。

【课时目标】

1. 你将知道

中国、新西兰、英国和澳大利亚的儿童在学校吃午餐有不同习惯。（学习理解）

2. 你将学会

在日常饮食中一定要注意营养均衡，不挑食，养成健康饮食习惯；使用公筷公勺，文明就餐；不剩饭，不浪费，履行光盘行动。不同国家的中小学生的午餐文化，提高多元文化的

理解力。(应用实践)

3. 你将能够

读懂短文大意,学会抓住关键词和主题句以及根据上下文猜词义等阅读技巧。(迁移创新)

【教学过程】

1. 读前活动。教师通过跟学生聊午餐在哪里吃、吃什么等话题,或从谈论自己最喜欢吃的食物开始,引导学生自由交谈自己喜欢的食品,慢慢过渡到不同国家饮食文化有所不同的话题,引入阅读文段的主题,引导学生看文段的插图(或看 Thinking tasks 中的问题)预测一下文段的大概内容。

➲ 设计意图:总结英语阅读教学策略,明确提高阅读能力最有效的途径是阅读过程。没有足够的阅读量的积累和一定的阅读频率做基础,任何阅读策略和技巧的训练对阅读能力的提高难以真正奏效。

2. 读中活动。教师提出几个问题,学生弄清楚问题后,开始独立阅读。教师应重点关注那些基础稍差的学生,随时鼓励、引导,辅导解答语言问题。最后师生讨论 Thinking tasks 中的问题。

➲ 设计意图:激发和维护学生的阅读兴趣,至少需要以下几个条件:一是学生已具备必要的语言基础,有一定数量的词汇和句子积累。二是正确的阅读习惯。教师要不断引导学生通过阅读去获取信息,去享受阅读过程本身。三是不要操之过急。

3. 读后活动。阅读后的小结也很重要,落实得好,有利于提高阅读教学的整体效果。读后的小结活动,一是针对阅读内容,教师(或请能力较强的学生)简要总结文段主旨大意和部分重要细节。二是针对语言和阅读技能。比如本单元的阅读,教师可以指导学生查字典,了解或验证 usually,inside,outside 几个单词的意思。教师回答(或学生讨论)个别学生阅读过程中遇到的语言问题或其他理解问题,通过讨论和回答学生的问题,落实阅读教学培养兴趣、提高技能、开阔视野、提高素养的目标。

➲ 设计意图:小学生英语阅读能力的提高是一个渐进的过程,教师对学生的阅读学习过程要有一个比较客观的预期,不能要求过高,以免挫伤学生的积极性,影响学生学习英语的信心。学生读了、思考了,这就成功了一大半! 至于阅读之后的各种活动和练习,需要根据学生的实际能力进行适当设计和选择。

Period 6　Fun story.

【课时对应的子主题】人与自然;环境保护;绿色生活理念与行为

【适用年级】六年级

【语篇类型】现实故事；科普知识

【语篇研读】

What：学生阅读关于主人公 Brian 和爸爸修理水龙头并节约用水的故事。该故事告知我们要珍惜水资源，节约用水。积少成多，从小事做起。

Why：保护环境，是国家所倡导的绿色生活理念。本文就 Brain 的现实生活入手，滴水的水龙头看起来浪费不了多少水，但时间长了也是一个大数目。我们在刷牙和洗澡的时候也要节约用水。

How：通过故事研读，学生能够认识生词、难词，例如：drip、drop、water tap、leak、add up、fix、turn off 等；还能够学习短语和句型，例如：If they shower for one minute less, they will save 40 litres of water. if 引导的条件状语从句，主句将来时，从句现在时。

【课时目标】

1. 通过故事研读，学生能够认识一些生词、难词，例如：drip, drop, water tap, leak, add up, fix, turn off 等；还能够学习短语和句型，例如：If they shower for one minute less, they will save 40 litres of water. if 引导的条件状语从句，主句将来时，从句现在时。（学习理解）

2. 让学生学会带着问题精读故事，对文章的内容、细节、文章架构、写作方式等进行批判性分析，锻炼学生的思辨能力。（应用实践）

3. 本文就 Brain 的现实生活入手，用身边的故事告诉我们节约用水的方法。看看你还能做些什么？（迁移创新）

【教学过程】

1. Warm up

播放一段"保护地球，节约用水"的视频，提出问题：How do you do to save water?

S1：I flush the toilet with used water.

S2：I turn off the water tap when I brush my teeth. …

2. Presentation

（1）Lead—in.

T：Do you know how many drops of water do one litre of water have?

S1：Maybe 100 drops.

S2：I think there are 1000 drops.

S3：I know, I know, there are about 3500 drops of water in one litre.

T：Yes. You're right. Today, let's go to learn a story about water.

（2）Watch and answer.

让学生注意看课文周围的图片，说出他们能看见什么，以此来讲授/检查他们对下列单词和短语的理解 drip, drop, water tap, leak, add up, fix, turn off.

让学生第一遍朗读文本，初步感知文章内容。Who? What? How? Why?

🔁 设计意图：问题的导入与思考的引导无疑是关键的一环。通过精心设计的问题，激发学生的思考，点燃他们对知识的渴望。

第二遍精读文章，并回答下列问题。

① What's wrong with Brain's house's water tap?

② Who fixes the tap?

③ What do they want to do to save water?

第三遍带学生朗读，核对答案。

① What's wrong with Brain's house's water tap? The tap leaks.

What means "leak"? "leak" means "漏水"。

② Who fixes the tap? Brain's dad.

③ What do they want to do to save water?

第四遍角色扮演，体验人物心理活动。把学生分组进行角色扮演。

🔁 设计意图："精读"对文章中的内容、细节以及有突出影响的段落进行批判性分析，拥有自己的独立思考，深入地理解文章的内容、内涵以及写作方式或者写作技巧。"精读"能够锻炼学生的思辨能力，让学生拥有独立思考能力。

3.Consolidation

① What do you do to save water?

② What do you do to save other resource?

4.Ending the lesson

和学生一起复习本课所学的内容，再次观看一个视频。

🔁 设计意图：本文关注环境保护，从 Brain 的现实生活入手，用身边的故事告诉我们节约用水的方法，让我们反思自己的行为。

☑ 六年级上册 Unit 2　教学设计 ①

Period 1　My hobby

【课时对应的子主题】人与兴趣；兴趣爱好；喜好的物品

【适用年级】六年级

【语篇类型】日常对话

———————

① 本文作者：天津外国语学校南普小学　刘红静。

【语篇研读】

What：语篇是 Bob，Peter，Kate，Li Yan 四位同学在语境中，介绍自己兴趣爱好的对话，展现了同学之间交流自己兴趣爱好并对各自的爱好进行评价的情景。

Why：简述爱好带来的影响、形成的原因，认识到爱好的内涵及其重要意义，主动培养良好的爱好、发展自我，学会欣赏和尊重他人爱好。

How：本文是讨论个人兴趣爱好的对话，要求听说读写 open，hobby，collect，map，box，colour，football，basketball，volleyball，涉及收集物品的词汇，如：collect toy cars，collect maps，collect maps，collect pictures 以及询问和回答自己的爱好时使用的核心语言，What's your hobby? My hobby is collecting maps. 通过学习对话，让学生问答自己和他人的兴趣爱好，体会形成爱好的原因，正确对待爱好。

【课时目标】

1. 在图片、视频以及教师的辅助下，在谈论兴趣爱好的过程中，学会本节课的词组 collect toy cars，collect stamps，collect maps，collect pictures 以及询问和回答自己的爱好时使用的核心语言，"What's your hobby? My hobby is collecting maps." 并在对话的过程中会问答各自的兴趣爱好。（学习理解）

2. 运用核心功能语句 "What's your hobby? My hobby is collecting maps." 向别人介绍自己的兴趣和爱好，让学生在轻松有趣的氛围中，完成学习任务，提高语言运用能力。通过学习字母 oo 的发音，纠正学生对单词句子的发音。（应用实践）

3. 通过阅读社团招新广告，学生能结交志趣相同的朋友，形成自己的兴趣爱好，形成自己的积极的情感体验。（迁移创新）

【教学过程】

1.教师和孩子们共同展示自己喜爱的物品并进行简短的对话：

Do you like…? I like… I'm interested in… What's your hobby?

（1）让学生观察本课的插图，并询问图中的人物都是谁，他们在谈论什么。

（2）让学生了解会话情景及会话的主要内容。

What are they doing? Yes，they are talking.

Can you guess what they are talking about? Yes，they are talking about their hobbies.

2.引导学生观察图中的 toy cars，picture cards 引导学生听读对话，回答问题：

Who likes collecting toy cars?　　　Who likes collecting stamps?

3.再播放录音，让学生回答如下问题：

Do you like collecting stamps?　　　What's your hobby?

（1）让学生合上书，教师播放录音，学生听录音模仿。

（2）鼓励学生分角色表演本课对话，师生共同评价。

△突出语言能力的培养。活动 1、3 激活学生已有知识储备，引导学生理解文本，学习对话内容，梳理建构核心语言句型 "What's your hobby? My hobby is collecting maps." 学生通过看、读、模仿对话进一步加深对文本大意的理解以及对核心语言的印象。

△融合思维品质的培养。通过活动 2，学生能通过观察图片，视听对话，了解主题，提取、获取关键信息，加强对语篇理解，实现在语言活动中发展思维。

➲ 设计意图：帮助学生深入理解对话内容，掌握对话中的重点词汇和核心语言，属于学习理解层次。课堂活动以语言运用为落脚点，贯彻了在用中学，学中用，学用结合，学以致用的原则。

4. 教师拿出玩具车的教学卡片图说 collect，让学生说 collect toy cars。练习 collect stamps，collect picture cards，collect maps。教师指着邮票图说 My hobby is collecting stamps. 让学生跟着说。接着教师指着其他图，让学生用此句型说更多的句子。出示 table tennis，football，basketball，volleyball 等图片，学生自由谈论自己所喜欢的球类运动。

5. 让学生分成 3～5 人小组，借助单词卡片、图片、照片、实物等，运用 I like collecting... I like playing... What's your hobby? My hobby is... 自由会话。教师在各小组间巡回检查，确保学生的练习效果，并帮助有困难的学生。

6. 学习字母 oo 的发音，加强对 pool，school，cool 的正确发音的理解，对 chant 的理解和熟练度。

△突出语言能力的培养。活动 4 通过具体的卡片进行组织教学，帮助学生建立起所学知识与实物之间的联系，对所学的单词，句子及其所指事物形成的清晰的表象或情感体验，以达到正确理解、运用语言的英语教学目的。活动 5 化抽象为具体，加快教学节奏，帮助学生掌握学习。

△融合学习能力的培养。活动 5 创设情境，营造氛围，进行组内交际。通过合作的方式获取知识，对知识进行分析、概括和组合，从而构建新知识。活动 6 是对字母发音的单独练习，结合所给相关单词句子，进一步纠音和学习。

➲ 设计意图：引导学生通过实物练习和小组活动的活动，将核心语言知识内化于心中，属于应用实践类活动；活动激发学生学习动机，提高课堂效率，培养学生的合作意识，加大学生的参与面，提高课堂的效率。

7. 教师指导学生阅读舞蹈社团、象棋社团、篮球社团招新广告，提取参加社团的重要信息，帮助学生理解和意识到自己的兴趣爱好，能够根据自己的兴趣爱好结交朋友，加强学生之间的交流，促进学生间积极的感情交流。

△突出语言能力的培养。活动 6 中设计三个社团招新的广告，让学生接触到社团相关词汇，增加词汇积累。通过阅读广告，理解各社团特点，思考自己的兴趣爱好，加强语言输出。

△融合思维能力的培养。活动 6 这种创新性的任务可以激发学生的创新思维，鼓励他们培养自己的兴趣爱好，对自己的爱好形成积极的情感体验。

➡ 设计意图：在设计社团招新广告这一情景中，学生通过自己的思考，表达自己的兴趣爱好，同学之间进行交流，结交朋友，增强感情，促进创新迁移活动的形成，发挥想象与创造。

【作业设计】

Period 1　Homework
Activity Card

1.Must—do Tasks

基本要素	具体内容		
作业内容	1. Listen to the dialogue and read it. 2. Recite the new lesson.		
形式和类型	形式	听–说□　听–写□　读–写□　其他□	
	类型	基础型□　拓展应用性□　实践型□	
作业时长	＿5＿分钟（建议时长 5—10 分钟）		
完成方式	独立完成□　合作完成□		
提交时间	当天完成□　＿＿＿天后□		
评价标准	根据实际情况选择活动 查找补充相关周末活动 正确朗读所填写的对话	☆☆☆☆☆ ☆☆☆☆☆ ☆☆☆☆☆ （自我评价）	☆☆☆☆☆ ☆☆☆☆☆ ☆☆☆☆☆ （小组评价）
	（教师评价）　Good □　　Super □　　Excellent □		

2.Optional Task

基本要素	具体内容	
作业内容	Write about your daily life.	
形式和类型	形式	听–说□　听–写□　读–写□　其他□
	类型	基础型□　拓展应用性□　实践型□
作业时长	＿10＿分钟（建议时长 5—10 分钟）	
完成方式	独立完成□　合作完成□	
提交时间	当天完成□　＿＿＿天后□	

基本要素	具体内容		
评价标准	根据实际情况选择活动 查找补充相关周末活动 正确朗读所填写的对话	☆ ☆ ☆ ☆ ☆ ☆ ☆ ☆ ☆ ☆ ☆ ☆ ☆ ☆ ☆ （自我评价）	☆ ☆ ☆ ☆ ☆ ☆ ☆ ☆ ☆ ☆ ☆ ☆ ☆ ☆ ☆ （小组评价）
	（教师评价） Good □　　Super □　　Excellent □		

Period 2　Hobbies of family and friends

【课时对应的子主题】人与兴趣；家人与朋友；兴趣爱好

【适用年级】六年级

【语篇类型】日常对话

【语篇研读】

What：语篇是 Yang Ming，Zhou Pei 和 Lisa 谈论家庭照片中家人的兴趣爱好，询问和谈论他人的兴趣爱好，加深彼此了解的情景。

Why：通过情景会话，让学生进一步学习如何询问和介绍他人的兴趣和爱好，引导学生学会细心观察、留心发现，更深入地了解自己家人和朋友的兴趣爱好，增进话题的交流，建立良好的关系，培养学会尊重别人。

How：文本是讨论照片中家人兴趣爱好的对话，要求会听说读写 dad，mum，plant flowers，drink tea，涉及介绍兴趣爱好的词汇，如：go fishing，plant flowers，cook meals 以及介绍动物和询问颜色时使用的核心语言，如 What's your dad's hobby? His hobby is planting flowers. What's your grandpa's hobby? His hobby is fishing. 通过能够用英语结合真实情景，谈论自己和别人的兴趣和爱好。

【课时目标】

1. 在视、听、说情境中，引导学生使用以下句子和短语进行交际：go fishing，plant flowers，cook meals 以及 What's your dad's hobby? His hobby is planting flowers. What's your grandpa's hobby? His hobby is fishing.（学习理解）

2. 询问相互的兴趣爱好，强化表达爱好的句式：What's your grandpa's hobby? His hobby is...，扩展有关兴趣爱好的内容，让学生反复练习，以 chant 形式让学生感知对字母组合 oo 在单词中的发音规律能够积极主动地参与课堂活动，大胆开口，主动模仿。（应用实践）

3. 通过填写自己的家人、学校的老师与同学以及朋友的兴趣爱好的调查表，让学生们在组内进行交流把所学的语言材料运用到实际的情景中。（迁移创新）

【教学过程】

1.教师选几位学生熟悉的人物或是名人的图片，让学生说说他们都有什么兴趣和爱好。了解完后，顺水推舟，教师告诉学生自己的 grandpa 有很多的兴趣和爱好。

My grandpa has many hobbies.What are his hobbies,can you guess? 让学生运用 What's your grandpa's hobby? 猜测。

教师展示教学卡片，边出示边介绍：

My grandpa's hobby is going fishing. My grandpa's hobby is planting flowers.

My grandpa's hobby is cooking meals.

2.展示课本插图，让学生观察，教师一边指图一边提出以下问题：

Who's the boy? What's the old man doing? What are the boys talking about?

播放录音，让学生回答问题。

3.教师引导学生听音频跟读模仿语音语调，进行分角色朗读对话。

△突出语言能力的培养。活动1、2激活学生已有的知识储备，通过图片引导学生准确理解文本大意，学习对话内容，梳理建构核心语言句型 "What's your…'s hobby? His hobby is fishing." 属于学习理解类活动；引导学生听和读，帮助学生构建语言知识框架。

△融合思维品质的培养。通过活动2、3，学生能通过回答问题，视听对话，了解本课主题，提取、获取关键信息，学会交际，实现在具体英语语境下的，英语交流与学习。

💡 设计意图：教师设计贴近学生生活情境，培养学生英语思维，属于学习理解活动。学生掌握重点词汇和核心语言，通过模仿、跟读和分角色朗读，深入理解对话内容，将语言内化吸收，为培养良好的语音语调和语用能力打下坚实基础。

4.（1）"小小擂台赛"：将全班分成男生、女生两大组，每组每次出一人提出问题挑战对方。所提问题以本课对话为中心。

（2）利用自己所带的相片介绍自己家人的兴趣和爱好。教师引导学生培养健康向上的爱好。

△突出语言能力的培养。活动4的"小小擂台赛"活动，突出学生主体，让学生主动参与，乐于探究，形成合作交流。在小组的活动中，学生互相提问题，让对方回答，充分发挥学生主观能动性，学生会根据所学内容的需要，增强课堂的趣味性和可接受性。

💡 设计意图：利用照片介绍家人兴趣爱好以及学习 chant 活动，引导学生学习功能语句和核心词汇并运用，属于应用实践类活动，有利于学生在轻松愉悦的情境下，运用语言知识，提高语言运用能力，促进思维发展。

5. 播放 chant 的录音。

△融合学习能力的培养。活动5通过对 chant 的学习，学生在过程中中反复听读，以 chant 的题材为出发点，学习字母 oo 发音。

6. 教师设计完成 Let's do a survey 活动。发给学生调查表，调查同学父母及身边人的兴趣和爱好。填写完调查表后，各小组内部成员互相询问，利用 "What's your's hobby? His/ Her hobby is…" 等相关功能语句。

△突出语言能力的培养。活动 6 中完成 Let's do a survey 活动，让学生填写学生调查表，了解家人及身边人的兴趣爱好，帮助他们更好地了解彼此、增进感情。同时，提供真实的语言应用机会，加强语言的输出。

△融合思维能力的培养。活动 6 这样的任务可以激发学生的创新思维，激发其自主学习的兴趣，让学生通过创新模式，良好的学习方法，培养正确的学习动机和积极向上的学习态度。在完成调查表后，学生通过小组内相互表达各自家人及身边人的兴趣爱好，帮助学生更直观地理解英语单词的含义，内化功能语句，掌握所学知识，小组间通过表达，达到互相学习，互相帮助的良好学习氛围。

➲ 设计意图：通过完成爱好调查问卷，学生了解彼此的亲朋好友的爱好，加深彼此的了解，建立良好的生生关系，学会尊重他人的爱好。通过思考问题，学生能生能辩证地看待爱好、平衡爱好与学习的关系，合理规划时间，明白爱好能使我们的人生更加开阔多彩。

Period 3　Meanings of hobbies

【课时对应的子主题】人与兴趣；家人与朋友；兴趣的意义
【适用年级】六年级
【语篇类型】日常对话
【语篇研读】

What：语篇是 Yang Ming、Zhou Pei 和 Lisa 谈论各自的兴趣爱好，谈论 Lisa 的照片，通过学习，能够向别人介绍自己的日常生活和学习情况。

Why：通过几位好友的描述，表达自己的兴趣爱好，简单描述兴趣爱好形成的原因，分享兴趣爱好带给自己的感受，学生能够认识到爱好的内涵及其重要意义，主动培养良好的爱好，发展自我。

How：该对话是讨论各自兴趣爱好的对话，需要听说读写单词如 take，kid，hungry，photo，baby，cry，涉及介绍爱好的相关词组，如：play computer games，make dolls，take photos 以及介绍兴趣爱好所使用的核心语言，如 What are you interested in? I'm interested in taking photos… 通过对朋友间各自兴趣爱好的交流的对话，让学生尝试问答各自的兴趣爱好，加强相互间的交流和沟通，帮助学生感知兴趣，培养兴趣的情感。

【课时目标】

1. 在谈论不同颜色的动物各自兴趣爱好的视、听、说情境中，理解情景内容，听、说、读、写的词语是：take,kid,hungry,photo,baby,cry,词组有 play computer games,make dolls, take photos,句型有 "What are you interested in? I'm interested in taking photos."

2. 在谈论兴趣爱好的过程中，通过 Let's interview 环节，运用本课核心句型 "What are you interested in? I'm interested in taking photos." 引导学生到实际的情景中习得语言。通过 chant 的形式练习字母 oa 的发音，培养学生学习英语的热情，加固学习兴趣。（应用实践）

3. 录制自己体现兴趣爱好的 Vlog，通过该方式，表达形成兴趣爱好的原因和过程，深层次对兴趣爱好进行归纳总结。（迁移创新）

【教学过程】

1. 学生听唱歌曲 My hobbies song，营造愉快的英语学习氛围，同时帮助学生复习有关兴趣爱好的英语词汇。

2. 教师出示兴趣爱好的卡片，让学生用已学句型表达卡片的内容，引导学生回顾已学知识。

3. 听读课文，回答以下问题：

What's Zhou Pei's hobby? What's Yang Ming's hobby? What's Lisa's hobby?

再放录音，让学生跟读，并画出三个人表达爱好的句子。

4. 教师引导学生跟着音频跟读模仿语音语调，鼓励学生跟着视频注意模仿主人公的动作表情。进行分角色朗读对话。

△突出语言能力的培养。活动 1、3、4 能够通过教师的提问的问题引导学生准确理解文本大意，学习对话内容，正确回答和提取文本中的重要内容，建构核心语言句型 "What are you interested in? I'm interested in taking photos." 属于学习理解类活动；再引导学生通过听读对话进一步加深对文本的大意以及本文重要的核心词汇与句型的理解。

△融合思维品质的培养。通过活动 2、3，学生能通过观察卡片，视听对话，了解本课时所谈论的主题，提取、获取关键信息，深层次地理解对话内容，培养学生的思维。

⭕ 设计意图：教师创设多元情境，引导学生通过观察和视听对话，从语篇到句子再到词汇全面理解对话内容，帮助学生真实体会角色所处的情境，让学生进行分角色扮演，锻炼口语表达能力，提高阅读能力。教师利用各种手段加强训练，如讲解示范读、播放录音、个别指导读等，力求达到要求，以便更好地领悟角色表达的情感。

5. 采访活动，学生分小组分角色表演对话，并进行评价。评价包括以下几方面：

（1）发音准确：语音标准，词汇、语句正确无误，吐字清晰，归音到位。

（2）传情达意：语言流利流畅，快慢得当，自然流露，声情并茂。

（3）整体印象：肢体语言，面部表情与语言表达的协调性。

6. 学生在教师指导下，通过 chant 的形式练习字母 oa/u/ 的发音。复习学过的单词，通过跟读过渡到学生自己独立说 chant，提高学生的学习兴趣。

△突出语言能力的培养。活动 5 角色扮演可充分调动学生的积极性，帮助学生培养小组合作精神，通过角色扮演，学生更能深刻理解角色的设置含义。角色扮演后的评价，根据课程目标的要求，采用科学、合理的评价方式和方法，对教学过程和结果及时和有效地监控，对教学起到积极的作用。

△融合学习能力的培养。活动 6，教师通过 chant，有利于对发音的渗透，加强对知识的强化和巩固，欢快的旋律帮助学生调动积极性，提高教学效果。

➡ 设计意图：引导学生通过角色扮演，让学生加强学习的熟练度，加深对文本的理解，属于应用实践类活动；这两个活动在主题基调上属于动静结合，帮助学生创造丰富、立体的语言学习氛围，提高学生学习的能力和思维发展。

7.教师指导完成根据自己所写的写作，录制 Vlog，可以在班里进行展示，为学生提供生活化场景，帮助学生表达自己的所想所学所感。

△突出语言能力的培养。活动 7 中设计与本单元相关的拍摄 Vlog 活动，能够让学生了解到英语知识框架，提高学生习作能力，巩固本单元知识，加强学生的理解，帮助学生把握主旨思想，加强积累，完成英语整体能力的提升。

➡ 设计意图：通过让学生感兴趣的活动，令教学过程更加直观，通过对学生的感官上的调动，调动学生学习的创造力和积极性，培养学生良好的英语学习兴趣，提升英语教学课堂教学效率和质量。

Period 4　Respect others' hobbies

【课时对应的子主题】兴趣爱好；自己的爱好；朋友的爱好

【适用年级】六年级

【语篇类型】日常对话

【语篇研读】

What：语篇是动物朋友们谈论各自的兴趣爱好，Micky 表示对别人的爱好都不喜欢，也对不能清晰表达自己喜欢的爱好感到很困惑。

Why：通过描述动物们之间交流各自爱好的场景，引导学生在特定的语境下了解朋友的兴趣爱好，帮助学生学会和尊重他人的爱好，培养学生发展自己的爱好，充实和丰富自己的人生的意识。

How：本文是动物之间讨论兴趣爱好的对话，涉及介绍爱好的相关词汇，如：fish，sing，play basketball，cook，以及介绍兴趣爱好的使用的核心语言，如 My hobby is… 通过对动物间的对话，让学生尝试问答自己的兴趣爱好，与其他同学进行交流，学会欣赏和尊重他人的爱好。

【课时目标】

1. 在谈论兴趣爱好的情境中，理解情景内容，获取不同动物的兴趣爱好的讨论，所用的词汇：fish，sing，play basketball，cook 和句型：My hobby is…（学习理解）

2. 运用核心句型 My hobby is… 介绍动物们的兴趣爱好，在对话的过程中进行表达。（应用实践）

3. 在 Let's play 活动中，通过阅读介绍自己的兴趣，完成兴趣爱好思维导图的填写，通过学习，完成关于 My hobby 的作文。（迁移创新）

【教学过程】

1. 学生听唱歌曲 Animals and hobbies，营造愉快的英语学习氛围，引导学生复习关于兴趣的已有知识。

2. 教师出示动物照片，通过播放本课课文视频，了解本篇课文内容，并回答问题：

Q1：What's Mimi's hobby?　　Q2：What's the elephant's hobby?

Q3：What's the bird's hobby?　　Q4：What's the rabbit's hobby?

Q5：What about Micky?

3. 教师引导学生跟着视频注意模仿主人公的动作表情并进行分角色朗读对话。

△突出语言能力的培养。活动 1、3 能够帮助学生激活所学语言知识，复习旧知的同时继续学习新的知识，通过学习 Animals and hobbies，调动学生的学习积极性，导入本课所学内容。听音模仿的环节，学生通过模仿动物们表达自己的兴趣爱好以及 Micky 的语气，深刻地理解情景的表现形式，融入场景，吸收内化语言知识。

△融合思维品质的培养。通过活动 2、3，学生能通过观察图片回答问题，了解本课核心内容。通过有趣故事的背景设置，让学生通过了解不同的背景，提高文化交流的能力。

→ 设计意图：帮助学生深入理解对话内容，在课文所创设的情景中，学生操练和运用所学对话，有利于理解对话内容。教师帮助学生改变原有的发音模式和习惯，体现模仿训练的针对性。同时伴随输入语言信息，便于模仿输出，打造语言文化多维立体化学习，注重语法训练，追求语言表现力，为学生进一步学习英语打下坚实的基础。

4. 教师将动物们的爱好，以填空的形式呈现，让学生们进行填写。通过填空，让学生梳理动物们的兴趣爱好并进行表达。帮助学生运用核心句型来表达自己的兴趣爱好，以达到举一反三的效果。

5. 小组合作编写与本课内容相关联的新的对话，通过练习，进行表达，并选择愿意进行展示的小组来进行展示。为学生创设情境，采取整体教学模式学习对话。

△突出语言能力的培养。活动 4 利用填空的方式帮助学生提取重要的信息，让学生在填写的过程，用英语思维进行语言学习，为英语学习的综合能力夯实基础。

△融合学习能力的培养。活动 5 强化相互合作的小组合作，是在每节课的一定阶段进

行，在英语课堂教学中运用小组合作方式，有利于创设良好的言语交际环境，在有限的教学时间内大幅度地增加了学生参与语言实践量，调动了学生的积极性，增强了学生之间竞争向上的精神，丰富了交流的多维性和交互性。

➡ 设计意图：引导学生通过练习和对话掌握本节课的核心句型，对核心句型深刻理解和灵活运用。引导学生学习发现、分析和解决问题，培养学生的创新精神和合作精神。在小组合作中，小组成员互相帮助学习并增加学习兴趣。这样的交流合作和成功的体验式学习塑造了学生、老师和学生之间的互动，帮助学生体验成功的喜悦。

6. 教师指导学生阅读理解，分析句意，理解文中的表达内容，将主要内容以思维导图的方式进行填写，引导学生分析文章具体内容，提取关键的知识点。

7. 通过学习关于的兴趣的阅读理解，学习写作特点和表达方式，书写自己的兴趣爱好，尽量多地使用关于本单元的学习内容。

△突出语言能力的培养。活动 6 中设计关于兴趣的阅读理解，以思维导图的形式表现出来，让学生进行梳理，激发学生的学习兴趣，提升注意力，培养学生形成良好的学习策略，锻炼学生的学习思维能力，培养创新精神，促进知识的内化，帮助学生提高记忆能力。

△融合思维能力的培养。活动 7 设计关于兴趣的作文，帮助学生构建自己的知识体系，巩固所学的知识，从单词、句型、简单的语法知识到作文，引导学生进行结构化学习，让知识的获取、储存和提取更加高效。

➡ 设计意图：本阶段在设计阅读理解、思维导图和作文过程中，强调学生的综合能力形成离不开阅读能力的培养，阅读是扩大言语输入量的有效途径，巩固学过的知识，通过阅读相关材料帮助学生培养相应的学习策略。

Period 5　Hobbies enrich free time.

【课时对应的子主题】人与兴趣；教师与学生；兴趣的养成

【适用年级】六年级

【语篇类型】文本语篇

【语篇研读】

What：语篇是 Mr Kent 是一名科学老师，他喜欢观察鸟类习性，并带领学生一起去观察鸟类，让学生了解鸟类的生活特性，学生们由此喜欢观察的故事。

Why：通过讲述 Mr Kent 带领学生们观察鸟类的过程，表达了教师帮助学生日常培养兴趣爱好，丰富他们的日常生活的全过程，通过思考问题，学生能提高学习效率、合理规划时间，平衡好学习和爱好的关系。

How：本篇是关于介绍观鸟的过程，涉及介绍相关词汇，如：bird—watching, care, crane

以及介绍兴趣爱好使用的核心语言，如 His hobby is…，They are interested in…，They like…通过 Mr Kent 带领学生们去观察鸟类，他们也喜欢上了这个爱好，让学生们体会动物的可爱之处，激发喜爱动物的情感。

【课时目标】

1. 在谈论 Mr Kent 带领学生们观察鸟类的过程，理解情景内容，获取、梳理 Mr Kent 和同学们一起观鸟所用的词汇：bird—watching，care，crane 和句型：His hobby is…，They are interested in…，They like…（学习理解）

2. 在观察鸟类的过程中，运用本课核心句型 His hobby is…，They are interested in…，They like… 介绍 Mr Kent 和学生们的喜好，并在讲述语篇的过程中认识动物的特点。（应用实践）

3. 小组合作，运用核心句型在组内进行描述，谈论什么是好的兴趣，什么是不好的兴趣，并讨论如何平衡兴趣和学习，再向全班进行分享展示组内代表的观点。（迁移创新）

【教学过程】

1. 学生带来介绍自己兴趣爱好的照片，向全班介绍，通过这个环节，复习关于兴趣爱好的表达。教师继续展示关于的动物习性的照片，让学生描述动物们的喜好。

2. 教师展示本课的图片，让学生们进行讨论，表达相关图片的内容。学生观看文本的视频，教师提出问题：

Q1：What is Mr Kent's hobby?

Q2：What does Mr Kent want to do?

Q3：Can you say something about life habits?

3. 教师引导学生跟着音频跟读模仿语音语调，引导学生跟着视频注意模仿主人公的动作表情，然后进行分角色朗读对话。

△突出语言能力的培养。活动 1、2 能够激活学生已有的知识储备，循序渐进地帮助学生进行知识的渗透与理解，由自己的兴趣爱好的表达到相关动物的习性介绍表达，最后进行文本的图片的分析。通过观看文本视频，教师提出问题，学生进行回答，培养学生观察和学习的能力。

△融合思维品质的培养。通过活动 2、3，教师引导学生细致观察图片并提问，让学生更好地感知、记忆、思维和想象，掌握更多较牢固的知识和技能，学得轻松愉快，令课堂气氛活跃，把抽象的语言用直观具体的形象体现出来。从而掌握所学内容。

➲ 设计意图：帮助学生深入理解对话内容，在导入环节，让学生自己带照片和教师提供图片相结合，运用图片来创设情境，在特定的语言环境中，进行语言交际，充分利用生动、活泼的、人性化的鲜艳的图文，通过抽象的语言文字，引导学生对事物信息的理解、接受，让学生能够在快乐的英语学习环境中，轻松学习英语，充分调动学生的积极性，使他们保持学习的兴趣与热情。

4. 教师引导学生在组内进行合作,将语篇变成对话,选择观鸟过程中的任意环节进行展示,对于编写对话和表演对话优秀的小组进行奖励。

5. 学生在教师指导下,结合板书梳理、归纳对话的核心语言,并根据板书提示尝试复述课文。参考语言:

Mr Kent and his classmates go to see ____. It is ____. They know something about ____.

△突出语言能力的培养。活动4、5教师通过引导学生改编语篇为对话,让学生通过选取观鸟的某一个片段进行对话编写,进行角色扮演,有助于学生充分参与课堂,进行全方位的交流,培养学生与他人的合作意识和交际能力,激发学习兴趣。

△融合学习能力的培养。活动4、5学生通过学习本篇内容,掌握主要内容大意,以多种形式帮助学生巩固所学所得,全方位地为学生创设英语学习环境,在对话情景下中导入、操练和运用,尝试将交互式的对话教学恰当地、有效地应用于英语教学中。

➡ 设计意图:引导学生通过编写对话、表演对话以及复述课文来进行所学知识的巩固,培养学生的英语交际的能力,通过理解文本情景、走入文本情景、走出文本情景,走入生活的学习模式,为培养学生在实际中灵活运用言语交际能力提供展示与操练的平台,引领学生走进对话,发展思维、提升能力。

6. 小组合作,一起谈论好坏兴趣的界定与区分,讨论如何平衡兴趣和学习,每组选出一名代表来进行分享自己的观点,最后在班中选出最优秀的小组进行奖励。

7. 各小组将各自的展示结果以手抄报的形式在全班进行展示。此项活动帮助学生训练学习、归纳、创新的过程。

△突出语言能力的培养。活动6中设计小组合作,帮助学生讨论如何判定兴趣的好坏,讨论如何平衡兴趣和学习,将讨论的结果和班级分享。锻炼学生的综合英语运用的能力,增强英语的实践性,帮助学生提高和锻炼英语综合素养。

△融合思维能力的培养。活动7这种手抄报的任务创办简单、内容实用、可操作性强,适应英语教学节拍,丰富教学手段,培养习惯,锻炼能力,激发热情,让学生根据自己的个人爱好,搜集相关的英语素材,精心安排与制作,培养良好的英语习惯。

➡ 设计意图:教师在组织学生进行交流时,帮助学生动嘴多读,动脑多想,动眼多看,动耳多听,动手多做,调动学生整体感官感受英语,丰富学生的知识。学生制作手抄报,根据内容添加图画,使版面图文并茂,活泼新颖,达到学以致用的目的。

Period 6　Why I play sports?

【课时对应的子主题】兴趣与运动；比赛与过程；热爱运动

【适用年级】六年级

【语篇类型】文本语篇

【语篇研读】

What：语篇是作者为什么会喜欢运动。通过绘本的学习，引导学生培养自己的兴趣爱好，更好地塑造自己的品质修养。

Why：描述自己参加篮球比赛，虽然输了，但是付出了很多努力，虽败犹荣。通过这个故事，告诉人们要经常参加运动，锻炼自己的身体和磨练自己的意志。

How：绘本是讨论兴趣爱好的话题，涉及相关词汇，如：discover，championship，overtime，regularly，coach. 通过绘本的描述，让学生理解文章内容，激发学生积极正向发展自己的爱好的情感。

【课时目标】

1. 在谈论学生所喜欢的各种运动的视、听、说情境中，导入对篮球的讲解，理解绘本内容 . 与同学们讨论本文所用的词汇：discover，championship，overtime，regularly，coach.（学习理解）

2. 帮助学生掌握本文的主要内容以及表达的思想，引导学生复述课文，对本文的观点进行讨论。（应用实践）

3. 小组合作分享自己所喜爱运动的故事，与组里成员交流，并做出自己喜欢的运动的宣传海报，吸引更多的学生加入自己推荐的运动中来，向全班进行分享展示。（迁移创新）

【教学过程】

1. 教师出示关于多种运动的图片，让学生表达自己喜欢的运动及原因。设置谈论话题背景，激活学生有关运动词汇的已有知识。

2. 教师播放关于篮球比赛的视频，让学生谈论观看视频后的感想，并让学生表达自己参加篮球比赛的感想。

3. 学生观看文本的视频，教师提出问题：

Q1：Why do some people dislike sports?

Q2：Did we win the game or not?

Q3：What's the advice of the author?

4. 教师引导学生听音频跟读模仿语音语调，引导学生模仿主人公的动作表情。

△突出语言能力的培养。活动 1、3、4 通过观看图片和视频，帮助学生激活对运动的词汇和句型表达，实现学习方式多样化和英语氛围创设。

△融合思维品质的培养。通过活动2、3，学生能通过观看篮球视频，为学生提供大量包括语言交际情境在内的信息素材，让学生解接触到课本之外的更多知识，使学生学习方式更加多样化。

5. 教师帮助学生掌握本课的各段的主要内容，对各段内容进行归纳总结，提取本篇文章的主要思想，在小组内进行讨论。

6. 学生在教师指导下，结合板书梳理、归纳对话的核心语言，并根据板书提示尝试复述课文。参考语言：

Some people have no interest in sports. Because they have not discovered the fun of sports. In one basketball game, …

△突出语言能力的培养。活动5是对学生阅读能力的培养，学生认真去筛选阅读里的重要信息，把绘本中的语言材料进行简单的加工。教师鼓励学生，帮助他们实现主动阅读，增加英语阅读的兴趣性，教会学生抓关键词阅读，根据上下文意思进行分析，在实践中不断探索，阅读能力获得长足发展。

△融合学习能力的培养。活动6复述文本是让学生在理解课文内容及结构的基础上对课文实行加工和整理，融语言材料于一体，通过自己实行语言组织，将课文的内容再出现的过程，帮助学生训练记忆，抓住文章中的细节。同时也是训练学生口语水平的重要途径，有利于调动学生的课堂参与意识，助推课堂教学互动，反馈学生的学习情况和教师的教学情况。

⟳ 设计意图：学生通过归纳文章的内容和思想，体现新旧知识相互融合，及对语言知识的活化应用。

7. 学生在组内表达自己喜爱的运动，讲述在过程中发生的一些小故事以及感受。组员互帮互助，做出自己喜欢的运动宣传报，表达自己所喜欢的运动的特点，吸引更多的学生喜欢并参与此项运动中。

△突出语言能力的培养。活动7中设计组内合作的活动，是倡导体验、实践、参与、合作与交流的学习方式，发展学生自主学习的能力和合作精神，体现了学生潜能和主体地位。以"合作"思想为灵魂，以"小组教学"为主体，辅以灵活的、快速的反馈和合作性的反馈手段，形成一个有利于全体学生积极、主动、活泼发展的课堂氛围。

△融合思维能力的培养。活动7中制作宣传报的过程，是在充分研读教材文本的基础上，以宣传报为支架展开教学，将知识学习与技能发展融入主题、语境、语用之中，让兴趣成为课堂的驱动力，培养学生的自主学习能力。

⟳ 设计意图：本阶段在设计迁移创新活动中，利用复述和制作宣传报为主要方法，为英语课堂的导入增添活力。任务型教学帮助学生身临其境，真正获得情感体验，促进语言运用能力的提高。以书本为主，更要走出书本、走进生活，发挥学生的创造性，培养学生自信，增添英语课堂学习活力。

六年级上册 Unit 3　教学设计（人教精通版）[①]

Period 1　Make an invitation card.

【课时对应的子主题】人与自我；生活与学习；家庭与家庭生活

【适用年级】六年级

【语篇类型】项目制作

【语篇研读】

What：本单元主题为"生日相关话题"，本课时的语篇教学为单元内的第一课时。语篇中呈现了几张生日邀请卡和邀请他人参加聚会时的核心语句。

Why：语篇通过介绍怎样制作邀请卡，使学生在项目制作的过程中明确要素，关注核心表达。

How：语篇情境贴合学生生活实际，让学生产生感同身受的情绪体验，促使学生形成分享快乐积极情感。

【课时目标】

1.通过观察教师呈现的生日邀请卡，学生能够提取和梳理生日邀请卡中应该提及的时间、地点等要素。（学习理解）

2.运用核心语句及制作的邀请卡演示邀请他人参加生日聚会的过程。（应用实践）

3.学生制作其他项目邀请卡。（迁移创新）

【教学过程】

1.Free talk

When is your birthday?

What do you often do on your birthday?

Do you often celebrate your birthday?

How do you celebrate your birthday?

2. 教师展示 invite your friends to your party 图片，以简笔画方式呈现。

T：Would you like to invite your friends to your party? S：Sure. I'd love to.

3. 教师分别展示图片，学习练习几组词语：celebrate your birthday with your friends，give a birthday card to your friend.

---

① 本文作者：天津市河北区育婴里小学　谢萍。

4.Look and find

What's on the invitation card? Who? When? What time? Where?

→ 设计意图：激活学生的知识储备和帮助学生尽快进入学习状态，让学生明确本单元整体教学的主情境。教师呈现几组生日邀请卡，帮助学生理解大意，梳理语篇主要内容，学习核心词汇和语言，提取和梳理邀请卡中应该明确时间、地点、人物、事件等要素。

5.Work in pairs

A：Please come to my party. Here's a card for you. B：Thank you.

6. 提供具体信息，让学生写邀请卡

（1）教师引导学生回顾书写邀请卡时应包含的主要信息：邀请人、邀请对象、邀请内容、时间、地点等。

（2）让两名学生展示他们所写的生日邀请卡，示范向朋友提出邀请。

（3）让其他学生模仿前两名同学，发出他们写好的邀请卡。

→ 设计意图：教师引导学生能够独立完成生日邀请卡并运用核心语句完成邀请过程，将项目制作和语言实践相结合。

7. 教师提供更多的情景，学生制作不同邀请卡

（1）T：We have many interesting activities in our daily life. Do you want to share with your friends? Let's watch. 教师用 PPT 呈现不同情景：have a picnic, do sports, go to the theme park, fly kites 等，带领学生认读。

（2）引导学生选择自己喜欢的活动，邀请朋友一起去。

A：I'd like to go to the theme park this Sunday. Would you like to come with me?

B1：Sure, I'd love to.

B2：I'd love to, but I have to…

→ 设计意图：帮助学生把从语篇学习中梳理和获得的文本结构、语言知识和写作逻辑迁移到其他邀请卡的制作中，发展学生的语用能力，培养英语学科核心素养。

Period 2   Invite your friends.

【课时对应的子主题】人与自我；生活与学习；家庭与家庭生活

【适用年级】六年级

【语篇类型】会话语篇

【语篇研读】

What：本课时的语篇教学为单元内的第二课时。明天是 Lisa 的生日，她想邀请朋友 Gao Wei、Peter 和 Kate 参加她的生日聚会，朋友们都很高兴地接受了 Lisa 的邀请。

Why：语篇引导学生从整体上感知、模仿、学习和体验语言，学会如何邀请他人参加自己的生日聚会，最终引导学生运用目标语言进行交流。

How：语篇情境贴合学生生活实际，涉及的核心语句有：Would you like to come to my birthday party? Sure. I'd love to. Goodbye!/Bye—bye!/Bye!

【课时目标】

1.通过观看教学视频，学生能够提取和梳理有关如何邀请他人和怎样回复他人邀请的核心语句并能复述语篇。（学习理解）

2.在教师的帮助和同伴协助下，能够分角色表演语篇并利用第一课时制作的生日邀请卡邀请班内同学参加自己的生日聚会。（应用实践）

3.学生邀请朋友参加其他有意义的活动。（迁移创新）

【教学过程】

1.播放歌曲 Happy Birthday! 师生一起唱，活跃课堂气氛。

2.教师叙述自己每年是如何庆祝生日的，让学生理解 celebrate 一词的含义。T：I often eat noodles with my family on my birthday. What about you? 引导学生用简单的语言说一说他们是怎样庆祝生日的。

3.语篇呈现

（1）呈现挂图，介绍明天是 Lisa 的生日，让学生预测一下 Lisa 准备怎样过生日。

（2）通过问题让学生逐步理解语篇内容：How does Lisa celebrate her birthday? Will she invite her friends to her birthday party? How does she invite them? When does the party begin?

⊙ 设计意图：激活学生的知识储备，帮助学生尽快进入学习状态，让学生明确本单元整体教学的主情境。教师呈现完整会话内容，帮助学生理解大意，梳理语篇主要内容，提取和梳理核心语句。

4.学生设计自己的生日聚会邀请卡，用英语书写邀请卡信息。

（1）引导学生在小组内分角色朗读，巩固语言。

（2）引导学生分角色表演。

⊙ 设计意图：教师引导学生能够复述语篇大意，独立完成生日邀请卡并运用核心语句完成邀请过程。

5."假期活动计划"。国庆假期中有许多有趣的活动，让学生邀请朋友一起参加。教师提供语言支持，引导学生选择自己感兴趣的话题，2～3人一组进行交流。

⊙ 设计意图：发展学生的语用能力，培养英语学科核心素养。

Period 3　Let's go shopping.

【课时对应的子主题】人与自我；生活与学习；家庭与家庭生活

【适用年级】六年级

【语篇类型】会话语篇

【语篇研读】

What：本课时的语篇教学为单元内的第三课时。Lisa 准备邀请朋友来参加她的生日聚会，她和 Mum 正在商店选购生日蛋糕和其他礼物。

Why：语篇引导学生从整体上感知、模仿、学习和体验语言，学会如何使用英语进行购物，最终引导学生运用目标语言进行交流。

How：语篇情境贴合学生生活实际，涉及的核心语句有：What kind of cake would you like? I'd like a chocolate cake. Can I have some ice cream and some jelly?

【课时目标】

1. 通过观看教学视频，学生能够提取和梳理有关购物的核心语句并能复述语篇。（学习理解）

2. 在教师的帮助和同伴协助下，能够分角色表演语篇。（应用实践）

3. 学生以组为单位创编购物话题的会话。（迁移创新）

【教学过程】

1. 热身 / 复习

教师用 PPT 展示出有关食物和饮料的图片，引导学生说出单词，复习旧知识。

2. 语篇呈现

（1）教师展示教学挂图。T：Lisa is going to have a birthday party. Her mum is going shopping with her. What do they want to buy? 学生会根据图片提示说：They want to buy a cake…

（2）教师把不同形状蛋糕的图片贴在黑板上：I have many cakes, a star—shaped cake, a heart—shaped cake, a round cake and a square cake. Which one do you like?

（3）教师播放课文视频，引导学生回答问题：What kind of cake would Lisa like? 学习单词 chocolate 和 heart—shaped，然后分角色练习目标语言：What kind of cake would you like? I'd like a chocolate heart—shaped cake.

（4）教师问：Why does she choose a heart—shaped cake? 引导学生理解并回答：A heart-shaped cake shows her love for Mum and Dad.

（5）教师问：They also get some other things. What are they? 引导学生说出：ice cream, jelly, candy, fruit pies. 教师展示图片，带领学生学习单词，把单词放在句中再理解：Can I have some ice cream and some jelly? I'll get some candy and fruit pie for you.

设计意图：激活学生的知识储备和帮助学生尽快进入学习状态，能够让学生明确本单元整体教学的主情境。

3.趣味操练

（1）教师播放录音让学生边听边模仿跟读。

（2）引导学生在小组内分角色朗读，巩固语言。

（3）引导学生分角色表演课文。

（4）Game：随着音乐的播放，PPT中不断变换不同形状、种类的蛋糕；音乐停止，引导学生两人一组根据图片提示操练语言：What kind of cake would you like? I'd like…

设计意图：教师引导学生能够复述语篇大意，在小组合作中完成复述文本的任务。

4.设计购物单。

5.表演购物场景。

设计意图：帮助学生把从语篇学习中梳理和获得的文本结构、语言知识和写作逻辑迁移到自己的购物清单制作中，在此过程中发展了学生的语用能力，培养了英语学科核心素养。

Period 4　Happy birthday!

【课时对应的子主题】人与自我；生活与学习；家庭与家庭生活

【适用年级】六年级

【语篇类型】会话语篇

【语篇研读】

What：本课时的语篇教学为单元内的第四课时。Peter,Kate 和 Gao Wei 一起去为 Lisa 过生日，他们送给她生日礼物，Lisa 非常高兴。生日聚会开始了，大家点燃蜡烛，唱起生日歌，Lisa 许愿，吹灭蜡烛，切生日蛋糕和大家一起分享，他们玩得非常高兴。

Why：语篇引导学生从整体上感知、模仿、学习和体验语言，学会表达庆祝生日时的各个环节，最终引导学生运用目标语言进行交流。

How：语篇情境贴合学生生活实际，涉及的核心语句有：Here is a teddy bear for you. Here is a piece of cake for you. Let's light the candles and sing the birthday song. Make a wish and blow out the candles.

【课时目标】

1.通过观看教学视频，学生提取和梳理有关庆祝生日的核心语句并能复述语篇；（学习理解）

2.在教师的帮助和同伴协助下，能够分角色表演语篇；（应用实践）

3.学生以组为单位创编为组内同伴庆祝生日的会话。(迁移创新)

【教学过程】

1.热身/复习

(1)播放有关生日聚会的视频。

(2)创设情境:教师介绍:自己的朋友明天要过生日,想为他买个小礼物,让学生提供建议。

2.语篇呈现

(1)教师总结讨论结果:Thank you! Your presents are very nice.

(2)教师介绍:Lisa 也要过生日了,让学生猜猜她的朋友是如何为她祝贺生日的。然后播放视频,提问:What presents does Lisa get? 朋友们是怎样将礼物送给 Lisa 的,引入目标语言:Here is a teddy bear for you. Here are some chocolates for you. I have a new book for you!

(3)引导学生分角色演示送生日礼物。

(4)再次播放课文视频,让学生回答问题:What do they do at the party?

(5)用图片或肢体动作帮助学生理解 light the candles,sing the birthday song,make a wish,blow out the candles,cut the cake,然后要求学生模仿、跟读。

3.趣味操练

(1)播放录音,让学生边听边模仿跟读。

(2)引导学生在小组内分角色朗读,巩固语言。

(3)组织学生分角色表演课文。

(4)传递礼物的游戏。

核心语句:Here is a…for you!/Here are…for you!

讨论 Lisa 和朋友在生日聚会上做了什么?两人一组先讨论生日聚会的过程,给图片排序。引导学生运用 first,then,and then,after that,at last 等描述步骤的语言。

4.拓展延伸

组织学生分组讨论自己举办生日聚会的过程,尽量使用本课所学表达方式,引导学生在讨论中加入描述步骤的词语。

Period 5　Celebrate birthdays

【课时对应的子主题】人与自我;生活与学习;家庭与家庭生活

【适用年级】六年级

【语篇类型】故事语篇

【语篇研读】

What：本课时的语篇教学为单元内的第五课时，本课时教学内容包含两个语篇。周六是 Micky 的生日，他写了邀请卡请朋友们来参加他的生日聚会，朋友们都很高兴地接受了邀请。当 Micky 邀请 Elephant 时，得知他们的生日在同一天，Elephant 建议两人一起庆祝生日。他们高兴地邀请朋友们一起搞了一个生日聚会。另一则语篇是讲述了小男孩 David 和家人、朋友一起庆祝生日的过程。

Why：语篇引导学生从整体上感知、模仿、学习和体验语言，能够复述故事大意，最终引导学生运用目标语言进行交流。

How：本课以趣味故事的形式，集中复现本单元所涉及的有关生日聚会的语言知识，引导学生将所学语言运用到实际生活中。

【课时目标】

1. 通过观看视频，学生能够提取和梳理语篇核心语句并能复述语篇；（学习理解）

2. 在教师的帮助和同伴协助下，能够分角色表演语篇；（应用实践）

3. 项目制作：以连环画形式画出自己过生日的过程，配上简单的英文说明。（迁移创新）

【教学过程】

1. 热身 / 复习 Free Talk

When is your birthday?　　　　　　Do you have a birthday party on your birthday?

Do you want to invite your friends?　　How do you celebrate your birthday?

What kind of cake would you like?

2. 语篇呈现

（1）教师引入故事，让学生观看视频。

This Saturday is Micky's birthday. He is writing invitation cards to his friends.

Who does Micky invite? How does he invite?

What day is Elephant's birthday on?

What are Micky and Elephant going to do?

（2）让学生看视频，跟读、模仿录音，学习故事。

（3）让学生观看 David 过生日的视频，回答相关问题 How does David celebrate his birthday?

3. 趣味操练

（1）引导学生分角色表演故事，巩固语言。

（2）师生共同完成有关 David 生日的思维导图。

4. 语言运用

学生分组仿照故事自编对话。

5. 拓展活动

项目制作：以连环画形式画出自己过生日的过程，配上简单的英文说明。

Period 6　Birthday parties around the world

【课时对应的子主题】人与自我；生活与学习；家庭与家庭生活

【适用年级】六年级

【语篇类型】连续性文本

【语篇研读】

What：本课时的语篇教学为单元内的第六课时。语篇中介绍了世界上几个不同国家中庆祝生日的不同方式。

Why：语篇引导学生从整体上感知、模仿、学习和体验语言，能够了解故事大意，拓展学生的国际文化视野。

How：本课以叙事的形式，丰富了学生的文化背景知识。

【课时目标】

1. 通过观看教学视频，学生提取和梳理语篇核心语句并能复述语篇；（学习理解）

2. 在教师的帮助和同伴协助下，能够绘制思维导图；（应用实践）

3. 通过讨论如何为妈妈庆祝生日而表达对母亲的爱。（迁移创新）

【教学过程】

1. 热身 / 复习 Free Talk

What is Lisa doing?

Where are Lisa and her mother?

What does her mother want to buy?

How does David celebrate his birthday?

What's your birthday wish?

2. 语篇呈现

（1）教师引入故事，让学生观看视频。教师提供五面国家的国旗，让学生选择了解的顺序。

（2）学生通过问题链的回答，了解语篇大意。

3. 趣味操练

学生以小组为单位绘制某一个国家过生日习俗的思维导图并复述。

4. 拓展活动

（1）When is your mother's birthday?

（2）What do you do for your mother on her birthday?

（3）How do you celebrate your mother's birthday?

六年级上册 Unit 4　教学设计①

Period 1　January & February

【课时对应的子主题】月份：January & February

【适用年级】六年级

【语篇类型】文本语篇

【语篇研读】

What：语篇介绍了 January 和 February 两个月份是一年中的第几个月份及在这两个月份中，中国最重要的新年和春节的具体时间，人们如何庆祝。学生们在学习、理解文本内容的过程中对自己国家的节日有明确认识，积累、运用、拓展与月份、节日相关的语言经验，发展其语言能力。

Why：通过 January & February 月份及节日的描述，引导学生能就与月份有关的话题进行简单交谈，保持学习英语的热情；在学习活动中发展合作精神；在学习中保持较强的自信心，遇到困难能想办法克服。

How：该文本谈论了一月和二月在十二月份中的次序，以及两个重要节日，涉及词汇，如：go back home，celebrate 描述月份次序的核心语言 …is the…month of the year. 该语篇文本较为简单，学生易于理解，通过探究式学习和小组合作学习，开发学生学习潜能，培养自主学习的精神和合作能力，培养学生的自信心，提高学生的综合素质，为学生的终身学习和发展奠定基础。

【课时目标】

1. 借助教学媒介，通过师生、生生问答交流的形式，观看课文视频，引导学生运用序数词，准确表达 January is the first month of the year. February is the second month of the year. 再次观看视频，引导学生说出重要的中国节日：新年和春节。

2. 借助游戏环节，学生们复习、巩固文本新知内容，结合自身实际，共享更多的语言信息，达到语用能力的提升。（应用实践）

3. 借助绘画节日海报的教学环节，学生小组合作，选择两个节日中的一个进行绘画与创作，用英语做简单陈述。此环节引导学生更多了解自己国家的重要节日，感知其历史，唤

---

① 本文作者：河北区育婴里小学　王萍。

起学生们的民族意识。（迁移创新）

【教学过程】

1. 复习热身：让学生以游戏的形式复习序数词，如：一个学生说 one，另一个学生说 first；一个学生说 two，另一个学生说 second….

2. 新课导入

（1）教师拿着日历提问：

Q：How many days are there in a week?

Q：What are they? There are seven days in a week.

They are Sunday, Monday, Tuesday, Wednesday, Thursday, Friday, and Saturday.

Q：How many days are there in a year?

A：There are 365 days in a year.

（2）How many months are there in a year? 让学生理解 month 的含义后，老师说："Let's learn the names of the month."

（3）听录音，让学生找出 1、2 月的英语名字：

January   February

Learn "January" First, can you say something about January?

🡆 设计意图：让学生用已有的知识，根据自己的认识说一说一月份。

Second, what holiday is in January?

🡆 设计意图：引出 New Year's Day is in January. It's the first day of the year. Look, what are the children doing?（让学生通过看图，表达出 The children are skating.）

Last, ask students to tell something about "January".

（4）Learn "February" 首先，让学生根据已有的知识简单描述二月。

请学生谈一谈其中有哪些节日以及它的日期、由来和习俗，老师对其加以概括。February in China. Spring Festival in January or February.

🡆 设计意图：通过生活常识设计的一个环环相扣的小问题，引发学生思考，快速切入到本课的重点单词，并在实际情境中使用语言。

3. 复习巩固 看着黑板上的板书提示，逐个叙述一月、二月，训练学生的口语表达能力和语言综合运用能力。

如：There are twelve months in a year. January is the first month. The first day, January 1st, is called New Year's Day. People have a holiday and they celebrate New Year's Day!

能力拓展：Choose one season you like, and say something about it.

【作业设计】

Period 1　Homework
Activity Card

1.Must—do Tasks

基本要素	具体内容		
作业内容	1. Listen to the dialogue and read it. 2. Recite the new lesson.		
形式和类型	形式	听—说□　听—写□　读—写□　其他□	
	类型	基础型□　拓展应用性□　实践型□	
作业时长	___5___ 分钟（建议时长 5—10 分钟）		
完成方式	独立完成□　合作完成□		
提交时间	当天完成□　____天后□		
评价标准	根据实际情况选择活动 查找补充相关周末活动 正确朗读所填写的对话	☆ ☆ ☆ ☆ ☆ ☆ ☆ ☆ ☆ ☆ ☆ ☆ ☆ ☆ ☆ （自我评价）	☆ ☆ ☆ ☆ ☆ ☆ ☆ ☆ ☆ ☆ ☆ ☆ ☆ ☆ ☆ （小组评价）
	（教师评价）　Good □　Super □　Excellent □		

2.Optional Task

基本要素	具体内容		
作业内容	Write about your daily life.		
形式和类型	形式	听—说□　听—写□　读—写□　其他□	
	类型	基础型□　拓展应用性□　实践型□	
作业时长	___10___ 分钟（建议时长 5—10 分钟）		
完成方式	独立完成□　合作完成□		
提交时间	当天完成□　____天后□		
评价标准	根据实际情况选择活动 查找补充相关周末活动 正确朗读所填写的对话	☆ ☆ ☆ ☆ ☆ ☆ ☆ ☆ ☆ ☆ ☆ ☆ ☆ ☆ ☆ （自我评价）	☆ ☆ ☆ ☆ ☆ ☆ ☆ ☆ ☆ ☆ ☆ ☆ ☆ ☆ ☆ （小组评价）
	（教师评价）　Good □　Super □　Excellent □		

Period 2　March & April

【课时对应的子主题】月份：March & April

【适用年级】六年级

【语篇类型】文本语篇

【语篇研读】

What：语篇介绍了 March 和 April 两个月份是一年中的第几个月份，还介绍了植树节和读书日这两个节日的具体时间，以及人们如何庆祝。学生们在学习、理解文本内容的过程中能够对自己国家的节日有明确认识，并积累、运用、拓展与月份、节日相关的语言经验，发展其语言能力。

Why：通过 March 和 April 月份及节日的描述，引导学生能就与月份有关的话题进行简单交谈。同时保持学习英语的热情；在学习活动中发展合作精神；在学习中保持较强的自信心，遇到困难能想办法克服。

How：该文本谈论了三月和四月在十二月份中的次序，以及两个重要节日，涉及词汇，如：stop the sand，keep the air clean 以及描述月份次序的核心语言 …is the…month of the year. 该语篇文本较为简单，学生易于理解，通过探究式学习和小组合作学习，开发学生学习潜能，培养自主学习的精神和合作能力，培养学生的自信心，提高学生的综合素质，为学生的终身学习和发展奠定基础。

【课时目标】

1. 借助教学媒介，通过师生、生生问答交流的形式，观看课文视频，引导学生运用序数词，准确表达 March is the third month of the year. April is the fourth month of the year. 再次观看视频，引导学生说出中国节日：植树节和世界读书日。

2. 借助游戏环节，学生们复习、巩固文本新知内容，结合自身实际，共享更多的语言信息，达到语用能力的提升。（应用实践）

3. 借助绘画节日海报的教学环节，学生小组合作，选择两个节日中的一个进行绘画与创作，并用英语做简单陈述。此环节引导学生更多了解自己国家的重要节日，感知其历史，唤起孩子们的民族意识。（迁移创新）

【教学过程】

1. 复习热身：Say something about January and February.

（1）Show the calendar and learn the new words .

T：How many days are there in a year? But do you know how many months there are in a year?

S：Yes. There are 365 days in a year.

🔵 设计意图：通过生活常识设计的一个环环相扣的小问题，引发学生思考，快速切入到本课的重点单词，并在实际情境中实用语言。

（2）T：How many months are there in a year?

S：Yes，twelve months. We have learned Jan & Feb. Now，listen which month it is.

2. 听录音，让学生找出3、4月的英语名字：

March　　April

Learn "March" First，can you say something about March?

（让学生用已有的知识，根据自己的认识说一说三月）

Second，what holiday is in March?

（引出 In China，Tree Planting Day is on March 12th. People plant trees on that day. People can see green trees and green grass everywhere. ）

Last，ask students to tell something about "March".

（3）Learn "April"

首先，让学生根据已有的知识简单描述四月。然后请学生谈一谈其中有哪些节日以及它的日期、由来和习俗，老师对其加以概括。

🔵 设计意图：每一小段都提炼出关键词汇用以引导学生的理解和发现，既培养了其搜集整理信息的能力，也注重了"讲述"的语言表达。

（4）Form their own language according to the pictures and the key words and then try to recite the two passages.

3. 复习巩固 （1）Ask and answer in pairs.

（1）Which is the third month? What holiday is in March? What can children get on Easter?

（2）Play a game called "High—speed memory". Try to remember the others' birthday month and retell them correctly.

T：Whose birthday is in January/February/March/April? Can you remember them?

🔵 设计意图：用趣味游戏操练新知，活跃课堂，轻松巩固。

能力拓展：Choose one season you like，and say something about it

Period 3　May & June

【课时对应的子主题】月份：May & June

【适用年级】六年级

【语篇类型】文本语篇

【语篇研读】

What：语篇介绍了 May 和 June 两个月份是一年中的第几个月份，还介绍了劳动节和儿童节的具体时间，以及人们如何庆祝。学生们在学习、理解文本内容的过程中能够对自己国家的节日有明确认识，积累、运用、拓展与月份、节日相关的语言经验，发展其语言能力。

Why：通过 May 和 June 月份及节日的描述，引导学生能就与月份有关的话题进行简单交谈。

How：该文本谈论了三月和四月在十二月份中的次序，以及两个重要节日，涉及词汇，如：perform，give the gifts to our fathers 以及描述月份次序的核心语言 …is the…month of the year. 该语篇文本较为简单，学生易于理解，通过探究式学习和小组合作学习，开发学生学习潜能，培养自主学习的精神和合作能力。

【课时目标】

1. 借助教学媒介，通过师生、生生问答交流的形式，观看课文视频，引导学生运用序数词，准确表达 May is the fifth month of the year. June is the sixth month of the year. 再次观看视频，引导学生说出重要的中国节日：劳动节和儿童节。

2. 借助游戏环节，学生们复习、巩固文本新知内容，结合自身实际，共享更多的语言信息，达到语用能力的提升。（应用实践）

3. 借助绘画节日海报的教学环节，学生小组合作，选择两个节日中的一个进行绘画与创作，并用英语做简单陈述。此环节引导学生更多了解自己国家的重要节日，感知其历史，唤起孩子们的民族意识。（迁移创新）

【教学过程】

1. 复习热身：语言能力训练：请学生选择四个月中最喜欢的月份，介绍有关它的相关信息。

2. 新课导入

（1）听录音第一段，找出本段中表达的月份名称。学习"May"，启发学生凭借已有的经验，说出"May is the fifth month of the year."

（2）再听录音，并寻找问题答案。

T：What holiday is in May? What are the people doing?

学生通过听，然后回答：

S：Labour Day is on May 1st. And Mother's Day is in May，too. It's on the second Sunday of May.

语言能力训练：请学生借助黑板上的提示，叙述五月的相关信息。

（3）Use the same way to learn June. To find out the main points in the three months. June：Children's Day On June 1st，Father's Day on the third Sunday of June.（每学一个月份，让学生

借助板书，叙述相关信息，训练学生的语言表达能力）

3. 复习巩固：Listen to the recorder, and try to introduce those four months.

4. 能力拓展：谈谈五六月中课本以外的你知道的相关信息。

June is the sixth month of the year. It's hot in June. The first day of June is Children's Day. We often perform on that day. And Father's Day is also in June. It's on the third Sunday of June. We often buy roses for our fathers.

Period 4　Fun Story

【课时对应的子主题】My favourite festival

【适用年级】六年级

【语篇类型】Fun Story

【语篇研读】

What：语篇是有关 Mimi、Micky 的幽默小故事，呈现 Mimi 和 Micky 最喜爱的节日，文本中介绍了动物们 1—6 月份的日常生活，透过文本，教师引导学生们发挥想象，大胆表达，说一说自己最喜欢的月份或者节日，引发学生的情感共鸣，同时培养学生热爱文化习俗的思想意识。

Why：建构学生对节日的深入了解，表达和交流自己最喜欢的月份或者节日，并基于此引导学生尝试介绍自己及家人如何庆祝节日，从而树立热爱祖国传统文化，热爱祖国的情感意识。

How：本课时是绘本故事，通过介绍 Mimi Micky 的日常生活及最喜欢的节日展开，涉及相关话题 My favourite festival… 在教学中我们通过师生对话、生生对话、角色扮演等方式不断复现，帮助学生形成相对完整的语言结构，发展语言能力，加深对语篇的进一步理解。学生依托语言结构参与到表述自己最喜欢的节日或者月份，在合作学习过程中提升语言技能，强化文化意识培养。

【教学过程】

Step One 热身

Let's sing the song "months"！活跃课堂氛围的同时，复习月份单词。

Step Two 新知

1.Let's listen and answer!

学生初步视听文本，整体感知篇章内容并回答问题。

Q：What is Micky's favourite festival?

2.Let's watch, answer, write, and talk! 学生观看文本视频，获取与梳理 Micky 最喜欢的

节日。

Q1：What festival does Micky like best?

教师观察学生对文本的理解程度，并根据学生回答给予及时指导和反馈。教师观察学生信息提取及回答问题的认知情况。

3. 整体理解

首先，在第一次听 *Fun story* 录音前，教师给学生布置 1～2 个整体理解性的问题，请学生听音理解后回答，如 What's the story about? 学生打开书，教师播放 *Fun story* 中的 Read and act 部分的录音，学生边听音、边整体理解对话，回答问题，了解故事大意。此环节可以训练学生略读的阅读技能。

其次，学生了解故事大意后，教师布置给学生几个细节性问题，引导学生在听音跟读的过程中发现问题的答案，如：What's the meeting about?（What are the animals talking about?）What do they talk about? 此环节可以训练学生的查读阅读技能。

4. 课文朗读

组织学生自由练习读课文，有问题及时向老师和同学请教。

5. 角色扮演

学生六人一组，将本课的阅读文本改编为会话文本，并表演对话，学用结合。

6. 趣味操练（Practice）

练习检测。完成 Let's listen and number 练习，教师根据学生完成情况，重复播放录音，请学生跟读听音内容，巩固所学。

Period 5　Fun Facts

【课时对应的子主题】儿童节的由来

【适用年级】六年级

【语篇类型】文本阅读

【语篇研读】

What：语篇介绍了儿童节及其由来和历史背景，让学生对该节日以及节日文化有了深入理解，产生自主交流意愿，为学生学好英语语言做好文化铺垫。

Why：建构学生热爱生活，美好生活来之不易的认知，积累用于表达和交流的语言，通过介绍自己最喜欢的节日，初步了解儿童节产生的文化背景。

How：语篇涉及相关的词汇有 special，wish，dicide 以及核心语言如：Children's Day，on June 1st，interesting activities，new clothes，perform，celebrate 词汇及语言结构通过师生对话、生生对话、自读寻找答案等方式不断复现，帮助学生形成相对完整的语言结构，发展语言能力，加深语篇意义理解。同时，通过对儿童节的讨论，可以让学生了解它的历史背景，拓宽学生的视野。

【教学过程】

1.Let's listen and watch.（感知与注意）

Question：Do you know "Children"？Let's learn more about it.

教师观察学生感知本课时对待流浪动物情境的情况。

2.Listen and think.（获取与梳理）学生听录音，初步理解文本内容，并讨论以下问题。

Questions：a.Do we celebrate Children's Day？b.Why do people celebrate it？教师观察学生感知语篇主题的情况，并根据学生回答进行引导。

3.Read and talk.（获取与梳理）学生在初步理解文本的基础下，分组讨论以下问题。

When is Children's Day in China？

4.Read the story 组织学生自由练习读课文，有问题及时向老师和同学请教。

Think and evaluate.（批判与评价）

学生通过对儿童节文本的学习，结合自己的经验，在小组里分享下自己最喜欢的节日。同时学生利用板书提示的思维导图尝试复述文本，并进行展示。

5.Questions：What do you think of Children's Day？Which festival do you like best？

6.Create and present.（想象与创造）学生利用本单元所学知识，小组探讨并进行分享展示：

a.Talk about your favourite festivals.

b.Talk about what you can do to celebrate it.

小组合作讨论各自喜欢的节日以及如何庆祝，其他同学进行评价。

Period 6　The Dragon Boat Festival

【课时对应的子主题】端午节的由来

【适用年级】六年级

【语篇类型】文本阅读

【语篇研读】

What：引领学生了解端午节的相关知识和历史背景，了解传统节日文化，学习端午节的英文单词和表达方式，提高英语综合应用能力，发扬中华民族的传统文化，培养民族自豪感和民族自信心。

Why：建构学生热爱生活，好生活来之不易的认知，积累用于表达和交流的语言，通过介绍自己最喜欢的节日，初步了解端午节产生的文化背景。

How：语篇涉及相关的词汇有 Dragon Boat Festival（端午节），zongzi（粽子），dragon boat（赛龙舟）以及核心语言如：on the fifth day of the fifth month，Qu Yuan，poet，watch the game 词汇及语言结构通过师生对话、生生对话、自读寻找答案等方式不断复现，帮助学生形成相对完整的语言结构，发展语言能力，加深语篇意义理解。通过对节日的讨论，让学生了解它的历史背景，拓宽学生的视野。

【教学过程】

1.Introduce

教师在课堂上讲述端午节的来历，以及端午节的传统习俗，使学生了解相关背景。

2.Learn the new words

老师介绍端午节相关的英文单词，如 Dragon Boat Festival（端午节），zongzi（粽子），dragon boat（赛龙舟）等。

3.Make Zongzi

学生们在课堂上制作自己的粽子，每个学生可以捏出一个粽子，并用中文介绍自己的粽子的口味和做法，激发学生的学习热情。

4.Read the story

学生们阅读关于端午节的课文，并回答问题，理解课文内容，巩固学习。

5.Listen and think

学生听录音，初步理解文本内容，并讨论以下问题。

Questions：a.Do we celebrate Dragon Boat Festival? b.Why do people celebrate it? 教师观察学生感知语篇主题的情况，并根据学生回答进行引导。

6.Read and talk.

学生在初步理解文本的基础上，分组讨论以下问题。When is Dragon Boat Festival in China?

7.Show and tell

学生可以向同学讲述他们对端午节的印象和感受，并展示他们的作品和口语能力。同时，学生也可以自由讨论端午节的形式、习俗和文化背景。

8.Think and evaluate

学生通过对端午节文本的学习，结合自己的经验，在小组里分享下自己最喜欢的节日。学生利用板书提示的思维导图复述文本。

✓ 六年级上册 Unit 5 教学设计 ①

Period 1 July and August

【课时对应的子主题】月份：July and August

【适用年级】六年级

【语篇类型】文本语篇

【语篇研读】

What：语篇介绍了 July 和 August 两个月份是一年中的第几个月份，还介绍了建军节和党的生日的具体时间，以及人们如何庆祝。学生们在学习、理解文本内容的过程中能够对自己国家的节日有明确认识，积累、运用、拓展与月份、节日相关的语言经验，发展其语言能力。

Why：通过对 July、August 的月份及节日的描述，引导学生能就与月份有关的话题进行简单交谈。

How：党的生日和建军节，涉及词汇，如：the Party's birthday，the Communist Party of China，the People's Liberation Army Day 以及描述月份次序的核心语言 …is the…month of the year. 该语篇文本较为简单，学生易于理解，通过探究式学习和小组合作学习，开发学生学习潜能，培养自主学习的精神和合作能力，培养学生的自信心，提高学生的综合素质，为学生的终身学习和发展奠定基础。

【课时目标】

1. 借助教学媒介，通过师生、生生问答交流的形式，第一次观看课文视频：介绍七月和八月的英语名称：July 和 August。第二次观看课文视频，引导学生运用序数词，准确表达 July is the seventh month of the year. August is the eighth month of the year. 第三次观看课文视频，引导学生说出两个月份中重要的中国节日：the Party's birthday 和 Army Day.（学习理解）

2. 借助游戏环节，学生们复习、巩固了文本新知内容，结合自身实际，共享更多的语言信息，达到语用能力的提升。（应用实践）

3. 借助绘画节日海报的教学环节，学生小组合作，选择两个节日中的一个进行绘画与创作，并用英语做简单陈述。此环节引导学生更多了解自己国家的重要节日，感知其历史，唤起孩子们的民族意识。（迁移创新）

---

① 本文作者：天津市河北区育婴里小学　卢媛媛。

【教学过程】

1. 学生欢唱歌曲 Months，营造愉快的学习氛围的同时激活旧知。

2. Let's listen and answer! 学生视听问答，依托教学媒介，回答问题。

Q1：Which month is mentioned?　　Q2：Can you spell it?

Ss：July. August.

3. Let's watch and answer! Fill the blanks：July is the ＿＿ month of the year. August is the ＿＿month of the year.

4. 学生视听对话，问题驱动，整体感知文本，理解主旨大意，梳理关键信息，习得新知内容。

Q1：When is the Party's birthday?　　Q2：When is Army Day?

5. Let's listen and read!

（1）学生听课文跟读，关注语音、语调、节奏、连读、重读等语言现象。

（2）学生基于文本内容，选择喜欢的一个月份进行全方位的介绍。

➲ 设计意图：本阶段学习活动以视听对话，问题驱动为依托，借助文本，引导学生实现知识的重难点层层突破，由易到难的逐步理解和深化，学生们在学习、理解文本内容的过程中能够对自己国家的节日有明确认识，并积累、运用、拓展与月份、节日相关的语言经验，发展其语言能力。

6. Let's read and express! 学生跟读课文并朗读课文，选择一个月份根据关键词进行谈论。如：July seventh the Party's birthday Party members sing and dance.

➲ 设计意图：引导学生结合文本新知内容进行复习巩固，联系生活实际将语言学习从学习理解过渡到实践应用，帮助学生在文本情境中实现语言内化，促进学生思维品质的提升，加深对于中国重要节日理解。

7. Let's design! 学生自主选择喜爱的月份或者节日，小组合作，进行节日海报设计创作，并运用本课的核心语言进行分组展示，互动交流中强化整体认知。

➲ 设计意图：帮助学生从文本走向真实生活，学生在真实的语境中灵活运用所学语言知识进行交流，引导学生更多了解自己国家的重要节日，感知其历史，唤起孩子们的民族意识。

【作业设计】

Period 1　Homework
Activity Card

1.Must—do Tasks

基本要素	具体内容		
作业内容	1. Must do：模仿录音，朗读本课所学文本。 2. Share the text with your family.		
形式和类型	形式	听–说□　听–写□　读–写□　其他□	
	类型	基础型□　拓展应用性□　实践型□	
作业时长	＿＿6＿＿分钟（建议时长 5—10 分钟）		
完成方式	独立完成□　合作完成□		
提交时间	当天完成□　＿＿＿天后□		
评价标准	根据实际情况选择活动 查找补充相关周末活动 正确朗读所填写的对话	☆ ☆ ☆ ☆ ☆ ☆ ☆ ☆ ☆ ☆ ☆ ☆ ☆ ☆ ☆ （自我评价）	☆ ☆ ☆ ☆ ☆ ☆ ☆ ☆ ☆ ☆ ☆ ☆ ☆ ☆ ☆ （小组评价）
	（教师评价）　Good □　Super □　Excellent □		

2.Optional Task

基本要素	具体内容		
作业内容	Design a poster and talk about it.		
形式和类型	形式	听–说□　听–写□　读–写□　其他□	
	类型	基础型□　拓展应用性□　实践型□	
作业时长	＿＿10＿＿分钟（建议时长 5—10 分钟）		
完成方式	独立完成□　合作完成□		
提交时间	当天完成□　＿＿＿天后□		
评价标准	根据实际情况选择活动 查找补充相关周末活动 正确朗读所填写的对话	☆ ☆ ☆ ☆ ☆ ☆ ☆ ☆ ☆ ☆ ☆ ☆ ☆ ☆ ☆ （自我评价）	☆ ☆ ☆ ☆ ☆ ☆ ☆ ☆ ☆ ☆ ☆ ☆ ☆ ☆ ☆ （小组评价）
	（教师评价）　Good □　Super □　Excellent □		

Period 2　September and October

【课时对应的子主题】月份：September October

【适用年级】六年级

【语篇类型】文本语篇

【语篇研读】

What：本课语篇介绍了 September 和 October 两个月份是一年中的第几个月份，还介绍了教师节和国庆节，两个节日的具体时间，人们如何庆祝。学生们在学习、理解文本内容的过程中能够对自己国家的节日有明确认识，积累、运用、拓展与月份、节日相关的语言经验，发展其语言能力。

Why：通过对 October、September 的月份及节日的描述，引导学生能就与月份有关的话题进行简单交谈。

How：该文本谈论了九月和十月在十二月份中的次序，以及两个重要节日：教师节和国庆节，涉及词汇，如：Teachers' Day,National Day 以及描述月份次序的核心语言 …is the… month of the year.该语篇文本较为简单，学生易于理解，通过探究式学习和小组合作学习，开发学生学习潜能，培养自主学习的精神和合作能力，培养学生的自信心，提高学生的综合素质，为学生的终身学习和发展奠定基础。

【课时目标】

1.借助教学媒介，通过师生、生生问答交流的形式，第一次观看课文视频：介绍九月和十月的英语名称：September 和 October。第二次观看课文视频，引导学生运用序数词，准确表达 September is the ninth month of the year. October is the tenth month of the year. 第三次观看课文视频，引导学生说出两个月份中重要的中国节日：Teachers' Day 和 National Day，以及它们的具体时间。（学习理解）

2.借助说唱的形式，学生表演歌谣。此环节引导学生熟练掌握本课的关键内容，了解两个重要节日的具体时间。（应用实践）

3.借助即兴演讲的教学环节，学生小组合作，选择两个节日中的一个进行介绍和演讲。此环节引导学生更多了解自己国家的重要节日，感知其历史，唤起孩子们的民族意识。（迁移创新）

【教学过程】

1.学生欢唱歌曲 Months，营造愉快的学习氛围的同时激活旧知。

2.Let's listen and answer! 学生视听问答，依托教学媒介，回答问题。

Q1：Which month is mentioned in the text?　　Q2：Can you spell it?

Ss：September. October.

3.Let's watch and answer! Fill the blanks：September is the ＿＿ month of the year. October is the ＿＿ month of the year.

4. 学生视听对话，问题驱动，整体感知文本，理解主旨大意，梳理关键信息，习得新知内容。

Q1：When is Teachers' Day?　　Q2：When is National Day?

5.Let's listen and read!

（1）学生听课文跟读，关注语音、语调、节奏、连读、重读等语言现象。

（2）学生基于文本内容，选择喜欢的一个月份进行全方位的介绍。

　设计意图：活动以视听对话，问题驱动为依托，借助文本，引导学生实现知识的重难点层层突破，由易到难地逐步理解和深化，学生们在学习、理解文本内容的过程中能够对自己国家的节日有明确认识，并积累、运用、拓展与月份、节日相关的语言经验，发展其语言能力。

6.Let's listen and chant! 学生跟读歌谣，并以小组的形式进行展示。

↻ 设计意图：引导学生结合文本新知内容进行复习与巩固，联系生活实际将语言学习从学习理解过渡到歌谣说唱，既帮助学生在文本情境中实现语言内化与输出，又加深对于中国重要节日的深入理解，为其后的真实表达奠定基础。

7.Let's speak! 学生自主选择喜爱的月份或者节日，小组合作，进行演讲创作，并运用本课的核心语言进行分组展示，互动交流中强化整体认知。此环节引导学生更多了解自己国家的重要节日，感知其历史，唤起孩子们的民族意识。

↻ 设计意图：帮助学生从文本走向真实生活，引导学生在真实的语境中灵活运用所学语言知识进行交流，引导学生更多了解自己国家的重要节日，感知其历史，唤起孩子们的民族意识。

Period 3　November and December

【课时对应的子主题】月份：November and December

【适用年级】六年级

【语篇类型】文本语篇

【语篇研读】

What：本课语篇介绍了 November 和 December 两个月份是一年中的第几个月份，还介绍了感恩节和圣诞节，两个节日的具体时间，以及人们如何庆祝。学生们在学习、理解文本内容的过程中能够对西方国家的节日有进一步的认识，并积累、运用、拓展与月份、节日相关的语言经验，发展其语言能力。

Why：通过对 November、December 的月份及节日的描述，引导学生能就与月份有关的话题进行简单交谈。

How：该文本谈论了十一月和十二月在十二月份中的次序，以及两个西方国家的重要节日：感恩节和圣诞节，涉及词汇，如：Thanksgiving Day，Christmas Day，Santa Claus 以及描述月份次序的核心语言 …is the…month of the year. 该语篇文本较为简单，学生易于理解，通过探究式学习和小组合作学习，开发学生学习潜能，培养自主学习的精神和合作能力。

【课时目标】

1. 借助教学媒介，通过师生、生生问答交流的形式，第一次观看课文视频：介绍十一月和十二月的英语名称：November 和 December。第二次观看课文视频，引导学生运用序数词，准确表达 November is the eleventh month of the year. December is the twelfth month of the year. 第三次观看课文视频，引导学生说出两个月份中重要的西方节日：Thanksgiving Day 和 Christmas Day.（学习理解）

2. 借助歌谣环节，学生们了解字母组合 igh 的发音规律，结合自身实际，共享更多的语言信息，达到语用能力的提升。（应用实践）

3. 借助创设情境，创编对话的教学环节，学生小组合作，选择两个节日中的一个进行创作，并以小组的形式表演呈现。此环节引导学生进一步了解西方国家的重要节日，感知西方文化，为更好地学习英语做铺垫。（迁移创新）

【教学过程】

1. 学生欢唱歌曲 Months，营造愉快的学习氛围的同时激活旧知.

2.Let's listen and answer! 学生视听问答，依托教学媒介，回答问题。

Q1：Which month is mentioned in the text?　　Q2：Can you spell it?

Ss：November. December.

3.Let's watch and answer! Fill the blanks：

November is the _____ month of the year. December is the _____ month of the year.

4. 学生视听对话，问题驱动，整体感知文本，理解主旨大意，梳理关键信息，习得新知内容。

Q1：When is Thanksgiving Day?　　　　Q2：When is Christmas Day?

5.Let's listen and read!

（1）学生听课文跟读，关注语音、语调、节奏、连读、重读等语言现象。

（2）学生基于文本内容，选择喜欢的一个月份进行全方位的介绍。

▶ 设计意图：本阶段学习活动以视听对话，问题驱动为依托，借助文本，引导学生实现知识的重难点层层突破，由易到难地逐步理解和深化，学生们在学习、理解文本内容的过程中能够对西方国家的节日有进一步的认识，并积累、运用、拓展与月份、节日相关的语言经验，发展其语言能力。

6.Let's listen and chant! 学生跟读并表演歌谣。

➡ 设计意图：引导学生操练字母组合 igh 的发音规律，联系生活实际说一说含有该字母组合的英语单词，将语言学习从书本过渡到生活实际，既帮助学生在文本情境中实现语言内化与输出，为其后的发音标准奠定基础。

7.Let's design! 学生自主选择喜爱的月份或者节日，小组合作，进行对话创作，运用本课的核心语言进行分组展示，互动交流中强化整体认知。此环节引导学生进一步了解西方国家的重要节日，感知西方文化，为更好地学习英语做铺垫。

Scene A：On Christmas，the Santa Claus will do an event for the children.

Scene B：On Thanksgiving Day，how to express their ideas?

➡ 设计意图：帮助学生从文本走向真实生活，引导学生更多了解西方国家的重要节日，感知其历史，为更好地学习英语做铺垫。

Period 4　Fun Story

【课时对应的子主题】My favourite holiday

【适用年级】六年级

【语篇类型】Fun Story

【语篇研读】

What：本课时所学语篇是有关 Mimi、Micky 和 Rabbit 的幽默小故事，呈现 Mimi 和 Micky 最喜爱的节日，文本中介绍了动物们 9—12 月份的日常生活，透过文本，我们可以让学生们发挥想象，表达自己最喜欢的月份或者节日，引发学生的情感共鸣，引导学生树立热爱祖国，热爱文化习俗的思想意识。

Why：建构学生对传统节日的深入了解，表达和交流自己最喜欢的月份或者节日，并基于此引导学生尝试介绍自己及家人如何庆祝节日，从而树立热爱祖国传统文化，热爱祖国的情感意识。

How：本课时是绘本故事，通过介绍 Mimi Micky Rabbit 的日常生活及最喜欢的节日展开，涉及相关话题 My favourite holiday… 在教学中我们通过师生对话、生生对话、角色扮演等方式不断复现，帮助学生形成相对完整的语言结构，发展语言能力，加深对语篇的进一步理解。学生依托语言结构参与到表述自己最喜欢的节日或者月份，在合作学习过程中提升语言技能，强化文化意识培养。

【课时目标】

1.借助课件，在表达自己喜欢的月份或者节日的情境中梳理月份和节日的名称，如：National Day,运用 My favourite holiday is... 描述自己喜爱的节日或者月份,感受节日带给自己的幸福感,初步认识到中国传统文化的博大精深,从而更加热爱自己的祖国。(学习理解)

2.在语篇情境中,根据故事推进,复习 7—12 月份的名称以及节日名称,运用 My favourite month/holiday... 这一功能语句进行介绍,感知热爱学习,热爱生命的意义和价值;(应用实践)

3.在实践应用活动中,My favourite... 为话题,进行小练笔的创作,表达热爱生活,热爱祖国传统文化的思想意识。(迁移创新)

【教学过程】

1.Let's sing the song "months"!

2.Let's listen and answer! 学生初步视听文本,整体感知篇章内容并回答问题。

Q:What is Mimi's favourite holiday?

3.Let's watch,answer,write,and talk!

学生观看文本视频,获取与梳理 Micky 在每个月份都干了什么。

Q1:What does Micky do from September to December?

Q2:Why does the rabbit want to have a party?

Q3:Can you guess what day it is? What festival is it?

4.Let's read and act!

(1)学生听录音跟读、分角色朗读对话,关注语音、语调、节奏、连读、重读等语言现象。

(2)学生基于对话内容,以角色扮演的形式表演本课内容,内化与运用所学语言,促进情感共鸣,建构爱动物,爱生命的情感。

➡ 设计意图:以文本为依托,借助课件光盘梳理文本内容,引导学生实现从大意到细节的逐步理解和深化,发展空间概念和逻辑思维,深入体会 Mimi Micky Rabbit 的最喜欢的节日,以及他们幽默,热爱生活的美好情感。学生通过参与细致模仿、分角色朗读、角色扮演等活动环节进行准确性和流畅性练习,并基于语音语调、节奏等多种语言现象体会人物情感,性格特点,感受动物们带给大家的快乐,树立热爱生活的价值观。学生通过思考和讨论教师提出的问题,认识到中国传统文化的意义与价值。

5.Let's listen and number! 学生通过听音练习,复习巩固 7—12 月份的英语单词。

Let's talk. 引导学生运用功能语句:My favourite month/holiday... 进行介绍,从中让学生感受生活的美好,体会祖国传统文化的博大精深。

➡ 设计意图:引导学生用规定句型进行喜爱的情感表达,联系生活实际将语言学习从学习理解过渡到实践应用,帮助学生在对话情境中实现语言内化,促进学生热爱生命价值观的树立,为其后的情感表达奠定基础。

6.Let's design!

以本节课学过的单词和句型为核心，联系实际，学生进行小练笔的创作，小组内进行展示，互动交流中强化整体认知。

🔵 设计意图：帮助学生从文本走向真实生活，引导学生在真实的语境中灵活运用所学语言知识进行交流，逐步加深对主题意义的认知，表达热爱祖国传统文化，热爱生活的思想意识。

Period 5　Fun Facts

【课时对应的子主题】感恩节的由来

【适用年级】六年级

【语篇类型】文本阅读

【语篇研读】

What：本课语篇介绍了西方传统节日—感恩节，介绍了感恩节的由来，以及为什么感恩节人们吃火鸡。通过介绍感恩节的历史背景，让学生对感恩节以及西方文化有了深入的理解，产生自主交流的意愿，为学生进一步学好英语语言做好文化铺垫。

Why：建构学生热爱生活，好生活来之不易的认知，积累用于表达和交流的语言，通过介绍自己最喜欢的节日，初步了解感恩节产生的文化背景，认识到中西方文化差异。

How：本课时语篇涉及相关的词汇有 turkey, remember, the New World, harvest, blessing, roast 以及核心语言如：Thanksgiving Day is a day to remember some American people in history. They had a celebration on Thanksgiving Day to celebrate the harvest and other blessings of the past year. 词汇及语言结构通过师生对话、生生对话、自读寻找答案等方式不断复现，帮助学生形成相对完整的语言结构，发展语言能力，加深语篇意义理解。通过对感恩节的讨论，可以让学生了解西方感恩节产生的历史背景，拓宽学生的视野，认识到中西文化的差异。同时，学生依托语言结构参与表述我最喜欢的节日的展示环节，透过活动让学生们体会美好生活来之不易，我们要更加热爱生活。

【课时目标】

1.通过本课时学习，学生能够：借助文本插图和音频，理解大意，对感恩节的由来，其产生的历史背景以及感恩节吃火鸡的传统有初步了解。（学习理解）

2.在教师的引领下，基于语篇情境进行生生问答，师生问答，内化并理解核心问题：Why do people celebrate Thanksgiving in America?（应用实践）

3.通过表述我最喜欢的节日的展示环节，让学生们体会到好生活来之不易，我们要热爱生活。（迁移创新）

【教学过程】

1.Let's listen and watch.（感知与注意）

Question：Do you know "Thanksgiving Day"？Let's learn more about it.

2.Listen and think.（获取与梳理）

学生听录音，初步理解文本内容，并讨论以下问题。

Questions：a.Do we celebrate Thanksgiving?

b.Why do people celebrate Thanksgiving in America?

c.Why do they eat turkey during the Thanksgiving Day?

⮕ 设计意图：帮助学生理解文本内容，学习对文中有关感恩节的词汇、短语和核心语言，属于学习理解层次。教师师生问答，生生问答，小组讨论等引导活动形式，让学生通过听、读文本，从大意到细节逐渐理解内容。学生通过积极思考、讨论等形式运用核心语言，为形成良好语音意识和语用能力奠定基础。

3.Read and imitate.（概括与整合）

学生在理解文本的基础上，朗读课文，关注语音、语调、节奏、连读、重读等，培养语感，同时加深对语篇的理解和内化。

4.Read and retell.（描述与阐释）

（1）学生在理解文本的基础上，朗读文本；

（2）学生利用板书提示的思维导图尝试复述文本。

⮕ 设计意图：引导学生在理解文本的基础上，能够朗读文本，根据思维导图的信息复述文本，引导学生初步运用核心语言进行交流，促进语言内化。从学习理解过渡到实践应用，为后面的真实表达奠定基础。

5.Think and evaluate.（批判与评价）

学生通过对感恩节文本学习，结合自己的经验，在小组里分享自己最喜欢的节日。

Questions：a.What do you think of Thanksgiving Day?

b.Which festival do you like best?

6.Create and present.（想象与创造）

学生利用本单元所学知识，小组探讨并进行分享展示：

a.Talk about your favourite festivals.

b.Talk about what you can do to celebrate it.

小组合作讨论各自喜欢的节日以及如何庆祝，其他同学进行评价。

Loudly（洪亮地）	Correctly（准确地）	Fluently（流利地）
☆	Good！	
☆☆	Great！	
☆☆☆	Super！	

💡 设计意图：帮助学生在迁移的自主设计的语境中，创造性地运用所学语言，进行表达。学生从文本走向真实生活，在新情境中发展语用能力。

Period 6　A New Year's Promise

【课时对应的子主题】中华传统文化

【适用年级】六年级

【语篇类型】文本故事

【语篇研读】

What：本课语篇为 Quinn 小朋友的新年愿望，他希望在新年来临之际，许诺练好口语，因为接下来他要在许多人面前进行演讲。学生们在学习、理解文本内容的过程中，积累、运用、拓展自己的新年愿望的语言经验，发展其语言能力。

Why：通过 Quinn 的新年愿望，引导学生说一说自己的新年愿望，引导学生说一说除夕夜，都干些什么，如何庆祝新年的到来，感受中华优秀传统文化，同时让学生产生民族认同感。

How：该文本是谈论新年愿望，新知单词，如：promise，resolution，give a speech，try hard，the end of the year，以及核心语言 It's hard to do sth，but I'm going to try hard to do sth. 该文本情节较为简单，学生易于理解，也便于学生在学习过程中开展自主探究等学习活动，具有现实意义和教育意义。

【课时目标】

1. 学习理解：掌握新知单词、词组及核心语言：promise，resolution，give a speech，try hard，the end of the year，It's hard to do sth，but I'm going to try hard to do sth.

2. 应用实践：在语言情境中，透过 Quinn 的新年愿望，引导学生运用核心语言 It's hard to do sth，but I'm going to try hard to do sth. 说一说自己的新年愿望。

3. 迁移创新：学生利用中国元素绘制贺卡，将自己的新年愿望写在贺卡上，优秀作品进行展示、交流，从而感受中国传统文化的博大精深和源远流长，传播中华优秀传统文化，产生民族自豪感和认同感。

【教学过程】

1. 学生欢唱歌曲 months，营造愉快的学习氛围的同时激活旧知。

2.Let's listen and read the story, then answer the questions.

Q1：Which festival was coming?

Q2：What did you do on the eve of the New Year?

3.Let's watch and talk!

学生观看文本视频，获取与梳理文本信息；

Q1：What was Quinn's promise?

Q2：Why did he want to speak clearly and loudly?

4. 学生视听文本，问题驱动，整体感知文本，理解主旨大意，梳理关键信息，补全短文内容。

5.Let's read and act!

学生听录音跟读、并朗读，关注语音、语调、节奏、连读、重读等语言现象，体会人物对于新年愿望的高兴之情。

➡ 设计意图：学习活动以 Quinn 的新年愿望为依托，引导学生实现从大意到细节的逐步理解和深化文本的基础上，借助学生已有知识经验，引导学生说一说除夕夜做些什么，发展逻辑思维能力，了解中国的传统文化习俗，如：包饺子，贴对联，穿新衣，给红包，拜年等。

6.Let's read and talk! 学生四人一组，运用核心语言，说一说自己的新年愿望。

➡ 设计意图：引导学生在理解文本的基础上，联系生活实际将语言学习从学习理解过渡到实践应用，说一说自己的新年愿望，帮助学生在文本情境中实现语言内化，促进学生思维品质的提升，充实对中国传统文化的理解，为其后的真实表达奠定基础。

7.Let's design! 学生自主选择喜爱的中国传统元素：中国结、剪纸等，分组设计自己的新年贺卡作品，并运用文本中的核心语言，将自己的新年愿望写上面，优秀作品进行分组展示，从而感受中国传统文化的博大精深和源远流长，传播中华优秀传统文化，产生民族自豪感和认同感。

➡ 设计意图：帮助学生从文本走向真实生活，引导学生在真实的语境中灵活运用所学语言知识进行交流，逐步加深对主题意义的认知，传播中华优秀传统文化。

六年级上册 Unit 6　教学设计 ①

Period 1　Seasons

【课时对应的子主题】人与自然

【适用年级】六年级

【语篇类型】语篇文本

【语篇研读】

What：语篇为本单元起始篇，篇章运行以总分模式展开。介绍季节发生的顺序及每个季节的天气变化、昼夜变化，以上季节变化特点为我国季节变化的基本特征，如：春天是一年中的第一个季节，起始月在三月份，天气渐暖，昼变长夜变短，其他三个季节亦从以上方面进行描述。

Why：本文通过描述四季变化规律特点初步感知四季，掌握四季变化特点，比较季节之间的变化，发现四季之美，为扩展四季知识打下夯实基础。

How：以音频、图片等形式呈现四季变化特点，感知四季之美，涉及词汇有 season，spring，summer，autumn，winter，warmer and warmer，longer and longer，shorter and shorter，heavy rain 等，句型 …is the…season of the year. It begins around…The weather gets…The days get… 等。

【课时目标】

1. 通过教师对相关信息材料的呈现，学生能够在音乐、视频、图片等信息中开阔眼界、品味季节之美及生活之美。

2. 能够获取中国四季发生顺序、起始时间、天气变化特点、昼夜变化趋势四方面季节特点，获取四季变化成因，掌握中国季节变化规律。

3. 通过学生探究天津四季特征，增加学生探索季节之美的自主性，促进学生理解四季变化特点，发现四季变化的自然之美。

4. 核心语言

（1）season，spring，summer，autumn，winter，heavy rain

（2）warmer and warmer，longer and longer，shorter and shorter，the hottest

（3）…is the…season of the year. It begins…The weather gets…The days get .

---

① 本文作者：天津市河北区兴华小学　施栩。

【教学过程】

1.Warm—up

（1）利用地方特色小站稻激活课程，引导学生感受自然变化，品味季节特征。

（2）利用歌谣形式展示四季特点及其对农耕活动的影响，初步感知四季之美。

Warm, spring, planting in spring.

Hot, summer, growing in summer.

Cool, autumn, getting in autumn.

Cold, winter, keeping in winter

2.Presentation

（1）观看文本视频，整体感知中国四季之美，并回答以下问题：

（2）了解春天特征（Lightspring）：

A. 阅读文本，了解春天 order, time, weather, days 等特点，补全信息。

Light spring.

Read and fill.

Order：Spring is the first season of the year.

Time：Springtime begins around March.

Weather：The weather is still a little cold, but it gets warmer and warmer.

Days：The days get longer and longer.

B. 通过问答形式，引领学生体会春天之美，并有感情朗诵春天文本，感知春季之美。

I can fly kites in spring!

（3）了解夏天特征（Image Summer）：

A. 听读文本，圈出文本关键词，总体感知夏天特征。

B. 朗读文本，交流分享夏季之美。

（4）了解秋天特征（Find Autumn）：

A. 阅读文本，回答问题，感知秋季特征。

Find autumn.   Read and say

a.What's the order of autumn?   b.When does autumn begin?

c.How's the weather in autumn?

Do the days still get longer and longer?

B. 根据理解，探究秋天颜色，找寻秋季之美。

了解冬天特征（Enjoy winter）朗读冬季文本，归纳关键信息分享冬季特点。

C. 小组讨论，分享冬季趣事，享受冬季之美。

➲ 设计意图：帮助学生理解文本内容，学习对话中有关季节的词汇和核心语言，属于学习理解层次。教师利用信息技术创设与学生现实生活紧密关联的情境，利用多媒体引导学生通过看、听对话，理解对话内容。辅助网络资源，学生通过细致观察、积极思考、模仿操练等形式进行文本理解，并在多媒体创设的情境中运用核心语言，为形成良好的语音意识和语用能力奠定基础。

3.Practice

根据所学中国四季特征，走进生活，小组探究分享天津四季特征。制作 Seasons Card in Tianjin。

You can talk：In Tianjin,

△ Seasons are…

△ I can do…in…

△ I can wear…in…

△ I like…

◯ 设计意图：引导学生借助中国季节文本的情境，延伸到季节特征的真实表达。自主迁移，初步运用核心语言进行展示，促进语言内化。从学习理解过渡到实践应用阶段，增加语言学习的自主性、参与性。

Period 2 Seasons

【课时对应的子主题】人与自然

【适用年级】六年级

【语篇类型】语篇文本

【语篇研读】

What：语篇为本单元第二课时，主要介绍在四季里动、植物发生的变化及每个季节人们从事的相关活动。如：春天树木变绿，盛开五颜六色的花等；人们出去春游赏花、农民们开始耕种等，其他三个季节亦从以上方面进行描述。

Why：通过描述四季变化规律特点初步感知植物变化和动物及人类的相关活动，掌握四季变化特点，比较季节之间的变化，为扩展现在进行时态语法知识打下夯实基础。

How：以音频、图片等形式呈现四季变化特点，感知四季之美，涉及词汇有 season，spring，summer，autumn，winter，look at the flowers，have summer holidays，make a snowman 等句型 We have…in…Look.They are…in… 等。

【课时目标】

1.通过教师对相关信息材料的呈现，学生能够在音乐、视频、图片等信息中开阔眼界、品味季节之美及生活之美。

2. 能用英语表达一年四季,能够简单询问和表达四季中的节日和常见活动。

3. 通过学生探究一年四季特征,增加学生探索季节之美的自主性,促进学生理解四季变化特点,发现四季变化的自然之美。

4. 核心语言

(1)season,spring,summer,autumn,winter,heavy rain

(2)go on a trip,go to a summer camp,have summer holidays,pick apples,cut rice,make a snowman,sweep the snow

(3)There are a lot of flowers in spring. Birds sing to welcome spring.

In summer,school closes. The students have their summer holiday .

Autumn is the golden season. They're picking apples.

Winter is the white season. They're making a snowman.

【教学过程】

1.Warm—up

(1)利用地方特色小站稻激活课程,引导学生感受自然变化,品味季节特征。

(2)利用句型展示四季活动感知四季美。

There are a lot of flowers in spring.

Birds sing to welcome spring.

In summer,school closes.

The students have their summer holiday.

They're picking apples in autumn.

They're making a snowman in winter.

2.Presentation

(1)观看文本视频,整体感知中国四季之美,回答以下问题:

What is spring/summer/autumn/winter like? What do people do in spring?

What do students do in summer holidays?

What do people do in autumn and winter?

(2)了解春夏秋冬四季特征:借助图画提供四季情景,呈现语篇和会话,学习有关四季的特点和活动的表达。

farm the land,go on spring outings,fly kites What's the spring like?

What do people do in spring? Trees have new green leaves.

There are a lot of flowers on the peach trees.

Birds sing to welcome spring.

go on a trip,go to a summer camp,have summer holidays,pick apples, cut rice，make a snowman，sweep the snow

A. 听读文本，圈出文本关键词，了解四季植物特点及人们活动。

B. 通过问答形式，引领学生体会四季之美，并有感情朗诵四季文本，感知四季之美。

I can fly kites in spring! I can…in summer/autumn/winter.

C. 小组讨论，分享四季趣事，享受四季之美。

🔄 设计意图：帮助学生理解文本内容，学习对话中有关季节的词汇和核心语言，属于学习理解层次。教师利用信息技术创设与学生现实生活紧密关联的情境，利用多媒体引导学生通过看、听对话，理解对话内容。辅助网络资源，学生通过细致观察、积极思考、模仿操练等形式进行文本理解。

3.Practice

根据所学中国四季特征，走进生活，小组探究分享天津四季特征。制作 Seasons Card in Tianjin。

You can talk：In Tianjin

△ Seasons are…

△ I can do…in…

△ We are doing in…

△ I like…

🔄 设计意图：引导学生借助中国季节文本的情境，延伸到季节特征的真实表达。自主迁移，初步运用核心语言进行展示，促进语言内化。从学习理解过渡到实践应用阶段，增加语言学习的自主性、参与性。

Period 3　Seasons around the world

【课时对应的子主题】人与自然：季节的特征与变化，季节与生活

世界主要国家的名称，地理位置与自然景观

世界主要国家的传统节日，文化体验

【适用年级】六年级

【语篇类型】科普类短文

【语篇研读】

What：语篇介绍了南北半球季节相反的自然现象，并以代表性国家圣诞节特点为例说明季节差异，内容既包括地理、自然知识，也包含节日等人文信息。

Why：语篇使学生在全球视域下，增进对四季的了解，激发学生感受不同国家四季之美和生活之趣。

How：语篇以提出概念并举例说明的方式，向学生阐释了四季在南北半球的不同，涉及词汇包括月份 December，季节 winter，summer，国家 Canada，Australia 等以及南北半球地理位置 northern hemisphere，southern hemisphere。

【课时目标】

1. 在看、听、说的活动中，获取南北半球季节相反的概念，感受其季节之美。（学习理解）

2. 在小组活动中，分析并描述不同国家所处地理位置及季节特征，讨论南北半球季节差异，体味季节之美、生活之趣。（应用实践）

3. 在了解南北半球季节差异的基础上，推断春节在南半球所在季节，多角度认识世界，顺应自然，乐享生活。（迁移创新）

【教学过程】

1. 学生与教师自由交谈，回答问题，回顾前两课时主要内容。然后观看图片，感知世界不同国家季节及其差异。尝试表达 In December，…is in winter. In December，…is in summer.

2. 观看文本视频，获取并梳理文中南北半球主要国家地理位置及其季节相反的概念。

3. 学生阅读文本，谈论加拿大和澳大利亚的地理位置及其在十二月的季节特征。

4. 基于结构化知识，欣赏文本中主要国家景致，深化其四季相反的概念，感受季节之美。

△突出文化意识的培养。语言是文化的载体，活动 3 通过呈现圣诞节相关信息，为学生创设跨文化情境，培养学生的跨文化知识理解能力。针对语篇中心句进行学习，使学生在听、看语篇的过程中，从抽象到具体，帮助学生理解南北半球四季不同的概念，渗透全球意识。

△融合思维能力的培养。活动 4 中，引导学生概括与整合语篇信息，帮助学生学会归纳、建构的思维方式，整合结构性知识。

➡ 设计意图：帮助学生理解语篇内容，学习有关南北半球、季节、节日的词汇和核心语句。教师帮助学生理解简单的语言材料、运用所学语言概括主要内容。学生在教师的指导下识别、提取、梳理信息，整合结构化知识，实现语言与文化的同步学习。

5. 学生基于板书结构，尝试分析并表达加拿大与澳大利亚的地理位置及其在六月的季节特征。

6. 学生在教师的引导下，分析在六月加拿大、澳大利亚人着装和活动。

7. 学生在小组内分析并描述不同国家所处地理位置及季节特征，内化结构化知识，感受季节之美，生活之趣。

△融合学习能力的培养。英语学习需使学生参与到语言实践活动中，培养学生在学习中注意倾听、乐于交流、大胆尝试，在合作中自主探究、互帮互助。活动 7 通过创设小组任务，促进学生积极参与课堂活动，用英语进行交流，学会与他人合作，共同完成学习任务。

➡ 设计意图：帮助学生根据已有的知识背景和获取的信息，描述与阐释南北半球不同国家的不同季节的信息，通过分析判断，内化与运用所学语言。

8.学生由西方节日迁移至中国春节，结合语言知识和文化知识，推断出在澳大利亚庆祝春节的季节并论述理由。

9.学生观看图片，欣赏南北半球不同国家四季景色和人们生活，感受世界季节的差异和生活的多彩，表达顺应四季、乐享生活的态度。

△突出文化意识的培养。活动8中，通过展示国内外人们庆祝中国春节的情形，帮助学生开阔国际视野，增强民族自信心和自豪感。文化修养的提高、文化意识的培养要融合在英语学习活动中。活动9培养学生健康的审美情趣，启发学生热爱自然和生活的意识。

⟳ 设计意图：帮助学生以全球视角，从西方节日所处季节不同引申到中国春节，在迁移的语境中，运用所学论述观点。在结合生活的活动中，探究本课主题意义，感受四季差异之美，表达欣赏四季、顺应自然、乐享生活的积极态度。

Period 4　Social studies

【课时对应的子主题】人与自然
【适用年级】六年级
【语篇类型】科普类短文
【语篇研读】

What：实践活动属于"人与自然"主题范畴，涉及"季节的特征与变化""季节与生活"等相关子主题内容。

Why：实践活动围绕世界各地人们在不同季节中的活动设计并实施主题为"我是小导游"的实践活动。活动设计力求将英语学科的语言学习与中华优秀传统文化教育、艺术教育、信息科技多学科进行融合，引导学生在体验和实践中发展综合素质。

How：学生通过视听、阅读短文，了解世界各地在不同季节中的天气特征与人们生活的关键信息，包括天气特点、适宜活动、历史文化等。通过制作城市宣传海报，将自己所学、所看、所思应用于动手实践，体会创作的过程与快乐；通过做小导游宣传自己喜欢的城市，体验语言学习的乐趣，感受不同地方的季节之美，生活之趣，形成热爱自然、积极生活的良好品质，形成健康向上的审美情趣。

【课时目标】

1.阅读语篇，提取相关信息，尝试介绍世界各地天气特征和人们的生活与活动。（学习理解）

2.基于以往的旅游经历，与同伴分享旅游体验。（应用实践）

3.根据海报制作步骤的说明性指示语，与同伴合作制作城市宣传海报，体验制作过程。

（迁移创新）

4.扮演小导游宣传喜爱的城市，体验季节之美，生活之趣。（迁移创新）

【教学过程】

阶段一：阅读语篇，提取相关信息，尝试介绍世界各地天气特征和人们的生活与活动。

活动一：数据调查结果呈现，课前基于第三课时的学生问卷（在不同季节你分别想去哪个城市）的调查结果，选出每个季节学生最喜欢的城市，并为学生呈现相关语篇开展阅读。

活动二：开展同质分组阅读，按照学生喜欢的城市划分小组，组内同学同读相同的语篇，学生在同一学习任务的驱动下，积极开展互动、互助完成语篇阅读。学生借助图片、信息图表梳理、提取关键信息，遇到问题组内互动交流，共同完成阅读任务。教师在小组活动过程中随时观察，监督学生的阅读进展，给予提示：从各地季节特征、文化蕴含的角度，探究人们选择活动的原因，如龙井茶是杭州特产、苏堤是为了纪念苏轼而命名；澳大利亚在夏天过圣诞等。

活动三：开展异质分组交流，将学生按照所喜欢的季节进行重新分组，形成混编学习小组。此时，每个小组内部都是异质的，而整个班级各小组之间是同质的，体现出组间同质、组内异质的分组原则。学生在组内分享各自不同的阅读内容，感受不同季节的城市之美，生活之趣，通过组内成员的分享，学生能够获得不同语篇的完整信息。教师观察学生以同伴互助的方式介绍各地天气特征和人们生活与活动。

阶段二：基于以往的旅游经历，与同伴分享旅游体验。

学生依据照片回忆自己的旅游，通过思维导图整合信息，借助教师提供的问题作为语言支架，分享自己旅游经历，带领学生了解世界各地的天气特点、适宜活动、历史文化等。在这一环节中教师观察学生在归纳和整理核心语言的基础上，使用连续化话语介绍自己的旅游经历，做好真实表达。

阶段三：根据海报制作步骤的说明性指示语，与同伴合作制作城市宣传海报，体验制作过程。

教师带领学生共同讨论、了解制作海报所需的材料和步骤：学生在教师指导下，与同伴合作设计，制作海报，体验制作过程。教师要观察学生制作海报的过程，适时给予帮助。

阶段四：扮演小导游宣传喜爱的城市，体验季节之美，生活之趣。

学生在制作完海报后，面向全班，运用英语创造性地汇报自己旅游见闻和经历，从展示中感悟世界各地季节之美和人们的生活之趣以及对未来生活的向往。展示方式可以由学生自主选择，既可以进行纯英文的分享，又可以中英结合，充分尊重学生的表达欲望。教师要观察学生在活动中参与情况，鼓励学生从情感体验和技能提升两方面对自己的生活经历进行评价，引导学生在分享自己经历的同时，还能分享一些生活中的常识与须知。

Period 5　Seasons

【课时对应的子主题】人与自然

【适用年级】六年级

【语篇类型】科普类短文

【课时目标】

1.Fun story

小猫 Mimi 向小猴 Micky 推荐一本书，但贪玩的 Micky 将书搁置了一年还没有阅读，以趣味故事的形式把本单元的教学内容融合在一起，让学生在真实语境中复习巩固所学的英语。

2.Let's listen and number

以听力练习形式复习，检测学生对本单元核心词汇、短语和主要句子的理解和掌握。

3.Language Focus

分类列出本单元要求掌握的重点词汇、短语和句子。结合学生实际设计多种形式的复习活动，检测并落实学生对这些重点内容的掌握。

【教学过程】

1.Warm—up/Revision

（1）师生问好，演唱 Four seasons，复习有关四季的语言。

（2）播放视频，让学生猜每幅图发生的时间背景。Can you guess, Which seasons is this picture? 复习四季的说法及其活动。

2.Presentation

（1）让学生分成小组，猜猜 Micky 和 Mimi 在干什么，发生了什么有趣的事情。小组内讨论后找一个代表到前面来给大家讲故事。

（2）教师根据课本内容简要讲故事给学生听。边指图边讲，留意学生的反应，速度适当放慢，必要的地方可以重复。

（3）播放录音，让学生看图听音，跟读内容。

（4）教师组织学生通过跟读、分角色读等方式模仿对话内容，最后进行对话表演。

3.Drill

（1）根据录音内容完成 Listen and number 练习，检测自己的学习情况。

（2）Make the dialogues.

➲ 设计意图：本课以趣味故事的形式，创设了趣味化语言环境，集中复现本单元所涉及的语言知识，使学生通过理解和简单重述小故事，达到运用所学语言的目的。

Period 6　Seasons

【课时对应的子主题】人与自然

【适用年级】六年级

【语篇类型】语篇文本

【课时目标】

1. 学生能读懂绘本内容，感知在不同季节自己喜欢做的事情，并创编自己的绘本。

2. 熟练运用句型"I like to...in spring/summer/fall/winter"。

3. 感知四季之美，掌握 pick，chase，blow，lie，fall 等词汇。

【教学过程】

1. Warning up

（1）教师播放视频

（2）教师提问：watch a short video about seasons，let students guess what's the video about.

2. Presentation

Interaction

（1）Watch the cover，Ask：What can you see?

Introduce the bunny，the weather，the title.

Then ask students：Do you have any question for the bunny?

（2）Students watch the picture book on their pad and find out the answers of these questions：Who is the bunny? Where does the bunny live? What's the story about?

利用机器人扫描新单词，学生学会朗读。

（3）Read P1 and find out who and where? Then read page 1 together.

In spring

Watch the pictures and guess what season it is?

It's spring. Then let students talk about their spring.

展示绘本中 P2—3，This is the bunny's spring，if you are the bunny，

what do you like to do in the spring.

Let students guess the bunny's life.

运用道具讲解 pick，chase，

提问 What do you like to do in spring? 让学生说出：I like to pick flowers；I like to chase butterflies.

读得好的同学做出动作，并得到花朵和蝴蝶的奖励。

In the summer

a.Listen to the sound, guess what season it is. It's summer. What do you like to do in summer?

b.Read it by yourself, answer questions：What does Nicholas like to do in summer?

c.Check answers. 展示对应的图片，并讲解动词 lie，让学生做动作演示。

教授单词 toadstool.

d. 展示蒲公英图片，小飞拍照识别单词 dandelion seeds，教授 dandelion.

在平板电脑上完成练习 Practice1：read and match.

In the fall & In the winter

a. 展示秋天和冬天的背景图片，问学生 What do you like to do in the fall and winter?

Task1 Classify the pictures. 完成练习，Classify the sentences.

b.Check the answers, let students read those sentence. 展示绘本秋天的图片，讲解动词 fall 飘落。

4.In winter, the forest is asleep now.

Look at the bunny，展示兔子睡觉图片，问学生 What is she doing?

学生会说，she is sleeping. 教授 curl up，让学生做动作演示 curl up。

3.Summary

（1）Retell the story together. Then choose the favourite season to retell.

（2）Nicholas can use her eyes to watch, nose to smell, ears to listen, hands to touch, heart to feel the beautiful world, and find the beauty of our world.

案例二 **英语六年级下册教学设计**

六年级下册 Unit 1　教学设计（人教精通版）①

Period 1　How was your holiday?

【课时对应的子主题】How was your holiday?

【适用年级】六年级

【语篇类型】对话教学

【语篇研读】

What：文本介绍了 Gao Wei 和 Kate 的寒假生活，Gao Wei：stay at home，enjoy the Spring Festival with his family，have a big party with his friends；Kate：go to Sanya，enjoy the sunbathing during the day，enjoy the moon and stars at night。学生对中国传统节日春节有深入的认识，积累、运用、拓展与春节相关的语言经验，发展其语言能力。

Why：通过对 Gao Wei 和 Kate 寒假生活的描述，引导学生能就与春节有关的话题进行简单交谈，说一说自己的寒假生活。

How：对话谈论了 Gao Wei 和 Kate 的寒假生活，涉及词汇，如：stay at home，enjoy the Spring Festival with his family，have a big party with his friends，go to Sanya，enjoy the sunbathing during the day，enjoy the moon and stars at night，以及问答假期生活的核心语言 What did you do during your holiday? 该对话较为简单，学生易于理解，通过探究式学习和小组合作学习，开发学生学习潜能，培养自主学习的精神和合作能力，培养学生的自信心，提高学生的综合素质，为学生的终身学习和发展奠定基础。

【课时目标】

1. 借助教学视频，通过师生、生生问答交流的形式，第一次观看课文视频，了解 Gao Wei 和 Kate 在谈论的话题：winter holiday。第二次观看课文视频，引导学生描述 Kate 的假期生活，准确表达 go to Sanya，enjoy the sunbathing during the day，enjoy the moon and stars at night 等词组。第三次观看课文视频，引导学生描述 Gao Wei 的假期生活，准确表达：stay at

---

① 本文作者：天津市河北区育婴里小学　卢媛媛。

home，enjoy the Spring Festival with his family，have a big party with his friends。（学习理解）

2.借助游戏环节，学生们复习、巩固了文本新知内容，结合自身实际，让我们环游中国，去到中国的各个城市，准确说出这些城市的英语名称，共享更多的语言信息，达到语用能力的提升。（应用实践）

3.借助实践操练的教学环节，学生小组合作，谈论下自己的假期生活，可以用绘画的形式，或者手抄报的形式呈现，并用英语做简单陈述，表达自己真实的生活，达到学以致用的目的。（迁移创新）

【教学过程】

1.Free Talk：师生聊一聊寒假生活，去哪里旅游，做了什么等。

2.Let's listen and answer! 学生视听问答，依托教学视频，回答问题。

Q：What are Gao Wei and Kate talking about?

3.Let's watch and answer!

Q1：Where did Kate spend her holiday?　　　Q2：What did she do during her holiday?

4.学生视听对话，问题驱动，整体感知文本，理解主旨大意，梳理关键信息，习得新知内容。

Q1：Where did Gao Wei spend his holiday?　　Q2：What did he do during his holiday?

5.Let's listen and read!

（1）学生听课文跟读，关注语音、语调、节奏、连读、重读等语言现象。

（2）学生基于对话内容，小组合作，分角色朗读。

➡ 设计意图：本阶段学习活动以视听对话，问题驱动为依托，借助文本，引导学生实现知识的重难点层层突破，由易到难地逐步理解和深化，学生们在学习、理解文本内容的过程中能够对自己国家的节日有深入认识，并积累、运用、拓展与假期，节日相关的语言经验，发展其语言能力。

6.Let's read and express! 学生在朗读课文，分角色表演的基础上，进行环游中国的游戏环节，在游戏中，引导孩子们正确说出中国城市的英语名称。如：Xi'an，Harbin，Qiqihar，Hohhot，Hong Kong，Macao.

➡ 设计意图：引导学生结合文本新知内容进行复习巩固，联系生活实际将语言学习从学习理解过渡到实践应用，帮助学生在文本情境中实现语言内化，促进学生思维品质的提升，加深对于中国城市的英语名称的正确理解，为其后的真实表达奠定基础。

7.Let's design! 学生小组合作。

谈论下自己的假期生活，可以用绘画的形式，或手抄报的形式呈现，用英语做简单陈述，达到学以致用的目的。

➡ 设计意图：帮助学生从文本走向真实生活，引导学生在真实的语境中灵活运用所学语言知识进行交流，引导学生更多了解自己国家的重要节日，达到学以致用的目的。

【作业设计】

Period 1　Homework
Activity Card

1.Must—do Tasks

基本要素	具体内容		
作业内容	1. Must do：模仿录音，朗读本课所学文本。 2. Share the text with your family.		
形式和类型	形式	听—说□　听—写□　读—写□　其他□	
	类型	基础型□　拓展应用性□　实践型□	
作业时长	＿6＿分钟（建议时长 5—10 分钟）		
完成方式	独立完成□　合作完成□		
提交时间	当天完成□　＿＿天后□		
评价标准	根据实际情况选择活动 查找补充相关周末活动 正确朗读所填写的对话	☆☆☆☆☆ ☆☆☆☆☆ ☆☆☆☆☆ （自我评价）	☆☆☆☆☆ ☆☆☆☆☆ ☆☆☆☆☆ （小组评价）
	（教师评价）　Good □　　Super □　　Excellent □		

2.Optional Task

基本要素	具体内容		
作业内容	Design a poster or draw a picture and talk about it.		
形式和类型	形式	听—说□　听—写□　读—写□　其他□	
	类型	基础型□　拓展应用性□　实践型□	
作业时长	＿10＿分钟（建议时长 5—10 分钟）		
完成方式	独立完成□　合作完成□		
提交时间	当天完成□　＿＿天后□		
评价标准	根据实际情况选择活动 查找补充相关周末活动 正确朗读所填写的对话	☆☆☆☆☆ ☆☆☆☆☆ ☆☆☆☆☆ （自我评价）	☆☆☆☆☆ ☆☆☆☆☆ ☆☆☆☆☆ （小组评价）
	（教师评价）　Good □　　Super □　　Excellent □		

Period 2　Our English learning

【课时对应的子主题】our English learning

【适用年级】六年级

【语篇类型】文本语篇

【语篇研读】

What：语篇介绍了高伟的英语学习情况，主要介绍英语课上学习了许多话题，以及以多种形式上英语课的。学生们在学习、理解文本内容的过程中比较有共鸣，能够效仿高伟，介绍自己的英语学习情况，发展其语言能力。

Why：通过高伟对学习英语的描述，引导学生能举一反三就自己的英语学习情况进行简单交谈。

How：该文本谈论了高伟的英语学习的内容和学习方法，涉及词汇，如：three years ago, in and out of class, school life, daily life, play games, do tasks, in English 以及核心语言 I'd like to tell you about our English learning. 该语篇文本较为简单，学生易于理解，通过探究式学习和小组合作学习，开发学生学习潜能，培养自主学习的精神和合作能力，培养学生的自信心，提高学生的综合素质，为学生的终身学习和发展奠定基础。

【课时目标】

1. 借助教学媒介，通过师生、生生问答交流的形式，通过三次听、读课文，有梯度地解决文本的重难点。（学习理解）

2. 借助课文图片，让学生们看图说话，介绍英语学习情况。（应用实践）

3. 借助实践操练环节，学生小组合作，通过问卷调查，引导学生熟练掌握本课的关键内容，在此基础上说一说自己的英语学习情况。（迁移创新）

【教学过程】

1.Free Talk. How did you learn English?

S1：I learned English by listening, speaking, reading and writing.

S2：I learned English by singing and chanting.

S3：I learned English by playing games.

2.Let's listen and answer! 聚焦问题，初读文本，了解大意。播放录音学生视听问答，依托教学媒介，回答问题。

Q1：When did Gao Wei begin to learn English?

Q2：What have he learned in English class?

3.Let's watch and answer! 聚焦关键，再读文本，获取信息。

Q1：What is Gao Wei interested in?

Q2：How did they learn English?

Q3：What can they do in English?

4.学生视听对话，问题驱动，整体感知文本，理解主旨大意，梳理关键信息，聚焦细节，三读文本，突破词汇。

5.Let's listen and read!

（1）学生听课文跟读，关注语音、语调、节奏、连读、重读等语言现象。

（2）学生基于文本内容，复述课文。

 设计意图：以视听对话，问题驱动为依托，借助文本，引导学生实现知识的重难点层层突破，由易到难地逐步理解和深化，学生们在学习、理解文本内容的过程中能够举一反三，谈论自己的英语学习等相关的语言经验，发展其语言能力。

6.Let's look and say! 设置小记者采访活动，学生聚焦 our English learning 进行会话交流，教师发访谈提纲。

语言支持：When did you begin to learn English?

What are you interested in?

Which is your favourite topic?

What did you often do in your English class?

What can you do in English now?

 设计意图：引导学生结合文本新知内容进行复习与巩固，联系生活实际将语言学习从学习理解过渡到实际应用，帮助学生在文本情境中实现语言内化与输出，为其后的真实表达奠定基础。

7.Let's practise! 问卷调查，经验分享

教师向学生呈现学习方式问卷调查表，要求学生至少采访 5 位学生。然后教师为学生做一个语言示范。

Ways of learning	Name	
	Yang Ming	Gao Wei
Read English		
Write English		
Talk in English		
Play in English		
Speak English		

 设计意图：帮助学生从文本走向真实生活，引导学生在真实的语境中灵活运用所学语言知识进行交流。

Period 3　How did we learn English?

【课时对应的子主题】topic：how to learn English

【适用年级】六年级

【语篇类型】文本语篇

【语篇研读】

What：语篇介绍了李艳的英语学习情况、英语课的多种学习方式。学生们在学习、理解文本内容的过程中有共鸣，效仿李艳，介绍自己的英语学习情况，发展其语言能力。

Why：通过李艳对学习英语的描述，引导学生举一反三就自己的英语学习情况进行简单交谈。

How：文本谈论了高伟的英语学习的方法，涉及词汇，如：in many ways，do things by ourselves，role play，tell stories，in pairs/groups，help each other，learn from each other 以及本课的核心语言 Let me tell you how we learned English. 通过探究式学习和小组合作学习，开发学生学习潜能，培养自主学习的精神和合作能力，培养学生的自信心，提高学生的综合素质，为学生的终身学习和发展奠定基础。

【课时目标】

1. 借助教学媒介，通过师生、生生问答交流的形式，通过三次听、读课文，有梯度地解决文本的重难点。（学习理解）

2. 借助课文图片，让学生们看图说话，介绍英语学习情况。（应用实践）

3. 借助实践操练环节，学生小组合作，进行问卷调查，引导学生熟练掌握本课的关键内容，在此基础上说一说自己的英语学习情况。（迁移创新）

【教学过程】

1. warming up：Ask students to say something about the English studies in their primary schools.

2. Let's listen and answer! 聚焦问题，初读文本，了解大意。播放录音学生视听问答，依托教学媒介，回答问题。

Q1：When did Li Yan begin to learn English?　Q2：How did her teacher teach them?

3. Let's watch and answer! 聚焦关键，再读文本，获取信息。

Q1：What is Li Yan interested in?　　　　Q2：What did they do in English class?

Q3：What can they do in English?

4. 学生视听对话，问题驱动，整体感知文本，理解主旨大意，梳理关键信息，聚焦细节，三读文本，突破词汇。

5.Let's listen and read!

（1）学生听课文跟读，关注语音、语调、节奏、连读、重读等语言现象。

（2）学生基于文本内容，复述课文。

➡ 设计意图：以视听对话，问题驱动为依托，借助文本，引导学生实现知识的重难点层层突破，谈论自己的英语学习，发展其语言能力。

6.Let's listen and chant! 学生跟读并表演歌谣。

➡ 设计意图：引导学生操练字母组合 wh 的发音规律，联系生活实际说出含有该字母组合的英语单词，将语言学习从书本过渡到生活实际，帮助学生在文本情境中实现语言内化与输出，为其后的发音标准奠定基础。

7.Let's design! 将课前搜集好的学生的照片放在大屏幕上，请其他同学猜测这张照片的主人是如何学习英语的。

语言支持：Look at the picture. Who is he?　　How old was he in the picture?

Was he interested in English learning?　　How do you know that?

So how did he learn English?

➡ 设计意图：帮助学生从文本走向真实生活，引导学生在真实的语境中灵活运用所学语言知识进行交流。

Period 4　Fun Story

【课时对应的子主题】What did you learn in your English class?

【适用年级】六年级

【语篇类型】Fun Story

【语篇研读】

What：语篇是有关 Mimi、Micky 和动物们的幽默小故事，呈现 Mimi 和 Micky 开学第一天的日常，文本中介绍了动物们如何上英语课，透过文本，我们可以让学生们发挥想象，大胆表达，说一说自己最喜欢的学科，引发学生的情感共鸣，同时引导学生树立热爱学习，如何学习的思想意识。

Why：建构学生对学习方法的深入了解，表达和交流自己最喜欢的学科，基于此引导学生尝试介绍自己及朋友最喜欢的学科，从而树立热爱祖国传统文化，热爱学习的情感意识。

How：本课时是绘本故事，通过介绍 Mimi Micky 和小动物们的英语课，涉及相关话题 My favourite subject... 在教学中，我们通过师生对话、生生对话、角色扮演等方式不断复现，帮助学生形成相对完整的语言结构，发展语言能力，加深对语篇的进一步理解。学生依托语言结构参与表述自己最喜欢的学科，在合作学习过程中提升语言技能，强化文化意识培养。

【课时目标】

1. 借助课件，表达自己喜欢的学科，为什么喜欢它，以及如何学习好这门学科，平时是如何做的，感受学习带给自己的幸福感，初步认识到文化知识的博大精深，从而更加热爱学习。（学习理解）

2. 在语篇情境中，根据故事推进，复习1月份至12月份的名称以及节日名称，运用My favourite subject… 这一功能语句进行介绍自己最喜欢的学科，感知热爱学习，会学习的意义和价值；（应用实践）

3. 在实践应用活动中，My favourite… 为话题，进行小练笔的创作，表达热爱学习，热爱祖国传统文化的思想意识。（迁移创新）

【教学过程】

1.Let's sing the song "subjects"！

2.Let's listen and answer! 学生初步视听文本，整体感知篇章内容并回答问题。

Q：When is today in the story?

3.Let's watch, answer, write, and talk! 学生观看文本视频，获取与梳理文本内容。

Q1：What did you do during the holiday?

Q2：What did you learn in your English lessons?

Q3：How did you learn it well?

4.Let's read and act!

（1）学生听录音跟读、分角色朗读对话，关注语音、语调、节奏、连读、重读等语言现象。

（2）学生基于对话内容，以角色扮演的形式表演本课内容，内化与运用所学语言，促进情感共鸣，建构爱学习，会学习的情感。

⟳ 设计意图：以文本为依托，借助课件光盘梳理文本内容，引导学生实现从大意到细节的逐步理解和深化，发展空间概念和逻辑思维，深入体会 Mimi Micky 是如何上英语课的，以及他们幽默、热爱生活的美好情感。基于文本理解，学生通过参与细致模仿、分角色朗读、角色扮演等活动环节进行准确性和流畅性练习，基于语音语调、节奏等多种语言现象体会人物情感，性格特点，感受动物们带给大家的快乐，热爱生活。同时，学生通过思考和讨论教师提出的问题，初步认识到学习知识的意义与价值。

5.Let's listen and number! 学生通过听音练习，复习巩固本单元的重点英语词组。

6.Let's talk. 引导学生运用功能语句：My favourite subject… 进行介绍，从中让学生感受学习的美好，体会中国文化的博大精深。

⟳ 设计意图：引导学生用规定句型进行喜爱的情感表达，联系生活实际将语言学习从学习理解过渡到实践应用，既帮助学生在对话情境中实现语言内化，又让学生热爱生命，为其后的更复杂的情感表达奠定基础。

7.Let's design!

以本节课学过的单词和句型为核心,联系实际,学生进行小练笔的创作,小组内进行展示,互动交流中强化整体认知。

⊃ 设计意图:帮助学生从文本走向真实生活,引导学生在真实的语境中灵活运用所学语言知识进行交流,逐步加深对主题意义的认知,表达热爱祖国传统文化,热爱学习的思想意识。

Period 5 Fun Facts

【课时对应的子主题】孔子

【适用年级】六年级

【语篇类型】文本阅读

【语篇研读】

What:语篇介绍了中国著名教育家孔子、论语的由来以及孔子对待学习的观点。文本简述了孔子的教学方法,让学生对学习有了深入的理解,产生自主交流的意愿,为学生进一步学好英语语言做好文化铺垫。

Why:建构学生热爱学习,会学习的认知,积累用于表达和交流的语言,通过介绍自己最喜欢的学科,初步了解中国文化的博大精深。

How:语篇涉及相关的词汇有 Confucius,learn and think at the same time,talk actively,make notes 以及核心语言如:Confucius taught his students in wise ways. He told them to learn and think at the same time. 词汇及语言结构通过师生对话、生生对话、自读寻找答案等方式不断复现,帮助学生形成相对完整的语言结构,发展语言能力,加深语篇意义理解。通过对如何学习的讨论,让学生了解中国文化的博大精深,拓宽学生的视野。学生依托语言结构参与到表述我最喜欢的学科的展示环节,透过活动让学生们体会到:我们要热爱学习,用科技改变生活,让生活更美好。

【课时目标】

1. 借助文本插图和音频,理解大意,对孔子和孔子对待学习的观点以及论语的由来有了初步的了解。(学习理解)

2. 在教师的引领下,基于语篇情境进行生生问答,师生问答,内化并理解核心问题:What should we learn? How should we learn?(应用实践)

3. 通过表述我最喜欢的学科的展示环节,让学生们体会到我们要热爱学习,用科技改变生活,让生活更美好。(迁移创新)

【教学过程】

1.Let's listen and watch.（感知与注意）

Question：Do you know "Confucius"? Let's learn more about him.

2.Listen and think.（获取与梳理）

学生听录音，初步理解文本内容，并讨论以下问题。

Questions：a.How did Confucius teach? b.Read and talk.（获取与梳理）

学生在初步理解文本的基础上，分组讨论以下问题。

c.What does Lunyu tell us? How did he tell his students to learn?

3.Read and imitate.（概括与整合）

学生在理解文本的基础上，朗读课文，关注语音、语调、节奏、连读、重读等，培养语感，同时加深对语篇的理解和内化。

➡ 设计意图：让学生通过听、读文本，从大意到细节逐渐理解内容。学生通过积极思考、讨论等形式运用核心语言，为形成良好的语音意识和语用能力奠定基础。

4.Read and retell.（描述与阐释）

（1）学生在理解文本的基础上，朗读文本。

（2）学生利用板书提示的思维导图尝试复述文本，并进行展示。

➡ 设计意图：引导学生在理解文本的基础上，根据思维导图的信息复述文本，引导学生初步运用核心语言进行交流，促进语言内化。从学习理解过渡到实践应用，为后面的真实表达奠定基础。

5.Think and evaluate.（批判与评价）

学生通过对孔子和论语的初步学习，结合自己的经验，在小组里分享下自己最喜欢的学科。

Questions：a.What do you think of Confucius? b.Which way can we study better?

c.Which subject do you like best?

6.Create and present.（想象与创造）

学生利用本单元所学知识，小组探讨并进行分享展示：

a.Talk about your favourite subjects. b.Talk about how to do to study it well.

小组合作讨论各自喜欢的节日以及如何庆祝，其他同学进行评价。

➡ 设计意图：帮助学生在迁移的自主设计的语境中，创造性地运用所学语言，进行表达。学生从文本走向真实生活，在新情境中发展语用能力。

Period 6　Fun Reading

【课时对应的子主题】Special places

【适用年级】六年级

【语篇类型】文本故事

【语篇研读】

What：语篇透过我和叔叔的对话了解到，虽然叔叔游览过世界各地的许多名胜古迹，但是最特殊的地方是妈妈第一次带他去的图书馆。学生们在学习、理解文本内容的过程中，积累、运用、拓展自己的想去的地方的语言经验，发展其语言能力。

Why：通过文本，引导学生说一说自己最想去的地方或者心中最特殊的地方，引导学生勇于表达，感受中国的地大物博和大好河山，让学生产生民族认同感。

How：文本是谈论心中最特殊的地方或者自己的旅游愿望，新知单词，如：以及核心语言 What is the most special place you have ever visited in all the world? 该文本情节较为简单，学生易于理解，也便于学生在学习过程中开展自主探究等学习活动，具有现实意义和教育意义。

【课时目标】

1. 学习理解：能够熟练掌握新知单词、词组及核心语言：travel all over the world, the wonders of the world, What is the most special place you have ever visited in all the world?

2. 应用实践：在语言情境中，透过我和叔叔的问答，引导学生运用核心语言 What is the most special place you have ever visited in all the world? 说一说自己曾经到过的最特殊的地方。

3. 迁移创新：学生绘制手抄报，将自己去过印象最深刻的地方画上，并配以介绍，优秀作品进行展示、交流，从而感受中国的地大物博和大好河山，传播中华优秀传统文化，产生民族自豪感和认同感。

【教学过程】

1. 学生欢唱歌曲 Holidays，营造愉快的学习氛围的同时激活旧知。

2. Let's listen and read the story, then answer the questions.

Q1：Which festival was coming?　　Q2：What did you do on the eve of the New Year?

3. Let's watch and talk!

学生观看文本视频，获取与梳理文本信息；

Q1：Where has my uncle visited?

Q2：Where is the most special place he has ever visited in all the world?

4. 学生视听文本，问题驱动，整体感知文本，理解主旨大意，梳理关键信息，补全短文内容。

5.Let's read and act!

学生听录音跟读、并朗读，关注语音、语调、节奏、连读、重读等语言现象，体会人物对新年愿望的高兴之情。

➡ 设计意图：学习活动以我和叔叔的对话，谈论心中最特殊的地方，引导学生实现逐步理解和深化文本的基础上，借助学生已有知识经验，引导学生说一说自己去过哪些地方，哪个地方印象最深刻，哪个地方最特殊等。

6.Let's read and talk! 学生四人一组，运用我们的核心语言，说一说自己心中的 special place。

➡ 设计意图：引导学生在理解文本的基础上，联系生活实际将语言学习从学习理解过渡到实践应用，说一说自己的 special place，帮助学生在文本情境中实现语言内化，促进学生思维品质的提升，充实对于中国传统文化的理解，为其后的真实表达奠定基础。

7.Let's design! 学生分组设计书签作品，运用文本中的核心语言，将自己的 special place 呈现在作品上，优秀作品进行分组展示，从而感受中国的地大物博和大好河山，传播中华优秀传统文化，产生民族自豪感和认同感。

➡ 设计意图：帮助学生从文本走向真实生活，引导学生在真实语境中灵活运用所学语言知识进行交流，逐步加深对主题意义的认知，传播中华优秀传统文化。

☑ 六年级下册 Unit 2　教学设计 ①

Period 1　My community

【课时对应的子主题】生活的自我管理；社区环境保护

【适用年级】六年级

【语篇类型】语篇

【语篇研读】

What：语篇是主人公 Susan 围绕着自己所居住的社区所展开的介绍，呈现了游览社区的情境，体现了学生在教师的帮助下介绍社区中的建筑物的名称、功能和方位，自然地引发学生情感和思考共鸣。让学生在学习过程中学会建筑物的名称和方位介词所表达的含义，为后面助人做了铺垫，让学生在体验中感受居住环境的美，形成热爱自己的家、社区、家乡和国家的意识。

Why：建构学生对于方位的认知，积累用于地点名称和方位介词的语言，基于此引导

---

① 本文作者：天津市北辰区辰昌路小学　李欣忆。

学生辨析方位介词所表达的含义，尝试自主介绍所生活的社区，感受居住环境的美。将德育渗透在方位教学的实践中，学生在增长有关英语中"方位介词"的语言知识和发展语言技能的同时，形成正确的道德观念，将爱家乡、爱祖国的情感根植于学生的心灵之中。

How：语篇涉及地点名词 City Library，post office，river，bank，hotel，supermarket，bookshop，clothes shop，hospital，方位介词的相关词汇 in front of，behind，beside，between…and…across the road，near 和名词 healthy food，vegetable，以及介绍某处有某物的语言结构 There be 句型。词汇及语言结构通过师生对话、生生对话、歌谣伴唱、角色扮演等方式不断复现，帮助学生形成相对完整的语言结构，发展语言能力，加深语篇意义理解。学生依托语言结构参与介绍社区建筑的方位和功能的语言活动，在合作学习过程中提升语言技能，树立乐于助人的意识，强化爱家乡、爱祖国的情感培养。

【课时目标】

1.在视听对话的情境中，初步感知和理解核心词 in front of，behind，beside，between…and…across the road，near 等以及核心句 There is a/an…+ 地点所表达的含义，感受居住环境的美，从而初步形成热爱自己的家、社区、家乡和国家的意识。（学习理解）

2.在教师的指导下，梳理文章内容，借助社区的背景，进行问答，积累和运用本课的语言知识和技能，形成正确的道德观念和爱家、爱家乡、爱祖国的情感。（应用实践）

3.在教师的指导下进行角色扮演，学会运用 There is a/an…+ 地点对自己的社区进行介绍，自主设计理想的社区，进一步提升乐于助人的意识，强化爱家、爱家乡、爱祖国的情感培养。（迁移创新）

【教学过程】

1.How many buildings are there? 学生观看"Susan 的社区"视频，思考并讨论教师提出的问题，初步感知 community 的含义，呈现教学主题。

T：Susan lives in one of the tall buildings .

2.Let's watch and choose. 学生再次视听本课内容，边听边选择正确答案。

Q1：Where is the park?　　　Q2：Where is the river?　　　Q3：Where is the bank?

3.Let's watch and say!

（1）学生观看地点的图片，获取对方位介词的认知和了解。

（2）学生观察地点名词之间的关系，进一步了解方位介词所表达的意义，促进学生对方位描述的理解。

（3）学生运用语言支架 There is a/an…+ 地点描述 Susan 的社区情况并表达个人情感。

4.Let's chant! 学生根据 Susan 的社区内容和信息提示补全歌谣文本，借助伴奏进行歌谣表演。

5.Let's read and act!

（1）学生听录音跟读、分段落朗读对话，关注语音、语调、节奏、连读、重读等语言现象，体会 Susan 住在美丽社区的愉快的心情。

（2）学生基于文本内容，以角色扮演的形式表演本课内容，内化与运用所学语言，促进情感共鸣，初步形成热爱自己的家、社区、家乡的意识。

⊙ 设计意图：学习活动谈论地点名词和方位介词，以对社区概况的描述为依托，借助相关题目，引导学生实现从大意到细节的逐步理解和深化，发展逻辑思维，感知社区环境的美。学生通过参与模仿、角色扮演等活动感受社区的美好，通过学生对方位介词的感应，提升学生的生活技能，发展学生的辨识能力。

6.Let's talk! 学生思考和讨论课后的 Let's talk 的活动，并视听有关方位介词的视频，初步认识到社区的美。Q：What's in our community?

7.Let's introduce your community.学生根据自己所居住的社区自由组合，运用所学语言介绍自己的社区，并表达个人的情感态度，形成正确的价值观，进一步体会居住环境的美，发展审美情趣。

⊙ 设计意图：引导学生结合所学的地点名词和方位介词介绍自己所居住的社区，联系生活实际将语言学习从学习理解过渡到实践应用，帮助学生在对话情境中实现语言内化，促进学生感知居住环境的美，为后面乐于助人做了语言知识和技能的积累。

8.Let's design our community.学生共同出谋划策，思考并设计出属于班级的理想社区，运用 There be 句型进行描述，在新情境中解决问题，将能力转化为素养。

⊙ 设计意图：学习活动旨在对知识的迁移和升华，学生根据所学进行生成，达到了情感的共鸣，使学生充分感受到家乡的美，锻炼和小组合作能力。

【板书设计】

Period 1　My Community

There is a park near my home.

There is a bank in front of my home.

There is a/an…

in front of	between		bank	clothes shop
behind	across the road		bookshop	supermarket
beside	near		hotel	hospital

【作业设计】

Period 1　Homework
Activity Card

1.Must—do Tasks

基本要素	具体内容		
作业内容	1. Listen to the passage and read it. 2. Draw a picture of your community.		
形式和类型	形式	听–说□　听–写□　读–写□　其他□	
	类型	基础型□　拓展应用性□　实践型□	
作业时长	___8___ 分钟（建议时长 5—10 分钟）		
完成方式	独立完成□　合作完成□		
提交时间	当天完成□　___天后□		
评价标准	根据实际情况选择活动 查找补充相关周末活动 正确朗读所填写的对话	☆☆☆☆☆ ☆☆☆☆☆ ☆☆☆☆☆ （自我评价）	☆☆☆☆☆ ☆☆☆☆☆ ☆☆☆☆☆ （小组评价）
	（教师评价）　Good □　　Super □　　Excellent □		

2.Optional Task

基本要素	具体内容		
作业内容	Introduce your community to your friend.		
形式和类型	形式	听–说□　听–写□　读–写□　其他□	
	类型	基础型□　拓展应用性□　实践型□	
作业时长	___10___ 分钟（建议时长 5—10 分钟）		
完成方式	独立完成□　合作完成□		
提交时间	当天完成□　___天后□		
评价标准	根据实际情况选择活动 查找补充相关周末活动 正确朗读所填写的对话	☆☆☆☆☆ ☆☆☆☆☆ ☆☆☆☆☆ （自我评价）	☆☆☆☆☆ ☆☆☆☆☆ ☆☆☆☆☆ （小组评价）
	（教师评价）　Good □　　Super □　　Excellent □		

Period 2　Asking the way①

【课时对应的子主题】人与自然，常见的颜色

【适用年级】六年级

【语篇类型】日常对话

【语篇研读】

What：语篇为师生课堂对话。该对话发生在老师和 Eco 两个人物之间，描述了老师让学生课堂上画画，然后涂色，Eco 给小兔子涂了黄色的故事。

Why：学习问路以及指路的语言，学习指路的语言表达方式，学会日常交流方式，感受社交中语言中的魅力。

How：该对话是关于问路和指路的对话，涉及指路方向的相关词汇，如 turn right/left 等以及指路时使用的核心语言，如 Go down the street. 此过程中，引导学生学会问路和指路，表达自己对路线的阐述，提高自身表达能力与社交能力。

【课时目标】

1. 借助文本插图和音频视频，理解对话大意，体会给动物涂色的过程，通过教师的提问，让学生思考问路及指路的方式。（学习理解）

2. 在教师的引领下，基于语篇情境进行角色扮演，内化并熟练运用核心语言 Go down the street 进行问路。学会运用表示问路、指路等功能的语句在真实语境中进行交际。（应用实践）

3. 通过师生、生生之间的阅读与讨论，学生自主感知、模仿、理解和体验。引导学生在真实语境中进行交际。（迁移创新）

【教学过程】

1. 学生回顾上一课的主题情境，学生在教师的引导下进行头脑风暴，回忆场所类的单词及方位，说出有关的单词。

2. 教师指导学生画自己的社区简图，然后进行简单介绍方位场所，同时进行地点提问 Where is the… 练习问路的表达。

3. 学生视听对话，问题驱动，整体感知文本，理解主旨大意，梳理关键信息，补全短文内容。

4. 学生再听对话文本，细致模仿，关注语音语调，培养语感的同时加深对课文知识的理解和记忆。

△突出文化意识的培养。活动 1、2 将语篇内容与实际生活相结合，观察、辨识不同场所

---

① 本文作者：天津市北辰区辰昌路小学　吴秋婵。

的位置，并在思考后，根据自身生活经验，使用简单的语言描述给场所位置，表达自己对指路的看法。

△融合思维品质的培养。活动3通过提问引导学生仔细捕捉关键信息，运用已有知识进行猜测和推理，激发学生的兴趣、观察力以及逻辑分析能力，辅助对语篇意义的理解。

🡒 设计意图：帮助学生回顾已有知识，属于学习理解层次。教师引导学生说出不同的位置，活跃学生的思维，唤醒学生对地理位置的相关知识的记忆，学生通过积极思考理解位置的词汇，为本课的学习奠定基础，实现文本来自生活。

5. 教师引导学生进行同伴间分角色练习并表演对话。

△突出文化意识的培养。活动5基于语篇主题，创设情境，鼓励学生积极参加，引导学生运用核心语言进行问路及指路的对话，体会社交语言的魅力。

△融合学习能力的培养。活动5借助图片，学生能够积极与他人合作，注意倾听，敢于表达，不怕出错，共同完成学习任务，加深对语篇内容的理解，获得了学习能力上的提升。

🡒 设计意图：借助文本的情境，与同伴交流方位及指路问路的方式；在此基础上，进行角色迁移，运用核心语言进行交流，促进语言内化。从学习理解过渡到实践应用，为后面的真实表达奠定基础。在学生设计和展示的过程中，适时地渗透学科育人理念，帮助学生体会社交语言的多姿多彩。

6. 学生在教师创设的画社区简图的情境中，通过小组合作的形式交流展示。

语言支持：Where is the…? Go down the street. The…is on the…

7. 布置课后作业

（1）选择社区中的一处场所，绘制不同的指路路线。

（2）结合上一环节选择的，运用本课核心句型描述场所的位置。

△融合思维品质的培养。活动6给出语言框架，设置开放性的答案，有目的的引导学生思考不同选择的差异性，学会换位思考看待问题。激发学生思辨，初步建立学生的辩证思维。

△融合学习能力的培养。活动7借助社区简图，学生能够积极与他人合作，注意倾听，敢于表达，不怕出错，加深对语篇内容理解，获得学习能力上的提升。

🡒 设计意图：帮助学生在迁移的谈论场所位置的语境中，创造性地运用所学语言，进行指路和问路的表达。引导学生合理搭建语言框架，有效进行语言输出，提高学生的综合语言运用能力。学生在讨论指路的过程中发展语用能力，帮助学生感受语言交际的魅力。

Period 3　Time and Transportation[①]

【课时对应的子主题】身边的事物与环境；健康、文明的行为习惯与生活方式；时间管理；生活与学习中的困难、问题与解决方式；友好互助

【适用年级】六年级

【语篇类型】日常对话

【语篇研读】

What：语篇是一位陌生男人向 Li Yan、Yang Ming 询问如何到城市图书馆的对话，在对话中呈现了问路、指路以及选用的交通方式的情景，同时表达了在交流中要礼貌待人、乐于助人的积极情感。

Why：建立学生对身边环境的空间整体认知，积累问路、指路、选择到达目的地的交通方式的相关语言，在此基础上了解汉语与英语表达方位、方向的不同语序和习惯，引导学生在礼貌待人、乐于助人的过程中，树立美好生活观，促进文化意识的发展。

How：语篇涉及公共场所类词汇 restaurant，交通方式类词组 by bike、by subway、on foot，询问并回答到达目的的交通方式及所用时长 How can I get to the…? You can get there by/on… How long does it take to go there by/on…? It's about…hour（s）/minute（s）.通过上述核心语言的学习，帮助学生更好地形成该方面的语言结构，能够描述不同目的地的位置，给出优化且合理、省时的到达方案。同时，学生能够依托该核心语言，在生活中主动帮助他人，解决他人问路的困难。

【课时目标】

1. 在问路、指路的视听对话的情境中，梳理公共场所类词汇（如 restaurant）、交通方式类词汇（如 by bike、by subway、on foot 等），并运用 How can I get to the…? You can get there by/on… How long does it take to go there by/on…? It's about…hour（s）/minute（s）.进行问路和指路，感受礼貌待人、乐于助人的快乐。（学习理解）

2. 在对话情境中，根据身边居住环境所呈现出的平面地图和三维空间地图，借助百度地图 app，运用 Excuse me, how can I get to the…? You can get there by/on… How long does it take to go there by/on…? It's about…hour（s）/minute（s）.进行问路和指路的交流，结合生活实际筛选出最优出行方案。（应用实践）

3. 借助小组设计的城市平面地图或者三维空间地图作品，结合最优出行方案，运用 Excuse me, how can I get to the…? You can get there by/on… How long does it take to go there by/on…? It's about…hour（s）/minute（s）.展示交流，深刻体会中国是礼仪之邦，讲究礼貌

---

① 本文作者：天津市北辰区辰昌路小学　李泠迪。

待人、乐于助人的思想意识。（迁移创新）

【教学过程】

1.Let's talk! 学生根据教师给出的社区地图，思考并回答教师提出的问题，进一步感知社区的空间位置结构。Q：Where is the…?

2.Let's listen and answer! 学生视听对话，根据提出的问题，整体感知问路、指路、选择交通方式及时长的相关信息。

Q1：How can the man get to the City Library?

Q2：How long does it take to go to the City Library by bus?

Q3：Where is the City Library? Can you describe?

3.Let's listen and talk!

（1）学生再次听取文本录音，获取与梳理 City Library 的位置、选取到达的交通方式及所需时长的基本信息。

（2）学生运用语言支架 Excuse me, where is the…? How can I get to the…? You can get there by/on… How long does it take to go there by/on…? It's about…hour（s）/minute（s）. 对目的地 City Library 的相关信息进行描述。

4.Let's read and read!

（1）学生再听对话文本，进行跟读，语音、语调、节奏、连读、重读等语言现象，培养语感的同时加深对课文知识的理解和记忆。

（2）学生基于对话文本，以 read in role 或者 act in role 的方式表演本课，内化与运用所学语言，促进情感共鸣，建构乐于助人的思想意识。

学生分小组分角色表演对话，然后进行评价。评价可以分以下几方面：

①语音语调是否标准、自然，发音是否正确、清晰，声音是否洪亮。

②语言表达是否能够正确地、有感情地表达出不同的情感和态度。

③角色扮演是否能够根据角色性格、身份等特点，进行自然的脱稿表演，表现出生动、逼真的角色形象。

5.Let's think! 学生思考和讨论教师提出的问题，视听有关中国以礼待人的视频，初步认识到礼貌待人、乐于助人的意义与价值。Q：What kind of attitude to see help from others?

△突出语言能力的培养。活动 1、2、3、4 在激活已有知识的基础上，通过教师的一步一步的提问，引导学生准确理解文本大意，学习对话内容，梳理并建构核心语言 How can I get to the…? You can get there by/on… How long does it take to go there by/on…? It's about…hour（s）/minute（s）. 属于学习理解类活动；引导学生通过看、读、模仿对话进一步加深对文本大意的理解，对核心语言的印象。

△融合文化意识的培养。活动 5 在深度理解文本的基础上，通过问题，激发学生兴趣，

引导学生通过思考，探索文本所传达的中国优秀传统品质。

➲ 设计意图：进行询问并回答到达目的地的交通方式及时间的学习，引导学生实现从大意到细节的逐步理解和深化，为学生建立平面和三维空间概念，激活学生的思维逻辑，同时体会礼貌待人、乐于助人的美好。基于文本的理解，学生还通过听音模仿、分角色朗读、角色扮演等活动进行准确、流畅、有感情的交流练习，基于语调、节奏等语言现象体会人物情感。认真体会中国是礼仪之邦，感受礼貌待人、乐于助人的快乐。

6.Let's read and answer!

学生基于教师给出的城市目的地的平面地图、三维空间地图和 Baidu Map 列出的交通方式和所需时长，2 人一组，运用语言支架进行对话练习，选出最优交通方案，深刻感知礼貌待人、乐于助人的礼仪文化。

语言支架：

A：Excuse me，where is the＿＿？　　　　B：＿＿．

A：How can I get to the＿＿？　　　　B：You can get there＿＿．

A：How long does it take to go there＿＿？　　　　B：It's about＿＿．

△突出语言能力的培养。活动 5 基于语篇主题，结合学生的生活实际，借助信息技术，鼓励学生积极参加，引导学生灵活运用核心语言，将所学知识内化为语言加以运用，从而在真实的情境中提高了语言能力。

△融合思维品质的培养。活动 5 借助平面地图或者三维空间地图，学生能够积极与他人合作，共同完成学习任务，在真实情境中解决真实的问题，逐步提高学生的逻辑思维和创新思维。

➲ 设计意图：将核心语言的学习从学习理解过渡到应用实践，结合百度地图，选择出行的最优、省时的方案，既帮助学生在对话情境中实现语言内化，又促进学生在建构空间思维的同时进一步了解自己居住的城市、社区，同时在交流中注重礼貌待人，激发学生乐于助人的优秀品质。

7.Let's think and write!

学生在以小组为单位设计的城市平面地图或者三维空间地图的作品中，选取目的地，小组合作完成礼貌问路、指路、选取最优交通方式的相关内容，进行交流展示。

语言支持：Excuse me，how can I get to the…？ You can get there by/on…

How long does it take to go there by/on…？ It's about…hour（s）/minute（s）．

△融合思维品质的培养。活动 6 给出语言框架，设置开放性的答案，引导学生综合运用所学知识，多角度思考与交流，激发学生思辨，初步建立学生的辩证思维，在真实的情景中学会礼貌问路、指路，提供最优方案，培养解决问题的思维品质，乐于助人优秀品质。

△融合学习能力的培养。活动 6 以小组合作的形式设计地图，引导学生能够积极与他

人合作,并且充分建构空间思维,敢于表达,不怕出错,在加深理解的同时,进行灵活运用,促进了学习能力的提升。

⟳ 设计意图:帮助学生从文本走向真实的生活,引导学生通过小组合作,自己绘制城市地图,合理搭建语言框架的基础上,在真实的语境中灵活运用所学的语言进行交流,提高学生的综合语言运用能力,逐步加深学生对主题意义的认知和理解,从行为上体现礼貌待人、乐于助人的思想品质。

Period 4　Giving directions clearly[①]

【课时对应的子主题】人际交往;友好互助

【适用年级】六年级

【语篇类型】日常对话

【语篇研读】

What:语篇是 Micky 和 Bear 围绕着指路所展开的对话,呈现了 Bear 拿地图询问 Micky 书店在哪,Micky 给 Bear 指路的情境。

Why:学习理解问路指路等基本生活技能的语言,在现实生活中乐于帮助问路的人,能给予求助人正确的反馈,从课本理解到社会实践,既内化了知识,也外显了助人为乐,互帮互助的高尚道德。

How:语篇为记叙文,涉及问路及指路等语言知识,全文使用一般现在时和一般将来时。文本通俗易懂、有条理、逻辑性强。不但能在真实的语境中理解和掌握目标语言项目的意义和用法,还能引发学生对自我和社会的理性思考,培养热爱自己居住社区的积极情感,形成热情、礼貌待人、乐于助人的态度。

【课时目标】

1.通过图片环游、问题链的方式,获取、梳理故事情节并概括大意;通过细读,能体会 Bear 和 Micky 的情绪变化;进而能领悟语篇的主题意义。(学习理解)

2.在教师的帮助和图片的提示下用正确的语音语调有感情地朗读小故事并尝试表演。(应用实践)

3.根据 Micky 指路的路线图简要评价故事中 Micky 的做法,组内交流合作续编故事给出最佳指路方案并将文字配上插图,制作精美的故事集。(迁移创新)

【教学过程】

1.Daily talk. 营造愉快的英语学习氛围,激活学生有关问路、指路词汇的已有知识。

---

① 本文作者:天津市北辰区辰昌路小学　曹雪。

How can I get to …?/Where is …? You can…

2. 教师出示故事插图，用问题引导学生观察，猜测和预测故事情节。

Who are they? Where are they? What are they doing?

3. 学生在教师的引导下通过图片环游学习故事 P1—P4 的内容，并回答问题。

What's in bear's hand? Where does the bear want to go? Where is the bookshop?

How does Micky tell the way to the bear? 引导学生阅读故事 P5—P6，回答问题。

Why is Micky so surprised? Why is the bear so angry? If you were the bear,

4. 学生听音频跟读模仿语音语调，进行分角色朗读对话。

△突出语言能力的培养。活动 1、3、4 能够激活学生已有的知识储备，通过教师的提问一步步引导学生准确理解文本大意，学习对话内容，梳理建构核心语言，属于学习理解类活动；引导学生通过看、读、模仿对话进一步加深对文本大意的理解以及对核心语言的印象。

△融合思维品质的培养。通过活动 2、3，学生能通过观察图片，视听对话，了解本课时所谈论的主题，提取、获取关键信息，加强对语篇意义的理解，实现在语言活动中发展思维。

⊃ 设计意图：帮助学生深入理解对话内容，掌握对话中的重点词汇和核心语言，属于学习理解的层次。教师设计贴近学生生活的情境，引导学生通过观察和视听对话，从语篇到句子再到词汇全面理解对话内容。在词汇学习的环节中，教师引导学生拓展指路相关词汇。学生通过模仿、跟读和分角色朗读，能够正确、流利地朗读对话，深入理解对话内容，将语言内化吸收，为培养良好的语音语调和语用能力打下坚实的基础。

5. 学生分小组分角色表演，然后进行评价。

评价可以分以下几方面：

①语音语调是否标准、自然，发音时是否清晰、准确，语调是否恰当。

②语言表达是否能够正确地表达出不同的情感和态度，使对话内容生动、丰富。

③角色扮演是否能够根据角色性格、身份等特点，进行自然的表演，表现出生动、逼真的角色形象。

6. 学生在教师指导下，结合板书梳理、归纳对话的核心语言，根据板书提示尝试复述课文。

△突出语言能力的培养。活动 5 角色扮演是一种具有趣味性和互动性的教学活动。通过角色扮演，学生深入理解和感受英语语言的应用场景，提高英语实际应用能力。在角色扮演过程中，学生需要模拟不同情境、不同角色进行对话，有助于提高学生的口语表达能力。活动 6 复述文本需要学生用自己的语言清晰、准确地表达所学内容，这个活动能够加深对所学知识的理解和记忆，也能提高他们的语言运用能力。

△融合学习能力的培养。活动 6 复述文本有助于培养学生的思维能力和创新意识。在复述文本的过程中，学生需要对所学内容进行理解和加工，然后再用自己的语言表达出来。这

有助于培养学生的思维能力和创新意识，促使学生在语言学习的过程中不断探索和创新。

➲ 设计意图：引导学生通过角色扮演以及复述文本的活动，将核心语言知识内化于心中，属于应用实践类活动；这两个活动可以创造更加丰富、立体的语言学习环境，提高学生的语言运用能力和思维发展。

7. 教师引导学生根据 Micky 指路的路线图简要评价故事中 Micky 的做法，组内交流合作续编故事给出最佳指路方案并将文字配上插图，制作精美的故事集，提供语言支架让学生进行表达与分享。

△突出语言能力的培养。活动 7 中设计的指路问路相关的活动，能让学生在真实情景中自然地接触到相关词汇，进而增加学生词汇的积累。当学生通过地图在问路与指路的过程中，可以运用本课时的核心语言，这为学生提供了实际的语言应用机会，加强了语言的输出。

△融合思维能力的培养。活动 7 这种开放性的任务可以激发学生的创新思维，鼓励他们续编出有趣、有意义的故事。学生在看地图指路的过程中，需要按照一定的逻辑顺序进行表达，这有助于培养学生的逻辑思维。结合美术学科进行英语教学，能更好地发展学生的形象思维和审美情趣。

➲ 设计意图：在配插图续编故事制作故事集这一情景中，学生借助教师提供的语言支架对制作的故事集进行表达，属于与美术学科相融合的迁移创新类活动。让学生在设计的过程中形成热情、礼貌待人、乐于助人的态度。

Period 5　Fun Facts [①]

【课时对应的子主题】中国主要城市及家乡的地理位置与自然环境；世界主要国家的名称、地理位置与自然景观

【适用年级】六年级

【语篇类型】连续性文本

【语篇研读】

What：语篇为中心公园、中国的公园中活动的介绍。描述了人们能在公园中做什么、看到什么场面。学生们在学习、理解文本内容的过程中，积累、运用、拓展与自然、地理、活动相关的语言经验，发展其语言能力。

Why：描述不同活动，引导学生了解公园、活动，爱上户外运动，热爱自然。

How：对话是两种公园中不同活动、见闻，涉及活动词汇，如 enjoy nature, enjoy run-

---

① 本文作者：天津市北辰区辰昌路小学　张育晴。

ning,do Tai Chi,该语篇内容较为简单，学生易于理解和开展自主探究等学习活动，具有现实意义和教育意义。

【课时目标】

1.阅读中，形成简单的关键词查找能力，在文本较难的篇章阅读中，通过关键词理解、体验、感知文本意义。在小组合作阅读中，以合理的师生角色定位，积极有效的提问方式和任务设计，促使学生积极与他人合作，完成探究或讨论。（学习理解）

2.出示不同公园图片，学生能够介绍公园位置、活动。（应用实践）

3.通过介绍中心公园和国内公园活动，旨在让学生在阅读过程中了解不同公园活动，爱上户外运动。（迁移创新）

【教学过程】

1.教师为同学们播放一段中国公园的短片或图片，引发大家思考 What do Chinese people do in the park? What do you do in the park? 小组讨论后汇报结果。

2.在热身环节讨论的基础上，学生阅读语篇第二段，小组内讨论并总结段落大意。不认识的单词先根据上下文猜测其含义，之后再经过小组讨论寻求同伴帮助，最后再查字典，学生参照此小节的语篇，补全中国公园表格的填写。

教师带领大家阅读此小节语篇，解决学生提出的不易理解的词句，有意识地引导学生学会阅读策略，如抓关键词等。

3.设置问题，继续讨论

小组讨论在外国公园内人们都做些什么，然后完成表格填写。

4.学生阅读语篇的第一段，小组内讨论并总结其大意，方法同前。学生参照此小节语篇，补全美国公园表格的填写。

教师播放（或展示）纽约中央公园短片（或图片），带领学生进行阅读，解决学生提出的不易理解的词句。

🔁 设计意图：以介绍公园活动情境为依托，借助学历案梳理不同活动，引导学生体会生活乐趣和户外运动多样性。基于文本理解，学生通过参与细致模仿、师生共读等活动进行准确性和流畅性练习，基于语调、节奏等多种语言现象感受户外活动的多样性，树立美好生活观。学生通过思考和讨论教师提出的问题，认识到公园活动的意义与价值。

出示生活中学生常见的公园照片，例如北辰公园、水西公园，学生能够根据地图介绍去公园的路程、公园内的活动。

🔁 设计意图：引导学生结合生活实际思考并交流公园的功能、活动，联系生活实际将语言学习从学习理解过渡到实践应用，帮助学生在对话情境中实现语言内化，促进学生思维品质的提升，充实对中外文化的理解，为其后的真实表达奠定基础。

学生自主选择喜爱的公园，分组画出社区地图，运用对话中的核心语言进行分组问答，互动交流各自公园的位置、路线。

⊃ 设计意图：帮助学生从文本走向真实生活，引导学生在真实的语境中灵活运用所学语言知识进行交流，逐步加深对主题意义的认知，表达热爱户外运动思想意识。

Period 6　Yue Fei asked for directions.①

【课时对应的子主题】人与社会；人际沟通；文明礼貌，孝亲敬长

【适用年级】六年级

【语篇类型】阅读课

【语篇研读】

What：语篇围绕岳飞和牛皋不认识去校场的路而展开的问路故事。

Why：描述岳飞和牛皋对问路人的不同态度，而产生的不同反馈和结果，培养学生要文明有礼，恭敬谦卑，孝亲敬长的中华传统美德。

How：文本是对本单元所学知识的总结和拓展。涉及到的时态为一般过去时，涉及的语言知识是本单元所学的问路内容，如"Where is…?""Go down the street. Turn left at the second crossing. You'll find the…is on your right.""How long will it take to go there?"等内容。文本中将本节课的重点内容融于其中，并结合符合学生阅读能力的文本内容，进一步提高学生的阅读能力和综合语言运用能力。

【课时目标】

1.通过观看视频、教师讲解等方式，学生可以理解本文的大意，知道文中重点词汇的含义，如 drill ground, rode away, impolite, bow, politely, arrive。（学习理解）

2.学生可以通过对文中校场的位置描述，画出自己正确的路线图，成功找到校场，提高学生解决实际问题的能力。学生还可以创编简单对话，用本单元所学知识，描述更多的场所位置。并可以根据板书的提示复述文章。（应用实践）

3.学生展开想象，尝试续写故事，岳飞在遇到牛皋之后，对他说了什么。培养学生的写作能力和想象能力。让学生自己领悟本文的主旨。弘扬文明有礼，恭敬谦卑，孝亲敬长的中华传统美德。（迁移创新）

【教学过程】

1.学生观看文本所有图片，猜测文本的内容。

2.教师出示本节课主人公岳飞，通过简单的视频介绍岳飞的生平事迹。

3.学生粗读文本，教师提出问题，引导学生在阅读活动中找到问题答案。

_____

① 本文作者：天津市北辰区辰昌路小学　周维佳。

Q1: What was the name of Yue Fei's friend?

Q2: Where did they want to go?

4. 出示文本内容，揭示刚才两个问题的答案。教师继续提出问题：

Q1: Did the old man tell Niu Gao the directions?

Q2: Who arrived at the drill ground first and why?

5. 教师引导学生精读文本，用图片、动作、联系上下文等方式讲解 drill ground, rode away, impolite, bow, politely, arrive 等重点词汇的含义。

6. 学生分角色朗读文本，然后进行评价。评价可以分以下几方面：

（1）语音语调是否标准、自然，发音时是否清晰、准确，语调是否恰当。

（2）语言表达是否正确地表达出不同的情感和态度，使对话内容生动、丰富。

（3）角色扮演是否能够根据角色性格、身份等特点，进行自然的表演，表现出生动、逼真的角色形象。

△突出语言能力的培养。活动1猜测文本大意，激发学生探究知识的欲望，为后续文本的讲解做铺垫，唤醒学生的旧知。新知和旧知产生联系。活动6角色扮演是一种具有趣味性和互动性的教学活动。通过角色扮演，学生能够深入理解和感受英语语言的应用场景，提高英语的实际应用能力。在角色扮演过程中，学生需要模拟不同情境、不同角色进行对话，有助于提高学生的口语表达能力。

△融合思维品质的培养。通过活动3、4、5，学生能通过阅读文本，了解本课时所谈论的主题，提取、获取关键信息，加强对语篇意义的理解，实现在语言活动中发展思维。

➡ 设计意图：教师向学生介绍大英雄岳飞问路的故事，引导学生通过观察和阅读文本，教师通过动作、联系上下文等方式让学生深入理解其含义。学生通过跟读和分角色朗读，能够正确、流利地朗读文本，将语言内化吸收。

7. 教师将学生分成若干个小组，每组可以得到一张海报纸，学生通过对文中校场的位置描述，画出到达校场路线图，分享大家的作品，提高解决实际问题的能力。

8. 学生以小组为单位，创编简单对话，询问另外一处场所的位置，绘制相应图片。

9. 学生在教师指导下，结合板书梳理、归纳本文的核心语言，根据板书提示尝试复述课文。

△突出语言能力的培养。活动7学生基于文本找到校场的正确位置，是对旧知的巩固。活动8学生创编询问地点的小对话，基于文本又高于文本，是对知识的拓展和延伸，有助于提高学生的实际运用能力，解决生活中真正的问题。

△融合学习能力的培养。活动9复述文本有助于培养学生的思维能力和创新意识。在复述文本的过程中，学生需要对所学内容进行理解和加工，然后再用自己的语言表达出来。这有助于培养学生的思维能力和创新意识，促使学生在语言学习的过程中不断探索和创新。

➤ 设计意图:引导学生通过画图、创编小对话以及复述文本的活动,将核心语言知识内化于心中,属于应用实践类活动;这两个活动可以创造更加丰富、立体的语言学习环境,提高学生的语言运用能力和思维发展。

10. 教师提问,"Who arrived at the drill ground first and why?"学生各抒己见。接着教师让学生展开想象,以小组为单位尝试续写他们见面以后所说的话。让学生在小组探究的氛围中逐步感知本文的主旨。

11. 教师播放弘扬传统文化的相关视频。

△突出语言能力的培养。活动 10 这种开放性的任务可以激发学生的创新思维,鼓励他们输出更多的语言,碰撞出更多的思维火花。

△融合思维能力的培养。活动 11 用直观的视频输出,教育学生要弘扬和传承中国文明有礼、恭敬谦卑、孝亲敬长的中华传统美德,培养学生学会思考、学会学习榜样的能力。

➤ 设计意图:通过学生小组合作续写故事,提升学生的语言能力、思维能力和写作能力,让学生领悟文本主旨。

✅ 六年级下册 Unit 3 教学设计 ①

Period 1 Famous places of China

【课时对应的子主题】famous places of China

【适用年级】六年级

【语篇类型】文本语篇

【语篇研读】

What:引导学生要听懂并能认读 Just read and speak,通过阅读对话,能初步认识掌握一般将来时的表达方法。学生能够读懂 Just read and speak 中文本主要信息并能在教师的指导和帮助下学会一些简单的阅读技巧和方法;通过教师引导,理解文本细节信息。

Why:通过对话,使学生理解、认读、运用目标语言进行关于旅行计划这一话题的交流;通过问与答,合作交流等多种方式与他人谈论本课的重点内容。

How:通过探究式学习和小组合作学习,开发学生学习潜能,培养自主学习的精神和合作能力,培养学生的自信心,提高学生的综合素质,为学生的终身学习和发展奠定基础。

【课时目标】

能够积极主动地参与课堂教学活动,提高与他人合作交流的意识和能力。通过学习培

---

① 本文作者:天津市河北区育婴里小学 王萍。

养学生对中国名胜古迹的认识。

【教学过程】

Step one：热身 / 复习（Warm up/revision）

1. 师生问好。

2. 游戏：快速说地名，出示与本课相关的地名图片（Beijing，Harbin，Xi'an…），认识的学生快速起立并说出来。

⟳ 设计意图：利用游戏，让学生对本课中出现的地名有个初步的认识，为学习课文做铺垫。

Step two：新课呈现（Presentation）

1. 旅游是贴近学生生活的话题，教师以聊天的方式，展开主题为 Travel plan for your summer holiday 的英语对话，激活学生相关背景知识，轻松愉悦进入学习。

T：Summer holiday is coming. I have a travel plan. What do you think of my plan?（教师图文结合，呈现假期计划。）　　　S：…

T：Thanks. I want to know more about your travel plan.　　　S：…

⟳ 设计意图：为学生创造了一种真实的语境，复习与本课话题相关的知识，将学生自然带入新知的学习环节。

2. 整体感知：教师播放课文录音，让学生视听并举，整体感知语篇。听音前布置任务，请学生回答：What's the passage about?

⟳ 设计意图：了解学生对语篇理解情况，训练学生概括语篇大意的阅读技能。

3. 小组阅读课文（一读）：阅读课文，回答问题。根据学生的回答板书

a.What's Lily talking about? b.What places are they going to visit?

板书：Lily's travel plan for summer holiday.

Harbin，Beijing，Hangzhou，Sanya，Xi'an.

The Great Wall is in Beijing.

The West Lake is in Hangzhou.

⟳ 设计意图：激活学生已有的关于几个热点旅游城市的旅游经验，同时为本课学习做铺垫。

4. 独立阅读课文。学生画出不理解的单词，教师对一下单词进行归纳讲解。在课文语境中理解 travel visit know world place province terracotta army 等词汇和短语。（PPT 出示）They are Kate and Gao Wei.

⟳ 设计意图：教师引导学生把小句放在上下文情景语境中去理解，逐步形成根据上下文理解词句的阅读技能，而不是孤立地理解单词和小句。

5. 齐读课文，男女生比赛读。男生读蓝色部分，女生读红色部分。

6.趣味操练（Practise）：鼓励学生尝试以第三人称描述 Lily 的家庭旅行计划，使学生深入理解文本信息，巩固主要目标语言。

Lily is an American girl. Here's her family travel plan. They are going to travel ＿＿ during the summer holidays. They are going to stay in ＿＿ for ＿＿. They are going to visit ＿＿ .I know ＿＿ is the ＿＿ of China. It's in ＿＿ Province. It's famous for ＿＿.

⊃ 设计意图：教师把主要目标语言的载体从陈述的文本转化为对话的文本，让学生陈述文本，提升语用能力。

Period 2   famous places of Beijing

【课时对应的子主题】famous places of Beijing

【适用年级】六年级

【语篇类型】文本语篇

【语篇研读】

What：通过阅读对话，掌握一般将来时的表达方法。学生能够读懂 Just read and speak 中主要信息并能在教师指导和帮助下学会一些简单的阅读技巧和方法；通过教师引导，理解文本细节信息。能够读懂 Just read and speak 中文本主要信息并能在教师的指导和帮助下学会一些简单的阅读技巧和方法；通过教师引导，理解文本细节信息。Lily and her parents are going to stay in Beijing for three days.

Why：通过对话，使学生理解、认读、恰当运用目标语言进行关于旅行计划的交流；通过问与答，合作交流等多种方式与他人谈论本课的重点内容。

How：通过探究式学习和小组合作学习，开发学生学习潜能，培养自主学习的精神和合作能力，培养学生的自信心，提高学生的综合素质，为学生的终身学习和发展奠定基础。

【课时目标】

能够积极主动地参与课堂教学活动，提高与他人合作交流的意识和能力。通过学习培养学生对北京名胜古迹的认识。

【教学过程】

（一）热身 / 复习（Warm up/revision）

1.师生问好。

2.Free talk：

出示中国地图，引导学生介绍自己的旅行计划，想去哪里以及怎样去。e.g.We're going to Hangzhou by plane.

⊃ 设计意图：此内容复习了前两课的知识，为本课新知的学习奠定基础。

（二）新课呈现（Presentation）

1.教师举起有 Beijing 的导游小旗，转换角色，担当一名导游，将学生带入到情景中，自然进入新课学习环节。

T：I'm the tour guide. Lily's family are going to visit some interesting places in Beijing. Would you like to go with us?

S：…

随后播放北京主要景点的 PPT，配以英文单词，将学生自然带入到 Travel plan in Beijing 的情境中。

🔁 设计意图：此活动建立课本、学生经验、已有知识的基础上，激活学生背景知识，帮助学生理解本课内容。

2.听音模仿：学生对本课话题有了整体了解后，教师播放 Just read and speak 部分的课文录音，学生翻开课本，一边听音跟读，一边整体感知对话。

🔁 设计意图：训练学生概括语篇大意的阅读技能。

词汇学习：the Great Wall，the Ming Tombs，the Summer Palace，the Forbidden City，the Temple of Heaven。

本课要求学生能理解、听说、认读这些专有名词，引领学生了解这些英文名称对应的景点照片、历史背景，并引导学生介绍自己比较熟悉或浏览过的景点。引导学生使用学过的句子 We're going to The Great Wall by plane. 来表达。

听音回答：教师播放录音，学生认真听并回答以下问题：

Q1：Who are going to stay in Beijing?

Q2：Where are they going this morning?

Q3：When are they going to the Summer Palace?

🔁 设计意图：让学生通过录音获取具体的信息，检测学生对本文的理解。

（三）趣味操练（Practise）：

1.操练对话

（1）播放本课录音，学生看书跟读对话

（2）学生四人一组分角色读对话

（3）学生分角色表演对话，可以脱离或半脱离书本

2.信息拓展

让学生查阅关于这些旅游景点介绍的更多信息，介绍给 Lily 一家，以此问题，激活学生对景点历史文化的了解，鼓励学生用自己的语言介绍景点，丰富课本学习内容，实现信息共享，为语言的运用作准备。

（四）语言运用：

创编对话 Let the students to make a new dialogue.

表演所创编的对话 Act out the dialogue.

Period 3　Famous places of the world

【课时对应的子主题】famous places of the world

【适用年级】六年级

【语篇类型】文本语篇

【语篇研读】

What：通过阅读对话，初步认识掌握一般将来时的表达方法。学生能够读懂 Just read and speak 中文本主要信息并能在教师的指导和帮助下学会一些简单的阅读技巧和方法；学生通过阅读对话，初步认识掌握 Would you like to…? 句型的表达方法。

Why：通过对话，使学生理解、认读、恰当运用目标语言进行关于旅行计划的交流；通过问与答，合作交流等多种方式与他人谈论本课的重点内容。

How：通过探究式学习和小组合作学习，开发学生学习潜能，培养自主学习的精神和合作能力，培养学生的自信心，提高学生的综合素质，为学生的终身学习和发展奠定基础。

【课时目标】

能够积极主动地参与课堂教学活动，提高与他人合作交流的意识和能力。通过学习培养学生对中国名胜古迹的认识。

【教学过程】

（一）热身 / 复习（Warm up/revision）

1. 师生问好。

2. 游戏：地名学习

出示与本科相关的地名图片 Big Ben，Tower Bridge，CN Tower，Sydney Opera House，Disneyland，Niagara Falls 认识的学生快速起立并说出来。

➔ 设计意图：利用游戏，让学生对本课中出现的地名有个初步的认识，为学习课文做铺垫。

（二）新课呈现（Presentation）

出示图片，引导学生观察图片，预测 LiYan 一家的交流内容，给出问题 What's the name of the place？Where is it? What do you think about it? Do you want to visit this place? 激活学生相关背景知识，轻松愉悦地进入本课学习。

➔ 设计意图：为学生创造真实语境，将学生自然带入新知的学习环节。

（三）整体感知：教师播放课文录音，让学生视听并举，整体感知语篇。听音前布置任务，请学生回答：What's the name of the place?/Where are they going to visit? They are going to the World Park。

⟳ 设计意图：了解学生对语篇理解情况，训练学生概括语篇大意的阅读技能。

课文阅读训练

（一读）

阅读课文，回答问题，根据学生的回答板书。

Where are they going to visit? They are going to the World Park。

What famous places are there in this park?

There are Big Ben, Tower Bridge, C N Tower, Sydney Opera House, Disneyland

and Niagara Falls in this park。

⟳ 设计意图：初步了解文中提到的几处旅游地点，几个热点旅游城市，同时为即将进行的课文学习进一步做铺垫。

（二读）学生画出不理解的单词，教师对单词进行归纳讲解。在课文语境中进一步了解并且熟读 Big Ben, Tower Bridge, CN Tower, Sydney Opera House, Disneyland and Niagara Falls 这几个表示地点的词汇和 Fantastic, amazing 这些形容词的意义。

⟳ 设计意图：教师引导学生把词汇放在上下文情景语境中去理解，逐步形成根据上下文理解词句的阅读技能，而不是孤立地理解单词和小句。

（三读）

齐读课文，男女生比赛读。男生读蓝色部分，女生读红色部分。

（四）趣味操练（Practice）鼓励学生尝试深入理解文本信息，巩固主要目标语言。

⟳ 设计意图：教师把主要目标语言的载体从对话的文本转化为句子的文本，让学生陈述文本，提升语用能力。

Period 4　Fun story

【课时对应的子主题】travel plan

【适用年级】六年级

【语篇类型】Fun Story

【语篇研读】

What：本课时为复习课，Fun story 板块讲述的是动物们开会讨论假期周游世界的故事，大家各抒己见，小熊想坐飞机去伦敦看大本钟，熊猫想坐船去美国迪斯早乐园，大象和兔子想去澳大利亚悉尼剧院，Mimi 和 Micky 想骑自行车去加拿大多伦多攀登国家电视塔：Fun story 板块帮助学生在故事情境中综合复习本单元内容,更好地理解、听说、读写、运用本单元的主要目标语言。

Why:学生有感情朗读,尝试将阅读文本改为对话文本,表演对话。

How:通过听音、标号练习,教师能了解学生对本单元主要目标语言的掌握情况,及时教学反思。

【教学过程】

1.热身 / 复习(Warm—up/Revision)组织学生歌唱歌曲 Our World,使学生轻松愉快进入本课学习。

2.新知呈现(Presentation)

(1)整体理解

首先,在第一次听 Fun story 录音前,教师布置给学生 1~2 个整体理解性的问题,请学生听音理解后回答,如 What's the story about? 学生打开书,教师播放 Fun story 中的 Read and act 部分的录音,学生边听音、边整体理解对话,回答问题,了解故事大意。此环节可以训练学生略读的阅读技能。

其次,学生了解故事大意后,教师布置给学生几个细节性问题,引导学生在听音跟读的过程中发现问题的答案,如:

What's the meeting about?(What are the animals talking about?)

Where do they want to go? How do they want to go there?

Can Mimi and Micky get to Canada by bike?

此环节可以训练学生的查读阅读技能。

(2)课文朗读

组织学生自由练习读课文,有问题及时向老师和同学请教。

(3)角色扮演

学生六人一组,将本课的阅读文本改编为会话文本,并表演对话,学用结合。

3.趣味操练(Practice)

练习检测。完成 Let's listen and number 练习,将本单元主要目标语言、本课时的动物开会情境、各国的代表动物文化、第 18 课的歌词相融合。教师根据学生完成情况,重复播放录音,请学生跟读听音内容,巩固所学。

4.语言运用(Language use)

阅读分享活动,此环节是第 18 课拓展活动的延伸。每位学生设计并制作了主题为 We're going to travel 的英文迷你书。教师组织同学之间互相阅读彼此的迷你书,增加了解,复习所学。此活动旨通过学生自主设计迷你书,提升学生的创造力与动手实践能力;通过阅读并评价其他同学的迷你书,开展有意义的阅读分享,拓宽交流渠道。活动流程如下:

（1）活动说明

建议教师在组织活动前，通过大屏幕或黑板展示活动要求，使学生明晰活动具体要求，保证活动的效率。

Task：Sharing our English mini books.

Topic：We're going to travel.

Tips：迷你书的形式图文并茂，紧扣主题，内容丰富，形式多样，漫画、思维导图、连环画、故事、对话等均可。

Time limit：15—20 minutes.

Assessment：Choose the best three mini books and draw a big smiley face on the book. 学生选择自己认为最好的三个作品，在书中画一张大笑脸。

（2）活动开始

学生们把自己的作品 Mini book 放在书桌上，展本给同学们看，然后都离开自己的座位，去阅读他人的作品，彼此分享、评价。

（3）作品展示

20 分钟后，师生选出得到笑脸最多的 2～3 件作品，集中通过实物展台在大屏幕上或黑板上展示，请设计者与大家分享迷你书的内容。此活动创新了复习课形式，突破了复习课相对单调枯燥的气氛。

5. 拓展活动（Extended activities）

Period 5　Fun Facts

【课时对应的子主题】We are going to travel.

【适用年级】六年级

【语篇类型】文本阅读

【语篇研读】

What：介绍了科学家乘宇宙飞船在太空所看到的美丽的地球，如土地、碧海、白云和一条可能是中国长城的黑线。帮助学生在故事情境中综合复习本单元内容，更好地理解、听说、读写、运用本单元的主要目标语言。

Why：通过 3 个问题的呈现，为学生阅读短文提供了任务依据，学生带着问题去阅读，有利于提高阅读效果。引导学生能阅读理解、有感情地朗读，尝试将阅读文本改为对话文本，表演对话。

How：短文中出现的部分生词，省略号部分为不同层次学生提供了学习的空间，将自己需要查阅的单词无限拓展。学生在查阅字典的过程中，逐渐形成适合自己的学习策略，有效地将生词的音、形、义结合在一起。

【教学过程】

1. 热身 / 复习（Warm—up/Revision）

上节复习课，教师要求学生回家后将本单元第 13～18 课内容录音。在本节课上，教师播放 2～3 名学生录音片段，请同学们猜是谁的声音，并评价读得如何，以评促学。

2. 新课呈现（Presentation）

（1）视频导入：播放 2013 年 I2 月 15 日，中国嫦娥三号和"玉兔"号巡视器成功"互拍"的视频，五星红旗成功登陆月球，中国由此成为"太空强国"。视频导入的方式可以有效吸引学生的注意力，顺利导入本课话题。

（2）问题激趣：教师以聊天的方式，引导同学们发表个人观点：What did the scientists see in a spaceship? Have a guess. 此环节激活学生背景知识，发挥学生的创造力和想象力，发展学生的发散性思维。

（3）阅读理解：阅读前教师布置学生阅读后需回答的问题：What did the scientists see in a spaceship? 学生打开书，边阅读边整体理解语篇，将不理解的词句做标记。

遇到学生不认识的词句，教师引导学生根据会话语境猜测、理解语义，启发学生通过查字典验证自己的猜测。教给学生阅读中遇到生词的解决办法，这种办法帮助学生形成根据语境猜测词义的阅读策略，培养学生猜测、想象、联想等能力，提升根据上下文理解语义的能力。

3. 趣味操练（Practice）

教师引导学生小组讨论，回答第 37 页的 3 个问题：

How did the scientists get to outer space?

What did the scientists see from the spaceship?

Which famous place below would you like to visit? Circle it. Why do you want to go there?

此环节将情感教育、个人理想与语言学习结合起来，培养学生敢于表达自己观点的良好习惯。

4. 语言运用（Language use）教师引导学生展开讨论：What do you think of these famous places?

此环节，将情感教育、个人理想与语言学习结合起来，培养学生敢于表达自己观点的良好习惯。

5. 课堂评价（Assessment）

（1）课堂教学过程中的评价

（2）教师指导学生完成《活动手册》中的相关内容，并进行评价。

6. 拓展活动（Extended activities）

学生通过查阅书籍或网络，了解更多关于人类登陆月球和其他星球的故事，制作一张图文结合的海报，与老师和同学们分享，丰富自己的英语学习档案袋。

Period 6　Travel around Tianjin

【课时对应的子主题】天津之旅

【适用年级】六年级

【语篇类型】文本阅读

【语篇研读】

What：引领学生了解天津这座城市的相关知识和历史背景，了解它的基本情况和特色，提高英语综合应用能力，培养学生的表达能力，培养民族自豪感和民族自信心。

Why：建构学生热爱生活，好生活来之不易的认知，积累用于表达和交流的语言，通过介绍自己家乡，了解天津的地理位置和文化背景。

How：语篇涉及相关的词汇有 famous city，a long history，Haihe River，hometown 词汇，通过师生对话、生生对话、自读寻找答案等方式不断复现，帮助学生形成相对完整的语言结构，发展语言能力，加深语篇意义理解。

【教学过程】

1.Introduce

教师在课堂上讲述家乡天津的名胜古迹，以及家乡的传统习俗，使学生了解相关背景。

2.Learn the new words

老师介绍家乡天津相关的英文单词，如 many main streets，a long river，mang tall buildings 等等。

3.Introduce Haihe River

学生们拿出课前收集的海河的材料，有文章、图片、视频、音频，分组进行介绍，激发学生的学习热情。

4.Read the story

学生们阅读关于天津家乡的课文，并回答问题，理解课文内容，巩固学习。

5.Listen and think.

学生听录音，初步理解文本内容，并讨论以下问题。Questions：a.Do you visit Haihe River? b.Say out some famous places of Tianjin. 教师观察学生感知语篇主题的情况，并根据学生回答进行引导。

6.Read and talk.

学生在初步理解文本的基础上，分组讨论以下问题。

7.Show and tell

学生可以向同学讲述他们对天津家乡的印象和感受，展示他们的作品和口语能力。同时，学生也可以自由讨论自己家乡的形式、习俗和文化背景。

8.Think and evaluate.

学生通过对天津家乡文本的学习，结合自己的经验，在小组里分享下自己家乡的著名景点。同时学生利用板书提示的思维导图复述文本，并进行展示。

六年级下册 Unit 4　教学设计 ①

Period 1　Self—introduction

【课时对应的子主题】自我介绍；介绍他人；介绍邻居

【适用年级】六年级

【语篇类型】文本语篇

【语篇研读】

What：语篇是关于 Task 1、2 共两项内容，任务 1 是本部分通过填写信息卡的形式为大家展示了四个人物，分别是自己的朋友、英语老师、爸爸和妈妈。学生根据实际情况进行填写。任务 2 是学生通过听力内容，进行标号与连线。此环节主要操练的是从国家和职业层面上的 Personal information。

Why：通过对填写任务信息卡和听力连线，介绍了个人信息，引导学生构建自我意识，能够对他人进行特点的认识，培养学生善于观察，细心耐心的特点。

How：通过 Read，write and talk. 和 Listen，number and match. 来进一步学习如何阐述自己的个人信息及他人的个人信息，引导学生能够在生活中会使用这些内容对周围的人进行简单介绍。

【课时目标】

1. 通过填写信息卡的形式为大家展示了四个人物，分别是自己的朋友、英语老师、爸爸和妈妈，在填写 Friend 和 English Teacher 信息的过程中让学生进行问答交际的体验尝试，鼓励学生积极参与，运用 What's your…? May I have your…? 等语言进行交际。（学习理解）

2. 学生通过听力内容，进行标号与连线。此环节主要操练的是从国家和职业层面上的

---

① 本文作者：天津外国语学校南普小学　刘红静。

Personal information。教师通过引导学生观察简图判断定位听力内容，学生通过听来验证自己的判断。（应用实践）

3.通过介绍个人的信息，学会介绍的方法，介绍邻居的工作等信息。（迁移创新）

【教学过程】

1.教师通过介绍李艳的一段话开启本节课的导入，介绍李艳一家的家庭信息，出示刘新同学的个人信息并将个人信息组成的一段话。

2.通过以上的学习，要求学生填写自己的朋友，英语老师，爸爸和妈妈的个人信息，通过个人信息组成一段话进行表达出来。在填写 Friend 和 English Teacher 信息的过程中让学生进行问答交际的体验尝试。最终引导学生在所创设的环境中运用 What's your...? May I have your...? 等语言进行交际。

△突出语言能力的培养。活动 1 教师针对不同的课型，根据不同的教学内容和要求，以学生的知识结构、智力水平、年龄特点和心理特征为依据，采用收集个人信息卡的导入方式，为他们的语言输出创造一个平台，激发学生的学习热情，促使其更积极地参与到课堂学习中。

△融合思维品质的培养。通过活动 2 填写他人的信息卡，反映了对填写个人信息卡的延伸，教师立足于引导、点拨、启迪，让学生积极参加，调动学校学生的积极性、主动性和创造性，发展他们的英语思维能力。

⟳ 设计意图：培养学生情感、态度和价值观原则。教学中对小学生情感、态度和价值观的培养尤为重要。开朗向上的语言有助于学生积极参与英语学习活动，获得更多的学习机会，使学生具有浓厚的学习动机和兴趣。

学生通过听力内容，进行标号与连线，进行两人之间的交际或者个人描述，使得书本知识生活化，引导学生在生活中会对周围的人进行简单介绍。

△突出语言能力的培养。活动 3 在教师播放录音之前，先让学生观察图片，左侧分别是一个年轻的外国女孩 Gao Wei 和一名中年男子；右侧分别是中国国旗、英国国旗和警察的帽子。学生观察图片后，让他们默读所给文字材料，寻找相关信息。目的：在做听力理解之前，学生要根据所示图片或文字对听力材料进行预测；听的过程是检查预测的过程，根据听力材料对预测做出判断。教师在核对答案的时候，提问学生 Why do you think so? 通过这样的追问，使得学生能够在做完、做对之后依然有反思。

△融合学习能力的培养。活动 3 教师提示学生默读文本材料，通过阅读文本框信息材料，找出所获取的信息点并做出相应标记，例如：在 My name's Li Xin. 这个句子下面画线，并标注①，在 I'm eleven. 下面画线，并标注②，以此类推。标注完信息点之后，学生会发现右侧文本框短文式的信息材料与左侧文本框的信息点是一致的。完成这个任务后，可以为接下来的填写表格以及根据表格介绍他人的活动作好准备。

⟳ 设计意图：通过对他人个人信息的描述，教师观察学生是否能从自己的个人信息转换到让他人的个人信息中去，激发学生的学习兴趣、动机，调动学生学习的积极性，提高精神集中、思维活跃、理解和记忆的质量，引导学生投入到学习中，从而激发他们的创新潜能和学习的动力，使小学英语课堂活动更加完美。

教师展示关于邻居的个人信息卡，包括工作、职业，与本单元"我的社区"的板块内容相结合。

△突出语言能力的培养。活动4是对上面内容的迁移，通过对他人个人信息卡填写，对邻居的个人信息卡的填写，让学生能够切实夯实基础，做到稳步提升。

△融合思维能力的培养。活动4综合本节课教学过程中的实际情况，教师要注意对学生学习中表现出的表演能力、合作精神、动机与兴趣等情感态度发展方面进行引导、鼓励等评价。教师可根据学生的描述情况以及参与的情况进行打分。

⟳ 设计意图：本课时涉及主要话题是个人信息。但经过细化会发现，其中包含了小学生的日常生活介绍，对周围老师、家长、朋友的介绍，亲友职业的介绍以及国籍的介绍。教师引导学生充分运用已学功能句型及单词进行会话交流习作练习，尝试写下来。将课上所学延伸至课外，将已经积累的语言进行内化。

【作业设计】

Period 1　Homework
Activity Card

1.Must—do Tasks

基本要素	具体内容		
作业内容	1. Listen to the text and read it. 2. Finish the table.		
形式和类型	形式	听-说□　听-写□　读-写□　其他□	
	类型	基础型□　拓展应用性□　实践型□	
作业时长	___5___ 分钟（建议时长 5—10 分钟）		
完成方式	独立完成□　合作完成□		
提交时间	当天完成□　____天后□		
评价标准	根据实际情况选择活动 查找补充相关周末活动 正确朗读所填写的对话	☆☆☆☆☆ ☆☆☆☆☆ ☆☆☆☆☆ （自我评价）	☆☆☆☆☆ ☆☆☆☆☆ ☆☆☆☆☆ （小组评价）
	（教师评价）　Good □　　Super □　　Excellent □		

2.Optional Task

基本要素	具体内容		
作业内容	Make a Vlog of your daily life.		
形式和类型	形式	听—说□　听—写□　读—写□　其他□	
	类型	基础型□　拓展应用性□　实践型□	
作业时长	___10___ 分钟（建议时长 5—10 分钟）		
完成方式	独立完成□　合作完成□		
提交时间	当天完成□　____天后□		
评价标准	根据实际情况选择活动 查找补充相关周末活动 正确朗读所填写的对话	☆☆☆☆☆ ☆☆☆☆☆ ☆☆☆☆☆ （自我评价）	☆☆☆☆☆ ☆☆☆☆☆ ☆☆☆☆☆ （小组评价）
	（教师评价）　Good □　Super □　Excellent □		

Period 2　My daily life

【课时对应的子主题】日常生活；学校生活；时间规划

【适用年级】六年级

【语篇类型】文本语篇

【语篇研读】

What：语篇是关于 Task 3、4 共两项内容，任务 3 是学生通过本部分的语篇内容，了解到 Li Yan 的日常生活是如何计划与安排的，以此来复习小学阶段所学的有关个人信息的知识。任务 4 是引导学生在 Listen，read and talk 的基础上，结合自己的学习和生活实际情况进行介绍和交流。

Why：通过对 Li Yan 的日常生活和自己的日常生活的描述，引导学生如何表达自己的日常生活，帮助学生清晰地表达自己的时间轴，以及每个时间在做什么，有助于学生做好自己的时间规划，把握好自己的规律。

How：通过 Listen，read and talk. 和 Can you talk about your daily life? 来进一步学习如何阐述自己的日常生活，如何计划和安排日常生活，结合所学的语法和词汇进行表述。

【课时目标】

1. 在图片、视频以及教师的辅助下，了解到 Li Yan 的日常生活是如何计划与安排的，以此来复习小学阶段所学的有关个人信息的知识。通过阅读的步骤，引发学生思考。在听

与读的基础上最终培养学生说的能力。（学习理解）

2. 通过引导学生在 Listen, read and talk 的基础上，结合自己的学习和生活实际情况进行介绍和交流。（应用实践）

3. 通过芳芳的时间表，要求学生按照芳芳的时间表写出自己的日常规划，帮助学生形成有规律的生活。（迁移创新）

【教学过程】

1. 教师通过介绍自己的日常生活，顺势提出问题，如 What does your father do each day? When do you get up? What subjects do you have? What do you do on weekends? 等。以此来激发学生已有的知识，导入本课的教学内容 My daily life。教师还可以通过询问 Can you guess what Li Yan's daily life is? 让学生猜 Li Yan 日常生活是什么样的，从而对所学课文进行预测，并在阅读过程中对预测进行检验。

2. 教师在播放录音之前，提出关于文章主旨大意的问题，如 What does each paragraph talk about? 目的是让学生整体把握文章主旨，了解文章大意。听课文第一遍，学生了解每段大意和文章的核心内容后，为教师的进一步提问做好准备。在学生对课文有了整体认知的情况下，第二遍要求学生用默读的方式通读文本材料。教师在此环节由浅入深、由易到难、由抽象到具体地询问学生细节性问题，如：

Q1：What class is Li Yan in?

Q2：Which subject does she like?

Q3：How many subjects does she have?

Q4：What are they?

Q5：What do they usually do on weekends?

△突出语言能力的培养。活动1教师向学生提问贴近自己日常生活的问题，精彩的导入可以有效地吸引学生的注意力，帮助学生尽快进入英语学习的状态，会使学生对英语产生浓厚的兴趣。

△融合思维品质的培养。通过活动2听音频、提问问题来引导学生进行比较和联想。通过与原有知识的对比，学生能直观、清晰地分辨出新的语言点，逐步形成归纳所有知识的能力及积极思考的良好的习惯。提高学生和教师之间的沟通效果，师生之间通过交流和表达，学生也可以更好地实现与教师之间的互动，这样学生可以更好地所学的知识进展利用，提高知识理解深度，更好地引入新知识的教学当中。

➲ 设计意图：针对小学生的思维特点，他们处于直观形象思维阶段，对目所能及、耳所能听的实物实景有着天然的兴趣和动力。教师可以借助详细的事物形象强化学生的关注力，聚焦学生的思维特点，让学生在学习之后感觉英语课堂教学中的内容与我们的现实生活实际并没有两样，充分利用学生生活和教师学习目所能及的事物，更能起到导入的效果。

教师通过提供语言支持，学生们已经能够模仿原文，简单地说出自己的日常生活。教师将相关的语言支持呈现在黑板或者 PPT 上，学生根据所给的语言提示试着介绍自己的日常生活。语言支持示例如下：come from，class begins，watch TV，go shopping，go to the cinema，theme park。

△突出语言能力的培养。活动 3 利用话题的有关词汇与功能句型，在完成各项活动任务的同时，提高在真实情境中进行简单语言交际的能力。能听懂课堂教学中所接触的简短的指令，做出相应的反应。教师要为学生的综合发展提供可行性建与保障，确保每个同学都有机会参与课堂活动的同时，培养同学之间的合作意识，提高学生的人际交往与互动的能力。

△融合学习能力的培养。活动 3 教师也可以给出范文框架，学生根据自己的真实情况，补全短文。

⇨ 设计意图：学生介绍自己的日常生活，培养学生自主学习能力与合作精神，增强学生的创新意识，让学生们做课堂的主人。

教师提供芳芳的日常时间表，通过阅读词表，引导学生提取信息，用于表达自己的日常生活，并完成写作要求。

△突出语言能力的培养。活动 4 中本单元为综合复习，目的是使学生通过这个单元的学习，对已学知识进行整体复习。在活动中展示自己对所学话题的目标语言的运用能力。

△融合思维能力的培养。活动 5 充分利用课堂教学的时间的资源，将课堂时间的分配恰当，将效果最优化，将资源利用最大化，有助于语言能力的训练，有助于理解概括综合能力、记忆思维能力的训练和提高，形成良好的英语学习策略。

⇨ 设计意图：本阶段在设计参照他人的时间表，反思和表述自己的时间规划，教师注意观察每位学生的参与表现情况，鼓励指导他们积极参与小活动，使得每个学生都能获得学习英语学习的积极体验，完成操练、汇报、展示等活动。

Period 3　My community

【课时对应的子主题】社区与生活；社区与方位；社区日常

【适用年级】六年级

【语篇类型】文本语篇

【语篇研读】

What：语篇是关于 Task 5、6 共两项内容，任务 5 讲述的是教师引导学生观看书上的图片，看看每个建筑物的方位都是怎样的。在任务 6 中，本部分内容目的在于通过听、读、写的方式来对关于社区的单词和介绍进行汇总。

Why：通过对社区的各地方方位的描述，引导学生如何描述地理位置，增强日常生活能力，通过对社区的描述，培养学生对社区的热爱，号召更多的学生爱惜自己的社区，保护自己的社区。

How：任务 5 要学生通过阅读与观察的方式对句子判断对错，从而考查学生对 behind，on the left，between，in the front of 等表达方位的方式的掌握情况。任务 6 内容目的在于通过听、读、写的方式来对关于社区的单词和介绍进行汇总。

【课时目标】

1. 在图片、视频以及教师的辅助下，通过 Read，look and tick or cross 环节，完成社区位置的正确表达，将 behind，in front of，on the left，between..and…（学习理解）

2. 通过 Listen，write and read 的活动，指导学生完成 My community 的填写，运用方位介词来进行描述，帮助学生描述建筑物的位置。（应用实践）

3. 通过社区地理位置的介绍，结合社区的 jobs，places，home，family，将提供的词语进行分类，帮助学生明确概念，同时引导学生选择社区的一处场景与朋友进行分享。（迁移创新）

【教学过程】

1. 教师播放歌曲 Welcome to my house，让学生一起歌唱歌曲，进而引出今天的话题 My community. 教师出示方位图片，帮助学生一起复习第二单元的方位词语，如 behind，on the left，between，in the front of，near，beside 等。

2. 本部分要学生通过阅读与观察的方式对句子判断对错，教师引导学生观看书上的图片，看看每个建筑物的方位都是怎样的，帮助学生更好地理解方位。

△突出语言能力的培养。活动 1 播放与本课相关的歌曲，培养学生学习英语的兴趣，激发学生的求知欲望，通过听与唱英文歌曲，有助于英语听力提高，语感培养，在教学中能够最大限度地、充分地开发利用资源，为提高教学质量服务。

△融合思维品质的培养。通过活动 2，教师通过让学生观察图片，寻找与不相符的地方进行判断，这样的活动，有利于学生集中注意力，激发学习兴趣，使他们尽快进入学习的最佳状态，加深知识的掌握和理解，引导学生将所学知识系统化、条理化，从而促进知识向能力转化。

➔ 设计意图：帮助学生对方位进行清晰的辨认，恰当选择活动是小学英语课堂教学是一种行之有效的辅助教学方法，能很好地帮助学生兴趣的培养和英语学习的提高。对于方位介词的掌握，帮助学生有更一层的理解，找寻帮助学生更好地掌握语法点，进而加强记忆，加深理解，学会运用。

3. 教师指导学生 Listen，write and read 的活动，本部分内容目的在于通过听、读、写的方式来对关于社区的单词和介绍进行汇总。教师将 Fun time 教学环节使用过的所有的建筑物及方位单词图片或者卡片进行张贴。

△突出语言能力的培养。活动 3 通过本节课的学习，在英语教学的过程中，正确处理新知与旧知的关系，复习旧知的基础上，活跃课堂气氛，调整学生的情绪，便于学生进行语言积累，为习得语言打好坚实的基础。

△融合学习能力的培养。活动 3 在听力、阅读的基础上，拓宽学生们的文化视野和思维空间，使学生在一定的英语基础上，对所学单词句子进行掌握，针对不同的教学内容采用不同的教学方法，能够使课堂呈现出多姿多彩的氛围，调动学生的情绪，充分发挥学生的学习自主性，活跃课堂气氛，提高学习效率。省时间，也为下面提到的活动的有效开展提供了支持。

💡 设计意图：为学生创造良好的英语语境，通过方位介词语法的特点，要求教师在教学中结合学生实际，加强语言在语境中的训练，把所学的知识点整理归纳成系统，逐步渗透到语言操练的情景中，以便于学生英语整体概念的形成，有利于英语学习兴趣的培养。

4. 将关于社区的相关类型的词汇，jobs，places，home，family 分类填入下面的表中，可以参考以上单词选择自己想介绍的社区的相关内容，与同学交流。

△突出语言能力的培养。活动 4 中在小学英语学习和实践的过程中，对于单词分类和对于某一方面的重点讲解有着很重要的作用和价值，学生在教师的引导下，积极落实，引导学生在通过实践活动的过程之中对课堂中所学的知识进行复习和巩固，在整体上促进英语复习课堂教学效率和质量的提高。

△融合思维能力的培养。活动 5 将优化设计和素质教育相结合，积极地对学生所学习的知识进行系统的整理，保证学生能够实现融会贯通，实现新旧知识之间的有效互动和转化，结合学生的认知规律实现不同知识的有效整合。

💡 设计意图：本阶段以基础知识的学习为重点，结合学生现有的知识学习情况，将课堂的主题讲授，学生的练习和老师的评价相结合，让学生在自主学习和实践过程中实现个人的个性化成长和发展。

Period 4　My regular rules

【课时对应的子主题】日常与规则；应该与禁止；好学生

【适用年级】六年级

【语篇类型】文本语篇

【语篇研读】

What：语篇是关于 Task 7、8 共两项内容，任务 7 讲述的是指导学生们再次明确生活与学习中的各项规则。通过 should 与 shouldn't 将规则进行分类。在任务 8 中，教师应引导学生围绕"要成为一名好学生，你应该怎样做"为主题，鼓励学生展开思考。

Why：通过对规则的学习进一步引出如何做一名好的学生，引导学生在社会、学校和生活中更好地完善自己，帮助学生懂得行为的界定，努力发展成为一名优秀的学生。

How：学生要学会通过"You should…，You shouldn't…，You must…，You mustn't…"的句型进行阐释哪些行为是可以做，哪些是禁止做的，教师通过注重锻炼学生按照单词—短语—句子的顺序循序渐进地加以训练培养。

【课时目标】

1. 在图片、视频以及教师的辅助下，通过 Listen，write and read 环节，完成 "Let's make our rules for ourselves." 指导学生完成好 "You should…，You shouldn't…" 内容的书写，教师通过以前的学习过的词组，引导学生用 "You must…，You mustn't…" 来进行进一步的学习。（学习理解）

2. 通过 Listen，write and speak 的活动，指导学生完成 "How to be a good student" 的填写，运用核心功能语句 "…should…" 来进行，帮助学生构建如何成为一名好学生的思维。（应用实践）

3. 通过学习如何成为一名好学生，结合当下保护环境与垃圾分类的主题，普及垃圾分类的科学知识，帮助学生树立爱护环境的良好意识。（迁移创新）

【教学过程】

1. 先说一说在学校、家中和其他公共场合我们都应该遵守哪些规则。如：We should go to school on time/answer the teacher's questions actively/hand in homework in time. We shouldn't eat in the class/spit on the ground/watch too much TV 等。

2. 播放音频，让学生填写内容。在之后的第二遍、第三遍听的过程中，再修正、补全、证实已有答案。

3. 核对答案后，教师让学生自己读一读应该遵守的规则与不应该违反的规则有哪些。然后，两个人为一组，再说一说除了我们听到的内容外，你认为我们还应该遵守或是不应该违反的规则有哪些。在两人讨论完以后，做全班性的汇报。教师提供相关图片，引导学生用 "You must…，You mustn't…" 来进行进一步的学习。

△突出语言能力的培养。活动 1、2 能够激活学生已有的知识储备，唤醒学生已学的知识记忆，自然表达在日常生活中的所需要遵循的规则，帮助学生锻炼自己的思维，培养学生自省的意识，明确好坏行为的界定，能够更好地引入下面的话题，方便学生的学习。

△融合思维品质的培养。通过活动 3，教师通过提供相关社会生活的行为，让学生通过以上的学生进行进一步的练习，让学生判定下面的行为是好的，什么是不好的，然后用 "You must…，You mustn't…" 的句型来进行阐述，做到了知识的迁移和思维的培养。

🡒 设计意图：帮助学生对已学知识进行整体复习。在活动中展示自己对所学话题的目标语言的运用能力，体验运用英语的快乐，树立能学好英语的自信心。聚焦话题，聚焦目标词汇与句型，聚焦自主学习与语言运用，使学生在特定情境中理解并灵活运用目标语言；最终达到综合复习，将语言融会贯通的目的。

4. 教师指导学生完成任务 8，引导学生在第一遍听的过程中，整体把握文章内容，留下完整印象。教师提示学生在第二遍听的过程中，抓住重点，尽可能多地记下主要的动词及名词。学生在第三遍听力时，补全短语，修正句子。教师公布正确答案后，通过提问学生 How to be a good student? 让学生用原文进行回答，检测学生认读及表达的能力。

△突出语言能力的培养。活动 4 通过本节课的学习，要求学生把握好英语听力，英语听力要与学生个体能力情况相结合，教师在教学的时候可根据学生的能力情况安排具体的、有针对性的教学措施。以英语听力形式的多样性促进课堂教学的趣味性，对于填写完的内容，教师可以丰富形式，让学生能够充分表现出来。

△融合学习能力的培养。活动 4 通过让学生思考 How to be a good student? 的问题，让学生通过主动思考，解决语境中的具体问题的学习过程，提高教学的效率，落实英语学科核心素养的保障，凸显学科的育人价值，发挥学科的工具性与实践性功能，促进学生学习方式的变革，引发学生为主体的深度学习，从而促使学生发现学习英语的乐趣和必要性。

➲ 设计意图：引导学生通过如何成为一名好学生进行学习，帮助学生从单词到句子到段落的发展，教师在此过程中，以精准的"教"引发学生深度的"学"，让学生经历完整的教学的过程，收获完整的学习体验，在英语课堂中发挥学习主观能动性，促进学生语言能力与思维能力的"双发展"。

5. 教师在通过帮助学生学习如何成为好学生的同时结合当今环保主题与垃圾分类要求，提出话题，让学生在学习如何进行垃圾分类的同时，也表达出自己在日常生活中该如何去完成。

△突出语言能力的培养。活动 5 中设计环保主题与垃圾分类，确定明确的主题，积极树立整体观念，根据主题意义选择合适内容进行拓展与丰富，融入语言的生活、文化相关的知识，持续强化学生们对因故的认知和理解，进一步提升学生的学科核心素养，促使学生更加有效地参与到教学活动中，逐步形成整体知识框架，满足学生的需求。

△融合思维能力的培养。活动 5 这种创新性的任务也为英语教学提出了更高的要求，对英语整体单元教学意义重大。从语言的角度来说，学生要学会运用语言，包括语言知识、语言学习、语言技能，尤其是语言应用知识能够很好地帮助学生加强对整体知识的理解，培养跨文化品质。

➲ 设计意图：本阶段在设计环保主题与垃圾分类主题时，相对于传统的词汇、语法、写作教学，是一种有效的教学形态，教师要处理好各个环节之间的关系，既要保证教学的系统性，又要保证教学的深入性，引导学生从整体角度进行讨论，从而做到有效掌握。

Period 5 My favourite season

【课时对应的子主题】月份与节日；月份与季节；月份与活动

【适用年级】六年级

【语篇类型】日常对话

【语篇研读】

What：语篇关于 Task 9—12 共四项内容，讲述的是月份、节日、活动、天气的内容，通过梳理以上内容，明确一年四季天气变化以及特殊活动等常识。

Why：通过对月份、季节、节日、活动、天气的描述，帮助学生理清他们之间的关系，加强对重点内容的记忆，引导学生有基本的常识，在不同的月份、季节、节日等，感悟其中的美好，使他们更加热爱自己的生活。

How：Task 9 是对十二个月的具体书写，Task 10 是对每个月份的特殊节日以及节日活动的介绍，ask 11 是对四个季节的概述，以及每个季节的特点，Task 12 是对季节、月份、节日中的天气进行描述。通过填空、填表、对话的形式完成以上内容的学习。

【课时目标】

1. 在图片、视频以及教师的辅助下，学会本节课的关于十二个月份、四个季节、每个月份的重要节日、天气情况的相关词汇进行复习，并且对询问和回答数量和天气的时候使用的核心语言，"How many…，What's the weather like?" 等并在学习的过程中进行回答。（学习理解）

2. 通过相应的活动，运用核心功能语句 "How many…，What's the weather like?" 等，运用所学句子回答多少以及天气的变化，梳理月份、季节等相关内容。（应用实践）

3. 选择自己一个最喜欢的季节，完成 My favorite season 的书写，并在作文纸上绘画自己最喜欢的季节。（迁移创新）

【教学过程】

1. 师通过播放月份歌曲，让学生在欢快的节奏中感受英语单词的韵律（尤其是长单词），抓住其发音的韵律特点，就会发现其实并不比短的单词难识记，通过歌曲的演唱，还为下面的学习环节进行热身与铺垫。

2. 填写 Think，write and read 任务内容，完成十二月份与序数词的复习，帮助学生明确他们之间的书写顺序与标准，及时纠正错误。完成 Let's interview. 让学生回答以下问题：

Q1：How many months are there in a year?

Q2：What holidays are there in those twelve months?

Q3：What are they?

Q4：What do people do during those holidays?

将答案写在表格中，观察学生要注意书写正确与整齐。

△突出语言能力的培养。活动1、3能够激活学生已有的知识储备，通过教师要求学生一起唱歌、回答问题和填写表格的形式，让学生带着这些问题，分组完成访谈的任务，还可以通过小组汇报的方式在全班进行展示。

△融合思维品质的培养。通过活动2，教师要充分调动学生的兴趣和积极性，可以通过联想记忆的方式准确记下每个月份的英文表达。通过这个活动，学生既可以在口语方面得到锻炼，同时在书写方面有了很大的提升。

⊙ 设计意图：帮助学生深入理解文章内容，全方位提高了学生的兴趣，独立探索，发挥才智，让学生在自觉、主动地学习中发现知识，培养了学生观察力，记忆力，思维能力，口头能力与创新能力，提高自身素质。

3. 本部分通过听、写出的方式给大家展示了 Gao Wei 和 Kate 对一年之中的四个季节进行对话的场景。教师引导学生说一说与四季相关的信息，听录音，完成对话内容。本部分不仅考查学生对语法、词法、习惯用法等英语基本知识的运用能力，还考查学生的阅读理解能力。

4. 本部分是由季节话题衍生出一系列子话题，如 How many months are there in each season? What's the weather like in each season? What activities can people do in each season? 等。教师引导学生由问答的顺序连词成句，组句成篇，最终能将语言片段连贯起来进行简单描述。

△突出语言能力的培养。活动4通过本节课的主题意义为指导，培养学生英语学科核心素养涵盖语言能力、文化意识、思维能力和学习能力，实现了表层化、碎片化教学的关联与整合，持续强化学生们对英语的认知与理解，让学生更加有效参与教学活动中去。

△融合学习能力的培养。活动5通过季节的话题，衍生出更多的话题，以循序渐进的教学方式帮助学生们更好地掌握单元的教学内容，进而更加明确单元知识点的主题，在完成各知识点教学后，教师会继续整合，使学生在整个学习过程中有效融入单元内容，真正掌握单元的所有知识点，将学生从机械操练走向意义操练，从语言知识的训练走向语言技能的培养，从输入到输出。

⊙ 设计意图：引导学生通过对话和衍生的话题讨论进行学习，帮助学生从单词到句子到段落的发展，学生在此过程中，可以体会到循序渐进的学习方式，教师不断观察学生的反应，适时调整学习方法，以帮助学生更好地完成学习。

5. 教师通过对本节课的教授，完成了对重点词汇、句子的复习与操练，通过学习，学生根据所学内容完成 My favorite season 的作文，并画上自己最喜欢的季节。

△突出语言能力的培养。活动6中设计作文书写和绘画，激发学生的兴趣，帮助学生形成良好的学习习惯，获得优质学习方法。将积累的英语知识在一定的情境中被激活、被

运用,才能内化为学生的能力而得到巩固,让学生更生动、更灵活地学习新知识,帮助学生对英语知识掌握得更加自信自如。

△融合思维能力的培养。活动6这种创新性的任务也让教师更加注重丰富知识积累与不断自我提高来满足学生的求知欲,帮助学生、引导学生,并与学生倾心交流,及时鼓励学生,在无形之中向学生渗透英语文化知识,创造良好的师生互动的氛围。

Period 6　Not yet

【课时对应的子主题】日常与种植;种植过程与结果;热爱自然

【适用年级】六年级

【语篇类型】文本语篇

【语篇研读】

What:语篇是作者通过和奶奶一起种植西红柿,一起等待结果的故事。通过五周的等待,在期间不停地浇水,精心呵护,终于长出了小西红柿,在第十周的时候一同享受西红柿的美味。通过种植西红柿,作者和奶奶学到了"好东西总是留给愿意等待的人"的道理。

Why:通过学习种植西红柿的绘本,引导学生要明白做事情要踏踏实实,不要浮躁,不能急于求成,默默耕耘,静默花开。教师帮助学生培养热爱自然、热爱生活的意识,不断发现自然和生活中的美好。

How:该绘本是关于日常生活的话题,涉及相关词汇,如:plant,water,delicious,tomato,grandma. 通过绘本的描述,让学生理解文章意思,并通过文章内容对种植植物过程及结果的描述,培养学生的耐心,激发学生热爱自然、感悟美好的情感。

【课时目标】

1. 在谈论学生学习的绘本的视、听、说情境中,导入对绘本的讲解,理解绘本内容,与同学们讨论本文所用的词汇:plant,water,delicious,tomato,grandma.（学习理解）

2. 在谈论绘本过程中,帮助学生掌握本文的主要内容以及表达的思想,引导学生复述课文,并对本文的观点进行讨论。（应用实践）

3. 小组合作分享自己种植植物的故事,与组里成员交流,并和科学学科融合,观察某一植物的生长特性,填写生长记录表,向全班进行分享展示。（迁移创新）

【教学过程】

1. 教师出示关于多种运动西红柿生长的不同阶段的图片,让学生了解植物生长的过程,通过图片来进行描述,同时让学生复习已学的相关语言知识。

2. 教师播放关于西红柿生长的科普视频以及种植时候的步骤和需要注意的方面,帮助学生保持种植的科学性,并让学生表达学习视频后的感想。

3. 学生观看文本的视频，教师提出问题，引导学生在视听活动中本文的主要大意和表达的想法。

Q1：What did grandma say to the author after three weeks?

Q2：What's the meaning of "Good things come to those who wait".

Q3：How long did they wait to eat the tomatoes?

4. 教师引导学生跟着音频跟读模仿语音语调，引导学生跟着视频注意模仿主人公的动作表情。

5. 教师通过帮助学生梳理时间线（一周、三周、四周、五周、十周），学习这些时间节点中，作者的想法和做法以及作者奶奶对他说的话，引导学生融入文本的情境中去。

6. 学生在教师指导下，结合时间的节点，完成思维导图，归纳核心内容，并通过思维导图，复述课文。参考语言：One week went by…，three weeks passed…，four weeks passed…，after five weeks…，ten weeks later…

△突出语言能力的培养。活动 5 是根据时间线，通过帮助学生捋顺时间点，培养学生积极思考能力和创新能力，锻炼学生的口语能力，提高学生学习的兴趣，让学习更有效率，帮助学生更好地掌握学习英语的技巧。

△融合学习能力的培养。活动 6 思维导图帮助学生有效学习，帮助有效学习的展开提供了指导，学生在教师提供思维导图的基础上，查找相关资料进行学习并进行知识补充归纳，不断提高学生课堂学习效率。积极利用思维导图创造全新的英语词汇教学环境，教师进行科学合理的整合，体现关联性，切实帮助学生更加快速地理解英语的内涵。

➲ 设计意图：引导学生能够清晰地梳理出英语学习的核心知识点和重点内容，将知识整合成一个个有机的模块，便于理解和记忆，帮助学生建立知识之间的联系，提高学习效果。

教师指导进行小组合作，在组内分享自己的以前种植植物的故事，分享其中的喜悦和收获。利用科学学科的学习特点，通过观察某一植物的生长特性，记录生长的特性，并将优秀成果在班级里展示。

△突出语言能力的培养。活动 7 中设计组内合作的活动，教师向学生解释课程目标、概念、学习程度等，可以给学生一些例子和问一些问题，使学生明白在小组中该做什么。教师以明确的标准衡量学生的学习并鼓励学生投入、乐于助人和细心听讲，鼓励参与积极主动提问、请教。小组合作体现了新形势下素质教育以学生为主体的教学要求，更好地构建了高效和谐的英语课堂。

△融合思维能力的培养。活动 7 中与科学学科的融合，观察植物生长习性，帮助学生更好理解文章内容。通过英语实践活动与跨学科融合课程的开展，优化英语学习环境，努力构建课内外联系、校内外沟通、学科间融合的英语教育体系，通过英语综合实践活动为学生提供一种开放式的学习环境，引导学生主动积极地学习、主动探究，增强学生自主意

识,激发学生的探究意识。

⟳ 设计意图:设计迁移创新活动,利用小组合作讨论自己种植的经验和联合科学学科对生长规律进行观察为主要方法,使学生的思维和想象力、审美情趣和艺术感受、协作和创新精神等综合素质得到发展,发挥英语教学的多维效能,帮助学生拓宽英语学习的内容、形式和渠道,用英语拓宽视野,丰富知识,提升学生的综合素养。

☑ 六年级下册 Unit 5　教学设计 ①

Period 1　Go shopping

【课时对应的子主题】人与自我;做人与做事;合理消费

【适用年级】六年级

【语篇类型】日常对话

【语篇研读】

What:语篇通过 Kate 和家人在购物中心购物,为大家展示了一个生动的购物交际场景。听力补全对话练习是通过 Kate 和妈妈在超市购物的场景补充购物交际用语,复习某些食物、蔬菜、水果的表达。

Why:通过两个购物场景,学生可以自主设计购物清单,灵活运用购物类的语言交际。教师可以尊重学生意愿,学生可以自主选择表达的内容和方式,树立健康理性的消费观,学会礼貌客气地和服务人员沟通,尊重他人。

How:对话是描述购物场景的简单对话,复习食物、果蔬单词,如 noodles,tomatoes,oranges 等以及复习问句:Can I help you? What can I do for you? How much is it/are they? 等;听力补全对话复习了征求许可时所用的核心语言,如 "Can I have some…,please? Shall we get some…? 同时还复习了之前学过的 "What's your favourite…? My favourite…is…" 句型。购物类语言交际是学生们最喜欢体验的语言交际之一,总的来说,本节课全面系统地复习了有关服装、食物、颜色等词汇,从感知对话过程中让学生对语言进行复习、模仿、学习和体验,最终引导学生能够运用目标语言进行交际。

【课时目标】

1.通过两个购物场景的设置,复习购物交际用语,如:Can I help you? What can I do for you? Can I have some…,please? Shall we get some…? 等,并复习如何询问价格。(学习理解)

2.在教师帮助下,分角色表演对话,结合自己的学习和生活实际情况进行介绍和交流,

---

① 本文作者:天津外国语学校南普小学　张薇。

培养学生学会征求他人意见、合作学习的意识。（应用实践）

3.针对自己喜欢的事物展开交流和讨论,运用"What's your favourite…? My favourite…is…."句型来全面地复习和巩固各类单词,结合目标语言进行展示交流。（迁移创新）

【教学过程】

1.Let's play a game.

归类游戏,PPT出示一些服装、食品以及日用品单词或图片,让学生说出这些已学单词并进行归类。

2.Presentation.

Task1：Let's listen,read and talk.

（1）读前引导

T：When do you often go shopping? Who will go with you?

What do you want to buy?

（2）通过图片初步感知文本并回答下列问题：

Q1：Let's see who are they?　　　　Q2：Let's see where are they?

Q3：Let's guess what do they do?

（3）观看视频后引导学生提出问题,带着问题听录音、找细节。

T：Boys and girls,our friend Kate and her family are going shopping now. What do they want to buy? Now,let's listen.

①然后教师继续就购物细节进行提问：

What colour is the toy car? What colour are the shoes?

②学生通过第二遍听,获知答案：

The toy car is blue. The shoes are purple.

③然后教师继续就细节进行提问：

How much is the toy car? How much are the shoes?

④学生通过阅读,获知答案：

The toy car is sixty—nine yuan. The shoes are ninety—eight yuan.

⑤角色表演：

指导学生五人一组,分别扮演 saleswoman,Dad,Nick,Kate 和 Mum,进行朗读对话并体验人物角色。

△突出语言能力的培养。在学习活动 1、2 中,学生在文本的学习过程中激活自己之前学过的"购物"相关语言,在观看视频后回答问题深度理解文本,在听录音后跟读的过程中加深对文本的理解和语言的运用,根据人物情感进行角色扮演,有效地培养了学生的语言能力。

△融合思维品质的培养。在学习活动 2 中，学生通过学习如何表达自己想要某个东西并询问价格，礼貌地对待服务人员以及自己作为服务人员该如何对待自己的顾客，既能切合实际生活又锻炼了学生的思维能力，形成正确的消费观。

⟳ 设计意图：引导学生去理解文本的基础信息，帮助他们感知文本，复习并激活核心语言，属于学习理解层次。教师通过呈现文本插图，让学生去回答基本问题，也是在锻炼学生提出问题的能力，能够更好地实现教学目标。

【作业设计】

Period 1　Homework
Activity Card

1.Must—do Tasks

基本要素	具体内容			
作业内容	1. Listen to the dialogue and read it. 2. Talk about shopping with parents.			
形式和类型	形式	听–说□　听–写□　读–写□　其他□		
	类型	基础型□　拓展应用性□　实践型□		
作业时长	___5___ 分钟（建议时长 5—10 分钟）			
完成方式	独立完成□　合作完成□			
提交时间	当天完成□　____天后□			
评价标准	根据实际情况选择活动 查找补充相关周末活动 正确朗读所填写的对话	☆☆☆☆☆ ☆☆☆☆☆ ☆☆☆☆☆ （自我评价）	☆☆☆☆☆ ☆☆☆☆☆ ☆☆☆☆☆ （小组评价）	
	（教师评价）　Good □　Super □　Excellent □			

2.Optional Task

基本要素	具体内容		
作业内容	制作一张 "My favourite…" 为主题的手抄报并在课下和同学们分享。		
形式和类型	形式	听–说□　听–写□　读–写□　其他□	
	类型	基础型□　拓展应用性□　实践型□	
作业时长	___10___ 分钟（建议时长 5—10 分钟）		
完成方式	独立完成□　合作完成□		
提交时间	当天完成□　____天后□		

续表

基本要素	具体内容		
评价标准	根据实际情况选择活动 查找补充相关周末活动 正确朗读所填写的对话	☆☆☆☆☆ ☆☆☆☆☆ ☆☆☆☆☆ （自我评价）	☆☆☆☆☆ ☆☆☆☆☆ ☆☆☆☆☆ （小组评价）
	（教师评价） Good □ Super □ Excellent □		

Period 2 Whose toy is it?

【课时对应的子主题】人与自我；学习与生活的自我管理

【适用年级】六年级

【语篇类型】歌曲歌谣

【语篇研读】

What：通过歌曲、听力的形式为大家展示了一个对物品所属以及外观、性质进行描述的场景。引导学生使用功能句型进行会话交际。在谈论的过程中巩固学过的相关词汇和句型。

Why：此过程注重让学生进行体验尝试，鼓励学生积极参与，最终引导学生能够在所创设的环境中运用 Whose… is it? It's…'s. What colour is it? It's…Oh, it's… 等语言进行交际。

How：通过多种形式的练习和歌曲让学生反复学习名词所有格的用法。任务一学生通过读四句话来对人物和物品进行连线。再读一读、连一连的基础上对颜色和物品类单词进行复习。任务二通过听力的形式为大家展示了一个对物品所属以及外观、性质进行描述的场景。活动四通过歌曲的形式练习名词所有格用法。几个环节难度不断增加、层层递进，多种形式确保每个同学都有机会参与到课堂活动中。

【课时目标】

1. 通过四项任务让学生全面复习玩具类、服装类单词，复习名词所有格的用法和如何对物品的所属进行提问。（学习理解）

2. 学生能够在生活中会使用这些内容对物品进行简单的描述。引导学生使用给出的功能句型进行会话交际。在谈论的过程中巩固学过的相关词汇和句型。（应用实践）

3. 让学生进行体验尝试，鼓励学生积极参与，最终引导学生能够在所创设的环境中运用 Whose…is it? It's…'s. What colour is it? It's…Oh, it's… 等语言进行交际。（迁移创新）

【教学过程】

1.Describe items.

T：Can you describe the items?

It's yellow toy gun.

It's a green balloon.

It's a blue car.

They are two pink dolls.

They are three purple balls.

It's a pair of shoes.

（注意学生对 a pair of 的用法，主语必须是单数。）

T：Whose items are they? Let's have a look.

2.Presentation.

Task1：Read，match and colour.

（1）阅读连线

首先，教师给学生三分钟时间阅读 1—4 的内容。其次，教师指导学生标注出语言材料里出现的任务和物品名称。最后，用尺子和笔进行连线。每个内容对应的连两条线。

（2）核对答案

教师核对答案，学生自己检查是否有连线错误并及时改正。注意 ball 和 balloon，ball 和 doll 这两组易混淆单词的发音及意义上的区别。

（3）涂色活动

在前两个环节处理完之后，教师让学生进行涂色。这样保证在对的基础上涂色，避免出现涂错颜色难以修改的情况。

△突出语言能力的培养。在学习活动 1、2 中，教师带领学生全面复习和描述物品，运用数量、颜色等多种定语修饰这些物品。引出名词所有格的概念并初步体验名词所有格的用法。

△融合思维品质的培养。学生在"涂一涂、连一连"这些感兴趣的练习中激发内驱力，让学生乐于去学习和运用数量、颜色、形容词等定词。美术和英语学科相融合，增强学生的审美情趣。

🔵 设计意图：学生通过读四句话来对人物和物品进行连线。此环节在读一读、连一连的基础上对颜色和物品类单词进行复习。教师引导学生能够在生活中会使用这些内容对物品进行简单的描述。

3.Practice

Task 2：Listen，write and talk.

Let's listen and write.

Step 1：教师引导学生观察表格的主要信息提示。第一行已经给出答案，教师引导学生对答案进行分析。

Step 2：教师播放第一遍录音，学生按照分类表格进行分类填写。教师告诉学生，在听的过程中如果不能第一时间完成所有单词的拼写，可以只写出首字母，然后继续听，在听力结束后进行补写，以确保听的过程不中断。

Step 3：教师播放第二遍听力。学习能力较强的学生进行核对答案，没有完成任务的学生继续进行填写。

Step 4：教师核对答案。

Let's talk. 教师鼓励学生两人一组，选择自己喜欢的人物与物品进行会话交际或表演。

语言支持：S1：Whose toy car is it?　　　S2：Let me see. It's Peter's.

S1：What colour is it?　　　　　　S2：It's red.

S1：Do you like this toy car?　　　S2：No，I don't like this colour.

S1：What colour do you like?　　　S2：I like…

△突出语言能力的培养。通过听力练习检验学生对单词的掌握，能否正确听、说、读、写单词。再通过对话练习，巩固 Whose 句型的用法，系统地讲解名词所有格（'s）的用法。

△融合学习能力的培养。体现了语言能力和学习能力的发展，通过生生合作，学生既可以锻炼学习合作能力，相互学习，又能锻炼目标语言的使用能力。

🔵 设计意图：本阶段学习活动旨在通过复习玩具和衣服类单词后引出 Whose…is it/are these? It's/They're…（所有格）的用法并让学生两人合作，互动练习。

4.Consolidation

Task 3：Point the number and say the sentences.

T：What can you see in the picture?

学生可以大致说出一些玩具类单词。

T：Point the number and say the sentences in pairs.

Eg：A：Seventeen　　　　　B：This is a grey robot.

A：Nineteen　　　　　　　B：These are three dolls.

Task 4：Let's sing.

听歌曲初步感知内容、看歌词进一步了解内容、跟唱深入学习内容、小组合唱反馈学习情况。

△突出语言能力的培养。学生通过双人练习和歌曲学习复习单词和语法知识，让学生进行体验尝试，鼓励学生积极参与，最终引导学生能够在所创设的环境中运用 Whose…is it? It's…'s. What colour is it? It's… Oh，it's… 等语言进行交际。

△融合思维能力的培养。学习活动3、4在发展学生语言能力的同时还有助于培养学生批判与创新能力。培养学生的审美情趣，懂得自己收拾房间等良好习惯。

⊃ 设计意图：将丰富的活动形式有机地融入学生的语言学习过程之中，让学生能够快乐地享受英语学习。培养学生自主学习的能力与合作精神，增强学生的创新意识，发现并培养学生的各方面才能，让学生们做课堂的主人。

Period 3　Food and animals

【课时对应的子主题】人与自然；种植与养殖，热爱并善待生命

【适用年级】六年级

【语篇类型】日常对话

【语篇研读】

What：语篇通过听并填写单词的形式为大家展示了野餐、动物展和农场三个场景。学生在听的过程中尝试着将所缺信息补充完整。通过与同伴之间的配合进行角色扮演，培养学生与人合作的意识。

Why：通过野餐、动物展和农场三个场景复习询问用餐意愿的句型，表达自己的用餐意愿，学习招待用语。培养学生尊重他人，善待动物，爱护大自然的良好品德。

How：通过听、说、读、看、写五种学习方法进行学习，通过情景复习不同主题的单词，角色扮演让学生在情境中体验不同角色的感受，让他们学会体谅他人。学会区分 What would you like? I'd like… 和 What do you like? I like…Have…,please. 和 Can I have…? 的区别以及感叹句的结构。

【课时目标】

1. 在真实情景在复习食物类、动物类单词，会表达自己的意愿，想要吃什么，并且礼貌地表达。会介绍动物，描述动物的外貌特征。（学习理解）

2. 在教师帮助下，通过会话活动强化练习有关野餐、动物展和农场三个场景的功能句型和词汇，以及如何正确表达。同时，通过与同伴之间的配合进行角色扮演，培养学生与人合作的意识。（应用实践）

3. 引导学生充分运用已学功能句型及单词进行练习，鼓励学生创设新的情境和对话。学生在学习的过程中能够更好地体会如何表达自己的观点，培养学生综合运用能力。（迁移创新）

【教学过程】

1.Warm up

（1）Animal song.

歌曲导入引出动物类词汇，根据他们居住的地方进行分类，动物还可以分为动物园里的动物、农场里的动物和野生动物。学生在学习完歌曲后对动物进行分类，发现有些动物既可以出现在动物园也可以出现在农场和森林。

（2）教师出示有关 Food and drink, Animals, Stationery 的单词卡片，让学生进行头脑风暴式的旧知激活。

2.Presentation

Task 1：Listen, read and write.

本环节有三个听力内容：On a picnic, At an animal show 和 At the farm。集中的听力活动是教师培养学生听力技巧的最佳时机。

Step 1：教师引导学生自主观察 On a picnic 部分的文字和图片。两人交流想法或试着猜测可能会出现的答案。

Step 2：教师播放录音。引导学生快速填写答案。（此技巧在上一课时已经渗透。教师应继续培养。）

Step 3：教师让同学读句子，逐句核对答案。必要时将答案写在黑板上。避免学生的拼写错误。

Step 4：教师引导学生两人一组读一读 At an animal show 部分的文字与图片。两人交流想法并试着猜测可能会出现的答案。

Step 5：教师播放录音。引导学生填写答案。根据本班情况播放适当次数。

Step 6：教师让学生分角色读出句子，主句核对答案。让学生在读的时候注意体会感悟角色语言。

Step 7：教师引导学生四人一组读一读 At the farm 部分的文字和图片。同学们在小组内交流想法并试着填写答案。

Step 8：教师以组为单位汇报自己小组所填写的答案。引发全班讨论。教师再次播放听力材料，让学生自己核对答案。

Step 9：教师对这三个片段进行总结，并找学生针对听力技巧进行总结。

⟳ 设计意图：教师采用9个步骤，3种方式进行不同策略的培养。教师在梳理知识点的过程中要照顾到全体学生的能力与差异，既要有个体的活动，也要有小组的活动，确保全员参与，同时突出时效性。

3.Practice

Task 2：Role play the three dialogues in pairs or in groups.

教师让学生从三个场景中选择喜欢的话题展开角色扮演。根据所选话题，分组可以两人一组、三人一组或四人一组。分组方式要根据所选的话题来决定。

学生在表演对话的时候，教师适当地进行语言和语境支持，通过 PPT 出示背景画面及主句型等。

改编对话,填上自己喜欢的内容进行对话。

➲ 设计意图:角色扮演将语言教学与实际生活联系起来,在角色扮演中,学生们不仅要专注自身角色的演绎,还要了解团队其他成员的角色与任务,借此增进彼此间的交流,深化理解,进一步增强集体荣誉感和团队凝聚力。

4.Consolidation

Task 3:Say the chant.

T:Now,let's have a rest. Listen to a chant.

Apple,apple,banana,banana,orange and cake,orange and cake. Ice cream and chocolate,ice cream and chocolate,burger,burger.

T:What's the chant about? Yes. The chant is about food.

Task 4:Say and answer.

让学生看图描述动物,通过描述其他同学来猜是哪种动物。

Eg:S:They're small and green. They've got short legs and a long tail.

Ss:Lizards.

➲ 设计意图:chant 能够促进学生之间团结合作,激发学生的学习兴趣,增强他们的学习技能。猜词游戏能迎合小学生好奇的心理,能激发学生的学习的欲望,能营造愉快,轻松的课堂氛围,帮助学生提高语言表达能力,增强英语听说读写能力。增进智力,锻炼逻辑思维、推理和判断能力。

Period 4   Festivals' gifts and school things.

【课时对应的子主题】人与社会;传统节日;乐于助人

【适用年级】六年级

【语篇类型】记叙文

【语篇研读】

What:任务 1 是有关于节日和礼物的听力练习,根据问题将表格信息归纳为人物、节日、物品和送谁这四类。任务 2 主要目的是巩固 "学具" 这一话题的重点词汇。任务 3 是一篇关于生日派对的阅读。任务 4 是一个关于学具的歌谣。

Why:任务 1、3 主要复习一些节日以及节日要给哪些人送什么礼物的知识,通过学习复习中国传统节日以及节日习俗,更好地传播中华传统文化。任务 2、4 是关于学具,里面涉及 "十几、几十" 的数词的写法,把文具捐给希望小学为背景,让学生了解贫困地区的孩子十分珍惜自己的学习用品,自己也应该向他们学习,并且奉献出自己的爱心。

How：通过多种形式让学生复习节日和文具。任务 1、2 通过听将表格补充完整。再次锻炼学生的听力能力，让学生运用听力技巧。就 Things for Hope School 这段文字，学生可以介绍自己的学校，继续展开语言活动，让学生进行会话表演，培养学生的语言表达能力。

【课时目标】

1. 通过任务让学生复习传统节日和习俗，学具和数词，通过填写表格，鼓励学生将表格中的"每个人物在何时向何人送何种礼物"进行完整表达。（学习理解）

2. 通过听录音来补充 Things for Hope School 这段文字中所缺失的内容。需要补充的内容都是学校常见的设施等词语，同时巩固关于"学具"这一话题的重点词汇。（应用实践）

3. 教师为学生提供更多的宽松的语言环境，让学生介绍自己的学校或班级，尝试介绍自己最喜欢学校或班级的哪个地方，让学生感受到自己在生活中能运用英语做事情的地方有很多。（迁移创新）

【教学过程】

1.Review

Let's think about the months and festivals.

Months and Festivals.

January	New Year's Day	have a party
February Spring Festival		go shopping
March	Tree Planting Day	plant trees
April	World Book Day	read books
May	Labour Day	celebrate
Mother's Day	give gifts to mum	
June	Children's Day	give gifts to children
Father's Day	give gifts to dad…	

2.Listen, write and talk

教师引导学生观察任务 7 部分给出的信息有哪些。引导学生看表格，看是否依据第一行表格的信息回答 What day? What gifts? For whom? 这三个问题。根据问题将表格信息归纳为人物、节日、物品和送给谁这四类。当学生对表格的意图已经明确时，教师播放听力材料。

通过将表格补充完整。由于听力内容较多，教师应注意指导学生运用合理的听力策略。在填写完毕后，教师鼓励学生将表格中的"每个人物在何时送何人何种礼物"进行完整表达。

What day is today? It's…

I'll buy sth for sb. 给某人买某物。

I'll make sth for sb. 给某人做某物。

I'll give sth to sb. 给某人送某物

↪ 设计意图：学生通过本环节对月份、节日、习俗进行了系统的复习，让学生知道在某些特定的节日要送给某些人礼物。让学生充分了解中华传统习俗，热爱祖国。养成学会感恩，学会回报的良好情感。

3.Practice

Task 2：Listen，read and write.

Let's review.

T：What's in our classroom?

Ss：Chairs，desks，blackboards，cupboards，books，pencils，markers…

Listen to the tape and fill the blanks.

↪ 设计意图：教师为学生提供更多宽松的语言环境，让学生介绍自己的学校或班级，尝试介绍自己最喜欢学校或班级的哪个地方，让学生感受到自己生活中能运用英语做事情的地方有很多。教师积极鼓励学生开口表达。在这样的活动中予以正向评价。教师多提供展示的机会，鼓励全体学生参与。

4.Consolidation

Task 3：Read and answer.

What's Mr Star cooking? He's cooking the hamburgers and sausages.

Who's taking photos? Marie is taking photos.

What has Simon got?

Simon has got a nice new bike and a big blue birthday cake for his birthday.

What colour is his birthday cake? It's blue.

How old is Simon? He's eight.

Task 4：Say the chant.

School，school. This is the number school.

↪ 设计意图：将丰富的活动形式有机地融入学生的语言学习过程之中，让学生能够快乐地享受英语学习。培养学生自主学习的能力与合作精神，增强学生的创新意识，发现并培养学生的各方面才能，让学生们做课堂的主人。

Period 5 Fit and well

【课时对应的子主题】人与社会；倾听、体谅他人，包容与宽容

【适用年级】六年级

【语篇类型】日常对话

【语篇研读】

What：通过两个情景对话练习，一个造句练习和一个小故事构成。任务 1 是电话内容，学生 Peter 生病给老师请假。任务 2 延续了任务 1 的情景，Peter 生病了，同学们去看望他。任务 3 是关于生病的第三人称句型展示。任务 4 是一个关于 Paul 生病在家卧床休息的小故事。

Why：四个任务都是围绕生病展开的学习，任务 1,2 是挖空联系，其中任务 1 是读文章根据上下文补全文章，任务 2 是听听力补全短文。任务 3 是造句练习，模仿例句造句并选择图片，任务 4 为小故事，讲述了 Paul 生病在家都做些什么。四个任务层层递进，让学生复习了如何表达生病，如何请病假，如何照顾他人或自己，如何看望病人等礼仪。

How：任务 1，学生通过仔细阅读对话，从右边对话框中找到空白部分需要填写的句子或词组并填写，从而对生病请假的功能句型和单词进行复习。教师引导学生回顾一下以往所学，学生通过反复研读，将十个选项进行填写。任务 2，学生通过听力来补充对话中所缺信息。最终使得会话完整并符合逻辑。教师要继续培养学生的听力答题策略。任务 3，学生会使用 She's/He's got... They've got... 来表示"得了什么病"。任务 4，学习了一些生病可以做和不可以做的事。

【课时目标】

1. 会使用 She's/He's got... They've got... 表达"患了什么病"，会说常见的疾病，如 fever,cold,cough,headache,stomach—ache 等。(学习理解)

2. 在生病时和老师请假，在别人生病时给予问候和帮助，能够照顾生病的家人或朋友。学会保护自己，知道天冷加衣，早睡早起，养成良好习惯，不让自己生病。(应用实践)

3. 对生病请假功能句型和单词反复练习后，鼓励学生创设新的情境和对话。学生在学习的过程中能够更好地体会到如何表达自己的病情和如何安慰并帮助生病的人，能够体谅宽容别人。(迁移创新)

【教学过程】

1.Warm up

（1）Body parts song.

《Head,shoulders,knees and toes.》

Head,shoulders,knees and toes.

Eyes and ears and mouth and nose.

T：Sing the song and do the actions. Point to your body parts.

（2）Do you know how to express "illness"？

Body part+ache

Eg.headache   earache   toothache   backache   stomach—ache

2.Presentation.

Task 1：Read，choose and talk.

Step 1：Peter is ill today. He can't go to school. He calls his teacher，Miss Liu. Please read the dialogue. Try to guess what they are talking about.

Step 2：Read the dialogue again. Then read the sentence bank on the right.

Step 3：Fill in the blanks.

Step 4：Check the answers.

Step 5：Role—play. Work in pairs.

提示：本部分内容除了生病请假，还包含了打电话用语。注意两点：

（1）打电话找人时，要用礼貌用语：May I speak to…?

（2）在接电话时，一般用 This is… 来回答。

➡ 设计意图：学生通过仔细阅读对话，从右边对话框中找到空白部分需要填写的句子或词组并填写，对生病请假的功能句型和单词进行复习。教师引导学生回顾一下以往所学，学生通过反复研读，将十个选项进行填写。根据情景和上下文补全短文，让学生在情境中把握情感脉络。分角色朗读让学生在角色中体验情感，学会换位思考。

3.Practice

Task 2：Listen，read and write.

（1）本部分是任务 9 的延续，Peter 生病了，同学们去看望他。以听力形式为学生展现了一个探望病人的会话场景。

T：What do you usually say when you see a patient?

S：Take good care./Stay in bed and have a good rest./Drink more water…

T：What can you do for sick person?

S：I'll help him/her with his/her school work. Like Chinese，English and maths.

T：Very good. It is nice to have a good friend like you. So now，let's listen and try to fill in the blanks.

（2）Check the answers and role play.

（3）Make a new dialogue.

You can use the sentences：

S：Who's that? T：This is…speaking.

S：This is… I can't go to school today because I have a.

T：Oh，dear. Sorry for hearing that. You should… I Hope you will get well soon.

S：Thank you.

⊃ 设计意图：学生通过听力来补充对话中所缺信息。教师注重培养学生听力答题策略。角色扮演可以将语言教学与实际生活联系起来，创造生动有趣的情景，有利于激发学生学习兴趣，克服害羞和紧张的情绪，表达自己的意愿和想法，增强语言表达能力，增强学生语感和语言运用能力。新对话的创编检查学生是否可以灵活运用目标语言在实际情境中对话。

4.Consolidation

Task 3：Make sentences and say the letter.

He's She's They've	got	a toothache. a backache. a stomach—ache. a headache. an earache. a temperature. a cold. a cough.

A：She's got an earache.

Task 4：Read the story.

Read and correct the sentences.

（1）It's Thursday.　　　　（2）Paul's at school.　　　　（3）Paul mustn't stay at home.

（4）He hasn't got a temperature.　　　　（5）He must get up.

（6）His dentist says he mustn't run.　　　　（7）He mustn't sleep.

（8）He always has a piano lesson on Tuesdays.

⊃ 设计意图：句型练习让学生更扎实地掌握了病情的表达，会用三单形式表示他人生病。小故事描述了 Paul 生病在家的生活，告诉我们生病了要做些什么，吃些什么，注意休息。在生活中，我们既要照顾好自己，也要关心爱护身边的人，形成良好的道德情操和生活习惯，建立起同理心。

Period 6　Fun story.

【课时对应的子主题】生活与学习；健康、文明的行为习惯与生活方式

【适用年级】六年级

【语篇类型】绘本故事

【语篇研读】

What：学生阅读关于如何保持健康的绘本故事，并做一个小测验。

Why：学生在上节课学习了疾病的表达以及如何请病假，当别人生病时要怎样问候别人、帮助别人，生病了有哪些事情可以做，哪些事情不可以做等话题。本课通过绘本故事从健康饮食、运动、休息和睡眠三个方面学习如何保持健康。

How：通过绘本研读了解多吃蔬菜和水果对身体有益，糖果和蛋糕这些甜食对牙齿有害。适当的运动有助于身体健康。成人和小孩的睡眠时长不同，猫和长颈鹿的睡眠时间也有所不同。

【课时目标】

1. 通过绘本阅读拓展知识：the right food，vegetables，and fruit，bad for…exercise，rest，a good idea to…fresh air，relax（学习理解）

2. 引导学生带着问题精读故事，对文章的内容、细节、文章架构、写作方式等进行批判性分析，锻炼学生的思辨能力，让学生拥有独立思考能力。（应用实践）

3. 通过补充活动，学生深入探索健康生活的奥秘。（迁移创新）

【教学过程】

1.Warm up

（1）让学生站在教室中间。指定四面墙壁为 1，2，3，4（或用不同的颜色）。说出一面墙的数字或颜色，并做一个动作，例如：Hopping，学生做着这个动作朝墙移动。随机说出墙的数字和其他动作，例如 walking，running，walking backwards，skating，swimming，skipping。

（2）让学生面向内站成一个圆圈。说出一个只适合少数学生的描述，例如：Brown hair，red T—shirt，white socks。有这种特征，例如棕色头发的学生就按顺时针方向在外圈跑一圈，再回到自己的位置，用其他描述重复此活动，尽量让每名学生都参与其中。

让学生说出这些游戏对健康是否有好处（有好处），并说出原因。学生可以用汉语回答，将他们的回答用英语表述一遍或进行简化描述。

2.Presentation

（1）Do you know that…?

让学生看介绍知识的课文，教师用吃惊的口气朗读课文，让学生说他们晚上睡几个小时。问学生为什么认为睡眠对身体有好处，看看他们对长颈鹿的睡眠时间以及其他动物的睡眠习惯的反应。

（2）Read and match.

让学生注意看课文周围的图片，说出他们能看见什么，以此来讲授或检查他们对下列单词的理解 exercise，fresh air，vegetables. 引导学生看活动要求并检查他们是否理解，学生将课文和标题搭配起来，并说出他们准备如何做这些活动（使用关键词）。给他们一个（很短的）时间做这个活动，学生两人一组核对答案，全班一起核对答案（1.Healthy eating，2.Exercise，3.Sleep and rest）。让他们说出对完成练习有帮助的单词。

➡ 设计意图：英语课程要求合理利用和积极开发课程资源，给学生提供贴近生活实际、贴近生活、贴近时代的内容健康和丰富的课程资源。故事教学是小学英语课堂中的一种重要的课程形式和教学手段，深受教师和学生青睐。绘本阅读作为课本知识教学内容和形式上的辅助和补充，对激发学生学习英语的兴趣、提高学生说英语、用英语的能力、启发学生的思维能力等方面起到非常积极的作用。

3.Practice

Do the quiz. 学生读出问题，在笔记本上用一两个词写出答案，不用写完整的句子。学生五人一组．每人做测试并记下自己的答案。学生做练习时教师进行监督。只在必要时全班一起核对答案。

➡ 设计意图："精读"能更加精细地理解考究文章的内容，关注书中的细节描写。"精读"是"知识阅读"。是指在阅读时，对文章中的内容、细节以及有突出影响的段落进行批判性分析，拥有自己的独立思考，能够深入地理解文章的内容、内涵以及写作方式或者写作技巧。"精读"要求的就是要对文章的内容、细节、文章架构、写作方式等进行批判性分析，这个过程能够锻炼孩子的思辨能力，让孩子拥有独立思考能力。

4.Consolidation

补充活动

活动1　Find the "healthy" words.

让他们注意看活动要求并检查或讲授单词 healthy 的意思。让学生说出一些人们用来保持健康的活动，以及锻炼和体育运动。学生在单词搜索中找出"健康的"单词。学生两人一组进行练习，全班一起核对答案，答案：sleep，ride，eat，drink，run，play，walk。

活动2　Tick or cross the boxes. Is it healthy?

让学生看活动要求并检查他们是否理解，全班一起进行活动，教师带领学生进行讨论。每次都要说出原因，鼓励学生说出想法，意见和经验。

注意：不要公开批评学生的习惯和生活方式，讨论不要针对个人。让学生说出其他健康的生活方式。

和学生一起复习本课所学的内容，再次进行热身活动中的一个游戏。

➡ 设计意图：充分理解 Healthy 的内涵不局限于文章的三点，有许多健康的生活方式作为补充。通过补充活动，学生能够更深入地探索健康生活的奥秘。这些活动为他们提供了丰富的语境和句型，锻炼他们对英语句式、词汇搭配的敏锐度。在不断地尝试与实践中，学习者将培养出自然流畅的表达能力，让英语成为他们与世界沟通的桥梁。学生能够准确运用所学知识，应对自如，他们的语感也将得到显著提升。

六年级下册 Unit 6　教学设计 ①

Period 1

【语篇研读】

Part 1：Let's do a survey.

本部分主要通过 What's your hobby? My hobby is… 的功能语句来进打交际。交际是以做调查的方式来呈现的。学生通过全班性地调查询问并做记录，来巩固对第三人称单数的形容词性物主代词的使用方法。

Part 2：Let's ask and answer.

本部分是让孩子们快乐地进行沟通和交流，其中运用到了学习过的一般过去时的句型，能够起到很好的复习再现的效果。

【课时目标】

通过本课时学习，学生能够：通过自由讨论和问答的方式，能够用英语熟练表达所讨论的话题内容

【教学过程】

1. 热身 / 复习

游戏："击鼓传花"，教师播放音乐，音乐停时，拿到毛绒玩具的学生用英语介绍自己（三句即可）

2. 呈现学习任务

Part 1：Let's do a survey.

教师引入爱好这一话题，然后引导学生关注同班同学的爱好：Everybody has hobbies. Do you want to know your classmate's hobby? 然后告诉大家可以通过做调查的方式进行了解。教师引导学生手持书本和笔，离开座位进行走动采访。每个学生都是采访员，只要问到其他同学，那名被问到问题的同学就真实地回答。每位学生采访四名同学。如果有速度较快完成任务的同学，可以让他们多采访几位。

Part 2：Let's ask and answer.

教师先通过介绍自己的开场白，将学生的情绪调动起来。教师引导学生以接龙的形式进行问答。具体方式如下：

S1：What's your name?

---

① 本文作者：天津市河北区育婴里小学　谢萍。

S2：My name is… How old are you?

S3：I'm… Where are you from?

S4：I'm from… How many people are there in your family? Who are they?

🔵 设计意图：教师通过学生与学生之间的问答接龙，将所有问句都巩固一遍。让学生们通过这样的形式进行复习，最后，教师引导学生进行自主语言表达。每说一句，记一分。看哪个组的学生说出的句子多。最终评出积极参与的小组。

3.拓展活动

让学生将自己对学校、老师、同学、英语学习的积极情感进行自主表达。教师鼓励学生进行语言描述，将20个问题的回答整理后写出来。学生在接龙的基础上对问题的信息进行梳理。把自己所想表达的内容进行描述。

Period 2

【语篇研读】

Part 1：Read，match and talk.

本部分通过读四段对话来对人物和物品进行连线。此环节在读一读、连一连的基础上对过去时进行复习。教师可通过让学生观察图片大致猜测对话的内容，引导学生在生活中使用过去时态表达过去发生的事情。

Part 2：Let's ask and answer.

本部分是让孩子们就"日常生活"这一话题进行沟通和交流。

【课时目标】

通过本课时学习，学生能够通过自由讨论和问答的方式，能够用英语熟练表达所讨论的话题内容

【教学过程】

1.热身/复习

游戏："头脑风暴"，教师为学生出示有关学生一日生活的单词卡片和图片，内容涉及家庭生活与学校生活，学生进行表演猜词。

2.呈现学习任务

Part 1：Read，match and talk.

（1）教师引导学生自读四部分对话内容。

（2）学生选择自己喜欢的片段进行朗读、并对照自己的上个周末谈一谈自己是怎样度过的。（提示学生一般过去时的使用）

Part 2：Let's ask and answer.

教师先通过介绍自己的开场白，将学生的情绪调动起来。教师引导学生以接龙的形式进行问答。具体方式如下：

S1：What time do you usually go home?

S2：I usually go home at… What do you do after school?

S3：I often… What do you often do after dinner?

S4：…

☀ 设计意图：教师通过学生与学生之间的问答接龙，将所有问句都巩固一遍。让学生们通过这样的形式进行复习，最后，教师引导学生进行自主语言表达。每说一句，记一分。看哪个组的学生说出的句子多。最终评出积极参与的小组。

3. 拓展活动

以小组为单位制作主题为"My weekend"的手抄报并用英文阐述。

Period 3

【语篇研读】

Part 1：Listen，read and number.

本部分通过听后填写序号的方式考查学生对 sports/activities 的掌握。学生在听的过程中尝试着将信息与图片进行配对。

Part 2：Listen，write and talk.

本环节的主要内容是通过 Gao Wei 在小学英语学习的经历来展现学生自我介绍的具体方式。

【课时目标】

通过本课时学习，学生能够通过听力练习的方式，能够用英语熟练表达所讨论的话题内容。

【教学过程】

1. 热身 / 复习

游戏："看图说短语"，教师为学生出示有关校园运动的图片，学生看图说词，以头脑风暴形式激活相关旧知。

2. 呈现学习任务

Part 1：Listen，read and number.

教师带领学生阅读背景介绍，整体把握听力材料。学生阅读后，教师适当提问，如 Who are they? What are they doing? 引导学生在听力过程中，关注的重点应该是"谁在干什么"。

阅读完背景材料以后，教师带领学生认读听力材料，并适当做标注，如 The boy students are playing football. 教师应提示学生本句话中的关键词是 boy students，playing football，可在这两组短语下面做标记，其余句子也是如此。这样就做到了在听力开始前，做好了充分审题的工作，这样在听力开始后学生不仅能很快找到相应的句子并做好标记，还能确保做题的正确率。

播放录音后，教师了解学生听的效果，根据情况，灵活掌握播放次数。

Part 2：Listen，write and talk.

本部分是以听力的形式为学生们展现 Gao Wei 在小学的英语学习。学生通过 Gao Wei 的介绍，联系自己的实际情况，自己的小学英语学习经历也跃然纸上了。

学生通过听力来补充文本中所缺的信息，最终使得会话完整。教师要继续培养学生的听力答题策略。

Step 1：在播放听力内容之前，教师提示学生当所听内容需要填写的单词有很多时，应该怎么去填写最好？（将单词的首字母进行标注等方式）

Step 2：学生先通读两遍语篇，尝试着用铅笔将答案进行预写。

Step 3：教师播放录音。学生进行填写。一般听力内容播放 3 遍。教师可以根据学生实际状况进行调整。

Step 4：教师核对答案。引导学生直接按照这个文本的方式对自己的小学英语学习经历进行简单描述。

2. 拓展活动

以 "My English study in primary school" 为题进行口头作文展示。

Period 4

【语篇研读】

Part 1：Read，number and talk.

学生通过读四段文字描述来对图片进行标号。为学生们呈现了四个国家的标志性景点以及名胜古迹。通过读后标号的方式来检测学生对文字内容的理解情况。在此基础上，教师可通过引导学生通过观察图片来猜测文字内容。教师引导学生在生活中会使用这些文字对这些国家的景点进行简单的描述。

Part 2：Let's do a survey.

本部分通过学生之间做调查的方式，以 What places are you going to visit this summer holiday? 主要功能句来展开调查。引导学生通过对 countries，cities，places 等几个方面进行询问，了解 4 位小伙伴的旅行意愿，最后通过与更多同学的交流，找到和自己暑期旅游计划相同的朋友。

【课时目标】

通过本课时学习，学生能够：通过阅读的方式，能够用英语熟练表达所讨论的话题内容。

【教学过程】

1. 热身／复习

教师通过 PPT 或图片来展示出一些已学的知名景点，让学生说出这些已学单词。也可让学生说一说出他们喜欢的地方，或者去过的地方。学生随着教师的提问进行回答，教师要适时给予评价。

2. 呈现学习任务

Part 1：Read，number and talk.

（1）阅读文章。在学生做阅读之前，教师带学生集体识图，让学生们说一说图片所示的地点分别是什么地方，在哪个国家。另外，提示学生按照人物的介绍顺序读短文，避免遗漏短文信息。在学生进行默读的过程中，教师巡视学生的阅读效果，根据学生阅读情况做相应提示，如在阅读过程中，四名学生介绍的国家或者城市可用方框标出，具体提到的景点可以用圆圈或是三角标示。教师也可根据自己的教学习惯进行策略培养。

（2）自由讨论。核对完短文标号的答案后，教师组织学生逐图说一说各个不同景点，适当渗透文化知识，同时调动学生已有知识及已有经验，分享自己的出游经历。

Part 2：Let's do a survey.

在上一环节中，学生们分享了自己的出游经历，介绍了不同国家、城市的地理风光、风土人情，一些景点也许引起了没有同样经历的学生的兴趣，教师顺势组织学生开展调查活动，通过学生之间分组做问卷调查的方式，锻炼学生的口语表达能力、书面表达能力以及小组合作能力。

3. 拓展活动

学生以组为单位交流曾经游览的名胜古迹。

Period 5

【语篇研读】

Part 1：Listen，read and talk.

本部分通过 Yang Ming 介绍自己的旅行计划引出要复习的目标语言和词汇，通过整个语篇的描述对旅行计划这个话题进行系统的梳理。在学习过程中，教师引导学生对语言进行复习、模仿、学习和体验，最终使学生能够运用目标语言进行交际或书面表达。

Part 2：Make your travel plan.

学生通过 Part 1 的学习，对旅行计划这个话题的已有知识进行激活。教师引导学生两人之间谈论自己的旅行计划，然后试着写一写自己今年暑假的旅行计划。此环节是对 Part 1 的后续活动。教师引导学生写出自己心目中的旅行计划，然后与同学进行交流，通过与同伴之间进行分享信息来实现交际的目的。

【课时目标】

通过本课时学习，学生能够通过阅读和写作的方式，能够用英语熟练表达所讨论的话题内容。

【教学过程】

1. 热身 / 复习

引出话题，激活背景知识。师生互相问好，然后教师自然地询问学生家庭的暑期旅行计划，激发学生关于旅游这一话题的已有英文知识。

语言支持如下：

T：Good morning/afternoon，boys and girls.

Class：Good morning/afternoon，Miss/Mr…

T：Nice to see you again!

Class：Nice to see you，too!

T：As you know，the summer holiday is coming. Where are you going?/What is your travel plan?

Class：I m going to…with my family.

2. 呈现学习任务

Part 1：Listen，read and talk.

教师在播放录音之前，通过预热活动已经激发了学生已有知识和已有经验，此时可以自然引入本课主题：Do you want to know Yang Ming's travel plan?

教师在播放第一遍录音前，提出细节性问题：Where is Yang Ming going to travel? How many days is he going to stay there? 要做到让学生带着问题有针对性地听录音。

在第一遍听力材料结束后；学生不难做出回答：Yang Ming is going to Singapore. They are going to stay in Singapore for three days. 在学生对课文有了整体感知的情况下，第二遍播放录音时，教师要由浅入深，提出一些其他细节性问题，如 Where are they going to visit during the three days? 学生听后可以回答：In the first two days，they are going to visit Sentosa，the Singapore Zoo and the Singapore Flyer. For the last day，they are going to visit Chinatown. 完成听力任务后，教师把课前准备好的表格发给学生，组织学生默读课文后完成表格：

Place	Things people can do
Sentosa	
the Singapore Zoo	
the Singapore Flyer	
Chinatown	

最后，教师提出开放性问题：What do you think of Yang Ming's travel? Do you want to go to Singapore? Where are you going for your summer holidays? 最终学生能够结合自身生活学习经验，用英语进行适当拓展活动，介绍自己的旅行计划。

Part 2：Write your travel plan.

在上一环节中，学生在拓展环节已经谈论了自己的旅行计划，在本部分要求学生能够把自己的旅行计划从口头表达到书面表达，对学生用词的确切性、语法的准确性及语句的逻辑性有更高的要求。因此，教师应适当给学生提供语言支持，协助学生完成写作任务。下面例文仅供参考：

Hello! My name is... In this summer holiday, I'm going to America with my parents for about 10 days. First, we're going to visit Washington D.C., the capital city of America. I know from the Internet that there are many museums in that city and they are all free. By visiting those museums I can not only learn much knowledge, I also can finish one of my school homework. Then, we're going to the west coast. The scenery there is fabulous, and the long beaches in San Francisco and the big valley in Las Vegas are attractive, too. I think I will have a great time with my parents there.

案例三 **英语五年级上册教学设计**

五年级上册 Unit 1 教学设计（人教精通版）①

Period 1 We have new friends.

【课时对应的子主题】认识新朋友

【适用年级】五年级

【语篇类型】日常对话

【语篇研读】

What：本单元内容围绕 We have new friends 这一主题展开，涉及三个对话、一个 Revision 和一个 fun facts。该主题属于"人与社会"范畴，涉及"介绍自己和他人基本情况的能力。"

Why：描述朋友的外貌、性格等特征，培养学生用英语介绍人物的能力。

How：对话谈论人物，涉及外貌、性格、国家等词汇，如 I，you，am，is，my，your，her，his，what，name，friend，Britain，Australia，New Zealand，Russia，France，Germany，street，road 以及描述不同人物核心语言 What's your name? My name's（Carl）. Where do you come from? I come from（New Zealand）. Where do you live? I live on（Shanghai Street）. 对话情节较为简单，学生易于理解，便于学生在学习过程中开展自主探究等学习活动，具有现实意义和教育意义。

【课时目标】

1. 能够正确听、说、认读核心单词：I，you，am，is，my，your，her，his，what，name，friend，Britain，Australia，New Zealand，Russia，France，Germany，street，road。（学习理解）

2. 能够向他人介绍自己朋友的基本情况；向新朋友介绍自己的基本情况；包括姓名、年龄、所在班级、住址、电话号码以及所在国家、城市或地区。（应用实践）

3. 能够在适当的情境中，简要描述自己朋友的外貌特征和个性特点。（迁移创新）

---

① 本文作者：天津市河北区育婴里第三小学　戴卉。

【教学过程】

1.Sing the song "Where are you from?" At that time hold up the flags.

And another song "How old are you?"

⚫ 设计意图：唱歌渲染气氛，让学生在欢快的音乐中复习 Where are you from? I'm from China. How old are you? I'm seven. 等表达方式，为本课的学习作铺垫。

2. 预设学生在预习中提出的问题

（1）I come from Britain. 与 I am from Britain. 意思一样吗？

这两句是同义句，但在使用时要注意 be 动词 am 与行为动词 come 不能同时用。

（2）本课的同义句还有

We have two new friends in our class. = There are two new friends in our class.

I am Bob. = My name is Bob.　　　I'm eleven. = I'm eleven years old.

⚫ 设计意图：通过预习培养学生自学能力。学会分析问题，解决问题的方法。

3. 听力训练

T：There are two new friends in our class. Do you want to know who they are. Listen to the tape carefully, and try to answer these questions：

a.What are the new friends' names?

b.How old are they?

c.Where do they come from?

d.What did the class say

⚫ 设计意图：通过听力练习让学生对整个对话有一个完整的了解。让学生带着不同难度的问题听录音，更有针对性。

4. 趣味练习

（1）教师出示六幅带有英语国家国旗的图片（课前学生所作），背面有一个来自这个国家的人物和相关的文字信息资料。每个组分别说出这六个国家并选择一个作为本组的标志。

（2）Let students try to repeat the text by themselves, like：The new term begins. We have two new friends. Their names are Bob and Zhou Pei. Bob is from…

（3）Fill in the blanks and say something about yourself according to it.

Name	
Age	
Country	

Eg.My name is Lucy./I am Lucly.

I am ten. I come from Tianjin, China./I am from Tianjin, China.

注意表格的填写格式：在填写姓名、年龄和国家的单词时，首字母要大写。

注意姓名的书写格式：E.g. Wang Ming，Zhang Xiaofeng，Zhuge Fenqiang

①选几名学生到前面来，向大家做自我介绍。教师适时用上句型：Come to the front and introduce yourself to your classmates，please. Thank you. You did very well. Go back to your seat，please.

②另外选几名同学两人一组，到前面来做对话。

A：Hi，B! How old are you?　　　　B：I'm ten. And you?

A：I'm eleven.　　　　　　　　　B：Where are you from?

A：I'm from Tianjin. And you?　　　B：I'm from Beijing.

💡 设计意图：学生利用自制的拼图进行语言信息交流活动。学生在轻松有趣的气氛中开展小组活动，用所学的语言知识完成任务，在情境中进一步提高语言运用能力。

5. 自主提升

（1）同义词：come from= be from

（2）反义词：come here—go there　　　　begin—end

　　　　　　front—back　　　　　　　in front of—behind

（3）名词复数：country—countries　　　friend—friends

　　　　　　class—classes　　　　　　seat—seats

（4）词性转换：America—American　　　China—Chinese

　　　　　　Britain—British　　　　　England—English

　　　　　　Australia—Australian　　　Russia—Russian

　　　　　　Canada—Canadian　　　　Singapore—Singaporean

　　　　　　New Zealand—New Zealander

【作业设计】

Period 1　Homework
Activity Card

1.Must—do Tasks

基本要素	具体内容	
作业内容	1. Read the story and fill in the blanks. 　　Who are the boy and the girl? 2. Share the story with your family.	
形式和类型	形式	听–说□　　听–写□　　读–写□　　其他□
	类型	基础型□　　拓展应用性□　　实践型□

基本要素	具体内容		
作业时长	__6__ 分钟（建议时长 5—10 分钟）		
完成方式	独立完成□　合作完成□		
提交时间	当天完成□　____天后□		
评价标准	根据实际情况选择活动 查找补充相关周末活动 正确朗读所填写的对话	☆ ☆ ☆ ☆ ☆ ☆ ☆ ☆ ☆ ☆ ☆ ☆ ☆ ☆ ☆ （自我评价）	☆ ☆ ☆ ☆ ☆ ☆ ☆ ☆ ☆ ☆ ☆ ☆ ☆ ☆ ☆ （小组评价）
	（教师评价）　Good □　Super □　Excellent □		

2.Optional Task

基本要素	具体内容		
作业内容	Draw a picture of your friend and talk about it.		
形式和类型	形式	听–说□　听–写□　读–写□　其他□	
	类型	基础型□　拓展应用性□　实践型□	
作业时长	__10__ 分钟（建议时长 5—10 分钟）		
完成方式	独立完成□　合作完成□		
提交时间	当天完成□　____天后□		
评价标准	根据实际情况选择活动 查找补充相关周末活动 正确朗读所填写的对话	☆ ☆ ☆ ☆ ☆ ☆ ☆ ☆ ☆ ☆ ☆ ☆ ☆ ☆ ☆ （自我评价）	☆ ☆ ☆ ☆ ☆ ☆ ☆ ☆ ☆ ☆ ☆ ☆ ☆ ☆ ☆ （小组评价）
	（教师评价）　Good □　Super □　Excellent □		

Period 2　Where are you from?

【课时对应的子主题】认识新朋友

【适用年级】五年级

【语篇类型】日常对话

【语篇研读】

What：本单元内容围绕 We have new friends 这一主题展开，涉及三个对话、一个 Revision 和一个 fun facts。该主题属于"人与社会"范畴，涉及"介绍自己和他人基本情况的能力。"

Why：描述朋友的外貌、性格等特征，培养学生用英语介绍人物的能力。

How：对话谈论人物，涉及外貌、性格、国家等词汇，如 I，you，am，is，my，your，her，his，what，name，friend，Britain，Australia，New Zealand，Russia，France，Germany，street，road 以及描述不同人物核心语言 What's your name? My name's（Carl）. Where do you come from? I come from（New Zealand）. Where do you live? I live on（Shanghai Street）. 该对话情节较为简单，学生易于理解，也便于学生在学习过程中开展自主探究等学习活动，具有现实意义和教育意义。

【课时目标】

1. 能够正确地听、说、认读以下核心单词：I，you，am，is，my，your，her，his，what，name，friend，Britain，Australia，New Zealand，Russia，France，Germany，street，road（学习理解）

2. 能够向他人介绍自己朋友的基本情况；能够向新朋友介绍自己的基本情况；包括姓名、年龄、所在班级、住址、电话号码以及所在国家、城市或地区。（应用实践）

3. 能够在适当的情境中，简要描述自己朋友的外貌特征和个性特点。（迁移创新）

【教学过程】

1.Act the dialogue of L1 & 2 in groups or in pairs.

➡ 设计意图：引导学生以小组形式向全班进行展示并评出编写好的，表演好的，并将稿件搜集、整理成册供全班同学学习。

2. 预习反馈

（1）Let 后面要接什么词？

let 是一个动词，所以后面要接人称代词的宾格形式。

例：Let me have a look. 让我看一看。Let him do it again. 让他再作一次。

（2）I come from New Zealand. 有同义句吗？有 I am from New Zealand.

3. 听力训练

Listen to the tape two times and try to answer these questions：

a.What's the girl's name?

b.Where is the girl from?

c.What's she good at?

d.What's the boy's name?

e.Where does he come from?

f.What does he like?

g.What will they do then?

设计意图：通过听力练习让学生对整个对话有一个完整的了解。让学生带着不同难度的问题听录音，更有针对性。

4. 趣味练习

（1）利用简笔画画出在机场一些外国人刚下飞机的场面，在黑板上贴上不同肤色、不同年龄、来自不同国家的外国人图片，创设一个到飞机场迎接外国朋友的场景。

Look at the foreign friends. They come from different countries. You can introduce them and ask them a few questions.

（2）传口信游戏。

（3）Play a game：Find friends.

设计意图：这是一个对话的扩展练习，目的是让学生利用学过的词、根据本课的情景和对话形式合理地扩充和重编对话内容。这两个游戏是对学生词汇量的检查，同时也培养了学生的快速反应和记忆能力。

5. 自主提升

（1）How about… 怎么样？（同义词）　　　　What about…?

（2）Glad to meet you. 见到你很高兴。　　　同义句 Nice to meet you.

（3）Where do you come from? 你从哪来？　　同义句 Where are you from?

（4）Russia（n.）俄罗斯　　　　　Russian（n.）俄语 /（a.）俄国的

France（n.）法国　　　　　French（n.）法语 /（a.）法国的

Germany（n.）德国　　　　German（n.）德语 /（a.）德国的

Period 3　Where do you live?

【课时对应的子主题】认识新朋友

【适用年级】五年级

【语篇类型】日常对话

【语篇研读】

What：围绕 We have new friends 这一主题展开。该主题属于"人与社会"范畴，涉及"介绍自己和他人基本情况的能力"。

Why：描述朋友的外貌、性格等特征，引导学生用英语介绍人物的能力。

How：对话谈论了人物，涉及外貌、性格、国家等词汇，如 I，you，am，is，my，your，her，his，what，name，friend，Britain，Australia，New Zealand，Russia，France，Germany，street，road 以及描述不同人物核心语言 What's your name? My name's（Carl）. Where do you come from? I come from（New Zealand）. Where do you live? I live on（Shanghai Street）. 该对话情节较为

简单，学生易于理解，也便于学生在学习过程中开展自主探究等学习活动，具有现实意义和教育意义。

【课时目标】

1. 能够正确地听、说、认读以下核心单词：I，you，am，is，my，your，her，his，what，name，friend，Britain，Australia，New Zealand，Russia，France，Germany，street，road（学习理解）

2. 能够向他人介绍自己朋友的基本情况；向新朋友介绍自己的基本情况；包括姓名、年龄、所在班级、住址、电话号码以及所在国家、城市或地区。（应用实践）

3. 能够在适当的情境中，简要描述自己朋友的外貌特征和个性特点。（迁移创新）

【教学过程】

1. 复习：将上节课的作业采访内容展示给大家。

2. 预习反馈

预设学生在预习中提出的问题

（1）本课重点的特殊疑问句

My name is Zhou Pei.（提问姓名）　　　　What's your name?

I live on Shanghai Street.（提问地址）　　Where do you live?

（2）what 的用法（小学教材出现的）

A. 对算式提问。　　　　　B. 对姓名、班级、年级、号码等的提问。

C. 对职业提问。　　　　　D. 对某地有某物的提问

E. 询问"星期几或日期"　　F. 询问"某物有何毛病"或"某人怎么了？"

G. 征求意见或询问对方消息。

3. 听力训练

Listen to the tape two times and try to answer these questions：

a.What are their names?

b.Where does Li Yan live?

c.Where does Cathy live?

d.Where does Carl live?

e.Can you guess what they are talking about?

➲ 设计意图：通过听力练习让学生对整个对话有一个完整的了解，引导学生带着不同难度的问题听录音，更有针对性。

4. 趣味练习

（1）T：Now let's watch a short film about the famous places of Tianjin and try to say what they are and where they are.

教师播放一段有关天津的几个著名景点的短片，突出它们所在的街道以及门牌号码，

讲授具体地址的表达方式（由小到大）。

Where is it? It's at…Street（Road）学习本课生词 street and road

eg：the Nature Museum（马场道 206 号）

（2）继续看短片，播放的是一些街道（提前了解，选择学生们居住的街道）。

T：When you see the street or road which you live on，please say it loudly. Then answer the students' questions.

根据学生们的回答完成手中的调查表。

S：Where do you live?　　　S1：I live on…

Name	Home
Wang Ling	On Zhongshan Road
…	
…	
…	

（3）Role—play.

T：Now let's do the "role—play" in pairs.

a.Choose any part that you like.

b.Change the part.

Then act out the whole dialogue in groups.

Let's go to the Toy Shop.

Look at ＿＿. It has ＿＿.

➲ 设计意图：学生观看天津景点的视频，了解具体地址的英文表达法。利用课件所给情境，采用看、听、说相结合的方式，学习与本课有关的句子。通过课件介绍本课重点句型，让学生在一个熟悉的情境下进行学习，全面感知语言，使用语言，给学生一个完整真实的语用环境。学生利用课件进行配音、扮演，以感兴趣的形式对课文进行整体操练。

5. 自主提升

（1）同义词：what about = how about　　　　let's=let us

（2）road 与 street 的辨析。

（3）缩略形式：what's = what is　　　　my name's = my name is

（4）介词 on 的用法扩展 at，in

Period 4　A New Friend

【课时对应的子主题】结交新朋友

【适用年级】五年级

【语篇类型】对话文本

【语篇研读】

本单元的主题是 Welcome to our school。围绕学校的各种专业教室以及在这个教室中开展的活动展开。Fun story 故事描述了动物学校里迎来参观的客人，客人们在各个实验室进行参观与询问，以增加对这个学校及学生的校园活动的了解。

Fun story 的 Read and act 部分分为六个图片来展示，每张图片介绍了一个校园场景。以英语旁白加上会话交际的方式加以解释和呈现。本板块的目的在于帮助学生综合复习本单元内容，使学生在相对真实的语境中进行听说与理解，将已学知识进行归纳，通过 Let's check 中 Listen and number 来检测学生掌握情况。

【课时目标】

学生能阅读理解、有感情地朗读、表演故事，能根据上下文语境，有感情地介绍自己学校的专业教室或者是 clubs。

【教学过程】

1. 热身 / 复习（Warm—up/Revision）

学生跟着音乐唱第一单元所学的含有字母 a 的两个歌谣，复习巩固所学词汇。进行强化记忆。教师要适时给予评价。

2. 故事呈现（Presentation）

Step 1：教师引导学生观看主题图片，请同学猜测发生了什么事情。目的在于培养学生看图推荐事情节并尝试用语言表述的能力。

Step 2：学生观看 fun story 的视频。在第一次视听前，教师布置给学生 3 个整体理解的问题，请学生观看之后理解并回答。

1.Where are the animals?

2.What are they doing?

3.What clubs are they visiting? 学生观看视频，了解故事并回答问题。

Step 3：教师对学生的问题回答进行总结性点评。

3. 趣味操练（Practice）

（1）Let's read in groups.

组织学生六人一组，自由结合，分角色操练故事对话，教师请六名同学到讲台前，将整篇故事分角色朗读。建议教师引导认真倾听，以评价他人的朗读。教师可以将计分机制在课堂上使用。督促学生们积极展示。

（2）Show time

延续六人一组的合作方式，学生自主选择展示形式。可以是对话的形式，也可以是每人负责介绍一幅图片。允许学生自主选择创作，教师引导学习程度好的学习小组发挥自己的创意，引导学生们综合运用本单元所学，创编表演对话。最终以小组的形式上前展示。

（3）完成 Let's check 中的 Listen and number 活动。让学生先说一说图片中的信息，进行对听力内容的预测。

学生在预测的过程中能够将已有知识再次预热，大大降低了听力难度。教师可根据学生完成情况，来决定重复播放录音的次数，也可以请学生在检测的时候跟读听力内容，巩固本单元所学的重点语言。

4. 语言运用（Language use）

写作是学生们必备能力。教师可以建议学生们以 My favorite subject 或 My favorite club 为主题，以英语小报的形式让学生来完成任务。可以将自己喜欢的科目和 club 简单画出来，然后进行描述。教师根据学生们布置英语小报的成果进行点评，选出优秀作品进行展示。学生的自信心与参与热情也会被激发与鼓舞。提示：

（1）学生可以个人完成此项任务，也可四人一组每人完成 A4 纸的四分之一。由个人完成的是一个 subject 或者 club 的介绍。而四人一小组完成的至少是四个 subjects 或者 clubs 的介绍，内容更加丰富。

（2）通过大屏幕呈现活动要求，保证活动的效果。

（3）学生把自己的作品展示给同学们看，教师适当进行点评，选出优秀作品作为下次任务模仿的样本。鼓励教师将学生的作品进行展示，激发学生学习的热情。

5. 课堂评价（Assessment）

（1）在复习说唱 o 字母的歌谣环节，教师、学生共同参与评价，评价着重于朗读的音准、韵律感等。教师鼓励学生运用丰富的肢体语言进行表演。

（2）在故事表演环节的生生评价，主要从目标语言的使用、新旧知识的综合运用、对话内容的丰富性、表演的创新性等方面评价。教师将评价活动与综合语用活动有效结合，充分发挥学生在评价中的主体作用。

（3）在英语小报的制作与分享环节的评价，应以激励性评价为主，充分激发学生的参与热情与创作的积极性。

（4）对于教学过程中的个体评价，建议教师以丰富的语言评价为主，对学生的表现有目的地进行评价。例如学生回答问题时语音语调标准，教师可以说 I lave your voice. 旁边的同学倾听很认真，教师顺势说 You are a good listener. 教师细致入微的观察和评价能有效促进生生进步。

6. 拓展活动（Extended activities）

鼓励学生介绍自己喜欢的 subject 和 club 进行介绍。

Period 5   New Zealand

【课时对应的子主题】了解世界上最大的图书馆，开阔视野，增加文化知识

【适用年级】五年级

【语篇类型】语篇文本

【语篇研读】

文本介绍了美国国会图书馆，是对 library 话题的补充。本课为泛读课，可以作为文化视野的补充。教师引导学生通过实践来完成阅读任务。学生通过泛读，了解文章大意。阅读关于世界各地图书馆的情况，使学生通过搜集信息与筛选信息来提升自主学习的能力通过上下文猜测生词的语义。教师课后或课前鼓励学生通过网络和书籍拓展阅读。

【教学过程】

1. 热身复习（Warm—up/Revision）

教师发起话题：Talk about your school library.（Talk about your classroom's reading corner.）让学生谈一谈自己学校的图书馆（或教室的图书角），可以从图书的分区角度、书的种类以及图书馆的内部设计等方面展开聊天。

2. 语篇呈现（Presentation）

（1）新课导入。教师以聊天提问的方式展开与本课主题相关的背景知识讨论：Do you know the biggest library in the world? Where is it? The biggest library in the world is in America. It is the Library of Congress in Washington D.C.

（2）阅读理解。教师继续与学生进行交谈：What can you do in the library? 如果学生去过大型的图书馆，教师可以引导学生自己畅谈。如果学生没有这样的体验，教师可以介绍给学生们。教师顺势提问：Is there a library in or near your school? 引导学生继续就此话题进行谈论。

（3）文本中的四个段落分别表达了四种不同层次的中心思想，教师可以引导学生归纳总结，为今后的写作提供帮助。第一段介绍世界最大图书馆的地理位置；第二段介绍图书馆的藏书量等；第三段介绍人们在图书馆是如何阅读与学习的；第四段总结。在信息时代发达的今天，图书馆依然有其不可取代的地位。

教学建议：让学生预习此文：通过查阅书籍、上网搜索、询问家长等方式将所需资料查清楚，在课上以成果展示的方式向全班同学汇报。学生可以以小组为单位，也可以两个小伙伴一起，还可以以个人为单位。汇报形式可以是剪贴报，PPT 或口述。

3. 语言运用（Language use）

教师鼓励学生查阅资料寻找世界不同国家不同风格的图书馆。通过筛选学生们的作品，选出一个介绍比较完整的学生作品。让全班同学模仿本节课的 the Library of Congress in WashingtonD.C. 来介绍这个新的图书馆。引导学生拓展阅读的同时鼓励他们对文段进行改编或仿写。

4. 课堂评价（Assessment）

（1）在复习环节，教师、学生共同参与评价。

（2）在阅读环节，根据学生回答问题的情况，教师对学生实施个体评价。如果学生回答问题不是很理想，教师可以说一些鼓励的话语，如 I believe you can do it! Try again.

5. 拓展活动（Extended activities）

拓展活动的主题可以随着学生的阅历和知识增长而改变。教师设计的任务或者拓展活动成为学生学习生活的一部分，这样的延续是最好的拓展。

Period 6　Friends

【课时对应的子主题】鼓励学生通过网络和书籍拓展阅读

【适用年级】五年级

【语篇类型】语篇文本

【语篇研读】

本文介绍了小猫和小乌龟的故事，可作为阅读补充。学生通过泛读，了解文章大意。通过阅读，使学生通过搜集信息与筛选信息来提升自主学习能力。

【教学过程】

1. 热身复习（Warm—up）

教师发起话题：Can you say something about your school? Can you say something about your friend?

2. 故事呈现（Presentation）

（1）Let's watch and answer the questions.

Step 1：学生观看主题图片，了解发生了什么事情。

Step 2：学生观看 fun story 视频。在第一次视听前，教师布置 3 个整体理解的问题。

Question 1：Where are the animals? Question 2：What are they doing? 3：What happens at last? 学生观看视频，了解故事大意，回答问题。

Step 3：教师对学生的问题回答进行总结性点评。

3. 趣味操练（Practice）

（1）Let's read in groups.

组织学生两人一组，自由结合，分角色操练故事对话，随后请两名同学到讲台前，将整篇故事分角色朗读。建议教师引导认真倾听，以评价他人的朗读。教师可以将计分机制在课堂上使用。督促学生们积极展示。

（2）Show time

延续两人一组的合作方式。教师引导学生自主选择展示的形式。可以是对话的形式，也可以是每人负责介绍一幅图片。允许学生自主选择创作。教师引导学习程度好的学习小组发挥自己的创意，创编表演对话，以小组的形式展示。

（3）教师组织学生完成活动。首先引导学生观察图片。让学生先说一说图片中的信息，进行对听力内容的预测。学生在预测的过程中将已有知识再次预热，降低了听力难度。教师根据学生完成情况，来决定重复播放录音的次数，也可以请学生在检测的时候跟读听力内容，巩固本单元所学的重点语言。

4. 语言运用（Language use）

写作是学生们必须具备的能力，学生们以 My favorite friend 为主题，以英语小报的形式完成此环节任务。教师也可以根据学生完成英语小报的情况进行点评，选出优秀作品展示。提示：

（1）学生可以个人完成任务，也可四人一组每人完成 A4 纸的四分之一。

（2）通过大屏幕呈现活动要求，保证活动的效果。

（3）学生们将自己的作品进行展示，教师点评，选出优秀作品作为下次任务模仿的样本，激发学生学习热情。

5. 课堂评价（Assessment）

（1）在故事表演环节的生生评价，主要从目标语言的使用、新旧知识的综合运用、对话内容的丰富性、表演的创新性等方面评价。教师将评价活动与综合语用活动有效结合，充分发挥学生在评价中的主体作用。

（2）在英语小报的制作与分享环节，以激励性评价为主，激发学生的参与热情与创作积极性。

（3）对于教学过程中的个体评价，建议教师以丰富的语言评价为主，对学生的表现有目的地进行评价。例如学生回答问题时语音语调标准，教师可以说 I love your voice. 旁边的同学倾听很认真，教师也可顺势说 You are a good listener. 教师细致入微的观察和评价能有效促进每个学生的进步。

6. 拓展活动（Extended activities）

鼓励学生将自己喜欢的同学进行详细介绍。鼓励学生多加练习，习作是一件熟能生巧的技能,只有不断操练,才能最终娴熟。

五年级上册 Unit 2　教学设计 ①

Period 1　She's pretty.

【课时对应的子主题】人物外貌描述

【适用年级】五年级

【语篇类型】日常对话

【语篇研读】

What:围绕话题 What's her/his name? Her/His name is… 教师设计了五个部分的学习内容 1.Warm—up;2.Revision;3.New—lesson;4.Consolidate;5.Sum—up。在处理这五部分的教学内容时,把重点放在 What's her/his name?Her/His name is… 上,让学生通过看、听、说、表演、游戏等不同的方式练习,巩固重点句型、单词及其用法。在对话教学中,注重对学生听音能力的培养,对学法进行了指导,加深了学生对对话的理解和运用。此外,在评价方法的选择上,笔者采用了口头评价和同学自评相结合的评价方法,极大地调动了学生的学习热情。

Why:基础教育阶段英语课程的任务之一是:激发和培养学生学习英语的兴趣,使学生树立自信心,养成良好的学习习惯和形成有效的学习策略,发展自主学习的能力和合作精神;使学生掌握一定的英语基础知识和听、说、读、写技能,形成一定的综合语言运用能力。强调从学生的学习兴趣、生活经验和认知水平出发,倡导体验、实践、参与、合作与交流的学习方式和任务型的教学途径,发展学生的综合语言运用能力,使语言学习的过程为学生形成积极的情感态度、主动思维和大胆实践、提高跨文化意识和形成自主学习能力的过程。在本节课的设计上,我以对话教学作为这堂课的主线,贯穿课堂始终。一切教学活动都围绕这一主线展开。在设计每一环节的活动时,都采用了适时适度的评价方式,激发了学生的学习兴趣。

How:本课是对话教学课,重点学习和区分 her 和 his 的用法,教师把 it 和 its 一起出示,提示学生要区别动物和人需要使用不同的人称代词,本课的难点是 have、has 的用法和感知音标 "/t/" "/l/",在这两部分,笔者重点强调学生的主体地位,引导学生自己总结,培养学生自主学习能力、理解和记忆力。为了调动学生参与课堂,采用多种评价方式,个人评价、口头评价,针对学生在课堂上的表现,及时进行表扬,学生参与评价,不但节约了时

---

① 本文作者:天津市河北区育婴里小学　徐菁。

间，而且使评价更具有公正性。

【课时目标】

1.熟练掌握及区分人称代词 she、her、he、his 使用方法 。

2.能掌握并总结动词 have 和 has 的用法。

3.学习并体会字母 T、L 在单词中的发音 "/t/""/l/"。

4.培养学生自学和善于挑战的能力

5.善于发现他人身上的优点，改正自身不足的良好品质。

【教学过程】

1.Show the new dialogue.

2.Play a game：Touch and Say

A.According to listening to the password and touching their organs quickly，to review the organ words.

B.According to listening to the password and touching their classmates' organs quickly，to review pronounce "his，her".

Eg：Touch her eyes. Touch his nose.

3.Learn the new sentences "What's her name? She has… She is…" by a Barbie doll.

T：You know，I bring a girl today. She's my new friend. Lets guess "What's her name?" The pupils will guess with "Her name is …"

T：Well，her name is Barbie. She is a pretty girl，right? How about her?

4.The pupils can use different words like "cute，clever，active，shy，quiet，beautiful…" to describe her.

I can help them use language and assess them by all kinds of ways.

T：How about her hair?

S：Her hair is long（beautiful，curly…）.

T：Yes，we can also say "She has beautiful long hair."

5.Encourage them express by two ways.

Hint：hair is an uncountable nouns.

6.Learn the new sentences："What's his name? He's clever. He has…" by a guessing game.

7.Look for some boys as models. Ask and describe by themselves.

（1）Read and chant about the letter "T"

（2）Listen to the tape and try to fill in the right words and then read it.

She is my new friend. Her name is Zhou Pei.She's pretty and clever. She has big eyes and long hair.

（3）Play a game called "look for my friend" by drawing a portrait.

Draw their friend and let the others find her or him.

Ps：The pupils of Level A can write a short passage.

8.Make up a new dialogue.

Scene A：Take out a photo of their relatives to introduce in class.

Scene B：Introduce a teacher they like into their friend meeting on the way home.

9.Try to describe somebody they like.

（1）Do exercises of Exercise Book.（Assessed by teacher）

（2）Mini quiz.

Plan A：Describe their own looks with the new words

Plan B：Fill in the correct words "is/has".

Eg：She ＿＿＿ a pretty girl. He ＿＿＿ active. The girl ＿＿＿ long legs.

（Assessed by partner）

Level C：Recite and dictate the words and sentences.

Level B：Preview the new texts.

Level A：Talk about their own relatives.

💠 设计意图：在本节课的教学过程中，评价贯穿了课堂始终，起到了组织课堂教学，激发学生学习兴趣的作用。

1.口头表扬。当学生表现出色，老师会及时给予的表扬，如：good! Wonerful! Great! 等，当学生克服困难，再次表现出色时，老师也适时地给予鼓励和表扬。

2.同学评价。本节课教师采用了一种新的奖励方式：记录课堂上同学的回答问题的精彩瞬间，被大家选出的同学，教师把他的小视频发到班级微信群里，用于激励学生积极发言，踊跃表现自己。教师注重对学生学法的指导。

【作业设计】

Period 1　Homework
Activity Card

1.Must—do Tasks

基本要素		具体内容
作业内容		1. Listen to the dialogue and read it. 2. Take a photo of your family, and talk about your family.
形式和类型	形式	听—说□　听—写□　读—写□　其他□
	类型	基础型□　拓展应用性□　实践型□

续表

基本要素	具体内容		
作业时长	___5___ 分钟（建议时长 5—10 分钟）		
完成方式	独立完成□　合作完成□		
提交时间	当天完成□　____天后□		
评价标准	根据实际情况选择活动 查找补充相关周末活动 正确朗读所填写的对话	☆ ☆ ☆ ☆ ☆ ☆ ☆ ☆ ☆ ☆ ☆ ☆ ☆ ☆ ☆ （自我评价）	☆ ☆ ☆ ☆ ☆ ☆ ☆ ☆ ☆ ☆ ☆ ☆ ☆ ☆ ☆ （小组评价）
	（教师评价）　Good □　Super □　Excellent □		

2.Optional Task

基本要素	具体内容		
作业内容	Mix the colours, draw an animal and talk about it.		
形式和类型	形式	听—说□　听—写□　读—写□　其他□	
	类型	基础型□　拓展应用性□　实践型□	
作业时长	___10___ 分钟（建议时长 5—10 分钟）		
完成方式	独立完成□　合作完成□		
提交时间	当天完成□　____天后□		
评价标准	根据实际情况选择活动 查找补充相关周末活动 正确朗读所填写的对话	☆ ☆ ☆ ☆ ☆ ☆ ☆ ☆ ☆ ☆ ☆ ☆ ☆ ☆ ☆ （自我评价）	☆ ☆ ☆ ☆ ☆ ☆ ☆ ☆ ☆ ☆ ☆ ☆ ☆ ☆ ☆ （小组评价）
	（教师评价）　Good □　Super □　Excellent □		

Period 2　He's smart.

【课时对应的子主题】性格，年龄描述

【适用年级】五年级

【语篇类型】日常对话

【语篇研读】

What：本课以放学后 Gao Wei 的妈妈到校接他，遇见了他的新朋友 Dick 和 Dick 的妹妹为场景进行会话教学。引出目标语言 "How old is she?" 及其答语。要求学生用新单词 cute、smart 形容人的外貌及性格特征。帮助学生在学习、理解运用目标语言后，能够通过英语思维来表达自己对他人印象的描述。

Why：对于小学五年级的学生来说，他们对外语学习具备一定的基础，充满了较为浓厚的兴趣。通过他们切身体验参与学习的活动，在听、说、读、写玩、演的不同形式中掌握英语学习内容是孩子们乐于接受的方式。有了多年的英语学习基础，他们能迅速地接受老师的指令，积极做出反应，能够用简单的句型发表自己的观点而且乐于参与到英语教学活动中来。

How：帮助学生掌握描述人的外貌和个性特征的简要语言，做出相应回答。学会能够用简短的文字描述他人外貌、性格，初步形成与同伴合作学习的意识。

【课时目标】

1. 知识目标：能够简要、熟练地掌握简介人物外貌、性格的相关单词和句型，真正做到听、说、读、写。

2. 能力目标：能够在真实的语境中运用目标语言，并能熟练演练，能够利用所学目标语言进行简单的日常交流活动。

3. 情感目标：让学生通过图片、动画和情景设置等来理解并进行语言操练，并结合所学知识对现实生活中的人物的外貌进行描述，使学生感受到学习英语的快乐。

【教学过程】

1.Greeting

2.Review the numbers with a game called "brain storm".

Show two numbers and let them say out the middle one as quickly as possible according to a choice given by teacher.

Eg：Show numbers "nine" and "eleven" and then ask "What's this in English?" "What number is between them?" S：Ten.

⮕ 设计意图：通过让学生快速找出中间数字的游戏，使学生对数字的巩固有了更深入的提高，活跃了思维，也为下一环节的引入做好铺垫。

3.Learn the new text

（1）Learn the new sentences "How old are you? How old is he/she?" according to a happy game.

T：Let's play a memory game, OK? You must try to answer my question quickly, and remember the other pupils' answers at the same time. T：How old are you?

S1：I'm nine.　　　　S2：I'm eleven.　　　　S3：I'm ten.…

T：How old is S1/S2/S3?　　　　　　　　T&S：He's/She's…

Hint："he's" not "his"

（2）Learn the new sentence "He's… She's…" Encourage them to express with new pattern.

T：How about S1? Is he quiet? S：No,he is smart. T：Right,he's smart.

Learn to express "He's/She's cute,lovely,active" with the same way.

（3）Learn the new expressions with a game.

T：Let's admire each other. Welcome S1.What a good—looking boy! Look at his black hair and big eyes. He's smart. He's good at English.

Encourage them express advantages of each other.

⊃ 设计意图：通过游戏"夸夸他、她"，自然地使用语言，同时引导孩子要有多看待彼此长处优点的好心态。

4.Listen to the tape and answer some questions in groups.

Eg：Who's the boy at the art club? How old is Dick?

Who's the little girl? How old is she? Who is smart? Who is cute?

5.Listen and read after it.

6.Have a race to see which group can retell the others' words.

Eg：S1：My name's…　　　S2：His name's…　　　S3：I'm twelve.

S4：She's twelve.　　　S5：I come from Hebei.　　　S6：He comes from Hebei.

S7：I'm shy. S8：She is shy.　　　S9：I have black hair.　　　S10：He has black hair.

S11：Look at my big eyes.　　　S12：look at his big eyes…

7.Have a race to see which group can make up a long and excellent short essay.

Each group will make up a short essay about the name,age,nationality,looks,hobby and so on.

8.Make up a new dialogue and then act out it by themselves.

9.Investigation.

Investigate some information about the name,personality characteristics,appearance feature from their family members,friends or neighbours. Try to communicate with each other and then make a chart.

10.Read and chant about "d".

11.Do exercises of Exercise Book.

（Assessed by teacher）

12.Check up the spelling of the new words and reading of the new texts in pairs.

（Assessed by partner）

⊃ 设计意图：学生描述熟悉的人物，调动他们发言的积极性。屏幕上出现自己的照片，也会让学生感到自己受到重视，既让学生精神高度集中，又增强他们的发言意识，提高学习英语的兴趣。

Period 3　He's handsome.

【课时对应的子主题】对职业的崇拜

【适用年级】五年级

【语篇类型】日常对话

【语篇研读】

What：语篇是 Eco 和老师及同学们之间谈论动物颜色的对话，展现了 Eco 和老师及同学们游玩过程中谈论所看到的动物及其颜色的情景。

Why：描述 Eco 和其他同学看到不同颜色的动物，引导学生学会细心观察，深入了解并关注到不同的动物，使学生认识到动物是人类的朋友，要与动物和谐相处，启发、培养学生树立爱护动物、善待动物、热爱大自然的意识。

How：对话是讨论动物及其颜色的对话，涉及介绍颜色的相关词汇，如：brown，black，white，grey 以及介绍动物和询问颜色时使用的核心语言，如 I see a… Is it…? No, it isn't. 通过对动物和颜色的对话，让学生尝试问答动物的颜色，体会不同颜色动物的可爱之处，激发喜爱各种动物的情感。

【课时目标】

1. 在谈论不同颜色的动物的视、听、说情境中，理解情景内容，获取、梳理 Eco 和老师、同学们讨论动物颜色所用的词汇：brown，black，white，grey 和句型：I see a… Is it…? No, it isn't.（学习理解）

2. 谈论动物及其颜色的过程中，运用核心句型 I see a… Is it…? No, it isn't. 介绍动物、询问、描述动物的颜色，并认识不同颜色动物的特点。（应用实践）

3. 小组合作设计不同颜色的动物，运用核心句型在组内进行描述，再向全班进行分享展示。（迁移创新）

【教学过程】

1.Play the chant of L10 and active atmosphere.

2.Act out the new dialogue.

3.Share the information they got yesterday.

↪ 设计意图：韵律诗进行导入，创造学习英语氛围。分享信息，互相交流为新课注入更多信息资源。

4.Learn the new sentences "Who's that policeman? Who's that policewoman?".

a.Listen to the first part and answer the following questions.

Who's that policeman? Is he Li Yan's uncle? What's he like?（action）

b.Listen to the second part and try to express sth they've heard.

Who's that policewoman? She's my aunt. She's beautiful.

5.Learn to understand "She's beautiful" by themselves.

Hint：pretty

T：In your family or in our class，who is beautiful? Why?

S1：My mother is beautiful. She has big eyes…

S2：My sister is beautiful. She is good to me.

6.Chant of L12

（1）Learn to use the new expression.

Show some photos of star idols including me，make them choose one of them to introduce. They can use all kinds of sentences they've learned.

（2）Play a game called "pass my words".

Each group will have a race to pass a different sentence about the new lesson by whispering. The quickest and the most correct group will be the winner.

（3）Play another game called "Who's that man/woman?"

Describe the looks of one of the teachers，and guess "Who's that man/woman?"

7.Listen to the tape and read after it.

8.Cosplay.

9.Make up a new dialogue by themselves.

10.Do exercises of Exercise Book.（Assessed by teacher）

11.Try to spell and read the new words.

（Assessed by partner）

12.A mini quiz.

Prepare some easy tasks on the paper，let the pupils draw any of them to finish.

（Assessed by groups）Eg：

a.Spell correctly the new words（handsome/beautiful）.

b.Say out some new sentences.（at least two sentences）

c.Describe your friend's appearance.

d.Language description about the policeman.

设计意图：1.通过补充活动的设置，培养学生搜集、整理、运用信息的能力，多维度扩展知识架构。2.利用图画等非语言信息帮助理解故事和会话的意义。3.通过多种形式评价,激发学生学习兴趣和积极性,使学生在英语课程的学习过程中不断体验进步与成功。

Period 4　He's handsome.

【课时对应的子主题】对外貌的描述

【适用年级】五年级

【语篇类型】日常对话

【语篇研读】

What:本单元的主题是询问并能描述他人的姓名、年龄、外貌及性格特征。通过趣味故事对本单元所学知识进行全面复习,创设情景达到在真实语境中运用所学英语的目的。

Why:五年级的学生对英语学习保持浓厚的兴趣,特别喜欢故事学习及表演故事。本课内容是对本单元所学知识的全面复习,学生已学过 pretty, smart, handsome 等描述人物外貌及性格特征的词汇,并已学习过运用 What's his/her name? How old is he/she? Who's…His/Her name is…He/She is… 询问并能描述他人的姓名、年龄、外貌及性格特征。

How:借助图片,在教师帮助下,能准确读出并理解 wavy, funny, 通过小组合作,能够听懂、读懂并会说 You look… /He looks… 借助图片、动画及录音,运用图片环游、小组合作,能听懂、读懂、准确流利朗读并生动表演故事。学会赞赏他人,对自己有自信,不盲目模仿他人。

【课时目标】

1. 借助图片、卡片,复习本单元 quiet, pretty, smart, cute, active, handsome, beautiful 等词汇及句子 What's her/his name? He/she is… He/she has… 等。

2. 借助图片,在教师帮助下,能准确读出并理解 wavy, funny, 通过小组合作,能够听懂、读懂并会说 You look …/He looks ….

3. 借助图片、动画及录音,运用图片环游、小组合作,能听懂、读懂、准确流利朗读并生动表演故事。学会赞赏他人,对自己有自信,不盲目模仿他人。

【教学过程】

一、Warm up

1.Greeting.

2.Free talk.

What's your name? How old are you? Where do you come from?You are clever/smart/…

Point and ask. What's his name? Let's chant.

二、Lead in

1.T:Some friends are coming to our class.

Look and say.

Cathy—eleven—quiet   Carol—twelve—cute

Ken—nine—active   Tim—ten—smart

2.Another two friends are coming.

Mimi—pretty/cute   Micky—smart

三、New lesson

1.Picure1 and 2

（1）What are they talking about? Guess.——friend

（2）Show the picture of Mimi's new friend.

Discuss in groups and guess "What does she look like?".

（3）Watch（P1—2）and find the answer.

What does she look like? What's her name?

—Her name is Gina. She has beautiful long hair and big blue eyes.

（4）Micky wants to meet her. Do you want to meet her?——Can I meet her? Sure.

2.Picture 3 and 4

（1）Show the picture. They meet her.

Read in groups and answer the questions.

What do you come from —I come from Britain.

What do they say——You look beautiful/smart.（——look）

（2）Practise the sentences.

3.Picture 6

（1）What's wrong with Micky?

—He has wavy, yellow hair.（Teach" wavy"）

—He looks so funny.（——looks/funny）

4.Picture 5

（1）Watch and find "Why?"——handsome

（2）Imitate Micky and say.

5.Listen and repeat.

6.Read it in groups.

四、Practise

1.Act it out.

2.Guide to retell. What have you learnt from the story?

3.Make a new ending.

Period 5 A Famous English Storybook.

【课时对应的子主题】格列佛游记

【适用年级】五年级

【语篇类型】日常对话

【语篇研读】

What：词汇积累较少的学生可定位于第一层次，尝试理解文段的大意，知道大人国和小人醒的人的外貌和个性的基柿点；第二层次目标是在理解文段大意的基础上了解 Gulliver 对于大人国和小人酬基本态度，完成 Thinking tasks 的任务；第三层次目标是在第二层次目标的基础上，探寻关于大人国和小人国故事的更多信息。对于接受本单元基本知识目标（Language Focus）尚有困难的学生，教师可暂缓本栏目的活动。

Why：本文取材于英国著名作家斯威夫特（Jonathan Swift，1839—1903）的一部寓言小说《格列佛游记》（Gulliver's Travel），小说分四部，第一部讲的是大人国的故事，第二部讲的是小人国的故事，这些故事已成为家喻户晓的童话故事，深受儿童喜爱。教材讲述了这些故事，作为趣味百科阅读素材。其中，结合本单元学习内容，描述了大人国和小人国，人们的外貌和性格特点，如 A giant has a big mouth, a big nose and big eyes. 又如 They are not good—looking. They are not smart. 等。

How：词汇积累较少的学生可定位于第一层次，仅尝试理解文段的大意，知道大人国和小人醒的人的外貌和个性的基柿点；第二层次目标是在理解文段大意的基础上了解 Gulliver 对于大人国和小人酬基本态度，完成 Thinking tasks 的任务；第三层次目标是在第二层次目标的基础上，探寻关于大人国和小人国故事的更多信息。对于接受本单元基本知识目标（Language Focus）尚有困难的学生，教师可暂缓本栏目的活动。

【课时目标】

1. 跨越专有名词词组，保持阅读信心，捕捉关键信息，如 Everyone there is big and fat./No one is short or thin./Everyone is small./A "Little Man" can stand…in…hand. etc.

2. 根据上下文猜测词汇语义，如根据 a big mouth, a big nose and big eyes 而猜测 giant 的意思。

【教学过程】

Step 1：Revision

1.Revise some words.

2.Let's sing the old song.

Step 2：Knowledge

1.Teach the new words.

2.Read and learn the text.

3.Let the pupils look at the pictures in your text books .

Step 3：Comprehension

1.Look at the slide picture and listen—Listen and point—listen and follow—practise speaking in two steps—pair work

2.Try to read the text.

Step 4：Applications

Group work. Invite some pupils to read.

Step 5：Homework

1.Listen to the tape at home.

2.Read the text.

3.Copy the new words three times.

教学建议：不知道《格列佛游记》的学生理解文意的速度会慢于前者。建议用如下办法解决这个问题：可以首先征集学生的信息，邀请知道该小说的学生讲一讲自己对《格列佛游记》印象，但不要深入细节；也可以由教师介绍这部小说，请学生"漫谈"印象，缩小学生间信息落差。

Period 6　Two hands are better than one.

【课时对应的子主题】绘本学习

【适用年级】五年级

【语篇类型】语篇阅读

【语篇研读】

What：1. 通过学习培养学生自主学习与团结合作的精神。2. 培养学生努力学习，克服困难，积极面对生活的情感态度。3. 懂得如何互相帮助，热懂得如何互相帮助，团结互助，热爱学习，加强班级荣誉，爱学习。

Why：学生对相互帮助，都很积极，学习热情也比较高，她们爱做自己喜欢的事，爱说自己喜欢的单词，爱在复习中学习新知，学习兴趣很容易调动起来。

How：教师用了多媒体课件展示，激发学生的好奇心与求知欲，教学中综合运用了讲授式、启发式、自主学习、合作学习等各种策略，指导学生进行自主探索学习。通过质疑、小组交流等环节完成教学，培养学生综合实践能力。通过不同游戏的设计，让学生在学习语言的基础上学习并掌握运用语言的能力。

【课时目标】

1. 帮助学生掌握 Two heads are better than one. 这个谚语。

2. 培养学生小组合作学习的能力。

3. 培养学生的合作精神和创新意识，进行情感教育，不挑食，合理饮食。

【教学过程】

Step 1：Warm—up/Review

Greeting

Review the sentences：I'm worried about my math. Don't worry. I can help you with your math. But I'm worried about my English.

T：Today we're going to learn Lesson It's about helping each other.

Teach：each other——helping each other

Step 2：Learn to say

1.We often help each other. I teach her English.

2.I teach him/her…

3.Chant：I help you. You help me.

We often help each other.

I teach you English.

You teach me Chinese.

He helps her. She helps him.

They often help each other.

He teaches her math.

She teaches him music.

Step 3：Practice

Ask the Ss to look and say with the teacher

Divide the Ss into two groups to act out the two dialogues

Ask two Ss to act out the dialogues for some times .

Step 4：Look and say

Listen to the tape & look at the English books and point to the pictures.

Listen to the tape again & repeat.

Step 5：Listen and circle the right answer.

Learn to write on page 16.

Step 6：Homework

Listen to the tape & repeat for some times.

Finish off the activity book of this Lesson

五年级上册 Unit 3　教学设计 [①]

Period 1　Know parents' jobs

【课时对应的子主题】常见职业与人们的生活；家庭与家庭生活

【适用年级】五年级

【语篇类型】阅读语篇

【语篇研读】

What：语篇是 Tom 对家庭成员父母的工作介绍，呈现了个人情况的介绍以及对家庭成员的介绍，表达了人物 Tom 对家庭生活的幸福感与满足感。既能促进学生能够在真实语境中询问并了解他人的职业信息，又能逐步引导学生树立美好生活观。

Why：建构学生对职业的初步认知，积累用于表达和介绍家庭成员的语言，基于此引导学生表述介绍家庭成员，尝试介绍自己的家庭情况，树立美好生活观，促进职业规划发展。

How：语篇涉及职业相关词汇 writer、singer 和 dancer，以及介绍家庭情况的语言结构 Here is... 和 This is...She/He is a... 词汇及语言结构通过师生对话、生生对话、歌谣伴唱、角色扮演等方式不断复现，帮助学生形成相对完整的语言结构，发展语言能力，加深语篇意义理解。

【课时目标】

1. 在看、听、说的活动中，获取、梳理和归纳主人公姓名、年龄、国家以及家庭成员的工作。在介绍家庭成员的情境中梳理家庭成员工作（如 writer, singer 等），运用句型 What does your father/mother do? 描述家庭成员的职业，初步认识到工作的意义与价值；（学习理解）

2. 在对话情境中，根据家庭全家福图片，运用 What does your father/mother do? 和 He/She is a... 描述家庭成员信息；能够描述他人工作情况，感知家庭成员的工作意义与价值；（应用实践）

3. 借助全家福照片，运用 Who's this/that? 和 What does your father/mother do? 展示交流，在与组内同伴交流谈论中从不同角度认识职业选择，职业奋斗；表达关心家庭成员的思想意识。（迁移创新）

【教学过程】

1.Let's look and say. 学生借助图片，复习有关职业的词汇，回答问题，初步感知家庭成

[①] 本文作者：天津市和平区万全小学　任天骁。

员的职业，呈现教学主题。

Q1：What does he/she do?　　　Q2：What does your father/mother do?

2.Let's look and guess! 学生观察图片预测文章内容，整体感知 Tom 的基本信息。

Q1：How old is he?　　　Q2：Where is he from?

Q3：What does he do?　　　Q4：What does he look like?

3.Let's watch and talk!

（1）学生观看视频，获取与梳理 Tom 以及家庭成员的基本信息。

（2）学生观察 Tom 的全家福，梳理家庭成员职业信息，学生读图能力得到提升。

（3）学生运用语言支架 My name is…，I am from… There are… /They're… This is…. He/She is… We are a…family. 描述 Tom 家庭情况。

4.Let's chant! 学生根据对话内容和信息提示补全歌谣文本，借助伴奏进行歌谣表演。

5.Let's read and act!

（1）学生听录音跟读、分角色朗读对话，关注语音、语调、节奏、连读、重读等语言现象，体会人物拥有幸福家庭的快乐心情。

（2）学生基于对话内容，以采访家庭成员，角色扮演的形式表演本课内容，内化与运用所学语言，促进情感共鸣，建构爱爱家庭成员的思想意识以及构建对职业的价值与意义的分析。

6.Let's think! 学生思考和讨论教师提出的问题，并视听有关职业的视频，初步认识到职业的意义与价值。

Q1：What do you think of his job?　　Q2：What difficulties may we meet in our job?

Q3：What efforts should we take to our job?

⊃ 设计意图：本阶段学习活动以谈论 Tom 的家庭情境为依托，借助图片、表格梳理家庭成员基本情况，引导学生实现从大意到细节的逐步理解和深化，发展对职业价值和意义的深度理解能力，深刻体会家庭生活的美好。基于文本理解，学生还通过参与细致模仿、分角色朗读、角色扮演等活动进行准确性和流畅性练习，并基于语调、节奏等多种语言现象体会人物情感，感受工作价值与意义。

7.Let's talk! 学生两人一组观察同伴的家庭招聘，并运用 Who's that/this? 和 What does she/he do? What do you think of her/his job? 描述，感知工作的价值与意义。

⊃ 设计意图：引导学生结合家庭成员特点，思考并交流家庭成员工作情况，联系生活实际将语言学习从学习理解过渡到实践应用，帮助学生在对话情境中实现语言内化，感知工作意义和价值，为其后的真实表达奠定基础。

8.Let's show! 学生自主选择家庭照片进行展示，并运用对话中的核心语言进行分组展示，互动交流中强化整体认知。

⊃ 设计意图：帮助学生从文本走向真实生活，引导学生在真实的语境中灵活运用所学语言知识进行交流，逐步加深对主题意义的认知，打破固有认知，重建关于职业规划与爱好、职业与付出、新职业等主题的认知体系。

【作业设计】

Period 1　Homework
Activity Card

1.Must—do Tasks

基本要素	具体内容
作业内容	1. Read the dialogue and fill in the blanks. <table><tr><td colspan="2">What do you know about Tom?</td></tr><tr><td>What does his father do?</td><td></td></tr><tr><td>What does his mother do?</td><td></td></tr><tr><td>What do you think of his family?</td><td></td></tr></table> 2. Make assessment about yourself according the the chart. <table><tr><td>standard</td><td>☆</td><td>☆ ☆</td><td>☆ ☆ ☆</td></tr><tr><td>beautiful handwriting</td><td></td><td></td><td></td></tr><tr><td>correct expression</td><td></td><td></td><td></td></tr></table>

形式和类型	形式	听—说□　听—写□　读—写□　其他□
	类型	基础型□　拓展应用性□　实践型□

作业时长	__5__ 分钟（建议时长 5—10 分钟）
完成方式	独立完成□　合作完成□
提交时间	当天完成□　____天后□

评价标准	能够理解对话内容。 书写美观，表达准确。 能够结合评价量表进行自我评价。	☆ ☆ ☆ ☆ ☆ ☆ ☆ ☆ ☆ ☆ ☆ ☆ ☆ ☆ ☆ （自我评价）	☆ ☆ ☆ ☆ ☆ ☆ ☆ ☆ ☆ ☆ ☆ ☆ ☆ ☆ ☆ （小组评价）
	（教师评价）　Good □　　Super □　　Excellent □		

2.Optional Task

基本要素	具体内容		
作业内容	Ask your family members' jobs and finish the mind map.		
形式和类型	形式	听－说□　听－写□　读－写□　其他□	
	类型	基础型□　拓展应用性□　实践型□	
作业时长	___10___ 分钟（建议时长 5—10 分钟）		
完成方式	独立完成□　合作完成□		
提交时间	当天完成□　____天后□		
评价标准	根据实际情况介绍家人。 书写美观。 表达准确。	☆☆☆☆☆ ☆☆☆☆☆ ☆☆☆☆☆ （自我评价）	☆☆☆☆☆ ☆☆☆☆☆ ☆☆☆☆☆ （小组评价）
	（教师评价）　Good □　　Super □　　Excellent □		

Period 2　Jobs around me

【课时对应的子主题】常见职业与人们的生活；家庭与家庭生活

【适用年级】五年级

【语篇类型】日常对话

【语篇研读】

What：本语篇是 Gao Wei 与 Kate 之间谈论报纸上的英雄人物叔叔以及他职业的对话，呈现了对家庭成员的介绍，表达了人物对警察职业的羡慕。促进学生在真实语境中询问并了解他人的职业信息，引导学生树立正确职业理想。

Why：建构学生对职业的初步认知，积累用于表达和评价职业的语言，引导学生表述介绍、评价他人职业，树立美好生活观，促进职业规划发展。

How：本语篇涉及职业相关词汇 policeman、policewoman 和 reporter，以及介绍、评价家庭成员职业的语言结构 Who's he? 和 He looks... 通过师生对话、生生对话、歌谣伴唱、角色扮演等方式不断复现，帮助学生形成相对完整的语言结构，发展语言能力，加深语篇意义理解。

【课时目标】

1. 在看、听、说的活动中，获取、梳理和归纳 Gao Wei 叔叔的职业和有效评价。在介绍家庭成员的情境中梳理家庭成员工作（如 policeman, policewoman, reporter 等），运用句型

What does your father/mother do? 描述家庭成员的职业，初步认识到工作的意义与价值；（学习理解）

2. 在对话情境中，运用 What does your uncle/aunt do? 和 He/She is a... 描述家庭成员信息；能够描述他人工作情况，感知家庭成员的工作意义与价值；（应用实践）

3. 借助真实的生活情境，运用 What does your uncle/aunt do? What does he/she often do in his/her work? What do you think of his/her job? 展示交流，在与组内同伴交流谈论中从不同角度认识职业选择，职业价值；形成尊重各种职业选择，有效形成正确的职业选择价值观。（迁移创新）

【教学过程】

1.Let's look and say. 学生观看亚运会视频片段，思考并复习有关职业的词汇，回答问题，初步感知职业价值，呈现教学主题。接着全班被分为四个小组，各小组均以不同职业名称命名。（为本课教学职业话题做好铺垫，分组为后面生生活动做好准备）

Q1：What does he/she do?　　　　Q2：What does he look like in his uniform?

Q3：What does he often do in his job?　　Q4：What do you think of his/her job?

2.Let's look and guess! 学生观察图片并预测文章内容，整体感知基本信息。

Q1：Who is he?　　　　Q2：What does he do?

Q3：What does he look like?　　Q4：Why does he appear on the newspaper?

3.Let's watch and talk!

（1）学生观看视频，获取 Gao Wei、Gao Wei's uncle 以及家庭成员的基本信息。

（2）学生观察报纸上的信息，梳理家庭成员职业信息，学生读图能力得到提升。

（3）学生运用语言支架 He is...，He looks...in his uniform .He often...in his work.His job is... 描述 Gao Wei's uncle 家庭职业情况。

4.Let's chant! 学生根据对话内容和信息提示补全歌谣文本，借助伴奏进行歌谣表演。

5.Let's read and act!

（1）学生听录音跟读、分角色朗读对话，关注语音、语调、节奏、连读、重读等语言现象，体会人物对警察职业的喜爱、自豪之情。

☆	☆☆	☆☆☆
Fluency（表达流畅）	Prounciation & Intonation（语音语调）	Ask patiently Answer politely（表演自然）

（2）学生基于对话内容，以采访家庭成员，角色扮演的形式表演本课内容，内化与运用所学语言，促进情感共鸣，建构对职业的价值与意义的分析。

⟳ 设计意图：学习活动以谈论 Gao Wei's uncle 的家庭情境为依托，借助图片、表格梳理家庭成员基本情况，引导学生实现从大意到细节的逐步理解和深化，发展对职业价值和意义的深度理解能力。基于文本理解，学生通过参与细致模仿、分角色朗读、角色扮演等活动进行准确性和流畅性练习；基于语调、节奏等多种语言现象体会人物情感，感受工作价值与意义，树立正确的职业价值观。

6.Let's think! 播放视频警察在各种突发紧急灾难中帮助群众的视频，在视觉、听觉的冲击下，提升学生的人文情感，情动词发，表达自己对那些在工作中做出巨大贡献的英雄们的敬意。点燃孩子们的情感和语言。学生思考和讨论教师提出的问题，并视听有关职业的视频，初步认识到职业的意义与价值。

Q1：What do you think of his job?　　　　Q2：What does he look like in his uniform?

Q3：What difficulties may we meet in our job?

Q4：Do you want to be a policeman or policewoman?Why?

🔄 设计意图：引导学生结合职业特点，思考并交流警察工作情况，联系生活实际将语言学习从学习理解过渡到实践应用，帮助学生在对话情境中实现语言内化，促进学生感知工作意义和价值，为其后的真实表达奠定基础。

7.Let's show! 学生自主选择家庭照片进行展示，并运用对话中的核心语言进行分组展示，互动交流中强化整体认知。

🔄 设计意图：帮助学生从文本走向真实生活，引导学生在真实的语境中灵活运用所学语言知识进行交流，逐步加深对主题意义的认知，从而打破固有认知，重建关于职业规划与爱好、职业与付出、新职业等主题的认知体系。

Period 3　My future job

【课时对应的子主题】职业启蒙，职业精神

【适用年级】五年级

【语篇类型】日常对话

【语篇研读】

What：语篇是魏民对父母的工作以及未来择业的介绍，促进学生了解父母的职业，加深对父母的理解，促进与父母的关系；了解各种职业，体会不同职业的特征，进而学会尊重每一种职业，以及探讨学生对自己未来理想职业的选择。

Why：建构学生对职业的初步认知，积累用于表达和介绍家庭成员的语言以及个人未来的职业选择，从而加深对父母的了解与尊重，促进与父母的和谐关系；通过了解父母的职业，启发自己未来职业的规划。

How：语篇涉及职业相关词汇 worker、actor 和 actress，以及介绍工作情况的语言结构 What does your father/mother do? 和 He/She is…，What do you want to be in the future? I want to be… 通过师生对话、生生对话、歌谣伴唱、角色扮演等方式不断复现，帮助学生形成相对完整的语言结构，发展语言能力，加深语篇意义理解。

【课时目标】

1. 在看、听、说的活动中，获取、梳理和归纳主人公姓名、年龄、班级以及家庭成员的工作。在介绍家庭成员的情境中梳理家庭成员工作（如 actor, worker 等），运用句型 What does your father/mother do? What do you want to be in the future? I want to be…，描述家庭成员的职业，初步认识到工作的意义与价值；（学习理解）

2. 在对话情境中，借助图片，运用 What does he/she do? He/She is… What do you want to be in the future? I want to be… 描述自己的梦想；能够描述他人工作情况，感知家庭成员的工作意义与价值；（应用实践）

3. 借助 Hannah 的职业梦想视频，运用思维导图从 uniform & working tools, working partners, working ideal, working place，全面了解向往职业。学生仿照范例从不同方面归纳、评价自己的未来职业并展示交流；在与组内同伴交流讨论中从不同角度认识职业选择，职业奋斗，表达对未来的美好向往。（迁移创新）

【教学过程】

1. Let's look and say. 学生借助图片，复习有关职业的词汇，回答问题，初步感知家庭成员的职业，呈现教学主题。

Q1：What does he/she do?　　　　Q2：What does your father/mother do?

Q3：What do you want to be in the future?

2. Let's look and guess! 学生观察图片，整体感知 Wei Min 的基本信息。

Q1：Where is he?　　　　Q2：What are they talking about?　　　　Q3：How old is he?

Q4：Who are in his family?　　Q5：What does he want to be in the future?

3. Let's watch and talk!

（1）学生观看视频，获取与梳理 Wei Min 以及家庭成员的基本信息，学生读图能力，语篇理解能力得到提升。

（2）学生运用语言支架 My name is…, I am in… Let me introduce my ____ to you. This is… He/She is… I want to be… We are a… family. 描述 Tom 家庭情况。

（3）学生观看视频，比较 actor 和 worker 工作特点。

4. Let's chant! 学生根据对话内容和信息提示补全歌谣文本，借助伴奏进行歌谣表演。

5. Let's read and act!

（1）学生听录音跟读、分角色朗读对话，关注语音、语调、节奏、连读、重读等语言现象，体会人物拥有幸福家庭的快乐心情。

☆	☆ ☆	☆ ☆ ☆
Fluency（表达流畅）	Prounciation & Intonation（语音语调）	Ask patiently Answer politely（表演自然）

（2）学生基于对话内容，以采访家庭成员，角色扮演的形式表演本课内容，内化与运用所学语言，促进情感共鸣，构建对职业的价值与意义的分析。

6.Let's think! 学生思考和讨论教师提出的问题，视听有关职业的视频，初步认识到职业的意义与价值。

Q1：What do you think of his job?　　　Q2：What difficulties may we meet in the job?

Q3：What do you want to be in the future? What's the advantage and disadvantage of this job?

⊃ 设计意图：以谈论 Wei Min 的家庭情境为依托，借助图片、表格梳理家庭成员基本情况，发展对职业价值和意义的深度理解能力。基于文本理解以及视频比较两种工作的 working clothes & tools，working partners，working ideal，working place，学生感知工作都有利弊，理性选择。学生还通过参与细致模仿、分角色朗读、角色扮演等活动进行准确性和流畅性练习，并基于语调、节奏等多种语言现象体会人物情感，感受工作价值与意义。

7.Let's talk! 学生两人一组观察同伴的家庭照片，运用句型：What does he/she do? He/She is… What do you want to be in the future? I want to be… 描述自己的梦想并运用思维导图描述，感知工作的价值与意义。

⊃ 设计意图：引导学生结合家庭成员特点，思考并交流家庭成员工作情况，联系生活实际将语言学习从学习理解过渡到实践应用，帮助学生在对话情境中实现语言内化，促进学生感知工作意义和价值，为其后的真实表达奠定基础。

8.Let's show! 学生观看 Hannah 的职业梦想视频，运用核心语言 Where does she work? What uniform does she wear?/What tools does she use? What's the working ideal?who is her working partner? 进行分组展示，互动交流中强化整体认知。

⊃ 设计意图：帮助学生从文本走向真实生活，引导学生在真实的语境中灵活运用所学语言知识进行交流，逐步加深对主题意义的认知，打破固有认知，结合自身经历或探索结果中形成自己的观点。

Period 4　A suitable job

【课时对应的子主题】常见职业与人们的生活

【适用年级】五年级

【语篇类型】日常对话

【语篇研读】

What：本所学语篇是小猴 Micky 想成为裁缝的职业梦想以及给其他小动物做衣服却不尽如人意，呈现了个人对职业选择需要考虑的因素。促进学生对职业规划有明确的认识。

Why：建构学生对职业的初步认知，积累用于表达个人未来的职业选择，学生能通过阅读认识个人职业选择和能力有关系，职业选择是多元的；要实现职业梦想，需要坚持不懈地努力；未来职业有无限可能，可以创造有社会贡献价值的工作。

How：本语篇涉及职业相关词汇 tailor、policeman 和 doctor，以及介绍工作情况的语言结构 Who's he? 和 Can you...? It's too... 通过师生对话、生生对话、歌谣伴唱、角色扮演等方式不断复现，帮助学生形成相对完整的语言结构，发展语言能力，加深语篇意义理解。

【课时目标】

1. 在看、听、说的活动中，获取、梳理和归纳主人公姓名、诉求、能力。在去裁缝店改衣服的情境中梳理人物工作（如 policeman，doctor 等），运用句型 Who's he/she? I am a... Can you...? 描述人物的职业和制服需求，初步认识到工作的意义与价值；（学习理解）

2. 在对话情境中，借助图片，运用 Who's he? I am a... Can you...? 描述自己的需求；能够描述他人工作情况以及裁缝手艺结果，感知职业选择需要考虑的因素；（应用实践）

3. 借助 Micky 的职业梦想视频，运用思维导图从 ability，attitude，action，全面了解职业选择的主要影响因素。学生仿照范例从不同方面归纳、评价自己的未来职业并展示交流；通过上述学习过程，引发学生思考：人们在选择职业时需要经过理性思考，并付出相应的努力，才能实现自己的理想。（迁移创新）

【教学过程】

1.Let's look and say. 学生借助上节课的 My dream card，复习有关职业的词汇，回答问题，初步感知职业，呈现教学主题。

Q1：What does he/she want to do in the future?　　Q2：What can he/she do?

Q3：What do you think of his/her job?

2.Let's look and guess! 学生观察图片，整体感知 Micky 的基本信息。

Q1：Where is Micky?　　　　　　　　　　Q2：What are they talking about?

Q3：What can he do?　　　　　　　　　　Q4：How to choose a suitable job?

3.Let's watch and talk!

（1）学生观看视频，获取与梳理 Micky 开裁缝店来的顾客基本信息，学生读图能力，语篇理解能力得到提升。

（2）学生运用语言支架 Who's he? I am... Can you...? It's too... 描述顾客需求情况。

（3）学生观看视频，绘制思维导图、比较不同顾客的需求和裁缝 Micky 的完成度，进而形成在考虑职业选择的过程中要匹配个人的能力。

4.Let's chant! 学生根据对话内容和信息提示补全歌谣文本，并借助伴奏进行歌谣表演。

5.Let's read and act!

（1）学生听录音跟读、分角色朗读对话，关注语音、语调、节奏、连读、重读等语言现象，体会顾客对衣服不合身的失望心情。

☆	☆☆	☆☆☆
Fluency（表达流畅）	Prounciation & Intonation（语音语调）	Ask patiently Answer politely（表演自然）

（2）学生基于对话内容，以角色扮演的形式表演本课内容，内化与运用所学语言，促进情感共鸣，构建对职业的价值与意义的分析。

6.Let's think! 学生思考和讨论教师提出的问题，并视听有关职业的视频，初步认识到职业的意义与价值。

Q1：What do you think of his job?　　Q2：Is it suitable?

Q3：What does Micky need when choosing a job?

➜ 设计意图：以谈论 Micky 的裁缝店情境为依托，借助图片、问题链、思维导图梳理家庭成员基本情况，引导学生实现从大意到细节的逐步理解和深化，发展对职业价值和意义的深度理解能力。基于文本理解如何选择 a suitable job. 学生感知如何树立理想职业，理性选择。学生还通过参与细致模仿、分角色朗读、角色扮演等活动进行准确性和流畅性练习，基于语调、节奏等多种语言现象体会人物情感，感受挑选合适的工作价值与意义。

7.Let's talk! 学生两人一组观察同伴的理想卡片，Who's he/she? I am a… Can you…? 描述自己的需求并运用思维导图描述，感知工作的价值与意义。

8.Let's think! 学生两人一组观看视频，交流 Micky 更适合的职业，归纳总结出影响职业选择的因素。

➜ 设计意图：引导学生结合 Micky 特点，思考并交流不同人物所擅长的情况，从 ability 到 action，联系生活实际将语言学习从学习理解过渡到实践应用，帮助学生在对话情境中实现语言内化，促进学生感知影响找到理想工作的考虑因素，找工作不是盲目空想，为其后的真实表达奠定基础。

9.Let's show! 学生观看 Micky 的职业梦想视频，运用核心语言 Who's he/she? I am a… Can you…? if you want to be a tailor, you need to… 进行分组展示，互动交流中强化整体认知。

10.Let's think! 学生借助理想卡片，交流个人的职业理想，分析如何能够胜任适合自己的职业。

➜ 设计意图：帮助学生从文本走向真实生活，引导学生在真实的语境中灵活运用所学语言知识进行交流，逐步加深对主题意义的认知，从而打破固有认知，能结合自身经历或探索结果中形成自己的观点。

Period 5　Charlie Chaplin

【课时对应的子主题】常见职业与人们的生活

【适用年级】五年级

【语篇类型】日常对话

【语篇研读】

What：语篇介绍了喜剧大师 Charlie Chaplin 的故事。Charlie Chaplin（1889.4—1977.12）是 20 世纪著名的英国喜剧演员，现代喜剧电影的奠基者，在世界范围内享有盛誉。本篇阅读小短文突出介绍了他表演的特点和不朽贡献，反映了当时英美国家喜剧的文化色彩。促进学生对职业规划有明确的认识，帮助学生树立远大职业理想。

Why：建构学生对职业的初步认知，积累用于表达个人未来的职业选择，学生能通过阅读认识为什么卓别林能被称为伟大的演员，要实现职业梦想，需要坚持不懈地努力；无论哪个领域，都需要精益求精地探索与实践。

How：本语篇涉及职业相关词汇 actor 以及介绍个人特点的语言结构 He looks funny 和 He makes us laugh without laughing。通过师生对话、生生对话、完成思维导图、角色扮演等方式不断复现，帮助学生形成相对完整的语言结构，发展语言能力，加深语篇意义理解。

【课时目标】

1. 在看、听、说的活动中，获取、梳理和归纳主人公喜剧大师卓别林的外貌、表演、着装、动作等具体特点的信息，运用句型 What does he look like? What can we hear/read/watch in his movie? 整体描述 Charlie Chaplin，树立自己的职业梦想。（学习理解）

2. 在对话情境中，借助组内活动读卡片上关于 Chaplin 的外貌描写，表演风格描写，学生能够了解 Chaplin 表演的成功之处，学生形成职业平等的意识和服务他人的精神。（应用实践）

3. 借助戏剧大师马三立的职业梦想阅读语篇，迁移运用语篇思维导图，对比中国传统文化中喜剧演员马三立，推介相声大师马三立，建立中华文化自信。（迁移创新）

【教学过程】

1.Let's look and say. 学生借助孙悟空视频，调动学生感官，回答问题，初步感知人物的外貌特征，呈现教学主题。

Q1：What does he look like?　　Q2：What can you hear and watch?

Q3：Does he speak in the Peking Opera?　　Q4：How does he act?

2.Let's look and guess! 学生观察图片，整体感知 Charlie Chaplin 的基本信息。

Q1：Where is Charlie Chaplin from?　　Q2：What is Charlie Chaplin's job?

Q3：Is he a great actor?　　　　　　Q4：How does he act in his movie?

3.Let's watch and talk!

（1）学生观看视频，获取与梳理 Charlie Chaplin 的基本信息，学生读图能力，语篇理解能力得到提升。

（2）学生运用语言支架 He looks/has/wears 等句式来描述 Chaplin。

（3）学生观看视频，绘制思维导图，进而归纳形成 Nationality，Appearance，The way of acting，Achievement，Job.

4.Let's show! 四人一组，学生根据同伴表演，补全文本内容和信息。

5.Let's read and act!

（1）学生听录音跟读、朗读文章内容，关注语音、语调、节奏、连读、重读等语言现象，体会 Chaplin 的精湛演技。学生基于对话内容，以角色扮演的形式表演本课内容，内化与运用所学语言，促进情感共鸣，构建对喜剧演员职业的价值与意义的分析。

6.Let's think! 学生思考和讨论教师提出的问题，并视听 Chaplin 的视频，初步认识到演艺大师对职业的艰苦付出与价值。

Q1：Chaplin was a great British actor. Why was he great?　　Q2：What's his

➡ 设计意图：以观看、听说 Chaplin 的表演视频情境为依托，借助图片、问题链、思维导图梳理家庭成员基本情况，引导学生实现从大意到细节的逐步理解和深化，发展对各行各业都需要努力的理解能力。基于文本学生感知如何能够成为行业的佼佼者。学生还通过参与细致模仿、分角色朗读、角色扮演等活动进行准确性和流畅性练习，基于语调、节奏等多种语言现象体会人物情感，感受 Chaplin 演员的职业精神。

7.Let's talk! 学生两人一组观察 Chaplin 电影片段视频，提炼出"He looks funny"和"He acts funny"运用句型 He has/wears/walks… 描述 Chaplin 并运用思维导图描述，感知工作的价值与意义。

8.Let's think! 学生两人一组观看我国著名的语言表演艺术家马三立，利用思维导图介绍马三立，通过此活动，使学生尝试迁移运用本课所学。

➡ 设计意图：引导学生结合 Chaplin 的表演特点，思考并交流中国是否也有喜剧大师，将所学与已知建立联系。一连串紧密连接的课堂活动，贯彻了新课标"学思结合、学用结合"的理念。联系生活实际将语言学习从学习理解过渡到实践应用，帮助学生在对话情境中实现语言内化，促进学生内化文化知识，加深理解并初步应用。

9.Let's show! 借助穿越活动——访谈情境学生理解中西方喜剧大师的不同，互动交流中强化表演风格的不同。学生观看 Micky 的职业梦想视频，运用核心语言 What does he look like? What does he wear? How does he make us laugh? What does he say? 进行分组展示，互动交流中强化整体认知。

10.Let's think! 学生借助理想卡片，交流个人的职业理想，分析如何能够胜任适合自己的职业。

⊃ 设计意图：帮助学生从文本走向真实生活，引导学生在真实的语境中灵活运用所学语言知识进行交流，逐步加深对主题意义的认知，能结合自身经历形成文化意识，有助于学生增强家国情怀和人类命运共同体意识，涵养品格，提升文明素养和社会责任感。

Period 6　How to choose a job?

【课时对应的子主题】常见职业与人们的生活

【适用年级】五年级

【语篇类型】日常对话

【语篇研读】

What：语篇从不同视角认识职业，明白个人爱好、偶像等条件因素与未来可能从事的职业有一定的因果关系，学会构筑自己的职业梦想，为今后的择业提供方向。

Why：建构学生对职业的初步认知，积累用于表达个人未来的职业选择，引导学生思考进行职业选择时考虑的要素，如：爱好、特长、家庭影响、偶像效应等，据此学习如何进行适切的职业选择，并尝试向他人提出合理化建议；通过上述学习过程，引发学生思考：人们在选择职业时需要经过理性思考，付出相应的努力，才能实现自己的理想。

How：语篇涉及职业相关词汇 pilot, scientist 和 doctor，以及介绍工作情况的语言结构 He/She likes... He/She is good at... His/Her father is... His/Her idol is... So he/she wants to be... He/She should... 通过师生对话、生生对话、歌谣伴唱、角色扮演等方式不断复现，帮助学生形成相对完整的语言结构，发展语言能力，加深语篇意义理解。

【课时目标】

1. 在看、听、说的活动中，通过分组阅读主题语篇，获取信息，学生获取、梳理和归纳主人公姓名、能力、基本情况，初步判断影响职业选择的主要因素。运用句型 What can they be in the future? I want to be..., What do you like doing? I like... If you like..., you can... 描述影响职业选择的因素。（学习理解）

2. 借助图片，细读文本，归纳影响职业选择的主要因素和实现职业理想所需付出的努力。学生能运用句型 If you like..., and you can... You can be... You need to... 为学生提出职业，努力方向等建议；通过补充视频，获取信息，在与组内同伴交流讨论中从不同角度认识职业选择，职业奋斗和未来职业趋势。（应用实践）

3. 借助语言支架 If...you can... 联系生活与自身实际，谈论自己的职业梦想，全面认识职业选择，表述对未来职业的多元构想。并写下自己的观点，与他人分享。

通过上述学习过程，引发学生思考：人们在选择职业时需要经过理性思考，并付出相

应的努力，才能实现自己的理想。（迁移创新）

【教学过程】

1.Let's look and say. 学生借助图片，复习有关职业的词汇，回答问题，初步判断影响职业选择的主要因素，呈现教学主题。

Q1：What does he/she do?　　Q2：What do you want to be in the future?　　Q3：Why?

2.Let's look and guess! 学生观察图片，整体感知三个主人公的基本信息。

Q1：What do they do?　　Q2：How do they choose the job?

Q3：What may influence their job choice?

3.Let's watch and circle!

学生观看视频，获取与梳理圈出主人公的职业或未来可能从事的职业，学生读图能力，语篇理解能力得到提升。Choose a subtitle for each paragraph.

Families and Jobs　　　　Idols and Jobs　　　　Hobbies and Jobs

（2）学生运用语言支架 What do they do?/What can they be in the future? 描述课本人物基本信息。

（3）学生细读文本，绘制思维导图、比较不同人物选择职业的原因，进而形成在考虑职业选择的过程中要匹配个人的能力。

4.Let's finish! 学生根据对话内容和信息提示补全文本，并借助思维导图复述。

5.Let's read and act!

（1）学生听录音跟读、分角色朗读对话，关注语音、语调、节奏、连读、重读等语言现象，体会人物对职业梦想执着追求精神。

☆	☆ ☆	☆ ☆ ☆
Fluency（表达流畅）	Prouncation & Intonation（语音语调）	Ask patiently Answer politely（表演自然）

（2）学生基于对话内容，以角色扮演的形式表演本课内容，内化与运用所学语言，促进情感共鸣，构建对职业的价值与意义的分析。

6.Let's think! 学生思考和讨论教师提出的问题，并视听有关职业的视频，初步认识到职业的意义与价值。

Q1：What do you think of them?

Q2：Besides hobbies, idols, families, what other things may influence people's choice?

➲ 设计意图：以谈论三个主人公的择业情境为依托，借助图片、问题链、思维导图梳理家庭成员基本情况，引导学生发展对职业价值和意义的深度理解能力。基于文本理解 How to choose a job? 学生感知如何树立理想职业，理性选择。学生还通过参与细致模仿、分角色朗读、角色扮演等活动进行准确性和流畅性练习，基于语调、节奏等多种语言现象体会人物情感，感受挑选合适的工作价值与意义以及感受对职业奉献的无私精神。

7.Let's talk! 学生两人一组观察另外学生的信息卡片，运用核心句型 If you like…and you can… You can be… You need to… 描述自己的需求并运用思维导图描述，感知工作的价值与意义。

8.Let's think! 学生观看视频，还有哪些因素可以影响学生职业选择，学生将身体条件、性格特点、社会需要等影响因素，纳入进行职业选择的思维导图中。

⮕ 设计意图：引导学生结合文本主人公的特点，意识到影响职业选择的因素还有很多；通过思维导图的再思考、再补充，使学生进一步认识到进行职业选择时应当综合考虑各方面因素，并踏实付出努力。联系生活实际将语言学习从学习理解过渡到实践应用，帮助学生在对话情境中实现语言内化，促进学生感知影响找到理想工作的考虑因素，找工作不是盲目空想，为其后的真实表达奠定基础。

9.Let's show! 学生在小组内抽签选择角色（顾问或儿童），根据思维导图对目标儿童进行采访，为对方提出适宜的职业建议并说明原因。

10.Let's think! 学生借助视频，学习职业精神，总结实现职业理想所需付出的努力。

⮕ 设计意图：帮助学生从文本走向真实生活，引导学生在真实的语境中灵活运用所学语言知识进行交流，逐步加深对主题意义的认知，从而打破固有认知，能结合自身经历或探索结果中形成自己的观点。

☑ 五年级上册 Unit 4　教学设计 [①]

Period 1　Where do you work?

【课时对应的子主题】互问对方的工作和学习所在地；生活体验

【适用年级】五年级

【语篇类型】日常对话

【语篇研读】

What：语篇是 Mr White 与 Mrs Wu 及其女儿之间谈论工作、学习所在地的对话，呈现了友人见面互相问候近况的情景，自然地引发了见面叙旧的情感共鸣，促使学生产生自主交流表达的意愿，逐步引导学生建立良好人际交往的生活观。

Why：建构学生对人际交往概念的认知，积累用于表达和交流互相问候的语言，基于此引导学生表达对工作、学习所在地的自然询问，促进交际意识的发展。

---

① 本文作者：天津市河北区育婴里小学　包健。

How：涉及地点的相关词汇 cinema，bank，hotel，专有名词 Beijing Cinema，the Bank of China，Sunny School，谈论职业、学习所在地的语言结构 Where do you work? Where do you study? 和 I work… I study… 词汇及语言结构通过师生对话、生生对话、角色扮演等方式不断复现，帮助学生形成相对完整的语言结构，发展语言能力，加深语篇意义理解。学生依托语言结构参与到表达对工作、学习所在地的自然询问的语言活动，在合作学习过程中提升语言技能，强化人际交往意识培养。

【课时目标】

1. 在问候的情境中梳理职业地点名称（如 cinema，bank，hotel 等），运用 Where do you work? 和 Where do you study? 询问职业和学习所在地，能够自主介绍家庭及家庭成员；（学习理解）

2. 在对话情境中，根据图片，运用 Where do you work? 和 I work… 描述职业所在地，感知中国职业文化；（应用实践）

3. 借助不同职业所在地图片，运用 Where do you work? 和 I work… 进行展示交流，表达学生热爱生活，喜爱家人的情感思想意识。（迁移创新）

【教学过程】

1.Let's enjoy and think! 学生视听对话，思考并讨论教师提出的问题，初步感知职业文化，呈现教学主题。Q：What are they talking about?

2.Let's listen and find! 学生视听对话，根据预设给出的不同的任务，整体感知有关职业的信息。

Q1：How many people are talking?　　　Q2：Where does Mrs Wu work?

Q3：Where does Mr White work?　　　Q4：Where does the daughter study?

3.Let's watch and talk!

（1）学生观看对话视频，获取与梳理见面问候寒暄的基本信息。

（2）学生运用语言支架 I work…/I study… 描述文本人物的职业和学习所在地，在沟通中表达个人情感。

4.Let's practise!

（1）教师说动词词组，学生猜地点。

例：see the film（cinema）save money（bank）have meals and have a sleep（hotel）…

（2）用所说词组及地点造句。

例：Where do you work? I work in a bank.

5.Let's read and act!

（1）学生听录音跟读、分角色朗读对话，关注语音、语调、节奏、连读、重读等语言现象，体会人物见面聊天的快乐心情。

（2）学生基于对话内容，以角色扮演的形式表演本课内容，内化与运用所学语言，促进情感共鸣，建构热爱生活、喜爱家人的思想意识。

➡ 设计意图：以见面聊天谈论各自情况为依托，借助提供的问题，引导学生发展空间概念和逻辑思维，深刻体会生活的美好。基于文本理解，学生还通过参与细致模仿、分角色朗读、角色扮演等活动进行准确性和流畅性练习，基于语调、节奏等多种语言现象体会人物情感，感受社会发展带给人们的快乐生活，树立美好生活观。学生通过思考和讨论教师提出的问题，认识到交际沟通文化的意义与价值。

6.Let's act! 学生两人一组观察图片，运用 Where do you work? Where do you study? 和 I work… I study… 描述职业和学习所在地，感知人们见面时的沟通文化。

➡ 设计意图：引导学生结合自身情况思考并交流有效职业和学习信息，联系生活实际将语言学习从学习理解过渡到实践应用，帮助学生在对话情境中实现语言内化，促进学生感知中国文化，充实文化知识储备，为其后的真实表达奠定基础。

7.Let's design! 学生自主选择职业和职业地点，分组设计见面空间，并运用对话中的核心语言进行分组展示，互动交流中强化整体认知。

➡ 设计意图：帮助学生从文本走向真实生活，引导学生在真实的语境中灵活运用所学语言知识进行交流，逐步加深对主题意义的认知，表达爱生活，爱家人的思想意识。

【作业设计】

Period 1　Homework
Activity Card

1.Must—do Tasks

基本要素	具体内容		
作业内容	1. Listen to the dialogue and read it. 2. Write down the new words and sentences.		
形式和类型	形式	听–说□　听–写□　读–写□　其他□	
	类型	基础型□　拓展应用性□　实践型□	
作业时长	__5__ 分钟（建议时长 5—10 分钟）		
完成方式	独立完成□　合作完成□		
提交时间	当天完成□　____天后□		
评价标准	根据实际情况选择活动。 查找补充相关周末活动。 正确朗读所填写的对话。	☆☆☆☆☆ ☆☆☆☆☆ ☆☆☆☆☆ （自我评价）	☆☆☆☆☆ ☆☆☆☆☆ ☆☆☆☆☆ （小组评价）
	（教师评价）　Good □　Super □　Excellent □		

2.Optional Task

基本要素	具体内容		
作业内容	Design the job and work place they like and talk about it.		
形式和类型	形式	听–说□ 听–写□ 读–写□ 其他□	
	类型	基础型□ 拓展应用性□ 实践型□	
作业时长	___10___ 分钟（建议时长 5—10 分钟）		
完成方式	独立完成□ 合作完成□		
提交时间	当天完成□ ____天后□		
评价标准	根据实际情况选择活动。 查找补充相关周末活动。 正确朗读所填写的对话。	☆☆☆☆☆ ☆☆☆☆☆ ☆☆☆☆☆ （自我评价）	☆☆☆☆☆ ☆☆☆☆☆ ☆☆☆☆☆ （小组评价）
	（教师评价） Good □ Super □ Excellent □		

Period 2   work places

【课时对应的子主题】互问对方父母的工作所在地；生活体验

【适用年级】五年级

【语篇类型】日常对话

【语篇研读】

What：语篇为家庭日常对话，该对话发生在两个孩子之间，孩子通过看电视情境进而谈论父母的职业和所在地。

Why：介绍父母的职业和所在地，感知职业的意义。

How：对话是比较典型的家中聊天的对话，涉及介绍职业地点相关的词汇，如 CCTV，hospital，shopping mall 以及介绍职业地点时使用的核心语言，如 Where does your father work? Where does your mother work? 通过对职业和职业地的讨论，让学生尝试介绍不同的职业地点。引导学生运用对话核心语言介绍不同的职业地点，在了解同学父母职业和职业地的过程中，感知职业的意义，感受家的温暖，热爱生活。

【课时目标】

1. 在视听对话的情境中，借助思维导图梳理职业地名称，学习用 I work…/I study… 介绍自己和对方的职业及所在地。（学习理解）

2. 在谈论对方父母职业和职业地的过程中，运用本课核心句型 Where does your father

work? Where does your mother work? 进行问答，并在参与的过程中感知职业的意义，感受家的温暖，热爱生活。（应用实践）

3. 在谈论理想职业和职业地的情境中，感知职业的意义，感受家的温暖，热爱生活。（迁移创新）

【教学过程】

1. 学生回顾上一课的主题情境，学生在教师的引导下进行头脑风暴，回忆说出表示各种场所的单词。

2. 学生在教师呈现新职业场所的提示下，通过回答 "Where does he work? Where does she work?" 运用 "He works…She works…" 句型回答各种不同职业地点

3. 学生视听对话，问题驱动，整体感知文本，理解主旨大意，梳理关键信息，补全短文内容。

4. 学生再听对话文本，细致模仿，关注语音语调、节奏、连读、重读等，培养语感的同时加深对课文知识的理解和记忆。教师引导学生进行同伴间分角色练习并表演对话。

△突出文化意识的培养。活动 1、2 将语篇内容与实际生活相结合，观察、辨识不同职业地点，并在思考后，根据自身生活经验，使用简单的短语和句子介绍职业地点，倾听他人想法，乐于参与合作活动。

△融合思维品质的培养。活动 3、4 通过提问引导学生仔细捕捉关键信息，运用已有知识进行猜测和推理，激发学生的兴趣、观察力以及逻辑分析能力，辅助对语篇意义的理解。

➡ 设计意图：帮助学生回顾已有知识，属于学习理解层次。教师引导学生说出各种职业地点名称，活跃学生的思维，唤醒学生对职业学习的相关知识的记忆，学生通过积极思考理解职业和职业地点的词汇，为本课的学习奠定基础，实现文本来源于生活。

5. 学生彼此互相谈论自己家人的职业和职业所在地。

△突出文化意识的培养。活动 5 基于语篇主题，创设情境，鼓励学生积极参加，引导学生运用核心语言介绍自己家人的职业和职业所在地的情况，感知不同职业的意义。

△融合学习能力的培养。活动 5 借助图片，学生能够积极与他人合作，注意倾听，敢于表达，不怕出错，共同完成学习任务，加深对语篇内容的理解，获得了学习能力上的提升。

➡ 设计意图：借助文本的情境，与同伴交流自己家人的职业和职业所在地的情况；进行角色迁移，初步运用核心语言进行交流，促进语言内化。从学习理解过渡到实践应用，为后面的真实表达奠定基础。在学生调查和展示的过程中，渗透学科育人理念，帮助学生感知职业的意义，感受家的温暖，热爱生活。

6. 学生在教师创设的设计理想职业和职业地的情境中，通过小组合作的形式交流展示。

语言支持：Look at the…　　　　I like…　　　　I want to be a/an…

It's nice/interesting…　　I work…

7. 布置家庭作业

（1）帮助自己的家庭绘制思维导图，标注出每个人的职业和职业地。

（2）运用本课核心句型介绍职业和职业地。

△融合思维品质的培养。活动6给出语言框架，设置开放性的答案，有目的的引导学生思考不同选择的差异性，学会换位思考看待问题。激发学生思辨，初步建立学生的辩证思维。

△融合学习能力的培养。活动7借助思维导图，学生积极与他人合作，注意倾听，敢于表达，不怕出错，加深对语篇内容的理解，获得了学习能力上的提升。

⟳ 设计意图：帮助学生在迁移的谈论职业和所在地的语境中，创造性地运用所学语言去介绍。引导学生合理搭建语言框架，有效进行语言输出，提高学生的综合语言运用能力。学生在讨论职业和所在地的过程中发展语用能力，帮助学生感知职业的意义，感受家的温暖，热爱生活。

Period 3　Job and work places

【课时对应的子主题】家庭成员的职业和工作所在地；生活体验

【适用年级】五年级

【语篇类型】日常邮件语篇

【语篇研读】

What：语篇为朋友间邮件沟通，沟通了彼此的家庭信息。学生们在学习、理解语篇内容的过程中，积累、运用、拓展与职业相关的语言经验，发展其语言能力。

Why：描述了自己的家庭成员及相关信息，尤其是职业和职业所在地的信息。引导学生通过交流沟通，学会用英语语言进行自我介绍和家庭介绍。

How：语篇描述了自己的家庭成员及相关信息，涉及职业所在地的相关词汇，如restaurant、company、library，以及描述职业的核心语言：My mother is a teacher in a school./ My father is a manager in a big company. 该语言整合较为简单，且核心语言已在前面课程学习过，学生易于理解，也便于学生在学习过程中开展自主探究等学习活动。

【课时目标】

1. 在"写邮件"的视、听、说情境中，获取、梳理 Gao Wei 和 Amy 两家的家庭成员信息内容，学习将职业和职业地整合成一句话进行介绍。（学习理解）

2. 在教师帮助下，分角色表演语篇，尝试转述介绍 Gao Wei 和 Amy 两家的基本成员信息。（应用实践）

3. 简要评析 Gao Wei 和 Amy 两家的基本成员信息，思考如何合理进行家庭成员介绍

及体会 "家" 的真正含义。（迁移创新）

4. 在小组合作写邮件的活动中，综合运用所学语言对家庭成员进行介绍，并在全班交流、评价。（迁移创新）

【教学过程】

1. 揭示本课主题 Write an email，通过演示写邮件的步骤，并通过快速浏览文本聚焦宏观问题：Q：What is the email about?

2. 学生观看视频，教师问题引领，在视听活动中梳理 Gao Wei 和 Amy 两家的家庭成员信息内容，在情境中，借助图片、视频等学习、拓展与职业相关词汇及核心语言。

Q1：How many people are there in Gao's family/Amy's family?

Q2：What does Gao Wei's father/mother do?

Q3：What do Amy's parents do?

Q4：Does Amy's brother work in a school?

3. 学生听录音跟读课文、分角色朗读对话，细致模仿，关注语音、语调、节奏、连读、重读等，在培养语感的同时，加深对课文知识的理解和记忆。

4. 学生进行 Chant 活动，进一步内化语言信息。

△突出语言能力的培养。在学习活动 2、3 中，学生能够感知本课核心词汇及核心语言的重音和升降调；有意识地通过模仿学习发音；大声跟读音频材料；能感知本课的语言信息，积累介绍家庭成员信息的简单句式，运用所学语言进行交流、介绍，为语言的输出奠定基础。

△融合思维品质的培养。在学习活动 1、2 中，学生通过阅读语篇，视听内容，知晓本课所谈论的主题，提取、获取关键信息，加强对语篇意义的理解，实现在语言活动中发展思维。

🡒 设计意图：帮助学生理解语篇内容，学习语篇中的词汇和核心语言，属于学习理解层次。教师创设贴近学生生活的情境，引导学生通过看、听语篇内容，从大意到细节逐渐理解文本内容。在词汇学习中，学生在教师指导下发展拼读能力，积累并拓展职业词汇。学生通过细致模仿、跟读和分角色朗读，进行准确性和流畅性的朗读训练，进一步理解语篇内容，内化语言，为形成良好的语音意识和语用能力奠定基础。

5. 学生明确评价标准，分组练习朗读或表演对话，展示后学生互评。

6. 学生在教师指导下，结合板书梳理、归纳对话的核心语言，并根据板书提示尝试复述课文。参考语言：

Gao Wei _____ China. Gao Wei is a _____ student. There are _____ in his _____ . His mother is a _____ in a _____ . His father is a _____ in a _____ .

△突出语言能力的培养。学生在参与感知和积累等语言实践活动之后，尝试习得与建构与介绍家庭成员的相关信息的语言。在学生活动 5、6 中，学生通过借助提示进行角色扮

演或转述，理解本课简单句的表意功能，运用所学语言，进行简单的交流，为下一步进行有意义的沟通和交流做准备。

　　△融合学习能力的培养。学习活动 5 体现了语言能力和学习能力的融合。学生能在学习活动中尝试与他人合作，共同完成学习任务，在学习过程中乐于参与，发现并尝试解决语言学习中的问题，遇到困难能大胆求助。

　　⟳ 设计意图：引导学生在归纳和整理核心语言的基础上，通过角色扮演使每位同学都能深入角色，运用语言理解意义。程度较好的同学还可以尝试用连续话语介绍 Gao Wei 和 Amy 两家基本成员信息情况，将目标语言进行有效迁移，促进语言内化，从学习理解过渡到实践应用，为之后的真实表达奠定基础。

　　7. 学生在教师指导下，就 Gao Wei 和 Amy 两家的基本成员信息谈谈自己的感受和评析，体会语篇背后隐含的意义，理解"家"的真正含义。

　　8. 小组合作运用核心语言进行邮件的书写，在语言支架的帮助下对自己家庭的成员信息进行介绍，并向全班进行展示。参考语言：

My name is…There are… people in my family. My father is…My mother is …

How many people… Can you tell me more…

　　△突出语言能力的培养。学生在感知、体验、积累和运用等语言实践活动中，逐步形成语言意识，积累了与家庭成员相关的语言经验。学习活动 8 引导学生围绕本单元核心主题，进行简单交流，以小组合作交流和全班汇报的形式介绍本组的作品。

　　⟳ 设计意图：帮助学生在迁移的语境中，创造性地运用所学语言，交流每个人的家庭信息，向全班进行介绍。学生从课本走向现实生活，在小组合作中，发展语用能力，学会倾听、尊重及融合他人意见，初步形成对"家"的认识与理解，提高合作意识，学习如何正确对待不同的观点和意见。

Period 4　Jobs

【课时对应的子主题】生活中对他人职业工作的了解。

【适用年级】五年级

【语篇类型】动物小故事

【语篇研读】

What: 语篇围绕 Mr Bear 先生参观 Mimi 和 Micky 的学校并了解学生们的家庭信息展开对话。

Why: 语篇通过一边参观学校，一边用问答对话的形式不断询问每个人的家庭成员职业，锻炼学生发现、分析和解决问题的能力，引导学生思考不同的职业特点，培养学生感知不同职业的意义，热爱生活，喜爱家人的情感品质。

How：对话比较贴近学生的日常生活，涉及各种职业所在地的词汇：farm，hospital，school；描述性的短语 say hello to them，ask Mr Bear to watch TV，shout out，say excitedly 等；以及询问职业和所在地时使用的核心语言："What does your mother do? Where does she work?" 等。学生在阅读的过程中，可以感知不同职业的意义，热爱生活，表达对家人的喜爱之情。

【课时目标】

1. 借助文本插图和视频，理解对话大意，以 Mr Bear 采访为线索，展开自然对话，梳理关于询问、介绍家庭成员职业和职业地的功能语言。（学习理解）

2. 在教师的引领下，基于语篇情境进行角色扮演，内化并熟练运用核心语言 "What does your mother do? Where does she work? 等" 询问、介绍家庭成员职业和职业地。（应用实践）

3. 通过创编对话、探讨 "a happy job" 等活动，深入感知不同职业的意义，热爱生活，表达对家的热爱之情。（迁移创新）

【教学过程】

1.Watch and guess.（感知与注意）

Question：Do you remember the jobs we've learnt?

学生接龙用学过的职业名称词造句，复习相关词汇和句型。

教师介绍课堂评价方式之一：答对问题的学生获得不同职业图片奖励。

2.Listen and think.（获取与梳理）

学生视听语篇，思考以下问题，初步获取对话内容。

Questions：

a.Where are these animals? b.What does Mr Bear do? c.What is Mr Bear doing?

3.Read and talk.（获取与梳理）

（1）学生首先合理想象，大胆推测，然后通过默读对话，找出："What is Mr Bear doing?" 的答案。并以此为线索梳理关于询问、介绍不同家庭成员职业和职业的语言。

Questions：a.What does the sheep's（Mimi's）mother do?

b.Where does the sheep's（Mimi's）mother work?

c.What does the horse's（Micky's）father do?

d.Where does the horse's（Micky's）father work?

学生在此环节借助图片和文本，利用自主学习的方式寻找相关内容。

（2）学生大声朗读课文，思考并回答以下问题：

Questions：

a.What does Mr Bear say to them at first?　　b.What does Mr Bear ask?

c.What does Mr Bear shout out?　　　　d.Why does Mr Bear say excitedly?

学生在此环节借助图片、视频,理解学习新单词 excitedly,shout out。

4.Read and imitate.(概括与整合)

学生听录音跟读并分角色朗读对话,关注语音、语调、节奏、连读、重读等,培养语感,同时加深对语篇的理解和内化。

△突出语言能力的培养。学习活动 1 帮助学生回顾梳理了与描述职业和职业相关的语言表达。在学习活动 2,3,4 中学生学习单词发音、掌握简单句的重音和升降调,能正确跟读对话、积累介绍有关职业的句式,理解本课核心语言,为语言的输出奠定基础。

△融合思维品质的培养。学习活动 3 体现了语言能力和思维品质的融合。学生通过自主阅读与分析,找出对应问题的相关答案,对于语篇初步形成自己的理解与判断。

⮕ 设计意图:本阶段学习活动旨在帮助学生理解对话内容,学习对话中有关介绍职业和职业的词汇、短语和核心语言,属于学习理解层次。教师创设与学生现实生活紧密关联的情境,引导学生通过听、读对话,从大意到细节逐渐理解对话内容。学生通过细致观察、积极思考、模仿操练等形式进行对话理解,并在情境中运用核心语言,为形成良好的语音意识和语用能力奠定基础。

5.Retell and act.(描述与阐释)

(1)学生利用板书提示尝试复述对话;

(2)学生在小组内分角色完成对话表演。

教师介绍课堂评价方式之二:针对程度的不同进行星级奖励。

Loudly(洪亮地)	Correctly(准确地)	Fluently(流利地)
☆	Good!	
☆ ☆	Great!	
☆ ☆ ☆	Super!	

6.Listen and check.(分析与判断)

Listen to the video and number the pictures.

△突出语言能力的培养。在学习活动 5,6 中,学生能理解本课简单句的表意功能,尝试习得与建构与询问、介绍与职业相关的语言并进行简单交流。

⮕ 设计意图:引导学生借助文本情境,延伸到不同的情境中,进行询问、描述有关职业的相关内容;进行角色迁移,初步运用核心语言进行交流,促进语言内化。从学习理解过渡到实践应用,为后面的真实表达奠定基础。

7.Survey and discuss.(搜集与整合)

学生通过彼此沟通了解不同家庭的职业分化,了解不同职业形态,结合自己家的生活经验，探讨职业多样性的好处和 "a happy job" 的必备要素。

Questions：a.What do you think of your job? b.What is a happy job like?

8.Create and present.（想象与创造）

学生利用本节课的语言点，在小组内就 "快乐且有意义的职业活动" 展开讨论或创编对话，通过感受不同职业的意义，体会美好的生活，表达对家的热爱之情。

△突出学习能力的培养。在学习活动 8 中，学生通过在小组内创编对话等活动进一步灵活运用所学语言，培养创新性、提升学习能力。

△融合文化意识的培养。在学习活动 7 中，学生通过彼此沟通了解不同家庭的职业分化，了解不同职业形态，结合自己家的生活经验，探讨职业丰富多样性的好处和 "a happy job" 的必备要素。

➥ 设计意图：帮助学生在迁移的自主习得相关职业的语境中，创造性地运用所学语言，探讨 "a happy job"。学生从文本走向真实生活，在对新职业，新生活展开讨论的过程中发展语用能力，进一步深入感知不同职业的意义，深化对美好生活的追求和对家的热爱之情。

Period 5 Jobs in the world

【课时对应的子主题】对世界各地新奇职业的了解

【适用年级】五年级

【语篇类型】配图故事

【语篇研读】

What：语篇为配图故事。内容围绕 Special Museums 展开阅读，通过不同博物馆里的不同职业，了解职业带来的意义和价值感，体会生活的美好。

Why：通过对不同博物馆里的不同职业进行介绍，拓展了职业描述，使学生懂得规划自己生活，寻求自己未来的职业所爱，感受生活的美好。

How：本课时的文本分为三部分，第一部分直接引出主题：伦敦特殊博物馆，引出新词 "special"。第二部分详述玩具博物馆里工作人员 Anna 的职业内容。第三部分详述蜡像馆工作人员 Sonia 的职业内容，引出新词 "wax figure，wax museum，look exactly like"。最后配合思维导图练习。

【课时目标】

1. 在看、听、说的活动中，体会在不同博物馆里参与工作的不同职业，突出创意职业的同时，也让学生体会从事热爱职业带给生活的美好。（学习理解）

2. 在教师指导下，借助所创设的思维导图归纳语篇信息中包括的基本要素。（应用实践）

3. 简单谈谈自己身边更多的博物馆，利用已有的知识经验在小组活动中书写新的内容

并复述介绍。(迁移创新)

【教学过程】

1.Free talk.

呈现伦敦著名建筑物（包含博物馆）的各种照片，引导学生自由对话。

2.The first reading by themselves.Show some pictures of museum and ask：

T：What is the passage talking about? Do you like museums?

Where are these museum?

3.The second reading by themselves.

Try to find the difficult points and key points they don't understand.

4.The third reading by themselves.

通过问题引领，激发学生探究的学习兴趣，感受从事不同职业的快乐，帮助学生快速进入故事文本的学习。

T：Where are the two museums?　　　　What are in the museums?

Where is the museum for old toys?　　What is in the wax museum?

Which museum in London do you like?　Why?

　⟳ 设计意图：多样化阅读方式旨在引导学生通过运用已知的词汇和句型获取图片的基本信息，进而逐步了解概括文本内容，学习理解层次梯度递进。教师引导学生通过听、看、读、思的方式，从大意到细节逐渐理解文本内容和主题意义。学生参与核心语言的操练活动，为接下来的应用实践和迁移创新奠定了基础。

5.Listen and complete the passage（听音补全信息）

Special Museum

There are two ____ in this story. Anna works in a ____ museum. There are many ____ toys. Sonia works in a ____ museum. She makes ____ for the tax figures. She likes her ____ in this museum.

6.Retell the story.

　⟳ 设计意图：本阶段的学习为应用实践部分，学生在补全短文的练习中，突出核心词汇的书写训练。教师引导学生将文本内容进行描述、分析与运用，引导学生基于获取的语言知识开展实践活动，调动学生的积极思考，展开深入语篇的学习。运用获取的语言知识形成思维导图，体现创新思维的培养，促进知识向能力的转化。

7.Let's discuss.

What do you think about the two museums? Do you want to work in it?

8.Group work：Create a new place they want to work.

For a new place 各小组展示自己的设计成果，并输出观点。

教师强调：因为自己的热爱才会努力寻求自己所爱的职业方向，因为有了热爱的职业才会为生活带来更多鲜活的体验。

→ 设计意图：帮助学生灵活运用核心语言进行交流，完善语言信息，创造性地使用所学语言介绍自己所向往的地方。引导学生理解因为自己的热爱才会努力寻求自己所爱的职业方向，因为有了热爱的职业才会为生活带来更多鲜活的体验。突出社会情怀，最终学生形成积极生活的意识。

Period 6　Different jobs

【课时对应的子主题】对不同职业充满敬意感

【适用年级】五年级

【语篇类型】配图故事

【语篇研读】

What：语篇为配图故事。内容围绕 A farmer and a Scientist 展开阅读，通过对不同职业的了解，感受不同职业带来的意义和价值感，体会生活的美好。

Why：通过对袁隆平的人物事件介绍，拓展了职业描述，使学生懂得规划自己生活，寻求自己未来的职业所爱，感受生活的美好。

How：文本分为三部分，第一部分用父子对话引出主题：袁隆平及所做的事业。第二部分详述袁隆平及所从事的职业内容。第三部分还是通过父子对话进行总结 A farmer who is also a scientist. 最后配合综合小练习。

【课时目标】：

1. 在看、听、说的活动中，体会袁隆平虽然是一名科学家但也是一位农民。生成每一种职业都有其不可小视的价值和意义的积极认知。也让学生体会从事热爱职业带给自己和世界的美好。（学习理解）

2. 在教师指导下，借助所创设的小习题，将语篇信息中的基本要素内化于心。（应用实践）

3. 简单谈谈自己身边让人肃然可敬的普通平凡的劳动者，利用已有的知识经验在小组活动中书写新的内容并复述介绍。（迁移创新）

【教学过程】

1.Free talk.

呈现文本图片，引导学生自由谈，了解主人公人物原型。

2.The first reading by themselves.

T：What is the passage talking about? Who is Yuan Longping?

3.The second reading by themselves.

Try to find the difficult points and key points they don't understand.

4.The third reading by themselves.

通过问题引领，激发学生探究的学习兴趣，帮助学生快速进入故事文本的学习。体会平凡职业中的伟大之处，感知做好自己职责之事的意义和价值。

T：What happens if there is not enough food? What grade is Jimmy in?

How does Yuan Longping do when he faces the problem?

Yuan Longping a farmer or a scientist?

How to understand the sentence "if you really want to do something, you can."

⟳ 设计意图：多样化阅读方式旨在引导学生通过运用已知的词汇和句型获取图片的基本信息，逐步了解概括文本内容，学习理解层次梯度递进。教师引导学生通过听、看、读、思的方式，从大意到细节逐渐理解文本内容和主题意义。学生参与核心语言的操练活动，为接下来的应用实践和迁移创新奠定了基础。

5.Retell the story.

⟳ 设计意图：学生在补全句子的练习中，突出了核心词汇的书写训练。教师引导学生将文本内容进行描述、分析与运用，引导学生基于获取的语言知识开展实践活动，调动学生的积极思考，从大意到细节展开深入语篇的学习。运用获取的语言知识积极主动思考并尝试复述文本语篇的重要信息，促进知识向能力的转化。

6.Let's discuss.

a.What do you think of Yan Longping? Do you think he is a great scientist?

b.What will you do in the future?

⟳ 设计意图：帮助学生灵活运用核心语言进行交流与讨论，完善语言信息，创造性地使用所学语言表达自己的观点。最后引导学生：努力寻求生活的意义与价值才不会虚度人生。突出社会情怀，最终使学生形成积极生活的意识。

✓ 五年级上册 Unit 5　教学设计 ①

Period 1　Is this your schoolbag?

【课时对应的子主题】人与自我；学习生活的自我管理；公共服务

【适用年级】五年级

---

① 本文作者：天津市和平区鞍山道小学　张文智　李春梅。

【语篇类型】日常对话

【语篇研读】

What：语篇是教师和学生们要去希望小学，给那里的小朋友捐赠学习用品，但孩子们的学习用品很杂乱，老师要求孩子们收拾整理自己的学习用品。此对话学生在教师的帮助下学会整理自己的学习用品，并感受乐于助人的快乐心情。

Why：凡人善举，最为动人。公益活动"从我做起，从现在做起，从一本书做起"。建构学生对公益活动的认知，积累用于表达和交流学习用品的语言，并基于此引导学生表述自己的物品，形成良好的生活习惯，学习习惯，将生活物品、学习用品分类整理，有序摆放。

How：语篇涉及学习用品的相关词汇 schoolbag，activity book，dictionary，ruler 和 crayon，以及谈论物品归属的语言结构 Is this your schoolbag/ruler? 和 Yes, it is./No, it isn't. 词汇及语言结构通过师生对话、生生对话、歌谣伴唱、角色扮演等方式不断复现，帮助学生形成相对完整的语言结构，发展语言能力，加深语篇的意义理解。

【课时目标】

1. 借助教学媒介学历案，用 Is this your...? 和 Yes, it is./No, it isn't. 在谈论学习用品归属的情境中梳理物品名称（schoolbag，activity book，dictionary，ruler 和 crayon），了解这些物品的正确使用和分类整理。感受赠与行为带给人们的美好感受。（学习理解）

2. 在对话情境中，根据学习用品图片，运用 Is this your...? 和 Yes, it is./No, it isn't. 描述物品归属，整理好自己的物品。（应用实践）

3. 借助学生自己绘制的思维导图，在"失物招领"的情境中，运用 Is this your...? 和 Yes, it is./No, it isn't. 核心语言进行交流，寻找物主。（迁移创新）

【教学过程】

1.Let's think! 学生通过师生日常对话，在教师的帮助下，学习新语言：Don't leave things like this. Put them away.

教师走到一位桌面不整洁的学生面前 T：Oh, my dear boy. Look at your desk. It's messy. Do you think it's good? Ss：No.

T：Yeah, so don't leave things like this. Put them away, okay? Ss：Okay.

2.Let's play a game!

学生通过游戏及图片激活已有的知识储备，操练旧知，获得新知。

T：Now, let's play a game called "Simon Says". If I say：Simon says "Stand up", you should stand up. If I just say：Stand up, you can't stand up. Clear?（教师可以用中文辅助说明游戏规则：游戏规则与 Listen and do 听指令做动作差不多，不同的是教师在发出指令前可以说"Simon says"，学生做此动作，指令前没有说"Simon says"，学生不做此动作。）

T：（Simon says：）Stand up/Sit down/Touch your nose/Show me your...（由动作引出复习

学生学过的文具）

3.Let's guess! 复习已学词汇，引出本课词汇及句型。(教师提前准备好一个书包，并在书包里放入几位同学的文具）

T：Look，what's this? Ss：It's a schoolbag.

T：Yes，you're right. What's in the schoolbag? Can you guess? You can say："Is it a/an…?" or "I think it's a/an…" Ss：Is it a/an…? /I think it's a/an….

4.Let's read and learn!

①复习 ruler，引出目标句型：Is this your…? Yes，it is./No，it isn't.

T：Look! What's this? Ss：It's a ruler.

教师询问一组学生：Is this your ruler? You can say："Yes，it is." or "No，it isn't."

Ss：No，it isn't./Yes，it is.

②复习 crayon

T：What else is in the schoolbag? Look! What is this? Ss：It's a crayon.

教师询问一组学生：Is this your crayon? Ss：No，it isn't./Yes，it is.

③学习 dictionary

T：Now，please guess：What's this? It is our good friend. It can help us read and understand new words. What is it?

T：It's a dictionary. T：What kind of dictionary do you know?

T：Yes，Chinese dictionary and English dictionary. They are both dictionaries. They can help us to learn languages.

④学习 activity book

T：What's this? Do you know? It's an activity book. Do you have an activity book?

Ss：No.

T：Yeah，we don't have an activity book. But we have an exercise book，right?

教师拿出一本学生的练习册，进行提问。

T：Whose exercise book is this? Is this your exercise book? Is this exercise book yours?（教师交替用这两个句型进行提问）

⊙ 设计意图：铺垫对话中的目标语言，学习对话中的词汇和核心语言，帮助学生理解对话内容，属于学习理解层次。在词汇学习中，学生在教师指导下发展拼读能力，积累并拓展词汇。通过游戏进行学习，激发学生学习兴趣。

5.学生观看对话图片，预测对话内容。

T：Our friends Mike，Ann and Jim put their school things on the desk like this. Guess，what will the teacher say?

Ss：Don't leave things like this. Put them away.

T：Excellent!

6. 学生观看对话视频，回答问题，理解细节。

T：Now，let's watch the video and answer three questions：

① Is this schoolbag Mike's?

② Is this activity book Ann's?

③ Whose ruler is this?

7. 学生朗读课文。

T：Let's read. Pay attention to the intonation of the sentences.

8. 角色扮演。

T：Now，let's have a role—play. Who wants to be…? 两人一组观察四种中国特色民居家庭空间图片，并运用 What's in your new home? 和 There is/are… 描述空间环境设计，感知中国特色民居文化。

➜ 设计意图：帮助学生应用对话内容，学习对话中的词汇和核心语言，属于学习应用层次。学生在教师的指导下，通过看对话视频，从大意到细节逐渐理解对话内容。学生通过模仿跟读和分角色朗读对话，通过角色扮演，学生的学习兴趣得到激发，进一步理解对话内容，内化语言，为语言输出奠定基础。

9. 学生头脑风暴，绘制关于 School things 的思维导图。

T：Boys and girls，we've learned a lot of words about school things. Now，please take out a piece of paper. Work in groups of two. Draw a mind—map about school things. Let's see which group can get more school things words.

10.Let's find! 学生在小组内用核心语言交流"失物招领处"的学习用品是谁的，

T：Boys and girls，let's do a group work. Work in groups of six. Look! There are so many school things. But whose school things are these? Can you help the following school things find their owners? You can say something like these.

A：Whose pencil is this? Is this your pencil?　　B：No，it isn't.

A：Is this your pen?　　　　　　　　　　　　C：Yes，it is.

A：Here you are.　　　　　　　　　　　　　　C：Thank you.

A：You are welcome.

T：So，boys and girls，can we put our school things just like this? Ss：No.

T：Of course not. Our parents work so hard to buy these school things for us. So remember to put your things away. Cherish our school things.

➜ 设计意图：帮助学生从文本走向真实生活，引导学生在真实的语境中灵活运用所学语言知识进行交流，逐步加深对主题意义的认知，创造性地运用所学语言，进行失物招领处的对话，询问某物是否是某人的并进行回答。学生从课本走向现实生活，发展语用能力，初步形成珍惜学习用品的认识与理解。

【作业设计】

Period 1　Homework
Activity Card

1.Must—do Tasks

基本要素	具体内容		
作业内容	Use the words you learned today to make some labels. Stick them on your own school things.（运用今天所学的学习用品单词制作成便签，贴在自己相对应的学习用品上。）		
形式和类型	形式	听-说□　听-写□　读-写□　其他□	
	类型	基础型□　拓展应用性□　实践型□	
作业时长	___10___ 分钟（建议时长 5—10 分钟）		
完成方式	独立完成□　合作完成□		
提交时间	当天完成□　____天后□		
评价标准	根据实际情况选择活动。 查找补充相关周末活动。 正确朗读所填写的对话。	☆☆☆☆☆ ☆☆☆☆☆ ☆☆☆☆☆ （自我评价）	☆☆☆☆☆ ☆☆☆☆☆ ☆☆☆☆☆ （小组评价）
	（教师评价）　Good □　　Super □　　Excellent □		

2.Optional Task

基本要素	具体内容	
作业内容	Look up some new words about school things in the dictionary and write them in your exercise book.（通过查字典搜集有关学习用品的新单词，并把它们写在练习本上。）	
形式和类型	形式	听-说□　听-写□　读-写□　其他□
	类型	基础型□　拓展应用性□　实践型□
作业时长	___10___ 分钟（建议时长 5—10 分钟）	
完成方式	独立完成□　合作完成□	
提交时间	当天完成□　____天后□	

续表

基本要素	具体内容		
评价标准	根据实际情况选择活动。 查找补充相关周末活动。 正确朗读所填写的对话。	☆ ☆ ☆ ☆ ☆ ☆ ☆ ☆ ☆ ☆ ☆ ☆ ☆ ☆ ☆ （自我评价）	☆ ☆ ☆ ☆ ☆ ☆ ☆ ☆ ☆ ☆ ☆ ☆ ☆ ☆ ☆ （小组评价）
	（教师评价）　Good □　　Super □　　Excellent □		

Period 2　We have so many animal toys.

【课时对应的子主题】本课时属于"人与自然"范畴下，常见的动物，动物的特征和生活环境

【适用年级】五年级

【语篇类型】日常对话

【语篇研读】

What：语篇为师生课堂对话，发生在老师和学生们之间，教师带领孩子们参观孩子们为希望小学制作的动物玩具以及手工作品，师生之间询问动物玩具归属的故事。

Why：介绍生活在不同环境的动物，学习物品的归属表达。

How：涉及动物的相关词汇，如 fish，hen，goose，cow，horse 以及用 Is that your...? 来询问动物玩具的归属，根据实际情况用 Yes，it is./No，it isn't. 进行回答。学生在这一过程中讨论介绍自己制作的动物以及动物玩具的归属，热爱动物的同时传递爱心。

【课时目标】

1. 借助文本插图和音频视频，理解对话大意，在谈论学生的动物玩具的情境中梳理动物名称，学习用 Is that your...? 来询问动物玩具的归属，以及用 Yes，it is./No，it isn't. 来回答。（学习理解）

2. 在教师的引领下，在语篇的情境中进行角色扮演，内化并熟练运用核心语言"Is that your...? 来询问动物玩具的归属"，并在参与的过程中学习物品的归类。（应用实践）

3. 在教师的指导和小组的合作中，创编对话，谈论不同生活环境下，介绍动物的归属，体会对小动物的喜爱之情。（迁移创新）

【教学过程】

1.Warming up.

（1）1Greeting.

T：Class begins.　　　　　　Ss：Stand up.

T：Good morning，boys and girls.　　Ss：Good morning，Miss Li.

T：Ok. Sit down，please. Boys and girls，Let's review first.

Look at this picture. Is this your…?　　S：Yes，it is./No，it isn't.

T：Is that your…?　　　　　　　　　S：Yes，it is./No，it isn't.

T：It's fine today. Let's go to the zoo. Look. The zoo is very big. What a big zoo!

There are many animals in it. Do you love animals? I love all the animals.

Let's have a look. What animals in the zoo? Is this a/an…? Is that a/an…?

S：Yes，it is. No，it isn't.（师生问答）

T：Is this a zoo?　　　　　　　　S：No，it isn't. It's a farm.

T：Yes，it's a big farm. What a big farm! What animals on the farm?

Is this a duck? No，it's a goose.（学习读、写单词）I like geese.（注意复数形式）

What's that? It's a hen.（学习读、写单词）

T：What beautiful sea! What's in it?

Yes，there are many fish（学习读、写单词），whales，dolphins and hippos in the sea.

　设计意图：帮助学生回顾已有知识，属于学习理解层次。教师引导学生说出动物名称，活跃学生的思维，唤醒学生对动物话题的相关知识的记忆，为本课的学习奠定基础，真正实现文本来自生活。

2.Presentation.

T：OK，boys and girls. Let's play a guessing game. Is that a cat?　S：Yes，it is.

T：Is that a tiger?　S：No，it isn't.

T：Animals are our friends. I love animals. And I like making animal origami.

Look at these Animals. I made them. Are they lovely? Now，I will show you around our animal origami show. Let's go to the animal origami show.

（观看视频并回答问题）Let's read together.

T：Next，let's ask and answer. Is that your…?

S：Yes，it is. I made it. No，it isn't. It's…'s.

T：Next，let's play a game.

　设计意图：借助文本的情境，与同伴交流动物玩具的归属；在此基础上，进行角色迁移，初步运用核心语言进行交流，促进语言内化。从学习理解过渡到实践应用，为后面的真实表达奠定基础。在学生调查和展示的过程中，适时地渗透学科育人理念。

3.Let's design! 学生自主选择不同的生存环境（river，sea，grassland，farm，forest，desert）动物，分组设计关于动物的作品，并运用对话中的核心语言进行分组展示，互动交流中强化整体认知。

⟳ 设计意图：帮助学生在迁移的谈论动物的语境中，创造性地运用所学语言，根据不同环境给动物进行分类。引导学生合理搭建语言框架，有效进行语言输出，提高学生的综合语言运用能力。

Period 3 We have some living goods.

【课时对应的子主题】生活与学习

【适用年级】五年级

【语篇类型】日常简短对话

【语篇研读】

What：语篇为学生们课后日常对话。Lisa，Gao Wei，Peter 和 Kate 在讨论他们要寄给希望小学的生活物品的场面。学生们在学习、理解对话内容的过程中，积累、运用、拓展与生活物品相关的语言经验，发展其语言能力。

Why：描述几个孩子在放学后，讨论生活物品归属的对话，教师及时教育引导学生养成良好的生活习惯，离开时注意携带随身物品，不要丢三落四。

How：该对话是谈论生活物品归属的简单对话，涉及生活物品词汇，如 umbrella、fan、sun cap、camera；以及描述物品归属的核心语言：Whose umbrella is this? It's Peter's umbrella. 该对话情节较为简单，学生易于理解，也便于学生在学习过程中开展自主探究等学习活动，具有现实意义和教育意义。

【课时目标】

1. 在询问物品归属的真实情境中进行日常交流，获取、梳理出所使用的生活物品，熟练运用句型 Whose…is this? 来提问，能根据实际情况用正确的形式进行回答。（学习理解）

2. 在对话情境中，根据教师所给的图片信息，运用 Whose…is this? It's…umbrella. Is it your…? Yes, it is./No, it isn't. 找到物品的归属。（应用实践）

3. 在小组合作设计不同的物品，运用核心句型在组内进行讨论，再向全班进行分享展示。（迁移创新）

【教学过程】

1.Let's enjoy and think! 学生视听短诗 Love，思考并讨论我们该为希望小学的孩子做些什么。教师提出的问题，Q：What do we do for children in Hope School?

2.Let's watch and talk!

（1）学生观看对话视频，获取与梳理生活物品 umbrella，fan，sun cap，camera。

（2）学生看图观察这几个小朋友的生活用品，运用语言支架 Whose…is this? It's…umbrella. Is it your…? Yes, it is./No, it isn't. 找到他们各自的生活物品。

3.Let's chant! 学生根据对话内容和信息提示补全歌谣文本,并借助伴奏进行歌谣表演。

4.Let's read and act!

(1)学生听录音跟读、分角色朗读对话,关注语音、语调、节奏、连读、重读等语言现象。

(2)学生基于对话内容,以角色扮演的形式表演本课内容,内化与运用所学语言,促进情感共鸣。

➡ 设计意图:以谈论给希望学校捐赠生活用品为依托,借助文本梳理出孩子们的生活用品,引导学生实现从大意到细节的逐步理解和深化,基于文本理解,学生还通过参与细致模仿、分角色朗读、角色扮演等活动进行准确性和流畅性练习,并基于语调、节奏等多种语言现象体会人物情感,树立良好的生活习惯。

5.Listen and fill in the blanks. 学生们根据所听到的内容,完成文本的填空。

6.Let's talk! 学生两人一组观察桌面上的生活物品,并运用 Whose...is this? It's...umbrella. Is it your...? Yes, it is./No, it isn't. 找到物品的归属。

➡ 设计意图:引导学生结合所给的生活物品,联系自己的生活实际将语言学习从学习理解过渡到实践应用,既帮助学生在对话情境中实现语言内化,又充实文化知识储备,为其后的真实表达奠定基础。

7.Let's think! 学生自主选择要给希望小学捐赠的生活物品,并且进行小组内讨论,为什么要选择这个物品。

8. 小组活动的时候,师生运用对话中的核心语言引导学生整理好自己的生活物品。

➡ 设计意图:帮助学生从文本走向真实生活,引导学生在真实的语境中灵活运用所学语言知识进行交流,逐步加深对主题意义的认知。

Period 4 Welcome to the Hope School.

【课时对应的子主题】学习与生活的自我管理,同伴交往,友好互助

【适用年级】五年级

【语篇类型】日常对话

【语篇研读】

What: 语篇围绕 Li Yan 等人到达希望小学,给那里的小朋友捐赠一些生活和学习用品展开,Li Yan 等和希望小学的小朋友就捐赠的礼物展开对话。

Why: 描述两所学校的小朋友们就赠送的学习和生活物品展开对话,在这一过程中,孩子们分享了作品以及物品背后的意义。引导学生通过一个个物品来传递爱,感受爱,体会美好的生活。

How: 对话贴近学生的日常生活,涉及欢迎的表达:Welcome to our school. Thank you!

描述物品的词汇：schoolbag, dictionary, animal toys, camera, cow；以及询问以及物品归属时使用的核心语言："Is this your…?/Is that your…?" 并根据实际情况用 Yes, it is./No, it isn't. 进行回答。Whose…is this?/Whose…is that?/Whose…is it? 询问物品归属，并能用名词所有格来回答。

【课时目标】

1. 借助文本插图和音频，理解对话大意，以 Li Yan 等同学为希望小学的小朋友捐赠的物品为线索，梳理关于询问、介绍物品以及所属的的语言。（学习理解）

2. 在教师的引领下，学生根据语篇情境进行角色扮演，内化并熟练运用核心语言 "Is this your…?/Is that your…? Whose…is this?/Whose…is that?/Whose…is it?" 询问、介绍物品以及所属。（应用实践）

3. 通过仿写 chant、创编对话等活动，深入探讨物品背后的意义和同学之间美好的友谊，培养团结意识，表达爱物品，爱别人的情感。（迁移创新）

【教学过程】

1. 学生回顾上一课的主题情境，学生在教师的引导下进行头脑风暴，回忆前几节课所提到的物品，说出表示物品的单词。

2. 学生在教师呈现图片的提示下，运用 "Welcome, Thank you. Nice to meet you." 等句型问候彼此。

3. 学生视听对话，问题驱动，整体感知文本，梳理关键信息，补全短文内容。

4. 学生再听对话文本，细致模仿，关注语音语调、节奏、连读、重读等，培养语感的同时加深对课文知识的理解和记忆。教师引导学生进行同伴间分角色练习并表演对话。

△突出文化意识的培养。活动 1、2：将语篇内容与实际生活相结合，观察、思考不同物品的特点和用途，根据自身生活经验，使用简单的短语和句子介绍自己的物品，倾听他人想法，乐于参与合作活动。

△融合思维品质的培养。活动 3、4 通过提问引导学生仔细捕捉关键信息，运用已有知识进行猜测和推理，激发学生的兴趣、观察力以及逻辑分析能力，辅助对本课语篇的意义的理解。

➔ 设计意图：帮助学生回顾已有知识，属于学习理解层次。教师引导学生说出物品名称，活跃学生的思维，唤醒学生对物品的相关知识的记忆，学生通过积极思考理解物品和物品归属的词汇，为本课的学习奠定基础，真正实现文本来源于生活。

5. 学生谈论自己的物品和物品归属。

△突出文化意识的培养。活动 5 根据语篇主题，创设情境，鼓励学生积极参加，引导学生运用核心语言介绍物品和物品归属情况。

△融合学习能力的培养。活动 5 借助图片，学生能够积极与他人合作，注意倾听，敢于

表达,共同完成学习任务,加深对语篇内容的理解,获得了学习能力上的提升。

⮕ 设计意图:借助文本的情境,与同伴交流物品归属;在此基础上,进行角色迁移,初步运用核心语言进行交流,促进语言内化。从学习理解过渡到实践应用,为后面的真实表达奠定基础。在学生调查和展示的过程中,适时地渗透学科育人理念,帮助学生认识助人的意义。

6. 学生在教师创设的设计物品的情境中,通过小组合作的形式交流展示。

语言支持:Look at the…Is this your…? Is that your…? It's nice/beautiful…
We like…

△ 融合思维品质的培养。活动6给出语言框架,设置开放性的答案,有目的的引导学生思考不同选择的差异性,学会换位思考看待问题。激发学生思辨,初步建立学生的辩证思维。

⮕ 设计意图:帮助学生在迁移的谈论物品的语境中,创造性地运用所学语言,介绍物品以及它们的归属。引导学生合理搭建语言框架,有效进行语言输出,提高学生的综合语言运用能力、发展语用能力,帮助学生认识物品的意义。

Period 5　Talk about Animals in the Hope School.

【课时对应的子主题】了解野生动物;喜爱动物
【适用年级】五年级
【语篇类型】配图故事
【语篇研读】

What:语篇为配图故事。本课对话主要探讨海洋动物 whale 鲸。包括鲸的外观,鲸的能力,鲸与鱼的区别,鲸的类群归属等内容。学生们在学习、理解对话内容的过程中,积累、运用、拓展与鲸的相关的语言经验,发展其语言能力。

Why:通过描述海洋动物鲸,学生了解鲸长得像鱼,但不是鱼。鲸是哺乳动物。哺乳动物和卵生动物的区别。引导学生了解动物是人类的朋友,我们要关爱动物。

How:本课时的文本分为三部分,第一部分介绍了鲸和鱼的区别,以及鲸的生活环境和能力。Where does a whale live? 第二部分介绍了卵生动物主要使用核心语言:lay eggs。第三部分介绍了哺乳动物。使用语言:give birth to,mammal 等。

【课时目标】

1. 在看、听、说的活动中,获取鲸的基本信息。例如鲸长得像鱼,但不是鱼。鲸是哺乳动物。哺乳动物和卵生动物的区别。(学习理解)

2. 在教师指导下,能根据提示选择正确的信息。能够提炼文章的重要信息,学生对鲸

进行简单描述。（应用实践）

3. 在小组活动中，通过搜集整理，向希望小学的朋友介绍我国具有特色的动物信息。
（迁移创新）

【教学过程】

1. 以旧知引新知，获取不同的动物信息。

（1）游戏导入，激发学生学习动机

T：How are you today? You are nice, you are happy, I am glad too because today I bring you a box. This is a magic box. Many animals are in it. Let's open it. Wow! Animals become magic cards! Let's play a guessing game, Look and say. OK?（我要拿一个魔法棒演绎）

Tiger, excellent, butterfly, elephant, panda, penguin.

What's this? Look at me. It can walk like this（做企鹅走路姿势）So it's the… wonderful penguin. You are really good at playing games. Show me your hands, wonderful.

T：What's your favorite animal?

（2）通过五指图，获取语言支架，帮助学生梳理关键句型，以旧知引新知。在真实的语言情境中复习旧知。

T：If you want to introduce an animal. What facts can you introduce to them?

S：feature, appearance, home, ability,

🔁 设计意图：基于游戏情境，学生借助图片，复习所学表示动物的单词，以旧知引新知，为本课学习做好铺垫，激活已有知识。学生说出动物习性表达，培养了学生探索英语知识，自主学习英语，大胆开口说英语的能力。教师从学生的实际生活出发，在词汇教学中，借助图片加深对单词的理解。

2. 通过对文本内容有效与预测，培养学生分析和判断的能力。基于语言情境，使学生感知、理解关键句型和单词。

T：Today we invite a friend animal. Who is it? S：It's a whale.

T：What do you think of it? If you write a whale, what facts will you write?

S：feature, appearance, home, ability, food.

🔁 设计意图：讲授单词和句型，给予学生一定语言支撑，丰富学生语言的表达方式，给出图片进行有效预测，提升学生感知与理解的能力，更有针对性地梳理关键句型，为学习本课对话做好铺垫。

3. 梳理文本，学生通过分析，判断学习文本内容。基于文本，形成概括与整合能力。

T：How do mother animals get their baby animals? Look at the video.

S：They give birth to the babies.

T：What are they called?　　　　S：They are called mammals.

T: Does a fish lay eggs?   S: Yes, it does.

T: How do they get a baby?   S: lay eggs/give birth to.

T: Let's look at its feature. Why isn't a whale a fish? What does it look like?

S: It looks like a fish. Fish lay eggs. A goldfish lays eggs. A crab lays eggs, too. A whale does not lay eggs. A dolphin doesn't lay eggs, either.

T: How about its appearance? How big is a baby whale?

S: A mother whale gives birth to a baby whale. Do you know that a baby whale is about 4—5 meters long?

T: Let's look at his whale. Where does a whale live?   S: It lives in the sea.

T: Let's think its ability. What can it do?   S: It can swim.

🔵 设计意图：1.2022 版英语课程标准指出：要由英语教学到英语教育，此环节既注重了对学生听和认读的导，又侧重了学法的指导。2. 生词和重点句型的学习和操练采取视频的方式引导学生主动参与到课堂教学之中。3. 通过小组活动和绘本阅读，凸显主题意义，凸显育人价值。

Period 6　Whose dog?

【课时对应的子主题】描述动物 Describing Animals

【适用年级】五年级

【语篇类型】语篇故事

【语篇研读】

What: 通过讲述小女孩 Li Na 为走失的小狗找回主人的故事，传达"爱护动物，助人为乐"的主题意义。

Why: 通过讲述小女孩带走失的小狗回家的故事，培养读者照顾宠物的责任感，鼓励读者学习小主人公爱护动物与热心助人的品质。

How: 全文共分为三个部分，第一部分是事情的起因，即小狗在公园遇见故事的主人公 Li Na；第二部分为事情的经过，Li Na 带着小狗成功找到了家，找回了主人；第三部分是事情的结果，小狗的主人公赠予 Li Na 一只新生的小狗。文章用 Whose dog... 来询问狗主人是谁，在询问路人时，文章用了 Is this/that your dog?

【课时目标】

1. 学习理解：用特殊疑问词 whose 来询问物品的所属，并用名词性物主代词来回答。

2. 应用实践：在故事情境中，借助图文和音频，提取小女孩帮助小狗回家的信息，以 story map 的形式梳理和归纳故事要素，如：事件发生的地点、人物、经过，以及问题的解决办法和结果等。

3.迁移创新：学生借助 story map 讲述小女孩帮助小狗回家的故事经过。

【教学过程】

Let's look and discuss! 教师展示文中小狗的图片,描述小狗的外形,联系实际就养狗问题展开讨论。

Q1：What does the dog look like?

Q2：What is the dog chain for?

Q3：Do you like dogs? Do you have one?

第一部分：与小狗相遇。

1.Let's predict! 学生观察并提取文本信息,预测故事情节。

Q：Who is in this story?（Characters）

2.Let's read and talk!

（1）学生在教师的引导下通过阅读第一部分内容并回答问题。

第一部分：与小狗相遇。学生阅读第一部分内容,回答问题。

Q1：Where is it?（Setting）

Q2：What is Li Na doing?

Q3：Is this the girl's dog?（No,the dog is lost. Problem）

Q4：What are they doing?（playing together）

Q5：How does the girl feel?

（2）学生猜测人物对话。

Q：What is the girl asking?（What's your name? Whose dog are you? Where do you live?）

（3）学生在教师的引导下,跳出文本讨论,想帮助一只走失的小狗有哪些方法。

Q：What can you do to help a lost dog?（Solutions）。

第二部分：带小狗寻家。

1. 学生阅读全文,回答下列问题。

Q1：Whose dog is this?

Q2：How does the girl find the dog's home?

Q3：What do you know from the notice?

Q4：What does the girl do after reading the notice?

第三部分：小狗回家后。

2. 学生阅读最后一部分,猜测小女孩与小狗主人的对话,观察小狗到家后,Li Na、小狗主人一家的表情并分析原因。提问建议。

Q1：What will the girls say?

Q2：How does the girl/owners feel?

Q3：How can we help the girl be happy again?

Q4：What are the puppies doing?

Q5：Which puppy will the girl choose? Why?

Q6：How does the girl feel at the end?

➲ 设计意图：通过描述小狗的外形，为后面对照寻狗启事做好认知准备，讨论养狗问题则是激活已知经验。学生在阅读的过程中，通过略读，精读，深入思考并回答问题、预测对话，在真实的语境中学习本书的重点词汇与句型，强化理解。

Activity 1 学生听录音并进行指读。

Activity 2 学生根据板书提示，复述故事。

Activity 3 提取文本信息，评价主人公 Li Na。

➲ 设计意图：学生通过复述故事、评价故事人物来强化文本理解，增强与文本的互动，建立知识结构，提高总结概括能力。

Activity 1 学生为主人公领回来的小狗制作一个二维码的名牌挂在狗链上。

What kind of information should we have on the QR code?

Activity 2 把书中的内容与现实生活进行关联，可以是 text to text，text to self，text to world 的任意一种，并写、画出来。

举例：Q：What happened in the story? Do you know a similar story?

➲ 设计意图：帮助学生从文本走向真实生活，故事迁移：举一反三，综合语用，引导学生在真实的语境中灵活运用所学语言知识进行交流，逐步加深对主题意义的认知，学生可结合自己实际生活经历，或者报纸、新闻、电视剧等等中看过的寻狗启事，培养想象和创新能力。

✓ **五年级上册 Unit 6　教学设计**[①]

Period 1　It's a grapefruit

【课时对应的子主题】人与自我；生活与学习；身边的事物与环境

【适用年级】五年级

【语篇类型】日常对话

---

① 本文作者：天津外国语学校南普小学　刘玉娇。

【语篇研读】

What：语篇为小学生日常对话，内容围绕小男孩在植物园看到柚子树和椰子树时与母亲的对话展开，对于这是什么水果，那是什么水果进行提问，询问母亲自己是否也能买一个柚子和椰子，并得到了母亲肯定的回复。

Why：描述男孩与家长之间的对话，使学生进一步了解如何询问远处和近处的事物，培养学生他人的东西不能随便拿，关注和学习如何向他人表达自己也想拥有某样东西的需求，使学生思考并分析两者之间的表达异同。

How：对话是比较典型的日常对话，涉及与水果相关的词汇，如 coconut，grapefruit，Hami melon 以及询问近处的物品与远处的物品的句型表达，如：What's this? It's a pear./What's that? It's a watermelon. 询问是否能够拥有一个的交际用语，如：Can I have one? Yes，I'll buy one for you. 该对话情节简单，易于理解，具有现实意义。

【课时目标】

1. 在看、听、说的活动中，获取、梳理对话中，对近处和远处的事物提问的表达。（学习理解）

2. 在教师的帮助下，通过活动与分角色表演对话的方式，运用所学单词和句型转述和介绍两种树的位置以及具体是什么品种的树，能在实际情况中表达自己想要某物的需求。（应用实践）

3. 在小组活动中，通过自编对话，交流比较远近的两个物品，并介绍自己喜欢并且想要拥有的水果或物品。（迁移创新）

【教学过程】

1.Let's look and predict.

学生基于图片和已有经验，在教师的启发下，预测对话内容，感知新语言，如：What's this? It's a… What's that? It's a… Can I have one?

2. Let's watch and say.

学生观看对话视频，验证预测，理解对话大意，根据图片，学习理解，coconut，grapefruit，Hami melon 等单词。以及 What's this? It's a… What's that? It's a… 句型。

3.Let's watch and find!

（1）学生观看对话视频，获取与梳理近处的水果为 grapefruit，远处的水果为 coconut。

（2）学生从文中继续寻找询问我是否可以有一个该物品以及肯定回答的表达：Can I have one? Yes，I/We will buy one for you/in the shop.

（3）通过猜谜游戏引出 Hami melon 单词的学习与理解。

4.Let's chant! 学生根据对话内容和信息提示补全歌谣文本，并借助伴奏进行歌谣表演。

What's this? What's this? It's a grapefruit.

What's this? What's this? It's a coconut,

What's that? What's that? It's a hami melon.

Can I have one? Can I have one?

Yes, Yes, I'll buy one for you.

Yes, Yes, We'll buy one for you, for you!

5. Let's read and act!

（1）学生听录音跟读、分角色朗读对话，关注语音、语调、节奏、连读、重读等语言现象，体会小男孩面对新事物时好奇、惊喜的感觉。

（2）学生基于对话内容，以角色扮演的形式表演本课内容，内化与运用所学语言，促进情感共鸣。

⟳ 设计意图：帮助学生在语境中理解对话内容，学习对话中的词汇和核心语言。学生观看对话视频，从大意到细节逐步理解对话内容。在词汇学习中，学生在教师指导下发展拼读能力，积累并拓展词汇。学生通过跟读和分角色朗读对话，进一步理解对话内容，内化语言，为语言输出奠定基础。

6. Let's play! 学生根据拼图碎片，将拼图拼完整，在小组活动中进行对话表演，视听有关水果的视频，初步认识到的意义与价值。

7. Let's act! 学生在教师指导下，梳理，归纳对话的核心语言，并根据教师的板书，进行图片替换，开展同伴问答活动。

参考语言：What's this? It's a… What's that? It's a…

Can I have one? Yes, I'll buy one for you.

⟳ 设计意图：引导学生在归纳整理核心语言的基础上，通过角色扮演使每位学生都能深入角色。程度好的学生还可以尝试使用进一步提问的方式介绍已知的水果名称，促进语言内化，从学习理解过渡到英语实践，为后面的真实表达做准备。

8. 学生在教师指导下，进行小组合作，评价小男孩的行为。丰富语言，体会对话背后的含义，引导学生感悟对他人物品好奇的时候要理性对待。理智地询问家长自己是否可以获得，如何才能获得。

9. Let's design. 创设全新场景，介绍场景里的物品（食物、衣服，玩具等），运用所学语言编写对话。

⟳ 设计意图：帮助学生在迁移的语境中创造性运用所学语言，交流单数可数名词事物的位置，通过设计一个场景，介绍场景里的物品，发展语用能力，初步形成空间位置的概念，能比较语篇中的人物，行为，事物或观点间的相似性和差异性，并做出正确的价值判断。在实际教学过程中，教师可以根据不同水平学生的需求，将教学活动留作家庭作业，及时上交进行批改与反馈。

【作业设计】

Period 1　Homework
Activity Card

1.Must—do Tasks

基本要素	具体内容		
作业内容	1. Listen to the dialogue and read it. 2. Make a new chant.		
形式和类型	形式	听–说□　听–写□　读–写□　其他□	
	类型	基础型□　拓展应用性□　实践型□	
作业时长	___5___ 分钟（建议时长 5—10 分钟）		
完成方式	独立完成□　合作完成□		
提交时间	当天完成□　____天后□		
评价标准	能够流利的朗读出对话。 编写歌谣流畅并朗朗上口。	☆ ☆ ☆ ☆ ☆ ☆ ☆ ☆ ☆ ☆ ☆ ☆ ☆ ☆ ☆ （自我评价）	☆ ☆ ☆ ☆ ☆ ☆ ☆ ☆ ☆ ☆ ☆ ☆ ☆ ☆ ☆ （小组评价）
	（教师评价）　Good □　Super □　Excellent □		

2.Optional Task

基本要素	具体内容		
作业内容	ind all kinds of the tree of fruit.		
形式和类型	形式	听–说□　听–写□　读–写□　其他□	
	类型	基础型□　拓展应用性□　实践型□	
作业时长	___10___ 分钟（建议时长 5—10 分钟）		
完成方式	独立完成□　合作完成□		
提交时间	当天完成□　____天后□		
评价标准	能够较好的完成所留任务。	☆ ☆ ☆ ☆ ☆ ☆ ☆ ☆ ☆ ☆ ☆ ☆ ☆ ☆ ☆ （自我评价）	☆ ☆ ☆ ☆ ☆ ☆ ☆ ☆ ☆ ☆ ☆ ☆ ☆ ☆ ☆ （小组评价）
	（教师评价）　Good □　Super □　Excellent □		

Period 2　Is it a cherry?

【课时对应的子主题】人与自我；生活与学习；身边的事物与环境

【适用年级】五年级

【语篇类型】日常对话

【语篇研读】

What：语篇为日常简单对话，内容围绕学生观看魔术表演展开。在魔术表演中，魔术师问学生近处的物品是什么，学生用疑问的语气回答是樱桃吗？答案是正确的。魔术师又询问远处的物品是什么？学生再一次回答是樱桃吗？答案是错误的。通过魔术师的魔术两者进行了交换。

Why：描述学生们与魔术师之间的对话，使学生进一步了解如何使用特殊疑问句和一般疑问句，使同学们对新鲜事物产生好奇心，对现阶段难以理解的事情有求知探索的欲望。

How：对话属于特定场合下的对话类型，涉及与水果相关的词汇，如 cherry，strawberry，star fruit 以及询问近处的物品与远处的物品是否是某物的疑问句句型表达，如：Is this a…? Yes，it is. Is that a…? No，it isn't. 对话情节简单，易于理解，具有现实意义。

【课时目标】

1. 在看、听、说的活动中，获取、梳理对话中，对近处和远处的事物是否是某物的提问表达。（学习理解）

2. 在教师的帮助下，通过活动与分角色表演对话的方式，运用所学单词和句型转述和介绍魔术师将哪种水果进行了变换。（应用实践）

3. 运用相关的语言表达方式，与同伴角色扮演，谈论魔术表演（迁移创新）

【教学过程】

1.Let's look and predict.

学生基于图片和已有经验，在教师的启发下，用一般疑问提问的方式激活已知。

如：Is this a…? Yes，it's a… Is that a…? No，it's a…

2.Let's watch and say.

学生观看视频，验证预测，理解对话大意，根据图片学习理解 cherry，strawberry，star fruit 等单词。以及 Is this a…? Yes，it's a… Is that a…? No，it's a… 句型表达。

3.Let's watch and find!

（1）学生观看对话视频，获取与梳理哪两种水果进行了交换

（2）学生学会提取关键信息，提高捕捉信息的能力。

4.Let's read and act!

（1）学生听录音跟读、分角色朗读对话，关注语音、语调、节奏、连读、重读等语言现

象，体会小男孩面对新事物时好奇，惊喜的感觉。

（2）学生基于对话内容，以角色扮演的形式表演本课内容，内化与运用所学语言，促进情感共鸣。

🔵 设计意图：提高学生的学习主动性与积极性，帮助学生尽快进入学习状态。学生在真实的语境中，轻松、自然地进入到上课的状态，学生在教师的指导下，通过回答问题，观看视频，分角色朗读的方式，学习新知识，建立语言之间的联系，获取具体信息，理解主要内容。

5.Let's play! 学生在根据老师的指导，以及本课的重点句型。自己用盒子装一个水果让搭档猜，并告诉他猜得是否正确。

6.Ask and answer

学生通过闻味道，尝味道的方式，猜水果的名称，能够更加立体地感知水果的特征，通过目标语言的运用，更好地进行交流。

参考语言：What do you have? Close your eyes. Smell it./Taste it. Is it …?

Yes, it is./No, It's a…

🔵 设计意图：引导学生在归纳整理核心语言的基础上，拓展语用环境，为学生提供更多的场合与素材，学生结合真实的语境，所给的线索，合理运用功能语句在确定是否为某物。使学生乐于参与到英语时间活动，内化语言，从学习理解过渡到应用实践，为后面的真实表达做准备。

9.Let's design.（PBL）

设计一场魔术秀，学生进行简单的项目化设计，如何办好一场别开生面的魔术秀，需要设计什么节目，准备哪些物品进行表演，为魔术师设计台词。

🔵 设计意图：帮助学生在迁移的语境中，创造性地运用所学语言，交流魔术表演计划，从课本走向生活，在解决问题的过程中，提高语言的理解能力和表达能力，提高思维品质，培养核心素养。

Period 3　They are lychees.

【课时对应的子主题】人与自我；生活与学习；身边的事物与环境

【适用年级】五年级

【语篇类型】日常对话

【语篇研读】

What：语篇为小学生日常对话，内容围绕 Kate 和弟弟与母亲在水果超市购物展开。Kate 和弟弟向妈妈有礼貌地表达想要买一些葡萄，龙眼和荔枝意愿，母亲愉快地答应了。

Why：描述孩子们与家长之间的对话，使学生进一步了解名词复数的表达，培养学生学会生活，热爱生活，了解自己的喜恶，得体地表达自己的需求。

How：对话是比较典型的日常对话，涉及与水果相关的单、复数词汇，如 a longan；longans；a lychee；lychees 以及询问近处与远处的复数物品的句型表达，如：What are these? They're grapes./What are those? They're apples. 询问是否能够拥有一些的交际用语，如：Can I/we have some…? Yes,/Sure. 该对话情节简单，易于理解，具有现实意义。

【课时目标】

1. 教师通过创设超市情景，引导学生在看、听、说的活动中，通过获取、梳理对话，学习 a longan；longans；a lychee；lychees 等词汇以及 What are these? They're… /What are those? They're… 等句型，对近处和远处的事物提问的表达，建立知识间的关联，形成新的知识结构，感知并理解。（学习理解）

2. 在教师的帮助下，通过小组活动与分角色表演对话的方式，内化所学单词和句型加深对对话的理解，在实际情况中运用重点单词和句型。（应用实践）

3. 在小组活动中，通过自编对话，创编思维导图的活动中，联系个人实际情况，运用所学内容解决现实生活中的问题。（迁移创新）

【教学过程】

1.Let's sing.

学习关于水果的歌曲，激发学生学习兴趣，促进学生更好地参与到课堂中。

2.Let's look and say.

根据图片，激活已知。

T：What are they? S：They're oranges/apples/bananas/lemons.

3.Let's watch and find!

（1）学生观看对话视频，获取与梳理近处的水果复数为 longans，远处的水果为 lychees。（重点强调 lychee 有两个发音）通过图片进行强化。通过教师提问，学生进一步梳理课文。What are these? They're… What are those? They're…

（2）学生从文中找到重点句型询问我/我们是否可以拥有该物品以及肯定回答的表达：Can I/we have some…? Yes/Sure.

4. 教师引导学生跟着音频跟读模仿语音语调，引导学生跟着视频注意模仿主人公的动作表情。

5.Let's do the role play!

（1）学生听录音跟读、分角色朗读对话，关注语音、语调、节奏、连读、重读等语言现象，体会自己的喜恶，学习如何得体地表达自己的需求。

（2）学生基于对话内容，以角色扮演的形式表演本课内容，内化与运用所学语言，促进

情感共鸣。

⟳ 设计意图：帮助学生深入理解对话内容，掌握对话中的重点词汇和核心语言，属于学习理解的层次。创设贴近学生生活的情境，引导学生通过观察和视听对话，从语篇到句子再到词汇全面理解对话内容。词汇学习的环节中，教师引导学生拓展水果词汇。学生通过模仿、跟读和分角色朗读，能够正确、流利地朗读对话，深入地理解对话内容，将语言内化吸收，为培养良好的语音语调和语用能力打下坚实的基础。

6.Let's make a mind map! 学生整合所学关于水果的单词，进行思维导图的制作，将单词的单复数进行区分，内化所学单词与句型。

7.Let's do the survey 学生在教师指导下，进行小组合作，运用核心语句进行调查问卷，将所学知识融入到日常生活中。

⟳ 设计意图：引导学生通过绘制思维导图以及调查问卷的活动，将核心语言知识内化于心中，属于应用实践类活动；这两个活动可以创造更加丰富、立体的语言学习环境，提高学生的语言运用能力和思维发展。

8.Group work 学生在教师指导下，进行小组合作，评价 Kate 和弟弟的表现。丰富语言，体会对话背后的含义，引导学生了解并勇于表达自己的喜恶。

9.Let's design.

创设全新场景，介绍场景里的物品（食物，衣服，玩具等），编写对话。

⟳ 设计意图：激发学生创造性思维的发展，提高英语学习的主动性，巩固所学单词，将所学内容进行迁移创新，培养学生用英语解决问题的能力。

Period 4　What would you like?

【课时对应的子主题】人与自我；生活与学习；身边的事物与环境

【适用年级】五年级

【语篇类型】日常对话

【语篇研读】

What：语篇为配图故事，内容围绕小猴子 Mickey 与伙伴们的对话展开，小猴和小猫在路边看到水果树问小鸭子农民是什么树，小猴子在餐厅点果汁的故事。

Why：描述小猴子与小鸭子农民、小熊服务生在沟通的过程中学习了解各种水果的名称，在幽默风趣的氛围中，使学生进一步整合本单元重点内容，培养学生与陌生人沟通的能力，促使学生将所学核心语言运用到生活中，解决实际问题。

How：对话是配图故事，涉及与水果相关的词汇包括单数与复数的表达，如 banana, bananas, lychee, lychees, longan, longans, cherry, strawberry, apple, peach, watermelon, coconut.

以及询问你想要……? 及回答的句型表达,如:Would you like some…? Yes,I'd like… 通过重点知识的学习,强化学生的思维品质。

【课时目标】

1. 在看、听、说的活动中,获取、梳理对话中,理解水果相关的词汇包括单数与复数的表达,如 banana,bananas,lychee,lychees,longan,longans,cherry,strawberry,apple,peach,watermelon,coconut. 以及询问你想要……? 以及回答的句型表达,如:Would you like some…? Yes,I'd like…(学习理解)

2. 在教师的帮助下,通过小组活动与自编对话,运用所学单词和句型复述小猴子的一天经历了什么样的事,能在实际情况中向陌生人表达自己的需求。(应用实践)

3. 在小组活动中,通过实践活动,交流如何在饭店或者公共场所点菜。(迁移创新)

【教学过程】

1.Let's look and predict.

学生基于图片和已有经验,在教师的启发下,预测对话内容,感知新语言,如:What does Mickey see? What are these? What are those? What would Mickey like?

2.Let's listen and say.

学生观看对话视频,验证预测,理解对话大意,理解文章大意。

3.Let's watch and find!

(1)学生观看对话视频,获取与梳理文章逻辑。

(2)学生从文中了解如何与陌生人进行交流,表达自己的需求,将核心语言应用到实际生活中。

4.Let's read and act!

(1)学生听录音跟读、分角色朗读对话,关注语音、语调、节奏、连读、重读等语言现象,体会小男孩面对新事物时好奇,惊喜的感觉。

(2)学生基于对话内容,以角色扮演的形式表演本课内容,内化与运用所学语言,促进情感共鸣。

🔄 设计意图:帮助学生在语境中理解对话内容,学习对话中的词汇和核心语言。学生在教师指导下提高语言知识,积累并拓展词汇。学生通过跟读和分角色朗读对话,进一步理解对话内容,内化语言,为语言输出奠定基础。

5.Let's check! 学生根据音频将图片排序,内化本节课重点单词和句型,进一步加深对本课重点知识的理解。

6.Let's write! 学生在教师指导下,梳理,归纳对话的核心语言,并根据教师的板书,完成点餐任务。

🔄 设计意图:引导学生在归纳整理核心语言的基础上,通过课堂练习与写作练习活动增强学生语言运用能力，深度理解语篇意义。促进语言内化，从学习理解过渡到英语实践，为后面的真实表达做准备。

7.Group work 学生小组合作，创编对话，促成学习知识的迁移。

Let's do the survey. 学生化身小厨师，询问同学们爱吃的实物和饮品，完善表格。

Name	Food

⊙ 设计意图：帮助学生在迁移的语境中创造性运用所学语言，交流表达自己的需求，能比较语篇中的人物，行为，事物或观点间的相似性和差异性，并作出正确的价值判断。在实际教学过程中，教师可以根据不同水平学生的需求，将教学活动留作家庭作业，及时上交进行批改与反馈。

Period 5　Kiwi Fruit

【课时对应的子主题】人与社会；历史、社会与文化
【适用年级】五年级
【语篇类型】配图说明文
【语篇研读】

What：语篇为"趣味百科"小短文以"猕猴桃 Kiwi Fruit"作为主题内容，主题内容，介绍了有关猕猴桃的起源，名称变化等。同时，对"kiwi"一词及相关知识和猕猴桃的营养价值等知识做了介绍，从而呼应了本册书第一单元趣味百科曾介绍学习过的国家"新西兰".

Why：描述 Kiwi fruit 的起源、别名，名字由来，还有其他以 kiwi 命名的物品。以及 Kiwi fruit 的营养价值。教师通过课堂活动，使学生全方位、多角度地了解新西兰国家喜欢用 kiwi 命名的原因，对比中西文化，了解中西差异，涵养家国情怀。

How：对话是趣味短文，通过略读，抓住文章大意和主题句，明确作者态度和意图，通过跳读，快速查找某一相关信息，培养阅读时"一目十行"的能力，通过精读，获取具体信息，进一步了解 kiwi 相关知识，进行内化与理解。

【课时目标】

1.在精读，与略读的活动中，获取文章中的基本信息，（如 Kiwi fruit 的起源、别名，名字由来、明确其他以 kiwi 命名的物品），梳理，概括新西兰的特点，借助可视化图形呈现结构化知识。（学习理解）

2.基于结构化知识，描述 Kiwi fruit 的起源、别名，名字由来、明确其他以命名的物品，

能够将文章进行复述下来。（应用实践）

3. 在小组活动中，通过实践活动的方式，模拟小记者，采访不同国家人们对本国特色的介绍。（迁移创新）

【教学过程】

1.Let's watch a video.

播放关于新西兰国家的视频，学生逐渐进入学习本课的状态。

2.Let's listen and answer.

学生听音频，回答问题，理解文章大意。

Q：Where does kiwi fruit or the kiwi bird come from? Do you like kiwi fruit?

What is your favourite fruit? Do you think it has vitamin C in it?

Which fruit has the most vitamin C?

3.Let's watch and find!

（1）学生观看语篇视频，获取与梳理文章逻辑。

（2）学生从文中了解文章大概意思，培养自上而下的阅读方法，进一步获取准确信息，标出核心词汇和句子。

4.Let's read!

（1）学生听录音跟读、关注语音、语调、节奏、连读、重读等语言现象，体会不同国家文化的不同特征。

（2）学生基于语篇内容，内化与运用所学语言，了解文化差异，提升语言能力，促进情感共鸣。

🡒 设计意图：帮助学生在语境中理解对话内容，学习对话中的词汇和核心语言。在词汇学习中，学生在教师指导下提高语言知识，积累并拓展词汇。学生通过跟读和分角色朗读对话，进一步理解对话内容，为语言输出奠定基础。

5.Let's fill in the blank! 学生根据所给线索，将空白处填写全。

New Zealand is the _____ Western country to grow this fruit.Anything from New Zealand _____ " kiwi" .There are _____ ,_____ ,_____ and _____ .

6. Let's make a mind map! 学生制作新西兰国家的思维导图。

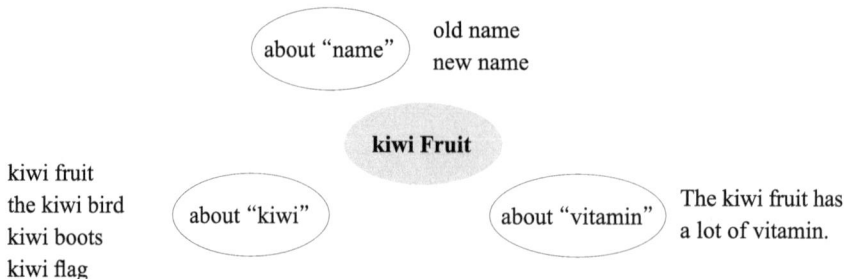

○ 设计意图：引导学生在归纳整理核心语言的基础上，通过课堂练习与写作练习活动增强学生语言运用能力，深度理解语篇意义。促进语言内化，从学习理解过渡到英语实践，为后面的真实表达做准备。

7.Thinking tasks

在前面精读及读后活动的基础上，建议学生独立完成、最后采用小组讨论，老师提醒等方式讨论答案。有条件的班级可以邀请学生个人用三句话描述自己眼中的"Kiwi"或者"Kiwi fruit"

8.Group work 学生在教师指导下，进行小组合作，上网查找资料，找信息，编写其他国家特色文本。

○ 设计意图：帮助学生在迁移的语境中创造性运用所学语言，交流表达自己的需求，能比较语篇中的人物，行为，事物或观点间的相似性和差异性，做出正确的价值判断。在实际教学过程中，教师可以根据不同水平学生的需求，将教学活动留作家庭作业，及时上交进行批改与反馈。

Period 6　Learn to Wait.

【课时对应的子主题】人与自我；生活与学习；身边的事物与环境

【适用年级】五年级

【语篇类型】绘本故事

【语篇研读】

What：语篇以餐桌礼仪学会等待作为主题内容，介绍了李东和妈妈去饭店里点餐，刚刚点完餐，李东就不耐烦起来，便哭着闹着说自己饿了，想要快点吃饭，妈妈告知，在饭店里吃饭需要等待厨师将饭菜做好，学会等待会让好事发生。

Why：描述李东在饭店等待上菜的过程中情绪变化，以及母亲的教导孩子要学会等待的故事场景。教师通过课堂活动，使学生了解、感受餐桌礼仪的重要性，提升自身的素质，培养文明习惯。

How：对话是绘本故事，通过略读、精读，了解文章大意和主旨意义，明确作者想要表达的态度和意图，通过关键词的查找，快速了解本课重点信息，通过精读，获取具体信息，进一步了解餐桌礼仪是什么，如何进行遵守，以及遵守礼仪的重要性。

【课时目标】

1. 在精读，与略读的活动中，获取文章中的基本信息，如：地点，人物，发生的事件，其中的过程、最后的结果、学会的道理等进行梳理，借助可视化图形呈现结构化知识。（学习理解）

2. 基于结构化知识,在老师的指导下,根据文章的脉络理清故事的结构,能够复述绘本所描述的内容。(应用实践)

3. 在小组活动中,通过实践活动的方式,列举餐桌礼仪需要注意的事项,上网搜索资料,进行思维导图的绘制,如何进行社会方面的价值宣传,共建文明和谐的社会环境。(迁移创新)

【教学过程】

1. Let's watch and think.

光看图片学生预测文本内容。What are they talking about?

2. Let's have brainstorm.

读前进行头脑风暴,重思维发散 What do you know about the table manner?

激活学生已有的生活经验和背景知识,为绘本阅读提供铺垫。

3. Let's read and answer.

学生阅读绘本,提问合作,理解文章大意,深度思考与探究。

(1) Who are they?

(2) Where are they?

(3) Why does Li Dong cry?

(4) What do we learn?

4. Let's read!

(1) 学生听录音跟读、关注语音、语调、节奏、连读、重读等语言现象,体会不同国家文化的不同特征。

(2) 学生基于语篇内容,内化与运用所学语言,了解文化差异,提升语言能力,促进情感共鸣。

⟳ 设计意图:帮助学生在进行头脑风暴的过程中,进行阅读思维的培养,激发学生对问题进行提问,学会如何提问,能够通过阅读策略梳理文本脉络。学生在教师指导下,精读、略读,从大意到细节逐步理解绘本内容。在文本学习中,学生在教师指导下提高语言知识,积累并拓展词汇。学生通过整体感知故事内容的习惯,激发学生进行思考。

5. Let's talk about the story.

同学之间进行交流分享,情感渗透,升华主题。What have you learned? 进行进一步提问:What should we do when we are in the restaurant?

6. Let's retell the story!

学生根据所学,对本篇绘本故事进行复述,总结,升华。

⟳ 设计意图:引导学生对绘本内容进行整体回顾,通过提问,学生回答,鼓励学生大胆地说出自己的收获。通过文本复述,加深学生对文本内容的理解与感受。能够将本文章中的内容内化，运用到实际生活中，学习日常的餐桌礼仪。

7.Make a survey.

在前面精读及读后活动的基础上，建议学生独立完成、最后采用小组讨论，还有哪些餐桌礼仪，或者是中西方饮食文化的差异。

8.Group work 学生在教师指导下，进行小组合作，上网查找资料，找信息，制作关于餐桌礼仪的宣传手册。

➲ 设计意图：帮助学生在迁移的语境中创造性运用所学语言，交流表达自己的需求，综合性地运用信息化技术与英语教学的整合，学会小组合作，通过合作完成资料的查找与运用，与实际生活相联系，发展学生的素养。

案例四 英语五年级下册教学设计

五年级下册 Unit 1　教学设计（人教精通版）①

Period 1　Welcome to our school！

【课时对应的子主题】认识校园环境；喜爱校园

【适用年级】五年级

【语篇类型】日常对话

【语篇研读】

What：语篇为李艳带领来访团参观学校的对话。描述了李艳和高韦介绍校园的场面。学生们在学习、理解对话内容的过程中，积累、运用、拓展与校园相关的语言经验，发展其语言能力。

Why：通过描述不同校园的场景，引导学生通过观察校园，认识校园。

How：该对话是谈论校园里不同的场景，涉及校园词汇，如 library，meeting room；以及描述不同场景核心语言 Do you often come to the…? 回答 Yes，I often… 该对话情节较为简单，学生易于理解，也便于学生在学习过程中开展自主探究等学习活动，具有现实意义和教育意义。

【课时目标】

1. 借助教学媒介学历案，在谈论校园的情境中梳理场景名称（如 library，meeting room 等），运用 Do you often come to the…? 回答 Yes，I often… 描述不同场景。（学习理解）

2. 能够正确介绍所在学校的各种设施，培养学生的听力、记忆力和综合运用语言的能力。（应用实践）

3. 培养学生热爱学校，热爱学校生活的好品质及良好的审美情趣。（迁移创新）

【教学过程】

一、Warming up

Greeting：Give greeting with "Welcome to my class，again." and lead up to "Welcome to our

---

① 本文作者：天津市河北区育婴里第三小学　戴卉。

school."

二、Presentation

1.Have a race.

Group 1：说出以前学过的地点词汇：如 bank hospital hotel park zoo farm

Group 2：说出以前学过的动词短语：如：play the piano…

从两组中分别选词造句：如：I fly a kite on the farm.

2.Learn the new word "school,library,borrow books,meeting room,have a meeting" ac-cording to the pictures.

3.Use the different ways to read,retell,practise and remember the key words and phrases.

Eg：做动作，猜地点。

4.Show the picture of our school and learn the key sentences.

T：Look! This is our school. Let me show you around.

This is our library,music room,dance room. This way,please. This is our meeting room and teachers' office…

T：What can we do in the library?

read stories,read books,borrow books…

5.Ask and answer.

T：Do you often come to the library? Do you often have meetings in the meeting room?

6.Listen to the text and answer：

（1）Who shows the visitors around the school?

（2）Do the students often go to the library?

（3）Where do the students borrow the books?

（4）What do the students often do in the meeting room?

7.Listen to the text,read and act in groups .

Compare "borrow" and "lend",borrow…from 借入   lend…to… 借出

三、Practice

1.Play a game called "Fast response".

Have a race to answer the questions "What do you often do in the library（meeting room）?" quickly according to the word cards and then choose the best group.

2.Chant.

3.Let's act.

四、Production

1.Make up a dialogue with the new words and sentences.

2.Introduce more places of our school to get more new words.

➡ 设计意图：利用"组编对话"的方式发展学生语言实际运用能力。语言的运用不应只局限于文本，文本只是学习的突破口。此活动意在实际运用中丰富语言素材，学生能结合自身实际，共享更多的语言信息。

五、Assessment

1.Do exercises of Exercise Book.

2.Look at the pictures of new words to read or spell them.

【作业设计】

Period 1　Homework
Activity Card

1.Must—do Tasks

基本要素	具体内容		
作业内容	1. Read the story and fill in the blanks. What's in the school? （表格）		
形式和类型	形式	听—说□　听—写□　读—写□　其他□	
	类型	基础型□　拓展应用性□　实践型□	
作业时长	___6___分钟（建议时长 5—10 分钟）		
完成方式	独立完成□　合作完成□		
提交时间	当天完成□　____天后□		
评价标准	根据实际情况选择活动。 查找补充相关周末活动。 正确朗读所填写的对话。	☆☆☆☆☆ ☆☆☆☆☆ ☆☆☆☆☆ （自我评价）	☆☆☆☆☆ ☆☆☆☆☆ ☆☆☆☆☆ （小组评价）
	（教师评价）Good □　Super □　Excellent □		

2.Optional Task

基本要素	具体内容	
作业内容	Draw a picture of your school and talk about it.	
形式和类型	形式	听—说□　听—写□　读—写□　其他□
	类型	基础型□　拓展应用性□　实践型□

续表

基本要素	具体内容		
作业时长	__10__ 分钟（建议时长 5—10 分钟）		
完成方式	独立完成□　合作完成□		
提交时间	当天完成□　____天后□		
评价标准	根据实际情况选择活动。 查找补充相关周末活动。 正确朗读所填写的对话。	☆ ☆ ☆ ☆ ☆ ☆ ☆ ☆ ☆ ☆ ☆ ☆ ☆ ☆ ☆ （自我评价）	☆ ☆ ☆ ☆ ☆ ☆ ☆ ☆ ☆ ☆ ☆ ☆ ☆ ☆ ☆ （小组评价）
	（教师评价）　Good □　　Super □　　Excellent □		

Period 2　Science Lab and Language Lab

【课时对应的子主题】认识科学实验室和语音实验室

【适用年级】五年级

【语篇类型】日常对话

【语篇研读】

What：语篇为李艳和高韦向参观团介绍科学实验室和语音实验室这一场景下进行的对话。学生们在学习、理解对话内容的过程中，积累、运用、拓展与科学实验室和语音实验室相关的语言经验，发展其语言能力。

Why：描述学校科学实验室和语音实验室，引导学生了解学校的实验室，用英语表述出来。

How：对话是谈论科学实验室和语音实验室，如 science lab，language lab；以及描述不同教室核心语言 We often have…lessons in it. 该对话情节较为简单，学生易于理解，也便于学生在学习过程中开展自主探究等学习活动，具有现实意义和教育意义。

【课时目标】

1.学习理解：能够熟练运用和记忆表示学校场所和课程名称的词汇。熟练掌握本课的单词，理解本课的对话。

2.应用实践：够用英语介绍自己的学校及学校生活。熟练地运用表示多少的特殊疑问句进行造句及情景对话。

3.迁移创新：将本课的日常用语运用于生活实际。适当地进行单词的扩充，能够将所学内容运用到实际生活中。

【教学过程】

一、Warming up

Greeting：Use "Welcome to…" to give greeting.

2.Play a game called "description"

T：This is our library. It's big and clean.　　S1：We often read books in it.

S2：We often borrow books from the library.

T：This is our meeting room.　　　　　　　　S：….

二、Presentation

1.Learn the new phrases "English lesson, science lesson" and new sentences "How many English lessons do you have in a week? We have three." with a game called "act and say."

T：I'll ask some pupils to do some actions, the others guess the subject.

T：How many English lessons（science lesson, art lesson, music lesson…）do you have in a week?

2.Learn the new phrases and sentences "language lab, science lab, How many science lessons do you have in the science lab? We have one science lesson in the science lab." with pictures.

T：Where do you have science lesson/English lesson?

T：Now I'm a reporter. I'll interview some of you.

How many English/science/Chinese/maths/PE… lessons do you have in the language lab/ science lab/…?

3. 举一反三：请说出你所知道的其他学科短语并造句，比一比看谁列举得多。

4.Listen to the text, read and act in groups.

➥ 设计意图：整体感知，积累信息。让学生感受合作学习的快乐，提高效率。

三、Practice

1.Have a chant.

2.Let's talk.

自愿结合小组，用英语就课表进行问答。

Act out the dialogue according to different ways.

四、Production

Give some scenes or key words to make up a new dialogue.

Eg：A：Welcome to my school. This is our art room. Come here, B. Can you draw?

B：Yes. I can…

➥ 设计意图：为学生创设情境或给予关键词，培养其在不同场合，利用多种语言方式灵活沟通的能力。

五、Assessment

1.Do exercises of Exercise Book.（Assessed by teacher）

2.Listen and point out the correct words or sentences and say the Chinese.（Assessed by themselves）

六、Additional activities

1.As visitors from different countries to go around Tianjin.

2.As a host to interview Tianjin to them.

💭 设计意图：利用"导游"这个真实场景练习所学语言，直观有趣，唤起孩子对家乡的热爱。

Period 3　Art Club and Music Club

【课时对应的子主题】认识美术俱乐部和音乐俱乐部

【适用年级】五年级

【语篇类型】日常对话

【语篇研读】

What：语篇为日常对话，故事发生在美术俱乐部和音乐俱乐部，李艳和高韦两个人物之间围绕看到的俱乐部进行的谈话。

Why：介绍美术俱乐部和音乐俱乐部，认识新的俱乐部，爱护我们的校园。

How：对话是谈论美术俱乐部和音乐俱乐部，如 art club，music club；以及描述不同俱乐部的核心语言 How many…lessons do you have in a week? 该对话情节较为简单，学生易于理解，也便于学生在学习过程中开展自主探究等学习活动，具有现实意义和教育意义。

【课时目标】

1. 复习巩固有关学校场所和课程名称的词汇，能对别人的询问做出恰当的回答。能熟练地运用 how many 的句式进行造句及情景问答。（学习理解）

2. 能够用英语介绍自己的学校和学校生活，并能就课程进行问答。能将本课的日常用语运用于生活实际。（应用实践）

3. 培养学生热爱学校生活的良好品质，让每个学生都感受到合作学习的乐趣。（迁移创新）

【教学过程】

一、Warming up

1.Show the new dialogue.

2.Play a game：What's missing?

Show some phrases each time on TV and hide one of them. Then let the pupils guess the missing one.

二、Presentation

1.Introduction.

用英语简单介绍：What's your favourite subject?

2.Learn the new phrases and sentences.

学生在进行最喜欢的学科的介绍时，教师适时进行提问：

How many…lessons do you have in a week?

What do you do in English/maths/music/art…lesson?

预设：

T：How many music lessons do you have in a week?　　S：We have two.

T：What do you do in music lesson?　　　　S：We often sing and dance.

3.Learn the new phrases.

T：look at the picture and tell me where it is：music club　art club

T：Where do you often paint a picture?　　S：We often paint a picture in our art club.

T：Where do you often play the piano?　　S：We often play the piano in the music club.

4.Listen to the text，read and act in groups.

C：Read the dialogue　　　　B、A：Act for the class.

5. 每组选一个小向导，两个参观者到讲台上来，指着图片介绍学校的美术俱乐部和音乐俱乐部。教师和同学们共同给予评价。

6.Give out some information words and questions about the text. Let the pupils listen to the tape and try to answer.

Main points：

Animals' school，meeting hall，visitors，language lab

Questions：What do the students show for the visitors?

三、Practice

1.Chant.

2.Let's talk about the timetable.

3.Play a game called "act and guess".

Invite one of them to act the action of any activities. The others will guess "What does he/she do?"

（answer with the verb phrases.）

四、Production

Free talk in groups.

五、Assessment

1.Do exercises of Exercise Book.

2.Act out the story by groups.

六、Additional activities

Imagine,design and draw a map of a school. Try to introduce it to the classmates.

▶ 设计意图：让学生大胆想象设计心目中的校园设施，用蓝图进行切身表达，将语言还于生活。

Period 4　A Visit to School

【课时对应的子主题】尊重他们的习惯

【适用年级】五年级

【语篇类型】语篇文本

【语篇研读】

本部分通过趣味故事的形式，讲述了 Mimi 向 Micky 介绍自己的新朋友们。Micky 结识了来自黑龙江的 Crane，来自澳大利亚的 Big Bird，来自新西兰的 Seabird。当这些好朋友邀请 Micky 一起吃鱼的时候，Micky 很无奈，因为他不喜欢吃鱼。这个故事以 Micky 结交新朋友的方式，把多个国家英语名称和相互介绍用语集中再现，让学生在语境中复习巩固所学语言，提高综合语言运用能力。

【教学过程】

1. 热身/复习（Warm—up/Revision 1）师生问好。

（1）头脑风暴：What country do you know?

（2）演唱歌曲：Where are you from? 和 Where do you come from?

2. 新课呈现（Presentation）

（1）呈现情景。出示故事的第一张图。T：Look at the picture. Who are they? What are they doing?

（2）引入故事。学生通过观看故事视频，列举出新朋友的名字。Mimi is introducing new friends to Micky.

Q1：Who are new friends? Watch and answer.

Q2：Where do they come from? Watch and match.

根据听到的内容连线，并模仿小动物分角色体验跟读。

（3）看视频，跟读、模仿录音，学习故事。

3. 趣味操练（Practice）

（1）种方式引导学生体验、模仿 Fun story 中语句。

（2）引导学生分角色表演故事，巩固语言。提供 Fun story 图片，同学们分别扮演不同的小动物，老师可以提供相应的道具。

（3）快速反应。

学生分为男、女两队。教师将本单元学习过的国家国旗图片，依次展示给学生，学生看图片，快速说出单词的一方得分。也可给学生看国家版图的图片或国家的标志性物品的图片。变换多种方式激发学生兴趣，巩固所学的语言。

（4）Let's check

请学生观察 A 部分国旗，阅读 B 部分各自的不同，然后听录音完成本部分内容，借以检测和巩固本单元所学目标语言。

4. 语言运用（Language use）

情景设置：假设班里来了许多不同国家的小动物，由学生扮演小动物，分组仿照故事创编对话。学生根据不同国家的标志性动物，创编故事。

5. 课堂评价（Assessment 1）课堂教学过程中的评价。

（1）教师引导学生在真实的情景中学会表示国家类的词汇，并在真实情景、现实生活中熟练运用这些语言。

（2）结合本课教学过程中实际，注意对学生学习中表现出的表演能力、合作精神、动机与兴趣等情感态度发展方面进行引导、鼓励等评价。

评价工具：每人发一张检测表，独立完成认读和书写，2 人一组运用语言，完成本单元学习的检测。

我会读 Britain, Australia, New Zealand, France, Germany, Russia, city, road, street.

我会写 hello, hi, I, am, I'm=I am, where, are, you, from, what, is, your, name.

I'm Bob. I'm eleven. Where are you from? I'm from China. What's your name? My name is Carl.

我会用 I come from Britain. Where do you come from? I come from New Zealand. Where do you live? I live on Shanghai Street.

（2）指导学生完成活动手册相关内容并利用小印章进行评价。

①观察、阅读卡片信息并将卡片与人物连接起来。考查学生认读句子和辨别不同国家国旗的能力。

②听录音并将相应的内容填写在格里，结对进行朗读。考查学生听词、书写的能力。

6. 拓展活动（Extended activities）

综合本单元学习的内容，考查自己掌握的情况。选择一个自己最崇拜的人，制作一张海报。内容包括姓名、年龄、国籍、爱好、家庭住址等。

Period 5   The World's Biggest Library

【课时对应的子主题】了解新西兰等国家的信息

【适用年级】五年级

【语篇类型】语篇文本

【语篇研读】

本篇短文从历史和地理的角度，简要介绍了新西兰国家基本情况。新西兰是位于太平洋西南部一个美丽富饶的国家，主要由两大岛屿组成。新西兰的历史较短，约有 150 年左右。本文主要讲述了新西兰国家的地理特征，使学生对新西兰基本情况有个大致了解，是对本单元国家话题的拓展和延伸。

【课时目标】

1. 教师注意引导学生整体阅读。指导学生留意捕捉每段文字的主题句（topic sentence），如：China has a very long history. New Zealand doesn't have a long history. 注重按顺序阅读获取信息。

2. 注意培养学生略过生词，捕捉整个句意信息的能力；逐步培养学生根据上下文猜测词汇语义的意识和能力。

3. 细读时要注意培养学生根据每句话中的意群（sense group）停顿合理断句，获得完整的片段信息，进而准确获得句、段、篇信息。如：It's not easy/for people/to get there.

4. 教师通过 Look Them Up 小栏目，指导并逐步培养学生自己查英语字典学习和记忆英语单词的能力，一定注意提醒学生记忆英语单词的完整性和准确性，注意示范生词的正确发音。

【教学过程】

1. 读前活动。教师可呈现 Volcano 和 Sheep 的教学挂图，激发学生的想象力。然后拿出新西兰国家地图或国旗，让学生进一步猜测是哪个国家。注意解释挂图中的"火山"的英语表述。

2. 读中活动。请学生翻到本页，开始第一次阅读。提醒学生不要纠缠于生词，要抓住短文的大致意思。可请个别同学简单描述所得到信息，可根据情况，鼓励学生用英语表达。第二次阅读，要求学生找出每个自然段核心信息句子，并把它们标出来，如 150 years old, and of fire, good for farming, grow a lot of fruit and vegetables 等。可安排同学相互交流阅读得到的重点信息,描述个人眼中的新西兰。第三次快速完整阅读,整体再次感受语篇。

3. 读后活动。完成"思考小任务"(Thinking tasks)的两部分内容。答案可通过小组讨论、同桌比较等方式完成。可鼓励学生利用已掌握知识,继续收集关于的新西兰更多文化历史知识。

Period 6　A Little Reader

【课时对应的子主题】了解新西兰等国家的信息

【适用年级】五年级

【语篇类型】语篇文本

【语篇研读】

本课文章介绍了小明的姐姐王艳的故事,可以作为阅读补充。本课为泛读课,建议教师对课文不做精读处理,可以作为文化视野的补充。教师引导学生通过实践来完成阅读任务。学生通过泛读,了解文章大意。通过阅读,使学生通过搜集信息与筛选信息提升自主学习的能力通过上下文猜测生词的语义。教师课后或课前鼓励学生通过网络和书籍拓展阅读。

【课时目标】

学生能阅读理解、有感情地朗读、表演故事,能根据上下文语境,有感情地介绍自己的学习榜样。鼓励学生在学完本单元之后,选择介绍自己喜欢的同学进行详细介绍。鼓励学生多加练习,习作是一件熟能生巧的技能,只有不断操练,才能最终娴熟。

【教学过程】

1. 热身复习(Warm—up)

教师发起话题:Can you say something about your sister? Can you say something about your brother?

2. 故事呈现(Presentation)

Step 1:教师引导学生先观看主题图片,看看故事中大概发生了什么事情,请同学谈一谈,进行猜测。此时看图,不需要出现文字内容。目的在于培养学生看图推测事情节并尝试用语言表述的能力。

Step 2:学生观看 fun story 的视频。在第一次视听前,教师布置给学生 3 个整体理解的问题,请学生观看之后理解并回答。

Question 1:Who is the girl?

Question 2:What is she doing?

Question 3:What should we do?

学生观看视频,了解故事大意,回答问题。

Step 3：学生回答问题之后，教师根据学生的理解情况决定再观看一遍，还是继续下一环节。教师对学生的问题回答进行总结性点评。

3. 趣味操练（Practice）

（1）Let's read in groups.

组织学生两人一组，自由结合，操练故事，然后教师请两名同学到讲台前，将整篇故事朗读。建议教师引导认真倾听，以评价他人的朗读。教师可以将计分机制在课堂上使用。督促学生们积极展示。

（2）Show time

延续上一环节两人一组的合作方式。教师引导学生自主选择展示的形式。可以是对话的形式，也可以是每人负责介绍一幅图片。允许学生自主选择创作。教师引导学习程度好的学习小组发挥自己的创意，引导学生们综合运用本单元所学，创编表演对话。最终以小组的形式上前展示。

教师组织学生完成活动。首先引导学生观察图片。让学生先说一说图片中的信息，进行对听力内容的预测。学生在预测的过程中能够将已有知识再次预热，大大降低了听力的难度。教师可根据学生完成情况，来决定重复播放录音的次数，也可以请学生在检测的时候跟读听力内容，巩固本单元所学的重点语言。

4. 语言运用（Language use）

五年级是高年级的开始，写作是学生们必须具备的能力。一味地写作会使学生们感到枯燥，教师可以建议学生们以 My sister 或 My brother 为主题，以英语小报的形式让学生完成此环节的任务。教师也可以根据学生们布置英语小报的成果进行点评，选出优秀作品进行展示。学生的自信心与参与热情也会被激发与鼓舞。

五年级下册 Unit 2　教学设计[①]

Period 1　I want a toy train.

【课时对应的子主题】购物日常用语

【适用年级】五年级

【语篇类型】日常对话

【语篇研读】

What：本部分创设的情景是 Dick 想买玩具火车，他和爸爸去商店购物，与售货员交

---

① 本文作者：天津市河北区育婴里小学　徐菁。

流，表达自己喜欢的颜色，以及询问价格等。在这个场景中引出要学习的目标语言。对话从整体上让学生感知、模仿、学习和体验，再创设情景让学生能够运用目标语言，最终引导学生能够运用目标语言进行简单交际。

Why：本课的授课对象是小学五年级学生，他们已经具备了一定的英语语言知识和听说读写技能。绝大数学生对英语有一定的感知能力，在学习中敢于表达，乐于合作。教学中重点是要创设情景，帮助学生理解并运用本节课的目标语言。

How：1. 能在适当的情境中运用目标语言 How much is it? It's fifty—six yuan. Can I help you? Yes. I want a toy train. 2. 能够在语境中理解、认知本课 which one do you like? I like the blue one. We'll take it. 这些难点语言的意思。

【课时目标】

1. 能听懂、会说、认读本课对话。

2. 能正确、流利地朗读对话，并能够按照角色进行简单的对话表演。

3. 能按照正确的意群及语音、语调朗读对话。

4. 能在恰当情境中运用目标语言完成简单的交际。

【教学过程】

1.Make a survey.

What present do you want for your birthday?

2. 预设学生在预习中提出的问题

（1）Which one do you like? 在这句话中的 one 是什么意思？它与 There is one here. 句中的 one 有区别吗？

（2）Can I help you? 这句的同义句是？

3.Listen to the tape two times and try to answer these questions：

a.What does Dick want to buy?

b.What colour does he like?

c.What does the saleswoman say?

d.What does dad say?

e.What else do they buy?

f.Act and say.

教师扮演售货员与学生开展问答。

Look at… Do you want a… Which do you want? Can I have a look at this…?

5.Let' act.

学生用自己准备的物品将教室装饰成一个商店，它们分别扮演售货员和顾客。

6.Make up new sentences.

强化操练本单元的重点句子结构，拓展表示日用品的生词。

➡ 设计意图：1. 创设情境。Dick 想买玩具火车，他和爸爸去商店购物，与售货员交流，表达自己喜欢的颜色，以及询问价格等。引导学生从整体上感知、模仿、学习和体验语言，学会如何购物，在创设的真实情景中进行简单交际。2. 通过听录音对全篇课文有整体认识。3. 学习如何购买商品及接待顾客。

【作业设计】

Period 1　Homework
Activity Card

1.Must—do Tasks

基本要素	具体内容		
作业内容	1. Listen to the dialogue and read it. 2. Take a photo of your living room or bedroom, and label them with colour card.		
形式和类型	形式	听-说□　听-写□　读-写□　其他□	
	类型	基础型□　拓展应用性□　实践型□	
作业时长	＿5＿ 分钟（建议时长 5—10 分钟）		
完成方式	独立完成□　合作完成□		
提交时间	当天完成□　＿＿天后□		
评价标准	根据实际情况选择活动。 查找补充相关周末活动。 正确朗读所填写的对话。	☆☆☆☆☆ ☆☆☆☆☆ ☆☆☆☆☆ （自我评价）	☆☆☆☆☆ ☆☆☆☆☆ ☆☆☆☆☆ （小组评价）
	（教师评价）　Good □　Super □　Excellent □		

2.Optional Task

基本要素	具体内容	
作业内容	Mix the colours, draw an animal and talk about it.	
形式和类型	形式	听-说□　听-写□　读-写□　其他□
	类型	基础型□　拓展应用性□　实践型□
作业时长	＿10＿ 分钟（建议时长 5—10 分钟）	
完成方式	独立完成□　合作完成□	

续表

基本要素	具体内容		
提交时间	当天完成☐　　＿＿＿天后☐		
评价标准	根据实际情况选择活动。 查找补充相关周末活动。 正确朗读所填写的对话。	☆☆☆☆☆ ☆☆☆☆☆ ☆☆☆☆☆ （自我评价）	☆☆☆☆☆ ☆☆☆☆☆ ☆☆☆☆☆ （小组评价）
	（教师评价）　Good☐　　Super☐　　Excellent☐		

Period 2　I want to buy a motorbike.

【课时对应的子主题】购物对话练习

【适用年级】五年级

【语篇类型】日常对话

【语篇研读】

What：本单元主要讲解有关购物的相关语言知识，在四年级的英语学习中，学生们已经学会简单的购物话题的相关语言知识，本课继续拓展学习如何用英语购物，初步学会评价商品的款式。通过设置 Yang Ming 和妈妈去商场买玩具摩托车的场景展开对话，引出目标语言 "What can I do for you? I want to buy a motorbike. How much is it? It's eighty—five yuan." 创设真实语境，让学生整体感知、模仿、学习和体验对话。

Why：本节课将 motorbike 作为教学重点，需要注意发音的指导。通过情境创设，使学生通过本课学习能够掌握并学会运用句型 "What can I do for you? I want to buy… How much is it? It's…yuan." 在日常购物中进行简单交流。学生还要初步学会运用 "It looks…" 这一句型评价商品的款式。

How：在复习巩固交通工具单词的基础上，学生们掌握新的交通工具 "motorbike" 的音、形、义。通过创设真实生动的购物情景，学生们能够学会运用句型 "What can I do for you? I want to buy a… How much is it? It's…yuan." 进行购物时的英语交流。在自然的语言交流中，学生们初步学会运用 "It looks…" 这一句型对商品的款式进行简单的评价。

【课时目标】

1. 创设情境

围绕 Yang Ming 和妈妈去商场买玩具摩托车展开购物活动。通过 Yang Ming 母子与 saleswoman 之间的对话，谈玩具的款式价钱等，进一步加强对本单元有关购物内容的重点知识的理解与运用。

2.通过听录音对全篇课文有整体认识。

3.继续学习如何购物（包括挑选商品、询问价格）及接待顾客。

【教学过程】

1.Play a game.

用 What do I want to buy? 为题目开展接龙比赛。

2. 预设学生在预习中提出的问题

（1）How about this one? 的同义句是什么？

（2）We'll take it. 还可以怎么说？

（3）nice 的同义词是什么？

3.Listen to the tape two times and try to answer these questions：

a.What does Yang Ming want to buy?

b.How much is the motorbike?

c.How is the motorbike?

d.Do they buy the motorbike at last?

4.Let's act.

（1）让学生拿出自带的物品的单词卡片，并标上不同价格。然后分组模拟在一个小商店内进行购物的场景。

（2）Let's practice. 扩展一些玩具交通工具的单词和数词。

5.Make a list.

设计购物单。学生以小组为单位自己制作购物清单，内容要涉及购买物品的种类、类型、颜色、大小等。

◐ 设计意图：通过多媒体、教材、图片等途径，学生们能积极地捕捉各种资源提供的信息，增强知识的运用能力和语言的实践能力。在课堂交流中，学生们要学会注意倾听，积极思考，主动运用英语进行表达和交流，学会与人交往，能够在日常生活中学会礼貌待人、热情交流。通过丰富多彩的课堂活动，使学生们享受到购物的愉快，感受到中西方购物时的表达差异。

Period 3　Would you show me...?

【课时对应的子主题】购物语言的进一步学习

【适用年级】五年级

【语篇类型】日常对话

【语篇研读】

What：本部分以 Peter 去商店购物，打算买一条短裤，与售货员交流尺码、价格等方面的问题为场景进行会话教学，引出要学习的目标语言 Would you show me that pair of short pants? 及其答语，让学生整体上感知，模仿，使学生能够交际运用。

Why：五年级学生对英语学习有兴趣，对于基本的口语会表达及能听懂口令。对于单词：short pants 已经有所了解。对于句型 How much is it? 已经熟练掌握，从而过渡到：How much are they? 新句型的学习。

How：利用愉快学习法，小组合作法，在游戏中完成教学目标文化意识：通过课堂活动，丰富学生的生活体验，了解购物习惯，引导学生学会与人交流。

【课时目标】

1. 理解 Would you show me that pair of short pants? Sure.

2. 询问价格：How much are… 的表达方法。

3. 语言技能：能在实际生活情景中运用所学句型 How much are… 以及 How much is…

4. 学习策略：利用愉快学习法，小组合作法，在游戏中完成教学目标。

5. 文化意识：丰富学生的生活体验，了解购物习惯，引导学生学会与人交流。

6. 情感态度：培养学生语言交流的能力，学会运用所学句型去自主购物。

【教学过程】

1.Have a free talk.

We are going on a field trip next week. What do you want to wear? What do you need? And what do you want to buy?

2. 预设学生在预习中提出的问题

（1）a pair of short pants 应该怎样用？

（2）try on 后加名词和加代词用法一样吗？

（3）Would you please…? 的同义句是什么？

3.Listen to the tape two times and try to answer these questions：

a.What does Peter want to buy?

b.What about the first pair?

c.How about the second pair?

d.What does he want to buy?

e.How much are they?

4.Act the dialogue.

5.Let's make and talk.

教师给每组一张卡片，分组看图说话。如：图中有 Tom 穿着长衫站在游泳池旁，天气很热，可 Kate 却穿着夹克衫，她想买裙子。

6.Let's practice.

Can you show me those trucks?

Yes,here you are. How much are the sandals? They are sixty—five yuan.

➲ 设计意图：以义卖会的形式，为学生提供一个较真实的情境，加强课文内容的实际操练，并启发学生对慈善事业的关注，培养爱心。在此过程中鼓励学生用正确的语音、语调，并配上夸张的表情动作完成任务。

Period 4　Go to the toy shop.

【课时对应的子主题】对购物用语的学习

【适用年级】五年级

【语篇类型】日常对话

【语篇研读】

What：读——能借助图片读懂简单的故事、能正确朗读所学故事。听——能听懂课堂活动中的简单提问。听——能在教师帮助下表演小故事。敢于开口，表达中不怕出错。积极运用所学英语进行表达交流。

Why：该学段学生能独立进行逻辑思维，但课堂表现欲望较之前略低。经过一个单元的学习，学生已经积累了一些购物常用表达：Can I help you?/What can I do for you?/I want…/How much…? 等句型的用法。对即将学习的文本内容并不陌生，本课重点在于灵活运用 Can I help you?/I want a/I want to buy a… I would like a… 等句型进行商品买卖活动

How：借助图片，能准确读出并理解 wavy,funny, 通过小组合作，能够听懂、读懂并会说 You look…/He looks…

How：1. 本文讲述了 Mickey 和爸爸购物的有趣故事。呈现不同商店买卖商品的语篇。让学生在巩固旧知的基础上感受、体会、理解、运用购物语言。2. 通过层层递进的问题链，深入分析故事。

【课时目标】

1. 借助多媒体，通过说唱，巩固本单元玩具与衣服类单词。在真实的情境创设中，借助实物大衣，进一步巩固本单元重点句型 I want a/I want to buy a…

2. 借助多媒体，通过看视频、读图、小组合作读课文等方式，能听懂并理解文本大意和细节。进而生动表演课文，并尝试续编课文。

3. 模拟真实情境，有效拓展文本并小组表演。渗透情感教育，应该合理消费。

【教学过程】

1.Teacher（T）：Greetings，self—introduction and rules to get the gifts.

T：Yes，great! Let's play a game together. Please try to rap according to the pictures.（音乐响起……）everybody，please stand up!

T：One two，one two，I say toy，and you say bike.

One two，one two，I say toy，and you say bus.

OK! Everybody! Together! Show me your hands.

2.T shows her coat which was bought at Wan Da shopping mall.

T：Have you ever been to Wan Da shopping mall?

T：OK，it doesn't matter! Today，I'll take you there.

Look! This is the main part of Wan Da shopping mall. Today，I really want to buy so many things.

T：What about you? What do you want to buy? You can use the sentences：I want a…/I want to buy a…（老师板书本句。）

老师对学生的回答进行个别追问并提出想先去乐高店看看。

T：This is an amazing LEGO shop，and there are so many building blocks here. Oh! Who is he?（乐高门口 Mickey 突然出现。）

T：Yes! Mickey is walking out of the LEGO shop. Which shop does Mickey want to go?

What does he want? Let's go and see.（播放课文前 4 幅图片的视频。）

T：Please open your book on page 23，and work in pairs.Please tell me：What does Mickey want? Attention：Please underline the key words you can find.

老师转着看完成情况。

T：Guess! Then，what's happening? Let's look at the picture and think about it by yourself.

Look at Mickey's mother.（老师做出等待的动作。）Wow! Extremely smart! Read after me，"is waiting for".

T：OK! Let check it.（播放后 2 幅图片的视频。）And Mickey's mother says…（学生争先恐后抢答。）This boy，please!

T：Where do they go before shopping? PPT 分步骤圈银行标志、爸爸手里的钱的图片。Where's the money?

T：Super! They have bought some small toys，big toys，and some new clothes. So，in the end，there's "no more money!" Good! But，everybody! Look at what（they）have!（PPT 圈图。）

3.T：Oh，so many things. Look at Mickey's mother.（教师模仿妈妈的神态动作。）Please discuss and guess in a group. "What will Mum say to Mickey and Mickey's father?"

4.T：Please read in a group as loudly as possible. Pay attention to your pronunciation and in-
tonation.

T：Let's read together! One，two，go!

T：Let's act。

T：Miss Elephant and Miss Rabbit say the same sentence. What；s that?

T：Yes! Great!（老师板书 Can I help you?）

5.T：情感教育：Buy something as you like，but not too many! 看两名同学文具店的购物视频。

T：Let's go on our shopping. Everybody，go to buy what you want，and we'll be here after shopping. Please do it!

T：There are some sentences you can choose.

T：Which one would like to choose or other shops?

T：OK! Action!

6.T summary & homework

T：Share the gift! Thank you for your listening! Bye!

Period 5　Special shops in the world.

【课时对应的子主题】特殊商店

【适用年级】五年级

【语篇类型】语篇阅读

【语篇研读】

What：通过学习，学生能够读并理解短文，根据短文内容完成任务，回答问题。渗透阅读策略，提高阅读技巧，培养学生的自主学习能力。

Why：学生可以借助修辞图式来顺利地完成预测主旨的任务，因为一般阅读材料文章体裁、篇章结构都有一定的规律可循。例如有标题文章，学生要学会从标题入手进行预测。新闻报道文章大多有标题，标题又常常是全文的中心、主题，是文章内容的高度浓缩的精华，学生可通过阅读标题得到启发，能准确预测出文章的大概内容和作者的写作意图，为彻底理解全文做好铺垫。如果没有标题，读者可快速浏览全文，从整体入手了解内容大概，尤其关注文章首尾句，以便迅速抓住文章主旨，有时文章段落较多内容复杂，学生可跳读每段首句或找到中心句。

How：1. 准备一些有关特殊商店或专卖店的视频资源，准备上课播放。2. 准备词语卡片，进行复习。3. 准备教学课件。

【课时目标】

1. 能够阅读理解本单元趣味小百科的主要内容，获取文内关键信息。知道世界上的一些特色商店，开阔文化视野。完成书后的三道思考题，并能进行简单的介绍与交流。

2. 能够通过课堂活动，丰富学生的生活体验，了解购物习惯，引导学生学会与人交往，培养学生礼貌待人、热情交流的意识。

【教学过程】

1. 热身 / 复习（Warm—up/Revision）

（1）师生问好。

（2）自由交谈。围绕本单元重点句型进行问答，结合学生实际生活。

（3）播放一些有关特殊商店或专卖店的视频。

2. 新课呈现（Presentation）

（1）呈现第一段短文

呈现茶艺的图片，提问问题，引发学生思考：What is it? What do you know about it? What do you want to know about it?

（2）阅读文章，处理核心内容

教师播放视频，让学生带着问题看：What color is a cup of green tea/black tea? 教师将关键信息及时板书，例如 a pot of tea。

（3）呈现第二段短文

通过问答的方式自然过渡到第二段：Is it tea? No.They're chocolates.Do you like chocolates? 然后引导学生通过阅读获取信息，教师提出问题：Who wants to buy chocolate? Why does she want to buy it? What is she interested in? What does she buy at last? 师在学生阅读过程中帮助他们整理信息，了解文章大意，理解词汇及语言。

（4）再次播放视频

3. 趣味操练（Practice）

（1）Listen and repeat.

（2）Read in different ways.

（3）Thinking tasks.

完成短文下面的三个思考题，即 Thinking tasks。

4. 语言运用（Language use）

5. 课堂评价（Assessment）

（1）课堂教学过程中的评价。

（2）工具性评价。查询相关信息并介绍给大家，奖励同学一些有意思的网址网站信息，激发学生兴趣，同时也作为课外延伸，丰富学生的知识储备。

6. 拓展活动（Extended activities）

学生以小组为单位，查阅更多有关兴趣爱好的资料做简单介绍，分享给大家。

➡ 设计意图：教师可以指导学生将自己在本课中的表现做自我鉴定，记录在评价表格内。例如：评价项目：A（优秀）、B（良好）、C（继续努力），学生感受到合作学习和自主学习的乐趣。

Period 6　　A dumpling party.

【课时对应的子主题】绘本学习

【适用年级】五年级

【语篇类型】语篇阅读

【语篇研读】

What：本课以绘本阅读的方式，带领学生了解孝顺长辈，照顾老人，周末计划要去观看赛龙舟，以此为主线，整体理解端午节的由来和习俗。

Why：本节课从学生的认知水平、生活经验和兴趣出发，利用多媒体进行轻松、和谐地交流将新知识呈现出来，通过游戏等多种活动来强化新知的掌握。让学生短时间内边观察、边记忆，可以培养观察和记忆力。不足之处：课堂上重视学生的积极性的调动，在注重英语课堂良好氛围的同时，注重对学生良好习惯的培养。

How：教师要多设计一些游戏与活动，使学生在宽松的氛围中学习，主要采取师生、生生互相合作，学生在愉快的学习氛围中习得和学得。

【课时目标】

1. 跨越专有名词词组，保持阅读信心，捕捉关键信息，如 Everyone there is big and fat./No one is short or thin./Everyone is small./A "Little Man" can stand…in…hand. etc.

2. 根据上下文猜测词汇语义，如根据 a big mouth, a big nose and big eyes 而猜测 giant 的意思。

【教学过程】

1. 热身复习（Warm—up/Revision）

（1）Free talk 日常口语会话展示。

老师和学生进行日常交际用语的简单会话。Good morning! How are you? Nice to meet you! 此次日常口语会话之后，教师提示学生也可以使用句型 I have… 和 Here you are.

（2）游戏："Simon says" 内容为第四单元 A/B——Let's do 部分的指令语。

（3）游戏：教师播放 A 部分的歌曲 Noodle Noodle Dumpling，师生共唱歌曲 "Old MacDonald"

2. 呈现新课（Presentation）

（1）T：I got so many cards.（教师出示 PPT 六张卡片）I like red.What color do you like?

S：I like blue.

T：Wow，let's play a guessing game? Guess.what's in the card?（教师快闪出示卡片里的食物图片的一部分，让学生迅速说出是食物的英语单词）

S：Hamburger.

T：Here you are

3. 趣味操练（Practice）

（1）教师将本课所学的 4 种食物图片复印，为每名学生准备一套，并发给他们。让学生以小组为单位，4—6 人一组，每人向大家介绍自己喜爱吃的食品并出示相应的图片。I like… 趣味操练。

（2）让学生做 Let's play 部分的游戏。

教师先将游戏方法简单解释，之后带领学生一起做游戏。教师将牛奶的图片贴于黑板，师生一起说：I like milk. 教师再贴鸡蛋说：I like milk and egg. 继续进行，直到把四种食品都说出来。Ok. Let's play a game，ok?

4. 拓展 Consolidation

（1）小组报告，运用新句式进行小组汇报。T：OK，each group has a piece of shopping list. What do you like? please tell your group leader.（每个小组自己填写表格）教师下去巡视指导。

A：What do you like?　　　　B：I like…

A：Have some…　　　　　　B：Thank you.

⤵ 设计意图：能模仿本文对话，在一定的语境中运用所学语言进行交际；培养同学的注意力和观察力，激发同学积极思维，挖掘同学运用语言的发明能力。

✓ 五年级下册 Unit 3　教学设计 ①

Period 1　We should obey class rules.

【课时对应的子主题】人与自我；健康、文明的行为习惯与生活方式和自尊自律、文明礼貌

【适用年级】五年级

【语篇类型】语篇文本

——————

① 本文作者：天津市和平区万全小学　张鹤。

【语篇研读】

What：语篇为 Gao Wei 平时在学校各方面都表现得很好，他正在带领同学们讨论制定班级的规章制度。学生们在学习、理解对话内容的过程中，积累、运用、拓展与主题相关的语言经验，发展语言能力。

Why：描述 Gao Wei 和同学们制定班规的真实场景，引导学生体会遵守班级规则对于在校学习的重要意义。

How：语篇文本分为两部分展开 Class rules 话题，第一部分运用一般现在时描述 Gao Wei 平时在学校各方面都表现得很好，他正在带领同学们讨论制定班级的规章制度；第二部分运用祈使句呈现 Gao Wei 和同学们制定的班规条例。涉及班规表达，如 Listen carefully and talk actively.Hand in your homework on time. Don't be late for school. 等；该语篇内容较为简单，易于学生理解，也便于学生在学习过程中开展自主探究等学习活动，具有现实意义和教育意义。

【课时目标】

1. 在观察、视听 Gao Wei 在校的生活情境中，借助图片，获取、梳理 Gao Wei 在校的行为表现（如 He comes to school early.He listens carefully and talks actively in class. 等）。（学习理解）

2. 借助不良问题行为场景化小视频，小组共商、探讨为其问题行为提供良好建议，认识到遵守课堂规则的重要性。（应用实践）

3. 在评价 Gao Wei 和身边小伙伴学校表现的情境中，运用 I think...is a... Because he/she... 梳理总结 class rules 的规章细则，思考、共议在校其他场景中的准则公约。（迁移创新）

【教学过程】

1.Let's sing.

学生在教师的带领下唱跳歌曲 "Follow Me." 营造愉快的学习氛围的同时感知课前规则。Q1：What should we do before class?

2.Let's predict.

基于图片、视频，学生预测 Gao Wei 在校的行为表现，依托预测单完成预判任务，整体感知 school rules、class rules 行为规则。

3.Let's listen and tick.

学生聆听文本音频，勾选出 Gao Wei 在校行为表现。

4.Let's watch and match.

学生观看文本视频，配图 Gao Wei 在校的行为表现。What does Gao Wei do at school?

5.Let's think and talk.

基于问题驱动，学生整体感知文本，理解主旨大意，梳理关键信息。

Q1：What do you think of Gao Wei?　　Q2：Why is he a good boy?

Q3：Is he a group leader?

6.Let's watch and talk.

学生观看 Gao Wei 的伙伴其在校行为表现，小组探讨对策，提出建议；学生阅读 Gao Wei 小组制定的 Class rules，合理化建议。

Q1：What are the group doing?　　Q2：What rules are they making?

➡ 设计意图：基于图片、视频，学生预测 Gao Wei 在校的行为表现，引起学生学习兴趣；在视听、观察 Gao Wei 在校的生活情境中，学生借助图片，音频及视频获取、梳理 Gao Wei 在校的行为表现和他们制定的班规细则，聚焦语篇核心信息；通过点评 Gao Wei 及其伙伴学校行为表现，再次巩固运用核心语言描述良好在校行为，将目标语言内化为自己的意见表达。

7.Let's read and act.

（1）学生听录音跟读、分角色朗读对话，关注语音、语调、节奏、连读、重读等语言现象，感知祈使句的应用场景。

（2）学生基于对话内容，以角色扮演的形式表演本课内容，内化与运用所学语言，促进情感共鸣。

8.Let's watch and talk.

学生观看发生在课堂上的问题行为小视频，尝试发现问题行为，针对问题行为提出规则建议。

➡ 设计意图：借助学生问题行为场景小视频，引导学生发现问题行为，针对问题行为并提出合理化规则，联系生活实际将语言学习从学习理解过渡到实践应用，既帮助学生在对话情境中实现语言内化，又促进学生思维品质的提升，为学生后面的语言应用奠定基础。

9.Let's make.

学生自主选择喜爱的校园场景，分组为不同校园场景制定规则，在全班分组展示。

Rules in the library—Rules in the meeting room—Rules in the science lab—

Rules in the language lab Rules on the playground.

10.Let's think and talk.

借助趣味绘本微影 "There should be rules!" 学生思考遵守班规的意义何在？组内讨论表达观点。

Q1：Should we obey the class rules?　　Q2：Why should we obey the class rules?

11.Let's try.

借助评价单，学生评价自我在课前、课中的行为表现；思考、预设自我在课后应该遵守的规则。

Q1：What do you think of yourself today?　　Q2：What rules do you need after class?

↪ 设计意图：帮助学生从文本走向真实生活，引导学生在真实的语境中灵活运用核心语言知识进行交流展示，逐步加深对主题意义的认知，意识到规则对于课堂学习的价值和意义。

【作业设计】

Period 1　Homework
Activity Card

1.Must—do Tasks

基本要素	具体内容	
作业内容	1. Read lesson 13 and fill in the blanks. **What class rules do you know?（2/3rules for each）** | Before class	In class	After class | | | | | 6.Make assessment about yourself according to the rules after class. | Rules after class	Do it or not | | I put away my school things away. | Yes □　No □ | | I do my homework actively. | Yes □　No □ | | I keep my desk clean. | Yes □　No □ | | I clean the blackboard. | Yes □　No □ | | I review my lesson. | Yes □　No □ | | ... | Yes □　No □ |	
形式和类型	形式	听－说□　听－写□　读－写□　其他□
	类型	基础型□　拓展应用性□　实践型□
作业时长	___8___ 分钟（建议时长 5—10 分钟）	
完成方式	独立完成□　合作完成□	
提交时间	当天完成□　____天后□	
评价标准	能够借助本课学习内容梳理、填写表格。 查找补充更多的 class rules 反观自己真实的课后行为，进行自我评价。	☆☆☆☆☆ ☆☆☆☆☆ ☆☆☆☆☆ （自我评价）　　☆☆☆☆☆ ☆☆☆☆☆ ☆☆☆☆☆ （小组评价）
	（教师评价）　Good □　Super □　Excellent □	

2.Optional Task

基本要素	具体内容		
作业内容	Mix the colours, draw an animal and talk about it.		
形式和类型	形式	听–说□　听–写□　读–写□　其他□	
	类型	基础型□　拓展应用性□　实践型□	
作业时长	___10___ 分钟（建议时长 5—10 分钟）		
完成方式	独立完成□　合作完成□		
提交时间	当天完成□　____天后□		
评价标准	积极思考心中理想的 class rules，客观审视其可行性后，再进行班级文化墙的设计。挖掘更为细致具体的 school rules。	☆☆☆☆☆ ☆☆☆☆☆ ☆☆☆☆☆ （自我评价）	☆☆☆☆☆ ☆☆☆☆☆ ☆☆☆☆☆ （小组评价）
	（教师评价）　Good □　　Super □　　Excellent □		

Period 2　We should obey home rules.

【课时对应的子主题】人与自我；健康、文明的行为习惯与生活方式和自尊自律、文明礼貌

【适用年级】五年级

【语篇类型】文本语篇

【语篇研读】

What：语篇主要介绍 Peter 在学校是个好学生，在家里却有一些不良的行为举止，妈妈为他制定了一些家庭规则，帮助他克服这些不良习惯，学生们能在学习、理解对话内容的过程中，积累、运用与家庭规则相关的语言素材。

Why：通过呈现 Peter 在家的一些不良行为习惯的真实场景，引出要学习的目标语言，从文段的整体叙述和家庭规则条例让学生感知、模仿、学习和体验。

How：语篇分为两部分，第一部分运用一般现在时主要陈述 Peter 在家的一些不良行为；第二部分运用祈使句转述 Peter 妈妈为 Peter 制定的 Home rules，主要运用的句式 "You should... 和 You shouldn't..." 表达 Peter 在家里应该做和不应该做的事情。该语篇情节简单，学生易于理解，便于学生在学习过程中开展自主探究活动，具有良好的教育意义。

【课时目标】

1.学生在对比观察 Peter 在校和在家的行为表现中，讨论、梳理出 Peter 在家的不良行

为、并换位思考问题解决措施。（学习理解）

2.学生在视听 Peter's mom 写给 Peter 的 Home rules 的情境中，讨论自己最喜爱的 rules 并运用句式 "I think...because..." 阐明理由、分享自己的 home story。（应用实践）

3.学生在自查反馈自己在家中的行为表现活动中，深度思考 How to be a good kid at home? 以及 Why should we obey home rules at home? 意义（迁移创新）

【教学过程】

1.Let's say!

师生进行 "I say, you say" 的趣味 chant，营造愉快的英语学习氛围。如：

① I say "be"，you say "quiet".

② I say "listen"，you say "carefully".

③ I say "talk"，you say "actively".

④ I say "make"，you say "noise".

⑤ I say "obey"，you say "rules".

2.Let's talk.

①学生讨论话题、表达观点。

Q1：How to be a good student?

②教师呈现更为丰富的 "school rules" 的图片，引导学生讨论。

Q2：What should a good student do at school? 教师追问 Should we...? 等问题。

3.Let's watch.

①学生观看 Peter 在学校的图片。

Q3：Is Peter a good student at school? 教师追问：

Q4：Is Peter a good student at home?

②学生视听 Peter 在家的行为表现，并借助表格梳理出 Peter 在家的行为举止。

Q5：What do you think of Peter?

Q6：What does Peter do at home?

◐ 设计意图：在本阶段学习活动中，学生首先借助趣味 chant、直观图片、效果对比等复习、再现、输出上一阶段 class rules、school rules 等学习内容；学生借助表格梳理出 Peter 在家的不良行为举止，为学习在家如何成为好孩子做以铺垫。

4.Let's predict.

学生预测 Peter's mom 的问题解决策略。

Q7：What should Peter's mom do?

Q8：If you were Peter's mom, what do you want to say to Peter?

5.Let's watch.

学生视听 Peter's mom 写给 Peter 的家规；和教师一起梳理板书。

6.Let's read and act.

学生跟读文本，分角色进行故事创演。

Q9：What does Peter's mom say in the home rules?

7.Let's share.

学生思考最喜爱的 Home rules，并分享自己的 home story。

Among Peter's home rules, my favourite

One is number…because I think it is good for…

Q8：What about you?

Q9：Which one is your favourite home rules? Why?（采访其他班级学生 home story）problem 和对应的 rules

🔘 设计意图：本阶段学习活动，引导学生预测 Peter's mom 的问题解决策略以及 Peter's mom 写给 Peter 的家规内容，以此引发学生的求知欲和探索欲；学生联系个人生活经历，分享自己有趣或影响深刻的 home story，对 home rules 的制定产生认同感。

8.Let's play.

学生完成拖拽、分类游戏，强化家规记忆，操练 "should、shouldn't" 句型。

9.Let's check.

学生观看趣味视频，为视频中的人物分类提出合理化的 rules。

10.Let's make.

学生根据 home rooms 不同房间功能，为自己的 home 提出更为细化的 rules in different rooms at home.

如：① rules in the living room　② rules in the bedroom

③ rules in the kitchen　④ rules in the bathroom

10.Let's think.

学生观看微视频，思考 Why should we obey home rules at home?

探究遵守家规的意义何在？

① We have to stick to the rules to keep people happy.

② We have to follow rules to stay safe and keep others safe.

So it's important to follow the rules.

🔘 设计意图：学生通过畅玩希沃软件中的课堂活动游戏，强化记忆家中 should 和 shouldn't 行为家规；通过观看趣味视频，学生为视频中的人物分类提出合理化的 rules，将所学文本语言应用到提出建议、表达观点中来；学生根据 home rooms 不同房间功能，为自己的 home 提出更为细化的 rules，将所学语言迁移应用到自己的居家生活中。

Period 3　We should obey social rules

【课时对应的子主题】人与社会；规则意识与公共服务

【适用年级】五年级

【语篇类型】日常对话

【语篇研读】

What：语篇为日常对话，呈现的是在公共场所经常会遇到一些不遵守公共规则的人，发生在街道上、公园里、马路边等场景的不良行为如闯红灯、随地吐痰、随地扔垃圾、践踏草坪，这些不良行为得到同学们的劝阻和强烈建议。

Why：结合不良行为，提出强烈建议和劝阻，维护公共秩序和公共环境。

How：对话是日常对话，涉及表示强烈建议时使用的核心语言，如 You must... You mustn't... 通过同学们劝阻这些不良行为，让学生意识到遵守社会规则的重要性。引导学生运用对话核心语言进行劝阻和强烈建议，在辨别社会文明与不文明行为的过程中，认识到遵守社会规则对于我们公民的意义。

【课时目标】

1. 在观看 Gao Wei 周末生活微影的情境中，借助图片和标识牌等，理解、辨别社会文明行为和不文明行为。（学习理解）

2. 在探讨更多公共场所社会行为的过程中，运用表示强烈建议的句型 You must... You mustn't... 劝诫社会不良行为，加强遵守社会规则的意识，力争成为具有良好社会公德的小公民。（应用实践）

3. 借助社会场景标识牌，在为公共场所设计规则标识语的过程中，反思、探究遵守社会规则的意义。（迁移创新）

【教学过程】

1.Let's review.

（1）学生聆听、反应教师所述是否事实，用 Yes or No 回答。营造轻松愉快的学习氛围的同时复习旧知。

（2）依托问题链，学生回顾 Gao Wei 在校、在家的行为表现。

Q1：What do do you think of Gao Wei?

Q2：How to be a good student at school?

Q3：How to be a good kid at home?

2.Let's watch and talk!

（1）学生观看 Gao Wei 周末生活微影，获取表示良好社会行为的语言表达。

如：help old people，take good care of young children，keep off the grass.

学生对比观察 Gao Wei 的所见所闻，梳理不良社会行为，尝试劝诫不良行为。

如：play on the street，litter，pick flowers，spit on the ground.

（3）学生视听、说唱 Traffic rules，获悉、表达交通规则。

Q4：Today is Saturday，where is Gao Wei?

Q5：If you want to be a good person in public，what must you do?

Q6：What does Gao Wei want to say to them?

Q7：When the Traffic light is red，What must we do? What mustn't we do?

⮕ 设计意图：帮助学生复习、回顾已有知识，唤醒学生对 class rules，home rules 的相关知识记忆；通过观看 Gao Wei 周末生活微影，教师引导学生梳理、辨别不同社会行为，理解核心语言，运用核心语言尝试劝诫不良行为，以期为下一步学以致用做好铺垫。

3.Let's listen and read.

学生视听、感知文本信息，分角色朗读、感受劝诫时的语音、语调，体会核心语言的力量。

4.Let's dub and act.

学生深入文本，为分角色配音、分角色扮演，加深对社会规则的理解。

5.Let's think and talk.

学生趣玩"拆盲盒"游戏，运用核心语言"You must... You mustn't..."对盲盒中的社会行为提出劝诫、建议。

⮕ 设计意图：通过朗读文本、配音、扮演等形式，加深学生对文本语言信息的理解；旨在帮助学生辨别、探讨更多公共场所社会行为，灵活运用核心语言"You must... You mustn't..."进行劝阻、警告，实现语言运用的灵活实践。

6.Let's make.

学生分组选取最喜爱的公共场所，为其粘贴规则标识牌、设计规则标识语，而后进行小组交流展示。

7.Let's act out.

学生为自己的公共场所设计对话，并角色创演对话。

⮕ 设计意图：帮助学生在迁移运用核心语言的活动中，创造性地运用所学语言，为其不同公共场所设计规则用语，引导学生合理搭建语言框架，有效进行语言输出，提高学生的综合语言运用能力。

Period 4 We should obey the rules everywhere.

【课时对应的子主题】人与社会；规则意识与公共服。

【适用年级】五年级

【语篇类型】语篇故事

【语篇研读】

What：语篇讲述了 Mimi, Mickey 和他们的小伙伴正在进行社会实践活动，他们将自制的标语牌摆放在各个公共场所，提醒人们行为要文明。然而 Mickey 刚刚将 No littering! 的标语牌插在花池旁边，就在吃香蕉时将香蕉皮随手乱丢，结果引来小伙伴们的纷纷指责。

Why：再现各种社会规则，积累用于表示建议、规劝、警告的规则语言，引导学生树立守规遵章、成为良好社会公民意识。

How：语篇以趣味小故事的形式，呈现社会多场景的警示标语，涉及表示建议、劝诫、警告的语言结构，如 "Be…, No…, 以及部分祈使句"。该故事语篇通过社会 5 个不同场景，呈现不同的社会公共规则用语，帮助学生形成相对完整的语言结构，加深语篇意义理解，发展语言能力，不断强化培养学生良好公民意识。

【课时目标】

1. 借助图片、音频等，获取小动物们的社会实践信息，在匹配公共场景和警示标语的情境中梳理社会规则警示用语，运用 Be…, No…, 等结构描述不同公共场所规则。（学习理解）

2. 在视听故事文本的情境中，感知、理解故事结构，梳理文本信息，根据场景图片，描述动物去向动态，体会社会规则无处不在。（应用实践）

3. 在小组创演趣味故事的活动中，创编对话，运用 Be…, No…, You should/shouldn't…, You must/mustn't… 等结构，展示社会规则，描述良好的社会公共行为、规范自我。（迁移创新）

【教学过程】

1.Let's sing.

师生唱跳 "I can follow the rules"，学生跟唱并动作模仿表演，活跃学习氛围，温故启新。Q：What should you do if you want to be a good boy/girl?

2.Let's listen and order!

学生观察图片，回答问题，聆听音频片段，回顾复习 rules，对其进行排序。

Q1：Who are they?　　　　　　Q2：What are they talking about?

3.Let's watch and know.

（1）学生观察图片，预测动物去向。Q：What are they going to do?

（2）学生细致观察场景图片，获取动物所在场所。

Q1：Where are they going?　　　　Q2：What signs do they have?

（3）学生视听故事视频，感知文本，获悉关键信息，匹配警示语和社会场所。

Q1：Where do they put the signs?　　Q2：What do they do there?

4.Let's play.

利用希沃游戏，学生进行规则分类的游戏，并运用 We should/shouldn't…，We must…，We mustn't… 描述不同种类规则。

➡ 设计意图：通过唱跳欢快歌曲，帮助学生快速进入学习状态的同时，温故知新；借助图片、音频等资源，帮助学生获取小动物们的社会实践信息，在匹配公共场景和警示标语的情境中梳理社会规则警示用语，学生自然运用 Be…，No…，等结构描述不同公共场所规则，在这一过程中，引导学生整体感知、理解文本信息。

5.Let's read and act!

（1）学生听录音跟读、分角色朗读对话，关注语音、语调、节奏、连读、重读等语言现象，体会小动物们的表情、心情变化。

（2）学生基于对话内容，以角色扮演的形式表演本课内容，内化与运用所学语言，促进情感共鸣，达成社会规则人人遵守的共识。

6.Let's look and talk.

学生观察图片，猜测动物们的后续去向动态，并尝试运用 They come to… The…puts the sign to tell people… 描述后续发生的故事，感受更多社会公共场所的警示用语功能。

➡ 设计意图：通过视听故事文本，感知、理解故事脉络结构，梳理文本信息；借助不同场景图片，学生描述动物去向动态，进一步体会社会规则无处不在，为后续故事的复述奠定基础。

7.Let's retell.

学生依据图片和警示标语，运用 "They come to… The…puts the sign to tell people…" 尝试复述趣味故事。

8.Let's design!

以本节课学过的单词和句型为核心，联系实际，学生进行创编对话，并运用对话中的核心语言进行分组展示，互动交流中强化整体认知。

➡ 设计意图：帮助学生从文本走向真实生活，引导学生在真实的语境中灵活运用所学语言知识进行交流，逐步加深对主题意义的认知，生活中的方方面面规则无不有之，树立人人守规，文明行为的意识。

Period 5　Rules are important for us all.

【课时对应的子主题】人与自然；环境保护，身边的自然现象与生态环境

【适用年级】五年级

【语篇类型】语篇文本

【语篇研读】

What：语篇围绕 Litter Island 垃圾岛，主要内容为人类把垃圾扔进海洋，垃圾漂洋过海最终到达太平洋形成了一个很大的垃圾岛，垃圾岛上充斥着各种不可分解的垃圾，其面积日趋变大，是英国的六倍大，垃圾岛上的废物对鱼、鸟类、人类有害，人类应该回收可再利用废物。

Why：语篇围绕垃圾岛，使学生对本单元所学的遵守规则话题得到更好的拓展和延伸，引导学生认识到环境保护对生态系统的意义所在。

How：语篇分两部分介绍垃圾岛，第一部分介绍垃圾岛地理位置、垃圾充斥物及垃圾岛形成原因；第二部分介绍垃圾岛面积以及垃圾危害，倡导人类应该回收可再利用废物。涉及相关词汇有 island，plastic，the Pacific Ocean…，相关表达有 throw…into…，end up…six times as big as… 等，该语篇文本具有良好的现实教育意义，在合作学习过程中，强化学生环境保护、垃圾分类意识。

【课时目标】

1. 借助文本插图和音频，理解语篇大意，以发现问题、寻找根源、解决问题为线索，获取、梳理文本关键信息。（学习理解）

2. 在视听文本的情景中，基于问题链，找寻、探究垃圾污染解决措施、途径，树立强烈的环保意识。（应用实践）

3. 在呼吁、倡导人类保护环境的活动中，深入了解如何进行垃圾分类，借助呼吁提示语，尝试写一封呼吁信，培养保护环境从我做起的意识。（迁移创新）

【教学过程】

1.Let's watch and think.

学生观看视频，思考生活垃圾的最终去向。

Q1：What do you want to say to these people?

Q2：Where does the rubbish go in our daily life?

Q3：How about the rubbish in the ocean?

教师介绍课堂评价方式之一：答对问题的学生获得不同颜色的 recycling bin 图片奖励。

2.Let's look and talk.

学生观察图片，猜测海洋垃圾去向，获取垃圾岛地理位置、垃圾岛垃圾等。

Q1：Why is it called a big island of litter?

Q2：What is on the island?

3.Let's listen and answer.

学生倾听音频，借助问题单获取垃圾岛形成原因。

Q：How does it become a litter island?

How does it become a Litter Island?
People throw litter into the sea. □
There are more and more waste things in the sea. □
These waste things get together in the sea. □
It ends up in the Pacific Ocean. □
There are plastic things，old toys，bottles，shoes and plastic bags. □

4.Let's read and fill.

学生阅读、感知文本，排序垃圾岛形成的原因借助排序链描述垃圾岛形成的原因。

➡ 设计意图：帮助学生理解对话内容，学习对话中有关介绍动物的词汇、短语和核心语言，属于学习理解层次。教师创设与学生现实生活紧密关联的情境，引导学生通过听、读对话，从大意到细节逐渐理解对话内容。学生通过细致观察、积极思考、模仿操练等形式进行对话理解，并在情境中运用核心语言，为形成良好的语音意识和语用能力奠定基础。

5.Let's read and find.

学生阅读文本第二自然段，underline 出问题答案。借助回答贴心卡，阐述、表达观点。

Q1：How big is the litter island?

Q2：Do you like the litter island? Why? Because it is bad for.

6.Let's think and talk.

学生借助老师的提问，厘清文本脉络，形成思维导图，借助思维导图，简单描述人类与垃圾岛的关系。

7.Let's listen and read.

学生倾听文本、小组合作朗读文本，加深对文本的理解。

Fluently and clearly.（洪亮地）	Full of Emotion.（情绪饱满地）	Gooperate well.（合作默契地）
☆	Good！	
☆☆	Great！	
☆☆☆	Super！	

➡ 设计意图：在视听文本的情景中，学生基于问题链，找寻、探究垃圾岛形成原因及

垃圾污染解决措施、途径，树立强烈的环保意识。从学习理解过渡到实践应用，为后面的真实表达奠定基础。

8.Let's watch and find.

学生观看视频，小组内思考、探讨垃圾污染解决措施、途径。

Q：What should we do to solve this problem?

小组内借助项目实施单，探究垃圾污染解决措施和途径。

Task 1：Making a list about what we should do.

Task 2：Putting the waste things into the correct recycling bins.

Task 3：Witting a letter to human beings about the litter island.（借助思维导图）

➲ 设计意图：通过在呼吁、倡导人类保护环境的活动中，帮助学生深入了解如何进行垃圾分类；借助项目实施单，帮助学生合作探究垃圾污染解决措施和途径，实现从文本走向实际生活，提升学生解决实际问题的能力。

Period 6　Kong Rong Gave Away Bigger Pears

【课时对应的子主题】家庭与家庭生活；文化体验

【适用年级】五年级

【语篇类型】语篇文本

【语篇研读】

What：语篇是关于中国传统故事《孔融让梨》，出自《世说新语笺疏》，是一则中国成语故事，讲述的是东汉时期，一位名叫孔融的孩子四岁时就懂得将大梨让给兄长和幼弟的故事。

Why：语篇展现的是孔融在很小的时候就懂得了尊老爱幼的道理，让人们懂得谦让、礼貌和尊重他人，养成尊老爱幼的好习惯，对于学生而言有极好的引导意义，引导学生感受中华文明的精神标识和文化精髓，培育文化意识，增强家国情怀。

How：语篇运用一般过去时分三部分介绍主人翁孔融，第一部分简要介绍孔融的生平、家庭情况；第二部分介绍孔融对于长兄、幼弟如何有礼有节地让梨；第三部分简要介绍孔融日后的成就。本课时语篇结构精炼，易于学生理解，对于学生感受中华传统优秀文化而言具有良好的引导意义。

【课时目标】

1. 借助图片、视频等，获取孔融的个人基本信息；在感知语篇文本的情境中，梳理孔融让梨的细节信息。（学习理解）

2. 视听文本故事的情景中，借助评价支架语言 "I think…is… Because he had good man-

ners. He gave…to… He ate…" 描述、评价孔融,感受中华传统文化的魅力。(应用实践)

3. 在时空对话的模拟情境中,学生阅读来自孔融的"规则宝典";了解更多的中华文明优秀文化;小组合作向孔融介绍 class rules,social rules 等现代社会规则,了解、体会中华文明优秀文化精髓。(迁移创新)

【教学过程】

1.Let's sing!

学生欢唱歌曲"I can follow the rules."讨论教师的提问,感知 good manners 的含义。

Q:Are you a good student? Are you a good kid at home? Why or why not?

Let's watch and tick!

学生观看介绍孔融的短视频,借助问题单勾选出孔融的个人基本信息,了解主人公。

Q1:What's the name of this little boy?　　Q2:How old was he then?

Q3:Was he a good learner?

3.Let's know and learn!

学生倾听故事音频,整体感知文本大意,依托问题链提取孔融让梨的关键信息,在文本上画线问题答案。

Q1:When did the story happen?　　Q2:How did he choose the pear?

Q3:Why did he choose the smallest pear?

4.Let's think!

学生换位思考、讨论教师提出的问题,并表达观点,体会 good manners 意义。

Q:If you were Kong Rong's father,What would you like to say to him?

➲ 设计意图:借助图片、视频等,引导学生获取孔融个人基本信息,在感知语篇文本的情境中,依托问题链,帮助学生提取孔融让梨的关键、细节信息,引导学生感知、理解、体会 good manners 的深刻含义。

5.Let's read.

学生倾听音频,朗读文本,再次走近文本,理解文本信息。

Fluently and clearly.(洪亮地)	Full of Emotion.(情绪饱满地)	Gooperate well.(合作默契地)
☆	Good!	
☆ ☆	Great!	
☆ ☆ ☆	Super!	

6.Let's dub.

截取文本中的孔融和父亲的对话片段,学生两人一组为对话片段配音,感受孔融身上的 good manners.

7.Let's evaluate!

学生讨论、回答问题，借助评价支架语言"I think…is… Because he had good manners. He gave…to… He ate…"尝试评价孔融。

Q：What do you think of Kong Rong？

➡ 设计意图：通过视听文本故事，帮助走近文本，深刻理解文本信息；通过为文本对话片段配音的活动，引导学生感受孔融身上的 good manners. 感受中华传统文化的魅力所在；学生借助评价支架语言"I think…is… Because he had good manners. He gave…to… He ate…"描述、评价孔融，引导学生感受中华文明的精神标识和文化精髓，培育文化意识，增强家国情怀。

8.Let's know.

学生阅读来自孔融的"规则宝典"，了解更多中华传统优秀文化。

9.Let's share.

学生进行小组合作，每个组选取自己喜爱的 rules，借助语言支架，向孔融介绍 class rules，social rules 等现代社会规则。

➡ 设计意图：模拟穿越时空对话场景，学生阅读来自孔融的"规则宝典"，帮助学生了解更多中华文明优秀文化；学生小组合作向孔融介绍 class rules，home rules，social rules 等现代社会规则，以期在此过程中，学生能够综合运用本单元所学核心语言介绍、阐释规则，旨在帮助学生从文本走向真实生活，引导学生在真实的语境中灵活运用所学语言知识进行交流，逐步加深对主题意义的认识。

✅ 五年级下册 Unit 4　教学设计 [①]

Period 1　Unit 4 What's wrong with you?

【课时对应的子主题】生病请假

【适用年级】五年级

【语篇类型】日常对话

【语篇研读】

What：语篇是 Kate 与 Miss Liu 之间的对话，呈现了学生生病时如何跟老师请假，表达自己身体感受，老师如何安慰病人的情景，自然地引发了师生之间关心、尊重的情感共鸣，既能促使学生产生自主交流表达的意愿，又能逐步引导学生建立良好师生关系的生活观。

---

① 本文作者：天津市河北区育婴里小学　包健。

Why：建构学生对生病请假的礼貌交往认知，积累用于表达身体感受和关爱他人的交流语言，引导学生大方自然表达自己的情感，促进交际意识的发展。

How：本课时涉及病症的相关词组 be ill，have a bad cold，have a fever，have a headache，have a cough 及相关安慰语 Don't worry about…，I'll help you with…，You should… Take good care of…，及接打电话常用语 May I speak to…，please? 和 This is…speaking。词汇及语言结构通过师生对话、生生对话、角色扮演等方式不断复现，帮助学生形成相对完整的语言结构，发展语言能力，加深语篇意义理解。学生依托语言结构参与到对表达自己身体感受和对方情感安慰的用语过程中，表达对生病请假的自然询问的语言活动，在合作学习过程中提升语言技能，强化良好的人际交往意识培养。

【课时目标】

1. 在生病请假的情境中梳理病症的名称（如 be ill，have a bad cold，have a fever，have a headache，have a cough 等），运用接打电话的常用语 May I speak to…，please? 和 This is…speaking. 展开生病请假的语篇对话。学会表达自己身体感受，表达如何关爱他人。（学习理解）

2. 在对话情境中，通过视听结合的方式，建构学生对生病请假的礼貌交往认知，促进交际意识的发展。（应用实践）

3. 借助文本视频，进行用 May I speak to…，please? 和 This is…speaking. 作为开头的新对话展示交流，促进学生善于表达自己身体感受，表达如何关爱他人的礼貌交往认知意识。（迁移创新）

【教学过程】

1.Let's watch and think! 学生视听对话，思考并讨论教师提出的问题，初步感知生病请假的相关语言，呈现教学主题。

Q1：What's wrong with Kate?

Q2：In our daily life，what disease do you have?

To learn：be ill，have a bad cold，have a fever，have a headache，have a cough

2.Let's listen and find! 学生视听对话，根据预设给出的不同的任务，整体感知有关请假的表达语言。

Q1：How to make a call? May I speak to…，please? This is…speaking.

Q2：Does Kate have a cold?

Q3：How to understand "bad cold"？

Q4：Can Kate go to school today?

Q5：Who will take Kate to the doctor?

Q6：What suggests from the teacher do you know?

see a doctor,take good care of,help…with

3.Let's watch and talk!

（1）学生观看对话视频，获取与梳理电话问候、请假的基本信息。

（2）学生运用语言支架 May I speak to…,please? 和 This is…speaking. 展开生病请假的语篇对话。在沟通中表达自己身体感受，表达如何关爱他人。

4.Let's read and act!

（1）学生听录音跟读、分角色朗读对话，关注语音、语调、节奏、连读、重读等语言现象，体会人物表达自己身体感受，表达关爱他人的感情。

（2）学生基于对话内容，以角色扮演的形式表演本课内容，内化与运用所学语言，促进情感共鸣，提升善于表达自己身体感受，表达如何关爱他人的交际意识。

🔄 设计意图：以打电话请病假为语篇依托，借助提供的问题，引导学生实现从大意到细节的逐步理解和深化，发展空间概念和逻辑思维，深入体会真实生活场景。基于文本理解，学生还通过参与细致模仿、分角色朗读、角色扮演等活动进行准确性和流畅性练习，并基于语调、节奏等多种语言现象体会人物情感，提升善于表达自己身体感受，表达如何关爱他人的交际意识。学生通过思考和讨论教师提出的问题，初步认识到交际沟通文化的意义与价值。

5.Let's act! 学生两人一组观察图片，并运用 Is that…? Can you go…? 和 Sorry,I can't. I have a… 进行电话邀约情境表达，感知人们利用电话沟通的交际文化。

🔄 设计意图：引导学生结合图片情况思考并交流邀约信息，联系生活实际将语言学习从学习理解过渡到实践应用，既帮助学生在对话情境中实现语言内化，又促进学生感知真实的生活场景知识储备，为其后的真实表达奠定基础。

6.Let's design! 学生自主选择邀约场景、方式、内容和具体应邀的结果，分组设计交际空间，并运用对话中的核心语言进行分组展示，互动交流中强化整体认知。

🔄 设计意图：帮助学生从文本走向真实生活，引导学生在真实的语境中灵活运用所学语言知识进行交流，逐步加深对主题意义的认知，促进善于表达自己，关爱他人的交际意识的发展。

【作业设计】

Period 1   Homework
Activity Card

1.Must—do Tasks

基本要素	具体内容
作业内容	1. Listen to the dialogue and read it. 2. Write down the new words and sentences.

续表

基本要素	具体内容			
形式和类型	形式	听–说□　听–写□　读–写□　其他□		
	类型	基础型□　拓展应用性□　实践型□		
作业时长	＿5＿分钟（建议时长 5—10 分钟）			
完成方式	独立完成□　合作完成□			
提交时间	当天完成□　＿＿天后□			
评价标准	根据实际情况选择活动。 查找补充相关周末活动。 正确朗读所填写的对话。	☆☆☆☆☆ ☆☆☆☆☆ ☆☆☆☆☆ （自我评价）	☆☆☆☆☆ ☆☆☆☆☆ ☆☆☆☆☆ （小组评价）	
	（教师评价）　Good □　　Super □　　Excellent □			

2.Optional Task

基本要素	具体内容			
作业内容	Design the invitation situation they like and talk about it.			
形式和类型	形式	听–说□　听–写□　读–写□　其他□		
	类型	基础型□　拓展应用性□　实践型□		
作业时长	＿10＿分钟（建议时长 5—10 分钟）			
完成方式	独立完成□　合作完成□			
提交时间	当天完成□　＿＿天后□			
评价标准	根据实际情况选择活动。 查找补充相关周末活动。 正确朗读所填写的对话。	☆☆☆☆☆ ☆☆☆☆☆ ☆☆☆☆☆ （自我评价）	☆☆☆☆☆ ☆☆☆☆☆ ☆☆☆☆☆ （小组评价）	
	（教师评价）　Good □　　Super □　　Excellent □			

Period 2　Go to the hospital

【课时对应的子主题】医院看病

【适用年级】五年级

【语篇类型】日常对话

【语篇研读】

What：语篇为在医院看病的日常对话，该对话发生在医生和患者之间，孩子通过前一节课向老师生病告假过渡到本节课的去医院看病，场景由家转到了医院，对话由师生转为了医患。

Why：通过投医看病的情境，了解一些有益身体的健康方式。

How：语篇是比较典型的在医院看病的对话，涉及介绍其他病症的词组，如 have a toothache，have a stomachache 以及对恢复身体健康有益建议的核心语言，如 You should take some medicine，take a good rest，stay in bed，drink more water 等。通过对病情的讨论，让学生尝试在真实的看病场景中表达身体状况。本课时学习旨在引导学生运用核心语言展开医生与患者的常见对话，在看病并获得治疗建议的过程中，感知爱护身体的意义，并学会照顾自己的方法。

【课时目标】

1. 在视听对话的情境中，借助头脑风暴的方式，学习更多关于常见病症的名称，通过问题设置和情境表演，了解医生与患者之间的常见对话语言，并在看病中获得治疗建议的语言。（学习理解）

2. 在小组合作角色扮演的过程中，运用本课核心句型 What's wrong with you？I have a... 进行引领问答，结合各种看病过程中的语言感知真实生活，拓展关于病症的新的内容如：flu 等。明确爱惜身体的意义，学会用多种方法照顾自己。（应用实践）

3. 在谈论健康生活方式的情境中，感知健康生活的意义，从而提升享受更好生活质量的能力。（迁移创新）

【教学过程】

1. 学生回顾上一课的主题情境，学生在教师的引导下进行头脑风暴，回忆说出表示各种病症的词组。

2. 学生在教师呈现新病症词组的提示下，通过提问 "What's wrong with you? 运用 "I have a..." 句型回答各种有关病情的问题。

3. 学生视听对话，问题驱动，整体感知文本，理解主旨大意，梳理关键信息，补全短文内容。

Q1：What's wrong with Kate?

Q2：Can Kate go to school tomorrow？

Q3：What suggestions does the doctor offer to Kate?

Q4：How important is it for you to have a healthy body?

4. 学生再听对话文本，细致模仿，关注语音语调、节奏、连读、重读等，培养语感的同时加深对课文知识的理解和记忆。教师引导学生进行同伴间分角色练习并表演对话。

△突出文化意识的培养。活动1、2、3将语篇内容与实际生活相结合，了解医生与患者之间的常见对话语言，在看病中获得治疗建议的语言。根据自身生活经验，使用简单的句子阐述拥有健康身体的重要性，自然建立爱惜自己的认知。

△融合思维品质的培养。活动3、4通过提问引导学生仔细捕捉关键信息，运用已有知识进行猜测和推理，激发学生的兴趣、观察力以及逻辑分析能力，辅助对语篇意义的理解。

➡ 设计意图：帮助学生回顾已有知识，属于学习理解层次。教师引导学生输出各种病症名称，活跃学生的思维，唤醒学生对生病就医学习的相关知识的记忆，学生通过积极思考、解决问题充分理解语言信息，为本课的学习奠定基础，真正实现文本来自生活。学生分角色扮演医生和患者，利用已有的知识储备不断输出看病情境中的各种语言信息。

△突出文化意识的培养。活动5基于语篇主题，创设情境，鼓励学生积极参加，引导学生运用核心语言不断输出看病情境中的各种语言信息。明确爱惜身体的意义，并学会用多种方法照顾自己。

△融合学习能力的培养。活动5借助图片，学生能够积极与他人合作，注意倾听，敢于表达，不怕出错，共同完成学习任务，加深对语篇内容的理解，获得了学习能力上的提升。

➡ 设计意图：借助图片的情境，进行角色迁移，初步运用核心语言进行交流，促进语言内化。在此基础上，从学习理解过渡到实践应用，为后面的真实表达奠定基础。明确爱惜身体的意义，学会思考用多种方法照顾自己。

5. 学生在教师创设的"健康生活"的情境中，通过小组合作的形式交流展示。

语言支持：I think…　　　I like…　　　We should…　　　It's nice/interesting for us to do…

6. 布置家庭作业

（1）为自己绘制"健康生活"思维导图。

（2）运用本课核心句型进行介绍。

△融合思维品质的培养。活动6给出语言框架，设置开放性的答案，有目的的引导学生思考不同选择的差异性，学会换位思考看待问题。激发学生思辨，初步建立学生的辩证思维。

△融合学习能力的培养。活动7借助思维导图，学生能够积极谈论自己的看法和观点，加深对语篇内容的理解，获得学习能力上的提升。

➡ 设计意图：帮助学生在迁移医患的语境中，创造性地运用所学语言去介绍。引导学生合理搭建语言框架，有效进行语言输出，提高学生的综合语言运用能力。学生在讨论健康生活理念的过程中发展语用能力，在谈论健康生活方式的情境中，感知健康生活的意义，从而提升享受更好生活质量的能力。

Period 3

【课时对应的子主题】探望病人

【适用年级】五年级

【语篇类型】对话文本

【语篇研读】

What：语篇内容为同学朋友间的探望病人并提供帮助。学生们在学习、理解语篇内容的过程中，积累、运用、拓展相关的关爱他人、帮助他们的语言经验，发展其语言能力。

Why：语篇对话提供了探望病人并提供帮助的相关信息，引导学生通过友爱的交流沟通，体会真实的社会情境下的互帮互助。

How：语篇描述了探望病人并提供帮助的相关信息，涉及探望病人所带的相关物品词汇，如 chocolate，dragon fruit，get—well card；以及询问身体状态和送慰问品的核心语言：Here's…for you. How are you feeling today? 该语言整合较为简单，且核心语言已在前面课程涉及过，学生易于理解，也便于学生在学习过程中开展自主探究等学习活动。

【课时目标】

1. 在探望病人并提供帮助的视、听、说情境中，获取、梳理询问身体状况、送慰问品和提供帮助的信息内容，丰富语言结构。（学习理解）

2. 在教师帮助下，分角色表演语篇，尝试转述 Kate 的基本身体状况、同学们看望 Kate 时所携带的慰问品和对 Kate 提供的学业帮助。（应用实践）

3. 切换场景"到医院探望病人"，拓展新的询问方式，丰富更多慰问物品。在多场景变化中体会关心他人的真正含义。（迁移创新）

4. 在创编短剧的活动中，综合运用所学语言进行一单元内容的整合，并在全班表演交流。（迁移创新）

【教学过程】

1. 揭示本课主题"探望病人"，通过观看视频，并快速浏览文本聚焦宏观问题：

Q：What is the dialogue talking about? How is Kate feeling today?

2. 学生观看视频，教师问题引领，在视听活动中梳理相关信息内容，在情境中，借助图片、视频等学习、拓展与探望病人相关词汇及核心语言。

Q1：How many people are there in Kate's family?

Q2：What do Kate's friends bring for Kate?　Q3：How do they send the gifts?

Q4：What does Kate worry about?　Q5：How will they do to help Kate?

3. 学生听录音跟读课文、分角色朗读对话，细致模仿，关注语音、语调、节奏、连读、重读等，在培养语感的同时，加深对课文知识的理解和记忆。

△突出语言能力的培养。在学习活动 2、3 中，学生感知核心词汇及核心语言的重音和升降调；有意识地通过模仿学习发音；大声跟读音频材料；感知本课的语言信息，积累询问身体状态、送慰问品和提供帮助的简单句式，运用所学语言进行交流、介绍，为语言的输出奠定基础。

△融合思维品质的培养。在学习活动 1、2 中，学生能通过阅读语篇，视听内容，知晓本课所谈论的主题，提取、获取关键信息，加强对语篇意义的理解，实现在语言活动中发展思维。

➡ 设计意图：帮助学生理解语篇内容，学习语篇中的词汇和核心语言，属于学习理解层次。教师创设贴近学生生活的情境，引导学生通过看、听语篇内容，理解文本内容。词汇学习中，学生发展拼读能力，积累并拓展相关词汇。学生通过细致模仿、跟读和分角色朗读，进行准确性和流畅性的朗读训练，进一步理解语篇内容，内化语言，为形成良好的语音意识和语用能力奠定基础。

4. 学生明确评价标准，分组练习朗读或表演对话，展示后学生互评。

5. 学生在教师指导下，结合板书梳理、归纳对话的核心语言，并根据板书提示尝试复述课文。参考语言：

Kate feels ____ ____ today. Gao Wei gives her some ____ . Lisa brings her a ____ ____ .Li Yan has some ____ for her. ____ will ____ Kate ____ her maths. Bob will ____ Kate ____ her English. Li Yan will ____ Kate ____ her Chinese.

△突出语言能力的培养。学生在参与感知和积累等语言实践活动之后，尝试习得与建构探望病人的相关信息的语言。在学生活动 4、5 中，学生通过借助提示进行角色扮演或转述，能理解本课简单句的表意功能，初步运用所学语言，进行简单的交流，为下一步进行有意义的沟通和交流做准备。

△融合学习能力的培养。学习活动 5 体现了语言能力和学习能力的融合。学生能在学习活动中尝试与他人合作，共同完成学习任务，能在学习过程中乐于参与，发现并尝试解决语言学习中的问题，遇到困难能大胆求助。

➡ 设计意图：引导学生在归纳和整理核心语言的基础上，通过角色扮演使每位同学都能深入角色，运用语言理解意义。程度较好的同学还可以尝试用转述信息的方式，将目标语言进行有效的迁移，促进语言内化，从学习理解过渡到实践应用，为之后的真实表达奠定基础。

6. 学生在教师指导下，拓展新的询问方式，丰富更多慰问物品。在多场景变化中体会关心他人的真正含义。

7. 小组合作运用核心语言进行一单元内容的整合，并向全班进行展示。

参考语言：May I speak to…, please?（Is that…speaking？）　I can't… I have a ….

What's wrong with you?　　You should…　　How are you feeling today?
（What do you feel？）　　I'll help you…

△突出语言能力的培养。学生在感知、体验、积累和运用等语言实践活动中，形成语言意识，积累了与生病、看病、探病相关的语言经验。学习活动7引导学生围绕本单元核心主题，进行整合交流，以小组合作交流和全班汇报的形式介绍本组的作品。

⟳ 设计意图：帮助学生在迁移的语境中，创造性地运用所学语言，交流与生病、看病、探病相关的信息，向全班进行汇报表演。学生从课本走向现实生活，在小组合作中，发展语用能力，引导学生通过友爱的交流沟通，体会真实社会情境下的互帮互助。

Period 4

【课时对应的子主题】学会关爱自己的身体

【适用年级】五年级

【语篇类型】动物小故事

【语篇研读】

What：围绕 Mimi 贪吃看病的事展开医患之间的对话。

Why：通过看病小故事，采用问答对话的形式让学生感知关爱自己身体的重要性。锻炼学生发现、分析和解决问题的能力，引导学生思考如何爱护自己身体，培养学生健康生活的认知和理念。

How：贴近学生的日常生活，涉及关于询问、介绍病情的核心语言 What's wrong with you? I have a bad headache. Here's an ice—cream shop. 表达程度的难点句子 Is it serious? 学生感知关爱自己身体的重要性，培养学生健康生活的认知和理念。

【课时目标】

1.借助文本插图和视频，理解对话大意，以 Mimi 贪吃看病为线索，展开自然对话，梳理关于询问、介绍病情及给出合理化建议的功能语言。（学习理解）

2.在教师的引领下，基于语篇情境进行角色扮演，内化并熟练运用核心语言 "What's wrong with you? I have a bad headache. Here's an ice—cream shop." 询问和介绍病情及给出合理化建议。（应用实践）

3.通过创编对话、探讨 "How to take good care of our bodies?" 等活动，深入感知关爱自己身体的重要性，培养学生健康生活的认知和理念。（迁移创新）

【教学过程】

1.Watch and guess.（感知与注意）

Question：Do you remember the disease we've learnt?

学生接龙用学过的病症词汇造句，复习相关词汇和句型。

教师介绍课堂评价方式之一：答对问题的学生获得具有营养成分的食物图片奖励。

2.Listen and think.（获取与梳理）

学生视听语篇，思考以下问题，初步获取对话内容。

Questions：a.What's wrong with Mimi? b.Where are Mimi and Micky going?

3.Read and talk.（获取与梳理）

（1）学生首先通过默读对话，理解第一部分看病内容，找出："What is wrong with Mimi?""What suggestions does the doctor offer?"的答案。并以此为线索梳理关于询问、介绍和建议的语言。

Questions：

a.What's wrong with Mimi?

b.Is it serious?

c. What suggestions from the doctor?

学生在此环节借助图片和语篇的上下文联系，利用自主学习的方式寻找相关内容，同时将生词"serious"在反复阅读和体会中了解清楚。

（2）学生大声朗读课文，理解第二部分再次看病内容，思考并回答以下问题：

Questions：

a.Does Mimi go home and have a good rest?

b.Where do Mimi and Micky go?

c.What does Mimi eat?

d.Why does Mimi go back hospital?

e.If you are a doctor，what do you want to say to Mmi?

学生在此环节借助图片、视频，理解体会文意并生成自己正确的生命观。

4.Read and imitate.（概括与整合）

Questions：In our life，what can we do to protect our life?

学生听录音跟读并分角色朗读对话，关注语音、语调、节奏、连读、重读等，培养语感，同时加深对语篇的理解和内化。

△突出语言能力的培养。学习活动1帮助学生回顾梳理有关病症的语言表达。在学习活动2,3,4中学生学习单词发音、掌握简单句的重音和升降调，正确跟读对话、积累介绍有关询问、介绍病症和休养身体的建议语言，理解本课核心语言，为语言的输出奠定基础。

△融合思维品质的培养。学习活动3,4体现了语言能力和思维品质的融合。学生通过自主阅读与分析，找出对应问题的答案，初步形成自己的理解与判断。

➲ 设计意图：帮助学生理解对话内容，学习对话中有关询问、介绍病症和休养身体建议的词汇、短语和核心语言，属于学习理解层次。教师创设与学生现实生活紧密关联的情境，引导学生通过听、读对话，从大意到细节逐渐理解对话内容。学生通过细致观察、积极思考、模仿操练等形式进行对话理解，并在情境中运用核心语言，为形成良好的语音意识和语用能力奠定基础。

5.Retell and act.（描述与阐释）

（1）学生利用板书提示尝试复述对话。

（2）学生在小组内分角色完成对话表演。

（3）教师介绍课堂评价方式之二：针对程度的不同进行星级奖励。

Loudly（洪亮地）	Correctly（准确地）	Fluently（流利地）
☆	Good!	
☆ ☆	Great!	
☆ ☆ ☆	Super!	

6.Let's check.（分析与判断）

Listen to the video and number the pictures.（书）

7.Let's chant.（语感韵律）

△突出语言能力的培养。在学习活动5，6，7中，学生能理解本课简单句的表意功能，尝试习得与建构与询问、介绍病症和休养身体建议相关的语言并进行简单交流。

⮕ 设计意图：引导学生借助文本情境，延伸到不同的情境中，进行询问、介绍病症和休养身体建议相关内容；在此基础上，进行角色迁移，初步运用核心语言进行交流，促进语言内化。从学习理解过渡到实践应用，为后面的真实表达奠定基础。

8.Create and present.（想象与创造）

学生利用本节课得到的语言点，在小组内就"How to take good care of your bodies?"展开讨论或创编对话，培养学生健康生活的认知和理念。

△突出学习能力的培养。在学习活动8中，学生通过在小组内创编对话等活动进一步灵活运用所学语言，培养创新性、提升学习能力。

⮕ 设计意图：帮助学生在迁移的自主习得相关看病的语境中，创造性地运用所学语言，探讨"How to take good care of your bodies?"学生从文本走向真实生活，在爱惜自己身体展开讨论的过程中发展语用能力，同时进一步深入感知关爱自己身体的重要性，培养学生健康生活的认知和理念。

Period 5

【课时对应的子主题】对美国历史上第一位女医生的了解

【适用年级】五年级

【语篇类型】配图故事

【语篇研读】

What：语篇为配图故事。内容围绕 Elizabeth Blackwell 展开阅读，通过学生 Wang Li 的视角，表达自己想成为医生的理想，为大家讲述了西方第一位女医生勇于实现理想的故事。使学生了解理想的实现是一个充满挑战的过程，树立理想很必要，为实现理想而努力，并不断克服困难，才能最终实现理想。

Why：通过对 Elizabeth Blackwell 生平简介的了解，使学生了解理想的实现是一个充满挑战的过程，树立理想很必要，为实现理想而努力，并不断克服困难，才能最终实现理想。引出新词 "university/gave her a chance."

How：本课时的文本分为三部分，第一部分通过第三视角直接引出中心人物：Elizabeth Blackwell。第二部分详述 Elizabeth Blackwell 时期的时代背景和成为女医生的重重障碍。第三部分详述 Elizabeth Blackwell 如何战胜困难，理想成真。引出新词 "became"。最后配合思维导图练习。

【课时目标】

1. 在看、听、说的活动中，了解 Elizabeth Blackwell 生平简介，并感知理想的实现是一个充满挑战的过程，树立理想很必要，为实现理想而努力，并不断克服困难，才能最终实现理想。（学习理解）

2. 在教师指导下，借助创设的思维导图归纳语篇信息中包括的基本要素。（应用实践）

3. 利用已有的知识经验在小组活动中书写新的内容并复述介绍，并畅谈一下自己的理想和要为之奋斗的具体做法。（迁移创新）

【教学过程】

1.Free talk.

呈现主人公 Elizabeth Blackwell 的照片，引导学生描述外貌特征并猜测其职业。

2.The first reading by themselves.

T：What is the passage talking about? Who was Elizabeth?

3.The second reading by themselves.

Try to find the difficult points and key points they don't understand.

4.The third reading by themselves.

通过问题引领，激发学生探知的学习兴趣，帮助学生快速进入故事文本的学习。感受在为理想而努力的过程中需要突破重重障碍，但收获会让人为之骄傲。

T：What dream did Elizabeth have?　　　　Was there a woman doctor in the past??

Was there any university want a girl friend?　　What chance did she have at last?

How did she do when she went into the university?

➡ 设计意图：多样化阅读方式旨在引导学生通过运用已知的词汇和句型获取图片的基本信息，进而逐步了解概括文本内容，学习理解层次梯度递进。学生参与核心语言的操练活动，为接下来的应用实践和迁移创新奠定了基础。

5.Listen and complete the passage（听音补全信息）

Elizabeth Blackwell

Elizabeth had a great ＿＿＿ , she wanted to be a ＿＿＿ . In the past, ＿＿＿ university wanted a girl student. But she got the only ＿＿＿ . So she ＿＿＿ very hard. She became the ＿＿＿ ＿＿＿ doctor in the US.

6.Finish the mind map of the passage and read it.

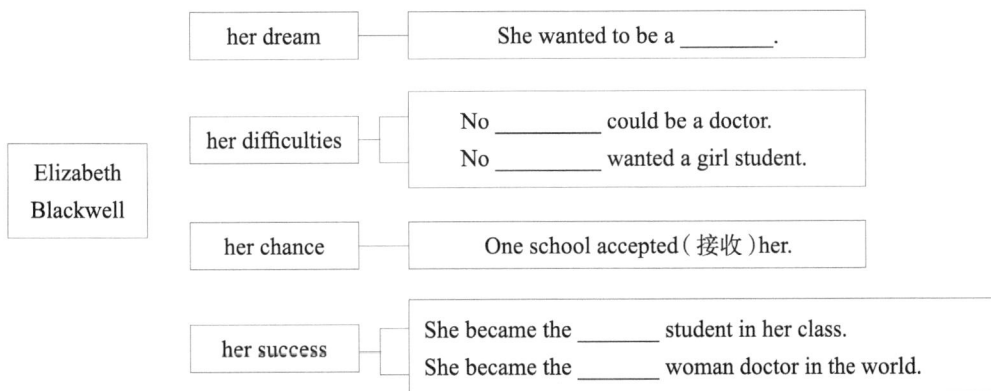

	her dream	She wanted to be a ＿＿＿＿.
Elizabeth Blackwell	her difficulties	No ＿＿＿＿ could be a doctor. No ＿＿＿＿ wanted a girl student.
	her chance	One school accepted（接收）her.
	her success	She became the ＿＿＿ student in her class. She became the ＿＿＿ woman doctor in the world.

7.Retell the story.

➡ 设计意图：语篇为应用实践部分，学生在补全短文的练习中，突出了核心词汇的书写训练。教师引导学生将文本内容进行描述、分析与运用，引导学生基于获取的语言知识开展实践活动，调动学生的积极思考，从大意到细节展开语篇的学习。运用获取的语言知识形成思维导图，体现创新思维的培养，促进知识向能力的转化。

8.Let's discuss.

What do you think of Elizabeth?　　What do you want to do like her?

What about your dream?　　　　　How to realize your dream?

➡ 设计意图：帮助学生灵活运用核心语言进行交流，完善语言信息，创造性地使用所学语言介绍如何做达成自己的理想所愿。最后引导学生理想的实现是一个充满挑战的过程，树立理想很必要，为实现理想而努力，并不断克服困难，才能最终实现理想。

Period 6

【课时对应的子主题】 养护身体的健康

【适用年级】 五年级

【语篇类型】 配图故事

【语篇研读】

What: 语篇为配图故事。内容围绕 Healthy Heart 展开阅读,通过对身体重要器官——心脏的了解,习得基本生理常识如:心脏构造、心脏作用、如何保养。体会保护好心脏对于我们的身体健康的重要性,建立正确爱护自己身体的健康观。

Why: 通过对心脏构造、心脏作用、心脏保养的介绍,拓展了更多有关身体结构的认知经验,增加丰富的保护心脏的生理常识,充分懂得爱惜自己身体的重要性,建立正确爱护自己身体的健康观。

How: 本课时的文本分为三部分,第一部分动态感受心脏,快速切入主题:心脏跳动的声音。第二部分详述心脏构造和作用的相关内容。第三部分总结如何对心脏进行正确养护。最后配合综合小练习。

【课时目标】

1. 在看、听、说的活动中,对身体重要器官——心脏有所了解,习得基本生理常识如:心脏构造、心脏作用、如何保养。体会保护好心脏对于我们的身体健康的重要性,建立正确爱护自己身体的健康观。(学习理解)

2. 借助所创设的小习题,将语篇信息中的基本要素内化于心。(应用实践)

3. 简单谈谈自己身体其他部位的功用和相关保养方法,利用已有的知识经验在小组活动中书写新的内容并复述介绍。(迁移创新)

【教学过程】

1.Free talk.

呈现文本图片,引导学生自由谈,交互对心脏了解的初级认知。

2.The first reading by themselves.

T:What is the passage talking about? What's the sound of the "heart"?

Does the heart stop beating during the whole day?

3.The second reading by themselves.

Try to find the difficult points and key points they don't understand.

4.The third reading by themselves.

通过问题引领,激发学生探知的学习兴趣,帮助学生快速进入语篇文本的学习。习得基本生理常识如:心脏构造、心脏作用、如何保养。体会保护好心脏对于我们的身体健康的重要性，建立正确爱护自己身体的健康观。

T：a.What does the heart pump to all the parts of the body?

b.What does the heart weigh?

c.Is the heart a muscle?

d.How many times does the heart beat a day?

e.How to understand "Your heart does all of this without you even giving it a thought ."

f.How to feel your heartbeat?

g.How to take good care of your heart?

h.Do your have any more suggestions?

➡ 设计意图：多样化阅读方式旨在引导学生通过运用已知的词汇和句型获取图片的基本信息，了解概括文本内容，学习理解层次梯度递进。教师引导学生通过听、看、读、思的方式，从大意到细节逐渐理解文本内容和主题意义。学生参与核心语言的操练活动，为接下来的应用实践和迁移创新奠定了基础。

5.Retell the story.

6.Let's discuss.

a.What else do you know about the other body parts?

b.What we can do is good for our health?

教师强调：建立正确爱护自己身体的健康观才能有更多享受生活的机会。会生活，从学会爱自己开始。

➡ 设计意图：帮助学生灵活运用核心语言进行交流与讨论，完善语言信息，创造性地使用所学语言表达自己的观点。最后引导学生：保护好心脏对于我们的身体健康很重要，建立正确爱护自己身体的健康观才能有更多享受生活的机会。会生活，从学会爱自己开始。

☑ 五年级下册 Unit 5　教学设计 ①

Period 1　I'm cleaning my room.

【课时对应的子主题】人与自我；家庭与家庭生活；生活自理与卫生习惯

【适用年级】五年级

【语篇类型】日常对话

---

① 本文作者：天津市河北区育婴里第四小学　张建玮。

【语篇研读】

What: 语篇是一个周六的早晨,Lily 给爷爷打电话,爷爷询问 Lily 一家是否前来拜访,Lily 回答今天爸爸妈妈都很忙,爸爸在写邮件,妈妈在洗衣服,自己正在打扫房间。此对话是生活中常见的语境。

Why: 建构学生对家庭生活与生活自理的认知,积累用于表达和交流正在做的事情的语言,引导学生表述自己正在做的事情,形成良好的生活习惯,学习习惯,将自己的房间整理干净。

How: 语篇涉及动词短语有 make a call,write an email,wash the clothes,clean the room 以及谈论正在做的事情的语言结构 I'm+v—ing. 和 He/She is v—ing. 以及 My father/mother is v—ing. 的句型。词汇及语言结构通过师生对话、生生对话、歌谣伴唱、角色扮演等方式不断复现,帮助学生形成相对完整的语言结构,发展语言能力,加深语篇的意义理解。

【课时目标】

1. 借助教学媒介学历案,用本课要学习的目标语言 I'm cleaning my room. 让学生从会话中感知、模仿、学习和体验,最终能用 I'm+v—ing. 和 He/She is + v—ing. 的句型进行语言交际。(学习理解)

2. 在对话情境中,可以根据本课所学的第一和第三人称进行时的陈述表达方式,结合实际,运用 I'm+v—ing. 和 He/She is +v—ing. 介绍自己或某位同学正在做的事情。(应用实践)

3. 借助本课所学,根据图片创编对话,在对话的情境中,运用 What are/is you/he/she doing? 和 I'm+v—ing. 以及 He/She is +v—ing. 核心语言进行交流,完成对话。(迁移创新)

【教学过程】

1.Let's sing! 在老师的带领下,老师和学生一起演唱歌曲 What are you doing? 并做动作。

"What are you doing? What are you doing? I'm walking. I'm running. I'm jumping.I'm dancing.I'm reading.I'm eating.I'm drinking.I'm sleeping.I'm saying goodbye." 活跃气氛,且歌曲内容与本课所学知识相关,为学习新课做好铺垫。

2.Let's play a game!

学生通过游戏及图片激活已有的知识储备,操练旧知,获得新知。

T:Now,let's play a game called "Simon Says". If I say:Simon says "Stand up",you should stand up. If I just say:Stand up,you can't stand up. Clear?(教师可以用中文辅助说明游戏规则:游戏规则与 Listen and do 听指令做动作差不多,不同的是教师在发出指令前可以说 "Simon says",学生做此动作,指令前没有说 "Simon says",学生不做此动作。)

T:(Simon says:)Stand up/Sit down/Touch your nose/Do housework…(由动作引出复习学生学过的动作短语)

3.Let's act! 教师创设与 Tom 打电话的情境。(注:教师的英语名字是 Walter。)

T：Listen,boys and girls. The telephone is ringing.（课件播放电话铃响。）

T：（接电话，做惊讶状。）Hold on,please.（出示 hold on 词组卡片，学生操练。）

T：The call is from the White House. Tom wants to talk to me.

Tom：This is Tom speaking. Can I speak to Walter?

T：This is Walter speaking.

Tom：Are you coming here with your friends this Saturday?

T：I'm sorry. I can't. I'm very busy.

Tom：What are you doing now?

T：I'm having my English lesson.

Tom：That's great. Goodbye.

T：Bye—bye.

学生们扮演 Tom 与教师练习如上对话。师生进行如下问答：

T：What are you doing?

S1：I'm having my English lesson.

T：Please practise in pairs.

学生两两操练。

4.Let's read and learn!

①学习词组 cleaning the room,writing an email,washing the clothes

课件出示 Lily 打电话场景。

T：Look at the picture,boys and girls,what is she doing?

Ss：She is calling someone.（课件出示句子 She is calling someone.）

T：Listen,what is she saying?（播放课件视频，学生模仿，出示单词 busy 的解释）

②T：（课件出示 Lily 打扫屋子图片）This is lily. Lily is busy. What is she doing?（课件出示句子 "She's cleaning the room."）

Ss：She is cleaning the room.

师生展开如下对话：

T：Lily is busy. What is she doing?

S1：She's cleaning the room.

T：Now you ask one of your classmates. 引导学生提问其他同学。（教师板书 "cleaning the room"）

课件出示爸爸在电脑上写邮件图片。

T：Look at the picture.（课件出示 "Dad is…What is he…?"）

Ss：Dad is busy. What is he doing?

T：He's writing an email.（课件出示句子，教师领读，板书"writing an email"）

学生两两操练以上对话，课件出示妈妈洗衣服图片。

T：What is she doing?

Ss：Mum is washing the clothes.（教师领读，板书"washing the clothes"）

学生两两操练。

③学习课文文本内容

T：Lily is calling. Whom is she calling? Let's listen.（播放无字课文视频。学生回答问题。）

S1：She is calling her grandpa.

再次播放课文无字视频，学生回答问题。

T：What are they talking about? Listen again and answer my questions.

a.What is Lily's dad doing? b.What is Lily's mum doing?

S1：Dad is writing an email on the computer.

S2：Mum is washing the clothes.

T：Now，please listen and repeat.（课件出示带文字课文视频，引导学生逐句跟读并纠正学生的发音。）

🔁 设计意图：帮助学生学习对话内容，学习对话中的词汇和核心语言，属于学习理解层次。学生在教师的指导下，通过创设的打电话情境，从大意到细节逐渐理解对话内容。学生通过游戏和操练句子，学习兴趣得到激发，进一步理解对话内容，内化语言，为语言输出奠定基础。

5. 教师领读课文，学生跟读。

T：Boys and girls，please follow me to read the dialogue. Ss：OK.

6. 学生朗读课文

学生小组操练课文，教师进组指导。T：Let's read. Pay attention to the intonation of the sentences.

7. 角色扮演

使用道具电话表演课文内容。邀请两名同学，一名扮演 aunt，一名扮演 grandpa，教师扮演 lily，开展本课对话，其他学生观看，并根据教师与其他两位同学的示范在小组中进行表演。

🔁 设计意图：借助文本的情境，与同伴模拟课文中的情景，学生小组合作本课，加深对课文文本内容的理解。进行角色迁移，初步运用核心语言进行交流，促进语言内化。从学习理解过渡到实践应用，为后面的真实表达奠定基础。

8. 根据图片创编新对话。课件出示六幅图片，学生两人一组，任选一幅，根据提示创编新对话。教师进组指导。学生讲台前进行表演。

T：Boys and girls，we've learned many verb phrases. Now，please pair up and observe the six pictures on the screen. Discuss within your group，then use the sentence patterns we learned today to create dialogues. We will invite students to come up and perform.

↻ 设计意图：帮助学生从文本走向真实生活，学生利用已有的知识，结合本课所学现在进行时，两人一组进行创编新对话。培养学生综合语言运用的能力，引导学生在真实的语境中灵活运用所学语言知识进行交流，逐步加深对主题意义的认知，创造性地运用所学语言。

【作业设计】

Period 1　Homework
Activity Card

1.Must—do Tasks

基本要素	具体内容		
作业内容	Choose two verb phrases learned in this lesson，and write two sentences in English to describe what you are doing.（选择本课所学的动词词组，用英文书写两个句子描述你正在做的事情。）		
形式和类型	形式	听–说□　听–写□　读–写□　其他□	
	类型	基础型□　拓展应用性□　实践型□	
作业时长	___10___ 分钟（建议时长 5—10 分钟）		
完成方式	独立完成□　合作完成□		
提交时间	当天完成□　____天后□		
评价标准	根据实际情况选择活动。 查找补充相关周末活动。 正确朗读所填写的对话。	☆☆☆☆☆ ☆☆☆☆☆ ☆☆☆☆☆ （自我评价）	☆☆☆☆☆ ☆☆☆☆☆ ☆☆☆☆☆ （小组评价）
	（教师评价）　Good □　　Super □　　Excellent □		

2.Optional Task

基本要素	具体内容		
作业内容	Take a photo of your family and use the phrases learned in this lesson to describe what your family members are doing.（拍一张你的家人的照片，并用本课所学的句型介绍照片上的家人们正在做什么。）		
形式和类型	形式	听–说□　听–写□　读–写□　其他□	
	类型	基础型□　拓展应用性□　实践型□	

续表

基本要素	具体内容		
作业时长	<u>　10　</u>分钟（建议时长 5—10 分钟）		
完成方式	独立完成□　合作完成□		
提交时间	当天完成□　<u>　　</u>天后□		
评价标准	根据实际情况选择活动。 查找补充相关周末活动。 正确朗读所填写的对话。	☆☆☆☆☆ ☆☆☆☆☆ ☆☆☆☆☆ （自我评价）	☆☆☆☆☆ ☆☆☆☆☆ ☆☆☆☆☆ （小组评价）
	（教师评价）　Good □　　Super □　　Excellent □		

Period 2　I'm telling a story.

【课时对应的子主题】人与社会

【适用年级】五年级

【语篇类型】日常对话

【语篇研读】

What：语篇为朋友之间的对话。该对话发生在 Yang Ming 和 Mary 之间。Yang Ming 和 Mary 正在谈论 Peter 和同学们准备英语晚会的情况。

Why：会话情境将引导学生在真实语境中仔细观察，介绍不同的人正在做不同的事情，学习正在做的事情的英文表达。

How：本课时的动词短语有 tell a story，sing a song，play the guitar，play the violin 以及用 What are you doing? 来询问别人正在做什么，并根据实际情况用 I'm+v—ing. 进行回答。学生在这一过程中讨论介绍自己正在做什么，并熟练应用于真实情景中。

【课时目标】

1. 借助文本插图和音频视频，理解对话大意，在谈论学生正在做的事情时用 What are you doing? I'm+v—ing. 和 What's he/she doing? He/She is+v—ing. 等句式进行语言交际。（学习理解）

2. 在教师的引领下，在语篇的情境中进行角色扮演，内化并熟练运用核心语言"What are you doing? 来询问正在做什么"，并在参与的过程中学习更多有关动作的英文表达。（应用实践）

3. 在教师的指导和小组的合作中，创编对话，谈论在不同场景下，介绍某人正在做的事情，理解趣味小故事。（迁移创新）

【教学过程】

1.Warm—up/Revision

（1）师生问好

（2）师生聊天，为学习新知识热身。

T：We are having an English lesson. What are you doing now?

S：We are listening to you.

T：Good. Let's begin our class.

（3）教师带领学生将上节课学过的四个动词短语 make a call，write an email，wash the clothes 和 clean the room 边说边做动作，让学生复习巩固。教师先带领学生做一遍，再由学生自己做一遍。教师给予鼓励性的口头评价。

⏺ 设计意图：帮助学生回顾已有知识，属于学习理解层次。教师引导学生做出相应动作，活跃学生的思维，唤醒学生对本课话题的相关知识的记忆，为本课的学习奠定基础，真正实现文本来自生活。

2.Presentation

（1）Guessing game.

教师播放本课会话PPT，让学生仔细观察图中的情景，猜一猜 Who are they? What are they doing? 学生举手回答。

（2）让学生带着以上问题观看视频，看完后举手回答。

S1：Peter is wearing a funny hat. He is telling a story.

S2：Li Yan is singing a very famous English song.

S3：Yang Ming is singing a song，too.

（3）再次播放视频，让学生核对以上问题的答案。教师用 PPT 展示本课的应用句型，板书并帮学生理解。

What is Peter doing? He is telling a story.

What is Li Yan doing? She is singing a very famous English song.

What are you doing? I'm singing a song，too.

建议：教师在黑板上画上四线三格，让学生学习规范的书写。播放视频，让学生在情境中感知理解本课会话，要求学生跟读模仿，教师做朗读指导。

⏺ 设计意图：设计猜谜游戏和观看视频等活动，使学生在轻松愉快的氛围中参与课堂，提高他们的学习积极性。通过展示视频和情景图，向学生呈现真实生活中的英语语境，帮助他们更好地理解和掌握句型和表达方式。学生在观看视频的同时，能够通过视听输入来加深对语言的理解。

进行角色迁移，初步运用核心语言进行交流，促进语言内化。从学习理解过渡到实践应用，为后面的真实表达奠定基础。在学生调查和展示的过程中，适时地渗透学科育人理念。

3.Let's design!

场景设置：教师向学生提供三种场景：birthday party，evening party 和 family party，引导学生四人一组选择自己喜欢的场景，使用自己的语言表达、描述，并拓展话题。

语言支持：S1：Hi，Lingling. Welcome to the evening party.

S2：Hello，Li Yan. What are you doing at the party?

S1：I'm singing an English song.

S3：Wow! How cool! What is Ann doing?

S4：She is singing a chant with Mary and Jane.

S1：OK. What are you doing at the party，Lingling?

S2：I'm dancing.

S1：Good!

4.Extended Activities

（1）表演游戏—孙悟空 72 变

请班级中一名善于表演的学生到前面来，扮成孙悟空表演各种动作，让各组学生边看边用句型 She/He is + v—ing. 来描述，展开竞赛，教师为各小组计分，活动结束后进行结果评价。

⊙ 设计意图：帮助学生在不一样的语境中，创造性地运用所学语言，提供场景选择，引导学生选择并进入自己喜欢的场景，增加学生的参与度和情感投入。学生可以根据自己的兴趣和喜好，选择适合自己的场景进行表达和交流。引导学生合理搭建语言框架，有效进行语言输出，提高学生的综合语言运用能力。

Period 3　I'm looking at the picture.

【课时对应的子主题】人与社会

【适用年级】五年级

【语篇类型】日常简短对话

【语篇研读】

What：语篇为学生们课后日常对话。Peter 和 Kate 正在谈论一幅画，并就画中人物的行为进行猜测，Li Yan 和她 cousin 的到来，解开了两人的疑惑。本课会话将引导学生在真实语境中逐步理解并学习本课的语言知识，通过感知、模仿、学习和体验，能用 What are you doing? 和 Is he looking at the moon? No，he isn't. 等句式进行语言交际运用。

Why：本课教学旨在让学生参与关于图片的讨论，培养他们的口语和听力技能。通过使用给定的句型结构和词汇，学生练习描述场景和表达观点。这种活动提高了他们的语言水平，并鼓励他们有效地运用英语进行交流。

How：对话是谈论图片中的人在做什么的简单对话，涉及短语，如"looking at the picture, talk about the picture, stand, sit"以及核心语言"Is he looking at the moon?"以及答语"No, he isn't."和"I don't think so."运用句型"He is just standing there. He is only singing over there."进行描述图片。

【课时目标】

1. 在询问对方正在做什么的真实情境中进行日常交流，获取、梳理图片信息，并熟练运用句型 Is he looking at the moon? 来提问，并能根据实际情况用正确的形式进行回答。（学习理解）

2. 在对话情境中，根据教师所给的图片信息，运用 Is he looking at the moon? 以及答语 No, he isn't. 和 I don't think so. 运用句型 He is just standing there. He is only singing over there. 进行描述。（应用实践）

3. 通过小组谈论不同场景的照片，使学生在谈论的过程中充分运用本课的句型，并从中感受到：看待同一件事情，不同的人有不同的看法。（迁移创新）

【教学过程】

1.Revision（激发兴趣，情景导入）

（1）Greetings.

（2）Sing a song：What are you doing?

（3）Revise the present participle of the verbs.

（4）Chant together：Writing, writing, I'm writing. Singing, singing, I'm singing.

Washing, washing, I'm washing. Looking, looking, I'm looking.

2.Presentation

（1）教师展示两组图片，即本课的教学挂图和 Period 4 的挂图，告诉学生，其中有一套不是本课出现的内容，让同学们仔细观察，然后听录音，找出正确的教学挂图。

（2）教师播放第一遍录音，学生听后分组讨论，作出判断。

（3）教师请学生打开书，再播放一遍录音，验证各自的判断。

（4）Let's listen and order.

教师将会话内容分为两部分，打乱顺序（课件出示），让学生听完第三遍后排序。核对答案后，教师给予鼓励性的口头评价。然后让学生齐读本课会话。

（5）让学生找出会话中表示现在进行时的句子，读一读。

（6）教师通过课件展示本课的应用句型，教学生理解。

What are you doing here? I'm looking at the picture.

Is he looking at the moon? No, he isn't.

We are talking about the picture.

He is just standing there.

He is only singing over there.

⟳ 设计意图：帮助学生回顾已有知识、提高他们的听力能力，创造一个积极、互动的学习环境，激发学生学习英语的兴趣，属于学习理解层次。通过观察图片和参与对话，提高他们的听说能力。通过学习相关的短语和词汇，学生能够丰富自己的词汇量，提高语言表达的准确性。

3.Listen and fill in the blanks. 播放视频，让学生在情境中感知理解本课会话。然后根据所听到的内容，完成文本的填空。

4.Let's talk!

要求学生先跟读模仿，教师做朗读指导；学生四人一组，进行分角色朗读。

5.Let's match and read.

根据会话，将问答匹配连线，读一读。

⟳ 设计意图：引导学生结合所给的课本动画视频和音频，将语言学习从学习理解过渡到实践应用，既帮助学生在对话情境中实现语言内化，又充实文化知识储备，为其后的真实表达奠定基础。

6.Let's act!

教师给出不同的场景，选择类似于本课的（需要猜测动作行为的）图片，如教室里看着墙的男孩、小河边的熊、推着自行车的邮递员等。让学生 2—3 人一组进行练习。教师可给出提示。

⟳ 设计意图：帮助学生从文本走向真实生活，引导学生在真实的语境中灵活运用所学语言知识进行交流，逐步加深对主题意义的认知。

Period 4　What are you doing?

【课时对应的子主题】人与社会

【适用年级】五年级

【语篇类型】日常对话

【语篇研读】

What：语篇围绕 Mimi 和 Rabbit 之间的通话展开，涉及他们当前正在做的事情，以及 Rabbit 看到 Micky 正在外面站着，询问 Micky 正在做什么，对话中包含了关于日常活动的句子。

Why：通过本课时的对话，有助于学生学会描述正在进行的动作，提高他们在日常对话中的表达能力。通过对话中提到的不同活动，学生可以了解到日常生活中的一些常见活动，培养了他们的时间规划和组织能力。

How：该对话贴近学生的日常生活，涉及了常见的日常活动表达，如：What are you doing? I'm cleaning my room. I'm having my breakfast. 等。教师可以通过播放录音或模仿对话的方式来引导学生学习，通过提问和回答的形式来加深学生对对话内容的理解。同时，教师鼓励学生根据自己的日常活动编写类似的对话，加强他们的语言运用能力。

【课时目标】

1. 借助文本插图和音频，理解对话大意，以 Mimi 和 Rabbit 的对话为线索，梳理关于询问、介绍自己正在做什么的语言。（学习理解）

2. 在教师的引领下，学生根据语篇情境进行故事复述，内化并熟练运用核心语言，通过听、说、读、写的综合活动，学生能够理解并掌握句型 "What are you doing?" 以及相关的回答，如 "I'm cleaning my room." 等。（应用实践）

3. 通过仿读本课故事、创编对话等活动，深入探讨以 Fun story 为基础，小组合作，创编表演自己的 Fun story。（迁移创新）

【教学过程】

1.Warm—up/Revision

（1）师生问好。

（2）Let's chant.

教师通过 PPT 呈现以下歌谣内容。教师首先和几名学生以问答形式进行示范吟唱，然后让学生按角色伴随真实动作或出示相应动作的图片进行吟唱。

Doing, doing. What are you doing?　　　　Playing, playing. I'm playing.

Doing, doing. What is she doing?　　　　Cleaning, cleaning. She is cleaning.

Doing, doing. What is he doing?

2.Presentation

（1）初步感知。

教师让学生看故事图片，然后提出以下问题：What are Mimi and Rabbit doing now? 让学生带着问题听录音。教师播放本课录音，让同学们仔细听，然后猜一猜，说出正确的答案。

S：They are making a call. T：Yes. Let's enjoy the story.

（2）教师请学生们打开书，自读故事，完成教师给出的问题：

What is Rabbit doing?

What is Mimi doing?

What is Micky doing?

What is Micky looking at?

（3）学生四人一组为单位，回答以上的四个问题，教师给出评价。

（4）教师用课件出示本课的应用句型，帮学生复习巩固。

What are you doing now?

I'm cleaning my room.

I'm having my breakfast.

Micky is standing.

Micky is looking at the clouds.

（5）播放视频，让学生两人一组模仿跟读，教师做朗读指导，进行角色扮演练习。

（6）以小组为单位，表演故事，教师评价，对表现突出的小组予以奖励。

◯ 设计意图：帮助学生回顾已有知识，属于学习理解层次。本节课的设计旨在引导学生通过观察图片、听故事录音和小组合作等方式，初步感知故事情节，学习新的句型和词汇，通过模仿和小组表演等形式进行语言实践，为本课的学习奠定基础，真正实现文本来源于生活。

3.Practice

（1）将故事的六幅图打乱顺序，让学生边听录音，边重新排列图片顺序。

（2）Let's listen and number.

看图片，听录音，根据录音顺序标号。

（3）让学生以小组为单位，共同讨论，然后复述故事。

（4）以小组为单位，进行故事复述比赛，教师和学生共同给出评价。

◯ 设计意图：借助文本的情境，进行听、说、读、写的操练以及故事复述，初步运用核心语言进行交流，促进语言内化。从学习理解过渡到实践应用，为后面的真实表达奠定基础。

4.Let's create!

（1）学生根据本课的故事内容，以小组为单位，共同讨论，创编生活中的故事，进行情景剧的表演。

（2）以小组为单位，汇报表演改编的故事，教师和学生共同给出评价。

◯ 设计意图：帮助学生在迁移地谈论"正在做的事情"的语境中，创造性地运用所学语言，介绍自己或他人正在做什么。引导学生合理搭建语言框架，有效进行语言输出，提高学生的综合语言运用能力。

Period 5　Fun Facts

【课时对应的子主题】人与自然：热爱并善待生命

【适用年级】五年级

【语篇类型】配图故事

【语篇研读】

What：语篇为配图故事。本课对话主要探讨人们在观看马戏团动物表演，在享受表演带来的欢声笑语时，应该思考一下这样对动物是否公平。

Why：描述动物们的表演和人们观看表演的反应，引发对马戏团表演中动物权益的思考和讨论。通过描述动物在表演中的角色和表现，以及一些科学家对此的质疑，作者试图让读者思考马戏团表演是否对动物和儿童有益。

How：本课时的文本分为三部分，第一部分介绍了马戏团动物们的表演，第二部分描述了看马戏团的人们的反应，同时提出核心问题 "Is it good fun for the animals?" 第三部分介绍了科学家们的观点，马戏团表演对于孩子和动物来说都是不好的，使用语言：Wild animals should go back to the mountains or the forests. 等。

【课时目标】：

1. 在看、听、说的活动中，获取文章的基本信息。学生能够理解马戏团表演中动物的情况，包括大象跳舞、猴子爬梯等活动。理解文章中提到有科学家认为马戏团对动物和儿童不利的观点。（学习理解）

2. 在教师指导下，能根据提示选择正确的信息。能够提炼文章的重要信息，学生能够运用文章中出现的词汇和句型，描述马戏团表演中动物的活动，如 "dancing elephants" "walking on a stick" 等。（应用实践）

3. 在小组活动中，学生能够将所学知识运用到其他场景中，比如讨论其他娱乐活动中动物的利弊，或者探讨保护动物的重要性。（迁移创新）

【教学过程】

1.Warm—up/Revision

（1）师生问好。

（2）图片游戏热身。

教师出示各种动物的图片，让学生边看边举手回答，说对的学生，教师发一枚奖励贴，为本课的学习做热身。

2.Presentation

（1）教师播放马戏团表演的视频。让同学们仔细观看，然后说出看到的动物。

T：Do you like circus shows?　　　　　S：Yes.

T：What animals did you see in the video?　　S：A monkey./A tiger./An elephant.

教师带领学生说一说视频中的动物有哪些。

（2）教师请同学们打开书，快速扫读，圈出短文中的动物单词，自己读一读。然后教师播放短文录音，让学生两人一组听音，模仿读单词。

（3）教师再次播放视频，让学生说出动物们正在表演的项目。

T：Please look and say what they are doing now.

S：They are playing with each other./It is jumping over a fire./They are dancing./It is riding a bicycle… 教师发奖励贴给说对的学生。

⟳ 设计意图：基于游戏情境，学生借助图片，复习所学表示动物的单词，激活已有知识。在呈现环节，通过观看视频，学生了解马戏团表演中的动物，提高听力理解能力。通过模仿读单词和观看视频并说出动物表演的项目等活动，培养学生的阅读、听力和口语表达能力，激发他们的想象力和创造力。

3.Guess where they are.（教师用 PPT 出示三组图片，同一种动物在不同的场合的情境）

T：Let's guess. Who are they? Where are they? What are they doing?

S1：They are monkeys. One is in the circus. The other is in the nature.

S2：One is riding a bicycle in the circus. One is looking for food in the forest.

4.Thinking tasks.

让学生四人一组细读短文，合作完成以下表格。

What do animals do in a circus?	What do animals do in nature?

T：Please think. Which is good for animals?

学生以小组为单位，说出自己的答案，教师评价，对表现突出的小组奖励。

5.Practice

教师将本课一些词语打乱顺序，用 PPT 闪烁的形式，随机展示，让学生边看边起立读出词语。让学生以组为单位，轮流进行，看哪个组说的词语数量多。教师和学生共同给出评价。

⟳ 设计意图：通过观察图片、合作讨论和词语闪烁练习等活动，引导学生理解动物在不同环境中的行为，并思考对动物来说何种环境更为适宜。通过这些活动，学生不仅巩固了所学词汇和句型，还培养了他们的观察力、推理能力和团队合作精神。

6.Creative Presentation

（1）小组讨论：教师组织学生分成小组，让他们讨论除马戏团以外的其他娱乐活动，比如动物园、水族馆等地方的动物表演。学生需要探讨这些娱乐活动对动物的利弊，并讨论在这些场景中动物是否受到了适当的对待和保护。

（2）每个小组设计一个展示板或海报，展示他们对其他娱乐活动中动物利弊的观点和看法。他们可以通过图片、文字等形式呈现，强调保护动物的重要性，并提出改善动物福利的建议。

➲ 设计意图：通过小组讨论和创作展示，凸显主题意义，凸显育人价值，引导学生探讨除马戏团以外的其他娱乐活动对动物的影响，学生将深入探讨这些娱乐活动可能带来的利弊，并对动物是否受到适当对待和保护展开讨论。学生将更加深刻地理解并关注动物保护的重要性，培养他们的社会责任感和环保意识。

Period 6　A Boy Learns

【课时对应的子主题】人与自我：生活与学习

【适用年级】五年级

【语篇类型】语篇故事

【语篇研读】

What：通过讲述一个叫张华的少年的经历。张华曾经表现良好，但最近却开始逃课去网吧玩电脑游戏，导致学校打电话给他的父母。他的父母感到非常不安，于是他们带他去看望他的爷爷。爷爷是一位农民，他在耕作的土地上教导孙子关于种植作物的季节性，以及时机和责任的概念。

Why：这篇故事旨在教育读者关于责任和时机的重要性。通过张华逃课去网吧玩游戏的行为，以及爷爷的教导，作者传达了一个重要的信息：每件事都有其适宜的时间和地点，逃避责任和错过时机可能会导致不良后果。父母通过带张华去看望爷爷，希望他能够意识到自己的行为对未来的影响，学会承担责任并珍惜每一个学习机会。

How：全文共分为三个部分，首先描述了事情的起因，即张华开始逃课去网吧玩电脑游戏。接着，讲述了张华的父母通过一番调查发现了他的行踪，以及他们带他去看望爷爷的经历。最后，描绘了张华在祖父的耕作示范中所得到的启示。在讲时机的重要性时，文章使用了"Everything has its time."这样的描述。

【课时目标】

1. 学习理解：通过阅读，学生能够理解故事中的主要情节和人物，能够理解爷爷教育 Zhang Hua 的话语的含义，以及其中蕴含的教育意义。

2. 应用实践：在故事情境中，借助图文和音频，提取故事线索信息，以 story map 的形式梳理和归纳故事要素，如：事件发生的地点、人物、经过，以及问题的解决办法和结果等；

3.迁移创新:学生将故事中的道理与自己的生活联系起来,思考自己是否有类似的行为或困扰并探讨如何制订合理的学习计划,并采取积极的行动来达成目标。

【教学过程】

1.Free Talk.

T:Let me ask you a question:Have you ever felt like you were missing out on something important because you weren't paying attention or doing what you were supposed to be doing?(你是否曾经有过这样的感觉,觉得因为没有专注或没有做应该做的事情而错过了一些重要的事情)学生自由举手回答。

2.Let's predict! 学生观察并提取文本信息,预测故事情节。

Q:Who is in this story?(Characters)

3.Let's read and talk!

(1)学生在教师的引导下通过阅读第一部分内容并回答问题。

第一部分:Zhang Hua 的变化。

学生阅读第一部分内容,回答问题。

Q1:Who is Zhang Hua?　　　　Q2:What changed in Zhang Hua's behavior lately?

Q3:Why were Zhang Hua's parents upset?

(2)学生猜测 Zhang Hua 的父母接下来会怎么做。

4. 学生阅读第二部分:拜访爷爷,回答问题。

Q1:What did Zhang Hua's parents do?　　Q2:What does his grandfather do?

5. 学生阅读第三部分: 爷爷和 Zhang Hua 的对话,回答问题:

Q1:What did grandpa say to Zhang Hua?

Q2:What did Zhang Hua learn from his grandfather?

➡ 设计意图:活动涉及学生和老师课前问题讨论,以及学生在阅读的过程中,通过预测对话、略读,精读,深入思考并回答问题,在真实的语境中学习本语篇的重点词汇与句型,强化理解,为接下来的应用实践打下基础。

6.Activity 1 学生听录音并进行指读。

7.Activity 2 学生根据板书提示,复述故事。

8.Activity 3 提取文本信息,评价主人公 Zhang Hua。

➡ 设计意图:通过复述故事、评价故事人物来强化文本理解,增强与文本的互动,建立知识结构,提高总结概括能力。

9. 小组讨论,组内制订学习计划:要求学生们在小组内合作,制定针对类似行为或困扰的学习计划。学生们可以讨论并提出各种解决方案,包括时间管理技巧、设定学习目标、建立学习习惯等。

10. 每个小组展示他们的学习计划，包括设定的目标、具体的行动步骤和预期的结果。其他小组成员可以提出建议和改进建议，并就计划的可行性和实用性进行讨论。教师对每个小组的学习计划进行评价和反馈，鼓励学生们互相支持和监督。

⟳ 设计意图：帮助学生从文本走向真实生活，故事迁移：举一反三，综合语用，引导学生在真实的语境中灵活运用所学语言知识进行交流，逐步加深对主题意义的认知，学生可结合自己实际生活经历，制订适合自己的学习计划，培养学生创新能力。

☑ 五年级下册 Unit 6　教学设计 ①

Period 1　They're playing football.

【课时对应的子主题】人与自我；生活与学习；运动与游戏

【适用年级】五年级

【语篇类型】日常对话

【语篇研读】

What：语篇为小学生日常对话，内容围绕 Gao Wei 与 Li Yan 一起去操场观看各类球赛的场景展开的对话，以谈论正在进行的球类运动为主要内容，能够感知运动带来的快乐，与团体竞赛的魅力。

Why：描述 Gao Wei 与 Li Yan 之间的问答对话，通过教学活动，进一步理解和巩固现在进行时的用法，同时体验运用语言解决实际问题的乐趣，了解如何表达他人正在做什么，体验运用语言解决实际问题的乐趣，使学生对体育运动产生兴趣，培养观察能力，感悟合作意识。

How：对话是比较典型的日常对话，涉及运动相关的词汇，如 play football, play volleyball, play basketball。以及本课核心句型 What are they doing? They're… 该对话情节简单，易于理解，具有现实意义。

【课时目标】

1. 在听读，理解对话的基础上，运用本课核心句型 "What are they doing? They're…" 谈论学生阳光体育活动中开展的球类运动。（学习理解）

2. 在教师的帮助下，通过课堂活动中，描述人们日常进行的体育运动，并在参与过程中，体验运动的快乐。（应用实践）

3. 在小组活动中，能够在观看球类比赛的过程中，谈论比赛规则，树立运动与友谊和

---

① 本文作者：天津外国语学校南普小学　刘玉娇。

团队合作意识。(迁移创新)

【教学过程】

1.Talk freely

借助学生在校园运动的真实情景,初步学习球类运动的相关核心词汇。如:play foot-ball,play volleyball,play basketball。

通过做动作,让同学们猜老师在做什么。

如:Look! I'm playing basketball.(TPR)How about you?

2. Let's watch and say.

听读对话,感知球类运动在文中的体现。观察配图,理解并运用核心句型。

"What are they doing? They're…"

描述师生正在进行的动作。

Let's watch,read and find!

(1)学生观看对话视频,获取与梳理,以问题 "What are the boys/girls/teachers doing? 为引领,梳理文本内容,完成连线。并用核心句型进行表述。

Boys	play football
Girls	play basketball
Teachers	play volleyball

4.Let'read and act!

学生听录音跟读、分角色朗读对话,关注语音、语调、节奏、连读、重读等语言现象,体会小男孩面对新事物时好奇、惊喜的感觉。

5.Do the role play.

学生基于对话内容,以角色扮演的形式表演本课内容,内化与运用所学语言,促进情感共鸣。

➲ 设计意图:帮助学生在语境中理解核心词汇,完成阅读任务。引导学生观察图片,提取关键信息进行描述,任务设置由表及里,使学生完成语言上的理解与整合。

6.Let's play and guess!

学生两人一组,一人做动作一人猜,一轮过后进行交换。对本课重点内容进行描述与阐述。

7.Let's write.

学生根据所给图填写表格。小组内进行问答练习。

➲ 设计意图:引导学生观察、分析、推理、正确运用语言进行描述,引导学生知识能够迁移,现实生活中能够根据与同伴或他人进行沟通与交流,在生活中培养出正确的思维品质。

8.Let's watch a video! 观看篮球，足球，排球比赛视频，了解相关规则，激发民族自豪感。参考语言：What are they doing? How many players are there in the team?

Are they playing well? How can they win?

9.Let's discuss.

小组讨论中西方运动的差异，如何正确面对比赛，培养团队意识，增强团队凝聚力。

⟳ 设计意图：帮助学生在迁移的语境中创造性运用所学语言，引导学生感悟团体比赛中的凝聚力，坚持不懈训练及团结合作的重要性。借助视频呈现与本课内容相关的运动或者比赛，涵养家国情怀，增强文化自信，正确认识国家之间的文化差异。

【作业设计】

Period 1　Homework
Activity Card

1.Must—do Tasks

基本要素	具体内容		
作业内容	1. Listen to the dialogue and read it. 2. Make a new chant about sports.		
形式和类型	形式	听-说□　听-写□　读-写□　其他□	
	类型	基础型□　拓展应用性□　实践型□	
作业时长	___5___ 分钟（建议时长 5—10 分钟）		
完成方式	独立完成□　合作完成□		
提交时间	当天完成□　____天后□		
评价标准	能够流利的朗读出对话。 编写歌谣流畅并朗朗上口。	☆☆☆☆☆ ☆☆☆☆☆ ☆☆☆☆☆ （自我评价）	☆☆☆☆☆ ☆☆☆☆☆ ☆☆☆☆☆ （小组评价）
	（教师评价）　Good□　Super□　Excellent□		

2.Optional Task

基本要素	具体内容		
作业内容	Design a poster about sports meeting.		
形式和类型	形式	听-说□　听-写□　读-写□　其他□	
	类型	基础型□　拓展应用性□　实践型□	

基本要素	具体内容		
作业时长	___10___ 分钟（建议时长 5—10 分钟）		
完成方式	独立完成□　合作完成□		
提交时间	当天完成□　____天后□		
评价标准	能够较好的完成所留任务。	☆ ☆ ☆ ☆ ☆ ☆ ☆ ☆ ☆ ☆ ☆ ☆ ☆ ☆ ☆ （自我评价）	☆ ☆ ☆ ☆ ☆ ☆ ☆ ☆ ☆ ☆ ☆ ☆ ☆ ☆ ☆ （小组评价）
	（教师评价）　Good □　　Super □　　Excellent □		

Period 2　They're playing badminton.

【课时对应的子主题】人与社会；文学、艺术与体育；运动文艺等社团服务

【适用年级】五年级

【语篇类型】日常对话

【语篇研读】

What：语篇内容围绕 Gao Wei 与 Li Yan 一起去操场观看各类球赛的场景展开的对话，以谈论正在进行的球类运动为主要内容，能够感知运动带来的快乐，与团体竞赛的魅力。

Why：描述 Gao Wei 与 Li Yan 之间的问答对话，通过教学活动，习得核心语句，并通过课下观察他人运动以及小组调查等形式巩固所学知识，增强同学之间的相互交流与了解，渗透运动使人健康的理念，从而增强学生对运动的兴趣及参与体育锻炼的热情。

How：对话是比较典型的日常对话，涉及运动相关的词汇，如 play ping—pong, play badminton, play baseball, play volleyball, do the long jump, do the high jump。以及本课核心句型 What are they doing? They're… 能够借助图片、照片来表达正在进行的体育活动，养成积极参加体育运动的好习惯。

【课时目标】

1. 在听读，理解对话的基础上，运用本课核心单词 play ping—pong, play badminton, play baseball, play volleyball, do the long jump, do the high jump 句型 "What are they doing? They're…" 谈论学生阳光体育活动中开展的球类运动。（学习理解）

2. 在教师的帮助下，通过课堂活动中，描述人们日常进行的体育运动，并在参与过程中，养成锻炼的习惯。（应用实践）

3. 在小组活动中，在讨论运动喜好中树立加强体育锻炼的信念，知道积极参加运动的

益处。（迁移创新）

【教学过程】

1.Let's watch a video.

播放各种体育运动的视频，激发学生英语学习兴趣，激活旧知，感知场景。

2.Let's listen and answer.

听音频，感知球类运动在文中的体现。观察配图，理解并运用核心句型"What are they doing? They're..."描述师生正在进行的动作。

关注重点词汇：play ping—pong，play badminton，play baseball，play volleyball，do the long jump，do the high jump

3.Let's watch，read and find!

（1）呈现人物照片（胖），引导学生思考该人物体形偏胖的原因。

（2）观看视频，学生对人物进行提问。Q：Do you like sports?

（3）继续观看视频，回答问题。

The boy is standing on the playground. The children are playing ball games over there. Who are they? What are they talking about? 并将学习卡填写完整。

Name	Sports

4.Let's read and act!

学生听录音跟读、分角色朗读对话，关注语音、语调、节奏、连读、重读等语言现象，体会小男孩面对新事物时好奇，惊喜的感觉。

5.Do the role play

学生基于对话内容，以角色扮演的形式表演本课内容，内化与运用所学语言，促进情感共鸣。

➲ 设计意图：帮助学生在语境中理解关于运动的核心词汇，能够根据文章所给内容找到重点内容，完成简单的阅读任务。在此基础上，引导学生观察图片，提取关键信息进行描述，整合语言知识，提升语用能力。

6.Let's play and guess!

学生两人一组，一人做动作一人猜，一轮过后进行交换。对重点内容进行描述与阐述。

7.Let's write.学生根据所给图填写表格。小组内进行问答练习。

➲ 设计意图：本阶段学习活动引导学生观察、分析、推理、正确运用语言进行描述，引导学生知识能够迁移，现实生活中能够根据与同伴或他人进行沟通与交流，在生活中培养出正确的思维品质。

8.Make a summary

学生总结询问他人喜好的问句，相关运动短语以及喜欢的理由。

参考语言：…make more friends…　　　　　…help each other…

9.Let's discuss. 小组讨论，完成调查。

➲ 设计意图：帮助学生构建有效的学习策略，形成自主学习能力让学生从学会逐渐走向会学。讨论喜好运动的不同原因和运动给人带来的好处，培养学生合作意识，发散思维，创新思维，渗透运动使人健康的理念，形成正确的世界观、人生观、价值观。

Period 3　They're running.

【课时对应的子主题】人与社会；文学、艺术与体育；运动文艺等社团服务

【适用年级】五年级

【语篇类型】日常对话

【语篇研读】

What：语篇为小学生日常对话，内容围绕 Gao Wei 与 Li Yan 一起去操场观看各类球赛的场景展开的对话，以谈论正在进行的球类运动为主要内容，能够感知运动带来的快乐，与团体竞赛的魅力。

Why：通过描述 Gao Wei 与 Li Yan 之间的问答对话，通过教学活动，习得核心语句，通过课下观察他人运动以及小组调查等形式巩固所学知识，增强同学之间的相互交流与了解，渗透运动使人健康的理念，从而增强学生对运动的兴趣及参与体育锻炼的热情。

How：该对话是比较典型的日常对话，涉及运动相关的词汇，如 do the high jump，do the high jump，run fast。以及本课核心句型 Are you watching the high jump? Yes，we are. Are they doing the high jump，too? No，they aren't. 能够借助图片、照片来表达正在进行的体育活动，养成积极参加体育运动的好习惯。

【课时目标】

1. 在听读，理解对话的基础上，运用核心单词 do the long jump，do the high jump 句型 "Are you watching the high jump? Yes，we are. Are they doing the high jump，too? No，they aren't." 谈论学生阳光体育活动中开展的球类运动。（学习理解）

2. 在教师的帮助下，通过课堂活动中，描述人们日常进行的体育运动，并在参与过程中，养成锻炼的习惯。（应用实践）

3. 在小组活动中，在讨论运动喜好中树立加强体育锻炼的信念，知道积极参加运动的益处。（迁移创新）

【教学过程】

1.Let's chant. 说唱歌谣，感受新知。

教师带领学生做跑、跳的动作，伴以有节奏的歌谣，自然引入 run，jump，high，long，fast，为学习新知打好基础。

2.Let's watch and answer.

视听结合，学习对话。教师就录音内容提出几个问题，让学生带着问题听录音。"Are you watching the high jump? Yes，we are. Are they doing the high jump，too? No，they aren't."描述师生正在进行的动作。

3.Let's read and act!

学生听录音跟读、分角色朗读对话，关注语音、语调、节奏、连读、重读等语言现象，体会小男孩面对新事物时好奇，惊喜的感觉。

4.Do the role play.

学生基于对话内容，以角色扮演的形式表演本课内容，内化与运用所学语言，促进情感共鸣。

⊃ 设计意图：帮助学生在语境中理解关于运动的核心词汇，能够根据文章所给内容找到重点内容，完成简单的阅读任务。在此基础上，引导学生观察图片，提取关键信息进行描述，整合语言知识，提升语用能力。

5.Let's play and guess!

教师请学生拿出事先画好的图（学生自己正在做某件事），分别请几组学生（每次 8人）拿着图画站在教室前面。教师告诉他们自己将说出一些活动名称，如果学生们图画的内容与老师说出的活动一致，就举起图画，举错的学生被淘汰。

6.Let's ask and answer.

教师将设计的棋盘（棋盘上有不同形式的动作图）和棋子（不同职业人物的圆形小图）发给每个小组。组织学生在下棋过程中巩固本课书的目标语言。如棋盘上有唱歌、游泳、打扫房间、跳高、跳远、跑步等动作，棋子上的人物有医生、护士、教师、司机、警察等。教师先使用贴在黑板上的大棋盘和几名学生进行示范，然后引导学生以小组为单位开展下棋说英语活动。

T：（to SI）Are the doctors singing?（画有医生的棋子在棋盘跳高位置）

S1：No，they aren't. They're running.

S1：（to S2）Are the nurses doing the high jump?（画有护士的棋子在棋盘跳高位置）

S2：（to S1）Yes，they are.

⊃ 设计意图：导学生观察、分析、推理、正确运用语言进行描述，引导学生知识能够迁移，现实生活中能够根据与同伴或他人进行沟通与交流，在生活中培养出正确的思维品质。

8.Make a summary.

学生总结询问他人喜好的问句，相关运动短语以及喜欢的理由。

9.Let's discuss.

场景设置：五年级一班正在进行亲子运动会，学生的爸爸妈妈、爷爷奶奶。兄弟姐妹都来参加。他们有的参加比赛，有的当观众。教师引导学生根据情境熟练运用语言。

⊙ 设计意图：帮助学生构建有效的学习策略，形成自主学习能力让学生从学会逐渐走向会学。讨论喜好运动的不同原因和运动给人带来的好处，培养学生合作意识，发散思维，创新思维，渗透运动使人健康的理念，形成正确的世界观、人生观、价值观。

Period 4　They're watching the games.

【课时对应的子主题】人与社会；文学、艺术与体育；运动文艺等社团服务

【适用年级】五年级

【语篇类型】日常对话

【语篇研读】

What：语篇为配图故事，内容围绕 Mickey 与 Mimi 一起去奥林匹克运动会时展开的对话，其中大象正在打篮球，海豚和海豹在比赛游泳，狮子，鹿和骆驼比赛跑步，马和长颈鹿比赛跳高。

Why：描述 Mickey 与 Mimi 之间的对话，通过教学活动，进一步理解和巩固现在进行时的用法，体验运用语言解决实际问题的乐趣，了解如何表达他人正在做什么，体验运用语言解决实际问题的乐趣，使学生了解竞技体育，领悟友谊第一比赛第二。

How：对话涉及运动相关的词汇，以及现在进行时态，该对话情节简单，易于理解，具有现实意义。

【课时目标】

1.在听读，理解对话的基础上，运用本课核心句型 "What are you doing? I'm..." 谈论动物们在奥运会中的比赛。（学习理解）

2.在教师的帮助下，通过课堂活动中，描述人们日常进行的体育运动，并在参与过程中，体验运动的快乐。（应用实践）

3.在小组活动中，能够在观看奥林匹克比赛的过程中，谈论比赛规则，树立运动与友谊和团队合作意识（迁移创新）

【教学过程】

1.Let's sing.

学生跟着旋律进行歌唱，朗朗上口，提升节奏感。激发学习兴趣，激活已知。

2.Let's watch and say.

（1）听读对话，感知运动在文中的体现。

（2）观察配图，理解并运用核心句型 "What are they doing? They're... 描述动物们正在进行的动作。

3.Let's watch, read and find!

学生观看对话视频，获取与梳理，以问题 "What are the...doing? 为引领，梳理文本内容，完成连线并用核心句型进行表述。

4.Let's read and act!

（1）学生听录音跟读、分角色朗读对话，关注语音、语调、节奏、连读、重读等语言现象，体会小男孩面对新事物时好奇，惊喜的感觉。

5.Do the role play.

学生基于对话内容，以角色扮演的形式表演本课内容，内化与运用所学语言，促进情感共鸣。

💡 设计意图：帮助学生在语境中理解核心词汇，完成简单的阅读任务。在此基础上，引导学生观察图片，提取关键信息进行描述，任务设置由表及里，使学生完成语言上的理解与整合。

6.Let's check!

学生根据音频将图片排序，内化本节课重点单词和句型，进一步加深对本课重点知识的理解。

7.Group work.

学生根据所给图填写表格。小组内进行问答练习。

💡 设计意图：引导学生在归纳和整理核心语言的基础上，使每个学生能够运用语言理解意义促进语言内化，从学习理解过渡到应用实践，最终学会迁移创新，学会在实际生活中能够有效表达运动类活动，并解决所遇到的问题。

8.Let's watch a video! 观看奥林匹克运动会比赛视频，了解相关规则。

参考语言：

What are they doing?

How many players are there in the team?

Are they playing well?

How can they win?

9.Let's discuss.

小组讨论中西方运动的差异，如何正确面对比赛，培养团队意识，增强团队凝聚力。

💡 设计意图：帮助学生在迁移的语境中创造性运用所学语言，引导学生感悟团体比赛中的凝聚力，坚持不懈训练及团结合作的重要性。借助视频呈现与本课内容相关的运动或者比赛，涵养家国情怀，增强文化自信，正确认识国家之间的文化差异。

Period 5 Badminton.

【课时对应的子主题】人与自我；生活与学习；运动与游戏

【适用年级】五年级

【语篇类型】日常对话；介绍运动名称的由来

【语篇研读】

What：语篇为日常对话，内容围绕 Zhang Ming 和 Li Wen 的对话。介绍 badminton house 是英国一所房子的名字，一位公爵住在那所房子里面，公爵和他的朋友善于玩这个游戏并在那个房间内写下游戏的规则，其他人也按照规则玩，所以这个游戏在那时非常流行。英国人是第一个玩这个游戏的人，所以将羽毛球起名为 badminton。

Why：描述 Zhang Ming 和 Li Wen 之间的对话，借助图片以及适当的教学活动，进一步理解被动语态以及过去式的用法，了解 badminton 的由来，对羽毛球的历史产生一定的兴趣，了解羽毛球的规则，进而更加喜欢羽毛球运动，使学生了解竞技体育，引导学生多参加体育运动，多了解各种球类活动，增强体魄。

How：语篇涉及两个部分，第一部分通过 Who are the world's best badminton players today? 的提问引出中国队是最棒羽毛球队，同时简单的介绍了对话人物 Zhang Ming 和 Li Wen、地点在公园，他们在打羽毛球；第二部分的小对话，通过 Why is this game called badminton? 进入主题，Li Wen 介绍 badminton 的由来，运用过去时态，介绍了 badminton 的历史，提高学生的阅读能力以及表达能力。

【课时目标】

1. 在听读，理解对话的基础上，了解被动语态的意义并能够进行熟练的运用，并能概括羽毛球的历史，以及我国羽毛球运动所获得的荣誉。（学习理解）

2. 在教师的帮助下，通过课堂活动中，描述人们日常进行的体育运动，并在参与过程中，体验运动的快乐。（应用实践）

3. 在小组活动中，能够通过查阅资料，了解各种运动的起源，以及相关名字的由来，再通过对比当代此项运动我国在世界上取得的成绩，提升民族自豪感，体现爱国主义情怀和文化自信。（迁移创新）

【教学过程】

1.Let's watch a video.

学生通过观看羽毛球 badminton 名称的起源视频，感知文本。

2.Let's discuss.

学生观看视频之后，针对视频中出现的内容，进行讨论，听到了什么内容，促进学生的发散思维的发展。

Eg：What can you hear? What do you interested in?

Which information do you want to know?

3.Let's watch，read and find.

（1）引导学生从文章中获取，以及梳理答案。教师提问：Why is this game called badminton? 学生回答：It is the name of a house in England.

（2）教师提问：Who lived in the house? 学生回答：A duke lived there.

（3）教师提问：What did they do at that time? 学生回答：They enjoyed playing the game and they wrote down the rules of the game at Badminton House.

通过问题引领，学生逐步理解文章大意，了解文章中的内在逻辑，从而识别语篇中的关键信息。

4.Let's read and act.

学生听录音跟读、分角色朗读对话，关注语音、语调、节奏、连读、重读等语言现象，体会 Zhang Ming 在了解 badminton 起源于一座房子时，惊讶的语气，同时体会 Li Wen 在介绍虽然 badminton 是根据英国的一个房子命名的，但是中国羽毛球队是全世界最优秀的时候的一种自豪感。

5.Do the role play.

学生基于对话内容，以角色扮演的形式表演本课内容，内化与运用所学语言，促进情感共鸣。

➲ 设计意图：帮助学生在语境中理解核心词汇，完成简单的阅读任务。在此基础上，引导学生观察图片，提取关键信息进行描述，任务设置由表及里，使学生完成语言上的理解与整合。

6.Let's answer the questions

同学们看书进行问题的回答。

（1）What did badminton start?

（2）Who is the badminton champion team today?

（3）Do you play badminton in school or in the park?

7.Group work.

Playing badminton is good exercise. Tick√the kinds of exercise you do in badminton.

学生根据已知填写表格。

同时进行小组内进行问答练习。

（1）What do you do in badminton?

（2）Why do you play badminton?

（3）What is the benefits of play badminton?

⇒ 设计意图：引导学生观察、分析、推理、正确运用语言进行描述，引导学生知识能够迁移，现实生活中能够根据与同伴或他人进行沟通与交流，在生活中培养出正确的思维品质。

8.Let's watch a video! 观看羽毛球比赛的视频，了解相关规则，并尝试制作思维导图。

参考语言：

9.Let's discuss.

小组讨论羽毛球运动的历史与今天的发展，增强国家民族自豪感。

⇒ 设计意图：帮助学生在迁移的语境中创造性运用所学语言，引导学生感悟团体比赛中的凝聚力，坚持不懈训练及团结合作的重要性。借助视频呈现与本课内容相关的运动或者比赛，涵养家国情怀，增强文化自信。正确认识国家之间的文化差异。

Period 6　The Chinese painter

【课时对应的子主题】人与自我；生活与学习；乐学与善学

【适用年级】五年级

【语篇类型】日常对话

【语篇研读】

What：语篇为中国传统文化故事以中国古代画家韩干如何在艰苦的生活环境下，受到诗人王维的帮助后，经过自己不懈的努力，日复一日地刻苦钻研，再加上自身的天赋，在绘画上有了卓越的成绩，因为他特别喜欢画马，日日进行观察，最后将马画得栩栩如生，成为著名画家的励志绘本故事。

Why：描述中国古代画家韩干从小刻苦学习绘画的故事，以及老师课堂活动的指导，使学生全方位、多角度地感知，感受，现在良好的学习环境得来不易，要珍惜现在拥有的一切，刻苦学习，坚持不懈，无论遇到什么困难都能直面解决，最终成功。

How：文章为传统故事绘本，通过图片巡读，拼图阅读，组内分组的活动，对学生进行思维品质的培养，教师在教学过程中关注思考性问题和展示性问题的变更、引导学生主动提问，将本篇绘本中学到的东西进行内化，整合，能够在生活中进行迁移，了解文章中表达的中心思想，提高在日常生活中解决问题的能力。

【课时目标】

1.在寻读图片的过程中，获取文章中的基本信息，What happened in the story? 通过读绘本进行梳理，概括韩干是如何学习绘画的，以及怎么学习绘画，最后取得了什么样的成果，借助可视化图形呈现结构化知识。（学习理解）

2.基于文本，梳理主人公的心理活动历程，提炼寓意，使学生了解良好的学习环境得来不易，要珍惜现在拥有的一切，刻苦学习，坚持不懈，无论遇到什么困难都能直面解决，最终成功。（应用实践）

3.在小组活动中，通过实践活动的方式，将本篇绘本中学到的东西进行内化，整合，能够在生活中进行迁移，了解文章中表达的中心思想，提高在日常生活中解决问题的能力。（迁移创新）

【教学过程】

1.Let's watch and think.

光看图片学生预测文本内容。What are they talking about?

2.Let's have brainstorm.

读前进行头脑风暴，重思维发散 What do you know about Han Gan? 激活学生已有的生活经验和背景知识，为绘本阅读提供铺垫。

3.Let's read and answer.

学生阅读绘本，提问合作，理解文章大意，深度思考与探究。

（1）Who is Han Gan?　　　　（2）Can he learn paint?Why?

（3）Who find Han Gan's talent?　　（4）How did Han Gan learn?

（5）Did he become famous?

课堂上引导学生尝试提问，成为启迪学生主动思考的钥匙。

4.Let's read!

（1）学生听录音跟读、关注语音、语调、节奏、连读、重读等语言现象，体会不同国家文化的不同特征。

（2）学生基于语篇内容，内化与运用所学语言，了解文化差异，提升语言能力，促进情感共鸣。

⊙ 设计意图：帮助学生在进行头脑风暴的过程中，进行阅读思维的培养，能够激发学生对问题进行提问，学会如何提问，并能够通过阅读策略梳理文本脉络。学生在教师指导下，精读、略读，从大意到细节逐步理解绘本内容。在文本学习中，学生在教师指导下提高语言知识，积累并拓展词汇。学生通过整体感知故事内容的习惯，激发学生进行思考。

5.Let's talk about the story.

同学之间进行交流分享，情感渗透，升华主题。What have you learned?

并进行进一步提问：What should we do in our daily life?

6.Let's retell the story!

学生根据所学,对该绘本故事进行复述,总结,升华。

🔁 设计意图:引导学生对绘本内容进行整体回顾,通过提问,学生回答,鼓励学生大胆地说出自己的收获。通过文本复述,加深学生对文本内容的理解与感受。能够将文章中的内容内化,运用到实际生活中,学生根据古人的榜样,能够认真学习,珍惜当下,养成认真学习,不懈努力的好习惯。

8.Make a map.

学生根据文本,自己制作一个关于韩干成长的一个脉络图,体会韩干每个时期不同的心理活动,体会人物情感。

9.Group work

学生在教师指导下,进行小组合作,思考自己的兴趣爱好特长,如何学习,并制作学习计划。

🔁 设计意图:帮助学生在迁移的语境中创造性运用所学语言,交流表达自己的需求,综合性地运用信息化技术与英语教学的整合,学会小组合作,通过合作共同完成学习计划,能够在日常学习生活中遇到挫折积极面对,正确处理,能够更好地度过难关,最终获得成功。

案例五 **英语四年级上册教学设计**

四年级上册 Unit 1 教学设计（人教精通版）①
....

Period 1   My new friend, Jim.

【**课时对应的子主题**】生活与学习，学校生活；社会服务与人际沟通，同伴交往

【**适用年级**】四年级

【**语篇类型**】日常对话

【**语篇研读**】

What：通过设置新学期开学，Peter、Gao Wei 相互打招呼问候并介绍 Peter 的新朋友的真实场景，呈现了来自不同国家、同在中国学习的小伙伴关于自我介绍、介绍他人、介绍国籍的日常对话，自然引发学生对西方国家文化背景的初步感知，建立国际友好与和平的情感意识。

Why：建构学生对不同国家、不同语言与文化背景的认知，积累基本问候语、礼貌用语与他人进行得体的交流，从而形成与同伴主动交往、积极交流的意识。同时，认识不同国家的国旗、典型文化标志物，对西方国家的文化、背景形成初步感知，在积累语言知识与发展语言技能的同时，树立国际友好与和平的世界观。

How：语篇涉及国家相关词汇 China，America 和 England，谈论国籍的语言结构 I'm from... 通过师生对话、生生对话、角色扮演、游戏活动等方式，帮助学生形成相对完整的语言结构，发展语言能力，加深语篇意义理解。学生依托本课目标语言结构参与活动，进行自我介绍、互致问候，在真实的人际交往过程中巩固和运用本课时目标语言，提升语言技能，强化与人交往的意识，加深对不同国家文化背景的认知。

【**课时目标**】

1. 运用本课目标语言 I'm from... 介绍国籍，结合不同国家的国旗和典型文化标志物认识国家名词 China，America 和 England，能够听、说、认读 America 和 England，能够听、说、读、写 China，并能在四线三格中规范书写。了解不同国家的文化知识，增强语言文化国际

---

① 本文作者：天津河北区育婴里小学　缴颖丽。

化意识，真正理解 Now we study in China together. 句子中蕴含的愉悦之处。（学习理解）

2.在对话情境中，结合典型文化标志物语对应国家的国旗，运用 I'm from... 语言结构，从整体上让学生感知、模仿、学习和体验，引导学生运用语言进行交际，互致问候并介绍自己，强化与人交往的意识，在真实的交际过程中注意礼貌，尊重他人，表达友好。（应用实践）

3.通过自制卡片、结交朋友等环节，运用本课语言结构 I'm from... 进行展示交流，在实现知识资源共享的基础上，了解中西方国家地名、文化等，积累词汇，开阔视野。（迁移创新）

【教学过程】

1.Greeting. 师生问好。

T：Good morning/afternoon，children/class/boys and girls.

Class：Good morning/afternoon，Miss/Mr…

T：Nice to see you again!

Class：Nice to see you，too!

Let's sing a song! 教师播放并带领学生齐唱歌曲《Nice to see you again.》激发学生学习兴趣的同时，复习问候语 Nice to see you again.

2.Introduce the new friends. 教师向学生们介绍说，假期自己认识了两个新朋友，今天把它们带到了课堂上。

（1）教师手拿玩具熊猫 "花花" 说：This is my new friend. 接着，PPT 显示一只熊猫，说：Hello! I'm Panda Huahua. I'm from China. 教师出示中国国旗卡片，学习 China，I'm from China. 并在四线格中板书。

（2）教师介绍另一个 "朋友"，英国短毛猫。手拿玩具猫或卡片说：This is my new friend，Cat. PPT 显示小猫，说：Hello! I'm Cat. I'm from England. 教师出示英国国旗卡片，学习 England，I'm from England.

3.Let's watch and talk!

教师介绍说，新学期开学了，将有新同学、新朋友加入我们的班级一起学习。引导学生观察文本主图，提出问题 Q1：Where are the children? Q2：What are they talking about? 引导学生理解文本 Peter is introducing his new friend to Gao Wei.。

播放视频，学习对话，提出问题：Where is Peter from? 学习 America，I'm from America.

再次观察主图，引导学生感知、理解并表述 Now we study in China together!

4. 自编歌谣。学生根据本课语言结构和词汇再创歌谣文本，并借助伴奏进行歌谣表演。

Eg：Peter，Peter. I am Peter.　　　　　I'm from England. How about you?

Jim，Jim，I am Jim.　　　　　　　I'm from America. How about you?

Gao Wei, Gao Wei, I am Gao Wei.

I'm from China. China, China, China!

5.Let's read and act! 多种方式引导学生体验、模仿文本语句。

（1）学生听录音跟读、分角色朗读对话，关注语音、语调、节奏、连读、重读等语言现象，体会朋友重逢与结交新友的开心之情。

（2）Do the role—play. 引导学生分角色表演对话，内化与运用所学语言。

➡ 设计意图：以典型标志性动物引出三个国家单词和本课目标语言，调动学生的日常知识储备，以学生喜闻乐见的形式，在真实情境下理解语言，感受世界之大，表达同伴间的情谊。基于文本理解，学生通过观察模仿、分角色朗读、角色扮演等活动进行准确性和流畅性练习，在思考和讨论问题的同时，初步掌握信息提取和完成任务解决问题的能力。

6. 自制卡片。学生结合自己家乡地名或以 A，B，C，D，E 五个字母开头的地名写在卡片上，进行练习：I'm from A… 如 A 开头的地名 Anhui，America，Australia；B 开始的地名 Beijing，Boston；C 开始的地名 China，Canada 等。

7. 教师引导学生设计个人信息表格，根据表格信息，进行自我介绍。

E.g.

> Student Card
> Name：Candy Chen
> Age：9
> Class：Class 1，Grade 4
> Country：China

➡ 设计意图：引导学生运用本课词汇和语言结构，结合自己的知识储备与生活实际，鼓励学生在本课时核心语言运用的基础上，调动知识储备，丰富表达。在表格设计过程中，由词过渡到句，调动已有知识，丰富语言资源，促进学生的真实表达，实现语用功能。

8.Let's watch and talk. 教师播放 China，America，England 的小纪录片视频，引导学生说一说视频中呈现的各国典型文化标志物，鼓励学生分享更多自己知道的相关文化知识。如 America 的 Mickey Mouse，England 的 soldier 等等。

9.Do the Task. 教师提出任务，每个同学要向大家介绍一位新朋友，可以是真实的朋友，也可以是国家纪录片中自己喜欢的人物形象。可用语言结构：

Hello! This is my friend,…Nice to meet you.I'm from… Where are you from?

Let's play together! Now we study in China/in the class/in the school/…together!

➡ 设计意图：引导学生运用本课词汇和语言结构，结合自己的知识储备与生活实际，将语言学习从学习理解过渡到实践应用，梳理词汇，共享资源，大胆表达，帮助学生在对话情境中实现语言内化，通过观看纪录片促进学生扩展视野，充实知识储备，为其后的真实表达奠定基础。

【作业设计】

Period 1　Homework
Activity Card

1.Must—do Tasks

基本要素	具体内容			
作业内容	1. Listen to the dialogue and read it. 2. Recite the words and sentence. 3. Try to introduce your friend with learnt knowledge.			
形式和类型	形式	听–说□　听–写□　读–写□　其他□		
	类型	基础型□　拓展应用性□　实践型□		
作业时长	＿5＿分钟（建议时长 5—10 分钟）			
完成方式	独立完成□　合作完成□			
提交时间	当天完成□　＿＿天后□			
评价标准	根据实际情况选择活动。 查找补充相关周末活动。 正确朗读所填写的对话。	☆☆☆☆☆ ☆☆☆☆☆ ☆☆☆☆☆ （自我评价）	☆☆☆☆☆ ☆☆☆☆☆ ☆☆☆☆☆ （小组评价）	
	（教师评价）　Good □　Super □　Excellent □			

2.Optional Task

基本要素	具体内容			
作业内容	Make a name card for your friend and introduce him/her to else.			
形式和类型	形式	听–说□　听–写□　读–写□　其他□		
	类型	基础型□　拓展应用性□　实践型□		
作业时长	＿10＿分钟（建议时长 5—10 分钟）			
完成方式	独立完成□　合作完成□			
提交时间	当天完成□　＿＿天后□			
评价标准	根据实际情况选择活动。 查找补充相关周末活动。 正确朗读所填写的对话。	☆☆☆☆☆ ☆☆☆☆☆ ☆☆☆☆☆ （自我评价）	☆☆☆☆☆ ☆☆☆☆☆ ☆☆☆☆☆ （小组评价）	
	（教师评价）　Good □　Super □　Excellent □			

Period 2　We're good friends.

【课时对应的子主题】生活与学习，学校生活；社会服务与人际沟通，同伴交往。

【适用年级】四年级

【语篇类型】日常对话

【语篇研读】

What：语篇通过设置新学期开学，新同学 Jim 与同学们见面，相互介绍自己并询问他人国籍的真实场景，呈现了来自不同国家、同在中国学习的小伙伴关于自我介绍、介绍他人、介绍国籍的日常对话，培养学生之间友好相处、团结友爱的好品质，自然引发学生对西方国家文化背景的初步感知，建立国际友好与和平的情感意识。

Why：建构学生对不同国家、不同语言与文化背景的初步认知，就询问国籍这一话题与他人进行得体的交流，形成与同伴主动交往、积极交流的意识。同时，认识不同国家的国旗、典型文化标志物，在积累语言知识与发展语言技能的同时，开阔视野，树立国际友好与和平的观念。

How：语篇涉及国家相关词汇 Singapore，Canada 以及名词 friend（s），问答国籍的语言结构 Where are you from? I'm from... 通过视听媒体、图片展示、情景模仿以及角色扮演等方法刺激学生感知、模仿、学习和体验，引导学生能够在生活情景中灵活运用这些功能语句进行交际，加深对不同国家文化背景的认知，强化与人交往的意识与能力。

【课时目标】

1. 借助本课时文本主图与视听媒体，理解语篇对话，在真实场景中运用本课目标语言 Where are you from? I'm from... 进行对国籍的问答。结合不同国家的国旗和国花认识国家名词 Singapore 和 Canada，通过语篇意思理解名词 friend（s）。听、说、认读 Singapore 和 Canada，听、说、读、写 good 和 friend（s），并能在四线三格中规范书写，在对话交流的过程中完成目标词汇的学习。了解不同国家的文化知识，理解 Let's be friends. We're good friends. 的对话主题。（学习理解）

2. 在对话情境中，结合本课时涉及国家的国旗，运用 Where are you from? I'm from... 语言结构，从整体上让学生感知、模仿、学习和体验，以游戏活动、角色扮演的形式，引导学生运用语言进行交际，互致问候并介绍自己，进行信息交换，强化与人交往的能力和意识。（应用实践）

3. 通过自制名片、信息调查等环节，运用本课语言结构 Where are you from? I'm from... 进行个性化创编，在操练语言的过程中加强与人协作的能力，进一步了解中西方国家地名、文化等，积累资源，开阔视野。（迁移创新）

【教学过程】

1.Greeting. 师生问好。

2.Let's chant. 复习上一课自编的歌谣。

3. 教师利用头饰作自我介绍，如 I'm Jim/Kate. I'm from America/Canada. 引导学生打招呼问候：Hello, Jim/Kate! Nice to meet you! 由师生互动过渡到生生互动。

4.Pass the cards and talk about them. 教师事先准备好人物名片，背面画上相应国家的国旗，听音乐传阅名片，音乐停止，拿到名片的学生要介绍卡片上的人物。

E.g. Student：I'm Amy.

Teacher：Where are you from?

Student：I'm from America.

引导学生接龙主持该活动，引出本课新词 Singapore 和 Canada。

5.Let's watch and talk. 观看文本主图并提出问题

Q1：Who are the children?　　　Q2：Where are the children?

Q3：What are they talking about?　　Q4：Are they friends?

引导学生视听对话，问题驱动，找出问题的答案。引出本课新词 good, friend（s），在四线格中规范板书。

6. 多种方式引导学生体验、模仿文本语句。

（1）学生听录音跟读、分角色朗读对话，关注语音、语调、节奏等语言现象，体会结交新友的开心之情。

（2）Do the role—play. 引导学生分角色表演对话，内化与运用所学语言。学唱歌曲：*Where are you from?*

△突出文化意识的培养。活动 3、4 将语篇内容与实际生活相结合，在新授核心语言及词汇的过程中，引导学生根据自身生活经验与知识储备运用语言，介绍人物信息，了解两个甚至更多国家的简单情况。

△融合思维品质的培养。活动 5 通过设置问题引导学生观察分析，捕捉关键信息，激发学生的兴趣、观察力以及逻辑分析能力，辅助对语篇意义的理解。

➲ 设计意图：在复习已有知识的基础上，通过接龙问答等活动设计，自然引出新授内容，调动学生参与意识。任务的设置，激活学生思维，促进学生提取信息意识的形成，在学习的过程中渗透同学之间友好相处、团结友爱的思想。

7.Let's watch and talk. 教师播放 Singapore, Canada 等国家的小纪录片视频，引导学生说一说视频中呈现的各国典型文化标志物，鼓励学生分享更多自己知道的相关文化知识。如 Singapore 的鱼尾狮、万代兰，Canada 的枫叶等。

8.Group Work. 接龙游戏。教师将不同国家信息（国旗、国花、动物等典型文化标志物）

的卡片分发各组，组长将卡片发给每个组员，运用本课核心语言 Where are you from? I'm from... 依次快速说出自己的国籍，接龙询问。一轮活动结束后，可交换卡片继续练习。

△突出文化意识的培养。活动7基于语篇主题，提供丰富的相关文化与语言资源，扩展词汇量，增强跨国际文化意识。

△融合学习能力的培养。活动8借助精心设计的卡片，复现了国家相关内容，学生在小组活动中能够积极与他人合作，共同完成学习任务，巩固对语篇内容的理解，促进语言运用能力。

⟳ 设计意图：观看视频梳理词汇，共享资源，大胆表达，帮助学生在对话情境中实现语言内化，促进学生扩展视野，充实知识储备，加强团结协作的意识。

9. 自制名片。学生可仿照上一环节中的名片，自制自己或自选人物的名片，在小组中介绍展示。

10.Do a survey. 小组调查，在组内调查同学们的籍贯并做好记录。参考表格：

E.g

Name	Place
Li Yan	Beijing, China
...	...

S1：Hi, I'm Li Yan. I'm from Beijing, China. Where are you from?

S2：I'm from....

S1：How about you, ...?

S3：I'm from...

△融合思维品质的培养。活动9给出制作模式和语言框架，给予学生创作的空间，鼓励学生大胆设计人物，列举信息，在操练本课核心语言的基础上扩展词汇量，调动参与欲望。

△融合学习能力的培养。活动10以调查的形式展开活动，学生能够积极与他人交流并处理信息，加深对语篇内容的理解，获得学习能力上的提升。

⟳ 设计意图：帮助学生在迁移的谈论国籍的语境中，创造性地运用所学语言，衍生各种信息，介绍自己或他人。引导学生合理搭建语言框架，有效进行语言输出，提高学生的综合语言运用能力。学生在小组活动的过程中发展语用能力，扩展了知识储备，增强了人际交往的能力。

Period 3　Look at my family photo.

【课时对应的子主题】生活与学习，家庭与家庭生活。

【适用年级】四年级

【语篇类型】日常对话

【语篇研读】

What：语篇通过 Gao Wei 将好朋友 Jim 介绍给自己母亲，以全家福照片为载体介绍家人的真实情景，引导学生学会用英语询问并介绍他人，培养学生热情待客的品质。

Why：通过对 Gao Wei 家人的介绍，引导学生对询问他人身份的话题进行得体的交流，培养学生热情待客的品质，形成与同伴主动交往、礼貌交流的意识。

How：语篇涉及人物相关词汇 boy, girl, brother 和 sister，问答人物身份的语言结构 Who's this boy/girl? He/She is... 通过视听媒体、图片展示、情景模仿以及角色扮演等方法引导学生感知、模仿、学习和体验，使学生能够在生活情景中灵活运用这些功能语句进行交际，强化与人交往的意识与能力，感知做客和待客的基本礼仪。

【课时目标】

1. 借助本课时文本主图与视听媒体，理解语篇对话，在 Look at my family photo. 的真实场景中运用本课目标语言 Who's this boy/girl? He/She is... 进行对人物身份的问答。结合照片或图片认识人物名词 boy, girl, brother 和 sister。能够听、说、认读 boy 和 girl，能够听、说、读、写 brother 和 sister，并能在四线三格中规范书写，在对话交流的过程中完成目标词汇的学习。（学习理解）

2. 在对话情境中，结合照片或图片，运用 Who's this boy/girl? He/She is... 语言结构，从整体上让学生感知、模仿、学习和体验，以游戏活动、角色扮演的形式，引导学生运用语言进行交际，介绍家庭成员，互换信息，强化观察总结的能力、主动表达及与人交往的能力和意识；（应用实践）

3. 通过 Guessing Game 等环节，运用本课语言结构 Who's this boy/girl? He/She is... 参与游戏活动，实现语用功能，在操练语言的过程中积累词汇量，强化观察与描述的能力。（迁移创新）

【教学过程】

1.Greeting. 师生问好。

2.Let's sing a song. 教师带领学生伴随音乐一起演唱三年级下册学习过的歌曲 *Father and Mother*，激活学生学过的 Family 话题及相关词汇，活跃课堂气氛。

3. 教师利用 PPT 呈现 "家有儿女" 的全家福照片，向全班介绍说今天要跟我们见面的是大家都很熟悉的人物。

T：Who are they? Yes, that's Liu Xing's family. Let's listen to Liu Xing.

Liu Xing：Hello! My name is Liu Xing. This is my family photo. This is my father（PPT 圈注爸爸的画面）. This is my mother（如上）. This is my sister and this is my brother. We are a happy family.

教师引导学生来扮演 Liu Xing 继续下面的介绍。

T：Who's this?　　　　　　　S：He's my father.

S：Who's this?　　　　　　　S：She's my mother.

S：Who's this girl?　　　　　S：She's my sister.

S：Who's this boy?　　　　　S：He's my brother.

S：Is he cute?　　　　　　　S：Yes，he is cute.

引出单词 sister，brother。拼读单词并在四线格中板书。

4.Let's watch and talk. 观看文本主图并提出问题

Q1：Who are the people in the picture?　　　Q2：Where are they?

Q3：What are they talking about?

引导学生介绍图片，如：I can see three people in the picture. They are now at Gao Wei's home. Gao Wei is introducing his new friend Jim to his mother. Then，they look at the photos. They are talking about someone. 等，培养学生看图表达的能力。

Let's watch the video and learn the lesson. 引导学生视听对话，完成学习。

5. 多种方式引导学生体验、模仿文本语句。

学生听录音跟读、分角色朗读对话，关注语音、语调、节奏等语言现象。

6.Do the role—play. 引导学生分角色表演对话，内化与运用所学语言。

△突出语言能力的培养。活动 2、3、4 能够激活学生已有的知识储备，用歌曲、影视人物等学生喜闻乐见易于接受的形式切入话题，通过设置问题引导学生理解文本大意，学习对话内容，梳理建构核心语言句型 "Who's this boy/girl? He/She is…"。

△融合思维品质的培养。活动 5、6，学生能通过观察图片，视听对话，了解本课时所谈论的主题，提取、获取关键信息，加强对语篇意义的理解，实现在语言活动中发展思维。引导学生在活动 7 中通过看、读、模仿对话进一步加深对文本大意的理解以及对核心语言的印象。

　设计意图：利用多种形式切入新授课的学习，在激活学生已有知识的基础上，设置不同层次的问题，逐步理解对话内容，掌握本课时的重点词汇和核心语言。引导学生模仿、跟读和分角色朗读，形成良好的语音语调，建立起规范书写的意识，培养看图表达和提取信息的能力。

7. 自编歌谣，学生根据本课语言结构和词汇再创歌谣文本，进行歌谣表演。

E.g. Brother，brother，this is my brother. I love my brother.

Sister，sister，this is my sister. I love my sister.

Brother，sister，we play together.

8.Guessing Game. 识别照片猜人游戏。教师将提前准备好的学生小时候的照片贴在黑板上，或用 PPT 显示出来。请一人主持提问 Who's this boy/girl? 其他同学猜图片中人物，回答 She/He is... 鼓励学生描述 She's/He's cute... 操练目标语言。

△突出语言能力的培养。活动 8 猜谜游戏充分调动学生各种感官，引导学生观察、描述、进而输出语言，进行个性化的扩展，在活动过程中加深对所学知识的理解和记忆，提高语言运用能力。

△融合学习能力的培养。活动 7 鼓励学生按照示例自编歌谣，充分利用本课及学过的词汇语言充实歌谣内容，激发学生的创新意识和思维能力。

 设计意图：学生自编歌谣以及猜谜游戏，将核心语言知识内化于心，在真实情境中应用实践。学生在轻松愉悦的氛围中操练语言并进行再创造，提高了主动学习的意识，强化语言运用能力和思维发展。

9.Guessing Game Ⅱ. 猜人游戏进阶版。教师提供一些著名人物的 keywords，如 big eyes，a small nose，very tall，long hair，用 PPT 图片辅助其他特征，如著作、职业等，请一人主持提问 Who's this boy/girl/man/woman? 其他同学猜图片中人物，回答 She/He is... 鼓励学生描述 She's/He's cute... 操练主要目标语言。

10.Pair Work. 教师设置一个创编对话的任务，假设做客的场景，由主人向客人介绍自己照片上的家人。

E.g. S1：Hello! Welcome to my home.　　　　S2：Thank you.

S1：Come here and have a look…　　　　S2：Wow, a nice picture. Who's this…

S1：This is my…(mother, father, sister, brother, grandmother, grandfather…)

S2：Oh, I see.

△突出语言能力的培养。活动 9 在活动 8 的基础上进一步丰富词汇量，扩展层面，激活学生思维，能让学生在真实情景中理解并积累词汇，融入本课时核心语言进行输出。

△融合思维能力的培养。活动 10 贴近生活实际，调动学生参与热情，开放性的任务可以激发学生的创新思维，鼓励他们在运用核心语言的基础上丰富内容。

 设计意图：在猜谜游戏和做客这一情景中，鼓励学生梳理已有知识进行语言输出，与生活实际相结合，让学生在活动的过程中强化观察、描述、归纳与逻辑能力，发展创新能力。

Period 4　　This is my father.

【课时对应的子主题】生活与学习，家庭与家庭生活

【适用年级】四年级

【语篇类型】日常对话

【语篇研读】

What：描述了 Jim 将照片中的家人介绍给 Gao Wei 的真实情景，引导学生学会用英语询问并介绍他人的职业。

Why：通过对 Jim 父亲的介绍，引导学生对询问他人职业的话题进行得体的交流，在对话中形成主动交往、用语礼貌的意识。

How：语篇涉及职业相关词汇 teacher，farmer，postman 和 policeman，问答人物职业的语言结构 What does your father do? He is a... 通过视听媒体、图片展示、情景模仿以及角色扮演等方法激励学生感知、模仿、学习和体验，最终引导学生能够在生活情景中灵活运用核心词汇融入功能语句进行交际，强化与人交往的意识与能力。

【课时目标】

1. 借助本课时文本主图与视听媒体，理解语篇对话，在真实场景中运用本课目标语言 What does your father do? He is a... 进行对人物职业的问答。结合照片或图片认识职业名词 teacher，farmer，postman 和 policeman，能够听、说、认读 postman 和 policeman，能够听、说、读、写 teacher 和 farmer，并能在四线三格中规范书写，在对话交流的过程中完成目标词汇的学习。（学习理解）

2. 在对话情境中，利用多种教学手段，运用 What does your father do? He is a... 语言结构，从整体上让学生感知、模仿、学习和体验，以游戏活动、角色扮演的形式，引导学生运用语言进行交际，介绍家庭成员的职业，强化与人交往的能力和意识。（应用实践）

3. 通过设置角色扮演、Father's Day Speech 等环节，运用本课语言结构 What does your father do? He is a... 与职业词汇参与活动，实现语用功能，在操练语言的过程中扩展词汇量，提高语言表达能力。（迁移创新）

【教学过程】

1.Greeting. 师生问好。

2.Let's chant. 复习上一课的自编歌谣，温故引新，活跃课堂气氛。

3.Talk about the family photo. 教师出示上一课用到的家庭照片，复习上节课主要目标语言：This is a photo of my family. —Who's this? —She's my....

4.Talk about the family members. 教师可让学生课前准备有关家庭成员职业的照片，为课上学习提供便利条件。教师拿着学生照片，指着爸爸提问 Who's he?

学生应答。接着教师提问：I'm a teacher. Is your father a teacher, too? 引导学生理解 teacher 并应答。

5.Words teaching.

（1）PPT 显示农场、锄头等场景画面，引导学生说出（This is a）farm. 出现人物，引出 farmer.

（2）在四线三格中范写 teacher 和 farmer。

farmer   *teacher*

（3）启发学生观察总结两个单词构词上的特点：

Teach 教学 +er→teacher 教师　　Farm 农场 +er→farmer 农民

鼓励学生调动知识储备，说出更多—er 后缀的名词。引导学生对单词的构词法建立起初步感知，为下一课单词的学习进行铺垫。

（4）依次学习 postman 和 policeman。出示邮件、制服等关键信息，引导学生继续观察并归纳两个单词的构词规律。

Post 邮政，邮寄 +man→postman 邮递员　　Police 警务 +man→policeman 警察

鼓励学生说出更多与 man 合成的职业名词。

6. 教师依次提出 Is he a farmer? Is he a postman? Is he a policeman? 的问题。在单词教学的过程中反复出现本课目标语言 What does your father do? He's a… 将单词融入句子进行操练。

7.Text teaching.

观看文本，介绍人物：Jim is telling Gao Wei something about his father's job. Guess，what does he do? Let's watch the video and learn the lesson. 引导学生视听对话。

8. 多种方式引导学生体验、模仿文本语句。

（1）学生听录音跟读、分角色朗读对话，关注语音、语调、节奏等语言现象。

（2）Do the role—play. 引导学生分角色表演对话，内化与运用所学语言。

△突出语言能力的培养。在学习活动 3、4、6、7 中，学生能够在猜测图片信息的同时去灵活运用已经学过的语言，提取话题信息，在跟读的过程中加深对文本的理解，在教师的带领下注意到语言的节奏感，形成良好的语音语调，培养了学生的语言能力。

△融合思维品质的培养。在学习活动 4、5 中，通过教师有针对性的引导，启发学生观察发现单词构词的规律，自主探究，总结出合成词和 er 后缀的特征。指导学生发展自主学习能力，摸索词汇学习方法，授人以渔，举一反三。

➲ 设计意图：词汇、句型与语篇相互融合，引导学生关注到英语单词的构词规律，将单词融入到句子中进行操练，通过对话交流完成目标词汇的学习。同时，设置任务，让学生带着问题去进行语篇的视听学习，感知文本，理解文本，提取信息，培养学生解决问题的能力，以此实现本部分教学目标。

9.Match Game：Introduce his father. 利用多媒体技术，提供人物、职业标志物两栏图片，鼓励学生按照自己的意愿选择信息搭配并表述介绍，操练本课目标语言。

E.g. Hello，I am Li Yan. This is my father. He is a policeman.

10.Guessing Game：选一位同学到前面，背后的 PPT 显示职业图片，下面的同学做动作，主持的教师或学生提问 What does he do? 让学生用 Is he a...? 猜，大家回答 Yes or no，直至猜出职业 He is a...

△突出语言能力的培养。活动 9 为学生创造了自主表达的平台，游戏的设计使得本课目标词汇不断复现，通过不同学生的搭配达到多次练习不断巩固的目的，具备语言操练的真实性与灵活性。表述的形式为整段的语段输出，促进了学生对语言信息的处理与表达能力的形成。

△融合学习能力的培养。学习活动 10 通过猜谜游戏的形式，发动生生互动，调动多种感官，在游戏中操练本课目标语言，自然达成复述课文对话的目的，提高课堂学习的效率。

⟳ 设计意图：引导学生通过搭配、猜谜两个游戏的活动，将核心词汇与句子分为两个层次，逐层递进，反复操练，巩固落实，并在真实情境中调动知识储备与生活经验应用实践。学生在活跃有趣的氛围中操练语言，提高了主动学习的意识，强化语言运用能力。

11.Let's watch and talk. 观看以职业为主题的小视频，组织学生讨论。

Topic 1：Can you say some jobs in the video?

Topic 2：What do you want to be in the future?

Topic 3：Can you say more jobs in English?

12.Father's Day Speech. 父亲节小演讲活动。可结合自己父亲的照片，介绍自己的父亲，表达对父亲的感情。

E.g. Look at the photo. This is my father. He has big eyes and a big nose. He is very tall. He likes swimming. He is a policeman. He is cool. He often helps people in his work. I love my father very much.

△突出语言能力的培养。活动 12 以父亲节为主题开展演讲，以贴近生活实际的话题，调动学生情感，在真实情境中组织语言，操练语言，运用语言，丰富语言资源，提高表达能力。

△融合思维能力的培养。活动 11 通过观看视频，组织学生内化思考，启发学生感知到劳动者的崇高之处，树立职业理想，同时丰富词汇量，强化思维能力。

⟳ 设计意图：在创造性地运用所学语言，围绕着职业这一主题，引导学生树立理想职业观，激发对劳动者的敬佩之心。父亲节演讲在文本基础上进一步丰富内容，以贴近生活的场景，开展各种语言实践活动。学生不仅能够运用目标语言，还能建立主动学习的意识，发展自主学习的能力。

Period 5　This is my mother.

【课时对应的子主题】生活与学习，家庭与家庭生活

【适用年级】四年级

【语篇类型】日常对话

【语篇研读】

What：语篇描述了教师在课上组织学生介绍照片中的家人的真实情景，继续学习用英语询问并介绍他人的职业。

Why：通过对学生各自母亲的介绍，引导学生对询问他人职业的话题进行得体的交流，在对话中形成主动交往、用语礼貌的意识。

How：语篇贴近学生日常生活，触发真实情感。涉及职业相关词汇 doctor, nurse, driver 和 TV reporter，问答人物职业的语言结构 What does your mother do? She is a... 通过视听媒体、图片展示、情景模仿以及角色扮演等方法激励学生感知、模仿、学习和体验，最终引导学生能够在生活情景中灵活运用核心词汇融入功能语句进行交际，强化与人交往的意识与能力。

【课时目标】

1. 借助本课时文本主图与视听媒体，理解语篇对话，在真实场景中运用本课目标语言 What does your mother do? She is a... 进行对人物职业的问答。结合照片或图片认识职业名词 doctor, nurse, driver 和 TV reporter，能够听、说、认读 driver 和 TV reporter，能够听、说、读、写 doctor 和 nurse，能在四线三格中规范书写，在对话交流的过程中完成目标词汇的学习。（学习理解）

2. 运用 What does your mother do? She is a... 语言结构，从整体上让学生感知、模仿、学习和体验，以游戏活动、角色扮演的形式，引导学生运用语言进行交际，介绍家庭成员的职业，强化与人交往的能力和意识；（应用实践）

3. 通过 Women's Day 视频、Mother's Day Speech 等环节，运用本课语言结构 What does your mother do? She is a... 与职业词汇参与活动，实现语用功能，在操练语言的过程中扩展词汇量，提高语言表达能力，升华对母亲的情感，进而建立起尊重女性、尊重劳动者的认知。（迁移创新）

【教学过程】

1.Greeting. 师生问好。

2.Guessing Game. 猜图游戏。教师出示图片的一部分，例如只展示邮递员图片的帽子和手里的信件，然后提问：Guess! What does he do? 引导学生说出 postman。用同样的方法复习 teacher 和 farmer 等，达到复习前一节课学习内容的目的。

3.Words teaching.

（1）教师拿出自己的 Family photo 与学生互动。Who's this man? Yes, he's my father. Do you know what he does? Let me tell you. He's a driver. He can drive cars very well. 引导学生回忆上一课的 teacher 和 farmer，发现同样的构词规律 drive 驾驶 +er→driver 司机。出示 driver 图片，学习新词。

（2）继续用照片提问：Who's this woman? Yes, she's my mother. Is she a driver, too? Of course not. What does my mother do? She works in a hospital. What does she do? 出示 nurse 照片，学习新词。

（3）出示 doctor 照片，提问：She works in a hospital, too. But she is not a nurse. What does she do? 学习 doctor。引导学生观察图片，说一说 doctor 和 nurse 在着装和职业内容等方面如何辨析。

（4）在四线三格中范写 doctor 和 nurse：

doctor   *nurse*

4.Text teaching.

观看文本主图，鼓励学生观察图片，描述图中信息，进行视听、模仿、学习，如：In the classroom, Li Yan is showing Miss Liu her mother's photo. Then, they talk about her mother. 等等。通过语言理解 TV reporter，提出问题 What does a TV reporter do? 引导学生反向推导出构词规律：reporter 记者 = report 报道，采访 +er。

5. 多种方式引导学生体验、模仿文本语句。

（1）学生听录音跟读、分角色朗读对话，关注语音、语调、节奏等语言现象。

（2）Do the role—play. 引导学生分角色表演对话，内化与运用所学语言。学唱歌谣，巩固主要目标语言及表示职业的词语。

△突出语言能力的培养。在学习活动 2、5 中，学生能够在游戏、跟读等活动过程中加深对文本理解，巩固落实核心语言，形成良好语音语调，培养学生的语言能力。

△融合思维品质的培养。在学习活动 3、4 中，通过教师有针对性的引导，强化学生对构词规律的感知并灵活应用。指导学生发展自主学习能力，摸索词汇学习方法，授人以渔，举一反三。

🔁 设计意图：将词汇、句型与语篇相互融合，持续启发学生感知英语单词的构词规律，将单词融入到句子中进行理解、操练，通过对话交流完成目标词汇的学习。设置任务，让学生带着问题去进行语篇的视听学习，感知文本，理解文本，提取信息，培养学生解决问题的能力，以此实现本部分教学目标。

6.Group Work. 根据信息卡内容表达：

Step 1：四人一组，小组内同学各拿一张信息卡。

Step 2：左边同学询问右手边同学姓名、父母职业。

Step 3：依次交换手中的卡片后继续练习。

7.Guessing Game：选一位同学到前面，背后的 PPT 显示职业图片，下面的同学做动作，主持的教师或学生提问 What does he/she do? 让学生用 Is he/she a...? 猜，大家回答 Yes or no，直至猜出职业 He/She is a...

△突出语言能力的培养。活动 6 提供了语言范围，介绍父母的主题将两课时的主要内容结合在一起，语言内容更加丰富，表述形式为整段的语段输出，具备语言操练的真实性与灵活性，促进了学生对语言信息的处理与表达能力的形成。

△融合学习能力的培养。学习活动 7 通过猜谜游戏的形式，发动生生互动，调动多种感官，在游戏中操练了本课目标语言，提高了课堂学习的效率。

➲ 设计意图：引导学生通过介绍家人、猜谜两个游戏的活动，反复操练核心语言，在运用中巩固落实，在真实情境中调动知识储备与生活经验应用实践。

8.Mother's Day Speech. 母亲节小演讲活动。结合自己母亲的照片，介绍自己的母亲，表达对母亲的感情。

E.g. Look at the photo. This is my mother. She has big eyes and a big nose. She is very beautiful. She likes painting. She is a driver. She is cool. She often helps people in her work. I love my mother very much.

9.Let's watch and talk. 观看以 Women's Day 为主题的小视频，组织学生讨论。

Topic 1：Can you say some jobs in the video?

Topic 2：Can you talk about female workers? What do you think about them?

△突出语言能力的培养。活动 8 以母亲节为主题开展演讲，以贴近生活实际的话题，调动学生情感，在真实情境中组织语言，操练语言，运用语言，丰富语言资源，提高表达能力。

△融合思维能力的培养。活动 9 通过观看视频，组织学生内化思考，启发学生感知到劳动者的崇高之处，树立职业理想，丰富词汇量，强化思维能力。

➲ 设计意图：创造性地运用所学语言，围绕着职业这一主题，引导学生树立理想职业观，激发对劳动者的敬佩之心。母亲节演讲在文本基础上进一步丰富内容，以贴近生活的场景，开展各种语言实践活动。使学生不仅能够运用目标语言，还能建立主动学习的意识，发展自主学习的能力。

Period 6　One—Day Postwoman

【课时对应的子主题】社会服务与人际沟通，常见职业与人们的生活

【适用年级】四年级

【语篇类型】配图故事

【语篇研读】

What：语篇描述了 Luna 帮生病的邮递员哥哥代班一天，为大家投递了信件和包裹的故事。

Why：语篇讲述了 Luna 代班 postwoman 的一天，以此为主题展开故事，向学生描述了邮递员的工作内容，建立起劳动与助人令人快乐充实的意识，升华学生尊重劳动者的情感。

How：语篇贴近日常生活，涉及与邮递员工作有关的名词 letter，newspaper，magazine，mail 和 parcel，与性别相关的职业名词 postwoman，邮递员的工作用语 Here is your... 作为本单元的最后一个课时，以绘本的形式，将本单元的家人与职业内容融合在一起，以邮递员一天的工作为切入点，激发学生对劳动者的情感，引导学生建立起尊重劳动者、平等看待每个职业，并在工作中获得快乐充实的认知。

【课时目标】

1. 借助文本插图，学习本语篇的新词，理解故事大意。（学习理解）

2. 基于故事情境，引导学生对邮递员的一天建立起具象的认识，能够以多种形式模仿、朗读、表演，进而复述故事。（运用实践）

3. 以本课故事为范本进行再创作 "One—Day...（职业）"，尝试以自选职业的一天为主题绘制个性化绘本，培养学生树立劳动最光荣的认知。（迁移创新）

【教学过程】

1.Greeting. 师生问好。

2.Guessing Game. 利用 PPT 显示本单元学过的职业相关标志物，如制服、针筒、农场、方向盘等，让学生看图说词，复习本单元职业词汇。

3. 复习上一课的歌谣：My father is a doctor.　　　My mother is a nurse.

　　　　　　　　　　My uncle is a postman.　　My aunt is a driver.

4.Text teaching.

结合上一环节的歌谣内容，提出问题：Do you remember what the uncle does?（postman）引导学生感知理解，同样的职业可能因性别不同有不同的表达方式，引出 postwoman。

介绍人物，展开话题：This is my new friend, Luna. She will be a postwoman today. Let's the watch the video.

Answer the questions.Q1：What does Luna's brother do?

Q2：Why will Luna be the postwoman?

引导学生通过观看视频找出问题答案，逐层阅读。

5.Word teaching. 进行第二层阅读，将文本分层细化，在此过程中突破新词。

Q1：Let's number the pictures. Put the pictures in order. 出示文中三幅主要人物的图片，让学生按照故事中出现的顺序将图片排序贴在黑板上，或设计为多媒体形式排序。

Q2：Match the characters and pictures. 继续出示相关物品图片，让学生将人物与物品按照故事内容进行搭配。

Q3：Read the story，circle the words. 回到文本，将涉及到的物品类单词圈出，学习 letter，newspapers，magazine. 引导学生扮演 Luna，用 Here is your… 操练句子。

Q4：Does Luna deliver all the mails? 通过学生的回答，继续学习 parcel，mail.

6. 多种方式引导学生体验、模仿文本语句。

（1）学生听录音跟读、分角色朗读故事，关注语音、语调、节奏等语言现象。

（2）Do the role—play. 引导学生分角色表演，内化与运用所学语言。

△突出语言能力的培养。通过绘本故事整理复习了本单元的职业词汇，在教师设置的任务过程中逐层理解文本，提取信息，突破生词，进而对文本进行个性化地创作，主动输出语言。

△融合思维品质的培养。学生通过观察、感知、分析以及教师引导，初步形成阅读策略，培养自主学习的方法和意识，提高逻辑思维能力。

△融合文化意识的培养。以邮递员的一天展开故事，引导学生在 Luna 的所见所闻之中建立起尊重劳动者、职业平等的意识。

⟳ 设计意图：以绘本故事的形式，对本单元的职业词汇进行复习整理，选取邮递员这一职业为切入点进行深入挖掘，引导学生理解故事内容，积累词汇，运用语言在实际生活中应用，在阅读过程中培养解决问题、有效阅读的能力。在一系列听、说、读、写的活动训练中，树立起正确的理想职业观，了解到劳动者的不易，达成尊重劳动、尊重劳动者的育人效果。

☑ 四年级上册 Unit 2　教学设计①

Period 1　I'm in Class One, Grade Four

【课时对应的子主题】学校与学校生活；有关班级及学号、座位
【适用年级】四年级

---

① 本书作者：天津市河北区育婴里小学　冷慧。

【语篇类型】日常对话

【语篇研读】

What：语篇是新学期开学 Sue、Kate 和 Li Yan 在操场上相遇，从两个方面进行会话交流。一方面通过介绍好朋友，结识新伙伴。复习第一单元内容 This is…I'm from… Pleased to meet you. 一方面通过认识新伙伴，了解对方所在的班级、座位所展开的对话，引出要学习的目标语言 Which class are you in? 及其回答 I'm in… What's your number? 及其回答 I'm Number…in Row… 让学生整体感知、模仿、学习和体验对话内容，初步运用目标语言进行真实交际。

Why：建构学生对数字整体概念的认知，积累用于表达和交流校园生活的语言。能够在真实的语境中，交流与数字有关的语言。如：询问班级、座位等学生校园生活的基本对话。

How：语篇涉及数字相关词汇 one，two，three，four 以及询问在哪个班级的语言 Which class are you in? 及其回答：I'm in… 询问座位号的语言 What's your number? 及其回答：I'm Number…in Row… 词汇及语言结构通过师生对话、生生对话、歌谣伴唱、角色扮演等方式不断复现，帮助学生形成相对完整的语言结构，发展语言能力，加深语篇意义理解。初步形成与同伴合作学习的意识。

【课时目标】

1. 与新同学进行简短的对话，并在聊天中运用目标语言：Which class are you in? 和 What's your number? 了解对方所在的班级及其座位。提高学生对英语的学习兴趣，提升语言的运用能力，乐于交朋友，主动与新朋友问好，了解对方的姓名、年龄、班级、学号等基本情况。（学习理解）

2. 通过学生间问答练习，体会汉语与英语的不同，感受不同语言在表达上的差异，提高学生的语言表达能力。（应用实践）

3. 创设体育课列队的情境，通过教师的口令：Start counting from 10 to 14，训练学生熟练地数数。（迁移创新）

【教学过程】

1.T：Hello，boys and girls. Pleased to meet you. Today I'm very happy .Because my new friend Sue gives me some apples. 大屏幕呈现 Sue 的头像，标注 This is my new friend，Sue.

T：Can you introduce your new friend to us?

S：This is my new friend，Tom

教师用 Pleased to meet you. 与新朋友打招呼。

2.Listen to the tape two times and try to answer these questions：

（1）How many students in all?　　　（2）Who is Sue?　　　（3）What class is Sue in?

（4）What's Kate's number?　　　（5）Where are they?

3.T：Sue gives me some apples. Look! Here are the apples，they are very nice. Let's count together! Ss：One，two，three，four.

T：Who can spell the word one，two，three，four.（板书这四个单词）

4.Let's play a game! Please give me a quick answer.

（1）What's your name?　　（2）How old are you?　　（3）Which class are you in?

引出：I'm in Class One，Gdrade Four.（板书并用红笔标出大写字母）

5.T：What's your number?

S：I'm Number Two in Row One.（学生回答不出时，教师帮助孩子说出。当学生理解时，再提问其他的同学）

T1：What's your number?　　　　　　　T2：I'm Number Three in Row Four.

6.Listen and repeat the dialogue.

（1）Make dialogue in groups.　　　　（2）Show the dialogue to the class.

⟳ 设计意图：数数和唱歌环节有利于调动课堂气氛，回顾数字1—10，为新课作铺垫。教师评价进一步加深印象，共同书写 one 和 two，three，four 使学生记住单词的拼写。在游戏中过渡到本节课的重难点句型 Which class are you in? What's your number? 将新知进行分解，更容易突破重难点。直拼法将音与形相联系，更易识记。由学生观察总结规律（彩色粉笔的标注利于学生观察），体现学生的自主学习，加强感官认识，加深印象，加强知识的掌握。强化班级年级的顺序，与汉语不同。教师提问学生，使学生练习答语，再由学生提问教师，练习了问句，生生问答，使学生循序渐进地练习了本节课的重难点句型。

7. 模仿体育课列队，报数情境，老师化身为体育老师

T：Line up. Start counting from one to fourteen. Ss：One，two，three….

8.Make a card.And write down your name，age，class，grade and number. And then ask and answer with your parteners.

⟳ 设计意图：模仿学生感兴趣的体育课情境，将今天所学的核心语言运用到实际的学习生活中，真正做到学有所用；通过教师充分的示范，使学生更好的理解 name card 的操作方法。听说读写多方面练习。学生在填表格过程中是自由练习，在填完后根据表格做对话练习，提高学生的语用能力。

【作业设计】

Period 1　Homework

Activity Card

1.Must—do Tasks

基本要素	具体内容		
作业内容	1. Listen to the dialogue and read it. 2. Make a new dialogue with your partener.		
形式和类型	形式	听—说□　听—写□　读—写□　其他□	
	类型	基础型□　拓展应用性□　实践型□	
作业时长	___10___ 分钟（建议时长 5—10 分钟）		
完成方式	独立完成□　合作完成□		
提交时间	当天完成□　____天后□		
评价标准	根据实际情况选择活动。 查找补充相关周末活动。 正确朗读所填写的对话。	☆ ☆ ☆ ☆ ☆ ☆ ☆ ☆ ☆ ☆ ☆ ☆ ☆ ☆ ☆ （自我评价）	☆ ☆ ☆ ☆ ☆ ☆ ☆ ☆ ☆ ☆ ☆ ☆ ☆ ☆ ☆ （小组评价）
	（教师评价）　Good □　　Super □　　Excellent □		

2.Optional Task

基本要素	具体内容		
作业内容	Make some maths problems, ask and answer with your parents.		
形式和类型	形式	听—说□　听—写□　读—写□　其他□	
	类型	基础型□　拓展应用性□　实践型□	
作业时长	___10___ 分钟（建议时长 5—10 分钟）		
完成方式	独立完成□　合作完成□		
提交时间	当天完成□　____天后□		
评价标准	根据实际情况选择活动。 查找补充相关周末活动。 正确朗读所填写的对话。	☆ ☆ ☆ ☆ ☆ ☆ ☆ ☆ ☆ ☆ ☆ ☆ ☆ ☆ ☆ （自我评价）	☆ ☆ ☆ ☆ ☆ ☆ ☆ ☆ ☆ ☆ ☆ ☆ ☆ ☆ ☆ （小组评价）
	（教师评价）　Good □　　Super □　　Excellent □		

Period 2 What's one and two?

【课时对应的子主题】学校与学校生活；数学课加法训练

【适用年级】四年级

【语篇类型】日常对话

【课时目标】

1. 通过创设真实语境使学生进一步巩固、深化以前所学的数字单词及相关句子；学会三会词汇：fifteen,sixteen 四会词汇 five 和 six；通过围绕"生活中的数字"这个话题展开的交流学习活动，使学生学会以下句型：What's your number? I'm number six. What's…and…? It's… 理解并能听懂、会说 That's right.We are neighbours. 能够理解并表演本课的对话。（学习理解）

2. 通过本课的学习，学生能够用本课所学语言完成各项任务活动，如找邻居，加法运算等活动，培养学生用所学语言进行交流的能力。培养学生的仔细、认真的学习态度。（应用实践）

3. 在学会本课语篇后，创设找邻居、算术大比拼等游戏巩固所学核心语言，将所学运用到实际生活中，学以致用。（迁移创新）

【教学过程】

1.Free talk and learn words：five,six.

（1）Which class are you in? How old are you? What's your number? That's right.

（2）Learn words：five,six. 利用奖励苹果卡片上的数字5,6来学习本课的单词。

2.Sing a number song.

3.Look! What a beautiful orchard! Do you like it? Do you want to know what's in it? Let's go into it. 点击进入后弹出 *Sing a number song*. Oh,we can't go into it. We must sing a number song. Can you sing? OK.Let's sing.

4.Learn words：fifteen,sixteen.

Let's count. 进入果园，出现一颗苹果树，上面有 12 个苹果并标有 1—12 的数字。

Ask students to count the apples.

移入第 13 个苹果 thirteen，强调 teen 的读音。同样再移入 fourteen,fifteen.（举着 fifteen 的卡片让学生练读，并用 That'sright. 评价。" fifteen" 卡片贴黑板。）

Use the same way to learn the word "sixteen".

5.Work out the maths problems.

2+3 = _____   1+5 = _____   4+6 = _____

b.7+（　　）=12   （　　）+9 =15

c.____+____=15

d.____+____=16

6. Watch the video and learn the dialogue.We used English to work out some problems just now. Today,Lisa and Mimi do some maths exercises,too. Let's look at the video.

（1）听，整体感知文本。　　　　（2）跟读培养语感。

（3）小组自读。　　　　　　　　（4）小组汇报朗读。

🔁 设计意图：回答问题后奖励带有数字的苹果卡片，提问 What's your number? 让学生用卡片上的数字回答，突出 That's right. 评价，为新课中学习 That's right. 做铺垫。烘托课堂气氛，自然地导入到下面要学习的新课。有趣的动画画面，优美的音乐，学生的积极性和注意力马上被吸引过来。通过移入苹果的方式来学习新词 fifteen,sixteen,利用做数学练习来巩固新词，并用 That's right. 评价，奖励苹果。课文的呈现将本课所学功能句在情景中真实再现，理解课文文本，落实朗读训练，把语言学得扎实有效。

7.A little teacher. Ask some one to act a little teacher,and choose numbers on the blackboard. 练习句型

What's your number? I'm number… What's…and…? It's…

（学生上台提问，自己找人回答，其他人评价 No 或 That's right.）

8.Let's play：*Find your neighbours*.

T：I like friends. I want neighbours.

T：I am five. Who is my neighbour.（出示 5）

S1：I am four. I am your neighbour.

S2：I am six. I am your neighbour,too.

T：Oh,we are neighbours.（做 3 组）

🔁 设计意图：设计游戏环节，帮学生梳理归纳功能语句 What's your number? I'm number… What's…and…? It's… 体现用中学，学中用的新课程理念。通过找邻居的游戏，复习学过的数字，并训练学生的迅速反应能力。

Period 3　What's eighteen minus six?

【课时对应的子主题】学校与学校生活；数学课加减乘除法训练

【适用年级】四年级

【语篇类型】日常对话

【语篇研读】

What：语篇是围绕同学们在数学课上与老师就数学的加减乘除运算展开的一组对话，

在真实的情境中，进一步研究有关数字在生活中的运用。激发学生学习英语的兴趣，使学生树立学习英语的自信心。

Why：学生已经学习了英文数字1—16，在上一节课中学习了简单的加法算式。本课继续学习减法、乘法、除法的算式。重点放在减法上。What's eighteen minus six? It's twelve. 基于此，教师结合本课的教学和学生的英语语言基础和个性特点，巧设情境，引导他们积极参与课堂语言实践。培养认真、严谨的学习态度。

How：通过做算术题，在老师和学生之间展开交流，引出要学习的目标语言：What's eighteen minus six? It's twelve. 在学生熟练掌握加减法的基础上，进行乘法和除法的学习。教师创设大量的游戏、对话、表演让学生整体感知、模仿、学习和体验。最终使学生能够运用目标语言进行交际。

【课时目标】

1. 通过创设真实语境使学生进一步巩固、深化以前所学的数字单词及相关句子；学会三会词汇：seventeen 和 eighteen，四会词汇 seven 和 eight；通过围绕"生活中的数字"这个话题展开的交流学习活动，使学生学会以下句型：Let's count from one to eighteen. What's eighteen minus six? It's twelve. 理解并能听懂、会说：What's two times three? What's nine divided by three? 能够理解并表演本课的对话。（学习理解）

2. 学生能够用本课所学语言完成各项任务活动，如按不同的方法数数，加减乘除运算等活动，培养学生用所学语言进行交流的能力。培养学生的仔细、严谨的学习态度。（应用实践）

3. 在熟练掌握本课目标语言后，在组内进行游戏 4×6=24 大比拼。激发学生的学习兴趣，提高学生的注意力，发展学生的思维能力。（迁移创新）

【教学过程】

1.Play a counting game：Let's count from 1 to 16.

2. 快闪阿拉伯数字，让学生用英文抢答

3.Listen to the dialogue and try to answer the questions.

Who is their teacher? What's eight and nine? What's eighteen minus six?

4. 教师提出数学问题：哪两个数字相加可以组成 7 或 8？

教师先作出示范，说：One and six is seven. 然后让学生抢答。引出单词 seven, eight

5.T：Let's count from 13 to 16. S：Thirteen, fourteen, fifteen, sixteen

T：And next one? 引导学生说出：seventeen, eighteen.（ppt 出示 13—16 单词，学生观察其构词结构，写出 seventeen, eighteen, 板书）

6. 教师提问：T：What's eighteen minus six? S：It's twelve.

（PPT：18-6=? 板书句子，并领读单词 minus. ）

PPT：17-8=?　　　15-9=? 组内练习，用减法算式进行问答。

7.Watch the video and learn the dialogue.

（1）听，整体感知文本。　　　　　（2）跟读培养语感。

（3）小组自读。　　　　　　　　　（4）小组汇报朗读。

➲ 设计意图：复习英文数字，培养学生积极的学习情感，活跃课堂气氛，在数学情境中复习英文数字 seven 和 eight，使学生得到充分的语言输出，让学生逐渐形成用英语思考的意识。学生跟老师一起书空单词，手口并用，能使学生集中注意力，对单词的拼写记忆印象也比较深。再次铺垫本课的新句型 Let's count from…to…，自然引出新单词：seventeen 和 eighteen，引导学生自己观察 13—16 的构词方式，让他们自己思考和推断出 seventeen 和 eighteen 的读法和写法，提高学生的自主探究能力。在小组合作学习中，学生敢于开口说英语，参与热情高，提高了学习效率，突破难点句型 What's eitheen minus six?

8.Let's match：

7	plus	7	4
9	minus	3	20
16	times	2	16
4	divided by	5	8

引导学生理解 times 和 divided by 的含义。说出 Four times five is twenty.

Sixteen divided two is eight. 组内进行数学游戏 4×6=24.（提前准备扑克牌）

➲ 设计意图：在熟练掌握加减法之后，在练习中增加了乘法和除法的练习，利用连线的方式引出乘法和除法，学生很容易理解。在数学游戏 4×6=24 中，训练学生精力高度集中的能力、快速反应能力、用英语进行思维的能力。

Period 4　What's the time?

【课时对应的子主题】家庭生活；询问时间

【适用年级】四年级

【语篇类型】日常对话

【语篇研读】

What：语篇是 Peter 因为晚上看电视睡得较晚，导致早上起不来，妈妈叫醒他的情境，围绕着"几点钟，该干什么啦"所展开的对话和思考，进一步研究数字在生活中的运用。

Why：学生已经掌握数字 1—18，18 以内的加减乘除法之后，这节课学习生活中时间的表达方法，生活化的语篇设计，将学生带入情境中，激发了学生的学习兴趣和学习热情。

How：本课主要呈现三个生活中的场景，妈妈提醒孩子按时睡觉；妈妈叫孩子起床，孩子询问时间；孩子为赶时间去上学不吃早饭。教师借助学生已有的知识和生活经验，引导学生在这些模拟真实的场景中，感知习得语言，自然进行交流，掌握目标语言 It's time for… What's the time? 及其回答，让学生整体感知、模仿、学习和体验对话语言。

【课时目标】

1. 借助教学媒介学历案，运用 "It's ten o'clock.It's time for bed. What's the time?" 初步学习理解提问时间及回答，整点和非整点的表达法，提示学生养成早睡早起和按时吃早餐的良好习惯。（学习理解）

2. 借助自制钟表、画时间，熟练掌握时间的表达法。通过重新创编对话，检验目标语言的真实运用。（应用实践）

3. 借助视频，了解有关时间的谚语故事，让学生意识到时间的宝贵，培养学生养成珍惜时间的好习惯。（迁移创新）

【教学过程】

1.a. 利用白板出示一组数字图片，内容为英文单词一到二十。（打乱数字的排列顺序）

b. 借助白板的倒计时功能，让学生在规定的 20 秒时间内，尽可能多地记忆单词。

c. 倒计时功能中，设置成：时间到了后，出现幕布遮盖单词。通过左、右、上、下拖拽幕布依次引出单词（nien nineteen ten twenty 在中间，引出本课单词。）

2.a. 出示两张鸡蛋的图片，一个是九个，一个是十个。带领学生一起数个数（板书 nine, ten 并大声拼读单词）

b. 借助白板的图片覆盖功能，展示 19 和 20 两个图片（分别画了 19 个和 20 个葡萄珠儿），引导学生数个数。（说明：英文单词 nineteen 和 twenty 被两个图片分别遮盖住，贴图并朗读单词）

3. Listen to the dialogue and try to answer the questions.

When does Peter go to bed? What's the time now? Is Peter late for school?

What does Peter's mother give him for breakfast?

4.a. 播放两段视频。（两段视频的主要内容都是练习时间点的问法及回答）

b. 展示几个非整点时间的钟表，询问学生此类时间点该怎么表达？

c. 展示 magic clock，让学生借助白板的书写笔，自己画时间，之后师生间、生生间进行问答练习。

5. 借助电子白板的探照等功能，先扫描课文插图中的钟表上，询问学生 What's the time? 回答 It's 7：20. 之后依次扫描 peter、mum 及其他画面。扫描画面中的人物，并提问：Who's this boy? 学生答：He's Peter. 继续扫描第一张画面：Peter is sleeping. But it's 7：20 now. So there will be some trouble with Peter. What happen? Let's watch the video and learn the dia-

logue.

6.Let's sing "number song".

💡 设计意图：通过数鸡蛋，带领学生一起动起来，积极参与课堂活动中来，引出数字 nine 和 ten 写法的学习。在学生拼读过程中，有意识的记忆了单词的书写，跟随老师书写的过程中，加强了对单词的记忆。当堂练习书写，随堂检查学生对单词的掌握情况。老师自制的小闹钟，既是对学生优秀表现的肯定和表彰，又为接下来学习句型 What's the time? 做了铺垫。

当学生对老师的奖励表示感谢时，加强了学生的礼貌意识。借助 magic clock，制造悬念，激发学生好奇心，调动学生的积极性及课堂活动的参与能力。借助探照灯功能，给学生留有悬念，让学生更加聚精会神地积极参与到课堂活动当中，过渡自然，让学生在特定的情境中学习文章。

7. 播放课文录音后，让学生做课文的填空练习

It's ____ o'clock.It'stimefor ____ . Wake ____ ,Peter. ____ the time,Mum?

____ 7：20. Oh,no! I'm ____ ! ____ some milk. No, ____ !

8. 引导学生替换课文句子里的单词，对课文进行改编。It's...（替换时间点）Have some...（替换食物）呈现给学生有关时间的谚语。（PPT）

💡 设计意图：考查学生对本课语篇的目标语言掌握情况。培养学生的创新能力及语言表达能力，了解有关时间的谚语，让学生意识到时间的重要性，养成珍惜时间的好习惯。

Period 5   Ten and ten is ten.

【课时对应的子主题】学校与学校生活；有关算术的趣味故事

【适用年级】四年级

【语篇类型】日常对话

【语篇研读】

What：通过风趣幽默的小故事，复习本单元所学的数字在学习、生活中的运用：数数、班级、年级、号码、时间、加减法运算等，让学生更深入地了解数字在生活中无处不在。

Why：学生在初步掌握数字的基本用法后，通过游戏、竞赛、故事等方式复习巩固本单元所学内容，让学生灵活运用目标语言。

How：通过 One and one is one. 这个魔术，引出 Mimi 和 Micky 的小故事：Ten and ten is ten. 通过大量的活动，复习本单元所学的数字，让学生在故事中整体感知、模仿、学习、体验和巩固本单元所学语言，使学生能够综合运用语言进行交际。

【课时目标】

1. 借助教学媒介学历案, 复习本单元数字在不同情境中的运用。借助游戏、魔术、视频、音频理解文本故事。(学习理解)

2. 借助歌谣、创编新的故事情境, 熟练地运用本单元的目标语言进行交际, 提高学生的语言表达能力。(应用实践)

3. 借助创编新的歌谣、风趣的故事, 提高语用能力的同时, 培养风趣、幽默、乐观向上的积极态度。(迁移创新)

【教学过程】

1.a. 利用电子白板播放视频歌曲 Number song。

b.Play a game——Bingo game

2.a.Show a picture of the school,

T：What's this? Which class are you in?

b.Show the number cards.

T；Boys and girls, There are some number cards and prizes, "Which number do you like?

T：What's the number?" 请同学说出车牌号, 尺子的刻度和门牌号码

c. 呈现钟表：

T：What's the time?　　　　　S：It's…

3. 播放 check 部分的音频

Let's listen and number. 核对答案, 并请同学说出图片内容。

4.T：Let's play a game.

T：What's ten and seven?　　　S：It's seventeen.

以快速答题和随机点名的形式引出两人一组的加法操作练习。

5. 先后展出两支魔术铅笔, 从 1+1, 引出 "Why not? So——" 的用法, 在学生眼前呈现为什么 "1+1=1" 这一有趣事件, 下文做好铺垫。

6.a.Listen to the fun story and answer the question：

What are they talking about? Why ten and ten is ten?

b.Listen again and try to read after it.

c.Read the story in groups.

d.Act the dialogue.

➲ 设计意图：Number song 唤起学生学习英语的热情, 营造轻松的学习氛围, 以 Bingo 游戏开始, 使学生快速进入到英语学习状态中。教师顺着数字码引出车牌号, 用旧尺子引出 10—20 数字的复习, 再用猜礼物的方式引出钟表, 提问学生, 使复习环节与新课导入自然衔接。学生在师生互动的活动中开始新知的学习。算术竞赛激发学生的竞争意识, 通过

小组合作和比赛，激发学生的合作精神，增强团队意识。通过魔术，创设问题情境，调动学生主动质疑探究的积极性，引出新文本。回归教材，系统学习教材内容，在学习句子时，教师采用了教读，学生采用了试读、跟读和组内合作学习的方法，这样设计的目的是让学生体会并熟悉发音、语调、强弱、停顿等。通过互相交流，互相学习，共同品尝学习快乐，提高学生听和说的能力，促进学生交际合作的能力。

7.Let's chant!

学生根据对话内容和信息提示补全歌谣文本，借助伴奏进行歌谣表演。

8. 小组为单位，自创人物角色，利用自制教具，根据本课内容操练新对话。

➲ 设计意图：创设对话的真实情境，培养学生语言运用能力和创新的能力。考查学生学习新知后创造性的语言综合运用能力。图片提示旨在帮助学生围绕本套教材重难点进行操练。掌控全班情况，及时评价与鼓励，使学生获得学习的成就感。

Period 6　The King's Yu Player

【课时对应的子主题】复习数字，学习有关数字的成语故事

【适用年级】四年级

【语篇类型】故事教学

【语篇研读】

What：本文通过讲述一位名为 Wuzi 的"乐师"弄虚作假演奏竽的故事，传达出"真才实学，方能经受得住考验"的主题意义。

Why：通过讲述国王的乐师这个故事，引导学生在熟悉已知数字的基础上，初步学习更多整十数字的英文表达，引导学生思考从本故事学的道理：要诚实，要勤奋学习方能经受得住考验。

How：本文共分为两个部分，第一部分是老国王在世时喜欢听竽的合奏，第二部分是新国王喜欢听竽的独奏。本文使用一般现在时，按照两次不同形式演奏竽的顺序。对比了前后的差异，并引用数字 one，two，three…fifty。通过老、新国王的喜好差异，呈现了 Wuzi 的弄虚作假行为。运用图片的细致刻画和倒装句（Quietly，Wuzi rans away.）呈现了 Wuzi 的心虚和恐慌，全文配以鲜艳的手绘图片呈现了 Wuzi 滥竽充数的过程，展现了集体合奏竽与独奏竽的场面差异，以及 Wuzi 演奏时的心虚和逃跑时的惶恐，绘本最后的 story map 以图片的形式梳理了滥竽充数的过程。

【课时目标】

1.提取老国王与新国王喜爱音乐的相同点与不同之处，以及 Wuzi 对应的不同行为，以表格的形式梳理。（学习理解）

2. 根据表格讲述故事经过，小组合作表演并丰富故事中人物的对话。（应用实践）

3. 小组合作用英语讲述一个成语故事。（迁移创新）

【教学过程】

1. 呈现《中国成语大会》视频，讨论中国成语故事。What's the competition about?

2. 提取封面信息，回忆《滥竽充数》的故事内容。呈现本课主题：Chinese idiom stories. T：What Chinese idiom stories do you know.

3. 播放不同的中国民族乐器发出的声音，引导学生听音辨别竽的声音。

4 故事呈现：故事阅读，提取信息，完成表格。

快速阅读故事，明确故事中的主要人物。播放整个故事的音频，引导学生阅读文本故事，寻找问题答案，明确故事中的主要人物，将人物与名称匹配。Who are in the story?

呈现人物图片，检查学生对于故事中人物的掌握情况，进行人物的名称匹配。

5. 阅读1—4页，了解老国王喜欢听竽的方式

T：What is the king doing on P2? Is the old king happy? Why is the king not happy?

学生自主阅读，寻找老国王不开心的原因。How many Yu players are there on P3?

同桌之间创编国王与大臣之间的对话：

How many…? One，two，three，…

I want more. How many Yu players do you want?（学习并总结整十数字的规律）

6. 呈现 Wuzi 报名参加演奏的图片以及他逃跑的图片，学生猜测原因，通过听录音验证自己的猜测。Why does Wuzi ran away quietly? What ways does the new king prefer? 呈现 Wuzi 前后行为对比，引导学生观察图片中 Wuzi 的表情与动作。Wuzi comes to play the Yu.——Wuzi plays for the king for many years.——Wuzi rans away quietly.

学生思考并回答 What do you think of Wuzi? If you were one of the players there，what would you want to say to him?

7. 完成表格。

学生自主阅读绘本，提取老国王喜欢听竽的方式以及 Wuzi 对应的欺骗行为，小组完成表格。继续小组合作完成表格，新国王喜欢听竽的方式以及 Wuzi 的所作所为。

What way does the old king/new king like to listen? What does Wuzi do then?

语言框架：

（1）The old king likes…　　（2）The new king likes…　　（3）Wuzi comes t…/runs away..

8.a. 听录音并进行指读。

b. 根据表格或图片，讲述滥竽充数的故事。

c. 小组表演滥竽充数的故事。丰富故事中的语言，适当增加 Wuzi 的内心旁白语言以及故事中人物的对话语言。

↪ 设计意图：预测老国王不开心的原因激发学生阅读的欲望，同桌表演丰富留白语言，鼓励学生发散思维、积极思考；创编对话，激发学生表达的欲望，训练目标语言；学生通过学习整十数字的英文表达，在对整十数字的对比中总结整十数字变化的规律——以 ty 结尾；通过动作演示 quietly 的具体含义，更形象、具体、有利于学生掌握较难的词汇；鼓励学生利用移情思考想跟 Wuzi 说的话，真切感受到撒谎的害处；培养学生听读习惯，以听促读，为语言表达做铺垫。学生通过讲述、表演故事，强化对文本的理解，增强与文本的互动，建立知识结构，提高总结概括能力。

9. 匹配中国成语故事的图片与英文表达。呈现成语，以及成语的英文表达，引导学生匹配图片与英文表达。

Draw a snake and add feet to it. Yu Gong moves mountains. Blind men feel an elephant. Waiting for another hare. Adding eyes on a drangon.

深度思考故事，并谈一谈故事所带来的启示。通过回顾《国王的乐师》中的寓意，引导学生思考中国成语故事的特点，通过故事讲述一些道理。

（1）What doe the story want to tell us?

（2）What about the other Chinese idiom stories?

↪ 设计意图：利用图片与英文的搭配，鼓励学生掌握更多的中国成语故事，激发学生想用英语讲中国故事的欲望；通过故事学习，引导学生思考其中的道理，培养正确的人生观与价值观。

☑️ 四年级上册 Unit 3　教学设计 ①

Period 1　Yellow Fruits

【课时对应的子主题】黄色的水果；健康体验

【适用年级】四年级

【语篇类型】日常对话

【语篇研读】

What：语篇为教师和同学们围绕黄色水果进行的对话，描述了同学们猜谜的热闹场面。学生们在学习、理解对话内容的过程中，积累、运用、拓展与黄色水果相关的语言经验，发展其语言能力。

Why：描述猜谜的场景，学生通过观察水果，认识水果，积累词汇。

---

① 本文作者：天津市河北区育婴里小学　曹爽。

How：语篇是谈论黄色水果的对话，涉及到黄色水果词汇 pear、banana、pineapple、lemon 和描述黄色水果的核心语言 What's this? 回答 It's a/an... 该对话情节较为简单，学生易于理解，便于学生在学习过程中开展自主探究等学习活动，在合作学习中提升语言技能，加强文化意识。

【课时目标】

1. 借助教学媒介，在谈论黄色水果的情境中梳理水果名称（如 pear、banana、pineapple、lemon 等），运用 What's this? 回答 It's a/an... 描述不同的黄色水果，感知多样的水果词汇。（学习理解）

2. 在对话情境中，根据不同水果图片，运用 What's this? 回答 It's a/an... 描述水果，认识水果在我们日常生活中的地位。（应用实践）

3. 借助不同黄色水果实物，运用 What's this? 回答 It's a/an... 展示交流，表达喜爱水果，健康生活的思想意识。（迁移创新）

【教学过程】

1. 温故知新，学生欢唱歌曲 Fruit song，营造愉快的学习氛围。

2.Let's listen and tick!

学生视听对话，依托学历案完成勾选任务，整体了解黄色水果信息。

Q1：What is this?　　　　Q2：What colour is it?

3.Let's watch and talk!

（1）学生观看对话视频，获取与梳理对话内容。

（2）学生观察猜谜场景。

（3）学生运用语言支架 What's this? 描述黄色水果并表达个人情感，整体感知、模仿、学习和体验对话语言，引导学生用所学进行交际。

4. 学生视听对话，问题驱动，整体感知文本，明确主旨大意，梳理关键信息，理解对话内容。

5.Let's read and act!

（1）学生听录音跟读、分角色朗读对话，关注语音、语调、节奏、连读、重读等语言现象，体会认识水果词汇的快乐心情。

（2）学生基于对话内容，以角色扮演的形式表演本课内容，内化与运用所学语言，促进情感共鸣，建构健康生活的思想意识。

⟳ 设计意图：以谈论黄色水果词汇情境为依托，借助学历案梳理不同词汇，引导学生实现从大意到细节的逐步理解和深化，发展空间概念和逻辑思维，深入体会水果的种类及颜色。基于文本理解，学生通过参与细致模仿、分角色朗读、角色扮演等活动进行准确性和流畅性练习，基于语调、节奏等多种语言现象体会到水果种类词汇的多样性。学生思考和讨论教师提出的问题，初步做到词汇积累及灵活运用。

6.Let's talk and act!

学生两人一组观察本课所学水果，如 banana，lemon，pear，pineapple 等，运用 What's this? 和 It's a/an… 描述所学词汇，初步认识到水果在我们日常生活中的地位。

➲ 设计意图：引导学生结合水果的颜色和营养价值思考并交流水果特征，联系生活实际将语言学习从学习理解过渡到实践应用，帮助学生在对话情境中实现语言内化，促进学生思维品质的提升，充实对于饮食文化的理解，为其后的真实表达奠定基础。

7.Let's design!

学生自主选择喜爱的黄色水果，分组谈论所选的水果，运用对话中的核心语言进行分组展示，互动交流中强化整体认知。

➲ 设计意图：帮助学生从文本走向真实生活，引导学生在真实的语境中灵活运用所学语言知识进行交流，逐步加深对主题意义的认知，表达健康生活的思想意识。

【作业设计】

Period 1　Homework
Activity Card

1.Must—do Tasks

基本要素	具体内容		
作业内容	1. Read the dialogue and fill in the blanks. Yellow Fruits 表格 Fruits 2. Share the dialogue with your family.		
形式和类型	形式	听–说□　听–写□　读–写□　其他□	
	类型	基础型□　拓展应用性□　实践型□	
作业时长	___6___ 分钟（建议时长 5—10 分钟）		
完成方式	独立完成□　合作完成□		
提交时间	当天完成□　____天后□		
评价标准	根据实际情况选择活动。 查找补充相关周末活动。 正确朗读所填写的对话。	☆☆☆☆☆ ☆☆☆☆☆ ☆☆☆☆☆ （自我评价）	☆☆☆☆☆ ☆☆☆☆☆ ☆☆☆☆☆ （小组评价）
	（教师评价）　Good □　Super □　Excellent □		

2.Optional Task

基本要素	具体内容		
作业内容	Draw a yellow fruit and talk about it.		
形式和类型	形式	听–说□　听–写□　读–写□　其他□	
	类型	基础型□　拓展应用性□　实践型□	
作业时长	___10___ 分钟（建议时长 5—10 分钟）		
完成方式	独立完成□　合作完成□		
提交时间	当天完成□　____天后□		
评价标准	根据实际情况选择活动。 查找补充相关周末活动。 正确朗读所填写的对话。	☆☆☆☆☆ ☆☆☆☆☆ ☆☆☆☆☆ （自我评价）	☆☆☆☆☆ ☆☆☆☆☆ ☆☆☆☆☆ （小组评价）
	（教师评价）　Good □　　Super □　　Excellent □		

Period 2　Colourful Fruits

【课时对应的子主题】五颜六色的水果；健康生活

【适用年级】四年级

【语篇类型】日常对话

【语篇研读】

What：语篇为学生们对五颜六色的水果进行的对话。学生们在学习、理解对话内容的过程中，积累、运用、拓展与不同颜色水果的相关的语言经验，发展其语言能力。

Why：描述五颜六色的水果，引导学生了解水果的种类，观察水果的颜色，感受健康饮食的文化魅力。

How：语篇是谈论不同颜色的水果，如 apple，orange，kiwi fruit，watermelon；以及描述不同水果的核心语言 What's that? It's a/an... 该对话情节较为简单，学生易于理解，也便于学生在学习过程中开展自主探究等学习活动，在合作学习中提升语言技能，加强文化意识。

【课时目标】

1.借助多媒体，谈论五颜六色的水果（如 apple，orange，kiwi fruit，watermelon 等），运用 What's that? 和 It's a/an... 感知多样的水果词汇。（学习理解）

2.在对话情境中，通过观察不同颜色的水果，学生运用 What's that? 和 It's a/an... 积累词汇，了解健康的生活方式。（应用实践）

3.学生借助水果实物，运用 What's that? 和 It's a/an... 展示交流，感受学习的乐趣，拓宽视野，增长见识。（迁移创新）

【教学过程】

1.Let's sing and perform!

教师播放不同水果的视频，学生说出水果名称，思考并讨论教师提出的问题，初步认识并感知不同颜色的水果，呈现教学主题。Q：Do you like colourful fruits?

2.Let's listen and answer!

学生初步视听对话，整体感知对话内容与情感基调。Q：What fruits do you like?

3.Let's watch, answer, write, and talk!

（1）学生观看对话视频，获取与梳理五颜六色的水果名称。

Q：Which fruits can you see?

（2）强调单词的正确读音。

（3）通过远近两个场景的对比，归纳新句型，询问远方物体时要用 What's that?

学生运用语言支架 What's that? 和上节课学习的句型 It's a/an... 进行语言描述。

4.Let's chant!

学生根据对话内容和信息提示补全歌谣文本，借助伴奏进行歌谣表演。

5.Let's read and act!

（1）学生听录音跟读、分角色朗读对话，关注语音、语调、节奏、连读、重读等语言现象，体会合作学习的快乐心情。

（2）学生基于对话内容，以角色扮演的形式表演本课内容，内化与运用所学语言，促进情感共鸣，建构健康生活的思想意识。

➲ 设计意图：以学习五颜六色的水果词汇为依托，借助学历案梳理，深刻体会不同种类水果的名称和颜色。学生通过参与细致模仿、分角色朗读、角色扮演等活动进行准确性和流畅性练习，学生通过思考和讨论教师提出的问题，初步积累并运用水果词汇。

6.Let's see and talk!

学生两人一组观察图片，图片的内容为不同颜色的水果，学生进行核心句型训练。

➲ 设计意图：学生联系生活实际将语言学习从学习理解过渡到实践应用，帮助学生在对话情境中实现语言内化，促进学生感知实际生活，充实文化知识储备。

7.Let's design!

以本节课学过的单词和句型为核心，联系实际，学生进行创编对话，运用对话中的核心语言进行分组展示，互动交流中强化整体认知。

➲ 设计意图：帮助学生从文本走向真实生活，引导学生在真实的语境中灵活运用所学语言知识进行交流，逐步加深对主题意义的认知，更加热爱生活。

Period 3　Delicious vegetables

【课时对应的子主题】认识两种蔬菜；健康饮食

【适用年级】四年级

【语篇类型】日常对话

【语篇研读】

What：语篇为日常对话，是人物之间围绕看到的蔬菜进行的谈话，两位同学通过基本语言学会了西红柿和土豆的发音，能用英语表达对某物的喜欢。

Why：介绍图片中的蔬菜，学会读音和变复数的方法，了解蔬菜的营养价值。

How：该对话是在本单元 Period 1—2 What's this/that? 的基础上学习 What's this/that in English? It's a/an… 以及询问是否喜欢某物 Do you like…? Yes, I do. 对话设置了一位同学想考一考另一位同学能否用英语表达出这些果蔬的场景。本课介绍的蔬菜词汇为 tomato 和 potato，介绍时使用了上面的核心语言。本课时的学习目的在于引导学生运用对话核心语言介绍蔬菜名称，在此过程中补充变复数的方法，认提倡健康饮食。

【课时目标】

1. 在视听对话的情境中，借助情境认识两种蔬菜的名称，学习用 What's this/that in English? It's a/an… Do you like…? Yes, I do. 介绍新单词及表达自己的喜好。（学习理解）

2. 在谈论两种蔬菜的过程中，运用本课核心句型 What's this/that in English? It's a/an… Do you like…?Yes, I do. 熟悉两个新单词，在参与的过程中复习巩固两个单词的复数形式。（应用实践）

3. 谈论本课的单词和句型，了解蔬菜的营养价值，提倡健康饮食。（迁移创新）

【教学过程】

1. 学生表演 chant，营造愉快的学习氛围。

2. 学生回顾前两课时的主题情境是学习水果词汇，学生在教师的引导下进行头脑风暴，回忆水果词汇的读音，准确说出水果词汇的单词。

3. 教师导入：今天我们要去学习关于蔬菜的单词及句型。

4. Let's watch and talk!

（1）学生观看对话视频，获取与梳理蔬菜词汇。

（2）学生观察视频中两位同学的对话。

（3）学生在教师逐一呈现蔬菜图片的提示下，通过回答 What's this/that in English? It's a/an… Do you like…? Yes, I do. 介绍新单词及表达自己的喜好。

5. Let's read and write!

学生运用语言支架描述两种蔬菜并表达个人情感，教师引出在 like 后面可数名词要用复数。学生视听对话，问题驱动，整体感知文本，理解主旨大意，梳理关键信息，熟悉对话内容。

6.学生再听对话文本，细致模仿，关注语音语调、节奏、连读、重读等，培养语感，加深对课文知识的理解和记忆。教师引导学生进行同伴间分角色练习并表演对话。

△突出文化意识的培养。活动1、2、3、4将对话内容与实际生活相结合，观察、辨识不同蔬菜的发音。根据自身生活经验，使用简单的短语和句子介绍自己的喜好，倾听他人想法，乐于参与合作活动。

△融合思维品质的培养。活动5、6通过提问引导学生仔细捕捉关键信息，运用已有知识进行猜测和推理，激发学生的兴趣、观察力以及逻辑分析能力，辅助对对话意义的理解。

➡ 设计意图：帮助学生回顾已有知识，属于学习理解层次。教师引导学生说出蔬菜名称，活跃学生的思维，唤醒学生对相关知识的记忆，学生通过积极思考理解有关蔬菜的词汇，真正实现文本来源于生活，生活处处有英语。

7.学生之间相互出示图片两两合作，谈论自己看到的蔬菜词汇。

△突出文化意识的培养。活动7基于对话主题，创设情境，鼓励学生积极参加，引导学生运用核心语言学习新词汇并加以运用。

△融合学习能力的培养。活动7借助图片，学生能够积极与他人合作，注意倾听，敢于表达，不怕出错，共同完成学习任务，加深对对话内容的理解，获得了学习能力上的提升。

➡ 设计意图：借助文本的情境，与同伴交流自己看到的蔬菜词汇。在此基础上，进行角色迁移，初步运用核心语言进行交流，促进语言内化。从学习理解过渡到实践应用，为后面的真实表达奠定基础。在学生调查和展示的过程中，适时地渗透学科育人理念，帮助学生了解蔬菜的重要性。

8.学生在教师创设的情境中，通过小组合作的形式交流展示。

语言支持：What's this/that in English? It's a/an…

Do you like…? Yes, I do.

9.布置家庭作业

（1）制作一个手抄报，标注出你喜欢的蔬菜。

（2）结合上一环节选择的蔬菜，运用本课核心句型介绍。

△融合思维品质的培养。活动8给出语言框架，设置开放性的答案，有目的的引导学生思考不同选择的差异性，学会换位思考看待问题。激发学生思辨，初步建立学生的辩证思维。

△融合学习能力的培养。活动9借助思维导图，学生积极与他人合作，注意倾听，敢于表达，不怕出错，加深对语篇内容的理解，获得了学习能力上的提升。

➡ 设计意图：帮助学生在谈论蔬菜的语境中，创造性地运用所学语言，介绍看到的物品。引导学生合理搭建语言框架，有效进行语言输出，提高学生的综合语言运用能力。学生在讨论蔬菜的过程中发展语用能力，帮助学生了解蔬菜的价值，提倡健康饮食。

Period 4　Healthy Vegetables

【课时对应的子主题】不同种类的蔬菜；健康生活

【适用年级】四年级

【语篇类型】日常对话

【语篇研读】

What：语篇是师生和生生之间谈论蔬菜的对话，呈现了大家谈论喜爱的蔬菜的情景，表达了蔬菜在日常生活中的重要性，自然地引发了学生的情感共鸣。

Why：建构学生对不同种类蔬菜的认知，积累用于表达和交流喜爱某物的语言，引导学生尝试介绍喜爱的蔬菜，逐步引导学生树立健康饮食的生活理念。

How：语篇涉及蔬菜相关词汇有 eggplant，carrot，green pepper，cucumber 以及谈论或表达喜爱的语言结构 Do you like...? 及两种回答。词汇及语言结构通过师生对话、生生对话、歌谣伴唱、角色扮演等方式不断复现，帮助学生形成相对完整的语言结构，发展语言能力，加深语篇意义理解。同时，学生依托语言结构参与到表述喜爱的蔬菜，在合作学习过程中提升语言技能，强化文化意识培养。

【课时目标】

1. 借助教学媒介学历案，在表达自己喜欢的蔬菜的情境中梳理蔬菜的名称（如 eggplant，carrot，green pepper，cucumber），熟练掌握它们的读音，运用 Do you like...? 句式向大家介绍自己的喜好。（学习理解）

2. 在对话情境中，根据蔬菜图片，运用 Do you like...? 句式描述自己喜爱的蔬菜，感受可口的饭菜带给自己的幸福感，初步了解蔬菜的价值。（应用实践）

3. 在小组表演喜爱蔬菜的活动中，创编对话，运用 I like... 句式展示交流，表达热爱生活，热爱生命的思想意识。（迁移创新）

【教学过程】

1.Let's read and say!

教师播放趣味蔬菜的视频，学生说出单词。学生思考并讨论教师提出的问题，感知蔬菜的多品种以及自己的喜好，呈现教学主题。Q：What vegetables can you see?

2.Let's listen and answer!

学生视听对话，整体感知对话内容与情感基调。Q：Do you like...?

3.Let's watch，answer，write，and talk!

（1）学生观看对话视频，获取与梳理你所喜欢的蔬菜是什么。Q：Which vegetables do you like?

（2）强调新单词的读音。

（3）呈现几张蔬菜的图片，让学生选择自己喜欢的蔬菜图。

（4）学生运用语言支架 I like... 描述自己喜欢的蔬菜并表达个人喜好。

4.Let's chant!

学生根据对话内容和信息提示补全歌谣文本，并借助伴奏进行歌谣表演。

5.Let's read and act!

（1）学生听录音跟读、分角色朗读对话，关注语音、语调、节奏、连读、重读等语言现象，体会学生的喜好。

（2）学生基于对话内容，以角色扮演的形式表演本课内容，内化与运用所学语言，促进情感共鸣，建构喜欢蔬菜，健康成长的意识。

⊃ 设计意图：以谈论喜爱的蔬菜为依托，借助学历案梳理对话内容，引导学生实现从大意到细节的逐步理解和深化，发展空间概念和逻辑思维，深刻体会蔬菜给人带来的幸福满足感。学生通过参与细致模仿、分角色朗读、角色扮演等活动进行准确性和流畅性练习。

6.Let's think!

学生思考和讨论教师提出的问题，观看人们了解蔬菜营养价值的视频，初步认识到可口的饭菜给人类带来的幸福满足感，以及蔬菜的重要性。

Q：What is the importance of vegetables to us?

7.Let's count and talk!

学生两人一组观察蔬菜图片，运用 I like... 句式进行描述，感知多吃蔬菜的益处。

⊃ 设计意图：引导学生用规定句型进行自己喜好的情感表达，联系生活实际将语言学习从学习理解过渡到实践应用，帮助学生在对话情境中实现语言内化，促进学生感受可口蔬菜给自己带来的幸福感，了解蔬菜的价值，为其后的更复杂的情感表达奠定基础。

8.Let's design!

以本节课学过的单词和句型为核心，联系实际，学生进行创编对话，运用对话中的核心语言进行分组展示，互动交流中强化整体认知。

⊃ 设计意图：帮助学生从文本走向真实生活，引导学生在真实的语境中灵活运用所学语言知识进行交流，逐步加深对主题意义的认知，表达热爱生活，健康饮食的意识。

Period 5 Revision

【课时对应的子主题】关于食品的趣味小故事

【适用年级】四年级

【语篇类型】日常对话

【语篇研读】

What：语篇呈现了 Mimi 和 Micky 在厨房中根据食品和蔬菜进行问答，Micky 猜对了前面的蔬菜，自认为很聪明，最后却将面包当成了球棒的趣味小故事。表达了对蔬菜的喜爱之情，促使学生产生自主交流表达喜爱蔬菜的意愿，树立正确的饮食观念。

Why：建构学生对健康生活的认知，积累用于表达和交流健康食品的语言，引发多吃水果和蔬菜，提高生命价值的情感。

How：语篇涉及水果和蔬菜的词汇及核心语言 What's this/that in English? It's a/an…Do you like…? 等。词汇及语言结构通过师生对话、生生对话、听音标序号、填表格、角色扮演等方式不断复现，帮助学生形成相对完整的语言结构，发展语言能力，加深语篇意义理解。通过对水果蔬菜的讨论，让学生了解不同水果和蔬菜的营养价值，拓宽学生的视野，引发学生热爱生命、健康饮食的情感。

【课时目标】

1. 借助文本插图和音频，理解对话大意，以厨房食物问答为线索，梳理关于询问、介绍食物的语言。（学习理解）

2. 在教师的引领下，基于语篇情境进行角色扮演，内化并熟练运用核心语言 "What's this/that in English? It's a/an…" 询问、介绍食物以及根据它们的颜色填词。（应用实践）

3. 通过仿写对话、创编以水果蔬菜为主题的内容、评选"健康饮食小达人"等活动，深入探讨如何根据不同水果和蔬菜的营养价值安排好每天的饮食，培养健康饮食的意识，争做健康饮食小达人。（迁移创新）

【教学过程】

1.Sing and guess.（感知与注意）

Question：Do you remember what these fruits/vegetables are? 学生接龙演唱歌曲 "Fruits song and vegetables song"。

2. 新课呈现

以 Mimi 和 Micky 为主线人物进行猜谜活动。

（1）猜谜活动

Mimi has a big basket. There are many kinds of fruits and vegetables in it. He will play a guessing game with us. Can you guess?（篮子里图片可以是阴影，可以是剖面，可以是轮廓。）

学生根据提示猜测水果蔬菜名称。通过头脑风暴谈论水果蔬菜在日常生活中的价值。What's this/that in English? It's a/an… 在师生交流中注意反问 Are you sure? 让学生感知其含义。

（2）引入 Fun story 故事。

Listen and tick the food in the story. 看表格问答。两人一组扮演 Mimi 和 Micky 看表格问答：What's this/that in English? It's a…

（3）提供 Fun story 图片，首先让学生观察图片并试着扮演描述。然后看视频，跟读，模仿录音，学习故事。教师介绍课堂评价方式：答对问题的学生获得不同水果蔬菜图片奖励。

3.Listen and think.（获取与梳理）

学生听录音，思考以下问题，初步获取对话内容。

Questions：a.Who are they? b.Is Micky smart?

4. 学生在此环节借助图片学习 bread 一词，并掌握它是不可数名词。

5. 学生完成图片与单词配对游戏，拓展与蔬菜水果相关的语言。

6.Read and imitate.（概括与整合）

学生听录音跟读并分角色朗读对话，关注语音、语调、节奏、连读、重读等，培养语感，同时加深对语篇的理解和内化。

△突出语言能力的培养。学习活动 1 帮助学生回顾梳理了与描述水果蔬菜相关的语言表达。在学习活动 2,3,4,5,6 中学生学习单词发音、掌握简单句的重音和升降调，能正确跟读对话、积累介绍水果蔬菜的句式，理解本课核心语言，为语言的输出奠定基础。

△融合思维品质的培养。学习活动 3 体现语言能力和思维品质的融合。学生通过观察与分析，对不同水果蔬菜有了具体地了解与认识，提高学生健康饮食的意识。

设计意图：帮助学生理解对话内容，学习对话中有关介绍水果蔬菜的词汇、短语和核心语言，属于学习理解层次。学生通过细致观察、积极思考、模仿操练等形式进行对话理解，在情境中运用核心语言，为形成良好的语音意识和语言能力奠定基础。

7.Retell and act.（描述与阐释）

（1）学生利用板书提示尝试复述对话。

（2）学生在小组内分角色完成对话表演。

Rules 规则：

1.Retell and act the dialogue loudly.

2.Use the language correctly.

3.Communicate fluently.

两个一组完成对话表演，其他同学评价。

Loudly（洪亮地）	Correctly（准确地）	Fluently（流利地）
☆	Good！	
☆☆	Great！	
☆☆☆	Super！	

8.Think and talk.（分析与判断）

Colours	Fruit	Vegetables
brown		
red		
green		
orange		
purple		
red/green/yellow		

9.Act in role.（内化与运用）

学生分享自己喜欢的水果蔬菜，探讨水果蔬菜的重要性，灵活运用核心语言。

What's this/that? It's a/an... I like... It's delicious/healthy.

△突出语言能力的培养。在学习活动7,8,9中，学生理解本课简单句的表意功能，尝试习得与建构，能运用询问、介绍水果蔬菜相关的语言进行简单交流。

△融合文化意识的培养。学生在学习活动9中以日常真实经历为原型，基于真实情境进行角色扮演，探讨水果蔬菜的重要性和健康饮食的重要意义。

🔁 设计意图：引导学生借助文本情境，延伸到不同的情境中，进行询问、描述水果蔬菜；进行角色迁移，运用核心语言进行交流，促进语言内化。从学习理解过渡到实践应用，为后面的真实表达奠定基础。

10.Think and evaluate.（批判与评价）

学生通过水果蔬菜的图片，结合自己的经验，探讨水果蔬菜对人类的重要性以及如何根据水果蔬菜的不同营养价值安排好日常饮食。

Questions：a.What do you think of fruits and vegetables?

b.How to have a healthy diet?

11.Create and present.（想象与创造）

学生根据本单元的学习，在小组内就不同种类的水果蔬菜的营养价值及如何健康饮食展开讨论或创编对话，评选"健康饮食小达人"。

Choose：a.Talk about your favourite fruit or vegetable.

b.Talk about how to have a healthy diet.

小组合作讨论各自喜欢的食物以及如何健康饮食，其他同学进行评价。

Fluently and clearly.（洪亮地）	Full of Emotion.（情绪饱满地）	Creatively.（独具创意性）
☆	Good！	
☆☆	Great！	
☆☆☆	Super！	

△突出学习能力的培养。在学习活动 10,11 中，学生通过小组内创编对话等活动进一步灵活运用所学语言，培养创新性、提升学习能力。

△融合文化意识的培养。在学习活动 10,11 中，学生结合自己最喜欢的食物，探讨健康意识。

➲ 设计意图：帮助学生在迁移的自主设计的语境中，创造性地运用所学语言，评选"健康饮食小达人"。学生从文本走向真实生活，发展语用能力。

Period 6　The Colour of Food

【课时对应的子主题】绘本故事

【适用年级】四年级

【语篇类型】语篇教学

【语篇研读】

What：语篇为妈妈和孩子针对日常饮食进行交流的场景。学生们在学习、理解文本内容的过程中，积累、运用、拓展与饮食相关的知识及语言经验，发展其语言能力。

Why：描述健康饮食，引导学生了解蔬菜（colourful）和肉类（one colour）的颜色，让学生明白水果蔬菜的价值。

How：语篇关键词为 colourful 和 one colour。该对话情节较为简单，学生易于理解，便于学生在学习过程中开展自主探究等学习活动，具有现实意义和教育意义。

【课时目标】

1. 学习理解：能够认识一些简单词汇及短语（如 healthy, simple, pay attention 等），初步感知文章。

2. 应用实践：在理解语篇的过程中，通过理解 colourful 和 one colour，初步了解健康饮食和非健康饮食的区别。

3. 迁移创新：学生借助文本，展示交流，从而感受健康饮食的重要性。

【教学过程】

1.学生边说 chant 边表演，复习本单元学习的蔬菜水果词汇，营造愉快的学习氛围的同时激活旧知。

2.教师拿出食物图片，引导学生说出每张图片的词汇内容。

—What's this/that? —It's a/an…

3.Let's watch and talk!

（1）学生观看绘本，获取与梳理文本信息。

（2）学生运用语言支架学习新的词汇及短语 healthy, simple, pay attention, colourful, meal, a little, pass, bean。

4.学生视听对话，问题驱动，整体感知文本，理解主旨大意，梳理关键信息，明白短文内容。

5.Let's read and act!

（1）学生听录音跟读、分角色朗读语篇，关注语音、语调、节奏、连读、重读等语言现象。

（2）学生基于语篇内容，角色扮演的形式表演本课内容，内化与运用所学语言。

⟳ 设计意图：以掌握新词汇为依托，借助学历案梳理文本，引导学生实现从大意到细节的逐步理解和深化，发展逻辑思维能力，了解文化内容。学生通过分角色朗读、角色扮演等活动进行准确性和流畅性练习，基于语调、节奏等多种语言现象体会、积累词汇。

6.Let's read and talk!

学生两人一组观察，理解 colourful 和 one colour，了解健康饮食和非健康饮食的区别。

⟳ 设计意图：引导学生联系生活实际将语言学习从学习理解过渡到实践应用，帮助学生在对话情境中实现语言内化，促进学生思维品质的提升。

7.Let's design!

学生借助文本内容，运用对话中的核心语言进行分组展示，互动交流中强化整体认知。

⟳ 设计意图：帮助学生从文本走向真实生活，引导学生在真实的语境中灵活运用所学语言知识进行交流，加深对主题意义的认知，传播优秀的饮食文化。

☑ 四年级上册 Unit 4　教学设计①

Period 1　Put on your cap, please

【课时对应的子主题】家庭日常生活

----

① 本文作者：天津市河北区育婴里第三小学　李旭。

【适用年级】四年级

【语篇类型】日常对话

【语篇研读】

What：本课是 Peter 在家与妈妈围绕着穿衣所展开的对话和思考，呈现了炎热天气，Peter 正确选择服装的情境，进一步引导学生复习天气，学会根据不同的天气，正确搭配服装，向学生渗透与家人之间互相关心、关爱的思想。

Why：建构学生对天气和服装的认知，积累用于表达和交流日常生活的语言，引导学生根据不同天气情况，学会搭配适宜的服装，促进自主意识和自强能力的发展。将对话内容中的德育点，在教学中渗透，引导学生关心、关爱身边的家人、朋友，让生活中充满爱。

How：本课时对话涉及服饰相关词汇 cap，hat 和 T-shirt 以及提醒穿衣的语言结构 Put on your… 词汇及语言结构通过师生对话、生生对话、歌谣伴唱、角色扮演等方式不断复现，帮助学生形成相对完整的语言结构，发展语言能力，加深对话意义理解。学生依托语言结构参与到表述日常不同天气、正确穿衣的语言活动，在合作学习过程中提升语言技能，强化自主意识和关爱他人意识的培养。

【课时目标】

1. 借助课前 Free Talk 谈论天气，学生服装和服饰实物，运用 Where's…? 描述在寻找服饰实物的情境中学习理解 cap，hat 和 T-shirt；

2. 在对话情境中，根据教师手中的 cap，hat 和 T-shirt，结合肢体语言，感知、运用语言 Put on your…

3. 借助学生已学的天气、季节语言和服饰，小组讨论不同季节、其他天气，应该如何正确穿衣。

【教学过程】

1.Step One：Warming—up

T：Good morning，boys and girls. How is the weather?

S：It is…today.

T：Yes，it is so hot today.

2.Step Two：Presentation

T：It is a sunny day. The sun is shining. So we should put on something. What should we put on? S：A cap T：OK，let's learn the first new word：

只有前沿的棒球帽。字母 "c" 就像帽子的前沿。T 带领学生对比 cap 和 hat，即：前后都带帽檐的是 hat。

3.Game：Teacher shows pictures and students guess

T：OK，now，look at the screen. This is a part of a kind of clothes. Can you guess which kind of clothes is it?

S：It is a shirt.

T：shirt 主要指男士的衬衣。带领子的那种衬衣。Now，can you guess what it is?

S：It is a T-shirt.

T：Very good. Do you know what are the differences between shirt and T-shirt?

shirt 是普通的男士衬衫。T-shirt 一般指短袖无领的衬衫，穿着随意。T 与其形似，因而得名。

4.Let's watch and talk!

（1）学生观看对话视频，获取与梳理 Peter 对于 cap，hat 和 T-shirt 的认知。

（2）学生运用语言支架 Where's…? Put on… 描述对于身边的服饰的认知和语言。

5.Let's chant! 学生根据对话内容和信息提示补全歌谣文本，进行歌谣表演。

6.Let's read and act!

（1）学生听录音跟读、分角色朗读对话，关注语音、语调、节奏、连读、重读等语言现象。

（2）学生基于对话内容，以角色扮演的形式表演本课内容，内化与运用所学语言，促进情感共鸣。

7.Game：I say you find. 游戏规则：

黑板上贴出一些服装的图片，老师说天气状况，及要求穿着的服装，让学生根据老师的提示选择正确的图片。随后，喊出"Bingo"。看谁的反应最快最准确。

🔁 设计意图：谈论服饰的正确穿搭，发展天气与服饰穿搭的观察概念和辨识思维，深刻体会日常生活的美好。在小学阶段，通过学生对服饰的选择，引导学生锻炼自理能力和关爱家人的情感意识，营造和睦、有爱的家庭氛围。

【作业设计】

Period 1　Homework
Activity Card

1.Must—do Tasks

基本要素	具体内容		
作业内容	1. Listen to the dialogue and read it. 2. Choose your cap，hat or T—shirt，and describe it .		
形式和类型	形式	听-说□　听-写□　读-写□　其他□	
	类型	基础型□　拓展应用性□　实践型□	
作业时长	＿5＿ 分钟（建议时长 5—10 分钟）		
完成方式	独立完成□　合作完成□		

续表

基本要素	具体内容		
提交时间	当天完成□ ____天后□		
评价标准	根据实际情况选择活动。 查找补充相关周末活动。 正确朗读所填写的对话。	☆☆☆☆☆ ☆☆☆☆☆ ☆☆☆☆☆ （自我评价）	☆☆☆☆☆ ☆☆☆☆☆ ☆☆☆☆☆ （小组评价）
	（教师评价） Good□ Super□ Excellent□		

2.Optional Task

基本要素	具体内容		
作业内容	Make a new dialogue according to different animal.		
形式和类型	形式	听–说□ 听–写□ 读–写□ 其他□	
	类型	基础型□ 拓展应用性□ 实践型□	
作业时长	__10__分钟（建议时长5—10分钟）		
完成方式	独立完成□ 合作完成□		
提交时间	当天完成□ ____天后□		
评价标准	根据实际情况选择活动。 查找补充相关周末活动。 正确朗读所填写的对话。	☆☆☆☆☆ ☆☆☆☆☆ ☆☆☆☆☆ （自我评价）	☆☆☆☆☆ ☆☆☆☆☆ ☆☆☆☆☆ （小组评价）
	（教师评价） Good□ Super□ Excellent□		

Period 2 Put on your cap, please.

【课时对应的子主题】家庭日常生活

【适用年级】四年级

【语篇类型】日常对话

【语篇研读】

What：语篇为 Lisa 和家人的家庭生活对话。该对话发生在 Lisa 和父母之间，描述了 Lisa 的父母为 Lisa 过生日，送 Lisa 生日礼物的故事。

Why：学习生日祝福的交际用语，通过打开生日礼物，认识衣服，感受家人的关爱。

How:该对话是关于 Lisa 的父母为 Lisa 过生日的对话,涉及词汇:dress,blouse 以及接受礼物时使用的核心语言,如 What's in…? 课时学习旨在引导学生运用对话核心语言进行"过生日"主题讨论,学习不同服装,引导学生关心身边的人,通过生活的点滴细节,增进与家人、朋友之间的感情。

【课时目标】

1. 借助文本插图和音频视频,理解对话大意,体会给 Lisa 过生日的过程,通过教师的提问,让学生思考 Lisa 收到了什么礼物。(学习理解)

2. 在教师的引领下,基于语篇情境进行角色扮演,内化并熟练运用核心语言 "What's in…? It's…" 进行运用。(应用实践)

3. 在教师的指导和小组的合作中,创编对话,在创编过程中感受过生日的幸福时刻,体会同学之间的友情、家人之间的亲情。(迁移创新)

【教学过程】

1. 学生回顾上一课的主题情境,学生在教师的鼓励下,通过展示作业卡,进行口语练习和实践运用。

2. 教师拿出一个精美的礼品盒说:Wow! It's pretty! What's in it? Let's open it and see. 边说边打开盒子,做出惊喜的表情说 Oh, a dress! Wow! It's pretty. 教师通过表情、动作、语言揭示上述语言点的含义,鼓励学生进行模仿练习。对于本课中 Open it and see. 这一句,教师应向学生解释:西方人收到礼物一般会当场打开,以示礼貌。收到别人礼物后应道谢说 Thank you(so much).

3. 学生视听对话,问题驱动,整体感知文本,理解主旨大意,梳理关键信息。

4. 学生再听对话文本,细致模仿,关注语音语调,培养语感的同时加深对课文知识的理解和记忆。

△突出文化意识的培养。活动 1、2 将语篇内容与实际生活相结合,感知、体验语言和文化,并在讨论后,总结中西方文化的差异。

△融合思维品质的培养。活动 3 通过提问引导学生仔细捕捉关键信息,运用已有知识进行猜测和推理,激发学生的兴趣、观察力以及逻辑分析能力,辅助对语篇意义的理解。

➡ 设计意图:帮助学生回顾已有知识,属于学习理解层次。教师引导学生通过积极思考理解服饰的词汇,为本课的学习奠定基础,实现文本来源于生活。

5. 教师引导学生进行同伴间分角色练习并表演对话。

△突出文化意识的培养。活动 5 基于语篇主题,创设情境,鼓励学生积极参加,引导学生运用核心语言进行对话展示,发展语言能力。

△融合学习能力的培养。活动 5 借助多媒体展示服装图片,学生能够积极与他人合作,注意倾听,敢于表达,不怕出错,共同完成学习任务,加深对语篇内容的理解,获得了学习

能力上的提升。

⟳ 设计意图：借助文本的情境，进行角色迁移，初步运用核心语言进行交流，促进语言内化。在学生设计和展示的过程中，适时地渗透学科育人理念，帮助学生体会过生日的交际用语，以及接受礼物的礼仪。

6. 教师设计情景：今天是妈妈的生日，鼓励学生设计漂亮的 dress/skirt/hat/blouse 送给妈妈作为礼物。然后两人一组，表演对话。

语言支持：This is for you, Mum. What's in…? Open it and see. Happy birthday, Mum.

7. 布置课后作业

（1）选择生日在本月、本周（最好在当日）的学生，小组讨论送给他（她）们什么礼物（衣服）。

（2）学生制作小礼盒，放入画有礼物的图片，送给过生日的学生，并进行对话。

△融合思维品质的培养。活动 6 给出语言框架，设置开放性的答案，有目的地引导学生思考不同选择的差异性，激发学生的文化意识。

△融合学习能力的培养。活动 7 能够让学生积极与他人合作，注意倾听，敢于表达，加深对语篇内容的理解和运用，获得了学习能力上的提升。

⟳ 设计意图：帮助学生在迁移的谈论过生日以及送礼物的语境中，创造性地运用所学语言，引导学生合理搭建语言框架，有效进行语言输出，提高学生的综合语言运用能力。学生在讨论送礼物的过程中发展语用能力，帮助学生深化从生活细节中关爱家人、朋友，体会充满仪式感和关爱的生活氛围。

Period 3　Can we look at the blue shorts, please?

【课时对应的子主题】家庭日常生活
【适用年级】四年级
【语篇类型】日常对话
【语篇研读】

What：语篇是 Peter 和 Dad 在服装店挑选服装的对话，展现了 Peter 和 Dad 在挑选服装过程中谈论所看到的衣服的情景。

Why：描述 Peter 和 Dad 在服装店挑选服装，引导学生学会细心观察、关注到不同的服装、挑选适合自己的服装，启发、培养学生树立正确的审美以及节俭的生活习惯。

How：文本是 Peter 和 Dad 在服装店挑选服装的对话，涉及介绍服装的相关词汇，如：shirt, shorts, jeans，在服装店询问服装的核心语言：Can we look at the blue shorts, please? Here you are. 通过对话，让学生体会购物交际用语。

【课时目标】

1. 在谈论服装的视、听、说情境中，理解情景内容，获取、梳理 Peter 和 Dad 讨论服装所用的词汇：shirt，shorts，jeans 和句型：Can we look at the blue shorts，please? Here you are.（学习理解）

2. 在购物选择的过程中，运用本课核心句型 Can we look at the blue shorts，please? Here you are. 询问、描述服装，并在对话的过程中讨论不同种类的服装。（应用实践）

3. 小组合作设计服装，运用核心句型在组内进行情景对话的创编，再向全班进行分享展示。（迁移创新）

【教学过程】

1. 学生听唱英文歌曲，营造愉快的英语学习氛围，同时激活学生有关服装和形容词的已有知识。

2. Play a game：复习学过的一些服装单词，做到温故知新，且活跃气氛，使学生很快地进入到学习状态。

3. 学生观看文本的视频，教师提出问题，引导学生在视听活动中梳理 Peter 和 Dad 在服装店对服装的讨论，在情境中，借助图片、视频、chant 等学习、拓展与服装相关的词汇及核心语言。

Q1：Can I help you?

Q2：Can we look at the blue shorts，please?

Q3：How do you think about it/them?

4. 教师引导学生跟着音频跟读模仿语音语调，引导学生跟着视频注意模仿主人公的动作表情。然后进行分角色朗读对话。

△突出语言能力的培养。活动 1、3、4 激活学生已有的知识储备，通过教师提问引导学生准确理解文本大意，学习对话内容，梳理建构核心语言句型 "Can we look at the blue shorts，please? Here you are." 属于学习理解类活动；引导学生通过看、读、模仿对话进一步加深对文本大意的理解以及对核心语言的印象。

△融合思维品质的培养。通过活动 2、3，学生能通过观察图片，视听对话，了解本课时所谈论的主题，提取、获取关键信息，加强对语篇意义的理解，实现在语言活动中发展思维。

➡ 设计意图：帮助学生深入理解对话内容，掌握对话中的重点词汇和核心语言，属于学习理解的层次。教师将设计贴近学生生活的情境，引导学生通过观察和视听对话。从语篇到句子再到词汇全面理解对话内容。在词汇学习的环节中，教师引导学生拓展服装和形容词词汇。学生通过模仿、跟读和分角色朗读，能够正确、流利地朗读对话，从而深刻理解对话内容，将语言内化吸收，为培养良好的语音语调和语用能力打下坚实的基础。

5. 学生分小组分角色表演对话，然后进行评价。评价可以分以下几方面：

（1）语音语调是否标准、自然，发音时是否清晰、准确，语调是否恰当。

（2）语言表达是否能够正确地表达出不同的情感和态度，使对话内容生动、丰富。

（3）角色扮演是否能够根据角色性格、身份等特点，进行自然的表演，表现出生动、逼真的角色形象。

6. 学生在教师指导下，结合板书梳理、归纳对话的核心语言，根据板书提示尝试复述课文。

参考语言：Peter and his dad see a pair of ….

They're… They like the shorts very much, so they say "…" to the saleswoman.

△突出语言能力的培养。活动 5 角色扮演是一种具有趣味性和互动性的教学活动。通过角色扮演，学生能够深入理解和感受英语语言的应用场景，提高英语的实际应用能力。在角色扮演过程中，学生需要模拟不同情境、不同角色进行对话，有助于提高学生的口语表达能力。活动 6 复述文本需要学生用自己的语言清晰、准确地表达所学内容，这个活动能够加深对所学知识的理解和记忆，也能提高他们的语言运用能力。

△融合学习能力的培养。活动 6 复述文本有助于培养学生的思维能力和创新意识。在复述文本的过程中，学生需要对所学内容进行理解和加工，再用自己的语言表达出来。这有助于培养学生的思维能力和创新意识，促使学生在语言学习的过程中不断探索和创新。

⟳ 设计意图：引导学生通过角色扮演以及复述文本的活动，将核心语言知识内化于心中，属于应用实践类活动；这两个活动可以创造更加丰富、立体的语言学习环境，提高学生的语言运用能力和思维发展。

7. Activity：I am the shop assistant.

学生变身一名售货员，老师作为顾客，请售货员帮忙为其挑选衣服。学生根据教师的要求选择正确的服装图片，用学过的语句进行问答。示范后，两个同学一组，进行购物问答，给学生提供接近真实生活的情景；并提供语言支架让学生进行表达与分享。

△突出语言能力的培养。活动 7 情景再现，让学生根据知识点，通过自己的方式表现出来。学生间的互动，可以增加学生的学习热情，发挥"头脑风暴"的作用，让学生真正"动起来"，运用本课时的核心语言，这为学生提供了实际的语言应用机会，加强了语言的输出。

△融合思维能力的培养。活动 7 这种开放性的任务可以激发学生的创新思维，鼓励他们结合自己的需求和喜好，进行语言的表达，发展形象思维。

⟳ 设计意图：在设计自己的购物情景中，学生通过自己的思考，发挥自身的创新能力进行选择并进行对话，最后借助语言支架对自己的需求和喜好进行表达，让学生贴近生活，体会语言学习和现实生活相融合的重要性。

Period 4　Can I try it on?

【课时对应的子主题】家庭日常生活

【适用年级】四年级

【语篇类型】日常对话

【语篇研读】

What：语篇描述了 Jim 和 Mum、Kate 和 Mum 在服装店挑选自己喜欢的服装、鞋子，并进行试穿的情景。

Why：学生在服装店挑选服饰，引导学生观察描述服装，培养正确的审美观和解决问题的思维品质。

How：该对话是描述 Jim 和 Mum、Kate 和 Mum 在服装店挑选服装、鞋子，试穿的简单对话，涉及颜色词汇，如 jacket,shoes 以及核心语言：Please show me that jacket. Can/May I try the shoes on? Certainly. 该对话既复习了已学知识，又拓展了文本，购物场景贴近生活，足够吸引学生。

【课时目标】

1. 在"服装商店"的视、听、说情境中，认识、描述不同的衣服，学习用 Can/May I try the…on? 句型征求售货员同意，试穿服装。（学习理解）

2. 在教师帮助下，分角色表演对话，在创设的情境中描述服装，学习用 Can/May I try the…on? 句型征求售货员同意，并试穿服装，即：用所学目标语言进行交流。（应用实践）

3. 周末和同学一起去购物，学生各自选择自己需要／喜欢的服饰，结合目标语言进行展示交流。（迁移创新）

【教学过程】

1. 学生跟教师一起唱 Where is my hat? 在复习已学知识的同时吸引学生注意力。

2. Game：Let's match

T：I will show a boy on PPT. Let students choose the right clothes for him, and put the clothes on him.

T：Who want to be this boy? Now, he would like to buy some new clothes. Can you help him?

游戏规则：一个同学扮演 boy，另一个同学扮演售货员。两个同学根据老师提供的服装图片，进行对话。此轮游戏提供的图片为本课新单词。教授 jacket/shoes/raincoat/sweater/skirt/socks。

△突出语言能力的培养。在学习活动 1、2、3、4 中，学生能够在选择图片信息的同时灵活运用语言，在观看视频后总结出文本的话题信息，在听录音后跟读的过程中加深对文本

的理解，在教师的带领下注意到语言的节奏感，根据人物情感代入角色朗读文本，有效地培养了学生的语言能力。

△融合思维品质的培养。在学习活动 2、3 中，学生能观察部分文本插图后去思考文本主题和关键信息，锻炼了学生的思维能力。

➡ 设计意图：引导学生去理解文本的基础信息，帮助他们感知文本，学习文本核心语言，复习之前学过的语言，属于学习理解层次。教师呈现文本插图，让学生去回答基本问题，锻炼学生提出问题的能力，实现教学目标。

3. 学生在规定的时间内分角色朗读，了解评分规则后有目的地练习，每个大组展示一到两组后进行生生互评和自评。

Pronunciation（语音）	Fluency（流利）	Cooperation（合作）
☆	OK!	
☆☆	Great!	
☆☆☆	Super!	

4. 学生在教师的引导下提炼文本核心语言，引导学生思考核心语言在日常生活中的用途，画出思维导图，学生根据思维导图复述全文。

参考语言：

Saleswoman：Can I help you?

Jim's Mum：Please show me ____ .

Jim：Can I try ____ ?

Kate：I like ____ .

Kate's Mum：Can I have a look at ____ ?

Saleswoman：Sure, here you are.

Kate：Thank you! May I try ____ ?

Saleswoman：Certainly!

△突出语言能力的培养。学生参与不同的语言实践活动后，理解文本使用目标语言，在运用目标语言交流后尝试用思维导图来复述课文，锻炼学生的语言逻辑思维，为接下来的迁移创新部分打下基础。

△融合学习能力的培养。学习活动 5 体现了语言能力和学习能力的发展，通过生生合作，学生可以锻炼学习合作能力。

➡ 设计意图：鼓励所有学生参与到语言实践活动中去，通过角色扮演让学生进一步理解文本，学得比较快的学生可以脱离文本将目标语言进行有效地迁移，从学习理解层面过渡到实践应用层面，为接下来的创新环节奠定语言基础。

5.Activity：Let's go shopping.

T：We have learned a lot of words and sentences about the clothes. So today I will bring you to the clothes shop.（通过多媒体显示服装店的照片，营造真实情境）Now，I am a shop assistant. Who wants to be a customer? 参考语言：

T：Can I help you?　　　　　　　S1：Yes，please show me…

T：OK，here you are.　　　　　　S1：Thank you./Thanks.

T：Do you like the colour?　　　　S1：Yes/No…

S1：May/Can I try it/them on?　　T：Sure/Of course/Certainly/Sorry，you can't…

6. 教师展示我国各民族服装，让学生了解中国服饰的美，提高审美，提升文化意识。

△突出语言能力的培养。学生在感知语言、理解语言、实践语言后创新语言，积累了"购物"话题相关的语言经验，运用到其他的语言场景中，去征求他人意见，表达感谢。

△融合思维能力的培养。学习活动 7 在发展学生语言能力的同时还有助于培养学生批判与创新能力。增强学生的审美，提升"中华文化认同感"。

🔘 设计意图：创造性地运用所学语言，了解"审美"概念后能够增强中华民族文化认同的意识。借助文本后再创新，创建贴近生活的场景，通过各种语言实践活动后，学生不仅能够使用目标语言，还能从同伴身上相互学习，在提出问题后引发组内成员思考并且在讨论后解决问题，促进学生的各个能力的发展。

Period 5　Fun Story

【课时对应的子主题】家庭日常生活

【适用年级】四年级

【语篇类型】趣味故事

【语篇研读】

What：语篇以 Monkey 和 Cat 发生的穿衣趣事，带领学生再次回顾本单元 Clothes 核心词汇以及核心句 Where's my…?/Where're my…?

Why：语篇描述 Monkey 帮 Cat 找衣服，Cat 将其全都穿在自己身上，以此为主要故事线索，提醒学生在日常生活中，学会正确合理穿衣搭配，且要得体大方。

How：该故事比较贴近学生的日常生活，涉及介绍日常的服装鞋帽，并探讨 Where's my…?/Where're my…? 及回答：Here it is./Here they are. 学生通过参与课堂活动以及小组活动，了解了穿衣要简洁、得体、大方，能根据不同天气或者气温，正确选择衣服鞋帽。

【课时目标】

1.借助文本插图和音频，理解对话大意，巩固复习前几课时所学词汇及目标语句。

2. 在教师的引领下，基于语篇情境，鼓励学生在外出前遇到同样的情况，内化并熟练运用核心语言 Where's my…?/Where're my…? 同时也呼吁学生提高自理、归纳能力，根据不同天气或气温，合理选择衣帽服饰。

【教学过程】

1.Watch and Think.（感知与注意）

（1）观看视频 Fun Story；学生感知 Monkey 和 Cat 之间发生的有趣故事梗概。

（2）教师提问 "There're some clothes in the story.What are they?" 学生说出自己看到的服装。教师引导 "Cat 在穿衣服时，出现了什么问题？"

2.Listen and Answer.（获取与回答）教师提出问题：

Questions：a.What do they find? b.What color are the clothes?

c.What happened there? d.What should they do?

学生再次观看故事视频，听录音，思考以上问题，初步获取对话内容。

3.Read and talk.（获取与梳理）

（1）学生根据情境配图，回到对话 "Where's my…/Where're my…"

（2）利用自然拼读规律，教师教授单词 walk，funny。

（3）学生朗读文本第一段，思考回答问题 "What should we do in our daily life?"

（4）教师引导学生 We should put away our clothes. We should choose the right clothes in different weather. 学生在教师引导下，进行语言的表达。

4.Game：Change the clothes（复习与整合）

T：Today，there are some children want to buy the clothes，but the clothes they have now are wrong. Would you like to help them to change the clothes，and help them to chose the beautiful one?

游戏说明：多媒体屏幕上出现不同性别的衣服，以及不同天气情况，孩子们身上贴的服装不符合所对应的具体情况，因此，要学生进行正确的调整、搭配，并根据购物用语进行对话。

5.Read and imitate.（概括与整合）

学生听录音跟读并分角色朗读对话，关注语音、语调、节奏、连读、重读等，培养语感，同时加深对语篇的理解和内化。

⏩ 设计意图：帮助学生理解对话内容，学习对话中有关介绍服装的词汇、短语和核心语言，属于学习理解层次。教师创设与学生现实生活紧密关联的情境，引导学生通过听、读对话，逐渐理解对话内容。学生通过细致观察、积极思考等形式进行对话理解。

Period 6　Fun Time

【课时对应的子主题】家庭日常生活

【适用年级】四年级

【语篇类型】日常对话

【语篇研读】

What：本课以绘本阅读的方式，带领学生了解生活中常见的"网购"，整体理解选择网购的原因、网购方式和便捷之处。

Why：绘本以一个女孩介绍 shopping online 的操作方法和优点为主要故事线索，贴近学生日常生活，容易引起学生兴趣，便于学生理解绘本内容，贴近单元主题情境，是单元主题的一个延伸拓展。

How：故事比较贴近学生的日常生活，介绍关于网购的相关内容，分别以 Why 和 How 为导读线索，让学生通过参与课堂活动以及小组活动，了解、讨论网购的方式、优点以及迁移运用，谈一谈网购的缺点。

【课时目标】

1. 借助文本和插图，理解绘本大意。

2. 在教师的引领下，基于绘本内容情境，引导学生理解并掌握绘本中的核心语言 stay at home，online，an easy way，website，credit card，同时提醒学生要理性消费，谨防网络骗局。

3. 鼓励学生尝试用英语讲一讲自己 / 家人的一次网购经历。

【教学过程】

1. 学生欢唱歌曲 Where's my hat?，营造愉快的学习氛围的同时激活旧知。

2. 教师拿出一个快递盒子引导学生提问—What's in the box? —Open it and see.

—It's a/an… I buy…online.

3. Let's watch and talk!

（1）学生观看对话视频，获取与梳理文本信息；

（2）学生运用语言支架 Why? & How? 描述 shopping online 复习所学知识点。

4. 学生视听对话，问题驱动，整体感知文本，梳理关键信息，补全绘本内容。

5. Let's read and talk!

（1）学生听录音跟读绘本，关注语音、语调、节奏、连读、重读等语言现象，结合实际生活，感知 shopping online。

（2）学生基于对话内容，以 tell stories 的形式概括绘本内容，内化与运用所学语言，分享自己网购的经历。

⮕ 设计意图：以讨论 shopping online 的情境为依托，引导学生了解生活中常见的"网购"，发展逻辑思维能力，整体理解选择网购的原因、网购方式和便捷之处。

6.Let's read and talk! 学生以小组为单位进行讨论，分别从 Why do we buy things online? 和 How do we buy things online? 两个方面总结绘本内容。引导学生辩证地看待网购，讨论 shopping online 的利和弊。

⮕ 设计意图：引导学生了解网购，联系生活实际将语言学习从学习理解过渡到实践应用，帮助学生在对话情境中实现语言内化，促进学生思维品质的提升，为其后的真实表达奠定基础。

7.Let's share our stories! 学生回忆自己或者家人的一次印象深刻的网购经历，运用绘本中的核心语言进行描述，互动交流中强化整体认知。

⮕ 设计意图：帮助学生从文本走向真实生活，引导学生在真实的语境中灵活运用所学语言知识进行交流，逐步加深对主题意义的认知，基于绘本理解，学生还通过讨论总结、分享经历等活动进行对绘本主题的延伸拓展。学生通过思考和讨论，学会辩证地看待网购，树立理智消费观念，避免攀比浪费。

☑ 四年级上册 Unit 5　教学设计①

Period 1　Look at the animals.

【课时对应的子主题】人与动植物
【适用年级】四年级
【语篇类型】日常对话
【语篇研读】

What：对话是老师带领同学们去动物园，绕着动物的特点所展开的对话和思考，进一步学习形容外貌特点的词汇，学会根据不同的动物特点，使用正确的句式及形容词，培养学生观察能力，渗透热爱大自然的思想意识。

Why：积累用于表达和交流外貌特征语言及词汇，并基于此引导学生发现不同动物的特点，进行表述，从而促进学生观察能力和表述能力的发展。同时，将对话内容中的德育点，引导学生热爱大自然，关爱动物，让生活中充满爱。

How：本课时对话涉及形容外貌的相关词汇 long,short,small 和 big，及形容外貌特征的语言结构 ...has... 词汇及语言结构通过师生对话、生生对话、歌谣伴唱、角色扮演等方式不断复现，帮助学生形成相对完整的语言结构，发展语言能力，加深对话意义理解。

―――――――――
① 本文作者：天津市河北区育婴里小学　杨晓林。

【课时目标】

1. 根据动物特点，运用 …has… 在描述所看到的动物特征的情境中学习理解 long，short，small 和 big。（学习理解）

2. 在对话情境中，根据动物的图片，运用 …has… 描述动物特点。（应用实践）

3. 借助学生已学的描述特征的词汇，小组灵活运用目标语言讨论其他动物的外貌特点。（迁移创新）

【教学过程】

Step One：Warming—up

1.Free Talk

T：Good morning，boys and girls. What's your favourite animals?

Where are the teacher and students going? What will they see?

Step Two：新课呈现

1. 教师向学生呈现动物园的背景图并播放本课动画光盘，只播放画面，不播放声音，教师提出问题：How's the weather in the zoo? Where are they? What's in the zoo? Do you like the elephant?（elephant 已在三年级上课本中出现）让学生带着问题细心观察，而后回答问题。

2. 教师指着窗外的天空提问 How's the weather today? 引导学生回答 It's fine today. It's nice today. 注意根据实际情况变换语言。接着教师指着动物园的背景提问 Where are they? They are in the zoo. Look at the elephant. 教师边指着大象的图，边用手势做出"大"的样子，引导学生和教师一起说 Wow! It's so big. 并让学生小组练习。

3. 穿插游戏活动。活跃气氛、复习以前学过的五官单词，引出新知。

T：Touch your ears. Ss：My ears. T：Touch your eyes. Ss：My eyes.

4. 教师指着大象的耳朵说 Look at the elephant. Look! It has big ears. 突出 big ears 并随即在黑板上准备好的四线格中书写 big。让学生伸出手指和老师一起书空。教师继续指着大象眼睛说 Look at the elephant. Look! It has small eyes. 用手势做出"小"的样子。

5. 教唱本课歌曲 The opposite song，教师给学生播放歌曲光盘，让学生视听感知歌曲大意，激发他们的学习兴趣和热情。然后伴有真实动作进行互动教学歌曲。

6. 教师把本课动画光盘整体呈现给学生，通过跟读、分角色跟读、小组跟组读等方式模仿对话内容，进行对话表演。

Step Three：趣味操练

1. 教师鼓励学生大声唱 The opposite song，播放歌曲的视频或录音，让学生们在快乐的气氛中再次熟悉 big 和 small 两个词，加上手势动作，让学生分组到讲台前表演。

2. 让学生根据动物的特征找出相应的动物器官图片，一边说一边把不完整的动物图片补充完整。在练习学生表达能力的同时，培养学生的观察能力。

3. 教师让每位学生都拿出自己喜欢的玩具小动物或小动物卡片，学生在音乐的伴奏下，试着说 I have a... It has... I like it. 音乐停止，看一看谁说的句子多，就可以给予小动物贴纸的奖励。

4. 让学生观察教师提前准备好的那些毛绒玩具或动物卡片，准确说出小动物的特征，如：S1：Look at the cat. S2：It has a small mouth. S3：Look at the monkey. It has a big mouth. 让学生在小组内进行这样的 chain game 游戏。

Step Four：趣味操练

选择一：教师可以以 Unit 4 中出现的各种天气为背景，把提前准备好的小动物（必须是学生学过的）放在背景下，让学生两人一组进行练习。教师可以给出提示。

语言支持：S1：How's the weather today? S2：It's ＿＿ today. Let's ＿＿ .

S1：Great! /... S2：Look at the ＿＿ .S1：Wow! It's so ＿＿ . It has ＿＿ .

选择二：教师可以将本册 Unit 1 中学习过的表现不同职业的人物图片等呈现在一张图中，背景可以是 Unit 4 中学习过的各种天气，引导学生四人一组完成对话并进行汇报表演。

【作业设计】

Period 1　Homework
Activity Card

1.Must—do Tasks

基本要素	具体内容		
作业内容	1. Listen to the dialogue and read it. 2. Choose your favourite animal and describe it .		
形式和类型	形式	听—说□　听—写□　读—写□　其他□	
	类型	基础型□　拓展应用性□　实践型□	
作业时长	＿5＿ 分钟（建议时长 5—10 分钟）		
完成方式	独立完成□　合作完成□		
提交时间	当天完成□　＿＿天后□		
评价标准	根据实际情况选择活动。 查找补充相关周末活动。 正确朗读所填写的对话。	☆☆☆☆☆ ☆☆☆☆☆ ☆☆☆☆☆ （自我评价）	☆☆☆☆☆ ☆☆☆☆☆ ☆☆☆☆☆ （小组评价）
	（教师评价）　Good □　　Super □　　Excellent □		

2.Optional Task

基本要素	具体内容		
作业内容	Make a new dialogue according to different animal.		
形式和类型	形式	听－说□　听－写□　读－写□　其他□	
	类型	基础型□　拓展应用性□　实践型□	
作业时长	___10___ 分钟（建议时长 5—10 分钟）		
完成方式	独立完成□　合作完成□		
提交时间	当天完成□　____天后□		
评价标准	根据实际情况选择活动。 查找补充相关周末活动。 正确朗读所填写的对话。	☆☆☆☆☆ ☆☆☆☆☆ ☆☆☆☆☆ （自我评价）	☆☆☆☆☆ ☆☆☆☆☆ ☆☆☆☆☆ （小组评价）
	（教师评价）　Good □　Super □　Excellent □		

Period 2　Look at me.

【课时对应的子主题】认识自我

【适用年级】四年级

【语篇类型】日常对话

【语篇研读】

What：语篇为 Gao Wei 和同学们玩哈哈镜。对话发生在 Gao Wei 和同学之间，描述了他们从哈哈镜中观察自己，并形容自己和朋友"外貌"的故事。

Why：学习形容自己外貌特征的句型，通过描述镜子中的外貌，认识真实自我和镜中自我的不同，了解自我，悦纳自我。

How：对话是 Gao Wei 和同学的对话，涉及描述外貌特征的相关词汇，如 tall，short，fat 以及形容自己和朋友外貌的句型，如 I am… 和 You are… 课时学习旨在引导学生运用对话核心语言进行外貌特征讨描述，在此过程中，引导学生了解自我和身边的朋友。

【课时目标】

1. 借助文本插图和音频视频，理解对话大意，通过教师的提问，让学生思考镜中的伙伴的外貌特征。（学习理解）

2. 在教师的引领下，基于语篇情境进行角色扮演，内化并熟练运用核心语言 I'm… You are… 进行运用。（应用实践）

3. 在教师的指导和小组的合作中，创编对话，在创编过程中观察自己和伙伴的外貌特征。（迁移创新）

【教学过程】

1. 热身/复习（Warm—up/Revision）

请一学生到前面带领大家复习歌曲 The opposite song。根据教师的手势或图片用学过的形容词改编歌词的内容，边做夸张的肢体动作边唱歌曲。

2. 新课呈现（Presentation）

（1）通过短剧表演介绍对话。

（2）教师拿出一个长颈鹿和一个小老鼠的布玩具放在讲台上。教师扮演长颈鹿，说：Hi, little mouse! Come here! 然后扮演小老鼠回答：OK, I'm coming. 注意要用不同的语调配合动物的角色，增强设计的趣味性。长颈鹿得意地说：Look at me. I'm tall. How tall I am! You're short! 小老鼠不服气，跳到长颈鹿背上说：Look at me. I'm tall. Ha! Ha! How funny!

教师要像演员一样，变换语音语调扮演不同角色，这样才能吸引学生注意力，激发他们学习英语的兴趣。教师独自示范后，与学生进行师生角色扮演对话，鼓励学生互动，由学生分别扮演两个角色，表演这一短剧。从整体感知入手理解操练本课的语言。

（3）练习 tall 和 short

教师可以制作一个与姚明身高一比一的牌子，让学生站在板凳上，把脸放在姚明牌子脸的部位，此时让学生说：I'm Yao Ming. How tall I am!

（4）发给学生大小不同的动物布玩具或图片，学生扮演自己手中的动物，说：I'm tall. How tall I am! 或 I'm short. How short I am! 两个扮演大动物的学生一起说：We're both tall. 通过真实的语言情境，感知 we 的概念和 both 的用法。也可以请学生介绍自己的同学，介绍朋友，介绍家庭成员，如 This is my father. He is tall.

（5）播放课文视频或录音，学习课文对话部分。在跟读的过程中，引导学生用充满感情的语气表达人物的感情，并让学生小组角色扮演表演对话。

⊙ 设计意图：帮助学生回顾已有知识，属于学习理解层次。教师引导学生通过积极思考外貌类的词汇，为本课的学习奠定基础，真正实现文本源于生活。

3. 趣味操练（Practice）

（1）找朋友。让学生在一定范围内找身高近似的同学作为 partner，操练语言：A：I am tall. B：I am tall, too. A & B：We're tall. 身高相近的同学可以分为一组，进行下面的小组活动。教师要有意识地渗透"身高不是判断强弱的标准"这样的概念，全面关注学生的心理需求，避免给 short 的学生造成负面的心理影响。

（2）猜猜我是谁，Guess who I am。教师出示一些身高有典型特征的著名人物的图片，将学生分成小组，每组选一学生面向大家，让他扮演其中一位人物，组内其他学生给出提示：

You're tall/short! 让推选出来的学生猜自己是哪一位人物:I am Yao Ming! 完成任务的学生即可为该组加一分。

→ 设计意图:创设情境,进行角色迁移,运用核心语言进行交流,促进语言内化。从学习理解过渡到实践应用,为后面的真实表达奠定基础。学生设计和展示的过程中,渗透学科育人理念,帮助学生掌握描述外貌特征的功能语句。

Period 3　Look at him.

【课时对应的子主题】认识自我

【适用年级】四年级

【语篇类型】日常对话

【语篇研读】

What:语篇是 Gao Wei 向 Peter 介绍家人的对话,展现了 Peter 在认识 Gao Wei 家人过程中描述他们外貌的情景。

Why:描述 Gao Wei 家人的外貌特征,引导学生学会细心观察、并关注到他人的外貌特征。

How:该对话是 Gao Wei 和 Peter 讨论家人的外貌特征,涉及介绍外貌的相关词汇,如 strong 和 thin,以及形容他人外貌核心语言:He/She is…

【课时目标】

1. 在视、听、说情境中,理解情景内容,获取、梳理 Gao Wei 和 Peter 讨论外貌特征所用的词汇:strong 和 thin 和句型:My…is…(学习理解)

2. 在谈论外貌特征的过程中,运用本课核心句型 My…is… 描述外貌特征,在对话的过程中不同家人的外貌特征。(应用实践)

3. 小组合作用照片描述家人外貌特征,运用核心句型在组内进行情景对话的创编,再向全班进行分享展示。(迁移创新)

【教学过程】

1. 学生听唱英文歌曲,营造愉快的英语学习氛围,激活学生有关外貌特征类形容词的已有知识。

2. Play a game:复习学过的一些外貌特征词汇做到温故知新,活跃气氛,使学生很快地进入学习状态。

3. 学生观看文本的视频,教师提出问题,引导学生在视听活动中梳理 Gao Wei 家人的外貌特征。Q1:What's Gao Wei's dad/mum/brother/sister like?

4. 教师引导学生跟着音频跟读模仿语音语调,引导学生跟着视频注意模仿主人公的动作表情并进行分角色朗读对话。

　　⊃ 设计意图：帮助学生深入理解对话内容，掌握对话中的重点词汇和核心语言，属于学习理解的层次。教师创设贴近学生生活的情境，引导学生通过观察和视听对话，从语篇到句子再到词汇全面理解对话内容。

　　5.学生分小组分角色表演对话，然后进行评价。评价可以分以下几方面：

　　（1）语音语调是否标准、自然，发音时是否清晰、准确，语调是否恰当。

　　（2）语言表达是否能够正确地表达出不同的情感和态度，使对话内容生动。

　　（3）角色扮演是否能够根据角色性格、身份等特点，进行自然的表演，表现出生动、逼真的角色形象。

　　6.学生在教师指导下，结合板书梳理尝试复述课文。

　　参考语言：Gao Wei's father is _____ . His mother is _____ . His sister is _____ . His brother is _____ .

　　⊃ 设计意图：引导学生通过角色扮演以及复述文本的活动，将核心语言知识内化于心中，属于应用实践类活动；这两个活动可以创造更加丰富、立体的语言学习环境，提高学生的语言运用能力和思维发展。

　　7. Activity：This is my family.

　　学生运用所学句型向伙伴介绍自己的家人及他们的外貌特征。

　　⊃ 设计意图：介绍自己家人外貌情景中，学生通过自己的思考，发挥自身的创新能力进行选择并进行对话，让学生贴近生活，体会到了语言学习和现实生活相融合的重要性。

Period 4　Happy New Year

【课时对应的子主题】家庭日常生活

【适用年级】四年级

【语篇类型】日常对话

【语篇研读】

What：描述学生们在介绍自己的新年服装、鞋子，和伙伴们一起过年情景。

Why：学生在联欢会上展示自己的衣服，引导学生观察描述服装，培养正确的审美观和解决问题的思维品质。

How：该对话是描述 Li Yan 和 Kate 在联欢会上展示并描述自己衣服的简单对话，涉及词汇，如 new, old 以及核心语言：My...is new/old. 对话复习了已学知识，拓展了文本，让学生理解，无论衣服新旧，都要珍惜。

【课时目标】

1. 在视、听、说情境中，认识、描述不同的衣服，学习用 My…is old/new. 描述自己的衣服。（学习理解）

2. 在教师帮助下，分角色表演对话，在创设的情境中描述服装，学习用 My…is old/new，运用所学目标语言进行交流。（应用实践）

3. 学生各自选择展示自己的衣服，结合目标语言进行展示交流。（迁移创新）

【教学过程】

1. 热身／复习（Warming—up/Revision）

（1）播放歌曲 Happy New Year! 让学生熟悉这首歌的旋律并迅速进入英语氛围中。

（2）出示学生自制的贺年卡，老师根据卡上的内容对学生进行提问，如：What's this in English? Do you like…? 等。

（3）最后老师出示自己的贺年卡，让学生猜猜老师的贺卡上画的是什么或是谁?

老师可以提示范围，学生进一步地询问。

🔁 设计意图：引导学生去理解文本的基础信息，帮助他们感知文本，学习文本核心语言，复习之前学过的语言，属于学习理解层次。教师通过呈现文本插图，让学生去回答基本问题，锻炼学生提出问题的能力，发展学生创新思维。

2. 新课呈现（Presentation）

（1）老师描述一下她的外貌：She has big eyes and a small nose… 最后打开贺卡，She's Miss Liu. 对同学们说：Let's go and see Miss Liu.

（2）取出日历对同学们说：New Year's Day is coining. Let's go and see Miss Liu. 让一学生扮演 Miss Liu，然后带领学生对她说：Happy New Year! 同学们可以借助日历明白这句话的中文意思。

（3）老师扮演 Miss Liu，和学生做新年问候问答练习。

（4）学习词汇 new 和 old。教师再次取出日历，说：New Year is coming. This calendar is new. 再拿出一本往年的日历，This one is old. 让学生直观感知两个生词的含义。教师随机选取实物对比，请学生用 new 和 old 造句。

（5）教师展示一件漂亮的 sweater，请一位学生试穿，进行 free talk。

S：Look at my new sweater! T：Wow! It's pretty. My sweater is old. But I like it.

（6）在教学过程中，用语言、动作和表情渗透 happy 的教学。让学生用欢乐的表情姿态、动作，体会 happy 的含义。

🔁 设计意图：鼓励所有学生参与到语言实践活动中去，通过角色扮演让学生进一步理解文本，学得比较快的学生可以脱离文本将目标语言进行有效的迁移，从学习理解层面过渡到实践应用层面，为接下来的创新环节奠定语言基础。

3. 趣味操练（Practice）

（1）先由老师带三四名学生一起表演 Just talk 部分的对话，使同学们对本课有一个完整的理解。播放课文视频。带领学生跟读。鼓励学生扮演不同角色，变换声音为课文配音。

（2）请学生用自制的贺卡作道具，自己来表演这个对话。

（3）学唱歌曲 Happy New Year!

（4）进行"歌咏比赛"，看哪组同学学得最准确、唱得最优美。

（5）鼓励学生把歌曲配上动作进行表演。

Period 5　Fun Story

【课时对应的子主题】认识自我

【适用年级】四年级

【语篇类型】趣味故事

【语篇研读】

What：语篇以 Mimi、Monkey 和 elephant 发生的描述自己的外貌，带领学生再次回顾本单元外貌核心词汇以及核心句 I'm... I have...

Why：描述 Mimi、Monkey 和 elephant 描述外卖，Mickey 将其动物的特点全都穿戴在自己身上，以此为主要故事线索，提醒学生要了解悦纳真实的自我。

How：故事比较贴近学生的日常生活，涉及描述外貌的话题，学生通过参与课堂活动以及小组活动，了解了要接受自己的外貌特点，悦纳自己。

【课时目标】

1. 借助文本插图和音频，理解对话大意，巩固复习前几课时所学词汇及目标语句。（学习理解）

2. 在教师的引领下，基于语篇情境，内化并熟练运用核心语言 I have... 描述自我，接受自己的外貌特点，悦纳自己。（应用实践、迁移创新）

【教学过程】

1. 热身 / 复习（Warming—up/Revision）

（1）歌咏比赛，把本单元所学过的歌曲、歌谣全部复习一遍，使学生对本单元所学知识进行快速地回忆。教师可以变换演唱的形式，以两人唱，小组唱，男生女生对唱，师生对唱等形式，结合图片、视频等直观教学资料，使此环节更富有趣味性，扩充了语言的可用资源。

（2）根据教师的指令做出相应的动作，如：Touch your ears. A dog. Big ears. 同时引导学生对动作作解说：Look! A small dog! Look at the big eyes! How tall I am! 在真实情景下自然使用语言。

（3）根据教师出示的头饰和器官模型造句，看谁造的句子最多。

2. 新课呈现（Presentation）

（1）教师拿出许多头饰，对同学们说：Hello，boys and girls. Let's act. OK? Look at my ears. Now look at my long ears. 每拿出一种，都要求同学们做出相应的反应，如：So big! 等。

（2）找一学生到前面来代替老师的角色。另找一位学生，给他一个大象的鼻子，让他戴上并造句：I have a long nose. 如果有困难，老师可以给学生提示。

（3）请一名学生到前面来，佩戴小猫的头饰和尾巴，老师扮演小兔，说 Oh，I'm a rabbit. I have a short tail. 引导学生说出：I have a long tail. 找几组同学反复操练这两句话。

（4）用同样的办法学习并操练最后的几句话。

（5）教师展示 Fun story 教学课件，打乱各个小图的顺序，请学生通过听音频排出正确的图序。随后再次听故事，让学生对自己排列的图序是否正确给予评价。此环节能激发学生的兴趣，使学生建立语音与语义之间的联系，培养学生的语感。

（6）将课件设计为 match 的形式，分为故事中的动物和所具备的身体特征两栏，让学生根据故事内容连线，便于学生建立起对动物显著特征的认知。这个环节中教师还可以对语言资源进行扩展，加入更多动物，练习更多语言。

（7）教师组织学生通过跟读、分角色读等方式模仿对话内容，并进行对话表演。要求学生在表演时强调语气，在真实情景中感受 so 的功能。

3. 趣味操练（Practice）

（1）分组比赛

①让学生自由选择头饰和所扮演人物，在组内进行练习和准备进行比赛。并评出最佳创新奖、最佳语音奖、最佳团结协作奖和最认真奖，最好每个组都有收获。

②根据学过的歌曲和歌谣，进行更多内容的改编，在组内表演。

③根据录音内容完成书的练习，检测自己的学习情况。

（2）Let's check

带领学生完成 Listen and number。让学生观察各小图，先用所学的语言描述图片的内容，如 I have a long ruler. 等，对听力内容有整体的预见感知，再播放录音，完成排序。复现录音，带领学生核对。

➲ 设计意图：帮助学生理解对话内容，学习对话中有关介绍服装的词汇、短语和核心语言，属于学习理解层次。教师创设与学生现实生活紧密关联的情境，引导学生通过听、读对话，从大意到细节逐渐理解对话内容。学生通过细致观察、积极思考等形式进行对话理解。

案例六 英语四年级下册教学设计

四年级下册 Unit 1 教学设计（人教精通版）①

Period 1 New Home

【课时对应的子主题】生活与学习，学校生活；社会服务与人际沟通，同伴交往。

【课时对应的子主题】家庭与家庭生活

【适用年级】四年级

【语篇类型】日常对话

【语篇研读】

What：语篇是 Kate 与 Li Yan 之间谈论家庭空间的对话，呈现了 Kate 参观 Li Yan 的新家，谈论新家房间布局的情景，自然地引发了学生情感共鸣，促使学生产生自主交流表达空间环境的意愿，引导学生树立美好生活观，建构家无论大小新旧，要做到爱我小家的思想意识。

Why：掌握描述家庭环境和房间布局的词汇、短语和句型，学习如何用英语表达对家庭环境介绍。在教学过程渗透德育点，引导学生关心、关爱身边的家人、朋友，让生活中充满爱。

How：语篇涉及家庭空间相关词汇 home，bedroom，living room，kitchen，bathroom 和 study，以及谈论家庭空间的语言结构 What's in your new home? 和 There is/are... 词汇及语言结构通过师生对话、生生对话、歌谣伴唱、角色扮演等方式不断复现，帮助学生形成相对完整的语言结构，发展语言能力，加深语篇意义理解。

【课时目标】

1. 借助教学课件，在谈论新家空间环境设计的情境中梳理家庭空间名称（如 study，bedroom 等），运用 What's in your new home? 和 There is/are... 描述家庭居室布局，感受社会发展带给人们的快乐生活。（学习理解）

2. 根据 Li Yan 家的图片，运用 What's in your new home? 和 There is/are... 描述空间环

---

① 本文作者：天津市河北区育婴里小学 杨晓林。

境。（应用实践）

3.借助家庭空间平面图自主设计空间环境作品，运用 What's in your new home? 和 There is/are... 展示交流，表达爱我小家的思想意识。（迁移创新）

【教学过程】

1. 师生问好。

T：Good morning/afternoon, girls and boys.

Class：Good morning/afternoon, Miss/Mr ×××

2.Let's chant!

教师自编一个小歌谣，将以往学过的有关房间和家具的词汇融入其中。

A room, a room, A bed in a room. A room, a room, It's my bedroom.

3.Let's read and act

Q1：What room does Li Yan show to Kate? 学生带着问题听、看、思考，并回答出：bed-room,

Q2：What's in Li Yan's bedroom? 学生听录音捕捉关键词，学说 There is a new bed. And a new desk and a new chair. 教师板书。

教师还要在此环节适当补充一些动词的用法，例如：sleep in the bedroom, read in the bedroom 等等。

4.Let's read and act!

（1）学生听录音跟读、分角色朗读对话，关注语音、语调、节奏、连读、重读等语言现象，体会人物即将入住新家的快乐心情。

（2）学生基于对话内容，以角色扮演的形式表演本课内容，内化与运用所学语言，促进情感共鸣，建构爱我小家的思想意识。

➡ 设计意图：以谈论新家空间环境设计的情境为依托，借助学历案梳理家庭居室布局，引导学生实现从大意到细节的逐步理解和深化，发展空间概念和逻辑思维，深刻体会家居环境的美好。基于文本理解，学生通过参与细致模仿、分角色朗读、角色扮演等活动进行准确性和流畅性练习，基于语调、节奏等多种语言现象体会人物情感，感受社会发展带给人们的快乐生活，树立美好生活观。学生通过思考和讨论教师提出的问题，认识到家文化的意义与价值。

5. 自编童谣。Hello, hello! Welcome to my home.

There is a bed in my room.

There is a desk in my room.

There is a chair in my room.

Oh, you see. This is my bedroom.

6.Let's design! 学生自主选择家庭空间平面图，分组设计空间环境作品，运用对话中的核心语言进行分组展示，互动交流中强化整体认知。

➲ 设计意图：帮助学生从文本走向真实生活，引导学生在真实的语境中灵活运用所学语言知识交流，加深对主题意义认知，表达爱我小家的思想意识。

【作业设计】

Period 1　Homework

Activity Card

1.Must—do Tasks

基本要素	具体内容		
作业内容	Listen to the dialogue and read it.		
形式和类型	形式	听-说□　听-写□　读-写□　其他□	
	类型	基础型□　拓展应用性□　实践型□	
作业时长	___5___ 分钟（建议时长 5—10 分钟）		
完成方式	独立完成□　合作完成□		
提交时间	当天完成□　___天后□		
评价标准	根据实际情况选择活动。查找补充相关周末活动。正确朗读所填写的对话。	☆☆☆☆☆ ☆☆☆☆☆ ☆☆☆☆☆ （自我评价）	☆☆☆☆☆ ☆☆☆☆☆ ☆☆☆☆☆ （小组评价）
	（教师评价）　Good □　Super □　Excellent □		

2.Optional Task

基本要素	具体内容	
作业内容	Design your ideal house and' talk about it.	
形式和类型	形式	听-说□　听-写□　读-写□　其他□
	类型	基础型□　拓展应用性□　实践型□
作业时长	___10___ 分钟（建议时长 5—10 分钟）	
完成方式	独立完成□　合作完成□	
提交时间	当天完成□　___天后□	

基本要素	具体内容		
评价标准	根据实际情况选择活动。 查找补充相关周末活动。 正确朗读所填写的对话。	☆ ☆ ☆ ☆ ☆ ☆ ☆ ☆ ☆ ☆ ☆ ☆ ☆ ☆ ☆ （自我评价）	☆ ☆ ☆ ☆ ☆ ☆ ☆ ☆ ☆ ☆ ☆ ☆ ☆ ☆ ☆ （小组评价）
	（教师评价） Good □　　Super □　　Excellent □		

Period 2　New Furniture

【课时对应的子主题】感受家的温暖

【适用年级】四年级

【语篇类型】日常对话

【语篇研读】

What：语篇为家庭日常对话。Li Yan 带 Kate 参观新家的客厅和厨房，两个孩子谈论客厅和餐厅的家具摆放，他们都很喜欢新家具。

Why：介绍家居用品的摆放位置，认识家的意义，感受家的温暖。

How：该对话是比较典型的介绍房间和房间内设施的对话，涉及介绍房间设施相关的词汇，如 fridge，sofa，armchair，table，TV 以及介绍房间和房间设施时使用的核心语言，如 Look at… There is/are… 通过对客厅和厨房内家具的讨论，让学生尝试介绍不同房间的家具摆设。引导学生运用对话核心语言介绍房间和房间设施，在调查同学家里的房间及物品摆放过程中，感受家的温暖。

【课时目标】

1. 在对话情境中，借助思维导图梳理家居用品名称，学习用 There is/are… 介绍房间的物品摆放。（学习理解）

2. 在谈论家里的房间及物品摆放的过程中，运用本课核心句型 There is/are… 介绍家居用品，在参与的过程中认识家的意义。（应用实践）

3. 在谈论理想房间的情境中，介绍家具电器的摆放位置，感受家的温暖。（迁移创新）

【教学过程】

1. 教师带领学生一起说唱第一课时学过的 chant。

There is a big TV，in my living room，in my living room.

There are two sofas，in my living room，in my living room.

There are four armchairs，in my living room，in my living room.

2. 教师用课件呈现 Li Yan 新家的画面。

T：This is Li Yan's new home. Kate visited her. Li Yan showed Kate the living room and the kitchen. Do you remember what things are in the rooms? Let's say. 用 PPT 依次呈现客厅和餐厅，带领学生用 There is a…/There are… 以及学过的家具类词汇进行描述，复习学过的内容。

3. 学生观看对话视频，问题驱动，整体感知文本，理解主旨大意，梳理关键信息，补全短文内容。

4.Let's read and act!

（1）学生听录音跟读、分角色朗读对话，关注语音、语调、节奏、连读、重读等语言现象，体会人物即将入住新家的快乐心情。

（2）学生基于对话内容，以角色扮演的形式表演本课内容，内化与运用所学语言，促进情感共鸣，建构爱我小家的思想意识。

➲ 设计意图：帮助学生巩固已有知识，属于学习理解层次。教师引导学生说出房间名称，活跃学生思维，唤醒学生对房间的相关知识的记忆，学生通过积极思考理解房间和房间设施的词汇，实现文本源于生活。

5. 学生谈论自己的家以及家里物品的摆放。

6. 学生首先各自设计一个自己心目中的厨房并相互介绍：

S1：Hello! Welcome to my home.   S2：Thank you.

S1：Come here and have a look.   S2：Wow, a nice kitchen.

S1：Yes, there is a…   S2：And here's a…

S1：Let's have some fruit.

7. 布置家庭作业

（1）选择一个房间绘制思维导图，标注出房间里的家具。

（2）结合上一环节选择的房间，运用本课核心句型介绍房间内的家具。

➲ 设计意图：学生在谈论家居用品的语境中，创造性地运用所学语言，介绍家具电器的摆放位置。引导学生合理搭建语言框架，有效进行语言输出，提高学生的综合语言运用能力。学生在讨论家居用品的过程中发展语用能力，帮助学生认识家的意义，感受家的温暖。

Period 3　New Bedroom

【课时对应的子主题】家庭与家庭生活

【适用年级】四年级

【语篇类型】日常简短对话

【语篇研读】

What: 语篇为家庭日常对话。描述了 Li Yan 带着 Kate 参观自己新的卧室的场景。学生们在学习、理解对话内容的过程中，积累、运用、拓展与家居相关的语言经验，发展其语言能力。

Why: 描述 Li Yan 介绍新卧室，引导学生通过观察，学会合理规划家居装饰、有序摆放家居物品。

How: 谈论家居装饰的简单对话，涉及家居物品词汇，如 picture、bed、desk、chair 以及描述家居装饰的核心语言 There is/are… 该对话情节较为简单，且核心语言已在前面课程学习过，学生易于理解，便于学生开展自主探究等学习活动，具有现实意义和教育意义。

【课时目标】

1. 在对话情境中，获取、梳理 Li Yan 新卧室房间的家居物品，学习用 There be 句型介绍家居装饰。（学习理解）

2. 在对话视频帮助下，分角色表演对话，尝试转述介绍 Li Yan 的新卧室布局。（应用实践）

3. 在小组合作装饰房间的活动中，综合运用所学语言对房间进行介绍，在全班交流、评价。（迁移创新）

【教学过程】

1. 学生欢唱歌曲 My House，营造愉快的学习氛围的同时激活旧知．

2. 学生观看视频，教师问题引领，在视听活动中梳理 Li Yan 新卧室的家具，在情境中，借助图片、视频、歌谣等学习、拓展与家居装饰相关词汇及核心语言。What's in the bedroom?

3.Let's read and act!

（1）学生听录音跟读、分角色朗读对话，关注语音、语调、节奏、连读、重读等语言现象，体会人物即将入住新家的快乐心情。

（2）学生基于对话内容，以角色扮演的形式表演本课内容，内化与运用所学语言，促进情感共鸣，建构爱我小家的思想意识。

4. 学生在教师指导下，结合板书梳理、归纳对话的核心语言，根据板书提示尝试复述课文。参考语言：This is Li Yan's new bedroom. There is _____ in her bedroom. There are _____ in her bedroom, too.

5. 小组合作装饰房间并运用核心语言，在语言支架的帮助下对房间的家居布置和装饰情况进行介绍，向全班进行展示。参考语言：Look at the… There is/are… It's…（nice，beautiful，clean and tidy，cool…）

Period 4　Visit Friend's Home

【课时对应的子主题】家庭与家庭生活

【适用年级】四年级

【语篇类型】日常对话

【语篇研读】

What：语篇围绕 Li Yan 参观 Kate 的新家展开，二人就 living room 和 study 这两个房间的装饰、居室功能展开对话。

Why：语篇描述二人一边参观新家，一边发现新的家具，以此作为线索，引导学生思考居室功能的多样性，感受美好的家居生活。

How：对话贴近学生日常生活，涉及介绍房间内部装饰的词汇：computer，DVD player 和 clock，以及探讨房间装饰及居室功能时使用的核心语言："What's in…? There is/are…"学生在参观新家的过程中探讨居室的美丽，感受家居生活的美好，表达对新家的喜爱之情。

【课时目标】

1. 借助文本插图和音频，理解对话大意，梳理关于询问、介绍居室装饰及功能的语言。（学习理解）

2. 在教师的引领下，基于语篇情境进行角色扮演，内化并熟练运用核心语言"What's in…? There is/are…"询问、介绍居室装饰及功能。（应用实践）

3. 通过创编对话，深入探讨居室的美丽和家居生活的美好，培养爱家意识，表达爱家情感。（迁移创新）

【教学过程】

1. 学生利用自己家的照片，讨论房间内部装饰。What's in…? There is/are…

2.Listen and think.（获取与梳理）学生听录音，思考问题，获取对话内容。

Questions：a.Where are they?　　　b.What rooms do they visit?

c.What's in Kate's living room?

3.Read and talk.（获取与梳理）

学生大声朗读课文，思考并回答问题：

Questions：a.Where do they visit next?　　b.What's in the study?

学生在此环节借助图片、视频，利用自然拼读规律学习单词。

4.Let's read and act!

（1）学生听录音跟读、分角色朗读对话，关注语音、语调、节奏、连读、重读等语言现象，体会人物即将入住新家的快乐心情。

（2）学生基于对话内容，以角色扮演的形式表演本课内容，内化与运用所学语言，促进

情感共鸣，建构爱我小家的思想意识。

5.Let's chant!

➡ 设计意图：帮助学生理解对话内容，学习对话中有关介绍房间装饰和居室功能的词汇、短语和核心语言，属于学习理解层次。学生通过细致观察、积极思考、模仿操练等形式进行对话理解，在情境中运用核心语言，为形成良好的语音意识和语用能力奠定基础。

6.Think and talk.（分析与判断）

Use the mind——map to talk about what your home is like and what you like doing in it. Share with your partner.

Think and evaluate.（批判与评价）

7. 学生结合自己的家居生活经验，探讨居室功能的多样性和"a nice home"的必备要素。

Questions：What do you think of your home? What is a nice home like?

➡ 设计意图：帮助学生在迁移的自主设计新家的语境中，创造性地运用所学语言，评选"爱家小达人"。学生从文本走向真实生活，在对新家的房间装饰、居室功能展开讨论的过程中发展语用能力，深化对美好家居生活的认同与理解。

Period 5 Fun story

【课时对应的子主题】家庭与家庭生活

【适用年级】四年级

【语篇类型】配图故事

【语篇研读】

What：语篇为配图故事，围绕 Micky 带着 Mimi 参观自己的"新家"，介绍每个房间，最后发现是狮子的房间的故事。

Why：描述 Micky 的"新家"，使学生懂得要合理规划每个房间，感受生活的美好。

How：文本为参观 Micky 新家并进行描述，涉及介绍相关房间和家具词汇，如 living room，bedroom，kitchen，bathroom，dining room，study，TV，sofa，desk，chair，clock，fridge；描述新房时使用核心语言：There is/are… in the…

【课时目标】：

1. 在看、听、说的活动中，梳理出 Micky "新家"的布局。（学习理解）

2. 在教师指导下，借助所形成的思维导图归纳主人公 Micky "新家"的基本信息。（应用实践）

3. 通过在小组活动，画出并描述自己家的布局。（迁移创新）

【教学过程】

1. 师生问好。

2. 利用本单元所学词、句,师生共同编写新的 chant,复习运用核心语言。

3. 教师拿出一张图片,带领学生做猜测游戏,复习前面课时学过的内容。

如:Today,I will show you a picture of a new home. If you want to know something about it,please ask questions freely. 然后提供一张图片。学生提出问题：

What's in the living room/bedroom/kitchen/…? 等等。

4. 教师提供 Fun story 图片,先隐去文字,让学生看图描述。

P1:Micky invites Mimi to his new home.

P2:They come to the living room. There is a…/There are…

P3:They come to the study. There is a…/There are…

P4:They come to the kitchen. There is a…/There are…

P5:They come to the bedroom. And they see a lion in bed…

P6:Micky made a mistake. He goes into the wrong house. He and Mimi are afraid of the lion. And they run away quickly.

听录音或看视频,学习故事,然后回答问题。

5.Let's read and act!

（1）学生听录音跟读、分角色朗读对话,关注语音、语调、节奏、连读、重读等语言现象,体会人物即将入住新家的快乐心情。

（2）学生基于对话内容,以角色扮演的形式表演本课内容,内化与运用所学语言,促进情感共鸣,建构爱我小家的思想意识。

6.Finish the mind map of "Micky's house".

🔗 设计意图:本阶段的学习为应用实践部分,学生在补全短文的练习中,突出了核心词汇的书写训练。通过听、看、猜、快读,细读等环节,教师引导学生将文本内容进行描述、分析与运用,引导学生基于获取的语言知识开展实践活动,调动学生的积极思考,从大意到细节展开深入语篇的学习。运用获取的语言知识形成思维导图,体现创新思维的培养,促进知识向能力的转化。

7.Draw a mind—map of your home and talk about it.

四年级下册 Unit 2 教学设计①

Period 1 Let's count.

【课时对应的子主题】人与自我；学校生活与个人感受；多彩、有意义的学校生活

【适用年级】四年级

【语篇类型】日常对话

【语篇研读】

What：语篇呈现的是在体育课上，新来的体育教师想要了解班级情况，询问班级人数以及让学生从报数所展开的真实对话情境。表达了学生在教师的帮助下了解数字的特殊含义，知道数字可以用来描述数量。让学生体会到数字的重要性，认识到数字在生活中给人们带来的便利和帮助。

Why：建立学生对数字的整体感知，认识到数字在生活中是无处不在的，积累用于表达和交流的数字相关语言，体会数字在生活中的独特意义。在学生参与体育活动和报数的过程中，激发学生热爱集体和学校的情感。

How：对话是比较典型的学生日常校园生活对话，语篇涉及数字相关词汇从 twenty—one，twenty—two 到 twenty—nine，用 How many…? 句型询问了解学校班级人数的一些数据信息，以及用 Let's count from…to… 句型引导学生进行报数。该对话引导学生理解数字可以表达人员的数量，在生活中有重要意义。

【课时目标】

1. 在看、听、说的过程中，获取、梳理、学习对话中所在班级内人数和报数的相关语言，同学们谈论数字要用 How many…? 句型，体会数字在生活中无处不在的重要性。（学习理解）

2. 分角色表演复述对话，在对话情境中询问班级内学生数量，用所学目标语言 How many…? 句型进行交流。（应用实践）

3. 设计能够吸引学生兴趣的游戏巩固所学知识，小组合作设计创编不同场景询问数量的对话，运用核心句型在组内进行描述，向全班进行分享展示，体会数字的重要意义。（迁移创新）

【教学过程】

1.Sing a song!

学生听唱歌曲 Let's count 并做对应动作，营造轻松愉快的学习氛围，激活学生有关数

---

① 本文作者：天津外国语学校南普小学　李秀峰。

字的词汇知识。

2.Listen, watch and say!

（1）学生基于图片和已有经验，在教师的启发下，预测文本内容，获取非文本信息。

Q: Who are they?

（2）学生带着问题整体观看对话，整体了解对话大意。

Q: What are they talking about?

3.Listen, watch and answer!

学生再看对话，在教师的指导下，获取对话的细节信息。

Q: How does Mr Gao ask students? What do they answer?

获取、梳理关键信息，出示板书。句型：

How many students are there in your class? Twenty—nine.

4.Read the dialogue. 在情境中，借助图片、视频、chant 等学习、拓展与数字相关的词汇及核心语言，学生在跟读的过程中注意模仿，培养语感的同时加深对课文知识的理解和记忆。

5.Fill in the blanks. 学生回顾对话内容，口头完成内容补白。

△突出语言能力的培养。在学习活动 2、3、4 中，学生能够在教师的引导下根据提供的图片和视频信息回答问题，观看视频后提取出关键信息，通过跟读加深对文本的理解，根据不同人物来代入角色朗读文本，有效地培养学生的语言能力。

△融合思维品质的培养。在学习活动 2、3 中，学生通过观看文本的视频后回答教师提出的问题，提取关键信息和聚焦文本主题，培养学生的思维能力。

⊙ 设计意图：帮助学生在语境中理解对话内容，学习对话中的词汇和核心语言，学生在教师的指导下，通过观看对话视频，逐步理解对话内容，感受数字在人们生活中的重要意义。积累并拓展数字相关词汇。学生通过跟读和分角色朗读对话，进一步理解对话内容，内化语言，为语言输出奠定基础。

6.Let's read and act!

（1）教师引导学生跟着音频进行跟读模仿，关注语音语调，节奏、连续和重读。引导学生跟着视频注意模仿主人公的动作表情。分角色朗读对话。

（2）学生基于对话内容，分小组练习，角色扮演表演对话等形式表演本课内容，内化与运用所学语言，促进情感共鸣，认识到数字的重要意义。

7.Watch and say!

学生在不同情境中，运用所学句型，询问本班人数，在量化班级人数的过程中，激发学生热爱班集体的情感。

△突出语言能力的培养。在学习活动 6 中，学生积极大胆地与他人合作进行角色扮演，

学生可以沉浸在本课情境中，学生之间互相帮助，加深对本课知识的理解，将语言在真实语境中灵活运用。

△突出文化意识的培养。在学习活动7基于本课的语篇主题，创设不同的情境，鼓励学生积极参加，引导学生运用核心语言进行班级人数的询问和表达，培养学生对集体的热爱。

⇨ 设计意图：引导学生在归纳和整理核心语言的基础上，通过角色扮演和变换不同的情境使每一位学生都能够深入角色，运用语言理解意义，促进语言的内化，实现从学习理解过渡到应用实践，为后面的真实表达做准备。

8.Let's play.

做一个找邻居的游戏，十人一组，教师下发20到29的英文卡片，学生找到自己数字的前后邻居，看哪组最快。

9.Enjoy a short video.

学生观看学校视频，回顾介绍学校内不同的活动场地和社团，引出不同社团人数介绍，为后续的拓展输出内容做铺垫。

10. 学生四人一组创编对话，大胆想象，在真实的语境中运用核心语言进行交流，通过小组合作的形式交流展示。语言支持：Let's count…How many…?

△融合学习能力的培养：活动8通过做分组游戏活动，不断地巩固所学知识，输出所学语言。既增强了学生的学习兴趣，获得学习能力方面的提升。

△融合思维品质的培养：活动9,10通过播放视频和让学生自己创编对话促进了学生逻辑性，批判性和创新性的发展，活动中学生思维火花不断碰撞，在不断输出的过程中内化核心语言，加深对语篇内容的理解，巩固了所学知识，促进了思维品质的发展。

⇨ 设计意图：帮助学生在迁移创新的语境中，创造性地运用所学语言。交流不同班级和社团的数量，激发学生对学校的热爱之情。学生从课本中走向现实生活，在交流学校班级内和社团人数的过程中，发展语用能力，用数字数数，询问、表达物品、人员等的数量。帮助学生实现语言知识的内化，培养学生对集体的热爱之情。

【作业设计】

Period 1　Homework
Activity Card

1.Must—do Tasks

基本要素	具体内容	
作业内容	1. Listen to the dialogue and read it. 2. Role play the story with your partner.	
形式和类型	形式	听-说□　听-写□　读-写□　其他□
	类型	基础型□　拓展应用性□　实践型□

续表

基本要素	具体内容		
作业时长	___5___ 分钟（建议时长 5—10 分钟）		
完成方式	独立完成□　合作完成□		
提交时间	当天完成□　____天后□		
评价标准	根据实际情况选择活动。 查找补充相关周末活动。 正确朗读所填写的对话。	☆ ☆ ☆ ☆ ☆ ☆ ☆ ☆ ☆ ☆ ☆ ☆ ☆ ☆ ☆ （自我评价）	☆ ☆ ☆ ☆ ☆ ☆ ☆ ☆ ☆ ☆ ☆ ☆ ☆ ☆ ☆ （小组评价）
	（教师评价）　Good □　Super □　Excellent □		

2.Optional Task

基本要素	具体内容		
作业内容	Make a new story.		
形式和类型	形式	听–说□　听–写□　读–写□　其他□	
	类型	基础型□　拓展应用性□　实践型□	
作业时长	___6___ 分钟（建议时长 5—10 分钟）		
完成方式	独立完成□　合作完成□		
提交时间	当天完成□　____天后□		
评价标准	根据实际情况选择活动。 查找补充相关周末活动。 正确朗读所填写的对话。	☆ ☆ ☆ ☆ ☆ ☆ ☆ ☆ ☆ ☆ ☆ ☆ ☆ ☆ ☆ （自我评价）	☆ ☆ ☆ ☆ ☆ ☆ ☆ ☆ ☆ ☆ ☆ ☆ ☆ ☆ ☆ （小组评价）
	（教师评价）　Good □　Super □　Excellent □		

Period 2　There are forty students.

【课时对应的子主题】人与自我；学校生活与个人感受；多彩的学校生活

【适用年级】四年级

【语篇类型】日常对话

【语篇研读】

What：语篇为师生课堂对话。对话发生在英语教师和学生们之间。描述了新来的英语教师 Miss Green 和学生交流并询问学生班级人数，学生们向 Miss Green 介绍班内总人数及男女生人数，让学生体会数字在生活中的重要意义。

Why：认识数字的不同意义及在生活中给人们带来的便利和帮助。分享、交流数字在特定场合下可以描述物品、人员等的数量，认识到数字的重要性，激发学生对学校和班集体的热爱之情和同学之间的友爱之情。

How：对话涉及询问班级内学生数量和男女生数量，数字方面的相关词汇有 thirty，forty 等和 boy 和 girl。通过询问学生数量需要使用的核心语言，如 How many…? 引导学生用英语说生活中的数字。通过扩展学生日常生活中更多的数字词汇和句型，引导学生意识到数字无处不在的重要意义。

【课时目标】

1. 借助文本插图和音频视频，理解对话大意，体会询问班级内班级人数的过程。通过教师的提问理解到询问数量用 How many…，让学生思考数字在生活中的意义。（学习理解）

2. 学生较为熟练地运用核心语言点和同伴进行小组分角色表演对话，熟练运用所学知识 "How many…?" 询问数量，运用所学解决实际问题。（应用实践）

3. 在教师的指导和小组的合作中，创设真实情境，创造性使用语言创编对话，提升语言思维，发展语言能力。在创编过程中体会数字对我们的生活和学习有着举足轻重的作用，深刻影响着我们的生活，激发学生对班集体的热爱。（迁移创新）

【教学过程】

1.Sing a song.

学生听唱歌曲 Number Song，学生跟着视频边唱边做动作，调动气氛，激发兴趣，迅速吸引学生注意力，激活旧知。

2.watch and say!

学生基于图片和已有经验，在教师的启发下，预测文本内容，获取非文本信息。

Q1：Who are they? Where are they?   Q2：What are they talking about?

3. 学生观看对话视频，验证预测，理解对话大意和细节，如 "They are forty students." "Thirty boys and ten girls." 将对话人物之间进行匹配。

4. 学生视听对话，借助图片和视频整体感知文本，理解主旨大意和词汇的意思，拼读单词，拓展和丰富词汇。

5. 再次播放视频学生分角色朗读对话，关注语音、语调、节奏、连读、重读等。

△突出语言能力的培养。活动 1、2、3 能够激活学生已有的知识储备，将语篇内容与实际生活相结合，教师引导学生理解语篇大意，学习对话内容，梳理构建核心语言句型 "How many…?" "They are…"。学生在语境中接触、体验和理解真实语言，并运用语言。

△融合思维品质的培养。通过活动 2、3，4，5，学生能通过观察图片，视听对话，了解本课时所谈论的主题，提取、获取关键信息，加强对语篇意义的理解，实现在语言活动中发展

思维。

⊙ 设计意图：帮助学生在语境中理解对话内容，学习对话中的词汇和核心语言。学生在教师指导下，观看视频并理解对话内容。教师指导学生发展拼读能力，积累并扩展词汇。学生通过跟读和分角色朗读对话，理解对话内容，内化语言，为语言输出奠定基础。

6.Try to retell.

学生在教师的指导下，梳理，归纳对话的核心语言，根据板书复述对话。

7.Role play.

基于对话内容，学生进行角色扮演，表演对话。要注重语音语调和重音的模仿。

△突出文化意识的培养。活动 5 让学生在语篇主题的基础上创设真实语言情境中运用语言，让学生置身于真实、具体的文化主题语境中开展有意义的学习和活动，有利于增强他们对文化的感知能力。

△融合学习能力的培养。活动 5、6 让学生在学习的过程中，通过教师创设的真实的语境，多个渠道，多个角度，多个环节的进行语言运用和学习。从易到难，循序渐进的逐步加深学生对语篇内容的理解。

⊙ 设计意图：引入主题，激发学生参与的兴趣，通过角色扮演和复述板书引发学生自主思考，进一步理解文本，激活学生与语篇之间知识和经验的关联，通过预测培养学生的观察能力、想象力，启发学生思维，为接下来的创新环节奠定语言基础。

8.Let's act and talk.

9. 学生四人一组创编对话，大胆想象，在真实的语境中运用核心语言进行交流，通过小组合作的形式交流展示。

语言支持：Welcome to…　　Let's count…　　How many…?　　They are…

△融合思维品质的培养：活动 8 通过调查，表演和谈论，教师给出语言框架，没有固定标准的答案，让学生思考不同的问题来获取不一样的答案，激发学生思考，让学生的辩证思维得到初步发展。

△融合学习能力的培养：活动 9 通过让学生自己创编对话，引导学生能够内化核心语言，积极与他人合作，注意倾听，敢于表达，加深对语篇内容的理解，获得了学习能力上的提升。

⊙ 设计意图：通过完成表格和创编对话等活动增强学生理解本课语篇，自由发挥，不固定答案的方式培养其思维的灵活性。在情境中不断地巩固练习词汇易于学生理解和掌握，避免机械性操练。

Period 3　There are sixty teachers.

【课时对应的子主题】人与社会；良好的人际关系与人际交往

【适用年级】四年级

【语篇类型】日常对话

【语篇研读】

What：对话发生在 Miss White 和同事们的初次见面时，Miss White 来到新学校，向同事们了解本校的教师人数的对话故事，让学生感受到数字在人们生活中是无数不在的。

Why：了解所在学校的教师人数，认识到数字可以描述物品和人员的数量，在人们生活中扮演着非常重要的作用，加深学生对学校的了解，激发学生更加热爱自己的学校和老师。

How：语篇涉及数字相关的词汇，如 fifty，sixty；地点词汇 school。教师们之间询问学校教师数量时，使用核心语言 How many...? 本课时旨在巩固已学语言点，结合某个数字通过具体的情景和多种活动形式让学生进行学习，深刻理解数字的重要性和便利性。

【课时目标】

1. 在询问学生数量的真实情境中，理解情景内容，根据语篇学习时提供的文本插画、音频和视频，理解语篇，巩固复习前 2 个课时所学词汇。同学们讨论数量时候可用词汇 fifty 和 sixty，以及地点词汇 school。询问数量用 How many...? 句型。（学习理解）

2. 在教师的带领下，根据语篇情境进行角色扮演，表演对话，内化并熟练掌握运用核心语言点。用 How many...? 询问生活中的物品和人员数量。（应用实践）

3. 学生在教师的指导和小组的合作中，运用所学句型创编对话，在创编过程中进一步理解所学内容，内化语言，为语言输出奠定基础，认识到数字在我们生活中的重要意义，激发学生对学校和老师的喜爱。（迁移创新）

【教学过程】

1. 学生在教师的引导下进行头脑风暴，说出跟数字有关的单词，做一场口语展示活动。

2. 教师引导学生复习前两节课的内容，通过呈现单元主题，复习话题中的相关知识，建立单元知识间的联系。

3. Listen，watch and say!

（1）学生基于图片和已有经验，在教师的启发下，预测文本内容，获取非文本信息。

Q：Who are they? Where are they?

（2）学生带着问题整体观看对话，整体了解对话大意。Q：What are they talking about?

4. 整体听读文本，学习新词汇，通过"音、义、形"到运用的学习过程，在情境中学习新词汇，理解本课语篇内容。

5. 学生进行听录音跟读，分角色朗读对话，关注语音语调、节奏和连读等，培养语感的同时加深对课文知识的理解和记忆。

△突出文化意识的培养。活动 1、2 将语篇内容与实际生活相结合，学生在主题情境中，通过学习理解、应用实践、迁移创新等一系列融语言、思维、文化为一体的活动，理解数字在人们生活中的重要意义。

△融合思维品质的培养。活动 3、4、5 通过挖掘教材中隐藏的思维品质元素，调动学生的主观能动性去开展丰富的语言活动，让学生在本课语篇学习中提升思维品质。

⟳ 设计意图：巧妙的设计活动，引导学生在语言情境的自然发展中运用目标语言进行沟通。在句式中不断熟悉新的词汇，将新旧知识与实际生活相联系，将所学语言内化成自己的知识，促进自身语言能力的发展。

6. 学生在教师的指导下，梳理和归纳本课对话的核心语言，并根据教师板书，进行角色替换，开展同伴问答活动。

—How many teachers are there in your school?

—They are sixty teachers in our school.

7. 基于对话内容，学生 4 人一组来进行角色扮演，理解对话大意，内化所学语言，体会数字的重要意义。

△突出文化意识的培养。活动 6 基于语篇主题，创设情境，这是一种创造性的活动，可以提高学生的理解和记忆水平，增加学生学习的课堂参与度，引导学生在多元语境中询问自己学校教师数量，培养学生对自己学校和教师的喜爱。

△融合学习能力的培养。活动 6、7，学生能够成为课堂的主角，人人都有表现的机会，充分发挥学生的主观能动性和积极性，学生们合作，敢于表达，与同伴共同完成学习任务，进一步提高英语学习能力。

⟳ 设计意图：本课创设多元情境开展教学活动，有利于调动学生的表达欲望，促使学生多角度地思考问题。

8. 小组合作。

学生创编对话，在真实的语境中运用核心语言进行交流，积极参与活动后进行班级展示。

语言支持：Welcome to… Let 's count… How many…? They are…

How about…? Let' s do a survey.

△融合思维品质的培养：活动 8 通过教师给出的语言框架，通过小组合作的方式进行交流和表演，大家的问题、答案都不一样，每位学生都愿意尝试表达，促进了学生思维品质提升。

△融合学习能力的培养：活动 9 通过调查表的方式，让学生带有目的性地进行学习交流，内化和应用知识。学生不断巩固所学词汇和句型，灵活地运用知识，学习能力得到了

发展。

⊃ 设计意图：帮助学生在迁移的语境中，联系生活实际，引导学生从课本走向更多情境，更灵活地运用所学知识，达到用英语做事的目的，发展语用能力，提升思维品质。

Period 4　Project Hope

【课时对应的子主题】人与社会；社会服务与人际沟通；志愿服务

【适用年级】四年级

【语篇类型】日常对话

【语篇研读】

What：语篇呈现了教师和学生之间的对话。对话是教师倡导学生为希望工程的孩子们捐赠东西，学生们非常热情，带来很多文具，教师做好统计，询问学生们捐赠的书包、书、铅笔和钢笔的数量。让学生体会到珍惜当下生活的重要性，同时奉献自己的爱心。

Why：通过学生积极地向希望工程捐赠文具的对话，使同学们认识到当前我们的生活环境时十分幸福，要珍惜自己的生活，爱惜自己的文具和物品。用爱心和实际行动去帮助一些需要帮助的孩子们解决困难，加入献爱心行列，提高道德素养。

How：对话具有教育意义，涉及表达物品数量的词汇 seventy，eighty，ninety，one hundred；询问数量的句子 How many…do you have? 以及倡导大家帮助希望工程孩子们的语句 "Let's help children in need." 引导孩子们珍惜自己的物品，同时奉献爱心的重要性。

【课时目标】

1. 在看、听、说的活动中，在情境中复习之前学过的单词，以及掌握新单词 seventy，eighty，ninety 和 one hundred。获取、梳理、学习对话中教师倡导孩子们捐赠物品 Let's help children in need、询问物品数量 How many…do you have? 以及表达自己物品数量 We have…等句型。（学习理解）

2. 分角色表演对话，在情境中通过角色扮演活动带领学生走进语篇，理解语篇。在不同语境中灵活运用 How many…do you have? 句型。巩固前 3 个课时所学词汇，积极地为他人提供帮助，运用所学解决实际问题。（应用实践）

3. 学生在教师的指导和同伴的帮助下，争做小小采访员，调查同学们拥有文具的数量。运用所学词汇和句型创编对话，在创编过程中进一步理解所学内容，内化语言，为语言输出奠定基础，明白自己幸福生活的来之不易，懂得珍惜当下生活，力所能及地帮助别人，奉献爱心的优秀品格。（迁移创新）

【教学过程】

1. 学生与教师进行日常问候，讨论班内学生总人数，男女生人数，本学校教师人数等。

Q：How many students/boys/girls/teachers are there in your class?

2.Play a Guessing Game.

教师在希沃白板上将数字或文具图片蒙上图层，让学生运用涂抹的方式将图片露出一部分，让学生猜测具体是什么物品，猜出后露出全部，用How many句型进行提问，让学生回答。

3.Listen，watch and say!

（1）学生基于图片和已有经验，预测文本内容，获取非文本信息。

Q：Who are they? Where are they?

（2）学生带着问题整体观看对话，了解对话大意。Q：What are they talking about?

4.Listen and read the dialogue.

学生观看视频并听读文本，在整体情境中理解本语篇内容，学习新词汇和重点句型，通过"音、义、形"学习语言并运用到知识中，在情境中学习新词汇，理解本课对话。

5.学生进行听录音跟读，分角色朗读对话，关注语音语调、节奏和连读等，培养语感的同时加深对课文知识的理解和记忆。

△突出文化意识的培养。活动1、2是将已学内容与实际生活相结合，在生活实践中复习所学知识，用游戏来增强学生学习兴趣。活动3、4、5是学生基于语篇的主题情境中，通过学习理解、应用实践、迁移创新等一系列活动，进一步熟悉对话理解对话，为后续语言输出奠定基础。

△融合思维品质的培养。活动3、4,5通过挖掘教材中隐藏的思维品质元素，运用启发式方法充分调动学生思维的积极性、主动性。同时加强了学生科学思维方法的训练，培养了学生解决实际问题的思维品质。

⟳ 设计意图：立足文本，为学生创设以文本为基础的语境。巧设问题，引发学生主动思考，吸引他们去发现探索，扩展思维深度。教师运用图片、试听材料调动学生的试听等感官，以直观形象的形式呈现阅读材料，化解语篇理解的难度，使得抽象化的知识变得更加鲜活和具体。

6.Let's chant.

7.学生在教师的指导下，梳理和归纳本课对话的核心语言，根据教师板书，进行角色替换，开展同伴问答活动。

How many bags/books/… do you have? We have senenty/eighty…bags.

8.基于对话内容，学生4人一组来进行角色扮演，理解对话大意，内化所学语言，体会数字的重要意义。

△突出文化意识的培养。活动7、8活动基于本课语篇创设情境，该情境与小学生所学的语言内容、与日常生活交流中所涉及的主要方面密切相关。做到文化教学和语言教学实

践相结合,让学生亲身体验到语言和文化的密切关系,激发学习语言和文化的兴趣。

△融合学习能力的培养。活动6、7、8,学生能够成为课堂的主角,引导学生采用主动学习和合作学习的方法,巩固所学语言知识,发展自我管理和自主学习的能力。

⟳ 设计意图:播放课文动画,完整地呈现文本内容,帮助学生在语境中感知并理解对话内容,加强对核心语句的认读、感知、理解,使学生能够灵活地运用所学语言进行语言输出。

9.Let's do a survey.

10. 小组合作。

学生创编对话,在真实的语境中运用核心语言进行交流,积极参与活动后进行班级展示。语言支持:Let's help children in need! How many… do you have?

We have… What about you? We have…

△融合学习能力的培养:活动9通过调查表的方式,让学生充满热情地运用核心语言进行交流互动,内化和应用知识,巩固所学词汇和句型,更灵活地运用知识,培养了学习能力。

△融合思维品质的培养:活动10通过教师解读文本的基础上,学生从结构层面对文本有了更准确和更深刻的理解,结合实际生活形成新的认知,提升思维品质的发展。

⟳ 设计意图:构建以学生为本的有效英语课堂,教师根据教材的内容和特点创新教法,充分培养和锻炼学生的发散思维和创新精神,培养思维品质,促进学生的全面发展,学生通过想象和表演,不断丰富、充实文本,这既拓展了教学内容,也培养了学生创造性运用语言的能力,同时还进行了情感的升华。

Period 5　Let's help children in need.

【课时对应的子主题】人与社会;社会服务与人际沟通;志愿服务

【适用年级】四年级

【语篇类型】日常对话

【语篇研读】

What:语篇呈现了动物园内举办为希望工程捐赠书本的慈善晚会。动物们纷纷带来自己的书来进行捐赠,小兔子为希望工程捐赠了25本书,小鸭子捐赠了35本书,小鸡捐赠了40本书,大象和小猫一共收到100本书,可是一数才99本,原来另一本被小猴子拿走了。

Why:通过动物园内举办为希望工程捐赠图书活动,让学生们了解到我国还有很多贫困地区的儿童没有衣服、文具、食物等,生活很艰苦,倡导学生们奉献爱心,用自己的实际行动支援需要帮助的人。

How:语篇是一个有着深刻意义的对话,涉及很多数字词汇,如 twenty-five,thirty-five,forty,ninty-nine,one-hundred 和 one 等。以及重点句型 How many…do you have? I have... 和 Let's help children in need。引导孩子们懂得珍惜现在的幸福，用自己的能力帮助需要帮助的人，奉献爱心。

【课时目标】

1. 语篇的对话教育意义深刻，贴近生活，学生在真实的语境中学习和理解文本，获取、梳理、学习语篇中的重点词汇 twenty-five,thirty-five,forty,ninty-nine,one-hundred 和 one 等；重点句型 How many...do you have? I have... 以及倡导学生为希望工程的孩子们捐赠物品的语句 Let's help children in need。（学习理解）

2. 在教师的带领和同学们的合作下，根据本语篇情境进行学习，内化并熟练掌握运用核心语言点。将本课所学知识应用到现实生活中，倡导学生们珍惜现在的幸福生活，力所能及的帮助需要帮助的人。（应用实践）

3. 学生在教师的指导和小组的合作中，创造性地使用所学语言创编对话，复习本单元所学的词汇、语句。提升语言思维，发展语言能力。让学生们懂得现在的生活是幸福的，珍爱自己的文具和物品，帮助需要帮助的人。（迁移创新）

【教学过程】

1.Sing a song.

学生听唱歌曲 numbers，学生跟着视频边唱边做动作，调动气氛，激发兴趣，迅速吸引学生注意力，激活旧知。

2. 教师绘制思维导图，引导学生复习本单元的内容，通过呈现单元主题，一步步复习本单元有关数字的所有词汇，将本单元重点词汇和句型串联起来，形成一个整体，建立单元知识间的联系。

3.Listen,watch and say!

（1）学生基于图片和已有经验，预测文本内容，获取非文本信息。

Q：Who are they? Where are they?

（2）学生带着问题整体观看对话，整体了解对话大意。Q：What are they talking about?

4.Read and answer for detailed information.

学生自读对话和文本内容，在教师的提问下理解对话细节，选择正确选项，感知核心语言，学生回答问题后，借助老师播放的视频核对答案。Q：How many books do they have?

5.Read the dialogue.

学生跟读录音，在语境中学习对话理解对话。

△突出文化意识的培养。活动 2 借助思维导图的方式将本单元内容汇总在一起进行复习整合，将已学知识整合在一起应用实践的过程，活动 3、4、6 是将语篇内容与实际生活相结合，学生通过学习理解、应用实践、迁移创新等一系列融语言、思维、文化为一体的活动，培养了文化意识。

△融合思维品质的培养。活动3、4通过挖掘教材中隐藏的思维品质元素,调动学生主观能动性开展丰富的语言活动,让学生在语篇学习中提升思维品质。

➡ 设计意图:选择和运用一些趣味性和生活化的情境,将学生带入英语环境中,激发他们的学习兴趣,增强学习的快乐。在快乐学习的同时强化语言的综合运用和输出,锻炼学生的语言表达能力。

6.Listen and number. 听录音完成练习。

7.Try to retell.

学生在教师的指导下,梳理和归纳本课对话的核心语言,根据教师板书,梳理对话。How many books are there in your school?

8. 依据课文情境,学生4人一组来进行角色扮演,理解对话大意,内化所学语言,体会数字的重要意义。

△突出文化意识的培养。活动6、7是基于本语篇主题展开的,引导学生运用真实、地道的英语进行恰当、得体的交际,在欢乐、活跃的氛围中去激发学生的学习兴趣,培养学生的学习热情,促进文化意识的发展。

△融合学习能力的培养。活动6、7引导学生通过学习,将所学的知识进行整合和应用,通过模拟真实情境,让学生在实际生活中应用英语,增强学习的实用性,锻炼学生的逻辑思维和表达能力。

➡ 设计意图:为学生创设真实的学习场景,贴近生活并复习了之前学习的相关内容,在课件制作上,利用白板互动功能,师生互动;孩子们的角色扮演活动,让每个孩子都有说英语的机会,为下面的教学内容做铺垫。

9.Group work

表演并创编对话,为学生提供创编对话的语言材料和情境图片,鼓励学生大胆发挥。语言支持:Let's help children in need!　　We need…

How many… do you have?　　We have…　　What about you?

We have…　　　　　　　　Why?…

10.Watch a video. 情感升华,丰富语言。

观看视频,交流贫困山区儿童生活上的艰苦,在文具上的短缺。很多有爱心的人帮助贫困儿童,纷纷寄来食物、玩具、文具和衣服等。让学生发言讲讲收获和以后的做法。

△融合思维品质的培养:活动8通过教师给出的语言框架,通过小组合作的方式进行交流和表演,每位同学都有自己的想法,最后每组呈现出来的东西都不一样,这是组员们思维火花不断碰撞的过程,促进学生能思维品质的切实提升。

△融合学习能力的培养:活动8通过语言框架复习巩固所学知识,活动9通过观看视频的方式进行了情感主题的升华,让学生带有目的性地进行学习交流,内化和应用知识。

学生可以不断巩固所学词汇和句型，更灵活地运用知识，学习能力得到了发展。

○ 设计意图：引导学生根据创编对话和视频在复习已学知识，巩固所学内容的同时升华主题，认识到我国还有很需要帮助的儿童，引导孩子们珍惜自己当下的生活，乐于助人，奉献爱心，这一环节发展了学生的思维能力和表达能力。

Period 6 Colours of the Rainbow.

【课时对应的子主题】人与自然；身边的自然现象
【适用年级】四年级
【语篇类型】日常对话
【语篇研读】

What：语篇呈现的是介绍彩虹。首先介绍的是彩虹的颜色，彩虹共分为七种颜色，分别为红色、橙色、黄色、绿色、蓝色、靛色和紫色。随后介绍了彩虹的位置，红的在最上面，依次是橙黄绿蓝靛紫。最后了解到每一个彩虹都是七种颜色，位置也都是一样的。

Why：通过描述彩虹的颜色和位置，让学生们了解身边的自然现象——彩虹。引导孩子们探索自然，对身边的事物充满好奇心，拥有一双发现美的眼睛。

How：语篇是一个科普知识类文本，涉及了很多与颜色有关的词汇，如 red，orange，yellow，green，blue，indigo，and purple。重点单词 rainbow，本课的重要单词和数字 seven。旨在引导孩子们探索自然，发现身边的美好事物。

【课时目标】

1. 语篇的事物贴近生活，让学生感受到在真实的语境中，通过看、听、说等活动，获取、梳理、学习语篇中的重点词汇 red，orange，yellow，green，blue，indigo，and purple。还有重点单词 rainbow，以及本课的重要单词和数字 seven。同时运用 How many 句型询问彩虹的数量。（学习理解）

2. 在教师的带领和同学们的合作下，内化并运用核心语言点。将本课所学知识应用到现实生活中，倡导学生观察身边事物，热爱生活。（应用实践）

3. 学生在教师的指导和小组的合作中，创造性地使用所学语言创编对话，提升语言思维，发展语言能力。引导学生们拥有发现身边的美好事物，观察自然，探索自然的乐观心态。（迁移创新）

【教学过程】

1.Sing a song.

学生听唱歌曲 Rainbow Song，学生跟着视频边唱边做动作，调动气氛，激发兴趣，迅速吸引学生注意力，激活旧知。

2.Let's talk.

教师跟学生聊天气,下雨后会出现什么,引出本语篇主题—彩虹。引导学生观看插画,预测语篇内容。

3.Watch and say!

播放一段有关于彩虹介绍的视频,让学生直观的看见和感受彩虹,引导学生回答问题,引出英文词汇"rainbow"。What are they talking about?

4.Read and answer for detailed information.

给学生时间,指示学生自读文本内容,在教师的提问下理解文本细节,感知核心语言,学生回答问题后,老师带领学生共读文本并核对答案。

Q1:How many colours are there in a rainbow?

Q2:What are the colours of a rainbow?

5.Look and say.

播放文本音频,学生跟读录音,关注语音、语调、节奏、连读、重读等,学生在语境中学习对话理解文本。

△突出文化意识的培养。活动3、4倡导学生在语境中体验和理解真实语言,让学生置身于真实、具体的文化主题语境中开展有意义的学习活动,有利于增强他们对文化的感知能力。

△融合思维品质的培养。活动1、2通过引导挖掘生活中美好的事物彩虹,调动学生的主观能动性开展丰富的语言活动,让学生在学习中提升思维品质。

➡ 设计意图:帮助学生在语境中理解文本内容,学习文本中的核心词汇和核心语言。学生在教师指导下,通过观看视频和阅读文本,从大意到细节逐步理解文本内容。学生在朗读的过程中关注语音语调,教师指导学生做出相应标记,为语言输出奠定基础。

6.Try to retell.

学生在教师指导下,梳理和归纳本课语篇的核心语言,根据教师板书,梳理文本。

7.学生运用不同的分组形式进行朗读,首先男女生分组各一句,接下来四人一组练习,进行小组朗读展示。

△突出文化意识的培养。活动6、7是基于本语篇主题展开的,在引导学生梳理文本和朗读展示的过程中,学生对该文本的理解程度会越来越深,深刻了解到该语篇中彩虹这一系列自然现象的形成和内涵,促进文化意识的发展。

△融合学习能力的培养。活动6、7引导学生通过学习,将所学的知识进行整合和应用,通过小组合作交流,让学生在实际生活中应用所学语言表达自己,增强了学习的实用性,锻炼学生的逻辑思维。为后面的学习奠定了基础。

➡ 设计意图:引导学生在归纳和整理核心语言的基础上,通过朗读和复述文本使每位同学都能深刻理解文本内容，运用语言理解意义，从学习理解过渡到应用实践，为后面的真实表达做准备。

8.Pair work.

小组合作，学生自己绘制彩虹并配上英文词汇和句子，向组内成员运用本课文本进行讲解，每组推选出一名学生上讲台上来进行展示。最后推选出获胜者。

9. 教师询问同学们还知道彩虹的其他方面吗，和大家分享一下自己所了解的彩虹。引导学生要关注身边的美好事物，关注大自然。

△融合思维品质的培养：活动8的小组合作，学生自己绘制彩虹并配上对应的单词句子，让学生思维快速发展的过程，将所学知识和实际生活相结合，灵活地展现出来，促进了学生思维品质的切实提升。

△融合学习能力的培养：活动9通过学生自己描述彩虹的其他特点，关注到了学生的逻辑性、批判性和创新性等方面，让学生们在真实的情境体验中自由积极地表达，拓宽学生们的视野，学习能力也得到了发展。

◑ 设计意图：帮助学生在迁移的语境中，创造性地运用所学语言描述彩虹的不同特点，引导学生从课本走向现实生活，在绘制彩虹后描述彩虹的过程中，发展语言能力。

☑ 四年级下册 Unit 3　教学设计 ①

Period 1　Our Timetable

【课时对应的子主题】生活与学习，学校生活：学校、课程、学校生活与个人感受

【适用年级】四年级

【语篇类型】日常对话

【语篇研读】

What：通过设置记者来学校参观访问，了解学生一日课程安排，学生有礼貌地向客人提供帮助的真实场景，培养了学生使用语言进行得体交际的能力，自然引发学生爱学习、爱学校的情感意识。

Why：就日常课程安排这一话题与他人进行得体的交流，形成主动交往、积极交流的意识。将本课时的科目类单词融入目标语言进行操练运用，积累语言知识，发展语言技能，激发学生爱学习以及对学校生活的情感。

How：语篇涉及科目相关词汇 maths，PE（Physical Education），Chinese 和 English，进一

_____

① 本文作者：天津河北区育婴里小学　缴颖丽。

步巩固介绍具体课程 They are... 结构，把词汇融入句子中进行学习，讨论课程表的具体信息。通过视听媒体、图片展示、情景模仿、角色扮演以及问卷调查等方法刺激学生感知、模仿、学习和体验，引导学生能够在生活情景中灵活运用这些功能语句进行交际，在互动中强化与人交往的意识与能力。

【课时目标】

1. 借助本课时文本主图与视听媒体，理解语篇对话，在真实场景中运用本课目标语言 How many lessons do you have in the morning? We have four. They are... 进行对课程数量的问答和具体课程的介绍。结合图片认识科目词汇 maths，PE（Physical Education），Chinese 和 English，能够听、说、读、写 Chinese 和 English，并能在四线格中正确拼写，在对话交流的过程中完成目标词汇的学习，讨论课程表的内容信息。（学习理解）

2. 在对话情境中，结合本课时涉及的科目词汇，运用 How many lessons do you have in the morning? We have four. They are... 语言结构，从整体上让学生感知、模仿、学习和体验，以游戏活动、角色扮演的形式，引导学生运用语言进行交际，介绍日常课程安排，强化与人交往的能力和意识。（应用实践）

3. 通过自制课程表、信息调查等环节，运用本课语言结构 How many lessons do you have in the morning? We have four. They are... 进行个性化创编，在操练语言的过程中加强与人协作的能力，同时积累资源，开拓视野。（迁移创新）

【教学过程】

1.Greeting. 师生问好。

T：Good morning/afternoon，children.　　　　Class：Good morning/afternoon，Miss/Mr...

T：Nice to see you again!　　　　Class：Nice to see you，too!

2.Let's chant.

（1）复习歌谣进行对话交流。呈现 Lesson Ten 的歌谣，让学生集体或分组进行说说唱唱。Look，look，look! We have seventy bags.

Seventy bags，seventy bags.For children in need.

Look，look，look! We have eighty books.

Eighty books，eighty books.For children in need.

（2）教师引导学生进行对话交流：Do you like reading books?

How many books do you have?

3.Text Teaching

（1）PPT 或其他多媒体形式呈现一位带着照相机来到校园的记者，引导学生与他打招呼问好。

Topic：Why does the reporter come here? 依据自己已有的知识进行猜测。

（2）Let's watch and talk. 观看文本主图并提出问题 What does he want to know first? 自然引出 How many lessons do you have today? 学习 lesson 一词。

（3）提问：How many lessons do they have in the morning? What are they?

引导学生视听对话，问题驱动，找出答案 They are maths，Chinese，English and PE. What class do you have at 8：00am? 启发学生根据课文内容找出答案 It is Chinese. 教师可进一步调动学生思维，提出问题如 What class/lesson do we have at 8：00/10：00…am? 鼓励学生根据实际情况回答问题，落实对句子的理解。

4.Words Teaching.

（1）Look at the pictures and match the words. 看图，搭配对应单词。

（2）在四线格中规范板书 Chinese 和 English。

5. 多种方式引导学生体验、模仿文本语句。

（1）学生听录音跟读、分角色朗读对话，关注语音、语调、节奏等语言现象。

（2）Do the role—play. 引导学生分角色表演对话，内化与运用所学语言。

△促进学习能力的培养。活动 4、5 新授本课核心语言及词汇并运用多种方式进行操练落实，使处于不同学习层次的学生都能得到语言能力的训练，掌握本课核心语言。

△融合思维品质的培养。活动 3 通过设置问题引导学生观察分析，捕捉关键信息，培养学生整理信息解决问题的能力，辅助对语篇意义的理解。

💿 设计意图：在复习已有知识的基础上，通过对语篇内容的介绍与师生互动，自然引出新授内容，带领学生进入到真实情境之中展开学习。本课时词汇属于之前反复出现过的滚动内容，学生相对熟悉，本阶段将词汇教学融入句型操练之中，设计多种活动形式促进学生对核心语言的落实。

6.Guessing Game. 教师利用 PPT 或其他多媒体形式出示各学科的典型标志物，如数字、汉字、操场跑道、英文字母等，适当加入下一课涉及的一些科目，让学生说出相应的单词。

7. 自编歌谣

E.g. How many，how many.How many lessons do you have today?

We have four. We have four. Maths，Chinese，English and PE.

8.Talk about your timetable. 教师利用实际资源，组织学生以快问快答的形式来说一说本班课程表的内容。

E.g. T：How many lessons do you have today?　　　　S1：We have six.

T：How many lessons do you have in the morning?　　S2：We have four.

T：What are they?　　　　S3：They are Chinese，maths，English and PE.

T：What class do you have at 11：00?　　　　S4：It's PE.…

△促进学习能力的培养。活动 6、7 以游戏与歌谣的形式，激发学生的参与欲望，带领

学生在轻松的氛围内巩固强化本课时的核心语言,促进语言运用能力,积累相关词汇。

△融合思维能力的培养。活动8基于语篇主题,选取贴近生活实际的资源,调动学生兴趣,激发表达欲望,在真实情境下完成了语言的操练与扩展,提高提取信息的能力。

➡ 设计意图:引导学生在游戏、歌谣、快问快答等活动中运用本课词汇和语言结构,结合自己的知识储备与生活实际,将语言学习从学习理解过渡到实践应用。帮助学生在真实情境中实现语言内化,促进学生扩大词汇量,有针对性地从文本内容中提取有效信息,促进了对语言应用实践能力的发展。

9.Do a survey. 小组调查。学生设计自己的采访表格,选择采访对象,并用 What's your name? How many lessons do you have in the morning? How many lessons do you have today? What are they? What class do you have at 8:00am? 等语言进行操练。在游戏过程中提高本课核心语言的复现率,适当扩充游戏中所需要的相关单词。

10.Make a special timetable. 在本课教学过程中,教师可准备各科目卡片作为评价奖励发给表现好的学生,在最终环节,用 PPT 或事先准备好的版画呈现一个空白或需要填充的 timetable,一边提问一边让学生用手中的卡片补充好,最后形成一个完整的 timetable。

E.g.Look at the timetable. How many lessons do we have today/in the morning/in the afternoon? What class do we have at 8:00am/9:10am/…? So what are they?

△融合思维品质的培养。活动7以调查的形式展开活动,学生能够积极与他人交流并处理信息,加深对语篇内容的理解,获得了学习能力上的提升。

△融合学习能力的培养。活动8需要整节课有针对性地铺垫,本课的核心语言在此环节以充满悬念和参与感的形式最终复现,调动学生兴趣,积累了学习的成就感,促进了自主学习能力和意识的提升。

➡ 设计意图:通过小组调查和完成限定 timetable 的活动设计,引导学生在真实情境中应用语言并创造性地运用所学语言,衍生各种信息,进行有效的语言输出,充实了词汇量,提高学生的综合语言运用能力。

【作业设计】

Period 1　Homework
Activity Card

1.Must—do Tasks

基本要素	具体内容
作业内容	1. Listen to the dialogue and read it. 2. Recite the words and sentence. 3. Try to introduce your timetable with learnt knowledge.

续表

基本要素	具体内容		
形式和类型	形式	听—说□　听—写□　读—写□　其他□	
	类型	基础型□　拓展应用性□　实践型□	
作业时长	___5___ 分钟（建议时长 5—10 分钟）		
完成方式	独立完成□　合作完成□		
提交时间	当天完成□　____天后□		
评价标准	根据实际情况选择活动。 查找补充相关周末活动。 正确朗读所填写的对话。	☆☆☆☆☆ ☆☆☆☆☆ ☆☆☆☆☆ （自我评价）	☆☆☆☆☆ ☆☆☆☆☆ ☆☆☆☆☆ （小组评价）
	（教师评价）　Good □　Super □　Excellent □		

2.Optional Task

基本要素	具体内容		
作业内容	Try to collect more words about subjects.		
形式和类型	形式	听—说□　听—写□　读—写□　其他□	
	类型	基础型□　拓展应用性□　实践型□	
作业时长	___10___ 分钟（建议时长 5—10 分钟）		
完成方式	独立完成□　合作完成□		
提交时间	当天完成□　____天后□		
评价标准	根据实际情况选择活动。 查找补充相关周末活动。 正确朗读所填写的对话。	☆☆☆☆☆ ☆☆☆☆☆ ☆☆☆☆☆ （自我评价）	☆☆☆☆☆ ☆☆☆☆☆ ☆☆☆☆☆ （小组评价）
	（教师评价）　Good □　Super □　Excellent □		

Period 2　My Favourite Subject

【课时对应的子主题】生活与学习，学校生活；学校、课程、学校生活与个人感受

【适用年级】四年级

【语篇类型】日常对话

【语篇研读】

What：语篇创设真实情景，围绕学生下午的课程安排进行采访，学生有礼貌地向客人提供帮助，对最喜欢的课程展开讨论。培养学生使用语言进行得体交际的能力，自然引发学生爱学习、爱学校的情感意识。

Why：就最喜欢的课程科目这一话题与他人进行得体的交流，形成主动交往、积极交流的意识。将本课时的科目类单词融入目标语言进行操练运用，积累语言知识，发展语言技能，激发学生爱学习以及对学校生活的情感。

How：语篇涉及科目相关词汇 subject，music 和 art，引导学生学会用英语表达你最喜欢哪个学科的功能句 What subject do you like best? I like art best. 并把词汇融入句子中进行学习。通过视听媒体、图片展示、情景模仿、角色扮演以及歌谣说唱等方法刺激学生感知、模仿、学习和体验，引导学生能够在生活情景中灵活运用这些功能语句进行交际，在互动中强化与人交往的意识与能力。

【课时目标】

1. 借助本课时文本主图与视听媒体，理解语篇对话，在真实场景中运用本课目标语言 What subject do you like best? I like art best. 进行对最喜欢的学科这一话题的讨论。结合图片认识科目词汇 subject，music 和 art，能够听、说、认读单词 subject，能够听、说、读、写 music 和 art，能在四线格中正确拼写，在对话交流、歌谣说唱的过程中完成目标词汇的学习；（学习理解）

2. 在对话情境中，结合本课时涉及的科目词汇，运用 What subject do you like best? I like art best. 语言结构，从整体上让学生感知、模仿、学习和体验，以游戏活动、角色扮演的形式，引导学生运用语言进行交际，介绍课程安排，讨论最喜欢的学科，强化与人交往的能力和意识；（应用实践）

3. 通过自制课程表、信息调查等环节，运用本课语言结构 What subject do you like best? I like art best. 进行个性化创编，在操练语言的过程中加强与人协作的能力，发展创新能力。（迁移创新）

【教学过程】

1.Greeting. 师生问好。

2.Let's chant. 复习自编歌谣

How many, how many. How many lessons do you have today?

We have four, we have four. Maths, Chinese, English and PE.

3.Free talk.

（1）How many lessons do you have today?

（2）How many lessons do you have in the morning?

（3）What are they?

（4）Do you like English?

对话交流中如出现了没有学过的课程，可自然进入词汇学习。

4.Word and Sentence teaching

（1）教师总结在上一环节中出现的科目单词，引导学生认识到 All of them are called "subjects". 学习 subject(s).

（2）教师向学生提问 What subject do you like? 请学生回答并引导学生说说原因，适当补充单词如 interesting,boring,fun,useful 等，板书主要功能句。

（3）填空游戏，由学科特点引出 music 和 art。

Q1：I can sing in a music lesson.

Q2：I can draw in an art lesson.

在四线格中规范板书 music,art。

music　　　*art*

Q3：Can you say more sentences like this? 引导学生说出更多学科句子作为扩展练习，为后面的环节做铺垫，注意把握时间和程度。

E.g.I can run in a PE lesson. I can read a story in a Chinese lesson.

5.Text Teaching

PPT 或其他多媒体形式呈现上一课时来到校园的记者，The reporter is coming to our class.

6.Listen to the text and find out the answer：

They have four lessons in the morning. How many lessons do they have in the afternoon? What are they? What subject does the girl like best? 学生带着思考听录音，为问题找出答案。

7.Let's watch and read. 观看文本主图，朗读课文，完成对话学习。

8. 多种方式引导学生体验、模仿文本语句。

（1）学生听录音跟读、分角色朗读对话，关注语音、语调、节奏等语言现象。

（2）Do the role—play. 引导学生分角色表演对话，内化与运用所学语言。

（3）学唱歌谣。Maths and art,Music and all the rest.What subject do you like best,Chinese and English,PE and all the rest? I like PE best.

学生通过分组问答或全班齐唱等形式练习后，根据自己的喜好进行分组创编活动，操练主要目标语言。

△促进学习能力的培养。活动 3、4、5、6 温故引新，新授本课核心语言及词汇并运用多种方式进行操练落实，以直观的图片、语言引导、游戏歌谣、利用滚动句型造句等设计提高

学生的课堂参与度,促进学生语言能力的训练,自然掌握本课核心语言。

△融合思维品质的培养。活动4、5通过设置问题引导学生观察分析,捕捉关键信息,培养学生整理信息解决问题的能力,辅助对语篇意义的理解。

⊃ 设计意图:复习已有知识的基础上,通过对语篇内容的介绍与师生互动,自然引出新授内容,带领学生进入到真实情境之中展开学习。本课时通过词汇 subject 总结了各科目单词,根据学生的实际水平与学习需求设计了一系列的游戏、操练活动,促进学生对核心语言的落实,扩展词汇量,调动学生语言输出的主动性和有效性。

9.Guessing Game. 教师利用PPT或其他多媒体形式,从视、听各个角度呈现各学科特点,如歌声、跑步声、颜料、数字、汉字、英文字母等,适当加入一些文本中没有涉及的科目如 computer 和以后课时中的科目,让学生说出相应的单词。

10. 场景设置。PPT 呈现情境,设置去同学家做客的人物,两三人一组活动,假设同学A 来到同学 B 家里做客,B 同学妈妈向 A 同学了解学校学习状况,三人创编对话。

E.g. S1:Hello! Welcome to my home.　　S2:Thank you.

S3:Please have some fruit.　　S2:Wow,yummy!

S3:Do you like …?　　S2:Yes/No.

S1:I like…　　S3:What subject do you like best?

△促进学习能力的培养。活动7以游戏的形式,调动学生兴趣,激发参与欲望,带领学生在轻松的氛围内强化了本课时的核心词汇并对下一课时的学习进行了铺垫,促进学生语言运用能力提高。

△融合思维能力的培养。活动8基于语篇主题,设置贴近生活实际的情境,激发表达欲望,在真实情境下完成了语言的操练与扩展,提高提取信息的能力。主题对话任务给学生充分的发挥空间,提高学生创新能力,促进资源扩展。

⊃ 设计意图:引导学生在游戏、情境对话等活动中运用本课词汇和语言结构,从生活实际和学习水平出发,操练本课的核心语言。学生在真实的对话情境中实现了语言的内化,在情境任务过程中调动学生思维发展和创新意识,促进学生组织整理语言,实现语言的有效输出。

11.Do a survey. 小组调查。学生根据采访表格,选择采访对象,用 What's your name? How old are you? What subject/colour/fruit…do you like best? 等语言进行操练。在游戏过程中可适当扩充游戏中所需要的相关单词。

E.g.

Name	Age	Favourit subject	Favourite colour	Favourite fruit

完成调查后，各小组展示调查结果，教师组织各小组综合调查数据，公布全班"最有人气课程（颜色、水果等）" favourite subject/colour/fruit...

12.Make the favourite timetable. 自己设计课程表，可以按照自己的意愿设计安排一日课程。完成制作后，展示、介绍并说明原因。

E.g. Look at the timetable. I have six lessons today. In the morning, I have English, Chinese, art and PE. The English class begins at 8：00. This is the first lesson, because I like English best.

△融合思维品质的培养。活动 9 以调查的形式展开活动，学生能够积极与他人交流并处理信息，在调查过程和呈现环节操练语言，加深对语篇内容的理解。数据统计环节，将数字相关的第二单元和本单元内容串联在一起，融合语言资源，使学生在完成任务的过程中发展思维能力和创新能力。

△融合学习能力的培养。活动 10 融合了上一课时与本课时的内容，将 timetable 的概念延续并完整化，以学生的个人需要进行个性化的创编。语言结构在此环节全部呈现并由学生陈述出来，调动学生的参与热情，促进自主学习能力和创新意识的提升。

⊙ 设计意图：通过小组调查和完成个性化 timetable 的活动设计，引导学生在真实情境中发展创新能力，实现有效输出。提高学综合语言运用能力的同时，强化了学生热爱学校生活、热爱学习的情感意识。

Period 3　The Interest Clubs

【课时对应的子主题】生活与学习，学校生活；学校、课程、学校生活与个人感受
【适用年级】四年级
【语篇类型】日常对话
【语篇研读】

What：语篇延续之前两个课时的情景，围绕学生对不同的社团活动的喜好展开话题。在对话过程中培养学生积极交流、主动表达、得体使用语言的能力，调动学生热爱学校生活的情感意识。

Why：延续记者的采访活动，就学生是否喜好某社团活动这一话题与他人进行得体交流，促使学生形成主动交往、积极交流的意识。将本课时的科目类单词融入目标语言进行操练运用，积累语言知识，发展语言技能，激发学生热爱学校生活、积极参与社团活动的情感。

How：语篇涉及科目相关词汇 science, lesson, music 和 art，引导学生学会用英语表达对事物是否喜欢 Do you like music? Yes, I do. I like it very much. 把词汇融入句子中进行学习。通过视听媒体、图片展示、情景模仿、角色扮演以及歌谣说唱等方法激励学生感知、模仿、学习和体验，引导学生能够在生活情景中灵活运用这些功能语句进行交际，培养学生热爱

学习各学科知识的好习惯。

【课时目标】

1. 借助文本主图与视听媒体,理解语篇对话,在真实情景中理解运用核心语言 Do you like music? Yes,I do. I like it very much. 表达对学科的喜好。结合图片认识及词汇 science, lesson,music 和 art, 能够听、说、认读单词 music 和 art, 能够听、说、读、写 science 和 lesson, 能在四线格中正确拼写, 在对话交流、调查互动的过程中完成目标语言的学习;(学习理解)

2. 在对话情境中,结合本课时涉及的科目词汇,运用 Do you like music? Yes,I do. I like it very much. 语言结构,从整体上让学生感知、模仿、学习和体验,以调查互动、角色扮演的形式,引导学生运用语言进行交际,讨论对学科的喜好,强化与人交往的能力和意识;(应用实践)

3. 通过信息调查等环节,运用本课语言结构 Do you like music? Yes,I do. I like it very much. 进行个性化创编,在操练语言的过程中加强与人协作的能力,发展创新能力。(迁移创新)

【教学过程】

1.Greeting. 师生问好。

2. 教师请学生准备好不同学科的课本,请学生按照教师的指令做出反应,激活学生学过的课程话题以及相关词汇,活跃课堂气氛。

Show me your Chinese book/music book/English book.

Put your art book on the pencil—box.

Put your maths book in the desk. 可逐步由教师发指令过渡到学生发指令。

3.Free talk.

How many lessons do you have today?　　What class do you have at 11:00am?

What subject do you like?　　What are the lessons in the afternoon?

Do you like music? 对话交流中如出现了没有学过的课程,可自然进入词汇学习。

4.Word and Sentence teaching

(1)教师在四线格中规范板书 lesson 和主要功能句 Do you like music? Yes,I do. 同时启发学生也说出否定回答方式。例如 No,I don't. I like Chinese,I like maths,I like PE… 随着学生给出的答案,呈现单词 music 和 art。

(2)利用 PPT 操练功能句,呈现各学科典型标志物,如字母、语文书、数字算式等,引导学生操练语言结构,并按照实情回答。

E.g.→Do you like art? Yes,I do.(No,I don't)对肯定回答方式启发学生继续强调程度:I like it very much.

（3）由上一环节自然引出 science，在四线格中规范板书。

lesson　　*science*

→ Do you like science? Yes,I do.（No,I don't）

5.Text Teaching

PPT 或其他多媒体形式呈现本课主图，引导学生观察记者在校园中的活动轨迹，在本课 The reporter is coming to the interest clubs. 引出本课主题。

6.Watch the video and try to find out the answers.

Q1：How many clubs are there in the lesson?　　　Q2：What are they?

Q3：What does the reporter ask the children?

Q4：Does the boy/girl like music/art/science…?

Q5：What do we do in the art room/science lab/…?

学生带着思考听录音，为问题找出答案。教师引导学生关注 science lab，利用图片或课件介绍 You can study science in it. You can observe things here. 等。

7. 多种方式引导学生体验、模仿文本语句。

（1）学生听录音跟读、分角色朗读对话，关注语音、语调、节奏等语言现象。

（2）Do the role—play. 引导学生分角色表演对话，内化与运用所学语言。

（3）学唱歌谣。

How many,how many,

How many lessons do you have today?

We have four. We have four.

Music,Chinese,English and art.

Do you like them? Do you like them?

Yes,I do. No,I don't.

学生可采用问答的方式进行表演，也可以分组改编歌谣后再表演。

△促进学习能力的培养。活动 3、4、5、6 温故引新，新授本课核心语言及词汇。运用多种方式切入语篇，设置任务，逐层递进，帮助学生理解语篇，操练语言。以图片呈现、语言引导、学唱歌谣等设计提高学生的课堂参与度，促进学生语言能力的训练，注意适时扩展语言资源，照顾到学有余力学生的需求。

△融合思维品质的培养。活动 4、5 通过游戏、造句、设置问题引导学生反复操练语言，观察分析，捕捉关键信息，培养学生整理信息解决问题的能力，辅助理解语篇意义。

⊃ 设计意图：复习已有知识的基础上，遵循科学规律进行核心词汇和句型的教学。注重单元内容的一贯性和整体性，通过对语篇内容的介绍与师生互动，自然引出新授内容，带领学生进入到真实情境之中展开学习。根据学生实际水平与学习需求设计一系列游戏、操练活动，促进学生对核心语言的落实，扩展词汇量，调动学生语言输出的主动性和有效性。

8.Guessing Game. 教师利用 PPT 或其他多媒体形式，从视、听各个角度呈现各学科特点，如显微镜、五线谱、颜料、数字、汉字、英文字母等，适当加入一些文本中没有涉及的科目如 computer、class meeting，让学生说出相应的单词。

9.Game：Find friends. 教师组织学生进行"找朋友"的游戏。在之前进行的环节中，教师用课前准备好的科目词卡作为奖励分发给学生，在这一环节，让学生根据手中的词卡，认真听教师的问题作出反应。

E.g. T：Do you like music? 拿到 music 词卡的学生高举词卡回答 Yes，I do. I like it very much. 其他学科以此类推。教师一边组织游戏，一边将下一环节涉及到的社团名牌如 Art Room、Science Lab、Music Room 等贴在教室特定位置上。

△促进学习能力的培养。活动 7 以游戏的形式，调动学生兴趣，激发参与欲望，带领学生在轻松氛围内梳理学过的科目单词，促进学生语言运用能力的提高。

△融合思维能力的培养。活动 8 以核心语言结构为框架，设计"找朋友"的游戏，借助卡片操练 Do you like music? Yes，I do. 对学科的肯定回答方式。真实的情境激发学生参与热情，完成语言的操练与扩展。

➡ 设计意图：引导学生在不同角度、深度的两个游戏活动中操练了本课词汇和语言结构。学生在真实的对话情境中内化本课核心语言，调动头脑风暴，实现语言的有效输出。

10.Do a survey. 小组调查。学生设计自己的采访表格，选择采访对象，综合这三课所学句型 How many lessons do you have today? How many lessons do you have in the morning? What are they? Do you like…? What subject do you like? 等语言进行操练。在游戏过程中可适当扩充游戏中所需要的相关单词。完成调查后，各小组展示调查结果，教师组织各小组综合调查数据，公布全班"最有人气课程"。

11.Group Work. 小组活动。利用活动 8 过程中在教室布置好的各社团角，让学生灵活利用环境条件，在小组内创编并表演对话。

E.g. S1：Look! Here is the Art Room.　　　　S2：Do you like art?

S1：Yes，I do. I like it very much.　　　　S2：I don't like art. I like music.

S3：Me，too. I like music best.　　　　S2：Let's go to the Music Room together.

△融合思维品质的培养。活动 9 以调查的形式展开活动，学生能够积极与他人交流并处理信息，在调查过程中操练语言，加深对语篇内容的理解。数据统计环节，将数字相关的第二单元和本单元内容串联在一起，融合语言资源，使学生在完成任务的过程中发展思维能力和创新能力。

△融合学习能力的培养。活动 10 对本单元前三课的内容进行了融合，为学生提供开放

自由的情境空间，让学生根据有限并固定的语言框架，大胆创编情节，设计故事，操练并丰富语言输出。调动学生的参与热情，促进自主学习能力和创新意识的提升。

◯ 设计意图：通过小组调查和创编对话的活动设计，引导学生在真实情境中发展创新能力，实现有效输出。提高学综合语言运用能力的同时，强化了学生热爱不同科目学习的情感意识。

Period 6　The After School Club

【课时对应的子主题】生活与学习，学校生活；学校、课程、学校生活与个人感受

【适用年级】四年级

【语篇类型】配图故事

【语篇研读】

What：语篇描述 Li Mei 在新学期开始之时，面对众多社团活动时犹豫不决，最后选到自己喜欢的社团的故事。

Why：语篇讲述 Li Mei 选择社团活动时的各种心态，以此为主题展开故事，描述了各个社团的特点，间接表明了 Li Mei 的性格和喜好。通过学习，引导学生建立起热爱校园生活、热爱学习的情感意识。

How：语篇贴近学生生活实际，涉及与学校社团活动相关的 after—school club，the Acting Club，the Book Club 等词组，skip，ignore，pass，balk 等动词。作为本单元的最后一个课时，以绘本的形式，将本单元的社团活动与学科课程内容融合在一起，以 Li Mei 的选择为切入点，激发学生对校园生活、学校学习的热爱，强化与人协作的意识。

【课时目标】

1. 借助文本插图，学习本语篇的新词，理解故事大意。（学习理解）

2. 基于故事情境，引导学生对课后社团活动建立起具象的认识，能够以多种形式模仿、朗读、表演，进而复述故事。（运用实践）

3. 以本课故事为范本进行再创作 "My After—school Club（s）"，尝试以自己实际生活中的课后社团活动或兴趣活动为主题绘制个性化绘本，培养学生热爱学习的感情。（迁移创新）

【教学过程】

1.Greeting. 师生问好。

2.Guessing Game. 利用 PPT 显示一张空白的 timetable，在各学科部分陆续现实相关标志物，如足球、乐器、画板、教科书封面等，让学生看图说词，复习本单元核心词汇。

3.Timetable 随着词汇被猜出逐渐完整，教师利用其内容带领学生进行 free talk，复习本

单元核心语言：How many lessons do you have today in the timetable?

How many lessons do you have in the morning/afternoon today?

What class do you have at 8：00 am? Do you like…?

What do you do in a/an…class? What subject do you like best?

4.Text teaching.

（1）Timetable 的最后一行空白，教师结合对应的时间启发学生思考，What class do you have at 4：00 pm?/What do you do at 4：00 pm? 带领学生认识单词 after—school clubs，自然引出本课主题 The After School Club。

（2）Let's the watch the video and find out the answers.

Q1：What day is it today?　　　　　　Q2：What are the tables here for?

Q3：Guess，why is Li Mei going to choose a new club? 引导学生通过观看视频找出问题答案，启发学生对问题3展开推测，发挥想象，努力回答。

5.Word teaching. 进行第二层阅读，将文本分层细化，在此过程中突破新词。

Q1：How many clubs does Li Mei pass?　　　　Q2：What are they?

Q3：Which club does Li Mei choose finally?

学习社团活动的相关词组 the Acting Club，the Football Club，the Painting Club，the Dancing Club，the Book Club. 将对应的图片贴在黑板上。

Q4：Match the verbs and pictures. 继续阅读，找出相关动词，让学生将动词与相应社团按照故事内容进行搭配，理解动词的意思。

skip　　　　ignore　　　　pass　　　　balk

Q5：Read and circle. 回到文本中，圈出 Li Mei 没有选择其他社团的原因，讨论最终选择 the Book Club 的原因，让学生说一说。

E.g. too shy to act　　too slow　　　　no painting gear

　　 She can't dance.　　　　　　She loves a good story.

6. 多种方式引导学生体验、模仿文本语句。

学生听录音跟读、分角色朗读故事，关注语音、语调、节奏等语言现象。

Do the role-play. 用贴好的社团图片创设情境，引导学生分角色表演，内化与运用所学语言。综合新授环节的板书，引导学生以第一人称为主语，以语段的形式复述故事。

7.Group Work. 小组活动。教师再现本课热身环节的 PPT timetable，用本课故事中出现过的社团活动将空白的最后一个时段内容填充上，引导学生联系自己学校生活的实际，可替换或补充更多社团活动，以 "My After-school Club（s）" 为题，组内完成一个故事的创作，共同确定 timetable 未完成的项目内容，然后根据故事的结构，进行新文本的改编。教师可以鼓励学生利用字典或在线 APP 查阅需要的单词，完成后以小组的形式共同在班内展示。时间允许的情况下，组内可以协力配图，创作绘本。

△突出语言能力的培养。通过绘本故事整理复习本单元的学科词汇，在教师设置的任务过程中逐层理解文本，提取信息，突破生词，进而对文本进行个性化的再创作，主动输出语言。

△融合思维品质的培养。学生通过观察、感知、分析以及教师引导，初步形成阅读策略，培养自主学习的方法和意识，提高逻辑思维能力。

△融合文化意识的培养。以 Li Mei 选择新学期的社团活动展开故事，引导学生在 Li Mei 故事的发展之中建立起热爱学习、热爱学校生活的意识。

🔵 设计意图：以绘本故事的形式，对本单元的学科词汇进行复习整理，选取课后社团活动这一贴近学生实际生活的话题为切入点进行深入挖掘，引导学生理解故事内容，积累词汇，在阅读过程中培养解决问题、有效阅读的能力。在一系列听、说、读、写的活动训练中，强化学生对学习及丰富多彩的学校生活的情感意识。

✅ 四年级下册 Unit 4　教学设计 [①]

Period 1　Days of the Week

【课时对应的子主题】学习生活与业余生活；文化体验

【适用年级】四年级

【语篇类型】日常对话

【语篇研读】

What：语篇是 Miss Liu 与学生之间谈论一周七天的对话，呈现了学生和 Miss Liu 喜欢日常表达的情景，通过游戏的形式自然地引发了学生情感体验，促使学生产生自主交流表达时间的意愿，引导学生树立时间观，培养珍惜时间的意识。

Why：建构学生对时间的表达方式，积累用于表达和交流的语言，基于此引导学生表述一周七天，以及对星期、活动等问题进行理解和交流，在真实的语境中进行初步运用。

How：语篇涉及星期表达相关词汇 Sunday，Monday，Tuesday，Wednesday，Thursday，Friday 和 Saturday，以及星期表达法的语言结构 How many days are there in a week? 和 There are... 词汇及语言结构通过师生对话、生生对话、歌谣伴唱、角色扮演、小组合作、游戏等方式不断复现，帮助学生深入理解并识记词汇，形成相对完整的语言结构，发展语言能力，加深语篇意义理解。在师生共同探讨一周的第一天 the first day of the week 的活动中，了解中

----

① 本文作者：天津外国语学校南普小学　韩学芳。

西方文化背景差异学生，在合作学习过程中提升语言技能，强化文化意识培养。

【课时目标】

1. 借助教学媒介学历案，在谈论一周七天的时间名称（如 Sunday，Monday，Tuesday，Wednesday，Thursday，Friday 和 Saturday），运用 How many days are there in a week? 和 There are... 按顺序描述时间，感受每周快乐的学习和生活，初步认识到时间的意义与价值。（学习理解）

2. 在对话情境中，在师生共同探讨一周的第一天 the first day of the week 的活动中，初步了解中西方文化背景差异。（应用实践）

3. 借助时间表达法，运用 How many days are there in a week? There are... 以及 What are they? They are... 展示交流，表达珍爱时间的思想意识。（迁移创新）

【教学过程】

1.Let's enjoy and think! 教师出示一个日历 calendar，学生思考并讨论教师提出的问题，初步感知时间的意义，呈现教学主题。Q：What is a week?

2.Let's listen and tick! 学生视听对话，依托学历案完成勾选任务，整体感知周历信息。

Q1：How many days are there in a week?　　　　Q2：What are they?

3.Let's watch and talk!

（1）学生观看对话视频，获取与梳理 Miss Liu 和学生之间谈话的基本信息。

（2）学生观察 Miss Liu 给出的时间表达信息提示，通过朗读指导、小组合作、游戏等方式，帮助学生深入理解并识记词汇。

（3）学生运用语言支架 There are seven days in a week. They're Sunday，Monday... 描述周历。

4.Let's sing! 借助图片、音视频等资源，通过听音模仿，帮助学生演唱并表演这首歌曲。

5. Let's read and act!

（1）学生听录音跟读、分角色朗读对话，关注语音、语调、节奏、连读、重读等语言现象，体会课堂学习的快乐心情。

（2）学生基于对话内容，以角色扮演的形式表演本课内容，内化与运用所学语言，促进情感共鸣，建构珍惜时间的思想意识。

6. Let's think! 学生思考和讨论教师提出的问题，感受每周快乐的学习和生活，初步认识到时间的意义与价值。

Q：How many days are there in a month/year?

Q：How many weeks are there in a month/year?

➲ 设计意图：以谈论周历的情境为依托，借助学历案梳理一周时间表达法，引导学生实现从整体到细节的逐步理解和深化，发展时间概念和逻辑思维，深入体会时间的美好。

基于文本理解，学生通过参与细致模仿、分角色朗读、角色扮演等活动进行准确性和流畅性练习，基于语调、节奏等多种语言现象体会人物情感，感受时间带给人们的快乐生活，树立美好生活观。学生通过思考和讨论教师提出的问题，认识珍惜时间的意义与价值。

7.Let's discuss in groups! 学生四人一组共同探讨一周的第一天 the first day of the week 的问答中，通过 Cultural Link 进行课外知识阅读，初步了解中西方文化背景差异，在合作学习过程中提升语言技能，强化文化意识培养。

得出讨论结果：S1：Sunday is the first day of the week in the Western countries.

S2：Monday is the first day of the week in China.

➲ 设计意图：引导学生了解中西方文化背景差异，联系生活实际将语言学习从学习理解过渡到实践应用，帮助学生在对话情境中实现语言内化，促进学生感知中国文化和西方文化差异，充实文化知识储备，为其后的表达奠定基础。

7.Let's have a competition! 学生自主选择提问主题，分组设计提问内容及预设答案，然后运用对话中的核心语言进行分组展示，互动交流中强化整体认知。

G1：（Talk about the calendar）

How many days are there in a month?　　How many weeks are there in a year?

How many months are there in a year?　　What are they?

G2：（Talk about the calendar）

How many students are there in our class?

How many lessons are there in the morning/afternoon?　　What are they?

➲ 设计意图：帮助学生从文本走向真实生活，引导学生在真实的语境中灵活运用所学语言知识进行交流，加深对主题意义的认知，表达珍爱时间的思想意识。

【作业设计】

Period 1　Homework
Activity Card

1.Must—do Tasks

基本要素	具体内容		
作业内容			
形式和类型	形式	听-说□　听-写□　读-写□　其他□	
	类型	基础型□　拓展应用性□　实践型□	
作业时长	___5___ 分钟（建议时长 5—10 分钟）		
完成方式	独立完成□　合作完成□		
提交时间	当天完成□　___天后□		

续表

基本要素	具体内容		
评价标准	根据实际情况选择活动。 查找补充相关周末活动。 正确朗读所填写的对话。	☆☆☆☆☆ ☆☆☆☆☆ ☆☆☆☆☆ （自我评价）	☆☆☆☆☆ ☆☆☆☆☆ ☆☆☆☆☆ （小组评价）
	（教师评价） Good □　Super □　Excellent □		

2.Optional Task

基本要素	具体内容		
作业内容	Draw a picture of timetable and talk about it.		
形式和类型	形式	听—说□　听—写□　读—写□　其他□	
	类型	基础型□　拓展应用性□　实践型□	
作业时长	___10___ 分钟（建议时长 5—10 分钟）		
完成方式	独立完成□　合作完成□		
提交时间	当天完成□　___天后□		
评价标准	根据实际情况选择活动。 查找补充相关周末活动。 正确朗读所填写的对话。	☆☆☆☆☆ ☆☆☆☆☆ ☆☆☆☆☆ （自我评价）	☆☆☆☆☆ ☆☆☆☆☆ ☆☆☆☆☆ （小组评价）
	（教师评价） Good □　Super □　Excellent □		

Period 2　Lessons of the Week

【课时对应的子主题】学会介绍学习生活；感受丰富的校园生活

【适用年级】四年级

【语篇类型】日常对话

【语篇研读】

What：语篇为师生日常对话。师生谈论今天是星期几的表达方式，学生之间互相询问今天有哪些课程。

Why：学会介绍一日课表中的课程和学习生活，感受丰富的校园生活。

How：Free talk 涉及今天是星期几的表达方式相关的词汇，如 today，以及介绍一日课表中的课程和学习生活时使用的核心语言，如 What day is today? It's Tuesday. How many lessons do we have on Tuesday? We have five... 通过对日历表和课程表的讨论，让学生尝试介绍每天的课表安排。本课时学习旨在引导学生运用对话核心语言介绍日历表和课程表，在制作自己班级课表的过程中，认识充实的学习生活的意义，感受丰富的校园生活。

【课时目标】

1. 在视听对话的情境中，借助日历表，学习用 What day is today? It's Tuesday.（学习理解）

2. 在全班讨论班级课表的过程中，运用本课核心句型 How many lessons do we have on Tuesday? We have five... What subjects do we have? We have... 介绍班级课表，在参与的过程中认识每周的学习生活。（应用实践）

3. 在制作自己喜爱的课表的情境中，介绍自己喜爱的学科，感受丰富的校园生活。（迁移创新）

【教学过程】

1. 学生回顾上一课的主题情境，学生在教师的引导下进行头脑风暴，回忆二年级学过的学科，说出一周七天的单词。

2. 学生在教师呈现新家具的提示下，通过回答 "What day is today? It's Tuesday." 运用 "How many lessons do we have on Tuesday? What subjects do we have?" 句型介绍一日课表中的课程和学习生活。

3. 学生视听对话，问题驱动，整体感知文本，理解主旨大意，梳理关键信息，补全对话内容。

4. 学生再听对话文本，细致模仿，关注语音语调、节奏、连读、重读等，培养语感的同时加深对课文知识的理解和记忆。教师引导学生进行同伴间分角色练习并表演对话。

⊙ 设计意图：帮助学生回顾已有知识，属于学习理解层次。教师引导学生说出一周七天的名称，活跃学生的思维，唤醒学生对学科的相关知识的记忆，学生通过积极思考理解日历表和课表的词汇，为本课的学习奠定基础，真正实现文本来源于生活。

5. Let's discuss in groups! 学生四人一组，分成五组，每组共同探讨每天的课表，在问答中操练新语言，在合作学习过程中提升语言技能。

得出讨论结果：S1：We have English，Chinese，music，science and art on Tuesday.

S2：We have Chinese，maths，science，art and PE on Wednesday.

⊙ 设计意图：借助文本的情境，与同伴交流一周日历表和课表；同时进行角色迁移，运用核心语言进行交流，促进语言内化。从学习理解过渡到实践应用，为后面的真实表达奠定基础。在学生调查和展示的过程中，适时地渗透学科育人理念，帮助学生认识充实的学习生活的意义。

6. 学生在教师创设自己喜爱的课表的情境中，通过小组合作的形式交流展示。

语言支持：What day is today? It's... How many lessons do we have today?

We have five. What subjects do we have?/What are they? We have Chinese,English, maths…

◐ 设计意图：帮助学生在迁移的谈论日历表和课表的语境中，创造性地运用所学语言，介绍自己设计的喜爱的班级课表，解释热爱的学科的缘由。引导学生合理搭建语言框架，有效进行语言输出，提高学生的综合语言运用能力。学生在讨论喜爱的课表的过程中发展语用能力，帮助学生认识充实的学习生活的意义，感受丰富的校园生活。

Period 3　Activities of the Weekdays

【课时对应的子主题】学会介绍学习生活；感受丰富的校园生活

【适用年级】四年级

【语篇类型】日常简短对话

【语篇研读】

What：语篇为学校日常对话。描述了学生欢迎老师来参观学校和教室，同学们和客人谈论自己喜爱的学科的情景。学生们在学习、理解对话内容的过程中，积累、运用、拓展与学校生活相关的语言经验，发展其语言能力。

Why：描述和客人谈论自己喜爱的学科和课表，引导学生通过观察，学会介绍自己的学习生活，以及表达自己对学习的热爱。

How：对话是谈论喜爱的学科和课表的简单对话，涉及喜爱的学科和不同课上所做的事情的词汇，如 playing football,swimming,skating,skiing,drawing… 以及描述喜爱的学科的核心语言：When do you have English lessons? 该对话情节较为简单，且核心语言已在前面课程学习过，学生易于理解，也便于学生在学习过程中开展自主探究等学习活动，具有现实意义和教育意义。

【课时目标】

1. 在"参观学访"的视、听、说情境中，向来访者表达自己喜爱的学科，以及每周多少节课，学习用 We have… 句型介绍课表。(学习理解)

2. 在教师帮助下，分角色表演对话，尝试转述介绍课表和课上活动。(应用实践)

3. 在小组合作的活动中，综合运用近两个单元所学语言对课表和学科进行介绍，并在全班交流、评价。(迁移创新)

【教学过程】

1. 学生欢唱歌曲 The days of the Week，营造愉快的学习氛围的同时激活旧知。

2. 揭示本课主题参观学访，通过演示知晓主题含义，并通过快速浏览文本插图聚焦宏观问题：Q：Do you like sports?　　　　Q：When do you have PE lessons?

3. 学生观看视频，教师问题引领，在视听活动中梳理 Gao Wei 和参观学访者，在情境中，借助图片、视频、歌谣等学习、拓展与课表相关词汇及核心语言。

Q1：Do you like sports? Why?　　　Q2：How many PE lessons do you have?

Q3：When do you have PE lessons?　Q4：What do you do in PE lessons?

4. 学生听录音跟读课文、分角色朗读对话，细致模仿，关注语音、语调、节奏、连读、重读等，在培养语感的同时，加深对课文知识的理解和记忆。

➡ 设计意图：帮助学生理解对话内容，学习对话中的词汇和核心语言，属于学习理解层次。教师创设贴近学生生活的情境，引导学生通过看、听对话，从大意到细节逐渐理解对话内容。在词汇学习中，学生在教师指导下发展拼读能力，积累并拓展课表相关词汇。学生通过细致模仿、跟读和分角色朗读对话，进行准确性和流畅性的朗读训练，理解对话内容，内化语言，为形成良好的语音意识和语用能力奠定基础。

5. 学生明确评价标准，分组练习朗读或表演对话，展示后学生互评。

A：How many ____ PE ____ lessons do you have?

B：We have ____ .

A：When do you have ____ lessons?

B：We have ____ lessons on ____ , ____ , ____ and ____ .

A：Do you like ____ lessons?

B：Yes，I do. I like ____ playing football ____ very much. We often play together in ____ classes.

6. 学生在教师指导下，结合板书梳理、归纳对话的核心语言，并根据板书提示尝试复述课文。参考语言：

More activities：go out and play sing and dance play together draw and play

sing a happy song　have English class　go to the gym

➡ 设计意图：引导学生在归纳和整理核心语言的基础上，通过角色扮演使每位同学都能深入角色，运用语言理解意义。程度较好的同学还可以尝试用连续话语介绍自己一周某一学科的上课情况，将目标语言进行有效地迁移，促进语言内化，从学习理解过渡到实践应用，为之后的真实表达奠定基础。

7. 小组合作制作课表并运用核心语言，在语言支架的帮助下对课表的安排以及不同学科课上活动的情况进行介绍，并向全班进行展示。

8. 评选出全班最喜爱的学科。

➡ 设计意图：帮助学生在迁移的语境中，创造性地运用所学语言，交流、评价家居布置，向全班进行介绍。学生从课本走向现实生活，在小组合作中，发展语用能力，学会倾听、尊重及融合他人意见，初步形成对课表和不同学科特点的认识与理解，提高合作意识，学习如何正确对待不同的观点和意见。

Period 4　Activities of the Weekends

【课时对应的子主题】学会介绍学习生活；感受休闲的周末生活

【适用年级】四年级

【语篇类型】日常简短对话

【语篇研读】

What：语篇围绕 Miss Liu 和同学们谈论周末的活动，就此了解了去公园、去游乐园、去上兴趣班和去看望爷爷奶奶等一系列活动展开对话。

Why：语篇描述师生谈论周末的活动，以此作为线索，锻炼学生学会计划、学会安排自己的生活的能力，引导学生要孝敬老人，感受美好的休闲周末生活。

How：对话贴近学生日常生活，涉及周末的活动的词汇：weekend，park，usually；描述居室活动的短语 go to the park，go to the theme park，have music lessons，go to see grandpa and grandma 等；以及表达周末的活动时使用的核心语言："What do you usually do on weekends? I usually…on Saturdays/Sundays." 学生在描述周末的活动的过程中探讨休闲的生活，感受家庭生活的美好，表达对家人的喜爱之情。

【课时目标】

1. 借助文本插图和音频，理解对话大意，以周末的活动为线索，学会表达去公园、去游乐园、去上兴趣班和去看望爷爷奶奶等一系列活动的功能语言；（学习理解）

2. 在教师的引领下，基于语篇情境进行角色扮演，内化并熟练运用核心语言 "What do you usually do on weekends? I usually…on Saturdays/Sundays." 询问、介绍周末家庭活动；（应用实践）

3. 通过仿写、创编对话、评选 "爱家小达人" 等活动，深入探讨休闲的生活，感受家庭生活的美好，表达对家人的喜爱之情。（迁移创新）

【教学过程】

1.Sing and guess.（感知与注意）

Question：What do they do at home? 学生接龙演唱歌曲。

2.Listen and think.（获取与梳理）

学生听录音，思考以下问题，初步获取对话内容。

Questions：a.Where are they?　　　b.When is it?

c.What do they usually do?

d.go to the park

3.Read and talk.（获取与梳理）

（1）学生头脑风暴，回忆自己周末经常的活动，通过听读对话，找出书中小主人公经常去的地方和通常的周末活动。以此为线索梳理关于周末活动的功能语言。

Questions：a.Where are they?　　　b.When is it? On Saturday/Sunday/weekends

c.What do they usually do?

学生在此环节借助图片，利用自然拼读规律学习单词 theme park，weekend，usually

（2）学生大声朗读课文，思考并回答以下问题：

Questions：a.What do they usually do on Saturday?

b.What do they usually do on Sunday?

c.What do they usually do on weekends?

4.Chant and play.（概括与整合）

（1）学生说唱歌谣，巩固与周末活动相关的语言；

What do they usually do on weekends? I usually go to the theme park.

What do they usually do on weekends? I usually go to the park.

What do they usually do on weekends? I usually have music lessons.

What do they usually do on weekends? I usually go to see my grandpa and grandma.

（2）小组调查，学生的周末安排进行列表叙述

Name	Saturday	Sunday
1.×××		
2.×××		
3.×××		
…		

5.Read and imitate.（概括与整合）

学生听录音跟读并分角色朗读对话，关注语音、语调、节奏、连读、重读等，培养语感，同时加深对语篇的理解和内化。

△突出语言能力的培养。学习活动 1 帮助学生回顾梳理与描述周末活动相关的语言表达。在学习活动 2,3,4,5 中学生学习单词发音、掌握简单句的重音和升降调，能正确跟读对话、积累介绍房间功能的句式，理解本课核心语言，为语言的输出奠定基础。

△融合思维品质的培养。学习活动 3 体现了语言能力和思维品质的融合。学生通过观察与分析，为 picture 找到合适的摆放位置，对于周末活动功能初步形成自己的理解与判断。

⮞ 设计意图：帮助学生理解对话内容，学习对话中有关介绍周末活动安排功能的词汇、短语和核心语言，属于学习理解层次。教师创设与学生现实生活紧密关联的情境，引导

学生通过听、读对话，从大意到细节逐渐理解对话内容。学生通过细致观察、积极思考、模仿操练等形式进行对话理解，并在情境中运用核心语言，为形成良好的语音意识和语用能力奠定基础。

6.Retell and act.（描述与阐释）

（1）学生阅读绘本 Tom's Plan；

（2）学生在小组内完成 My plan of the week。

➡ 设计意图：帮助学生理解对话内容，学习对话中有关介绍周末活动安排功能的词汇、短语和核心语言，属于学习理解层次。教师创设与学生现实生活紧密关联的情境，引导学生通过听、读对话，从大意到细节逐渐理解对话内容。学生通过细致观察、积极思考、模仿操练等形式进行对话理解，并在情境中运用核心语言，为形成良好的语音意识和语用能力奠定基础。

7.Think and talk.（分析与判断）

Use the mindmap to talk about what your home is like and what you like doing in it. Share with your partner.

Useful words：play games；do homework；play computer games；have a rest；draw pictures；go for a walk；ride bikes；go to the movies；have a picnic…

Sentence type：We will go to… Let's go out and play football.

△突出语言能力的培养。在学习活动 6 中，学生能理解本课简单句的表意功能，尝试习得与建构与询问、介绍周末活动安排功能相关的语言并进行简单交流。

△融合文化意识的培养。学生在学习活动 7 中以漫画形式小主人公 Tom 的一周，探讨周末活动安排的丰富多样性。

➡ 设计意图：引导学生借助文本情境，延伸到不同的活动情境中，进行询问、描述周末活动安排；进行角色迁移，运用核心语言进行交流，促进语言内化。从学习理解过渡到实践应用，为后面的真实表达奠定基础。

8.Think and evaluate.（批判与评价）

学生通过分析照片中不同家庭不同的周末活动，结合自己的家居生活经验，探讨居室功能的多样性和 "a happy weekend" 的必备要素。

Questions：What do you think of your weekend? What is a happy home like?

9.Create and present.（想象与创造）

学生利用本节课核心语言，在小组内就周末活动安排展开讨论或创编对话，评选 "爱家小达人"，通过感受美好的家庭生活，表达对家人的热爱。

Choose：a.Talk about your home.　　b.Make a dialogue.

△突出学习能力的培养。在学习活动 8 中，学生通过在小组内仿写小诗或创编对话等

活动进一步灵活运用所学语言，培养创新性、提升学习能力。

△融合文化意识的培养。在学习活动 9 中，学生结合自己的周末活动安排，探讨活动的多样性和"美丽的、温馨的、甜蜜的"家的必备要素。

🔵 设计意图：帮助学生在迁移的自主设计新家的语境中，创造性地运用所学语言，评选"爱家小达人"。学生从文本走向真实生活，在对周末活动安排展开讨论的过程中发展语用能力，进一步深化对美好家庭生活的认同与理解。

Period 5　Week Story

【课时对应的子主题】珍爱家庭生活，勇担家庭责任

【适用年级】四年级

【语篇类型】配图故事

【语篇研读】

What：语篇为幽默有趣的卡通故事。内容围绕 Micky 给 Mimi 捣乱，乱翻日历导致 Mimi 带错学具，表现出 Mimi 有规律的生活。

Why：通过 Micky 和 Mimi 在一起玩耍的欢乐时光，使学生懂得要珍爱朋友，要用真诚感动朋友，感受生活的美好。

How：文本使学生在轻松氛围中重温旧知识，通过表演对话，达到在真实情境中熟练运用所学语言进行交流的目的。

【课时目标】：

1. 在看、听、说的活动中，综合复习本单元所学的星期、活动、课程等知识，完成听力测试（学习理解）

2. 在教师指导下，帮助学生在真实的场景中运用所学词句进行语言交流。（应用实践）

3. 简要复述小故事。（迁移创新）

【教学过程】

1.Quick answer game.

2.Show some pictures of story and ask：

T：Do you like Micky or Mimi? Do they live together?

3. 观看 Fun story 视频，并提出问题：What are they talking about?

（观看视频之前介绍 Micky 和 Mimi 是同班同学）

教师指导学生带着问题阅读：What day is it today? What do they have today?

Are they happy or unhappy?

4.Comparison of timetable of Tuesday and Wednesday.（对比周二周三课表）

Look at the two pictures. Find the differences：

鼓励学生找出两张课表的不同：

We have music lessons on Wednesday. We have PE lessons on Tuesday.

5. 再次观看 Fun Story 的视频，引导学生使用本单元的词汇与句型，依次介绍故事情节，与故事的主要文本相契合，梳理关键信息，理解主题意义。

Picture 1：

Micky：Today is Tuesday，Look! It's Wednesday now.

Picture 2：

Mimi：It's Wednesday. We have a music lesson this morning.

Picture 3：

Rabbit：Hello，Mimi. We have PE this morning. Let's go together.

Mimi：No，we have a music lesson.

Picture 4：

Rabbit：When do you have music lessons?

Mimi：We have music lessons on Wednesday and Friday.

6.Teacher asks：What do you think about Micky?　　Ss：He's naughty.

What do you think about Micky?　　Ss：She's angry.

> 设计意图：引导学生通过运用已知的词汇和句型获取图片的基本信息，进而概括文本内容，属于学习理解层次。通过分析 Micky 和 Mimi 的表情，分析他们的心理活动，引导学生感受他们之间的友谊，核心句型和词汇的学习属于学习理解的范畴。在分析原因的基础上，引导学生通过文本阅读，找出今天到底是什么课及内容。教师引导学生通过听、看、读的方式，理解文本内容和主题意义。学生参与核心语言的操练活动，为接下来的应用实践和迁移创新奠定基础。

7.Act out the dialogues.

8.Make a new timetable.

9.Talk about the new timetable.

10.Make up a new dialogue.

11.Act out the new dialogue.

> 设计意图：帮助学生灵活运用核心语言进行交流，创造性地使用所学语言介绍课表。最后朋友之间要真诚对待，使学生懂得要珍惜朋友、善待朋友。

四年级下册 Unit 5　教学设计 ①

Period 1　What would you like?

【课时对应的子主题】家庭日常活动

【适用年级】四年级

【语篇类型】日常对话

【语篇研读】

What：语篇为 Lisa 和父母一起野餐的对话。描述了 Lisa 和双亲各自想要选择的食物。学生们在学习、理解对话内容的过程中，积累、运用、拓展与食物相关的语言经验，发展其语言能力。

Why：通过野餐的会话场景，引导学生通过讨论食物，认识食物。

How：对话是谈论在野餐活动中，涉及食物词汇，如 sausage，bread，cake，chicken，hamburger 和 Coke；以及核心语言 What would you like? 回答 I'd like... 对话情节简单，学生易于理解，便于学生在学习过程中开展自主探究等学习活动，具有现实意义和教育意义。

【课时目标】

1. 借助教学媒介学历案，在野餐中，谈论食物的情境梳理食物词汇（如 cake，bread 等），运用 What would you like? 回答 I'd like... 表达对不同食物的喜好，感知多样的食物；（学习理解）

2. 在对话情境中，根据不同食物图片，运用 What would you like? 回答 I'd like 表达个人对不同食物的喜好，初步认识到家庭日常活动的趣味性（应用实践）

3. 借助野餐场景，运用 What would you like? 回答 I'd like... 展示交流，表达想要的食物，并能根据不同的天气选择适宜的活动。（迁移创新）

【教学过程】

1. 学生欢唱歌曲 Food song，营造愉快的学习氛围的同时激活旧知 .。

2. Let's listen and tick! 学生视听对话，依托学历案完成勾选任务，整体了解食物信息。

Q1：Where are they?　　　Q2：What do they want?

3. Let's watch and talk!

（1）学生观看对话视频，获取与梳理野餐场景。

（2）学生观察 Lisa 和父母的对话

---

① 本文作者：天津市河北区育婴里第三小学　李旭。

（3）学生运用语言支架 What would you like? 询问家人要的食物，表达个人情感。

4.学生视听对话，问题驱动，整体感知文本，理解主旨大意，梳理关键信息，补全短文内容。

5.Let's read and act!

（1）学生听录音跟读、分角色朗读对话，关注语音、语调、节奏、连读、重读等语言现象，体会和家人外出野餐的快乐心情。

（2）学生基于对话内容，以角色扮演的形式表演本课内容，内化与运用所学语言，促进情感共鸣，建构喜爱动物的思想意识。

⟳ 设计意图：以 Lisa 与家人野餐的情境为依托，借助学历案梳理不同食物，引导学生实现从大意到细节的逐步理解和深化，发展空间概念和逻辑思维。基于文本理解，学生还通过参与细致模仿、分角色朗读、角色扮演等活动进行准确性和流畅性练习，基于语调、节奏等多种语言现象体会人物情感，感受与家人开展生活活动，树立美好生活观。学生通过思考和讨论教师提出的问题，初步认识到健康饮食，合理膳食的意义与价值。

6.Let's listen and do!

活动规则：教师说 "I'd like..." 学生举出相应的单词卡片示意，并对速度最快，准确率最高的学生加以表扬。

7.Let's search：

（1）活动规则：根据学生们搜集的信息进行句型练习，如：搜集的信息中有某位学生哪种食物

（2）通过同学间的提问：What would you like?

（3）I'd like some...

（4）分组比赛：根据教师出示的实际物品说句子，用两种方式表达。对优胜者给予奖励。培养学生们的团结、协作的精神。

⟳ 设计意图：引导学生联系生活实际将语言学习从学习理解过渡到实践应用，帮助学生在对话情境中实现语言内化，促进学生思维品质提升，为其后的真实表达奠定基础。

8. Let's design! 学生自主选择喜爱的食物，分组设计野餐、春游、秋游的食物盒子，运用对话中的核心语言进行分组展示，互动交流中强化整体认知。

⟳ 设计意图：帮助学生从文本走向真实生活，引导学生在真实的语境中灵活运用所学语言知识进行交流，逐步加深对主题意义的认知，表达关注、关心身边人的思想意识。

【作业设计】

Period 1　Homework
Activity Card

1.Must—do Tasks

基本要素	具体内容			
作业内容	1. Read the story and fill in the blanks. What would you like? Food			
形式和类型	形式	听-说□　听-写□　读-写□　其他□		
	类型	基础型□　拓展应用性□　实践型□		
作业时长	___6___分钟（建议时长 5—10 分钟）			
完成方式	独立完成□　合作完成□			
提交时间	当天完成□ ____天后□			
评价标准	根据实际情况选择活动。 查找补充相关周末活动。 正确朗读所填写的对话。	☆☆☆☆☆ ☆☆☆☆☆ ☆☆☆☆☆ （自我评价）	☆☆☆☆☆ ☆☆☆☆☆ ☆☆☆☆☆ （小组评价）	
	（教师评价）　Good □　Super □　Excellent □			

2.Optional Task

基本要素	具体内容			
作业内容	Make a new dialogue by other food.			
形式和类型	形式	听-说□　听-写□　读-写□　其他□		
	类型	基础型□　拓展应用性□　实践型□		
作业时长	___10___分钟（建议时长 5—10 分钟）			
完成方式	独立完成□　合作完成□			
提交时间	当天完成□ ____天后□			
评价标准	根据实际情况选择活动。 查找补充相关周末活动。 正确朗读所填写的对话。	☆☆☆☆☆ ☆☆☆☆☆ ☆☆☆☆☆ （自我评价）	☆☆☆☆☆ ☆☆☆☆☆ ☆☆☆☆☆ （小组评价）	
	（教师评价）　Good □　Super □　Excellent □			

Period 2　Would you like some pork?

【课时对应的子主题】家庭日常生活

【适用年级】四年级

【语篇类型】日常对话

【语篇研读】

What：语篇为 Li Yan 和 Mum 去拜访 grandparents 的对话。学生们在学习、理解对话内容的过程中，积累、运用、拓展与为他人提供食物的语言经验，发展其语言能力。

Why：通过描述家人聚餐，引导学生感受与家人团聚、关心家人的文化意识。

How：对话是谈论午餐中的食物，如 pork，beef，chicken；以及相关的核心语言 Would you like...? 该对话情节较为简单，学生易于理解，便于学生在学习过程中开展自主探究等学习活动，具有现实意义和教育意义。

【课时目标】

1. 学习理解：能够谈论中的食物（如 beef 等），运用 Would you like...? 及答句 Thank you./No，thanks. 感知多样的食物；

2. 应用实践：在对话情境中，通过家人吃午饭，学生运用 Would you like...? 及答句 Thank you./No，thanks.；

3. 迁移创新：学生借助吃饭、野餐的主题场景，运用 Would you like...? 及答句 Thank you./No，thanks. 展示交流，从而感受家人、朋友之间互相关心、照顾的良好品质。

【教学过程】

1.Let's sing and perform! 教师播放 Food Trip 的视频，学生跟唱，活跃课堂气氛，思考并讨论教师提出的问题，初步认识饭桌上的食物，呈现教学主题。

Q：Do you like meat?

2. Let's listen and answer! 学生初步视听对话，整体感知篇章内容与情感基调。

Q：Does Li Yan like beef?

3.Let's watch，answer，write，and talk!

（1）学生观看对话视频，获取与梳理 Li Yan 一家的午餐吃了什么。

Q：What does Li Yan want to eat?

学生运用语言支架 Would you like...? Thank you./No，thanks. 进行语言描述。

4.Let's read and act!

（1）学生听录音跟读、分角色朗读对话，关注语音、语调、节奏、连读、重读等语言现象，体会与家人团聚的快乐心情。

（2）学生基于对话内容，以角色扮演的形式表演本课内容，内化与运用所学语言，促进

情感共鸣，建构关注、关爱家人的思想意识。

⟳ 设计意图：以 Li Yan 与家人共进午餐的情境为依托，借助学历案梳理，引导学生理解和深化，发展空间概念和逻辑思维，深入体会与家人团聚的美好时光。基于文本理解，学生还通过参与细致模仿、分角色朗读、角色扮演等活动进行准确性和流畅性练习，并基于语调、节奏等多种语言现象体会人物情感，树立照顾、关爱家人的意识。学生通过思考和讨论教师提出的问题，初步认识到关心、关爱家人或朋友的重要性。

5.Let's see and talk! 学生两人一组观察几张图片，图片的内容为不同远近的海豚表演，基于此，进行核心句型训练。

6.Let's do a survey. 学生根据对话内容和信息提示，小组讨论并合作完成调查表。

⟳ 设计意图：引导学生联系生活实际将语言学习从学习理解过渡到实践应用，帮助学生在对话情境中实现语言内化，促进学生感知实际生活，充实文化知识储备，为其后的更加复杂的表达奠定基础。

7.Let's design!

以本节课学过的单词和句型为核心，联系实际，学生进行创编对话，并运用对话中的核心语言进行分组展示，互动交流中强化整体认知。

⟳ 设计意图：帮助学生从文本走向真实生活，引导学生在真实的语境中灵活运用所学语言知识进行交流，加深对主题意义的认知，认识食物，关爱家人，珍惜亲情。

Period 3　I'll sing and dance.

【课时对应的子主题】学校生活

【适用年级】四年级

【语篇类型】日常对话

【语篇研读】

What：语篇为日常对话，故事发生在学校里，师生之间、生生之间围绕周末将要做什么进行的谈话，同学们都说出了丰富多彩的活动。

Why：介绍各自的周末活动，认识周末活动的丰富性，使课余生活更加多彩。

How：对话是比较典型的在校的师生对话和生生对话，涉及介绍日常活动相关的词汇，如 sing, draw, read a book, watch TV, play computer games 等，以及介绍周末课余活动的核心语言，如 I'll... 通过语篇对话，让学生尝试认识不同的课余活动。引导学生运用对话核心语言介绍日常课余生活，充分利用课余时间，发展自己的爱好和特长，劳逸结合，让自己的课余生活更加丰富多彩。

【课时目标】

1.在视听对话的情境中,借助情境认识日常活动的相关词汇,学习用 I'll... 来表述自己的课余活动。(学习理解)

2.在谈论周末课余活动的过程中,运用本课核心句型 I'll... 介绍周末要开展的课余活动,在参与过程中了解活动。(应用实践)

3.在谈论周末课余生活的情境中,发掘兴趣爱好,发展个人特长,丰富课余生活。(迁移创新)

【教学过程】

1.学生回顾上一课的主题情境,开展 Class Meeting,学生在教师的引导下进行头脑风暴,营造愉快的学习氛围的同时激活旧知。

2.教师导入:学生一起唱 What day is today? 并引出周末话题。

3.Let's watch and talk!

(1)学生观看对话视频,获取与梳理师生、生生之间谈论周末计划的信息。

(2)学生观察师生、生生对话。

(3)学生在教师逐一呈现活动图片的提示下,通过回答 I'll... 来认识活动类词组。

4.Let's read and write!

学生运用语言支架描述农场动物并表达个人情感,学生视听对话,问题驱动,整体感知文本,理解主旨大意,梳理关键信息,补全短文内容。

5.学生再听对话文本,细致模仿,关注语音语调、节奏、连读、重读等,培养语感的同时加深对课文知识的理解和记忆。教师引导学生进行同伴间分角色练习并表演对话。

△突出文化意识的培养。活动1、2将语篇内容与实际生活相结合,根据自身生活经验,使用简单的短语和句子介绍课余生活,倾听他人想法,乐于参与合作活动。

△融合思维品质的培养。活动3、4通过提问引导学生仔细捕捉关键信息,运用已有知识进行猜测和推理,激发学生的兴趣、观察力以及逻辑分析能力,辅助对语篇意义的理解。

➲ 设计意图:帮助学生回顾已有知识,属于学习理解层次。教师引导学生说出与课余活动相关的动词或动词词组名称,活跃学生的思维,唤醒学生对相关知识的记忆,学生通过积极思考理解有关的词汇,为本课的学习奠定基础,实现文本来源于生活。

6.学生之间相互出示图片两两合作,谈论自己喜欢的周末活动。

△突出文化意识的培养。活动5基于语篇主题,创设情境,鼓励学生积极参加,引导学生运用核心语言认识、掌握课余活动的相关词汇。

△融合学习能力的培养。活动5借助图片,学生能够积极与他人合作,注意倾听,敢于表达,共同完成学习任务,加深对语篇内容的理解,获得学习能力上的提升。

➲ 设计意图:借助文本的情境,与同伴交流自己感兴趣的周末活动;在此基础上,进行角色迁移，初步运用核心语言进行交流，促进语言内化。从学习理解过渡到实践应用，为后面的真实表达奠定基础。在学生调查和展示的过程中，适时地渗透学科育人理念，帮助学生认识相关动词及词组。

7.学生在教师创设的谈话情境中，通过小组合作的形式交流展示。

语言支持：I'll... How about you? What will you do? Do you like...?

8.布置家庭作业

（1）制作一个周历，标注每天的课余生活。

（2）结合上一环节选择的课余生活，运用本课核心句型介绍感兴趣的课余生活。

△融合思维品质的培养。活动 6 给出语言框架，设置开放性的答案，有目的地引导学生思考不同选择的差异性，学会换位思考看待问题。激发学生思辨，初步建立学生的辩证思维。

△融合学习能力的培养。活动 7 借助绘制周历，学生能够积极与他人合作，注意倾听，加深对语篇内容的理解，获得了学习能力上的提升。

↻ 设计意图：帮助学生在迁移地谈论周末课余生活的语境中，创造性地运用所学语言，介绍感兴趣的课余活动。引导学生合理搭建语言框架，有效进行语言输出，提高学生的综合语言运用能力。学生在讨论课余生活的过程中发展语用能力，帮助学生发现兴趣，发展能力。

Period 4　What will you do this Sunday?

【课时对应的子主题】家庭日常生活

【适用年级】四年级

【语篇类型】日常对话

【语篇研读】

What：语篇为日常对话，故事发生在家里，Peter 和 Jim 围绕周末将要做什么进行谈话。

Why：建构学生对动词和动词词组的认知，积累用于表达和交流课余活动的语言，引导学生介绍周末活动的表达，培养广泛的兴趣爱好，丰富课余生活的情感意识。

How：对话涉及介绍日常活动相关的词汇，如 go shopping, go swimming, go fishing, 以及介绍周末课余活动的核心语言，如 What will you do this Sunday? 及回答 I'll... 词汇及语言结构通过师生对话、生生对话、歌谣伴唱、角色扮演等方式不断复现，帮助学生形成相对完整的语言结构，发展语言能力，加深语篇意义理解。学生依托语言结构参与到表述自己喜欢或计划的课余活动，在合作学习过程中提升语言技能，强化文化意识培养。

【课时目标】

1. 借助教学媒介学历案，在表达自己的周末活动的情境中梳理课余活动的词汇，如 go shopping，go swimming，go fishing，运用 What will you do this Sunday? 及回答 I'll... 描述自己感兴趣的课余活动，感受课余生活的多彩性，初步认识到热爱生活，丰富生活的意义和价值。（学习理解）

2. 在对话情境中，根据动词图片，运用 What will you do this Sunday? 及回答 I'll... 描述周末课余活动，感知热爱生活的意义和价值。（应用实践）

3. 小组表演活动，创编对话，运用 What will you do this Sunday? 及回答 I'll...，展示交流，表达广泛的兴趣爱好，热爱生活的思想意识。（迁移创新）

【教学过程】

1.Let's sing and perform! 教师播放卡通户外活动的视频，学生跟唱并动作模仿表演。思考并讨论教师提出的问题，初步感知动物的可爱以及给人带来的乐趣与幸福感，呈现教学主题。Q：What will you do this Sunday?

2.Let's listen and answer! 学生初步视听对话，整体感知篇章内容与情感基调。

Q：Does Jim will go swimming with Peter tomorrow?

3.Let's watch，answer，write，and talk!

（1）学生观看对话视频，获取与梳理 Peter 和 Jim 周末分别打算做什么。

Q：What will they do this Sunday?

（2）多媒体呈现课余活动图片，让学生选择哪些图片分别是 Peter 和 Jim 周末计划去做的事情。

（3）学生运用语言支架 What will you do this Sunday? 及回答 I'll... 描述自己周末计划的活动并表达个人情感。

4.Let's chant! 学生根据对话内容和信息提示补全歌谣文本，并借助伴奏进行歌谣表演。

5.Let's read and act!

学生基于对话内容，以角色扮演的形式表演本课内容，内化与运用所学语言，感受课余生活的多彩性，认识到热爱生活，丰富生活的意义和价值。

6.Let's think!

学生思考和讨论教师提出的问题，并视听有关课余活动的视频，初步认识到广泛的兴趣爱好给生活带来的充实感，以及热爱生活的重要性。

Q：What kind of activities do you like?

👉 设计意图：以谈论喜爱的动物为依托，借助学历案梳理课文内容，引导学生逐步理解和深化，发展空间概念和逻辑思维，深入体会广泛的兴趣爱好给生活带来的充实感。学生通过参与细致模仿、分角色朗读、角色扮演等活动进行准确性和流畅性练习，基于语调、节奏等多种语言现象体会人物情感，感受朋友之间分享课余生活的喜悦心情，树立热爱生活的价值观。学生通过思考和讨论教师提出的问题，感受课余生活的多彩性，认识到热爱生活，丰富生活的意义和价值。

7.Game：Guessing game

游戏规则：让学生做动作，其他学生猜他喜欢的活动或者动作，看谁猜得又多又好。如 draw，sing，read，dance，run，jump，play football，play basketball…游戏结束后，以小组为单位，选择核心词汇，确定主题场景（如在校日常交流，打电话，回家路上的日常交流等），创编对话。

⟲ 设计意图：引导学生用规定句型进行喜爱的情感表达，联系生活实际将语言学习从学习理解过渡到实践应用，帮助学生在对话情境中实现语言内化，促进学生培养兴趣爱好，丰富课余生活。

8.Let's design!

以本节课学过的单词和句型为核心，联系实际，学生进行创编对话，运用对话中的核心语言进行分组展示，互动交流中强化整体认知。

⟲ 设计意图：帮助学生从文本走向真实生活，引导学生在真实的语境中灵活运用所学语言知识进行交流，加深对主题意义的认知，分享各自的课余生活内容，树立热爱生活的思想意识。

Period 5　Fun Story

【课时对应的子主题】家庭日常生活

【适用年级】四年级

【语篇类型】趣味故事

【语篇研读】

What：语篇围绕 Monkey，Cat 与其他小伙伴之间的对话，呈现小动物们在讨论自己喜欢的课余活动之后，一起进行野餐时发生的有趣误会。

Why：建构学生对关心他人这一概念的认知，积累用于表达和交流兴趣爱好和饮食喜好的语言，通过讨论各自喜欢的课余爱好，以及野餐时互相照顾、分享，虽然故事结尾引起了一场有趣的误会，但也促进学生树立丰富课余生活、关心他人的情感态度。

How：故事涉及介绍课余活动相关的词汇有 swim，shop，sing 以及介绍受伤动物使用的核心语言如 I like… 和 I'd like… 词汇及语言结构通过角色配音、角色扮演等方式不断复现，帮助学生形成相对完整的语言结构，发展语言能力，加深对故事意义理解，在合作学习过程中提升语言技能，以及通过小组讨论，发现问题，解决问题，提升学生学习能力。

【课时目标】

1. 借助文本插图和音频，理解对话大意，巩固复习前几课时所学词汇及目标语句。

2. 在教师的引领下，基于语篇情境进行角色扮演，内化并熟练运用核心语言"I like...和 I'd like..."分享自己喜欢的课余生活以及就餐时，如何照顾身边的人。

【教学过程】

1.Watch and Think.（感知与注意）

（1）观看视频 Fun Story；学生感知 Monkey,Cat 和其他小动物们发生的有趣的故事梗概。

（2）教师提问 "What do they like?"学生说出小动物们喜欢的课余活动。

（3）教师引导 "小动物们在野餐的时候，发生了什么趣事？"

2.Listen and Answer.（获取与回答）教师提出问题：

Questions：a.Who likes singing?　　b.Who likes shopping?

c.Who likes swimming?　　　　d.What do they want to eat?

学生再次观看故事视频，听录音，思考以上问题，初步获取对话内容。

3.Read and talk.（获取与梳理）

（1）学生根据情境配图，回到故事 "I like... 和 I'd like...";

（2）利用小组讨论，引导学生准确理解 duck 和 chicken 在故事中的含义。

（3）学生大声朗读文本第一片段，思考并回答问题 "What kind of activities do you like during your spare time?"

（4）教师引导学生 We should try more activities. We should take care of our families and friends. 学生在教师引导下，进行语言的表达。

4.Game：Let's go shopping（复习与整合）

老师为学生创设 Supermarket 的对话情境，并拿出准备好的图片或实物，为学生们创设语言环境。

T：I would like a cake. 引导学生使用语句 I would like...

T：What would you like?　　S：I would like...

游戏说明：多媒体屏幕上的出现 Supermarket 场景图片，学生根据自己喜欢的食物进行选择，根据购物用语进行对话。

5.Read and imitate.（概括与整合）

学生听录音跟读并分角色朗读对话，关注语音、语调、节奏、连读、重读等，培养语感，加深对语篇的理解和内化。

△突出语言能力的培养。帮助学生回顾梳理了食物类和课余活动词汇类表达；能正确跟读对话、理解语篇，为语言的输出奠定基础。

△融合思维品质的培养。学生通过观察与分析以及教师的语言引导，对提出的问题说

出自己的想法和感受。

△融合文化意识的培养。围绕思想启蒙和价值引领，引导学生从小培养自己兴趣爱好的意识。

⟳ 设计意图：积极引发学生思考，从文本走向真实生活，从学习理解过渡到实践应用，以课本剧的方式，引导学生感受课堂所学内容与实际生活的关联性。

Period 6　Fun Time

【课时对应的子主题】家庭日常生活

【适用年级】四年级

【语篇类型】日常对话

【语篇研读】

What：以绘本阅读的方式，带领学生了解 Li Yan 周末计划要去观看赛龙舟，并以此为主线，整体了解端午节的由来和习俗。

Why：绘本描述以 Li Yan 自述介绍 Dragon Boat Festival 的历史和人们的节日活动，以此为主要故事线索，贴近学生的日常生活，容易引起学生的兴趣，便于学生理解绘本内容，带领学生感受我国传统节日的意义。

How：该故事贴近学生的日常生活，介绍 Dragon Boat Festival 的相关内容，分别以 What 和 How 为导读线索，让学生通过参与课堂活动以及小组活动，讨论 Dragon Boat Festival 的所见所闻以及迁移运用，谈一谈更多的传统节日。

【课时目标】

1. 借助文本和插图，理解绘本大意。

2. 在教师的引领下，基于绘本内容情境，引导学生理解并掌握绘本中的核心语言 zong-zi，dragon boat，Qu Yuan，Dragon Boat Festival，让学生要有了解我国的传统节日，追求中国节的仪式感，弘扬中华历史文化的文化意识和情感态度。

3. 鼓励学生尝试用英语讲一讲其他的中国传统节日的由来和习俗。

【教学过程】

1. 学生欢唱歌曲 ANice Day，营造愉快的学习氛围的同时激活旧知。

2. 教师拿出一个信封引导学生提问 —Whats in t he envelope? —What will Li Yan do this weekend? —What's festival? Can you say?

3.Let's watch and talk!

（1）学生观看对话视频，获取与梳理文本信息；

（2）学生运用语言支架 What? & How? 描述 Dragon Boat Festival，巩固复习所学知识点。

4.学生视听对话,问题驱动,整体感知文本,理解主旨大意,梳理关键信息,补全绘本内容。

5.Let's read and talk!

(1)学生听录音跟读绘本,关注语音、语调、节奏、连读、重读等语言现象,结合实际生活,感知 Dragon Boat Festival。(2)学生基于对话内容,以 tell stories 的形式概括绘本内容,内化与运用所学语言,分享自己在端午节都做了什么。

➡ 设计意图:了解 Dragon Boat Festival 的情境为依托,引导学生了解我国的传统节日 Dragon Boat Festival,发展逻辑思维能力,整体理解 Dragon Boat Festival 的历史由来和传统习俗。

6.Let's read and talk! 学生在小组内进行讨论,分别从 What's the origin of Dragon Boat Festival? 和 How do you celebrate in Dragon Boat Festival? 两个方面总结绘本内容。引导学生辩证地看待网购,讨论 shopping online 的利和弊。

➡ 设计意图:引导学生了解中国传统节日 Dragon Boat Festival,联系生活实际将语言学习从学习理解过渡到实践应用,帮助学生在对话情境中实现语言内化,促进学生思维品质的提升,为其后的真实表达奠定基础。

7.Let's talk! 学生尝试描述我国其他的传统节日,运用绘本中的语句框架进行描述,互动交流中强化整体认知。

➡ 设计意图:帮助学生从文本走向真实生活,引导学生在真实的语境中灵活运用所学语言知识进行交流,逐步加深对主题意义的认知,基于绘本理解,学生还通过讨论总结、分享经历等活动进行对绘本主题的延伸拓展。学生通过思考和讨论,学会辩证地看待中西方文化差异,树立爱国情怀,弘扬中国优秀的传统文化。

☑ 四年级下册 Unit 6　教学设计 [①]

Period 1　Make a travel plan

【课时对应的子主题】学校生活与个人感受;个人喜好与情感表达

【适用年级】四年级

【语篇类型】日常对话

【语篇研读】

What:语篇为学校将要放两天假,内容围绕教师与学生讨论假期要去哪里旅行展开。

---

① 本文作者:天津市蓟州区出头岭镇闻马庄中心小学　李小爽　张艳凤。

教材中学生根据自己的喜好和兴趣谈论自己想要去的地方。

Why：通过师生之间交流讨论想要旅行地方的对话，引导学生感知、模仿、学习和体验，能够在真实的场景中提建议、说想法，形成与同伴合作学习，乐于分享的良好品质和学习习惯。

How：语篇涉及场景相关词汇 zoo，farm，grassland 以及表达建议的核心语言 Where shall we go? We want to go to…Would you like…? How about…? 本课背景是学生生活中常见的语境，学生会很感兴趣，利用学生已有的知识经验，继续激发和保持学生的学习兴趣，同时着重培养学生的学习策略。

【课时目标】

1. 在教师的指导下通过讨论、听音频、观看视频等方式，学习理解文本内容，掌握目标语言；（学习理解）

2. 根据教师提供的场景，书写自己的愿望旅行场所；根据教师提供的 chant 模板改编歌谣，把词汇融入句子中进行学习、操练，在实际场景中运用所学目标语言。（应用实践）

3. 能够在文本基础上创编对话，并进行分角色表演，在真实语境中进行交际。学以致用，完成对所学知识的意义建构，实现英语语言综合运用能力的培养。（迁移创新）

【教学过程】

1.warm—up

（1）师生演唱英文歌曲 *Days of the week*。（师生借助一周七天的词卡一起演唱 *Days of the week* 这首歌）

（2）教师将一周七天的词卡背面朝上放在手中，请每组选派一个代表抽取一张，为自己的小组确定组名。

（3）教师请学生展示出各组的词卡，提出问题 What do you usually do on…? 请学生结合拿到的日期和生活实际做出回答，如：

T：Show me your card，please. What day is today?　　S：Today is Sunday.

T：What do you usually do on Sunday?

S：I usually go to see my grandpa and grandma.

2.Presentation

（1）问题引入，畅所欲言。

教师拿出一张星期四的词卡，借助手势和动作向学生提出旅游的建议，引导学生说出 I want to go to… 这一目标语言，在语境中感知重要功能语句。如：

T：School is out in two days.Would you like to take a trip?

S：Sure./Yes./Certainly./Great…

T：Where shall we go?I want to go to the park.How about you? Any ideas?

S：I want to go to…

（2）转换角色，增进了解。

教师引导学生充当教师身份，在活动中自然运用表示建议、询问的功能语句。

（3）Let's sing! 随后伴着有节奏的韵律，学习本课歌曲。教师还可以鼓励学生创编新的歌曲。

（4）Let's read and act!

①学生听录音跟读、分角色朗读对话，关注语音、语调、节奏、连读、重读等语言现象。

②学生基于对话内容，以角色扮演的形式表演本课内容，内化与运用所学语言，促进情感共鸣。

➡ 设计意图：帮助学生在语境中理解对话内容，学习对话中的词汇和核心语言。学生在教师指导下，通过使用实物、图片、录像等媒体为学生创设真实的语言情境，顺势引入新课。实现了由整体感知到个性发展的过程，激发学生学习英语的兴趣，培养学生的观察、记忆、思维、想象能力。

3.Practice

（1）书写愿望，寻找伙伴。

教师向学生呈现出动物园、农场、草原、公园、海洋馆等场景，引导学生完成写

写自己想要去的地方，找出与自己有相同想法的同学这一任务。

T：So many places! Where will you go? Write down your ideas, read for us and find who has the same idea as you.

（2）创编 chant，巩固新知。

教师先带领学生读一读自己创编的歌谣，激发学生的创作兴趣，创编有节奏感的歌谣，巩固本课的目标语言和功能语句。

Where shall we, where shall we, where shall we go? We want to go, we want to go, we want to go to the zoo. Would you like, would you like, would you like to go to the farm? I'd like to go, I'd like to go, I'd like to go to the farm.

教师可引导学生将 zoo，farm 替换成 grassland，theme park 等场所，由小组同学自选地点进行创编。

➡ 设计意图：引导学生在归纳和整理核心语言的基础上，通过书写愿望旅行地点进行语言内化，后面的创编歌谣激发学生的创作兴趣，在巩固本课目标语言的学习理解的基础上过渡到应用实践，为后面的真实表达做准备。

4.Language use

创设情境，编演对话。场景设置：教师创设一个"两天后就是周末了，Peter 和小伙伴们想去旅游。有的想去农场，有的想去动物园，有的想去游乐园，有的想去公园……"的情

景。根据这一情景引导学生讨论旅游计划。

Step 1：教师启发并引导学生说出更多旅游场所，让学生们分组创编对话。

Step2：六人一组进行活动。Step 5. 交流展示。

语言支持：

建议：Would you like to…? Shall we…? How about…? What about…? Let's…

询问想法：Where shall we go? Any ideas?

表达想法：I want to… We want to… I'd like to. We'd like to…

➲ 设计意图：帮助学生在迁移的语境中，创造性地运用所学语言，在创设的情境中，学生展开讨论，交流想要旅行的场所，学生从课本走向现实生活，在交流和制定旅行计划的过程中，发展语用能力。

【作业设计】

Period 1　Homework
Activity Card

1.Must—do Tasks

基本要素	具体内容		
作业内容	1.Read and write the key words. 2.Read the conversation and do the role—play with your partner.		
形式和类型	形式	听-说□　听-写□　读-写□　其他□	
	类型	基础型□　拓展应用性□　实践型□	
作业时长	___8___ 分钟（建议时长 5—10 分钟）		
完成方式	独立完成□　合作完成□		
提交时间	当天完成□　____天后□		
评价标准	根据实际情况选择活动。 查找补充相关周末活动。 正确朗读所填写的对话。	☆☆☆☆☆ ☆☆☆☆☆ ☆☆☆☆☆ （自我评价）	☆☆☆☆☆ ☆☆☆☆☆ ☆☆☆☆☆ （小组评价）
	（教师评价）　Good □　　Super □　　Excellent □		

2.Optional Task

基本要素	具体内容		
作业内容	Make a survey about your friends' holiday plans.		
形式和类型	形式	听-说□　听-写□　读-写□　其他□	
	类型	基础型□　拓展应用性□　实践型□	

续表

基本要素	具体内容		
作业时长	<u>　10　</u>分钟（建议时长 5—10 分钟）		
完成方式	独立完成□　合作完成□		
提交时间	当天完成□　____天后□		
评价标准	根据实际情况选择活动。 查找补充相关周末活动。 正确朗读所填写的对话。	☆☆☆☆☆ ☆☆☆☆☆ ☆☆☆☆☆ （自我评价）	☆☆☆☆☆ ☆☆☆☆☆ ☆☆☆☆☆ （小组评价）
	（教师评价）　Good □　　Super □　　Excellent □		

Period 2　We go to the zoo.

【课时对应的子主题】常见的动物，动物的特征与生活环境

【适用年级】四年级

【语篇类型】日常对话

【语篇研读】

What：语篇为教师组织同学们去动物园观看动物，围绕看到的长颈鹿和骆驼展开的对话。

Why：通过师生之间的听描述猜动物、听指令做动作等活动，激励学生主动感知、模仿、学习和体验，引导学生能够运用 Come along. The... is... so... It has... 等功能语句发指令、做介绍，在真实语境中进行交际。

How：语篇涉及动物园场景及利用长颈鹿和骆驼的画面，要求学生能够听、说、认、读 giraffe, camel；能够听、说、读、写 monkey, panda, bear, tiger，巩固 What's this in English? It's a/an... 语句，并把词汇融入句子中进行学习和操练。

【课时目标】

1，在教师的指导下通过讨论、听音频、观看视频等方式，学习理解文本内容，掌握目标语言。（学习理解）

2.能够在理解文本，并进行分角色表演，在真实语境中进行交际。学以致用，完成对所学知识的意义建构，实现英语语言综合运用能力的培养。（应用实践）

3.通过学习任务单创设的情境用英语询问、交流动物相关信息或描述动物（迁移创新）

【教学过程】

1.Preparation

（1）Greeting and TPR.

①打招呼。

②练习课堂口令。

③通过 TPR 活动——Touch your nose. Touch your ears. Touch your arms. Touch your neck. Touch your eyes. Touch your tail. 引出 Animals have a tail.

（2）Sing a song Farmer in the Dell.

听看、跟唱歌曲，回答问题。Q：What animals do you see?

期待输出：I see a…

（3）Presenting the topic of this lesson：Let's go to the zoo.

齐读课题。We are in the zoo. Wow，I can see a tiger. What can you see?

2.【Input】

Telescope game and dividing the groups.

以望远镜游戏，引导学生想象在动物园里能看到的动物，回答 What animals do you see? 回顾旧单词 panda，monkey，bear，elephant，lion，tiger 等，期待输出 I see a/an… Presenting the sentence and new words.

用长颈鹿和骆驼玩偶呈现句子 What's this in English? 和单词 giraffe，camel。

T：Look，what's this in English? Is it a monkey? Is it a bear? Is it a panda?

【Internalization】

（1）Practices of the new words.

①音节拆分、合并朗读法。通过将单词拆分音节朗读，由慢到快，让学生熟悉单词发音。

②句子操练法。通过用目标单词 giraffe、camel 进行有意义造句，内化单词

（2）Logical sequences game.

发现图片排列规律，读出空白的空格。发现单词排列规律，读出空白的空格。

（3）Label the animals.

为动物选择正确英语名字。学生在学习单上完成任务。

（4）Let's chant.

呈现：PPT 按顺序呈现不同数量骆驼、长颈鹿图片，学生说出英语，通过这个环节学生自己口头构建出 chant 的文本。

❂ 设计意图：创设去动物园的场景，再次关注本课时话题——Zoo animals，通过歌曲、图片引出本课新词，为后面创设高效的课堂夯实了基础。为动物贴标签的活动，学生在做任务同时再次完成词义与词形配对。排列游戏，让学生在思维活动过程中再次将新单词的

音形义进行练习。

3.【Input】

（1）Talk about the picture.

呈现涂掉长劲鹿和骆驼的图片：Who are in the zoo? How many students are there?

（2）Listen and answer What do they see? 期待输出：They see a…

Watch a video and answer What is the giraffe like? What is the camel like?

期待输出：The giraffe is tall. It has a long neck. The camel is big.

【Internalization】

（1）学生听录音自主跟读课文。

（2）Fill in blanks. 补充课文。

（3）Show the dialogue in groups or in pairs. 用两个手持头像为学生分配角色 teacher/students。

（4）Read and say.

⮕ 设计意图：通过听录音、观看视频，整体感知课文情景、文本。通过练习，检测学生对对话的理解，关注描述动物的重点句子。列出课文对话中的功能语和重要句型，再次回顾本课时的重点内容，通过抢答游戏、描述动物等活动，再次内化、输出语言。

4.【Output】

Wandering in the zoo and talk about the animals.

同桌两个同学合作。通过学习任务单图片，浏览动物园里的动物。动物园各区域可以看到不同动物的相关图片。同桌一边参观动物园，一边用英语询问、交流动物相关信息或描述动物。过程中，用到以下句子。

① Come along. Wow. Look!　② What's this in English?

③ It's a/an…　④ It has a…

⮕ 设计意图：帮助学生在通过参观动物园的较逼真场景中再次滚动运用本课时的目标语言。创造性地运用所学语言，在创设的情境中，学生展开讨论，学生从课本走向现实生活，在交流和讨论过程中，发展语用能力。

Period 3　We go to the aquarium.

【课时对应的子主题】常见的动物，动物的特征与生活环境

【适用年级】四年级

【语篇类型】日常对话

【语篇研读】

What：教师和同学们在海洋馆里参观，观看海豹和海豚的真实场景，展开话题讨论。

Why：师生之间看动物表演，说解说词等活动，激励学生主动感知、模仿学习和体验，引导学生能够运用 The dolphin is dancing. 等功能语句介绍动物们正在做的事情，在真实语境中进行交际。

How：语篇利用海豚、海豹、河马的画面，要求学生能够听、说、认、读 seal,dolphin,hippo；结合本课对话内容，小组合作，创设情境，巩固 What's that in English? It's a/an... 语句，把词汇融入句子中进行学习、操练，在对话交流的过程中完成目标词汇的学习和运用。

【课时目标】

1. 在教师的指导下通过讨论、听音频、观看视频等方式，能正确听、说、认读词语 seal,dolphin,hippo；听、说、读、写词语：tiger,cat,dog；能够正确理解、说出以下句子：What's that in English? It's a seal. The dolphin is dancing.（学习理解）

2. 通过课堂创设的情境，分角色表演对话，在教师的帮助下，能够改编对话并运用。通过小组活动，培养学生形成与人合作、乐于分享的学习习惯。（应用实践）

3. 能够在真实语境中运用本课所学内容并结合已学知识对动物进行描述。通过学习本课，培养学生爱护动物的意识以及"人与自然和谐共生"的思想理念。（迁移创新）

【教学过程】

1.warm—up

（1）教师将一只拆装的猴子身体拼图展示给学生，分别拿出身体部位，引导学生回答。通过由难到易的猜、拼游戏，让学生在 What's this in English? 的问题环境中，巩固身体部位名称和不同动物的英语表达。如：

T：Look! What's this in English? 教师手拿一张动物的嘴。　　S：It's a mouth.

T：What's this in English?　　　　　　　S：It's a monkey.

（学生借助教师不断添加的动物身体部位在回答 What's this in English? 的基础上，观察将要拼装的是什么动物。）

（2）教师将猴子唱歌、跳舞、蹦跳、跑步、读书等图画贴在黑板上，带领学生说出猴子正在做的动作，引导学生伴着欢快的节奏说唱歌谣，活跃课堂气氛，做好新授铺垫。

T：Look! The monkey is very clever. He is singing. He is dancing. He is jumping. He is running. He is reading.

2.Presentation

（1）角色引入，感知新知。

教师将海豹游泳、海豚跳舞、河马喝水的画面呈现给学生，并设置猴子将三个朋友介绍给学生的活动，教师带领学生结合描述进行问答的过程中自然引入 seal,dolphin,hippo 三个单词和 What's that in English? 及答语，再次感知 The....is... 这一介绍动物正在进行活动的语句，培养学生的听说能力。

T：The monkey has three friends. He wants to tell us something about them.（播放录音）What is the monkey talking about?Look and listen.

> Monkey：Hello! I have three friends. This is a seal. It is swimming. This is a dolphin. It is dancing. This is a hippo. It is drinking water. They all like water.

T：（远指海豹、海豚、河马询问）What's that in English?

S：It's a seal. It's a dolphin.It's a hippo.

T：What animal is swimming/dancing/drinking water?

S：The seal is swimming. The dolphin is dancing. The hippo is drinking water.

（2）游戏活动"砸金蛋"，学习生词。

Someone answers.

Others listen and remember. Then, look at the screen. Read the words together.

（3）通过不同场景的转换练习，感悟 What's that in English? It's a... 的用法。PPT 播放梦幻的海洋公园的照片，配上音乐，增强了学生对海洋公园的神秘感。让学生结合自己对海洋公园的了解，按真实情况回答问题。

（4）小组合作，利用 i-Pad ☆中的趣配音软件练习对话，跟读、模仿、配音，让学生感受自己的发音，并和原版声音对比，通过反复练习，使学生发音更准确，表达更轻松。

① Work in groups and read in roles. ② Act the dialogue.

➲ 设计意图：教师通过情境导入，带领学生一起来到动物王国，打破传统教学的枯燥形式，激起学生兴趣。通过听声音识别动物引出本课会书写的单词，刺激学生的听觉与视觉，吸引学生的注意力，给学生以直观的感受，使其印象深刻。通过竞赛，学生们感受到竞争的激烈，体验到合作成功的喜悦，增强学好英语的自信心。

3.Practice.

（1）教师呈现出教材 Let's play 小朋友们看图活动的场景，请一组学生进行示范。

（2）教师请学生们拿出动物卡片，在规定的时间内四人一组展开问答活动，进行活动过程展示。看哪组问答的内容多，准确率最高。

（3）项目制作，介绍动物。

教师组织学生运用绘画、拼图、折叠等自己喜爱的方式进行制作，与同伴展开结对问答活动。如：在一个学生折海豚，另一个学生画河马的过程中进行如下对话：

S1：Li Yan，guess！What's that in English？　　S2：I think it's a fish.（I think it's a hippo.）

S1：Yes，it's a fish.（No，it's not a hippo.）　　S2：What's that in English？

S1：It's a dolphin. Look at my dolphin.　　S2：How nice！

学生可以结合自己的知识储备丰富对话的内容，介绍一下动物的外貌特征和正在进行的动作。

（4）完成绘本，发展语言。

教师带领学生进行动物绘本制作活动。将带图小书发给学生，引导学生在空白处写出图画表达的意思。如：小书中有小猫跳舞、小狗跑步、老虎唱歌、海豚游泳等画面，学生在每幅图的空白位置写出相应的 The cat is dancing. The dog is running. The tiger is singing. The dolphin is swimming. 等句子，将绘本编制完整。

🔃 设计意图：设计多样性活动，请同学们进行小组合作，引导学生主动学习，让学生在真实的情境中去感知、去体会、去实践，让他们轻松掌握新知识。设计任务型活动，让学生在自然真实的环境中掌握语言，鼓励学生运用本课所学语言，并能够在此基础上进行补充拓展，提高学生的语言运用能力，建立学生对学习的自信心。

4.（Language use）

（1）润色解说词，学做解说员。

场景设置：教师创设一个"小动物们正在进行表演秀"的情景。引导学生构思解说词，学做解说员。Step 1 教师向学生呈现动物园里，小动物们聚集在一起展示技能的画面。Step 2 教师提出活动要求，给出活动提示语，要求学生六人一组构思解说词。Step 3 交流展示。

语言支持：询问：What's that in English？介绍：Look at… This is a/an… The…is…

情感：How…！Super！…

达成效果：a. 以对话形式交流展示。b. 每组选派一名代表汇报解说词。

（2）德育渗透，树立意识；播放海洋生物视频。

🔃 设计意图：帮助学生在通过参观海洋馆的情境中再次滚动运用本课时的目标语言。创造性运用所学语言，在创设的情境中，学生展开讨论，学生从课本走向现实生活，在交流和讨论过程中，发展语用能力。

Period 4　We go to the grassland.

【课时对应的子主题】常见的动物，动物的特征与生活环境

【适用年级】四年级

【语篇类型】日常对话

【语篇研读】

What：语篇为教师带领学生去草原游玩，同学们见到牛、马、羊等动物的场景，围绕这些草原动物展开对话。

Why：通过设置的情景以及丰富的课堂活动，使学生学习掌握本课交际用语，能够把所学的语言灵活地运用到实际生活中。激发他们学习英语的兴趣，使他们乐于参与，积极主动地用英语进行交际活动，让学生感知、体验并运用英语进行真实自然的交流，培养相互沟通和交流的合作意识，激发学生对大自然的热爱。

How：语篇涉及动物园场景及利用长颈鹿和骆驼的画面，要求学生能够掌握词汇 horse、cow、sheep、goat；并能够灵活运用 What are these/those in English? 及其答语 They're horses/sheep.

【课时目标】

1. 学生能够掌握四会单词 horse，cow，sheep，并且能够理解单复数的用法。学生能够掌握句型 What are these/those in English? They're horses/sheep.（学习理解）

2. 学生能够在真实语境中对本课句型进行操练，以便更好的巩固复习以前学过的形容词及动物词汇，通过句型 What's this/that in English? It's... 与 What are these/those in English? They're... 的对比操练，使学生灵活运用目标语言。拓展学生的描述能力及推理能力，并且会正确使用单复数。（应用实践）

3. 通过 TPR 活动的引领，学生被潜移默化地激发出爱动物的情感及简单的推理能力。（迁移创新）

【教学过程】

1.Preparation.

（1）Greetings：

（2）T：Boys and girls，look at the picture. This is a big zoo. There are many animals in it. What are they? Let's guess，OK?

（师用多媒体出示不完整的动物图片，学生们看图片，猜动物，并运用 What's this/that in English? It's a/an... 进行问答练习。）

2.Presentation

To learn the new words：horse horses

Sentences：What are these in English? They're horses.

（1）教师继续出示动物图片，引导学生猜猜看，引出本课所学单词：horse

（2）教师板书单词，领着学生跟读单词。

（3）chant：horse horse It's a horse.

（4）教师指着图片问：What's this/that in English? 学生们回答：It's a horse. 然后师生、生

生之间进行问答练习。

（5）教师出示两匹马图片，引出单词 horses（师板书单词，学生跟读单词）

（6）chant：horses horses They're horses.

（7）教师指着图片问：What are these in English?（课件出示句意，让学生们理解），然后帮助学生回答：They're horses.

（8）师生、生生之间进行问答练习，巩固所学句型。

（9）用同样方法教学单词：cow cows

（10）说唱活动，感知运用。

教师将自己画的草原动物图发给学生们，带领学生进行大小图匹配说唱游戏。如教师举起画有一些马的大图，凡是拿到画有马的小图的同学立即起身和老师伴着节奏说唱。

T：What are these? What are these?What are these in English?

Ss：They're horses. They're horses.

T：Are these horses? Are these horses?

Ss：Yes，they are. Yes，they are.

T：Are these cows? Are these cows?

Ss：No，they aren't.

（11）教师边伴着节奏说唱，边将绵羊和山羊的小图贴在黑板上，和学生开展不同形式的问答活动。

T：One sheep，two sheep，three sheep，four. One goat，two goats. They're very nice.
What are these in English?（站在绵羊旁边询问。）

S：They're sheep.

T：If you want to know what they are，how to ask me?（教师远离山羊，手势询问。）

S：What are those in English?

T：Are those sheep?（教师适时反问。）

S：No，they aren't. They're goats

（12）教师出示本课对话图片，T：The teacher and her students are on the farm. What are they talking about? Can you guess? 学生看图思考问题。

a. 教师播放对话录音，学生们看图听录音，理解对话内容。

b. 教师再次放录音，学生们听录音跟读对话。

c. 学生们小组练习对话，然后进行表演。（师组织指导）

◐ 设计意图：通过设置的情景以及丰富的课堂活动，使学生学习掌握本课交际用语，能够把所学的语言灵活地运用到实际生活中。通过歌谣、游戏等活动，激发学生参与的热情。引导学生自主学习，提倡学习过程中学生间的互帮互学，培养相互沟通和交流的合作意识，培养学生的团队精神。

3.Practice

Let's play a game：听声音，猜动物。

教师播放动物叫声，学生们根据动物的叫声，猜动物。（师生、生生之间进行问答练习：What's this/that in English? It's a/an… What are these/those in English? They're…）

💡 设计意图：运用听录音、图片展示、情景模仿以及角色表演等方法激励学生感知、模仿、学习和体验，引导学生在生活情景中灵活运用目标语言和表示赞叹的功能语句。

4.Language use

（1）分角色表演对话。

（2）Let' play：学生分组练习，运用图片，将图片摆在不同的位置，学生走到不同的地方，运用不同的目标语言进行问答。

💡 设计意图：帮助学生在真实场景中运用本课时的目标语言。创造性地运用所学语言，学生展开讨论，让学生从课本走向现实生活，在交流和讨论过程中，发展语用能力。

Period 5　We go to the farm.

【课时对应的子主题】常见的动物，动物的特征与生活环境

【适用年级】四年级

【语篇类型】日常对话

【语篇研读】

What：通过 Mimi 和 Micky 在农场玩耍的风趣小故事，复现本单元的目标语言及其答语。

Why：通过 These are… Look at… 等功能句进一步介绍动物；通过 We are on the farm. 介绍自己所在的方位，在真实语境中进行交际。

How：本课是复习课，语言功能句是 What's this/that in English? It's a/an… 和 What are these/those in English? They're… 理解并能运用英语进行动物的询问与回答；Language Focus 里的单词为四会单词。

【课时目标】

1. 在教师的指导下通过讨论、听音频、观看视频等方式，能识别并记忆有关动物的单词及其复数形式，运用相应的形容词描述对应的动物；能够运用 What's this/that in English? It's a/an… 和 What are these/those in English? They're… 来询问小动物，能进行区分使用；能通过 These are… Look at… 等功能语句进一步介绍动物。（学习理解）

2. 通过课堂创设的情境，分角色表演对话，在教师的帮助下，能够改编对话并运用。通

过小组活动，培养学生形成与人合作、乐于分享的学习习惯。（应用实践）

3. 能够在真实语境中运用本课所学内容并结合已学知识对动物进行描述。通过学习本课，培养学生爱护动物的意识。（迁移创新）

【教学过程】

1. 歌曲热身，复习旧知：

师生互致问候后，教师通过询问学生是否愿意旅行，引出歌曲 Let's take a trip：

T：How's the weather today?　　　　S：It's fine today.

T：Would you like to take a trip?　　S：Yes.

T：Let's take a trip, OK? Let's sing a song.

2. 整体呈现，导入新课

T：You want to take a trip. Our friends Mimi and Micky want to take a trip, too. Let's see where are they now?（播放课文视频）　　S：They go to the farm.

➡ 设计意图：通过边唱歌曲边表演的环节，消除学生紧张心理，为下面环节做铺垫。为学生创设疯狂动物城情境，让学生自然而然将本单元功能语句融入到实际交际当中；在猜动物的环节中，给学生提供声音、外貌形状等线索，学生在游戏中操练本单元功能语句及其他描述动物的功能语句。借助老师所给线索，尝试描述各种小动物，进行拓展训练。通过为学生设置任务，激发学生的学习兴趣；通过小组评价培养小组合作能力。

2. 引出课文文本的学习

介绍另外两名丢失的动物 Mimi 和 Micky，进而引出课文文本。

T：Oh my god! There're two animals lost, too. What are they?（展示 Mimi 和 Micky 图片）S：They're Mimi and Micky.

T：Do you remember where are they? S：They're at the zoo and on the farm now.

播放 Fun Story，学生视听后反馈听到的内容。再次观看视频、跟读、模仿录音、角色扮演，学习故事。

（1）在正式听前设置问题，让学生带着问题来听，从而对文本的理解更加深刻；

（2）借助电脑课件，声像并茂、动静结合地整体感知文本；

（3）跟读培养语感；

➡ 设计意图：本课所学功能句，在情境中真实再现。理解课文文本内容，充分落实朗读训练，把英语语言学得扎实有效；带着问题去看录像，学会抓关键词关键句，学习策略的培养。

3. 将自己小组所获 stickers 贴在老师事先准备的图画中，并写下该图片的英文，然后用所贴图片编成一个小对话。

T：I can see you get some stickers, right? Now work in group. Stick it and write down what's this or what are these in English. Then make up an animal story in group.

4. 语言运用（Language use）

场景设置：一天小猪 Piggy 和小狗 Doggy 在动物园和农场玩耍，由于它们把海豚当成了海豹、把鸭子当成了鹅、把母鸡当成了公鸡、把山羊当成了绵羊，闹出了不少笑话，最后在小马的帮助下 Piggy 和 Doggy 认识了所有的动物。请同学们根据上述场景发散思维，创编小故事。

语言支持：本单元所学词汇和句型，有条件的学生还可以借助颜色、大小、胖瘦等表示外形特征的形容词；表示数量、情感、建议的功能语句。

Period 6　The Tortoise and the Hare.

【课时对应的子主题】常见的动物，动物的特征与生活环境

【适用年级】四年级

【语篇类型】绘本故事

【语篇研读】

What：本课主题是通过乌龟和兔子赛跑这条主线让学生了解并掌握如何询问时间并作答。

Why：通过学习，学生能够根据故事情节的发展，结合小兔子遇到的不同动物的时间及活动，学习龟兔赛跑的故事，并有感情地朗读故事及表演故事

How：在龟兔赛跑的过程中通过兔子在路上的所见所闻，让学生在故事中能够有所感悟，了解小乌龟如何能取得胜利，并体会到应该像小乌龟一样具有坚忍不拔的精神。

【课时目标】

1. 学生能够复习、巩固本单元涉及的有时间的词汇和句型；学生能够根据故事情节的发展，结合小兔子遇到的不同动物的时间及活动，学习龟兔赛跑的故事，并有感情地朗读故事及表演故事。（学习理解）

2. 通过师生问答、听力练习、小组互练、小组表演的方式体会故事情感和语感；通过带头饰表演的活动激发学生的兴趣，培养他们主动地表达愿望。（应用实践）

3. 能够在真实语境中培养学生的阅读理解、朗读故事以及表演故事的能力。学生在故事中能够有所感悟，了解小乌龟如何能取得胜利，并体会到应该像小乌龟一样具有坚忍不拔的精神。（迁移创新）

【教学过程】

活动 1：导入

教师根据《龟兔赛跑》绘本的封面图片进行提问，如："Have you ever read this story?""What was it about?" 通过问题导入本课的教学内容。教师通过 PPT 亮出本节课面向学生的"简约版"教学目标：By the end of the lesson, you will be able to retell the story, create a new story and sum up your learning.

活动 2：理解性阅读

教师给出几个文本理解性问题，组织学生整体阅读绘本并回答问题。问题如下：When did the story happen? Who were in the story? Why did they have a race? Who won the race? And why? How do you think of the Hare and the Tortoise? What does the story want to tell us? Use the evidence from the text to support your idea.

活动 3：关注语言的阅读和朗读

教师组织学生再次整体阅读绘本，引导学生关注语言，学生完成后，教师可组织学生分小组朗读绘本，体会方式副词所传递出的动物说话的语气及其所反映出的动物性格。

↪ 设计意图：教师通过问题引导学生整体阅读绘本，训练学生的两项阅读能力，一是检索和提取文本重要信息的能力，二是结合文本证据解释文本的能力。通过多媒体呈现，学生掌握本课的重点内容即时间的问答，并能在实际情景中进行运用。以 Free talk 的形式引出故事背景，引导学生进入故事的学习。

活动 4：故事复述

学生在教师指导下，结合板书梳理、归纳对话的核心语言，并根据板书提示尝试复述课文。

↪ 设计意图：通过图片环游的方式，以龟兔赛跑为一条主线，以听觉、视觉不同的感官呈现方式帮助他们理解、领会故事情节的发展，采用引导启发式的教学方式帮助学生学习知识，培养学生听故事、理解故事、复述故事的能力，调动了学生学习积极性，整个课堂气氛活跃，学生的热情较高。通过复述活动引导学生内化语言，模仿使用文本中的语言形式来表达文本意义。

活动 5：创编故事

教师给出问题情境："The Hare wasn't satisfied with the race, So he had a second race with the Tortoise. To everybody's surprise, the Tortoise won again. What happened? Make up a story in groups of 4."

学生四人一组进行故事创编。完成后，教师邀请其中两组在全班面前表演或讲述新编故事。

↪ 设计意图：通过学习操练和运用，完成小组活动任务，培养学生综合运用语言的能力。将创编故事等发散学生思维的教学活动作为评价学生思维力、反应力、语言表达力的依据，帮助学生在倾听他人描述的过程中寻找自己的不足。

案例七 **英语三年级上册教学设计**

三年级上册 Unit 1　教学设计（人教精通版）①

Period 1　Hello, I'm a cat.

【课时对应的子主题】日常问候语；同伴交往，相互尊重

【适用年级】三年级

【语篇类型】日常对话

【语篇研读】

What：语篇是在上学路上同学们见面，Micky 和 Mimi 相互打招呼并介绍自己的对话。

Why：通过同学之间的对话，学会如何使用问候语并正确介绍自己，引导学生初步建立主动与朋友问候的意识。

How：语篇涉及动物相关词汇 monkey 和 cat，以及介绍自己的句子：I'm... 及 I'm a... 让学生区分这两个句子所表达的意思是不一样的。该对话情节简单，贴近生活，易于理解，词汇及语言结构通过师生对话、生生对话、角色扮演等方式不断复现，帮助学生形成相对完整的语言结构，发展语言能力，加深语篇意义理解。

【课时目标】

1. 在看、听、说的活动中，获取、梳理、学习对话中 Micky 和 Mim 介绍自己的语句以及朋友打招呼的语言表达；（学习理解）

2. 分角色朗读、表演对话，为语言输出做准备；（应用实践）

3. 在不同情境中与朋友打招呼。（迁移创新）

【教学过程】

1. Greeting

2. Free talk "Hello"

3. Learn the new words：monkey　　　cat

（1）Describe the usage of the animals.

---

① 本文作者：天津市河北区红星路小学　罗生喜。

B，C layer：Read the new words.

A layer：Try to spell the new words. 教师观察学生的表现，看学生的理解程度，可让 A 层次学生适当拼读新词。

（2）Act the animals. Guide the students to speak out："I'm a…"

4.Learn new sentences. 教师观察学生对文本的理解程度，根据学生回答给予指导和反馈。教师观察学生信息提取情况和目标语言运用情况。

I'm Micky. I'm a monkey. I'm Mimi. I'm a cat.

⟳ 设计意图：通过课前的热身活动，帮助学生回顾已学的知识，调动学生的学习积极性，让学生快速进入学习状态。通过游戏的方式给学生出示学具的一部分，描述它们的用途，让学生猜词，以此来激发学生的学习兴趣。

5.Let's sing! 学生根据对话中 Let's sing 的内容对文本进行进一步拓展，并借助伴奏进行歌曲表演。

6.Let's read and act!

（1）学生听录音跟读、分角色朗读对话，关注语音、语调、节奏、连读、重读等语言现象。教师观察不同水平学生朗读语篇的情况，检查学生的学习成果。

（2）学生基于对话内容，以角色扮演的形式表演本课内容，内化与运用所学语言，培养学生懂礼貌的好习惯。教师观察学生角色扮演完成情况，根据其表现给予必要的提示和指导。

⟳ 设计意图：创设情境，让学生在师生互动的真实语境中，自然习得语言。

7. Let's practise Dialogue 让学生和教师在真实的情境中，进行自我介绍。

⟳ 设计意图：锻炼学生的听说能力，为学生创设教室的情景，鼓励学生说对话，培养学生的口语表达能力。

【作业设计】

Period 1　Homework
Activity Card

1.Must—do Tasks

基本要素	具体内容	
作业内容	1. Read the dialogues & repeat them. 2. Listen to the dialogues and role play them.	
形式和类型	形式	听-说□　听-写□　读-写□　其他□
	类型	基础型□　拓展应用性□　实践型□
作业时长	___5___ 分钟（建议时长 5—10 分钟）	

续表

基本要素	具体内容		
完成方式	独立完成□　　合作完成□		
提交时间	当天完成□　　＿＿天后□		
评价标准	根据实际情况选择活动。 查找补充相关周末活动。 正确朗读所填写的对话。	☆ ☆ ☆ ☆ ☆ ☆ ☆ ☆ ☆ ☆ ☆ ☆ ☆ ☆ ☆ （自我评价）	☆ ☆ ☆ ☆ ☆ ☆ ☆ ☆ ☆ ☆ ☆ ☆ ☆ ☆ ☆ （小组评价）
	（教师评价）　Good □　　Super □　　Excellent □		

2.Optional Task

基本要素	具体内容		
作业内容	Introduce yourself to your friends		
形式和类型	形式	听–说□　　听–写□　　读–写□　　其他□	
	类型	基础型□　　拓展应用性□　　实践型□	
作业时长	＿10＿ 分钟（建议时长 5—10 分钟）		
完成方式	独立完成□　　合作完成□		
提交时间	当天完成□　　＿＿天后□		
评价标准	根据实际情况选择活动。 查找补充相关周末活动。 正确朗读所填写的对话。	☆ ☆ ☆ ☆ ☆ ☆ ☆ ☆ ☆ ☆ ☆ ☆ ☆ ☆ ☆ （自我评价）	☆ ☆ ☆ ☆ ☆ ☆ ☆ ☆ ☆ ☆ ☆ ☆ ☆ ☆ ☆ （小组评价）
	（教师评价）　Good □　　Super □　　Excellent □		

Period 2　Good morning.

【课时对应的子主题】校园师生，相互尊重，友好问候

【适用年级】三年级

【语篇类型】日常对话

【语篇研读】

What：语篇为师生课堂对话。对话为老师与同学们问候并询问同学的姓名。

Why：通过师生之间的对话，学习与同学相互问候以及询问对方姓名的表达方式。

How：对话涉及动物相关的词汇，bear、panda。以及对同学和老师表示上午问候的语句

Good morning。引导学生运用对话核心语言认识关于动物的词汇，学习对他人早上进行问候的表达，教育学生学会懂礼貌相互尊重。

【课时目标】

1. 借助文本插图和音频视频，理解对话大意，学会对同学表示相互问候及询问和回答姓名的语句。（学习理解）

2. 在教师的引领下，基于语篇情境进行角色扮演，内化并熟练运用核心语言"What's your name? My name is..."（应用实践）

3. 在教师的指导和小组的合作中，创编对话，在创编过程中让学生体会到同学之间应相互尊重。（迁移创新）

【教学过程】

1. 学生回顾上一课的主题情境，学生在教师的引导下进行，说出上节课的关于动物的词汇，以及介绍自己的语句。同时，教师观察学生参与互动、交流的情况，了解学生对该话题已有的知识储备。发展学生的思维能力。

2. Learn new words：bear　　panda

Act like a bear/panda... Let the students guess the words. 教师提出要通过表演来猜动物，调动学生学习新知的积极性。

B，C layer：Read the new words.

A layer：Try to spell the new words.

3. 学生视听对话，问题驱动，整体感知文本，理解主旨大意，梳理关键信息，补全短文内容。

4. 学生再听对话文本，细致模仿，关注语音语调，培养语感的同时加深对课文知识的理解和记忆。教师观察不同能力的学生朗读对话的情况，对学生的语音语调进行指导。

➲ 设计意图：帮助学生回顾已有知识，属于学习理解层次。教师通过猜谜的方式学习动物类词汇，活跃学生的思维，唤醒学生对动物类的相关知识的记忆，学生通过积极思考理解动物类的词汇，为本课的学习奠定基础，真正实现文本来源于生活。

5. 教师引导学生进行同伴间分角色练习并表演对话。

T：Good morning. I'm ...

Ss：Good morning,...

T：Good morning. What's your name?

S：Morning. My name's...

➲ 设计意图：借助文本的情境，进行角色迁移，初步运用核心语言进行交流，促进语言内化。从学习理解过渡到实践应用，为后面的真实表达奠定基础。在学生设计和展示的过程中，适时地渗透学科育人理念。

6.Make a short play.

a.In the morning, two students meet at the school gate.

b.Introduce yourself to your friends.

教师鼓励学生积极参与小组活动，观察学生完成作品后能否运用核心语言描述，并且给予必要的提示和指导。

➡ 设计意图：帮助学生在迁移的语境中，创造性地运用所学语言，介绍新同学。引导学生合理搭建语言框架，有效进行语言输出，提高学生的综合语言运用能力。

Period 3   Good afternoon.

【课时对应的子主题】学校，问候

【适用年级】三年级

【语篇类型】日常对话

【语篇研读】

What：语篇是 Wangwang 和 Micky 互相问候及介绍自己。

Why：通过两人对话，可以看出 Wangwang 和 Micky 非常主动和他人进行问候并积极介绍自己。

How：对话是关于问候的对话，涉及动物类的相关词汇，如：dog, pig, duck 以及使用的核心语言，如 I'm a...

【课时目标】

1. 在视、听、说情境中，理解情景内容，获取、梳理学习用品的词汇：dog, pig, duck 以及句型，I'm a...（学习理解）

2. 在谈论过程中，运用核心句型 What's your name? My name's...（应用实践）

3. 小组合作互相问候，学会主动询问及积极回答关于姓名的语句（迁移创新）

【教学过程】

1.Let's do.

让学生戴上动物头饰，进行角色表演 I'm... I'm a... 教师观察学生能否准确地说出动物类的词汇，能否根据指令做对动作，适当地给予提示。

2. 教师引导学生跟着音频跟读模仿语音语调，引导学生跟着视频注意模仿主人公的动作表情。进行分角色朗读对话。教师观察学生能否在看、听、说的活动中理解文本中的信息并运用核心语言进行操练。教师根据学生理解、拓展词汇和运用核心语言的课堂表现，了解学生对本课时重点的掌握情况，是否突破了难点。

3.Let's sing. "What's your name?"

🔵 设计意图：帮助学生深入理解对话内容，掌握对话中的重点词汇和核心语言，属于学习理解的层次。教师将设计贴近学生生活的情境，引导学生通过观察和视听对话，从语篇到句子再到词汇全面理解对话内容。学生通过模仿、跟读和分角色朗读，能够正确、流利地朗读对话，从而更深入地理解对话内容，将语言内化吸收，为培养良好的语音语调和语用能力打下坚实的基础。

4.学生分小组分角色表演对话，然后进行评价。评价可以分以下几方面：

（1）语音语调是否标准、自然，发音时是否清晰、准确，语调是否恰当。

（2）语言表达是否正确地表达出不同的情感和态度，使对话内容生动、丰富。

（3）角色扮演是否能够根据角色性格、身份等特点，进行自然的表演，表现出生动、逼真的角色形象。

Period 4　Good evening.

【课时对应的子主题】日常生活

【适用年级】三年级

【语篇类型】日常对话

【语篇研读】

What：篇为孩子与家长的对话，区分 Good evening 与 Good night 的区别。

Why：学会在相应的时间与方式进行问候。

How：该对话涉动物类的词汇，如 rabbit、bird、mouse 以及核心语言：Good evening. Good night. 词汇及语言结构通过师生对话、生生对话、角色扮演等方式不断复现，帮助学生形成相对完整的语言结构，发展语言能力，加深语篇意义理解。

【课时目标】

1. 在的视、听、说情境中，进行正确的问候语的运用。（学习理解）

2. 在教师的引领下，基于语篇情境，鼓励学生会主动用英语与别人打招呼，会介绍新自己等。（应用实践）

3. 小组合作运用核心句型在组内进行交流。（迁移创新）

【教学过程】

1.学生跟着教师一起唱 What's your name? 复习已学知识的同时吸引学生注意力。

2.Review seven words about animals.

Game：Ask students to act the animals.

Students guess the names of the animals.

3.Learn new words：rabbit/bird/mouse.

教师发指令 Act like a…，让学生们模仿动物。

⮕ 设计意图：引导学生去理解文本的基础信息，帮助他们感知文本，学习文本核心语言，复习之前学过的语言，属于学习理解层次。教师通过学生的听与表演，来锻炼学生的听力及作出反应的能力，能够更好地实现教学目标。

4. 听录音跟读后分角色朗读，关注文本语音、语调、连读及弱读，让学生在理解文本的同时感受人物角色情感。教师观察学生是否能够在规定时间内练习目标语言，给出单词发音、语音语调方面的建议。

⮕ 设计意图：鼓励所有学生参与到语言实践活动中去，通过角色扮演让学生进一步理解文本，学得比较快的学生可以脱离文本将目标语言进行有效地迁移，从学习理解层面过渡到实践应用层面，为接下来的创新环节奠定语言基础。

5. 听录音跟读后分角色朗读，关注文本语音、语调、连读及弱读，让学生在理解文本的同时感受人物角色情感。教师观察学生的朗读情况，鼓励学生大声朗读，给予及时的鼓励和指导。

⮕ 设计意图：教师观察学生从是否有感情地朗读，朗读文本单词是否正确，朗读的熟练度和与同桌的合作程度给出评价，鼓励生生互评。

6. 学生在教师指导下，结合 ppt 中不同情境的展现（早上，下午，晚上，教室，家庭中等），进行各种语境中的英语口语练习。

⮕ 设计意图：教师观察学生合作情况以及学生灵活运用所学知识的情况。

Period 5　A fun story

【课时对应的子主题】同伴交往，相互尊重

【适用年级】三年级

【语篇类型】日常对话

【语篇研读】

What：语篇是一个趣味小故事，淘气的 Micky 为了叫醒 Mimi 运用了各种手段，例如拨乱时间等。Mimi 很生气。

Why：Micky 不仅拨乱时间还弄出了 Mimi 最喜欢的老鼠。

How：通过 fun story 小故事，复习本单元学习用品类词汇以及相关的问候语。

【课时目标】

1. 借助文本插图和音频，理解对话大意，巩固复习前几课时所学词汇；（学习理解）

2. 在教师帮助下，分角色表演对话，在创设的情境中用所学目标语言进行交流。（应用

实践）

3. 在教师的指导和小组的合作中，创编对话，在创编过程中让学生体会到同学之间应相互尊重，友好互助。（迁移创新）

【教学过程】

1. 老师和学生可以发出指令 Act like a...，来让其他同学扮演动物。

2.Watch and Think.（感知与注意）

让学生观看视频，了解大意，教师提问 "Why is Mimi angry?"

3.Listen and Answer.（获取与回答）

教师提出问题：a.How many animals are there in the stroy?　　b.Who are they?

c.Why is Mimi angry?

学生听录音，思考以上问题，初步获取对话内容。

4.Read and talk.（获取与梳理）

引导学生们仔细观察图片，在小组内讨论一下每幅图的大意。再次听故事录音，试着跟读故事。让学生大声朗读故事，教师引导学生扮演角色，表演小故事，利用自己的文具在小组内创编对话。

⟲ 设计意图：帮助学生理解对话内容，学习对话中有关介绍学习用品的词汇、短语和核心语言，属于学习理解层次。教师创设与学生现实生活紧密关联的情境，引导学生通过听、读对话，逐渐理解对话内容。学生通过细致观察、积极思考等形式进行对话理解。

Period 6　The thirsty crow

【课时对应的子主题】日常故事

【适用年级】三年级

【语篇类型】绘本故事

【语篇研读】

What：语篇是一个绘本故事，通过乌鸦喝水这个耳熟能详小故事，让学生了解这个故事的影库表达是怎样的。

Why：语篇描述了一只乌鸦通过自己开动脑筋及努力喝到瓶子里水的故事。

How：该语篇内容比较简单，学生易于上口，学生能恰当运用故事语言，朗读和表演故事内容，养成良好的习惯学习生活。

【课时目标】

1. 借助文本插图和音频，理解对话大意，巩固复习前几课时所学词汇及句型。（学习理解）

2. 在教师的引领下，基于语篇情境，能够用句型进行表达。（应用实践）

【教学过程】

1.Watch and Think.（感知与注意）

（1）观看视频 *The thirsty crow*。

（2）教师提问"What can you see?"学生说出自己看到的动物。

2.Look and Learn.（观看与学习）

（1）教师呈现之前学过的动物类的词汇，帮助学生复习。

（2）教师呈现一些其他动物类图片，让学生拓展英语的词汇。

3.Think and talk.（获取与梳理）

（1）学生观看视频思考它在干什么。

（2）教师引导学生仔细阅读绘本故事，并提出问题：

What is it? What can it do?

学生们边听录音，边看绘本故事，从中获取问题答案，了解故事大意。

4.Read and say

（1）教师带领学生再读文本，指导学生操练句型。

（2）Read the story in groups.

（3）Act the story with the partner

⚫ 设计意图：帮助学生理解对话内容，学习对话中有关介绍学习用品类的词汇、短语和核心语言，属于学习理解层次。学生通过细致观察、积极思考进行对话理解。

✓ 三年级上册 Unit 2　教学设计 [①]

Period 1　Meet new friends

【课时对应的子主题】学校生活；同伴交往，相互尊重

【适用年级】三年级

【语篇类型】日常对话

【语篇研读】

What：语篇是在上学路上同学们见面，Peter 和 Jim 把新同学 Gao Wei 和 Kate 介绍给 Li Yan，Li Yan 分别和他们打招呼的对话。

Why：通过朋友之间的对话，学会如何把新朋友介绍给自己的朋友，引导学生初步建立主动与朋友问候的意识。

---

① 本文作者：天津市河北区育婴里第三小学　赵君。

How：语篇涉及学习用品相关词汇 book 和 bag，以及介绍朋友的句子：This is... 朋友之间初次见面的问候语：Nice to meet you. 和 Glad to meet you. 等句子。对话情节简单，贴近生活，易于理解，词汇及语言结构通过师生对话、生生对话、歌谣伴唱、角色扮演等方式不断复现，帮助学生形成相对完整的语言结构，发展语言能力，加深语篇意义理解。

【课时目标】

1. 在看、听、说的活动中，获取、梳理、学习对话中 Peter 和 Jim 介绍别人的语句以及 Li Yan 和朋友打招呼的语言表达；（学习理解）

2. 分角色朗读、表演对话，为语言输出做准备；（应用实践）

3. 在不同情境中与朋友打招呼。（迁移创新）

【教学过程】

1.Greeting

2.Review Unit1：Free talk

3.Play the song "Here we go."

4.Learn the new words：book   bag

（1）Show the part of the school things to the students，let them guess what it is.

（2）Describe the usage of the school things. 教师观察学生的表现，看学生的理解程度，可让 A 层次学生适当拼读新词。

B，C layer：Read the new words.

A layer：Try to spell the new words.

5.Learn new sentences 教师观察学生对文本的理解程度，根据学生回答给予指导和反馈，关注学生信息提取和目标语言运用情况。

This is… Glad to meet you. Nice to meet you.

（Show a head mask of new student Kate.）

T：This is Kate.

Take out another head mask of Gao Wei.

T：This is Gao Wei.

↪ 设计意图：通过课前的热身活动，帮助学生回顾已学的知识，调动学生的学习积极性，让学生快速进入学习状态。通过游戏的方式给学生出示学具的一部分，或是描述它们的用途，让学生猜词，以此来激发学生的学习兴趣。

Let's chant! 学生根据对话内容和信息提示补全歌谣文本，并进行歌谣表演。

6.Let's read and act!

（1）学生听录音跟读、分角色朗读对话，关注语音、语调、节奏、连读、重读等语言现象。

（2）学生基于对话内容，以角色扮演的形式表演本课内容，内化与运用所学语言，培养学生懂礼貌的好习惯。

⟳ 设计意图：创设情境，让学生在师生互动的真实语境中，自然习得语言。

7.Let's practise

（1）Game：Let's do.

T：Show me your book.（用新单词替换）Ss do the actions.

（2）Make up a new dialogue in groups. Hi/Hello! I'm ＿＿ . Glad to meet you.

My name's ＿＿ . Nice to meet you. This is ＿＿ .

⟳ 设计意图："我说你做"的游戏复习本课新词，锻炼学生的听说能力，避免机械读词的枯燥。为学生创设教室的情景，鼓励学生说对话，培养学生的口语表达能力。

【作业设计】

Period 1　Homework
Activity Card

1.Must—do Tasks

基本要素	具体内容		
作业内容	1. Read the dialogues & repeat them. 2. Listen to the dialogues and role play them.		
形式和类型	形式	听-说□　听-写□　读-写□　其他□	
	类型	基础型□　拓展应用性□　实践型□	
作业时长	＿5＿ 分钟（建议时长 5—10 分钟）		
完成方式	独立完成□　合作完成□		
提交时间	当天完成□　＿＿天后□		
评价标准	根据实际情况选择活动。 查找补充相关周末活动。 正确朗读所填写的对话。	☆☆☆☆☆ ☆☆☆☆☆ ☆☆☆☆☆ （自我评价）	☆☆☆☆☆ ☆☆☆☆☆ ☆☆☆☆☆ （小组评价）
	（教师评价）　Good □　　Super □　　Excellent □		

2.Optional Task

基本要素	具体内容	
作业内容	Introduce your new friends to your parents	
形式和类型	形式	听-说□　听-写□　读-写□　其他□
	类型	基础型□　拓展应用性□　实践型□

续表

基本要素	具体内容		
作业时长	___10___ 分钟（建议时长 5—10 分钟）		
完成方式	独立完成□　合作完成□		
提交时间	当天完成□　____天后□		
评价标准	根据实际情况选择活动。 查找补充相关周末活动。 正确朗读所填写的对话。	☆☆☆☆☆ ☆☆☆☆☆ ☆☆☆☆☆ （自我评价）	☆☆☆☆☆ ☆☆☆☆☆ ☆☆☆☆☆ （小组评价）
	（教师评价）　Good □　　Super □　　Excellent □		

Period 2　Welcome new friend

【课时对应的子主题】校园同伴，相互尊重，友好互助

【适用年级】三年级

【语篇类型】日常对话

【语篇研读】

What：语篇为师生课堂对话。对话为老师将新同学 Lisa 介绍给大家，大家对 Lisa 的到来表示欢迎并相互问候

Why：通过师生之间和同学之间的对话，学习与新同学相互问候以及对新同学表示欢迎的表达方式。

How：对话涉及学习用品相关的词汇，如 pencil-box，pen，pencil，ruler，以及对新同学表示欢迎的语句 Welcome. Thank you. 引导学生运用对话核心语言认识学习用品，学习对新同学到来表示欢迎的对话表达，教育学生学会懂礼貌相互尊重。

【课时目标】

1. 借助文本插图和音频视频，理解对话大意，学会对新同学表示欢迎及相互问候。（学习理解）

2. 在教师的引领下，基于语篇情境进行角色扮演，内化并熟练运用核心语言"Welcome. Thank you"。（应用实践）

3. 在教师的指导和小组的合作中，创编对话，让学生体会到同学之间应相互尊重，友好互助。（迁移创新）

【教学过程】

1. 学生回顾上一课的主题情境，学生在教师的引导下进行头脑风暴，说出跟学习用品

有关的单词。

2.Learn new words：

pencil　　pen　　ruler　　eraser

Riddle：They're the partners of pencil.

You often use it in maths class.

It's a box of pencil.

B，C layer：Read the new words.

A layer：Try to spell the new words.

3. 学生视听对话，问题驱动，整体感知文本，理解主旨大意，梳理关键信息，补全短文内容。

4. 学生再听对话文本，细致模仿，关注语音语调，培养语感的同时加深对课文知识的理解和记忆。

➡ 设计意图：帮助学生回顾已有知识，属于学习理解层次。教师通过猜谜语的方式学习文具类词汇，活跃学生的思维，唤醒学生对文具类的相关知识的记忆，学生通过积极思考理解文具类的词汇，为本课的学习奠定基础，真正实现文本来源于生活。

5. 教师引导学生进行同伴间分角色练习并表演对话。

T：This is Lisa. She's a new student. Let 's say "Welcome" .

Ss：Welcome.

Lisa：Thank you.

T：Lisa，introduce your school things to classmates.

Lisa：This is my…

Ss：Wow! It's nice.

➡ 设计意图：借助文本的情境，对新同学的到来表示欢迎；在此基础上，进行角色迁移，运用核心语言进行交流，促进语言内化。从学习理解过渡到实践应用，为后面的真实表达奠定基础。在学生设计和展示的过程中，适时地渗透学科育人理念。

6.Make a short play.

a.A new student is in our class.　　　　b.Introduce your new school things.

➡ 设计意图：帮助学生在迁移的语境中，创造性地运用所学语言，介绍新同学。引导学生合理搭建语言框架，有效进行语言输出，提高学生的综合语言运用能力。

Period 3　　Show your things.

【课时对应的子主题】学校，学校生活

【适用年级】三年级

【语篇类型】日常对话

【语篇研读】

What：语篇是 Peter 和 Kate 互相介绍自己最喜欢的学习用品。

Why：通过两人对话，可以看出 Peter 和 Kate 都非常喜欢自己的新的学习用品，用英语介绍给对方，展示自己的物品。

How：对话是介绍字的学习用品的对话，涉及学习用品的相关词汇，如：sharpener，eraser 以及介绍物品时使用的核心语言，如 This is my... 通过对自己的学习物品的介绍，表达出对文具的喜爱。

【课时目标】

1. 在视、听、说情境中，理解情景内容，获取、梳理学习用品的词汇：sharpener，eraser 和句型：This is my...（学习理解）

2. 谈论过程中，运用本课核心句型 This is my... 介绍自己的学习用品。（应用实践）

3. 小组合作介绍自己最喜欢的学习用品，运用核心句型在组内进行介绍。（迁移创新）

【教学过程】

1. Let's do.

Open your bag. Take out your book.

Show me your pencil. Point at your pen.

2. 出示教学挂图，让学生边看图边听录音。教师用实物及肢体语言帮助学生理解"my"这个词的含义。

3. 教师引导学生跟着音频跟读模仿语音语调，引导学生跟着视频注意模仿主人公的动作表情。然后进行分角色朗读对话。

⊃ 设计意图：帮助学生深入理解对话内容，掌握对话中的重点词汇和核心语言，属于学习理解的层次。教师将设计贴近学生生活的情境，引导学生通过观察和视听对话，从语篇到句子再到词汇全面理解对话内容。学生通过模仿、跟读和分角色朗读，能够正确、流利地朗读对话，为培养良好的语音语调和语用能力打下坚实的基础。

4. 学生分小组分角色表演对话，然后进行评价。评价可以分以下几方面：

（1）语音语调是否标准、自然，发音时是否清晰、准确，语调是否恰当。

（2）语言表达是否能够正确地表达出不同的情感和态度，使对话内容生动、丰富。

（3）角色扮演是否能够根据角色性格、身份等特点，进行自然的表演，表现出生动、逼真的角色形象。

⊃ 设计意图：引导学生通过角色扮演活动，将核心语言知识内化于心中，属于应用实践类活动；这个活动可以创造更加丰富、立体的语言学习环境，提高学生的语言运用能力和思维发展。

5. 学生在教师指导下,结合板书梳理、归纳对话的核心语言,两人一组利用自己铅笔盒中的物品进行介绍

➡ 设计意图:给学生多创造机会来运用所学语言。新生报到,介绍新的学具等。对于尖子学生教师可以适当进行词汇扩充,鼓励学生尽量多地使用英语来进行描述。

Period 4　Show your things

【课时对应的子主题】学校及学校生活

【适用年级】三年级

【语篇类型】日常对话

【语篇研读】

What:语篇为 Kate 和 Li Yan 介绍的新文具,学会夸奖对方的物品。

Why:两人各自介绍自己的新文具,并用恰当的语言赞美对方的物品,注重同学之间相互友好懂礼貌。

How:对话涉及学习用品的词汇,如 glue,marker 以及核心语言:This is my... Wow! It's nice. 词汇及语言结构通过师生对话、生生对话、歌谣伴唱、角色扮演等方式不断复现,帮助学生形成相对完整的语言结构,发展语言能力,加深语篇意义理解。

【课时目标】

1. 在的视、听、说情境中,介绍自己的学习用品 This is my... 并恰当赞美他人。(学习理解)

2. 在教师的引领下,基于语篇情境,鼓励学生会主动用英语与别人打招呼,会介绍新朋友、新文具等,能用恰当的方法赞美别人,与同伴友好相处;(应用实践)

3. 小组合作介绍自己最喜欢的学习用品,运用核心句型在组内进行介绍。(迁移创新)

【教学过程】

1. 学生跟着教师一起唱 This is my eraser,在复习已学知识的同时吸引学生注意力。

2.Review eight words about school things.

Game:Ask students to take out their own school things on the teacher's table.

Then teacher gives the order,eg. "pencil"

The fastest student can pick up pencil and say:"This is my pencil."

Other Ss:Wow,it's nice.

3.Learn new words:glue marker

Teacher picks up a marker and says "This is my marker."

Q1：What colour is it?　　Q2：Is it big or small?

Q3：Is it nice?　　Q4：Do you like it?…

⟳ 设计意图：引导学生去理解文本的基础信息，帮助他们感知文本，学习文本核心语言，同时复习之前学过的语言，属于学习理解层次。教师通过呈现文本插图，让学生去回答基本问题，也是在锻炼学生提出问题的能力，能够更好地实现教学目标。

4.听录音跟读后分角色朗读，让学生在理解文本的同时感受人物角色情感。

5.学生在规定的时间内分角色朗读，了解评分规则后有目的地练习，每个大组展示一到两组后进行生生互评和自评。

Pronunciation（语音）	Fluency（流利）	Cooperation（合作）
☆	OK!	
☆☆	Great!	
☆☆☆	Super!	

⟳ 设计意图：鼓励所有学生参与到语言实践活动中去，通过角色扮演让学生进一步理解文本，学得比较快的学生可以脱离文本将目标语言进行有效迁移，从学习理解层面过渡到实践应用层面，为接下来的创新环节奠定语言基础。

6.学生在教师指导下，结合板书梳理、归纳对话的核心语言，两人一组利用自己手中的物品进行介绍。

⟳ 设计意图：创造性地运用所学语言，创建贴近生活的场景，通过各斜语言实践活动后，学生不仅能够使用目标语言，还能从同伴身上相互学习，在提出问题后引发组内成员思考并且在讨论后解决问题，促进学生的各个能力的发展。

Period 5　A fun story

【课时对应的子主题】同伴交往，相互尊重，友好互助

【适用年级】三年级

【语篇类型】日常对话

【语篇研读】

What：语篇是一个趣味小故事，淘气的 Micky 看到 Mimi 的新书包里有好多新文具，结果偷偷拿走 Mimi 的书包，向 Bird 介绍这是"我的"学习用品，被 Mimi 发现，生气的要回自己书包。

Why：Micky 拿走 Mimi 的书包，把里面的文具介绍成为"自己的"东西。

How：通过 fun story 小故事，复习了本单元学习的学习用品类词汇以及句型 This is

my…

【课时目标】

1. 借助文本插图和音频，理解对话大意，巩固复习前几课时所学词汇；（学习理解）

2. 在教师帮助下，分角色表演对话，在创设的情境中用所学目标语言进行交流。（应用实践）

3. 在教师的指导和小组的合作中，创编对话，在创编过程中让学生体会到同学之间应相互尊重，友好互助。（迁移创新）

【教学过程】

1.Make a chant using the words about school things.

2.Watch and Think.（感知与注意）

（1）让学生观看视频，了解大意。

（2）教师提问 "Why is Mimi angry?"

3.Listen and Answer.（获取与回答）

教师提出问题：a.How many animals are there in the stroy?

b.Who are they?

c.Whose pen,pencil,ruler…?

d.Why is Mimi angry?

学生听录音，思考以上问题，初步获取对话内容。

4.Read and talk.（获取与梳理）

引导学生们仔细观察图片，并在小组内讨论一下每幅图的大意。再次听故事录音，试着跟读故事，让学生大声朗读故事。

5. 教师引导学生扮演角色，表演小故事。

6. 利用自己的文具在小组内创编对话。

⟳ 设计意图：帮助学生理解对话内容，学习对话中有关介绍学习用品的词汇、短语和核心语言，属于学习理解层次。教师创设与学生现实生活紧密关联的情境，引导学生通过听、读对话，从大意到细节逐渐理解对话内容。

Period 6　Schoolbag Gym

【课时对应的子主题】学习用品，常见的体育运动，运动与健康

【适用年级】三年级

【语篇类型】绘本故事

【语篇研读】

What：语篇是一个绘本故事，各种学习用品变身运动健将，参与各项体育活动，趣味性十足，复习巩固本单元所学的语言，以及体育运动的名称。

Why：语篇描述了一个书包体育场，各种文具变成运动健将，擅长各种体育活动，带领学生一同感受运动的快乐。

How：语篇内容比较简单，学生易于上口，学生能恰当运用故事语言，朗读和表演故事内容，养成良好的生活学习习惯。

【课时目标】

1. 借助文本插图和音频，理解对话大意，巩固复习前几课时所学词汇及句型。（学习理解）

2. 在教师的引领下，基于语篇情境，能够用句型 This is a… It can… 进行表达。（应用实践）

3. 设计一套有创意的学习用品，注意环保，注重实用性。（迁移创新）

【教学过程】

1.Watch and Think.（感知与注意）

观看视频 Schoolbag Gym；教师提问 "What can you see?" 学生说出自己看到的学习用品。

2.Look and Learn.（观看与学习）

（1）教师呈现之前学过的文具类的词汇，帮助学生复习。

（2）教师呈现一些体育运动的图片，让学生说一说认识哪些体育运动。

3.Think and talk.（获取与梳理）

（1）学生观看视频思考它们在干什么

（2）教师引导学生仔细阅读绘本故事，并提出问题：What are they?

What can they do? 学生们边听录音，边看绘本故事，从中获取问题答案，了解故事大意。

4.Read and say

（1）教师带领学生再读文本，指导学生操练句型 This is a pen. It can play ping—pong.

This is a pencil. It can play ping-pong,too.

This is a pencil-box. It can run.

This is an eraser. It can weight lift.

This is a ruler. It can do push-ups.

This is a crayons. It can do pull-ups.

We like doing sports.

（2）Read the story in groups.

5.Act the story with the partner.

➲ 设计意图：帮助学生理解对话内容，学习对话中有关介绍学习用品类的词汇、短语和核心语言，属于学习理解层次。教师创设与学生现实生活紧密关联的情境，引导学生通过听、读对话，从大意到细节逐渐理解对话内容。学生通过细致观察、积极思考等形式进行对话理解。

三年级上册 Unit 3　教学设计 [①]

Period 1　Look at my nose

【课时对应的子主题】人与自我；人与社会

【适用年级】三年级

【语篇类型】日常对话

【语篇研读】

What：语篇是以马戏团的演员与小观众的简单对话引出本单元的话题：the body，这一特定场景便于让学生观察、理解模仿画面中各个人物的行动和话语。描述自己眼睛和鼻子的大小。

Why：教材中的单词都是我们每个人身体的组成部分，本课只涉及两个新词，学生学习起来应该不会陌生，以情景导入为依托学习身体部位的单词。在 Let's chant and do 部分针对这些重点词汇进行韵句活动，而且是一个调动学生全身感官参与的 TPR 活动。让学生们在有趣的活动中巩固所学内容。

How：语篇涉及身体部位相关词汇 nose 和 eye，以及语言结构 Look at... 和 Touch my/your... 通过师生对话、生生对话、角色扮演等方式不断复现，帮助学生形成相对完整的语言结构，发展语言能力，加深语篇意义理解。指令性的动作 Touch my/your... 可以与单词的操练结合起来，以提高操练的趣味性，以提高操练的效率，然后转为语言输出。

【课时目标】

1.借助教学媒介学历案，运用 Look at... 和 It's... 描述身体部位（nose 和 eye），马戏团这一特定场景便于让学生观察、理解模仿画面中各个人物行动和话语。（学习理解）

2.在对话情境中，根据马戏团中人物和话语，运用 Look at... 和 It's... 描述自己眼睛和鼻子的大小，运用 Look at my/your... 进行 TPR 活动。（应用实践）

3.在教师的指导和小组的合作中，创编对话。培养学生要爱护自己的眼睛，爱护自己的五官。（迁移创新）

---

① 本文作者：天津外国语学校南普小学　王倩。

【教学过程】

1.Sing a song 学生跟唱"身体部位"的歌曲，思考并讨论教师提出的问题，初步感知身体部位，呈现教学主题。

Q：How many body parts are there in the song? What are they?

2.Let's review Lesson 12 Fun story，引出 Look at my book. 并让学生拿起自己的文具，用 Look at my… 互相介绍文具。

3. 教师指着自己的鼻子说：Look at my nose,nose,nose,nose. Look at my nose. 同时出示词卡，让学生认读。以小组为单位，让学生两人一组，四人一组，先在组内练习 Look at… 用同样的方法讲解 eye，然后，让学生在自然的情景中进行练习。

4. 教师拿起一个大书包，说 Look at my bag. It's big. 再拿出一块小橡皮，Look at my eraser. It's small,small,small. 让学生理解 small 的意思。再依次出示其他大小比例悬殊的学习用品，让学生比较 big 与 small，然后模仿操练。

5. 教师戴上马戏团小丑的头饰，指着鼻子说 Hello! Look at my nose. Wow! It's… 在这里稍作停顿，用手势夸大鼻子的形状，引导反应快的学生随之说出 big。用同样的方法介绍 Hi! Look at my eye. Wow! It's small.

6.Let's read and act!

（1）学生听录音跟读、分角色朗读对话，关注语音、语调、节奏、连读、重读等语言现象，体会马戏团人物的动作和表情。

（2）学生基于对话内容，以角色扮演的形式表演本课内容，内化与运用所学语言，促进情感共鸣。

➲ 设计意图：帮助学生理解核心词汇在语篇中的语用和语义。通过复习旧知，引出本课重点句型 Look at my… 通过指认、读单词，使学生将单词的音与形结合起记忆，为学生认读单词提供可能。通过快速说出五官的名称，将单词的音与义结合起来，后面的迁移创新授铺垫。

7.Let's chant and do. 做 TPR 活动 Touch your nose… 巩固所学单词。教师先讲解步骤与要求，让学生了解游戏内容和方法。引导学生正确使用 my 和 your，然后分小组竞赛：一组为指令组，其余为参赛组。

8 学生根据文本内容，介绍自己眼睛和鼻子的大小。

➲ 设计意图：通过本阶段的学习活动，实现语言真实的交流。将 chant 加入具有韵律感的节奏，让学生边说唱边做动作，既复习了单词和句型，又进一步理解了其意思，使学生保持快乐的心情，对所学内容充满兴趣。联系生活实际将语言学习从学习理解过渡到实践应用，既帮助学生在对话情境中实现语言内化，又为其后的真实表达奠定基础。

9. 分组创编新的对话，教师组织学生共同评价各组对话的语音、语调的正确与流畅程度，然后指导学生进行自我评价。

语言支持：Hello! Look at my… It's…

【作业设计】

Period 1　Homework

Activity Card

1.Must—do Tasks

基本要素	具体内容		
作业内容	1. Listen to the dialogue and read it. 2. Let's do with your friends.		
形式和类型	形式	听-说□　听-写□　读-写□　其他□	
	类型	基础型□　拓展应用性□　实践型□	
作业时长	＿5＿分钟（建议时长 5—10 分钟）		
完成方式	独立完成□　合作完成□		
提交时间	当天完成□　＿＿天后□		
评价标准	根据实际情况选择活动。 查找补充相关周末活动。 正确朗读所填写的对话。	☆☆☆☆☆ ☆☆☆☆☆ ☆☆☆☆☆ （自我评价）	☆☆☆☆☆ ☆☆☆☆☆ ☆☆☆☆☆ （小组评价）
	（教师评价）　Good □　Super □　Excellent □		

2.Optional Task

基本要素	具体内容		
作业内容	Draw a clown and describe it.		
形式和类型	形式	听-说□　听-写□　读-写□　其他□	
	类型	基础型□　拓展应用性□　实践型□	
作业时长	＿10＿分钟（建议时长 5—10 分钟）		
完成方式	独立完成□　合作完成□		
提交时间	当天完成□　＿＿天后□		
评价标准	根据实际情况选择活动。 查找补充相关周末活动。 正确朗读所填写的对话。	☆☆☆☆☆ ☆☆☆☆☆ ☆☆☆☆☆ （自我评价）	☆☆☆☆☆ ☆☆☆☆☆ ☆☆☆☆☆ （小组评价）
	（教师评价）　Good □　Super □　Excellent □		

Period 2　Look at my face.

【课时对应的子主题】人与社会

【适用年级】三年级

【语篇类型】日常对话

【语篇研读】

What：通过刚飞临地球的机器人与师生对话的童话式的情景，进行相互问候，简单描述他人的外貌特征。

Why：学习如何询问并回答近况进行相互问候，及简单描述他人的外貌特征，培养学习乐于与同学朋友交往的意识，协助学生养成问候他人的习惯。

How：语篇涉及身体部位相关词汇 head，face，mouth 和 ear，Robort 用 "How are you" 来询问师生的近况。老师则用 "Good，and you?" 来表示回应并在此询问。Robort 回答 "I'm fine，too. Thanks!" 通过师生对话、生生对话、角色扮演等方式不断复现，帮助学生形成相对完整的语言结构，发展语言能力，加深语篇意义理解。学生在真实的情景中感受语言使用的环境和方法。

【课时目标】

1. 借助文本插图和音频视频，理解对话大意，运用 How are you? 句型进行问候，让学生观察、理解模仿画面中各个人物的行动和话语。（学习理解）

2. 在教师的帮助下，分角色表演对话，两个人能够熟练地问候彼此。（应用实践）

3. 在教师的指导和小组的合作中，创编对话。鼓励学生课后与同学、家人见面互致问候时，将课上所学内容运用于生活实际（迁移创新）

【教学过程】

1.Sing a song 学生跟唱 *Hello! Hello! How are you*? 的歌曲，在教师的引导下理解 How are you?

2.Free talk 教师出示 Hello! /Good morning! /Good afternoon! /How are you? 与同学回顾学过的问候语。可加上 Nice to meet you.

3. 教师边出示本课图片边说 Look at my picture. Wow! It's nice! 接着，指着图中的人说 Who are they? This is a teacher. These are children. 教师指着机器人自问自答 Who is this? It's a robot. 然后，教师戴上机器人的头饰指着自己说 It's me. I'm a robot. How are you? 与学生们互致问候。

4. 借助图片上的人物，说出 head，face，mouth，ear 并出示图片或词卡片，实现音、形、义同步教学。

5. 用 Touch your... 进行 TPR 活动，巩固复习 head，face，mouth，ear 四个单词。同时复习

上节课学习的 nose,eye 两个单词。

6.Watch and imitate

教师播放对话部分的音频,引导学生跟读。

➥ 设计意图:帮助学生理解本节课的核心句型。在图片、视频,各种提示以及教师的帮助下完成各种听力或练习活动,逐步理解对话语篇内容,提升听的能力。在词汇教学中,巧妙利用拆音和自然拼读法,让学生更加容易掌握本节课单词的音、形、义。基于文本理解,学生还通过参与细致模仿,体会人物情感,模仿画面中各个人物的行动和话语。

7.Let's read and act!

(1)学生听录音跟读、分角色朗读对话,关注语音、语调、节奏、连读、重读等语言现象,体会人物的动作和表情。

(2)学生基于对话内容,以角色扮演的形式表演本课内容,内化与运用所学语言,促进情感共鸣。

8. 让学生按指令画画:Draw a face. Draw a nose. Draw a mouth. Draw two eyes. 在这里,教师要指一指自己的眼睛,让学生理解。同时告诉学生,说两只眼睛时,要用 eyes,让学生初步接触英语复数形式。随后,将画得好的图画在全班展示。

➥ 设计意图:本阶段的学习活动通过,实现语言真实的交流。引导学生在归纳和整理核心语言的基础上,通过角色扮演使每位学生都能深入角色,运用语言理解意义。联系生活实际将语言学习从学习理解过渡到实践应用,既帮助学生在对话情境中实现语言内化,又为其后的真实表达奠定基础。

9.分组创编新的对话,教师组织学生共同评价各组对话的语音、语调的正确与流畅程度,然后指导学生进行自我评价。

语言支持:Hello! How are you?　　　　Good! And you?

　　　　　I'm fine,too.　　　　　　Look at my…

　　　　　Oh! He has a…

10. 布置课后作业

(1)听录音,仿读对话。

(2)鼓励学生课后与同学、家人见面互致问候时,将课上所学内容运用于生活实际。

Period 3　Look at my arm.

【课时对应的子主题】人与社会

【适用年级】三年级

【语篇类型】日常对话

【语篇研读】

What：本部分运用 Peter 和 Yang Ming 在学校门口见面时相互问候的情景，让学生通过观察，了解画中人物的身体状况，学习表示身体不适时用的 Not very well. 同时熟悉相关的应答语 Oh, I'm sorry!

Why：上一课学习了如何询问并回答近况进行相互问候，并回答身体很好。本节课继续这个话题，学习如何回答身体不适。学生学习起来应该不会陌生，以情景导入为依托学习身体部位的单词其他单词。在 Let's do 部分针对这些重点词汇进行韵句活动，而且是一个调动学生全身感官参与的 TPR 活动。以此教育学生多用身体部位进行运动。

How：语篇涉及身体部位相关词汇 neck, arm 和 hand，询问彼此身体状况，结果 Peter 的胳膊受伤了，Yang Ming 听到此消息很伤心，对他表示同情。Nod your head. Wave your arm. 等这些指令可以与单词的操练结合起来，以提高操练的趣味性，以提高操练的效率，然后拓展部分转为语言输出。

【课时目标】

1. 能够听、说、读、写描述身体部位的单词 neck, arm, hand；能够在图片和教师的提示下使用句型：How are you? Not very well. Look at my arm. Oh, I'm sorry. 按照正确的意群和语音、语调朗读对话；（学习理解）

2. 在教师的帮助下，理解使用 Clap your hands. Nod your head. Wave your arm. 等进行运动；（应用实践）

3. 在教师的指导和小组的合作中，创编对话。鼓励学生课后与同学、家人见面互致问候时，将课上所学内容运用于生活实际。并培养学生要用身体部位进行体育运动，爱惜身体。（迁移创新）

【教学过程】

1. Sing a song 学生跟唱 *Hello! How are you?* 的歌曲，复习上节课 How are you? 的句型。

2. Free talk 教师出示 Hello! /Good morning! /Good afternoon! /How are you? 与同学回顾学过的问候语。加上 Nice to meet you.

3. 教师假装在讲台前摔了一跤，伤了胳膊，作痛苦状走近学生说 I hurt my arm. 接着指着胳膊说 Look at my arm. 而后转身演学生模仿说 Oh, sorry. 以使学生理解 sorry 的意义然后，指导学生两人一组进行模仿。接着再替换 neck, hand 两个新词。

4. 教师接着做头痛、牙痛、胃痛等状，摇着头，摆着手，用 Not very well. 回答学生 How are you? 的问候。让学生在模拟的情景中理解其意义，然后以小组形式，再现这一表达方式。

5. 教师出挂图，介绍：Look at this picture. It's in the morning. It's time to go to school. Peter and Yang Ming meet at the school gate. They are talking. Peter isn't very well today. How do they talk about this? Let's listen. 听录音，让学生跟读并指读本课的学习内容。

6. 创设几个情景，让学戴上头饰或名卡进行表演，通过交流，让学生理解、区别回答 How are you? 时，Good! Thank you. 和 Not very well. Oh, sorry. 的不同用法。

◗ 设计意图：帮助学生理解本节课的核心句型。在图片、视频，各种提示以及教师的帮助下完成各种听力或练习活动，逐步理解对话语篇内容，提升听的能力。引导学生体会人物情感，模仿画面中各个人物的行动和话语。

7. TPR 活动：单独复习所学的身体部位词汇，然后通过教师的动作示范，让学生理解 nod, open, close, dap, wave 等词的意思。学生熟悉后，听录音做动作。可以用小组赛方式增加趣味性。

◗ 设计意图：本阶段的学习活动通过，实现语言真实的交流。将视频加入具有韵律感，让学生边说唱边做动作，复习了单词及短语的语音，进一步理解了其意思，并且还使学生保持快乐的心情，对所学内容充满兴趣。

8. 教师出示体育明星受伤的图片。

如：Look at Liu Xiang. He hurts his foot.

Look at Li Na. She hurts her head.

9. 选择你最喜欢的体育明星，分组创编新的对话，教师组织学生共同评价各组对话的语音、语调的正确与流畅程度，然后指导学生进行自我评价。

语言支持：How are you? Not very well. Look at my… Oh, I'm sorry.

10. 布置课后作业

（1）听录音，仿读对话。

（2）鼓励学生课后与同学、家人见面互致问候，将课上所学内容运用于生活实际。

◗ 设计意图：引导学生认识体育明星并了解其荣誉背后的艰辛，为他们选择喜爱的体育明星并创编对话做铺垫。让学生置身体育明星受伤情境，通过巩固、拓展本课对话来深入感知本课主题。

Period 4　Look at my leg.

【课时对应的子主题】人与社会

【适用年级】三年级

【语篇类型】日常对话

【语篇研读】

What：本部分通过 Li Yan 和 Gao Wei 在教室门口见面互致问候的情景，让学生观察、了解和模仿表示身体不适时的另一种表达方法，Not so well. 以及对方表示惊讶、同情与抱歉的应答语：Oh, no! I'm sorry!

Why：上一课学习了如何询问身体情况，表示身体不适 Not very well。本节课继续这个话题，学习身体不适时的另一种表达方法，Not so well。学生学习起来很容易，以情景导入为依托学习身体部位的单词其他单词。并学唱英语歌曲 Head, shoulder, knees and toes, 巩固所学词汇。

How：语篇涉及身体部位相关词汇 leg, knee 和 foot, 询问彼此身体状况，结果 Gao Wei 在踢球的时候腿受伤了, Li Yan 听到此消息很伤心，对他表示同情。培养学生关心他人的好品质和热爱生活的积极情感。

【课时目标】

1. 能够听、说、读、写描述身体部位的单词 leg, knee 和 foot; 能够在图片和教师的提示下使用句型：How are you? Not so well. Look at my… Oh, no! I'm sorry. 按照正确的意群和语音、语调朗读对话；（学习理解）

2. 在教师的帮助下，分角色表演对话，两个人能够熟练地问候彼此；（应用实践）

3. 在教师的指导和小组的合作中，创编对话。鼓励学生课后与同学、家人见面互致问候时，将课上所学内容运用于生活实际。在进行体育锻炼时要注意安全，保护好自己。培养学生关心他人的好品质和热爱生活的积极情感。（迁移创新）

【教学过程】

1. Sing a song 师生共唱 *Hello! How are you?* 的歌曲，再次复习 How are you? 的句型。

2. Free talk 教师出示 Hello! /Good morning! /Good afternoon! /How are you? 与同学回顾学过的问候语。可加上 Nice to meet you.

3. 用 Touch your… Wave your… 进行 TPR 活动，引入新词汇 leg, knee, foot 等。然后，全班随录音唱 Head, shoulders, knees and toes, 巩固所学内容。

4. 上节课已经学习过 Not very well. 以同样的方式引入学习项目 Not so well. Oh, no! I'm sorry! 让学生在模拟情景中理解英语表示身体不适时的另一用语。

5. 教师出示挂图，用简单的英语进行解释，学生边看图边听录音，理解这一用语。然后，教师将本课图与上一课的图进行比较，让学生通过观察 Peter 和 Gao Wei 的表情，理解对话的意思。仿读后，在小组内进行操练。

↪ 设计意图：帮助学生理解本节课的核心句型。在图片、视频，各种提示以及教师的帮助下完成各种听力或练习活动，逐步理解对话语篇内容，提升听的能力。引导学生体会人物情感，模仿画面中各个人物的行动和话语。

6. Let's read and act!

（1）学生听录音跟读、分角色朗读对话，关注语音、语调、节奏、连读、重读等语言现象，体会人物的动作和表情。

（2）学生基于对话内容，以角色扮演的形式表演本课内容，内化与运用所学语言，促进

情感共鸣。

⟳ 设计意图：引导学生在归纳和整理核心语言的基础上，通过角色扮演使每位学生都能深入角色，运用语言理解意义。联系生活实际将语言学习从学习理解过渡到实践应用，既帮助学生在对话情境中实现语言内化，又为其后的真实表达奠定基础。

7. 让学生拿出课前发的人体部位图，教师发指令 Circle the neck. 让学生圈出人体的正确部位。比一比，谁正确，然后继续进行此游戏，教师依次将 leg，knee，foot，arm，hand 代入指令，巩固所学词汇。

8. 你的朋友 Linda 不小心受伤了，你该怎样询问她并表示关心呢？两个人一组，编一个新的对话。语言支持：S1：Hello，Linda. How are you?

S2：I'm not too good. Look at my head.

S1：Oh，no. I'm sorry. Be careful next time.

S2：Thank you.

S1：You're welcome.

9. 布置课后作业

（1）听录音，仿读对话。

（2）鼓励学生课后与同学、家人见面互致问候，将课上所学内容运用于生活实际。

⟳ 设计意图：在这个活动中，教师适时补充 Be careful next time. 这一语句，丰富学生的语言。提示学生在生活中要注意安全，保护好自己。培养学生关心他人的好品质和热爱生活的积极情感。

Period 5　What is it?

【课时对应的子主题】人与社会

【适用年级】三年级

【语篇类型】日常对话

【语篇研读】

What：本部分通过有趣的卡通故事，承上启下地将本单元内容作了归纳总结，为下一单元的内容进行铺垫。要求学生在童话故事中真实运用英语，巩固复习本单元所学内容，用图中的语境引发学生的想象力和对新事物的探究欲望。

Why：语篇通过观察每个动物身上独特的身体部位，复习身体部位和动物的相关词汇。故事最后告诉我们，其实这些都是 Mickey 用手偶扮演的。

How：在此话题的相关语境中听、说、认读下列词汇：nose，eye，nose，hand，foot 等。能够理解和运用有关身体部位功能的表达形式 Look at the… It's a… He has… It's big/small…

在真实情境中进行交流；能够在情境中用英语表达问候、表达自己的情感、描述人物的特征，并能就相关信息做双向或多向的交流。培养学生礼貌待人，关心他人的品质。

【课时目标】

1. 借助文本插图和音频，理解对话大意，巩固复习前几课时所学词汇；（学习理解）

2. 在教师的引领下，基于语篇情境，理解和运用有关身体部位功能的表达形式 Look at the… It's a… He has… It's big/small… 在真实情境中进行交流；能够在情境中用英语表达问候、表达自己的情感、描述人物的特征，并能就相关信息做双向或多向的交流；（应用实践）

3. 在图片的帮助下，以小组合作的形式，运用所学语言，创编并表演新的故事。培养学生关心他人的好品质和热爱生活的积极情感。（迁移创新）

【教学过程】

1. 课前，教师围绕本单元所学内容，对本节课提出指令要求。Before class, let's do with me. Look at me. Look at the blackboard. Point at the blackboard. If you want to answer my question, wave your arm. If you do very well, clap your hands. If you understand, nod your head.

2. 学生演唱歌谣、歌曲，创设学习英语的环境，为下面的语言活动作铺垫。

3. 观看动物世界的视频，大声说出小动物。

4. 学生谈论自己最喜欢的动物，每组找一名学生，根据学生的喜爱分组，把小组命名为各种动物组，如熊猫组等。分组后，各小组大声说出本组口号，为自己加油。

5. 多媒体视频呈现故事，学生带着问题观看故事。（1）在故事中出现了多少小动物，他们分别是谁？（2）打雷了，下雨了，小动物们都去躲雨，藏起来了。一会儿，太阳出来了，让我们去找找小动物们吧！他们在哪儿？

6. 教师引领，体验故事情感多媒体分页呈现故事情节，师生互动、生生互动进行模仿表演，理解故事。黑板上图片呈现故事情节，学生真实地利用图片道具在黑板上来找小动物，体验故事。

7. 再次观看，揭晓故事谜底。（1）再次带着问题观看故事，谁扮演了这些小动物？揭晓谜底。（2）黑板上躲藏起来的小动物也开始揭晓谜底。

⊃ 设计意图：歌谣、歌曲自然导入，引出本课故事教学的主人公，为下面的语言活动作铺垫。英文歌谣、歌曲能提高学生学习积极性，激发学生学习兴趣，营造学习英语的轻松氛围。动物世界视频中出现多种小动物，学生们在视觉的冲击中复习了有关动物的词汇，为下面的语言活动做铺垫。将小组命名为动物组，为下面故事的表演及拓展故事的表演做准备。各小组喊口号环节，增强了学生的竞争力与团队合作精神。通过三次观看故事，有利于学生一步步理解故事。黑板上躲藏起来的小动物揭晓谜底，激发学生的好奇心与求知欲，增加故事的趣味性，有利于学生进一步体验故事。

8. 利用黑板，学生再次表演，利用板书，进一步掌握故事结构。以角色扮演的形式表演本课内容，内化与运用所学语言，促进情感共鸣。

9. 学生通过多种方式读课文，如指读课文、课文填空等。

→ 设计意图：1. 通过再次扮演，深入习得语言。2. 通过黑板，把情境带到课堂，生生互动，真实交流。3. 回归书本，通过多种方式读课文，学生感受功能语句。

根据本课故事，小组合作，创编一个新的故事并表演。通过交流，让学生感受、体会、理解功能语句的用法，灵活使用这些功能语句。

10. 布置课后作业

（1）听录音，仿读对话。

（2）与朋友表演故事，将课上所学内容运用于生活实际。

Period 6   Make a monkey!

【课时对应的子主题】人与社会

【适用年级】三年级

【语篇类型】日常对话

【语篇研读】

What：语篇讲述了一个小女孩和一个小男孩一起制作了一个猴子玩偶并和猴子玩偶一起玩耍，玩得正高兴时猴子跑掉的故事。故事带着我们一起认识身体的构造，同时启发我们如何有条理、有耐心地完成一件事情。

Why：语篇通过制作猴子玩偶，复习前五课所学的身体部位相关词汇。引导学生"有序思维"和"打破常规"的重要性。

How：语篇包含了表示"身体部位"的重点词汇如 head，body，ear，eye，nose，mouth，arm，hand，leg，foot 等，也包含了重点句型 Make the…This is…These are… 等，是教材内容的补充与拓展，可以进一步地提高学生的英语学习能力。

【课时目标】

1. 在绘本故事的学习中感知名词单复数的变化，并能初步了解以下相关短语：shake its body，touch its head，wave its arms，clap its hands，lift its legs，stamp its feet. 能体会绘本故事传递的道理。（学习理解）

2. 根据已有的语言知识结构，运用 This is…/These are… 的句型介绍事物。通过小组合作能够读懂绘本，复述绘本，表达自己的观点，理清文本逻辑。（应用实践）

3. 基于故事的主题展开讨论，提炼故事的核心价值，引导学生"有序思维"和"打破常规"的重要性。通过绘本阅读，培养学生爱读书的好习惯。（迁移创新）

【教学过程】

1.Greetings.

2.Sing a song：Do the hokey pokey

3.Lead in

T：Wow，so happy today. Look here，I have many body parts，can you guess what's this？

Ss：A cat，a dog，a rabbit…

T：Maybe it is a… Now，let's make it .

Wow，it's a monkey. Today let's make a monkey and play with the monkey.

4.While—reading

a.Read the cover

Talk about the picture：What can you see？

b.Read the picture book

First，watch and listen.

（1）Listen and point.

（2）Find out the body parts in the story.

（Read the body parts and put the animals body on the blackboard.）

5.Next，listen and repeat.

（1）Listen and repeat page 2—7 and circle the steps.

（2）Check the answer.（First，Next，Then，After that）

T：How to make a monkey？ There are four steps. Now we should know what to do first，what to do next，what to do then，what to do after that. Let's read again.

6.Then，read and make.

（1）Read Page 2—7 again and underline the step sentences.

（2）Read the sentences in your group.

（3）Fill in the table with the sentences.

（T：We should do things in order. So in our life，we should have orderly thinking. Now let's play with monkey！）

⟳ 设计意图：引导学生去理解文本的基础信息，帮助他们感知文本，学习文本核心语言，同时复习之前学过的语言，属于学习理解层次。教师通过呈现文本插图，让学生去回答基本问题，也是在锻炼学生提出问题的能力，能够更好地实现教学目标。

7.After that，read and act.

（1）Listen and repeat with actions.

（2）Let's play.

T：It's time for us to retell the story. Today we learned the story about make the monkey. How to make a monkey?

8.Finally，retell and do.

Retell the story.

T：Oh，the monkey runs away. Can you tell me where does the monkey go?

➡ 设计意图：鼓励所有学生参与到语言实践活动中去，通过角色扮演让学生进一步理解文本，学得比较快的学生可以脱离文本将目标语言进行有效的迁移，从学习理解层面过渡到实践应用层面，为接下来的创新环节奠定语言基础。

9.Make animals.

T：The monkey goes to the zoo. He wants to find his friends. But his friends need your help. Can you help them? Let's make monkey's friends and play with them.

（1）Make the animals.

（2）We should make things step by step!

Sometimes we can break the routine.

Summary：

（1）How to read the English picture book ?

（2）Ask the students to think：Why do you read ?

Watch a video.

（3）Make reading a habit! Look to the future and read the world!

Homework：

（1）Read a new picture book and share it.

（2）Make a new chant and do actions.

（3）Exchange and read our new picture books.

➡ 设计意图：借助文本后再创新，创建贴近生活的场景，通过各种语言实践活动后，学生不仅能够使用目标语言，还能从同伴身上相互学习，在提出问题后引发组内成员思考并且在讨论后解决问题，促进学生的各个能力的发展。

三年级上册 Unit 4　教学设计 [①]

Period 1　I have a ball.

【课时对应的子主题】人与社会；同伴交往

【适用年级】三年级

【语篇类型】日常对话

【语篇研读】

What：语篇是 Li Yan 和 Kate 在家中围绕自己所拥有的玩具展开的对话和思考，呈现了同伴交往过程中，探讨身边自己所拥有的事物并能表达自己对事物的真实看法的情境。

Why：建构学生在真实的语言环境中自然、大方地介绍自己的物品，对身边玩具等词汇的积累，可用于表达和交流同伴交往过程中的话题词汇，并基于此引导学生善于对事物特征进行称赞，初步在此主题下感知、形成良好的人际关系与人际交往能力，学生有与人交流沟通的愿望，能大方地与人接触，体现出礼貌、得体与友善。

How：语篇涉及玩具相关词汇 doll 和 ball，以及谈论自己拥有的物品时所用的语言结构 I have... 和表达物品特征时候所用的语言结构 It is... 词汇及语言结构通过师生对话、生生对话、歌谣伴唱、角色扮演等方式不断复现，帮助学生形成相对完整的语言结构，发展语言能力，加深语篇意义理解。同时，学生依托语言结构参与到表述自己身边的事物，如 school things 等，自主设计并融合描述事物特征的语言活动，在合作学习过程中提升语言技能，强化与同伴的沟通交流意识。

【课时目标】

1. 借助教学媒介，运用 I have... 和 It is... 介绍自己身边所拥有的玩具和对他人玩具特征的评价。感受与同伴交往过程中能大方地与人接触，体现出礼貌、得体与友善；（学习理解）

2. 在对话情境中，根据教师手中不同的学习用品和玩具，运用 I have... 和 It is... 来表达和描述，感知同伴交流主题下的沟通技能；（应用实践）

3. 借助学生创编对话等活动后的语言基础，学唱歌曲 *I have a nice doll*，运用 I love it so 和 he loves it so 来拓展表达对事物的情感。（迁移创新）

【教学过程】

1.Warming—up!

播放歌曲 Toys，让学生边唱边表演，初步感知玩具主题下的快乐氛围，呈现教学主题。

---

① 本文作者：天津市河北区第二实验瑞庭小学　张媚。

2.Revision! 教师和学生对话,借助学过的句型 This is… 来介绍自己的物品,可以拿着自己的铅笔说:Look! This is my pencil. 接着拿出布娃娃说:Look! This is my doll. I have a doll. 让学生反复听,在情景中感知 I have…　　Q:What's this?

3.Let's watch and talk!

（1）学生观看对话视频,获取与梳理 Li Yan 和 Kate 分别拥有的玩具情况。

（2）学习词汇 doll 和 ball。

（3）学生观察物品特征,学生运用语言支架 It is…/How…/So… 描述自我对于玩具特征的认知并表达个人情感。

4.Let's chant! 学生根据本节课所学玩具词汇和句型信息提示补全歌谣文本,并借助伴奏进行歌谣表演。（可以适当拓展为其他学生了解到的玩具词汇）

5.Let's read!

学生听录音跟读、分角色朗读对话,关注语音、语调、节奏、连读、重读等语言现象,以角色扮演的形式表演本课内容,体会同伴间沟通交流的愉悦。

▶ 设计意图:以谈论同伴间的各自拥有的玩具为主要话题,借助以前学过的介绍物品的方式 This is… 引导学生由旧知过渡到新知,逐步理解和深化、发展,深入体会同伴间分享交流的美好。基于文本理解,学生还通过细致模仿、分角色朗读、角色扮演等活动进行准确性和流畅性练习,并基于语调、节奏等多种语言现象体会人物情感,大方地与人接触,体现出礼貌、得体与友善。

6.Let's talk! 学生两人一组基于已学对话内容,并借助不同实物进行一定程度的创编,内化与运用所学语言,促进情感共鸣,建构同伴间礼貌、得体与友善的交流意识。

▶ 设计意图:学生在创编对话的过程中,联系自己的生活实际将语言学习从学习理解过渡到实践应用,既帮助学生在对话情境中实现语言内化,又促进学生感知同伴沟通中的交流技巧,为其后的真实表达奠定基础。

7.Let's sing! 学生跟唱并理解歌曲 I have a nice doll,教师播放视频资料,带领学生感知自己心爱的各种玩具,运用 I love it so 和 he loves it so 来拓展表达对事物的情感。

▶ 设计意图:学生学唱歌曲,用愉悦的形式巩固自己本课所学的同时,再联系自己的生活实际,自然流露对自己玩具的喜爱之情,自然过渡,拓展到生活中的情感表达。

【作业设计】

Period 1　Homework
Activity Card

1.Must—do Tasks

基本要素	具体内容		
作业内容	1. Listen to the dialogue and read it. 2. Take a photo of your toys, and you can make a short chant or a simple song for it.		
形式和类型	形式	听—说□　听—写□　读—写□　其他□	
	类型	基础型□　拓展应用性□　实践型□	
作业时长	___5___ 分钟（建议时长 5—10 分钟）		
完成方式	独立完成□　合作完成□		
提交时间	当天完成□　___天后□		
评价标准	根据实际情况选择活动。 查找补充相关周末活动。 正确朗读所填写的对话。	☆ ☆ ☆ ☆ ☆ ☆ ☆ ☆ ☆ ☆ ☆ ☆ ☆ ☆ ☆ （自我评价）	☆ ☆ ☆ ☆ ☆ ☆ ☆ ☆ ☆ ☆ ☆ ☆ ☆ ☆ ☆ （小组评价）
	（教师评价）　Good □　　Super □　　Excellent □		

2.Optional Task

基本要素	具体内容		
作业内容	Imagine a new toy you like. Then draw it down and talk about it with your friends.		
形式和类型	形式	听—说□　听—写□　读—写□　其他□	
	类型	基础型□　拓展应用性□　实践型□	
作业时长	___10___ 分钟（建议时长 5—10 分钟）		
完成方式	独立完成□　合作完成□		
提交时间	当天完成□　___天后□		
评价标准	根据实际情况选择活动。 查找补充相关周末活动。 正确朗读所填写的对话。	☆ ☆ ☆ ☆ ☆ ☆ ☆ ☆ ☆ ☆ ☆ ☆ ☆ ☆ ☆ （自我评价）	☆ ☆ ☆ ☆ ☆ ☆ ☆ ☆ ☆ ☆ ☆ ☆ ☆ ☆ ☆ （小组评价）
	（教师评价）　Good □　　Super □　　Excellent □		

Period 2　Fly very high.

【课时对应的子主题】天气与日常生活，运动与健康

【适用年级】三年级

【语篇类型】日常对话

【语篇研读】

What：语篇为晴朗的一天，Peter 和 Gao Wei 在户外活动，并在活动过程中向对方介绍自己的"球"和"气球"。同伴都在对话交流中表达赞美之意。在欢快的对话节奏中，除了感知到同伴间的友好交流外，学生还体味着一场愉快的户外运动。

Why：建构学生在自然生态的场景中，了解晴朗天气下可以进行的不同的户外运动，在与同伴玩耍中进行大方的互动，介绍自己的物品，积累话题词汇的同时引导学生善于对事物特征进行称赞，并感知运动带来的健康与快乐。

How：对话涉及的话题词汇是 kite 和 balloon，谈论自己拥有的物品时所用的语言结构是 I have... 以及表达对事物特征进行称赞的方式 Nice! /Cool! /Super! 等。词汇及语言结构通过师生对话、生生对话、歌谣伴唱、角色扮演等方式不断复现，帮助学生形成相对完整的语言结构，发展语言能力，加深语篇意义理解。结合 Let's chant! 环节，出示以前在快乐英语教材中出现的交通工具的词汇。让学生利用语言结构进行歌谣的跟唱和创编。学生依托节奏感强的对话内容"Fly，fly，fly my ballon. Fly，fly，fly very high."以及"Fly，fly，fly my kite. Up，up，up to the sky."在帮助学生用肢体语言理解"fly""up"等词汇的同时，学生感受到的是户外活动的健康与快乐。

【课时目标】

1. 借助文本插图和音频视频，理解对话大意，体会晴朗天气情况下户外活动的快乐过程，通过教师的提问，让学生思考更多的户外活动。（学习理解）

2. 在教师的引领下，基于语篇情境进行角色扮演，内化并熟练运用核心语言"I have...""Nice!"等。（应用实践）

3. 在教师的指导和小组的合作中，创编对话，在创编过程中感受同伴间友好交往，体会户外运动的健康与快乐。（迁移创新）

【教学过程】

1. 学生进行击鼓传"玩具"游戏。播放歌曲 I have a nice doll. 学生在音乐中按顺序一边传递洋娃娃一边唱，当音乐停止时，洋娃娃在谁手里，谁就举起洋娃娃说 Look! I have a doll. 多玩几次，再传递球，重复练习。

2. 教师营造户外晴朗天气的情境，借助气球、风筝等实物和肢体语言，辅助学生理解"ballon""kite""fly""up""How big!"等的含义，指导学生在情景中运用核心语言"I

have…"并可根据课堂学生反馈，适时让学生思考更多的户外活动。

3.学生视听对话，问题驱动，整体感知文本，理解主旨大意，梳理关键信息，补全课文内容。

4.学生再听对话文本，细致模仿，关注语音语调，培养语感的同时加深对课文知识的理解和记忆。

🔄 设计意图：帮助学生构建旧知与新知之间的桥梁，通过教师创设出的结合学生生活实际的户外场景，活跃学生的思维，顺畅地理解话题相关词汇和句型，将文本与学生的生活相融合。输入源于生活，输出服务于生活。与此同时，让学生感受户外运动带来的健康与快乐。

5.Let's chant! 学生根据本节课所学玩具词汇和句型信息提示跟唱、补全、创编歌谣文本，并借助伴奏进行歌谣表演。（适当拓展为其他学生了解到的玩具词汇）

🔄 设计意图：借助歌谣的形式，串联以前学过的玩具类词汇，可以是动物玩具，可以是交通工具类玩具等，目的是进行知识的有效迁移，初步运用核心语言进行交流，促进语言内化。从学习理解过渡到实践应用，为后面的真实表达奠定基础。在学生设计和展示的过程中。

6.Lets talk! 学生在教师创设的户外场景中，借助刚才歌谣环节的语言支持，创编新对话。学生两人一组基于已学对话内容，并借助不同实物进行一定程度的创编，内化与运用所学语言，促进情感共鸣，教师在指导学生对话过程中关注同伴间礼貌、得体与友善的交流意识。

🔄 设计意图：帮助学生创造性地运用所学语言，介绍自己的物品并对他人所拥有的物品进行赞美。学生在 chant 环节已经做好铺垫，这个环节的设计能在原有基础上形成更加完整的语言框架，有效进行语言输出，提高学生的综合语言运用能力。帮助学生感受户外运动的美好、同伴之间的友爱。

Period 3　Can I See it?

【课时对应的子主题】同伴交往；礼貌交际
【适用年级】三年级
【语篇类型】日常对话
【语篇研读】

What：语篇是 Peter 和他的同伴们在户外玩玩具时候，同伴间展示自己的玩具，在之前学习的语言架构基础上，有礼貌地询问 Can I see it? 并能作出合适回应。展现了同伴间的游玩过程中礼貌交际，分享喜悦的情景。

Why：建构学生在真实的语言环境中自然、大方地介绍自己的玩具物品，引导学生回忆在 period 1 和 2 已经学过的语言结构基础上，如何更深入地探讨玩具，想要了解玩具时候，如何征求同伴的同意，如何作出回应。感知同伴间的和谐相处，启发、培养学生与人交流沟通的愿望，有礼貌、得体交际的意识。

How：对话是讨论同伴间玩具的对话，涉及介绍交通类玩具的相关词汇，在快乐英语的教材中已经有所接触，学生并不陌生；想要看一看玩具，征求同伴意见，以及作出回应的核心语言，如 Can I see it? Sure. 在发展学生语言能力的同时，体会同伴间分享的快乐，促进同伴间友好交往的情感。

【课时目标】

1. 在谈论不同交通工具类玩具的视、听、说情境中，理解情景内容，获取、梳理主题的相关词汇：bike、taxi、train 等和句型：Can I see it? Sure.（学习理解）

2. 在谈论不同交通工具类玩具的过程中，运用之前已经掌握的句型 I have... 再通过本课核心句型 Can I see it? Sure. 来进行征求意见和作出回应，并在对话的过程中认识到同伴间的礼貌交际。（应用实践）

3. 小组合作创编歌谣、歌曲、对话，多种形式运用核心句型在组内进行语言输出，再向全班进行分享展示。（迁移创新）

【教学过程】

1. 学生听唱歌曲 Vehicles，营造愉快的英语学习氛围，同时激活学生有关交通工具类词汇的已有知识。

2. 教师出示玩具的一部分，引导学生观察并猜一猜是什么玩具。

3. 生观看文本的视频，教师提出问题，引导学生在视听活动中梳理 Peter 所拥有的玩具，在情境中，借助图片、视频、chant 等学习、拓展与交通工具类玩具的词汇及核心语言。

Q1：What does Peter have?　Q2：Who wants to see it?　Q3：Is it super?

4. 教师引导学生跟着音频跟读模仿语音语调，引导学生跟着视频注意模仿主人公的动作表情。然后进行分角色朗读对话。

➲ 设计意图：帮助学生深入理解对话内容，掌握对话中的重点词汇和核心语言，属于学习理解的层次。教师将设计贴近学生生活的情境，引导学生通过观察和视听对话，从语篇到句子再到词汇全面理解对话内容。在词汇学习的环节中，教师引导学生拓展交通工具类玩具的词汇。学生通过模仿、跟读和分角色朗读，能够正确、流利地朗读对话，更深入地理解对话内容，将语言内化吸收，为培养良好的语音语调和语用能力打下坚实的基础。

5. 学生分小组分角色表演对话，然后进行评价，适时指导学生的语音语调，有交际感。

6. 学生在教师指导下，结合板书梳理、归纳对话的核心语言，并根据板书提示尝试复述课文。

➲ 设计意图：引导学生通过角色扮演以及复述文本的活动，将核心语言知识内化于心中，属于应用实践类活动；这两个活动可以创造更加丰富、立体的语言学习环境，提高学生的语言运用能力和思维发展。

7. 教师指导学生小组合作，以 Let's play! 环节为基础提示，利用今日话题及本节课的核心词汇和句型，创编小组喜爱的歌谣、歌曲、对话等活动（可以提供语言支架辅助学生进行表达与分享）。

<big>➲</big> 设计意图：给学生足够的发挥空间，让学生在主题情景中通过自己的思考和小组的合作，发挥自身的创新能力，最后借助教师提供的语言支架进行创编。体会同伴间分享的快乐，促进同伴间友好交往的情感。

Period 4　Here you are.

【课时对应的子主题】同伴交往；人际沟通

【适用年级】三年级

【语篇类型】日常对话

【语篇研读】

What：语篇描述了 Gao Wei 和 Peter 在户外共同玩飞机玩具时候，互相分享玩具的情境。在话题情境中，感知同伴交往的快乐以及分享时候的礼貌用语，强化与同伴的沟通交流意识培养。

Why：学生在人与自我，人与社会的大范畴中，要学会如何表达自我，如何与他人沟通交流，尤其是生活中的同伴交流，时时刻刻发生在学生的身边。引导学生在本课话题中，享受与同伴分享玩具的快乐，更加要有相互尊重，懂得感恩的人际沟通意识，培养学生学会关心他人感受，礼貌得体的交际品质。

How：对话是同伴间户外玩耍时候的简单对话，涉及交通类玩具词汇，如 plane、ship 等以及核心语言：Here you are. Thank you. You're welcome. 该对话包含较常见的日常生活对话，交付给别人物品时所用的核心语言，表达感谢和响应别人的感谢。总的来说，该对话贴近生活，输出的场景较多，学生可做更多拓展和迁移尝试。

【课时目标】

1. "户外玩飞机玩具" 的视、听、说情境中，尝试用句型 Here you are. 交付传递物品，用 Thank you. You're welcome. 来表达对他人的感谢以及响应别人的感谢。（学习理解）

2. 在教师帮助下，分角色表演对话，在创设的情境中输出使用所学目标语言进行交流。（应用实践）

3. 举行玩具展览会，陈列学生带来的不同玩具，利用已学的语言架构，如：I have a.../ Show me.../Can I see it?/Here you are. 等，互动式的展示交流。（迁移创新）

【教学过程】

1. 学生跟着教师一起唱 The Toy Song 在复习已学玩具词汇的同时吸引学生注意，创设学习氛围。

2. 教师课前准备好一个"魔法"盒子，里面装有本单元所学的部分玩具，邀请学生来到讲台前，把手伸进盒子中，摸一摸，猜一猜，师生互动问答、生生互动问答，复习所学相关词汇及句型。Q1：What do you have? Q1：Can I see it? 复习旧知词汇的同时，教授 ship plane boat。

3. 通过趣味互动游戏，引出新知，通过词汇 plane 引入呈现文本插图，介绍 Peter 和同伴 Gao Wei 一起在户外玩玩具飞机的场景。

观看视频后，分别针对本课两幅图片提问：Q1：Who are they?

Q2：What are they doing?

Q3：What does Peter have?

Q4：What are they talking about?

4. 听录音跟读后分角色朗读，关注文本语音、语调、连读及弱读，让学生在理解文本的同时感知同伴交往的快乐以及分享时候的礼貌用语。

➡ 设计意图：引导学生去理解文本的基础信息，帮助他们感知文本，学习文本核心语言，同时复习之前学过的语言，属于学习理解层次。教师通过呈现文本插图，让学生去回答基本问题，也是在锻炼学生提出问题的能力，能够更好地实现教学目标。

5. 学生在规定的时间内分角色朗读，了解评分规则后有目的地练习，每个大组展示一到两组后进行生生互评和自评。

6. 学生在教师的引导下提炼文本核心语言 Here you are. Thank you. You're welcome. 引导学生思考核心语言在日常生活中的用途，并呈现可以使用核心语言的情景，制成思维导图。学生以组为单位，任选其中一个场景，创编对话。

➡ 设计意图：鼓励所有学生参与到语言实践活动中去，通过角色扮演让学生进一步理解文本，然后逐渐可以脱离文本将目标语言进行有效的迁移，从学习理解层面过渡到实践应用层面，为接下来的创新环节奠定语言基础。

Period 5　Merry Christmas!

【课时对应的子主题】人际沟通；文化体验

【适用年级】三年级

【语篇类型】日常对话

【语篇研读】

What：语篇是基于本单元学习了各种玩具词汇的储备基础以及表达此主题下常用的语言架构的情况下，切换到了圣诞节的新情境中，进行迁移应用。学生对圣诞节的文化情境十分感兴趣，会有更强烈的探知欲望。

Why：语篇带领学生通过圣诞节的情境体会西方重要的传统节日，有新的文化体验，并在此故事情节中，跟随圣诞老人，复现单元词汇及主要语言支架，再次体会人际沟通的常用语言，情境的迁移，语言的内化，能力的提升。

How：对话的新情境，可以结合学生的日常生活，体会中西文化的差异，了解典型文化标志词汇，如：Santa，Merry Christmas，gift 等；以及复习巩固之前课时所学词汇和表达结构，感受西方传统节日带来的喜悦与快乐。

【课时目标】

1. 借助文本插图和音频，理解对话大意，结合 Let's think! 的环节，既巩固复习前几课时所学玩具类词汇，又对之前单元所学词汇进行分类，复习应用。（学习理解）

2. 在教师的引领下，基于 Let's check 的环节，鼓励学生在旧知 I have... 的基础上，模仿 Monkey has a car./Monkey has a little car. 的句型，内化并应用实践。（应用实践）

3. 通过圣诞节日的文化要素，迁移其他学生熟悉的中西方传统节日，学唱歌曲 *Happy New Year*。（迁移创新）

【教学过程】

1. 学生跟着教师一起唱 Jingle Bells，创设圣诞节的氛围，询问学生歌曲的背景，吸引学生注意，创设话题情境。

2. 学生观看文本的视频，教师提出问题，引导学生在视听活动中梳理不同主人公分别拥有的玩具，在情境中，借助图片、视频等做师生互动问答、生生互动问答，复习玩具的词汇及话题下的核心交际用语。

Q1：Who are they?　　Q2：What do they have?　　Q3：What are they talking about?

3. 听录音跟读后分角色朗读，关注文本语音、语调、连读及弱读，让学生在理解文本的同时感知西方圣诞节的节日氛围，以及此场景中的礼貌用语。

4. 结合 Let's think 环节，带领学生进行趣味填词游戏，复习本单元所学词汇，培养学生的逻辑推理、分类找规律的能力。

🔁 设计意图：引导学生去理解文本的基础信息，帮助他们复习本单元前几课学过的词汇及语言结构，配合 Let's think. 的环节，培养学生的多元智能发展，属于学习理解层次。

5. 结合 Let's check 环节，模拟在"圣诞节的聚会"上，同学们扮演不同的小动物，（Cat，Dog，Duck 等），作为客人，当转盘停止，结合不同人称进行"拥有"事物的表达。如：Monkey：I have a car. 也可以鼓励学生拓展应用：Monkey has a car. 或 Monkey has a little

car. 等。

⟳ 设计意图：鼓励所有学生参与到语言实践活动中去，通过多样性的语言输出让学生进一步理解文本，巩固知识，然后逐渐可以脱离文本将目标语言进行有效的迁移，从学习理解层面过渡到实践应用层面，为接下来的创新环节奠定语言基础。

6. 教师呈现一个短视频，了解中西方的一些传统节日，并在视频中了解更多节日的典型要素，初步体验中西方文化差异感知节日带来的不同氛围感，结合中方的节日介绍，增加民族文化的认同感，学唱歌曲 Happy New Year。

⟳ 设计意图：本阶段学习活动基于圣诞节的情境，迁移到生活中可见的更多的中西方传统节日，了解典型元素的同时，学唱歌曲，共享节日的快乐。这个环节的活动设计，目的是初步体验文化的同时，增强学生的民族文化认同感。

Period 6　Where're my toys?

【课时对应的子主题】家庭生活；生活自理与卫生习惯；规则意识

【适用年级】三年级

【语篇类型】绘本阅读

【语篇研读】

What：本课是绘本阅读，带领学生在玩具主题下进入一篇简短的绘本阅读。绘本内容围绕 Rabbit 收拾整理自己的房间，寻找不同玩具展开，贴近学生生活实际，较容易引起学生共鸣。本篇绘本阅读，复现玩具类词汇、询问地点的特殊疑问词 "where" 以及不同方位的表达，初步感知规则意识，养成生活自理的好习惯。

Why：本绘本以 Rabbit 整理房间玩具为主线，不断寻找玩具的 "藏身之处"，可见房间的凌乱和玩具摆放的随意。老师带领学生帮助 Rabbit，设计环节参与到寻找玩具、收拾房间的过程，就是在告诫学生如何养成良好的生活习惯和家庭规则意识。

How：该绘本比较贴近学生的日常生活，在 Rabbit 家中，我们看到了不同的玩具，复现的词汇：block, toy car, ball 等；以及 where 引导的特殊疑问句和不同方位介词表达的 "具体地点"。复习巩固单元话题，探讨家庭生活规则以及良好的生活习惯。

【课时目标】

1. 借助游戏形式、绘本插图等多种形式，理解绘本内容，巩固复习玩具主题词汇，能用 where 询问事物所在地点，并根据不同方位作出正确回应。（学习理解）

2. 在教师的引领下，基于绘本情境，能够进行故事的复述，引导学生进行树立正确的规则意识，培养生活自理能力和良好的卫生习惯。（应用实践）

3. 在小组内讲一讲自己房间的布置和自己对应物品的摆放，在活动中迁移使用绘本中

的语言结构，并内化正确的家庭规则意识，并鼓励学生将良好的生活习惯落实到每天的日常行动中。（迁移创新）

【教学过程】

1.Play a game. 拼图游戏，互动形式拼出不同的玩具，带入话题，吸引学生的注意。

2.Free—talk. 学生自由表达自己所拥有的玩具，借助单元核心句型：I have…，并师生、生生互动，说一说自己的玩具有什么特点等。

3.Brief introduction 进行绘本简介，从猜故事标题入手，激发学生学习兴趣。

4.Read and choose 整体阅读，通过提问、判断等形式，检测学生的阅读和理解效果。

5.Find and guess 通过图片，帮助学生解决文中的生词，如：sofa，under 等。

6.Read and answer 教师指导学生细读文本，理解方位介词的含义，帮助 Rabbit 找到所有玩具的过程中，感知物品随手乱放的坏处，建立规则意识和良好的生活习惯。

➷ 设计意图：帮助学生由浅入深地理解绘本内容，融入绘本故事情节中，巩固单元话题相关内容的同时，拓展了询问物品摆放地点和作出正确解答的语言输出框架，属于学习理解的层次。绘本故事贴近学生家庭生活的情境，引导学生通过观察和帮助 Rabbit 的过程，从词汇到短语，从短语到句子再到绘本故事的全面理解，将语言内化吸收，学会阅读绘本的同时，更是在对学生进行学习策略的一种内化过程。

7. 学生为绘本加入家庭成员角色，进行绘本的拓展，并表演对话，然后进行师生、生生评价，适时指导学生的语音语调，有交际感。

8. 学生在教师指导下，结合板书梳理、归纳对话的核心语言，并根据板书提示让学生尝试复述绘本故事。

➷ 设计意图：引导学生通过角色扮演以及复述绘本故事的活动，将核心语言知识内化于心中，属于应用实践类活动；这两个活动可以创造更加丰富、立体的语言学习环境，提高学生的语言运用能力和思维发展。

9. 教师指导学生小组活动，让学生讲一讲自己房间的布置和自己对应物品的摆放，通过绘本故事中的语言支架 Where is/are…/It's on/under/the… 等来进行生生互动问答，从绘本故事走进学生的生活实际，迁移创新，将内化到的语言知识和习惯、规则意识有效输出。

➷ 设计意图：本阶段在给学生足够的发挥空间，让学生在主题情景中通过自己的思考，小组的合作，充分迁移使用，与此同时，真正将理解转化为能力输出，将绘本故事转化为生活实际，是能力的迁移与提升。

三年级上册 Unit 5　教学设计 [①]

Period 1　I Make colours

【课时对应的子主题】学校与学校生活；审美和环保意识

【适用年级】三年级

【语篇类型】日常对话

【语篇研读】

What：语篇是 Eco 在课堂上与教师 Mrs.Green 围绕着学习颜色所展开的对话和思考，呈现了教师在班级内与学生探讨大自然中的不同颜色融合后的神奇景象时的情境，表达了学生在教师的帮助下了解世界，大自然和色彩之间关系的感悟，自然地引发了学生情感和思考共鸣，既能进一步激发学生了解色彩在生活中的存在，又能逐渐引导学生树立美好自然观，建构"色彩本真"的思想意识。

Why：建构学生对色彩整体概念的认知，积累用于表达和交流校园生活的语言，并基于此引导学生辨析色彩独特含义，尝试自主设计并融合色彩于动物和植物之中，从而树立美好自然观，促进环保意识的发展。同时，将美育渗透在色彩教学的实践中，学生在增长有关英语中"颜色"的语言知识和发展语言技能的同时，形成正确的审美观念与高尚的审美情操，懂得感受艺术中的美、社会中的美和大自然中的美，寓教于美，以美启真善，以美佐教学。

How：语篇涉及颜色相关词汇 red,blue 和 purple，以及谈论家庭空间的语言结构 What colour is it? 和 It is... 词汇及语言结构通过师生对话、生生对话、歌谣伴唱、角色扮演等方式不断复现，帮助学生形成相对完整的语言结构，发展语言能力，加深语篇意义理解。学生依托语言结构参与到表述中国特色色彩建构、自主设计设计并融合色彩的语言活动，在合作学习过程中提升语言技能，强化审美和环保意识培养。

【课时目标】

1.借助教学媒介学历案，运用 What colour is it? 和 It is... 描述在谈论调色盘中的三原色的情境中梳理色彩名称（red,blue 和 purple），了解色彩调和模式，感受色彩审美带给人们的美好生活，初步认识到美文化的意义与价值。（学习理解）

2.在对话情境中，根据教师手中小小的调色盘和学生手中的画笔，运用 What colour is it? 和 It is... 描述色彩世界，感知色彩和生活的融合中国特色审美文化。（应用实践）

[①]　本文作者：天津传媒学院　王清瑶,北京师范大学天津生态城附属学校　刘红芳工作室。

3. 借助学生完成后的色彩图案，反问学生有关色彩镶嵌的含义和事物本真的颜色，运用 I have... 和 I can print... 展示交流，表达"色彩本真"的思想意识。（迁移创新）

【教学过程】

1.Let's enjoy and think! 学生观看"色彩"视频，思考并讨论教师提出的问题，初步感知色彩的意义，呈现教学主题。Q：What is colour?

2.Let's listen and tick! 学生视听对话，依托学历案完成勾选任务，整体感知"三原色"的含义并拓展三原色在生活中的运用和融合 Eco 图画后的色彩模型。

Q1：What colour is it?

Q2：Why those three colors magic?

Q3：what colour can red and blue produce?

3.Let's watch and talk!

（1）学生观看对话视频，获取与梳理 Eco 对于三原色的认知和了解。

（2）学生观察三原色其中两两融合的动态图，进一步了解色彩的神奇，放大学生对于美育和美学的认知。

（3）学生运用语言支架 What colour is it?/It is.../I like it./I have.../I can print... 描述自我对于围绕在身边的色彩的认知并表达个人情感。

4.Let's chant! 学生根据对话内容和信息提示补全歌谣文本，并借助伴奏进行歌谣表演。

5.Let's read and act!

（1）学生听录音跟读、分角色朗读对话，关注语音、语调、节奏、连读、重读等语言现象，体会人物即将入住新家的快乐心情。

（2）学生基于对话内容，以角色扮演的形式表演本课内容，内化与运用所学语言，促进情感共鸣，建构"色彩本真"的思想意识。

6.Let's think! 学生思考和讨论课后的 Let's design 的问题，并视听有关色彩文化的视频，初步认识到美文化的意义与价值。Q：What's the meaning behind colour?

⟳ 设计意图：以谈论色彩之间相互融合从而形成不同颜色的设计为依托，借助学历案梳理色彩融合，引导学生实现从大意到细节的逐步理解和深化，发展色彩观察概念和辨识思维，深入体会日常生活的美好。

7.Let's print and talk! 学生四人一组观察多种中国特色的色彩图片，并运用 What colour is it? 和 It is... 描述色彩世界，感知色彩和生活的融合中国特色审美文化。

⟳ 设计意图："颜色是一种客观存在的事物，它的本质对各个民族是一样的，但各个民族对颜色的认识，特别是各民族赋予它的比喻和联想意义是不尽相同的。"本阶段学习活动引导学生结合中国特色色彩思考并交流色彩对于自我的含义，联系生活实际将语言学习从学习理解过渡到实践应用，既帮助学生在对话情境中实现语言内化，又促进学生感知中国文化，充实文化知识储备，为其后的真实表达奠定基础。

【作业设计】

Period 1   Homework
Activity Card

1.Must—do Tasks

基本要素	具体内容		
作业内容	1. Listen to the dialogue and read it. 2. Take a photo of your living room or bedroom, and label them with colour card.		
形式和类型	形式	听–说□　听–写□　读–写□　其他□	
	类型	基础型□　拓展应用性□　实践型□	
作业时长	___5___ 分钟（建议时长 5—10 分钟）		
完成方式	独立完成□　合作完成□		
提交时间	当天完成□　____天后□		
评价标准	根据实际情况选择活动。 查找补充相关周末活动。 正确朗读所填写的对话。	☆☆☆☆☆ ☆☆☆☆☆ ☆☆☆☆☆ （自我评价）	☆☆☆☆☆ ☆☆☆☆☆ ☆☆☆☆☆ （小组评价）
	（教师评价）　Good □　Super □　Excellent □		

2.Optional Task

基本要素	具体内容		
作业内容	Mix the colours, draw an animal and talk about it.		
形式和类型	形式	听–说□　听–写□　读–写□　其他□	
	类型	基础型□　拓展应用性□　实践型□	
作业时长	___10___ 分钟（建议时长 5—10 分钟）		
完成方式	独立完成□　合作完成□		
提交时间	当天完成□　____天后□		
评价标准	根据实际情况选择活动。 查找补充相关周末活动。 正确朗读所填写的对话。	☆☆☆☆☆ ☆☆☆☆☆ ☆☆☆☆☆ （自我评价）	☆☆☆☆☆ ☆☆☆☆☆ ☆☆☆☆☆ （小组评价）
	（教师评价）　Good □　Super □　Excellent □		

Period 2　I Paint Colours①

【课时对应的子主题】人与自然，常见的颜色

【适用年级】三年级

【语篇类型】日常对话

【语篇研读】

What：语篇为师生课堂对话。该对话发生在老师和 Eco 两个人物之间，描述了老师让学生课堂上画画，然后涂色，Eco 给小兔子涂了黄色的故事。

Why：学习给绘画作品涂颜色，认识动物的颜色，体会小动物的可爱，感受颜色的丰富多彩。

How：对话是关于给动物涂色的对话，涉及画画涂色相关的词汇，如 yellow，colour（动词）以及画画涂色时使用的核心语言，如 Colour it… Is it… 通过对颜色的讨论，让学生尝试涂不同的颜色。本课时学习旨在引导学生运用对话核心语言认识不同动物的颜色，学习涂不同的颜色，在此过程中，引导学生识别不同动物的颜色，表达自己对颜色的看法，感受各种颜色组成的多彩世界。

【课时目标】

1. 借助文本插图和音频视频，理解对话大意，体会给动物涂色的过程，通过教师的提问，让学生思考动物的颜色。（学习理解）

2. 在教师的引领下，基于语篇情境进行角色扮演，内化并熟练运用核心语言“Colour it… Is it…”进行涂色，并询问确认颜色。（应用实践）

3. 在教师的指导和小组的合作中，创编对话，在创编过程中感受颜色的多样之美，体会对小动物的喜爱之情。（迁移创新）

【教学过程】

1. 学生回顾上一课的主题情境，在教师的引导下进行头脑风暴，回忆制作的颜色，说出跟颜色有关的单词。

2. 教师指导学生画小兔子，进行涂色 Colour it… 同时进行提问 Really? Is it yellow? 确认小兔子的颜色。

3. 学生视听对话，问题驱动，整体感知文本，理解主旨大意，梳理关键信息，补全短文内容。

4. 学生再听对话文本，细致模仿，关注语音语调，培养语感的同时加深对课文知识的理解和记忆。

---

① 本文作者：北京师范大学天津生态城附属学校　崔莹伟。

△突出文化意识的培养。活动1、2将语篇内容与实际生活相结合,观察、辨识不同动物的颜色,并在思考后,根据自身生活经验,使用简单的语言描述给动物涂色,表达自己对颜色的看法。

△融合思维品质的培养。活动3通过提问引导学生仔细捕捉关键信息,运用已有知识进行猜测和推理,激发学生的兴趣、观察力以及逻辑分析能力,辅助对语篇意义的理解。

➡ 设计意图:帮助学生回顾已有知识,属于学习理解层次。教师引导学生说出不同的颜色,活跃学生的思维,唤醒学生对颜色的相关知识的记忆,学生通过积极思考理解颜色的词汇,为本课学习奠定基础,真正实现文本来源于生活。

5.教师引导学生进行同伴间分角色练习并表演对话。

△突出文化意识的培养。活动5基于语篇主题,创设情境,鼓励学生积极参加,引导学生运用核心语言进行绘画涂色,体会颜色的丰富。

△融合学习能力的培养。活动5借助图片,学生能够积极与他人合作,注意倾听,敢于表达,不怕出错,共同完成学习任务,加深对语篇内容的理解,获得了学习能力上的提升。

➡ 设计意图:借助文本的情境,与同伴交流动物的颜色;在此基础上,进行角色迁移,初步运用核心语言进行交流,促进语言内化。从学习理解过渡到实践应用,为后面的真实表达奠定基础。在学生设计和展示的过程中,适时地渗透学科育人理念,帮助学生体会颜色的多姿多彩。

6.学生在教师创设的画喜爱的小动物并涂色的情境中,通过小组合作的形式交流展示。
语言支持:Let's draw a… Colour it… Is it…?

7.布置课后作业

(1)选择一种类型的动物绘制思维导图,标注出动物的颜色。

(2)结合上一环节选择的动物,运用本课核心句型描述动物的颜色。

△融合思维品质的培养。活动6给出语言框架,设置开放性的答案,有目的的引导学生思考不同选择的差异性,学会换位思考看待问题。激发学生思辨,初步建立学生的辩证思维。

△融合学习能力的培养。活动7借助思维导图,学生能够积极与他人合作,注意倾听,敢于表达,加深对语篇内容的理解,获得了学习能力上的提升。

➡ 设计意图:帮助学生在迁移地谈论动物颜色的语境中,创造性地运用所学语言,介绍动物的颜色。引导学生合理搭建语言框架,有效进行语言输出,提高学生的综合语言运用能力。学生在讨论颜色的过程中发展语用能力,帮助学生感受动物的可爱,体会多姿多彩的颜色组成的美丽世界。

Period 3　I See Colours.[①]

【课时对应的子主题】人与自然；自然生态；常见的动物

【适用年级】三年级

【语篇类型】日常对话

【语篇研读】

What：语篇是 Eco 和老师及同学们之间谈论动物颜色的对话，展现了 Eco 和老师及同学们游玩过程中谈论所看到的动物及其颜色的情景。

Why：描述 Eco 和其他同学看到不同颜色的动物，引导学生学会细心观察、留心发现，更深入地了解并关注到不同的动物，通过对动物的了解，使学生认识到动物是人类的朋友，要与动物和谐相处，启发、培养学生树立爱护动物、善待动物、热爱大自然的意识。

How：对话是讨论动物及其颜色的对话，涉及介绍颜色的相关词汇，如：brown, black, white, grey 以及介绍动物和询问颜色时使用的核心语言，如 I see a... Is it...? No, it isn't. 通过对动物和颜色的对话，让学生尝试问答动物的颜色，体会不同颜色动物的可爱之处，激发喜爱各种动物的情感。

【课时目标】

1. 在谈论不同颜色的动物的视、听、说情境中，理解情景内容，获取、梳理 Eco 和老师、同学们讨论动物颜色所用的词汇：brown, black, white, grey 和句型：I see a... Is it...? No, it isn't. （学习理解）

2. 在谈论动物及其颜色的过程中，运用本课核心句型 I see a... Is it...? No, it isn't. 介绍动物，询问、描述动物的颜色，并在对话的过程中认识不同颜色动物的特点。（应用实践）

3. 小组合作设计不同颜色的动物，运用核心句型在组内进行描述，再向全班进行分享展示。（迁移创新）

【教学过程】

1. 学生听唱歌曲 Animals and Colours Song，营造愉快的英语学习氛围，同时激活学生有关颜色和动物词汇的已有知识．

2. 教师出示动物身体的一部分，引导学生观察颜色并猜一猜是什么动物。

3. 学生观看文本的视频，教师提出问题，引导学生在视听活动中梳理 Eco 和老师、同学们看到的动物和颜色，在情境中，借助图片、视频、chant 等学习、拓展与颜色相关的词汇及核心语言。

Q1：What colours do you see?　Q2：What animals do you see?　Q3：Is it red/yellow/blue?

---

① 本文作者：天津传媒学院　王清瑶，北京师范大学天津生态城附属学校　刘红芳工作室。

4. 教师引导学生跟着音频跟读模仿语音语调，引导学生跟着视频注意模仿主人公的动作表情。然后进行分角色朗读对话。

△突出语言能力的培养。活动 1、3、4 能够激活学生已有的知识储备，通过教师的提问一步步引导学生准确理解文本大意，学习对话内容，梳理建构核心语言句型 "I see a… Is it …? No, it isn't." 属于学习理解类活动；再引导学生通过看、读、模仿对话进一步加深对文本大意的理解以及对核心语言的印象。

△融合思维品质的培养。通过活动 2、3，学生能通过观察图片，视听对话，了解本课时所谈论的主题，提取、获取关键信息，加强对语篇意义的理解，实现在语言活动中发展思维。

🌀 设计意图：帮助学生深入理解对话内容，掌握对话中的重点词汇和核心语言，属于学习理解的层次。教师将设计贴近学生生活的情境，引导学生通过观察和视听对话，从语篇到句子再到词汇全面理解对话内容。在词汇学习的环节中，教师引导学生拓展颜色词汇。学生通过模仿、跟读和分角色朗读，能够正确、流利地朗读对话，从而更深入地理解对话内容，将语言内化吸收，为培养良好的语音语调和语用能力打下坚实的基础。

5. 学生分小组分角色表演对话，然后进行评价。评价可以分以下几方面：

（1）语音语调是否标准、自然，发音时是否清晰、准确，语调是否恰当。

（2）语言表达是否正确地表达出不同的情感和态度，使对话内容生动、丰富。

（3）角色扮演是否能够根据角色性格、身份等特点，进行自然的表演，表现出生动、逼真的角色形象。

6. 学生在教师指导下，结合板书梳理、归纳对话的核心语言，并根据板书提示尝试复述课文。参考语言：

Eco and his classmates see a _____ . It is _____ . It is cute. They like it very much.

△突出语言能力的培养。活动 5 角色扮演是一种具有趣味性和互动性的教学活动。通过角色扮演，学生能够深入理解和感受英语语言的应用场景，提高英语的实际应用能力。在角色扮演过程中，学生需要模拟不同情境、不同角色进行对话，有助于提高学生的口语表达能力。活动 6 复述文本需要学生用自己的语言清晰、准确地表达所学内容，这个活动能够加深对所学知识的理解和记忆，也能提高他们的语言运用能力。

△融合学习能力的培养。活动 6 复述文本有助于培养学生的思维能力和创新意识。在复述文本的过程中，学生需要对所学内容进行理解和加工，然后再用自己的语言表达出来。这有助于培养学生的思维能力和创新意识，促使学生在语言学习的过程中不断探索和创新。

🌀 设计意图：引导学生通过角色扮演以及复述文本的活动，将核心语言知识内化于心中，属于应用实践类活动；这两个活动可以创造更加丰富、立体的语言学习环境，提高学生的语言运用能力和思维发展。

7. 教师指导学生两人一组合作设计动物园中动物的颜色，结合美术学科的贴贴纸、涂颜色等活动，给学生提供接近真实生活的情景；并提供语言支架让学生进行表达与分享。

△突出语言能力的培养。活动 7 中设计动物颜色相关的活动，能让学生在真实情景中自然地接触到颜色相关的词汇，进而增加学生词汇的积累。当学生在给动物涂色和描述其颜色的过程中，可以运用本课时的核心语言，这为学生提供了实际的语言应用机会，加强了语言的输出。

△融合思维能力的培养。活动 7 这种开放性的任务可以激发学生的创新思维，鼓励他们为动物选择独特的颜色。学生在描述动物颜色时，需要按照一定的逻辑顺序进行表达，如 "The zebra is white and black."，这有助于培养学生的逻辑思维。结合美术学科进行英语教学，能更好地发展学生的形象思维。涂颜色、贴贴纸等活动可以帮助学生更直观地理解英语单词的含义，并形成形象思维。

⟳ 设计意图：本阶段在设计自己的动物园这一情景中学生通过自己的思考，发挥自身的创新能力进行贴纸的选择并进行涂色，最后借助教师提供的语言支架对自己的设计进行表达，属于与美术学科相融合的迁移创新类活动。让学生在设计的过程中加强对不同动物的喜爱之情，从而更加热爱大自然。

Period 4　I enjoy colours[①]

【课时对应的子主题】人与自然；绿色食品；健康饮食

【适用年级】三年级

【语篇类型】日常对话

【语篇研读】

What：语篇描述了 Eco 在融入新集体后和同学们在 Miss Green 的带领下一起去天津水上公园游玩后园内野餐的情景。

Why：学生在野餐时介绍自己带的食物，引导学生观察描述食物的颜色，享受不同颜色食物的美好的同时增强他们吃绿色食物的意识，在野餐时学会和同学分享食物，培养学会关心他人的品质。

How：对话是描述学生野餐场景的简单对话，涉及颜色词汇，如 pink、orange 以及核心语言：I have a… I like… Can I have a… Sure, here you are. Thank you! Yummy! Let's enjoy it. 该对话包含较常见的日常生活对话，征求许可时所用的核心语言，如 "Can I have a… Sure, here you are." 同时复习了之前课程学过的 "I have… I like… Here you are." 句型，总的来说，该对话既复习了已学知识，又拓展了文本，野餐场景贴近生活，足够吸引学生。

---

① 本文作者：天津传媒学院　王清瑶，北京师范大学天津生态城附属学校　刘红芳工作室。

【课时目标】

1. 在"公园野餐"的视、听、说情境中，观察描述不同食物的颜色，学习用 Can I have…句型征求他人意见。(学习理解)

2. 在教师帮助下，分角色表演对话，在创设的情境中观察描述食物的颜色，学会征求他人意见，用所学目标语言进行交流。(应用实践)

3. 学校下个月将举行春游踏青活动，学生各自选好自己去野餐要准备的食物，结合目标语言进行展示交流。(迁移创新)

【教学过程】

1. 学生跟着教师一起唱 Colors，在复习已学知识的同时吸引学生注意力。揭示本课主题 I enjoy colors，幻灯片展示 picnic basket 里面的不同水果，希沃蒙层擦除后呈现水果本来的颜色。

Q1：What's this?

Q2：What color is it?

教授 purple grapes/pink peach/orange orange Whose picnic basket is it? 通过问题的引入呈现文本插图，介绍 Eco 和同学们一起去水上公园的动物园参观后野餐的场景。

2. 观看视频后引导学生提出问题，

Q1：Where are they?

Q2：Who are they?

Q3：What are they doing?

Q4：What are they talking about?

3. 听录音跟读后分角色朗读，关注文本语音、语调、连读及弱读，让学生在理解文本的同时感受人物角色情感。

△突出语言能力的培养。在学习活动 1、2、3、4 中，学生能够在猜测图片信息的同时去灵活运用已经学过的语言，在观看视频后总结出文本的话题信息，在听录音后跟读的过程中加深对文本的理解，并且在教师的带领下注意到语言的节奏感，根据人物情感代入角色朗读文本，有效地培养了学生的语言能力。

△融合思维品质的培养。在学习活动 2、3 中，学生能观察部分文本插图后去思考文本主题和关键信息，锻炼了学生的思维能力。

⟳ 设计意图：引导学生去理解文本的基础信息，帮助他们感知文本，学习文本核心语言，同时复习之前学过的语言，属于学习理解层次。教师通过呈现文本插图，让学生去回答基本问题，也是在锻炼学生提出问题的能力，能够更好地实现教学目标。

5. 学生在规定的时间内分角色朗读，了解评分规则后有目的地练习，每个大组展示一到两组后进行生生互评和自评。

Pronunciation（语音）	Fluency（流利）	Cooperation（合作）
☆	OK!	
☆☆	Great!	
☆☆☆	Super!	

6. 学生在教师的引导下提炼文本核心语言，引导学生思考核心语言在日常生活中的用途，并画出思维导图，学生根据思维导图复述全文。

参考语言：Kate：I have a _____ . Eco：I have a _____ and _____ .

Gao Wei：I like _____ , can I have a _____ ?

Kate：Sure, here you are.

Gao Wei：Thank you! Yummy!

Kate：Let's enjoy it!

△突出语言能力的培养。学生参与不同的语言实践活动后，理解文本使用目标语言，在运用目标语言交流后尝试用思维导图来复述课文，锻炼了学生的语言逻辑思维，并为接下来的迁移创新部分打下基础。

△融合学习能力的培养。学习活动5体现了语言能力和学习能力的发展，通过生生合作，学生既可以锻炼学习合作能力，相互学习，又能锻炼目标语言的使用能力。

⟳ 设计意图：本阶段学习活动旨在鼓励所有学生参与到语言实践活动中去，通过角色扮演让学生进一步理解文本，学得比较快的学生可以脱离文本将目标语言进行有效地迁移，从学习理解层面过渡到实践应用层面，为接下来的创新环节奠定语言基础。

学生第一次挑选食物后结合目标语言进行展示。参考语言：

A：I have a _____ .

B：I have a _____ and _____ .

A：I like _____ , can I have a _____ ?

B：Sure, here you are.

A：Thank you! Yummy!

B：Let's enjoy it!

7. 教师展示 green food，让学生了解基本概念后重新挑选野餐食物，体现该课时的享"绿"主题"I enjoy colours".

△突出语言能力的培养。学生在感知语言、理解语言、实践语言后创新语言，积累了"野餐"话题相关的语言经验，并可以运用到其他的语言场景中，去征求他人意见，表达感谢。

△融合思维能力的培养。学习活动7在发展学生语言能力的同时还有助于培养学生批判与创新能力。增强学生对绿色食品的了解，提倡"健康饮食，绿色饮食"。

○ 设计意图：创造性地运用所学语言，在了解"绿色食品"概念后能够增强其合理膳食的意识。借助文本后再创新，创建贴近生活的场景，通过各种语言实践活动后，学生不仅能够使用目标语言，还能从同伴身上相互学习，在提出问题后引发组内成员思考并且在讨论后解决问题，促进学生的各个能力的发展。

Period 5　I Create Colors[①]

【课时对应的子主题】保护环境的行为习惯与生活方式；为地球创造丰富的美好色彩

【适用年级】三年级

【语篇类型】日常对话

【语篇研读】

What：语篇继上课时 Miss Green 带领 Eco 和其他小朋友们在公园野餐，大家对远方出现的一片绿地产生好奇，并随老师一同前往探究竟。

Why：语篇描述绿地上出现的众多"彩色的"垃圾，老师带领学生参与到清洁工作当中，以此为主要故事线索，告诫学生勿乱扔垃圾，鼓励他们要从身边小事做起保护环境，带领学生感受大自然的美丽与人与自然的和谐共生。

How：对话比较贴近学生的日常生活，涉及介绍大自然的主要颜色词汇：green；以及复习巩固之前课时所学词汇；并探讨这是什么颜色的物品的表达结构：A/An+ 形容词 + 物品"学生在捡完垃圾还原草地一片新绿之后，感受到大自然本身的美好，了解我们不仅不能破坏这份美好，还可以用自己的双手去创造更多更美好的颜色，丰富我们美丽的家园。

【课时目标】

1. 借助文本插图和音频，理解对话大意，巩固复习前几课时所学词汇，

2. 在教师的引领下，基于语篇情境，鼓励学生在出去游玩时遇到同样的情况，内化并熟练运用核心语言 "let's clean 和 let's create. 等呼吁同行小伙伴一起行动，保护环境从我做起。

3. 通过 My Color Book 特色日记的编纂，真正鼓励学生落实行动，并记录每次参与环保活动的过程和心得，培养环保意识。

【教学过程】

1.Watch and Think.（感知与注意）

（1）观看视频 Camping Day；学生春日出游，感知大自然中的色彩碰撞。

（2）教师提问 "What color can you see?" 学生说出自己看到的颜色。教师引导"那 Miss

---

① 本文作者：北京师范大学天津生态城附属学校　胡梦玉。

Green 和 Eco，其他小伙伴们他们在野营的时候看到了什么呢？"

Listen and Answer.（获取与回答）教师提出问题：

Questions：

a.What can they see?   b.What color is the grassland?

c.What happened there?   d.What did they do?

学生听录音，思考以上问题，初步获取对话内容。

2.Read and talk.（获取与梳理）

（1）学生根据情境配图，大胆猜测，他们看向的地方是一片绿地，回到对话"The grass-land is green."

（2）利用自然拼读规律，教师教授单词 green。

（3）播放视频"what is green in nature?"

（4）学生大声朗读文本第一片段，思考并回答问题"What color is the grassland?"

（5）教师引导学生 The grassland is so green and beautiful and they will go and see? Do you want to go with them? 学生在教师引导下，输出 let's go and see!

（6）学生哼唱歌谣 Colors in the Nature 跟随教师出发。

3.Find and say.（复习与整合）

（1）学生到达 grassland 以后，看到草地上各种各样的垃圾，指出草地上的垃圾；

学生完成希沃配对游戏，

A red can

A blue bag

A yellow banana

A brown apple

A green bottle…

（2）教师展示更多公园，草地等公共场合的垃圾，引导学生输出 A+ 形容词 + 物品，引发思考："Are these colors make it beautiful?"

4.Read and imitate.（概括与整合）

学生思考哪一个颜色是草地本来的颜色，引出本课新词汇"green"，学生一起唱"Green Grass"。

（1）教师引导 The grass should be green. 那 Miss Green 带着她的学生们做了什么？播放录音，学生做初步判断；利用多媒体影像图片呈现对比图：学生观察图片，教师引导讲解 clean，回到之前的绿色，是因为 Eco 他们共同打扫后创造的一片新绿；Miss Green 高兴地说，"You create it!"

（2）学生听录音跟读并分角色朗读对话，关注语音、语调、节奏、连读、重读等，培养语感，同时加深对语篇的理解和内化。

5.Know and Create.（知行合一）

（1）播放视频大自然中的颜色，学生感知"大地多巴胺"。

（2）利用思维导图将所学颜色组合起来，重温主题 colors。教师引导大自然给我们带来色彩盛宴，we enjoy it，所以 we should create more beautiful colors to make the Eco—world. 学生感知通过自己的微小努力，可以让大自然变得更美，教师引导学生用日记的形式记录自己的每一次小行动 *My Color Book*，比如你浇灌了一朵快枯萎的小花，让它变得更红了……

△突出语言能力的培养。帮助学生回顾梳理了颜色词汇类表达；能正确跟读对话、理解语篇，为语言的输出奠定基础。

△融合思维品质的培养。学生通过观察与分析以及教师的语言引导，对提出的问题提出自己的想法和感受。

△融合文化意识的培养。围绕思想启蒙和价值引领，引导学生从小树立爱绿，护绿的情感，培养学生人和自然和谐相处的环保意识。

➲ 设计意图：帮助学生理解对话内容，学习对话中有关介绍颜色的词汇、短语和核心语言，属于学习理解层次。教师创设与学生现实生活紧密关联的情境，引导学生通过听、读对话，理解对话内容。学生通过细致观察、积极思考等形式进行对话理解。学生们用日记的形式记录为环保所做的点点滴滴，引导学生关注生态环境的变化，进一步践行绿色生态文明，实现春风化雨，润物细无声的思政育人效果。

Period 6　Colorful bins, green life[①]

【课时对应的子主题】垃圾分类意识与行动；保护环境的行为习惯与健康绿色的生活方式

【适用年级】三年级

【语篇类型】日常对话

【语篇研读】

What：语篇继上课时 Miss Green 带领 Eco 和其他小朋友们在公园野餐，结束后教师带领学生收拾地上的垃圾，并根据颜色不同的垃圾桶进行分类。

Why：语篇描述公园里有四种颜色的垃圾桶，老师带领学生参与到垃圾分类丢弃当中，以此为主要故事线索，告诫学生乱扔垃圾会破坏环境，鼓励他们要从自己做起进行垃圾分类，保护环境，带领学生感受大自然的美丽与人与自然的和谐共生。

_____

① 本文作者：北京师范大学天津生态城附属学校　胡梦玉。

How：对话比较贴近学生的日常生活，涉及介绍大自然的主要颜色词汇：green；以及作为本单元最后一个课时，复习巩固前几课时所学词汇；以及探讨把不同的垃圾丢弃到相对应的垃圾桶，用到句型：Put it into the red/blue/green/yellow 学生在收拾完垃圾后草地上干干净净一片绿色，教师带领学生感受到大自然本身的美好。

【课时目标】

1. 借助文本插图和音频，理解对话大意，巩固复习前几课时所学词汇，

2. 在教师的引领下，基于语篇情境，引导学生进行正确垃圾分类，并能够用句型 Put it into the red/blue/green/yellow 进行表达；

3. 画一幅以保护环境为主题的主题画，深化环保意识，并鼓励学生落实行动。

【教学过程】

1.Watch and Think.（感知与注意）

（1）观看视频《脏脏垃圾桶》；

（2）教师提问 "What can you see?"，学生说出自己看到的物品和颜色

教师引导学生垃圾会破坏环境，大地在哭泣，对垃圾分类进行思考

2.Look and Learn.（观看与学习）

教师呈现四种垃圾分类的标识，学生认识和了解各个标志收纳不同类型垃圾。

3.Think and talk.（获取与梳理）

（1）学生观看视频思考如何进行垃圾分类

（2）回到文本，Miss Green 带领小朋友收拾垃圾，并进行分类，学生操练句型 Put it into the red/blue/green/yellow bin.

（3）Role play. 同桌之间互相扮演 Miss Green 和小朋友进行对话巩固句型

4.Find and say.（认知与操练）

（1）学生分类垃圾并使用句型 Put it into the red/blue/green/yellow bin.

（2）希沃游戏，分类垃圾，使用句型 Put it into the red/blue/green/yellow bin.

5.Know and Act（知行合一）

文本呈现绿地，微笑灿烂的太阳，学生感知通过自己的学习和实践，可以让大自然变得更美。学生绘制一幅带有垃圾分类标识垃圾桶的环保主题的主题画

△突出语言能力的培养。帮助学生回顾梳理了颜色词汇类表达；能正确跟读对话、理解语篇，为语言的输出奠定基础。

△融合思维品质的培养。学生通过观察与分析以及教师的语言引导，对提出的问题提出自己的想法和感受。

△融合文化意识的培养。围绕思想启蒙和价值引领，引导学生培养垃圾分类意识，树立爱绿，护绿的情感，培养学生人和自然和谐相处的环保意识。

　　设计意图：帮助学生理解对话内容，学习对话中有关介绍颜色的词汇、短语和核心语言，属于学习理解层次。教师创设与学生现实生活紧密关联的情境，引导学生通过听、读对话，从大意到细节逐渐理解对话内容。学生通过细致观察、积极思考等形式进行对话理解。

　　设计意图：引发学生思考，从文本走向真实生活，从学习理解过渡到实践应用，引领学生学会垃圾分类，与道法课进行学科融合，引导学生关注生态环境的变化，进一步践行绿色生态文明，实现春风化雨，润物细无声的思政育人效果。

三年级上册 Unit 6　教学设计 [①]

Period 1　I like hamburgers.

【课时对应的子主题】个人喜好与情感表达；饮食健康

【适用年级】三年级

【语篇类型】日常对话

【语篇研读】

What：语篇是 Peter、Li Yan、Lisa 在快餐店用英语表达自己喜欢和不喜欢的食物，并互相询问对方喜好的小故事。

Why：描述 Peter、Li Yan、Lisa 在快餐店的对话，帮助学生掌握"个人饮食喜好"的英语表达，培养学生在真实情境中学会倾听与表达的能力。

How：对话以表达个人喜欢的食物为主要内容，涉及介绍食物的词汇，如：hamburger，hot dog，Coke；表达食物喜好及询问他人意见的核心语言，如：I like...? How about you? 通过角色扮演，加深对语篇意义的理解。

【课时目标】

1. 根据视频音频，获取梳理出 Peter、Li Yan、Lisa 三人的饮食偏好。（学习理解）

2. 学生们小组合作分角色用正确的语音、语调有感情地表演对话。（应用实践）

3. 在本课的语言支架的帮助下，利用小组合作的方式，互相调查各自喜欢不喜欢的食物，并制作表格进行展示和交流。（迁移创新）

【教学过程】

1. 教师创设情境：今天我们一起来到了快餐店，你能用英语说出尽可能多的食物吗？

2. 在教师引导下，试着用英语表达你喜欢和不喜欢的食物。

3. 学生听录音，了解对话大概内容，再次播放课文视频，梳理出 Peter、Li Yan、Lisa 三

---

① 本文作者：天津市河北区育婴里小学　王颖异。

人的饮食偏好。

➲ 设计意图：首先在真实情境中，利用头脑风暴的方式，唤醒学生旧知，然后在教师引导下学习有关食物的词汇和核心语言，根据自身情况表达自己对食物的喜好。最后在音频、视频的帮助下从大意到细节逐步理解对话。

4. 听录音跟读对话，模仿语音语调，体会人物感情。

5. 学生小组合作借助语言支架进行角色扮演。

6. 学唱 chant，并运用已学过的食品类单词做替换练习，进行展示交流。

➲ 设计意图：引导学生归纳整理并运用核心语句，利用角色扮演的方式体会人物情感和语音语调的变化。创编新 chant 以一种有趣的方式对核心句型、单词再次进行应用，活跃学生思维并促进语言内化。

7. 小组成员互相运用本课核心语言 "I like... How about you?" 调查各自喜欢的食物，并进行统计，看看哪种食物最受欢迎并调查原因。

➲ 设计意图：从应用实践过渡到迁移创新，做到了语言的内化和运用。通过统计喜欢的食物，提升学生归纳总结的能力，调查受欢迎食物原因，为规划健康饮食做铺垫。

【作业设计】

Period 1　Homework
Activity Card

1. Must—do Tasks

基本要素	具体内容		
作业内容	Act out the dialogue with your partner.		
形式和类型	形式	听-说□　听-写□　读-写□　其他□	
	类型	基础型□　拓展应用性□　实践型□	
作业时长	___5___ 分钟（建议时长 5—10 分钟）		
完成方式	独立完成□　合作完成□		
提交时间	当天完成□　____天后□		
评价标准	根据实际情况选择活动。 查找补充相关周末活动。 正确朗读所填写的对话。	☆☆☆☆☆ ☆☆☆☆☆ ☆☆☆☆☆ （自我评价）	☆☆☆☆☆ ☆☆☆☆☆ ☆☆☆☆☆ （小组评价）
	（教师评价）　Good □　Super □　Excellent □		

2.Optional Task

基本要素	具体内容		
作业内容	Introduce your favourite food and give the reason.		
形式和类型	形式	听-说□　听-写□　读-写□　其他□	
	类型	基础型□　拓展应用性□　实践型□	
作业时长	___10___ 分钟（建议时长 5—10 分钟）		
完成方式	独立完成□　合作完成□		
提交时间	当天完成□　____天后□		
评价标准	根据实际情况选择活动。 查找补充相关周末活动。 正确朗读所填写的对话。	☆☆☆☆☆ ☆☆☆☆☆ ☆☆☆☆☆ （自我评价）	☆☆☆☆☆ ☆☆☆☆☆ ☆☆☆☆☆ （小组评价）
	（教师评价）　Good □　　Super □　　Excellent □		

Period 2　Having a birthday party.

【课时对应的子主题】个人喜好与情感表达；饮食健康

【适用年级】三年级

【语篇类型】日常对话

【语篇研读】

What：语篇是同学们为 Kate 一起过生日的小故事。

Why：描述 Peter 等人在生日聚会上给 Kate 送上礼物和祝福的对话，帮助学生掌握"个人饮食喜好"的英语表达，培养学生友爱互相关怀的意识。

How：对话以生日聚会为主要内容，涉及介绍食物的词汇，如：cake，egg，orange；送给别人物品以及生日祝福的核心语言，如：Here's...for you. Happy birthday. 通过角色扮演和创设真实情境进行对话，加深对语篇意义的理解。

【课时目标】

1.通过观察文本插图，理解课文大意，视听对话，梳理出 Kate 得到了什么生日礼物。在教师指导下进行角色扮演。（学习理解）

2.在本课的语言支架的帮助下，在教师引导下，将文本中的情境延伸到真实语境，创编关于生日聚会的新对话。（应用实践）

3.归纳总结不同国家过生日的习俗以及传统食物。（迁移创新）

【教学过程】

1. 播放并演唱 Happy birthday to you! 歌曲，观看文本插图，用已有知识和经验预测对话内容。

2. 观看对话视频，进行验证，并梳理出重要信息：Question：What the gifts? How to give the gift to your friend?

3. 学生听读对话，模仿语音语调。小组合作进行角色扮演，体会人物感情。

⟳ 设计意图：帮助学生理解对话内容，学习对话中的核心语言和词汇，属于学习理解类活动。学生通过模仿语音语调感知人物情感，培养语感的同时加深对课文知识的理解和记忆。

4. 以举办生日聚会为情境，创编新对话。

Teacher：Today is your friend's birthday. What do you want to give to her/him?

⟳ 设计意图：创设真实情境，将学生从文本情境延伸到真实语境，灵活运用本课核心语言，促进语言内化和有效输出。从学习理解过渡到应用实践。

5. 播放视频，呈现文本信息

Li Yan：I'm from China. I eat noodles on my birthday.

Lisa：I'm from Korea. I eat seaweed soup and rice cakes.

⟳ 设计意图：从应用实践过渡到迁移创新，做到了语言的内化和运用。通过了解不同国家的生日饮食习俗，正确对待饮食差异，学会尊重不同的饮食文化。

Period 3   Having a picnic.

【课时对应的子主题】个人喜好与情感表达；饮食健康

【适用年级】三年级

【语篇类型】日常对话

【语篇研读】

What：语篇是 Yang Ming 等人一起野餐的对话故事，围绕同学们询问 Yang Ming 饮食喜好并分享食物而展开。

Why：通过礼貌表达自己的喜好，礼貌分享食物，鼓励学生懂得分享，学会朋友之间如何相处，感受朋友之间相处的快乐。

How：对话以野餐为主要内容，涉及介绍食物的词汇，如：pear, apple, banana；询问他人喜好以及送给别人物品的核心语言，如：Do you like...? Here you are. 通过角色扮演和创设真实情境进行对话，懂得互相尊重、互相分享，加深对语篇意义的理解。

【课时目标】

1.通过观察文本插图,理解课文大意,视听对话,梳理出 Yang Ming 喜欢什么食物,在教师指导下进行角色扮演。(学习理解)

2.在本课的语言支架的帮助下,在教师引导下,将文本中的情境延伸到真实语境,创编关于野餐的新对话。(应用实践)

3.小组合作,通过互相询问对方喜欢的食物并合理规划饮食,列举出你们的野餐食物清单。(迁移创新)

【教学过程】

1.快速出示已学过的食物类单词,学生用 "I like/don't like…" 根据自身喜好进行表达。

2.观看文本插图,用已有知识和经验预测对话内容。

3.观看对话视频,进行验证,并梳理出重要信息并学习新单词:

Question:What does Yang Ming like?

4.学生听读对话,模仿语音语调。小组合作进行角色扮演,体会人物感情。

5.学唱 chant,运用已学过的食品类单词做替换练习,进行展示交流。

⮕ 设计意图:帮助学生理解对话内容,学习对话中的核心语言和词汇,属于学习理解类活动。学生通过模仿语音语调感知人物情感,培养语感的同时加深对课文知识的理解和记忆。

6.教师提前准备食物模型和图片,创设举行野餐的情境,引导学生创编新对话。

Teacher:I prepare many food for you? What do you like?

Kate:I like apples.

Teacher:Here's an apple for you…

⮕ 设计意图:创设真实情境,将学生从文本情境延伸到真实语境,灵活运用本课核心语言,促进语言内化和有效输出。从学习理解过渡到应用实践。

7 创设即将要去野餐一起去购物的情境,引导学生用 "Do you like…?" "I like…" 进行对话,列举好要买的食物并分类(水果、零食、主食等)

⮕ 设计意图:从应用实践过渡到迁移创新,做到了语言的内化和运用。通过自主购买野餐食物,初步树立合理搭配饮食的意识和能力。

Period 4   Can I have some milk?

【课时对应的子主题】个人喜好与情感表达;饮食健康

【适用年级】三年级

【语篇类型】日常对话

【语篇研读】

What：语篇是小男孩与妈妈的日常对话。妈妈想让孩子喝一些水，但是孩子更想喝牛奶，礼貌地和妈妈进行表达的小故事。

Why：通过礼貌表达自己的喜好，学会如何和家人进行沟通和交流。

How：对话以亲子之间对话为主要内容，涉及介绍食物的词汇，如：milk，juice，water；核心语言，如：Can I have…，please? 通过角色扮演和创设真实情境进行对话，懂得如何礼貌表达自己的喜好，加深对语篇意义的理解。

【课时目标】

1. 通过观察文本插图，理解课文大意，视听对话，梳理出小男孩想要什么食物，在教师指导下进行角色扮演。（学习理解）

2. 在本课的语言支架的帮助下，在教师引导下，将文本中的情境延伸到真实语境，利用转盘选择食物创编新对话。（应用实践）

3. 通过小组合作的方式共同制作一份菜谱，培养学生均衡饮食，健康生活的意识。（迁移创新）

【教学过程】

1. 快速出示已学过的食物类单词，学生用 "I like/don't like…" 根据自身喜好进行表达。

2. 观看文本插图，用已有知识和经验预测对话内容。

3. 观看对话视频，进行验证，并梳理出重要信息并学习新单词：

Question：What does the little boy like?

4. 学生听读对话，模仿语音语调。小组合作进行角色扮演，体会人物感情。

➡ 设计意图：帮助学生理解对话内容，学习对话中的核心语言和词汇，属于学习理解类活动。学生通过模仿语音语调感知人物情感，培养语感的同时加深对课文知识的理解和记忆。

5. 教师准备好带有食物的转盘，同学两两一组，进行对话。例：

—Some noodles，please?　　—Here you are.

—Thank you.　　　　　　　—You're welcome…

➡ 设计意图：创设真实情境，将学生从文本情境延伸到真实语境，灵活运用本课核心语言，促进语言内化和有效输出。从学习理解过渡到应用实践。

6. 教师创设情境：朋友即将来你家里做客，请你制作一份健康食谱进行介绍并说明为什么。

➡ 设计意图：从应用实践过度到迁移创新，做到了语言的内化和运用。通过制作食谱，让学生从文本走向真实生活，培养学生关怀他人的能力，在讨论食谱过程中发展语用能力，树立合理搭配饮食的意识和能力。

Period 5   Taking an order.

【课时对应的子主题】个人喜好与情感表达；饮食健康

【适用年级】三年级

【语篇类型】日常对话

【语篇研读】

What：语篇是 Li Yan 在餐馆点餐时和服务员的日常对话。

Why：学会如何在餐馆点餐，如何与服务员进行沟通与交流。

How：语篇以配图加文字的形式直接呈现 Li Yan 在餐馆点餐时和服务员的对话，涉及介绍食物的词汇，如：rice，noodles，chicken；点餐时的核心语言，如：Some…please. Anything else? 通过角色扮演和创设真实情境进行对话，懂得如何礼貌点餐，加深对语篇意义的理解。

【课时目标】

1. 通过观察文本插图，理解课文大意，视听对话，梳理出 Li Yan 想吃什么，在教师指导下进行角色扮演。（学习理解）

2. 在本课的语言支架的帮助下，在教师引导下，将文本中的情境延伸到真实语境。（应用实践）

3. 通过观看世界各国代表美食的小视频了解饮食差异以及形成的原因。（迁移创新）

【教学过程】

1. 观看文本插图，用已有知识和经验预测对话内容。

2. 观看对话视频，进行验证，梳理出重要信息并学习新单词：Question：What does Li Yan like?

3. 学生听读对话，模仿语音语调。小组合作进行角色扮演，体会人物感情。

↪ 设计意图：帮助学生理解对话内容，学习对话中的核心语言和词汇，属于学习理解类活动。学生通过模仿语音语调感知人物情感，培养语感的同时加深对课文知识的理解和记忆。

4. 教师准备好中餐厅和西餐厅的背景，学生自主选择餐厅和食物，两两同学一组，分别扮演客人和服务员，利用本课的核心句式进行对话创编。

5. 完成课后小练习，将三人喜欢的食物填入集合统计图中，找出他们共同喜欢的食物。

↪ 设计意图：创设真实情境，将学生从文本情境延伸到真实语境，灵活运用本课核心语言，促进语言内化和有效输出。从学习理解过渡到应用实践。

6. 教师播放世界各地美食视频，学生提取关键信息完成表格，用 "I'm from… I like…" 进行表达。

Country				
Food				

☉ 设计意图：从应用实践过渡到迁移创新，做到了语言的内化和运用。了解世界各地美食，让学生从文本走向真实生活，在整理表格并表达的过程中发展语用能力，树立尊重饮食文化差异的意识。

Period 6　Where does food come from?

【课时对应的子主题】个人喜好与情感表达；饮食健康

【适用年级】三年级

【语篇类型】日常对话

【语篇研读】

What：语篇是绘本故事，讲述生活中各种食物的由来。

Why：通过讲述食物的来之不易，培养学生珍惜食物的美好品质。

How：语篇以配图加文字的形式介绍各自食物的由来，句式基本重复，便于学生理解，运用所学句式来创编更多新的内容，同时引发学生对食物来之不易，我们应该珍惜的思考。

【课时目标】

1. 通过观察绘本插图，理解绘本大意，思考食物来源，学会珍惜食物。（学习理解）

2. 在本课的语言支架的帮助下，在教师引导下，将文本中的情境延伸到真实语境，让学生利用核心句式 "...come from..." 思考并表达其他食物的来源。（应用实践）

3. 通过观看世界各国代表美食的小视频了解饮食差异以及食物的原料和制作过程。（迁移创新）

【教学过程】

1. 教师出示本单元食物类单词，让学生进行分类。

Drink	
Fruit	
Staple food 主食	

2. 教师引导学生通读绘本，理解主旨大意。

3. 教师指导学生再读绘本，梳理提炼关键信息，完成任务单。

Orange juice comes from _____ .　　Milk comes from _____ .

Eggs come from _____ .　　　　　Popcorn comes from _____ .

○ 设计意图：帮助学生理解绘本内容，学习绘本中的核心语言和词汇，属于学习理解类活动。学生通过对重要内容进行梳理提炼加深对绘本知识的理解和记忆。

4.教师准备好食物模型或图片，学生选取感兴趣并且了解的食物用"... come from..."进行交流和分享。

○ 设计意图：创设真实情境，将学生从绘本情境延伸到真实语境，灵活运用核心语言，促进语言内化和有效输出。从学习理解过渡到应用实践。

5.教师播放世界各地美食视频，学生提取关键信息并完成表格，并用"...come from..."进行表达。

Food				
Plants/Animals				

○ 设计意图：从应用实践过渡到迁移创新，做到了语言的内化和运用。了解世界各地美食以及原材料，让学生从文本走向真实生活，在整理表格并表达的过程中发展语用能力，树立尊重饮食文化差异的意识。

案例八 **英语三年级下册教学设计**

三年级下册 Unit 1 教学设计（人教精通版）①

Period 1 Meet old friends

【课时对应的子主题】热爱自己的学校和班级；认识并爱惜自己的书本；珍惜自己和朋友的友谊

【适用年级】三年级

【语篇类型】日常对话

【语篇研读】

What：语篇为 Gao Wei 和 Kate 返校时在校园门口遇见并开启的对话。描述两者许久不见，想念校园，互相打招呼，Kate 通过简单的猜谜游戏介绍自己书本的场面。学生们在获取新知、学习对话的过程中，感知、领悟、应用、迁移与学校及书本的相关知识，提升语言能力。

Why：通过老友相见的场景，引导学生熟知校园、课本，热爱学校生活。

How：对话是谈论校园及书籍，涉及的词汇，如 school、classroom、Chinese book、English book 以及描述去上学的核心交际语言 Let's go to school. 回答 OK.Let's go! 以及询问书包里物品的对话语言 Guess, what's in my bag? 该对话情节较为生活化，学生易于感知和积累，有利于学生在日常生活中运用，同时也可促进学生在学习活动中的主动参与、合作互助能力，具有育人价值。

【课时目标】

1. 在校园外打招呼的情境中，能够谈论学校和书籍（如 school, Chinese book 等），运用 Let's go to school. 回答 OK.Let's go！描述上学，运用 Guess, what's in my bag? 询问学习用品，感知校园生活。（学习理解）

2. 在对话情境中根据校园不同场景的图片，运用 Let's go to/go to the... 进行交流，运用 Guess, what's in my bag? 猜测学习用品，加深对自己的校园和学习物品的理解。（应用实践）

---

① 本文作者：天津市河北区育婴里第三小学 赵君，天津市河北区育婴里第二小学 吕美琪。

3.借助不同校园场景和学习物品，运用 Let's go to/go to the... 和 Guess，what's in my bag? 对话交流，感受校园生活的乐趣，表达自己对学校日常的喜好。（迁移创新）

【教学过程】

1.Let's listen and sing!

学生们一起聆听歌曲 Let's go to school，尝试跟唱。帮助调整学生学习状态，初步引入学校生活主题，在歌曲中引导学生感知即将学习的内容。

2.Let's listen and choose!

学生聆听对话，选择场景卡片并回答问题，整体感知与注意校园场景知识。

Q：Where are they?

3.Let's watch，listen，write and answer!

（1）学生观看对话视频，获取与旧友再次见面的打招呼方式，并与初次见面的问候方式进行整合。

（2）学生再次观看 Gao Wei 和 Kate 对话，梳理邀请去某处的表达方式。

（3）学生借助书包中的学习物品这一提前准备的教具，正确挑选并运用对话中的语言支架 Guess，what's in my bag? 介绍书本。

4.Let's read and act!

（1）学生全体及个人边聆听对话音频边跟读，模仿过程中注意重音、语调、节奏、意群等，促进学生对对话内容的梳理与整合，积累语言知识，提升语言技能。

（2）学生还可按小组或男女生进行角色扮演，吸收所学并进行应用，鉴赏对话中呈现的友好、礼貌举止，形成和谐、文明的思想意识与态度。

➲ 设计意图：创设老友在校外相见的情景，激活学生与学校生活相关的知识经验，通过聆听、观看、回答问题等活动辅助学生感知对话内容，梳理语言表达与关键信息，熟知对话内容，包括核心词汇及语言，学生通过跟读音频、角色扮演的活动，熟悉语音知识、丰富词汇知识、拓展语用知识。学生通过环环相扣的活动感受学校生活的乐趣、同学朋友之间的友谊，通过教师设置的问题，提升对学习的热爱，学会爱惜自己的学习物品，认识到生活与学习的乐趣。

5.Let's sing again .

教师将导入环节的歌曲再次呈现并加入空格和横线，引导学生根据所学核心句式与词汇添加歌词并演唱，给学生提供有小幅难度的活动，帮助学生以多样有趣的方式加强整体认知，形成新知识结构。

6.Let's watch and talk!

学生三人为一小组，每组学生准备好两组卡片，一组为学校和教室的场景卡片，一组为三年级上册和本课学过的文具卡片，从而操练核心句型，成员 A 随机出示卡片并说出对应句式 Let's go to/go to the... 成员 B 准确回答答语，成员 C 继续询问 Guess, what's in my bag? 从而与其他成员进行对话练习，学生根据自己的能力和水平进行拓展延伸。

⮕ 设计意图：引导学生在归纳、巩固新知的基础上，通过设置需要学生"跳一跳"才能完成的歌曲活动及结合学生的生活经验、联系实际完成的对话活动，帮助学生顺利进行应用实践，促进知识经验向能力转化，帮助学生内化语言，促进表达。

7.Let's design!

学生可将上学期所学的打招呼内容（如：Good morning. 等）、文具、介绍新朋友的方式迁移到本节课所学的新知中，以组为单位创编对话，并进行分组展示，在活动中加深对校园、书本和友人主题意义的理解，加深对世界的探索和认识。

⮕ 设计意图：帮助学生将新旧知识更好地融合，迁移到语境中，学生创造性地运用方法策略和知识技能，表达交流，深入理解主题意义，通过教师和其他学生的反馈对英语学习感兴趣，乐于模仿、表达，提升思想意识。

【作业设计】

Period 1　Homework
Activity Card

1.Must—do Tasks

基本要素	具体内容		
作业内容	1. Read the story fluently. 2. Retell the story to your family.		
形式和类型	形式	听—说☐　听—写☐　读—写☐　其他☐	
	类型	基础型☐　拓展应用性☐　实践型☐	
作业时长	＿5＿分钟（建议时长 5—10 分钟）		
完成方式	独立完成☐　合作完成☐		
提交时间	当天完成☐　＿＿＿天后☐		
评价标准	能流畅朗读对话。 能熟知对话含义。 复述时语音语调基本正确。	☆☆☆☆☆ ☆☆☆☆☆ ☆☆☆☆☆ （自我评价）	☆☆☆☆☆ ☆☆☆☆☆ ☆☆☆☆☆ （小组评价）
	（教师评价）　Good ☐　Super ☐　Excellent ☐		

2.Optional Task

基本要素	具体内容
作业内容	Design a chant and share to your parents.

续表

基本要素	具体内容		
形式和类型	形式	听–说□　听–写□　读–写□　其他□	
	类型	基础型□　拓展应用性□　实践型□	
作业时长	___10___ 分钟（建议时长 5—10 分钟）		
完成方式	独立完成□　合作完成□		
提交时间	当天完成□　____天后□		
评价标准	准确运用教师提供框架。 核心句式和词汇灵活运用。 能流利演唱。	☆☆☆☆☆ ☆☆☆☆☆ ☆☆☆☆☆ （自我评价）	☆☆☆☆☆ ☆☆☆☆☆ ☆☆☆☆☆ （小组评价）
	（教师评价）　Good □　　Super □　　Excellent □		

Period 2　Show new books

【课时对应的子主题】认识并爱惜自己的书本；与朋友礼貌和谐相处

【适用年级】三年级

【语篇类型】日常对话

【语篇研读】

What：语篇为 Peter 和 Yang Ming 在教室中交流书本信息从而开启的对话。刚开学，二人交流学校发的和自己拥有的新书，互相礼貌地展示，并表达感谢。学生们在获取新知、学习对话的过程中，感知、领悟、应用、迁移与书本相关的知识，提升礼貌表达自己需求的语言表达能力。

Why：帮助学生学会在校园和班级中与小伙伴友好和谐相处，引导学生积累书本相关词汇和表达，爱惜自己的书籍，珍惜和朋友的友谊，丰富充实地享受校园生活。

How：语篇涉及的书籍词汇有 textbook, storybook，涉及的核心交际语言包括介绍自己有某物的句式表达 I have... 教材中的歌谣拓展了有相同物品的表达 Me too! 和询问对方是否可以向自己展示新书及相应回答 Can I see it? Sure. Here you are. 学生通过师问生答、生问生答、对话跟读、角色扮演、歌谣演唱等方式感知和积累核心词汇和生活化语言表达，有利于学生在日常生活中运用，同时也可促进学生在学习活动中的主动参与、合作互助能力，具有育人价值。

【课时目标】

1. 借助教材图片、教具卡片、学生文具、音视频材料，激活学生已有知识，并获取梳理

介绍自己拥有的物品、提出合理请求的礼貌语言，感知学校中同伴交往的乐趣；（学习理解）

2.在班级对话情境中，学生根据自己的书籍、文具物品，运用 I have... Can I see it? Sure. Here you are. 表达、询问、沟通学习物品，加深表达自己需要、礼貌待人的理解；（应用实践）

3.通过角色扮演、歌谣创编等活动运用语言开展交流展示，引导学生评价语篇中两位主人公的言语和行为，理解基本的感谢用语，从而培养与人为善的价值观。（迁移创新）

【教学过程】

1.Let's sing and guess!

教师用简单的英文表达，让学生猜测学过的文具和书籍名称，创设情景的同时调动学生学习兴趣，激活已知，形成学习期待。

2.Let's listen and answer!

学生聆听对话，准确说出主人公们所在场景词汇，整体感知对话内容与情感态度。

Q：Where are they?

3.Let's watch, listen and answer!

（1）学生观看对话视频，获取表达自己拥有某物以及对方友好回应的表达方式。

（2）学生聆听视频，将出现的书籍用铅笔圈出，并将教师的题目补充完整。

Peter：I have ＿＿＿ . Yang Ming：I have ＿＿＿ .

（3）学生再次观看视频，梳理提出请求的礼貌表达，观看友好的回答，进行师生问答和生生问答，加深理解文本、体会情感。

4.Let's match and chant!

学生根据歌谣音频，将空缺处与对应文具正确连线，学生全体跟唱歌谣，并邀请部分学生单独演唱。

5.Let's read and act!

（1）通过学生全体或个体的方式聆听音频进行跟读，模仿中注意重音、语调、节奏、意群等，促进学生对对话内容的整合与吸收，感受主人公们友善相处的和谐氛围。

（2）学生以对话内容作为依托，角色扮演的方式真实再现文中场景，促进学生内化所学并进行应用，鉴赏对话中呈现的友好、礼貌举止，形成与人为善、文明和谐的思想意识与态度。

🔁 设计意图：创设好友在教室内相处的情景，激活学生与人礼貌相处的相关知识与交往经验，通过聆听、观看、回答问题等活动辅助学生感知对话内容，并梳理语言表达与关键信息。学生通过跟读音频、角色扮演的活动，细致模仿，从而熟悉语音知识、丰富词汇知识、拓展语用知识。学生通过环环相扣的活动以及教师设置的问题感受礼貌待人、与人为善的乐趣，同时提升对学校生活的热爱，并学会爱惜自己的学习物品，感受学校生活的重要意义。

6.Let's act!

学生根据自己拥有的文具和书本以及班级图书角的课外书籍,以小组为单位真实再现课文场景,再次深化核心句式和词汇,又可在本课所学内容基础上进行简单拓展,邀请部分小组成员上前展示。

⟳ 设计意图:在学习理解的基础上,引导学生结合自己的生活经验,将自己对所学的知识进行描述和再现,帮助学生在活动中内化语言知识、体验语篇中的情感内涵,帮助学生顺利进行应用实践,促进知识经验向能力转化,为学生更为复杂的语言表达和知识结构奠定基础。

7.Let's design a chant!

学生根据教材中的 chant 进行创编,可增加学习过的文具及书本词汇以及两节课中学习的核心句式,展示学生设计成果,演唱,在活动中加深对书本和与人相处主题意义的理解,加深对世界的探索和认识。

⟳ 设计意图:帮助学生在课本提供的框架基础上,将新旧知识更好地融合,迁移到语境中,学生创造性地运用方法策略和知识技能,深入理解主题意义,通过教师和其他学生的反馈对英语学习感兴趣,乐于模仿、表达,提升学习能力和思想意识。

Period 3　Guessing game

【课时对应的子主题】爱惜自己的书本;与朋友友好相处;参与有意义的学习活动
【适用年级】三年级
【语篇类型】日常对话
【语篇研读】

What:语篇为 Kate 和 Li Yan 在教室中玩猜谜游戏而开启的对话,Kate 将书包中的书本以有趣的猜谜活动呈现在小伙伴 Li Yan 面前。语篇复现了之前所学核心句式和词汇,学生在获取新知、学习对话的过程中,能够联系旧知,从而丰富知识经验,提升语言表达能力,同时感受学习的乐趣,体会朋友相处的快乐。

Why:描述小伙伴之间的猜谜游戏,激发学生参与英语学习活动的兴趣,在有意义的活动中增加学生之间的情感沟通,帮助学生体会朋友相处的快乐。

How:对话涉及书本的猜谜游戏,其中包含的书本词汇有 exercise book,notebook,包含的猜谜核心句式 Guess,what's in my...? A/An...?通过对书本名称的猜谜游戏,学生复习之前所学核心词汇,并在旧知基础上灵活掌握核心句式的变化。学生通过本课学习可将猜谜游戏运用到日常学习中,同时也可借助游戏热爱学习、加深友谊,具有育人价值。

【课时目标】

1. 学生在猜谜游戏的情景中，获取并梳理书本名称（exercise book, notebook），运用核心句式 Guess, what's in my...? A/An...? 互动猜测交流，建立知识间的关联，感知不同种类的书本；（学习理解）

2. 学生能够根据自己的书籍、文具物品等，运用核心句式 Guess, what's in my...? A/An...? 以小组为单位，开展猜谜活动，内化词汇知识和游戏句式。（应用实践）

3. 借助校园及学习场景，进行互动交流、游戏活动，认识自己的学校生活，表达喜爱学习的情感。（迁移创新）

【教学过程】

1. Let's listen and sing!

教师通过歌曲 Stationery and books 呈现 Gao Wei 的书包，学生对歌曲中学过的核心词汇进行积极互动，复习旧知。

2. 教师继续展示 Yang Ming 的书包，借助学过的句式 I have... 邀请学生帮助介绍，继续激活旧知。

3. 教师根据前两个活动创造情景，小伙伴们在展示自己的书籍、文具等，邀请学生一起来看 Kate 和 Li Yan 的游戏。

4. Let's listen and answer!

学生听对话回答问题，复习所学场景词汇，同时借助问题引导学生进入本课所呈现的主题，学生整体感知对话内容，并积极思考。

Q1：Where are they?　　　　　　Q2：What are they talk about?

5. Let's watch and answer!

（1）学生观看视频，获取猜谜游戏的问句表达，与所学进行概括和整合。

（2）学生再次观看 Kate 和 Li Yan 的猜谜游戏，借助图片的基础上补全对话，形成语言框架，整体了解游戏活动过程及书本词汇。

Kate：Guess, what's in my desk ?　　　Li Yan：A ____ ?（笔记本图片）

Kate：No !　　　　　　　　　　　Li Yan：Oh, it's an ____ .（练习本图片）

6. Let's read and act!

通过再次聆听语篇，学生以全体或小组的方式进行朗读，仔细模仿重音、语调、节奏等，促进学生对对话内容的整合与吸收。教师通过角色扮演活动，促进学生内化所学并进行应用，促进学生感受用游戏的方式进行学习的乐趣，增加学习热情。

⟳ 设计意图：通过 Kate 和 Li Yan 在教室中玩猜谜游戏，激活学生已知的相关重点句式和核心词汇，在回顾的基础上通过聆听、观看、回答问题、补全对话等方式，感知对话内容，将新旧知识进行整合获取信息，了解游戏进行方式，丰富并拓展已有知识框架。学生通过跟读音频、角色扮演的活动,深入体会语篇中猜谜游戏所蕴含的学习乐趣,加深情感体验,为学生的应用实践活动积累素材、提升能力。

7.Let's play.

学生两人一组,拿出自己的书本和文具,按照语篇中呈现的语言框架玩猜谜游戏,在应用的过程中,内化所学,灵活表达,感受游戏的乐趣,加深知识的掌握。

➡ 设计意图:以猜谜游戏的方式,让学生在真实的语言环境下,调动积累的知识经验,运用核心句式和词汇,通过合理的指导和适时的表扬,帮助优等生发挥优势,提高后进生的学习兴趣,促进中等生的表达意愿,巩固完善知识结构的基础上,更加热爱学习。

8.Let's design and talk.

教师将前几课学过的核心句式进行罗列,学生准备好自己的书本和文具,2—3 人一组,创编对话并进行表演。活动帮助学生串连起前几课所学,思考对话结构,关注发音表达,强化整体认知,提升语言能力。

➡ 设计意图:本阶段学习活动为学生提供了任务目标,学生通过小组合作,共同思考对话逻辑,融合新旧知识,创造性地运用方法策略和知识技能,有效进行语言输出,通过教师反馈,获得问题解决的经验,让学生在玩中学,体会主题意义。

Period 4　A smart robot

【课时对应的子主题】文明礼貌地互动交流;爱护班级、校园设施;积极向上地学习与生活

【适用年级】三年级

【语篇类型】日常对话

【语篇研读】

What:语篇为 Lisa,Yang Ming 和聪明的机器人之间互动交流的故事,呈现了两人先与机器人友善地互相问候,为了考验机器人,询问了几个问题,机器人准确回答的情景。学生们通过有趣的机器人获取新知、学习对话,继续提高礼貌友好的文明意识,感受英语学习的魅力,加强对班级、学校的热爱。

Why:通过所学核心单词,引起学生关注班级及校园设施,学生能够珍惜并维护班级或校园环境,通过主人公们与机器人的友好对话引导学生介绍自己的书本,提升文明意识。

How:语篇涉及的班级设施词汇为 desk 和 chair,涉及的核心句式为询问某处物品是什么 What's on/in the...?并复现了打招呼的句式 Good morning. 对话情景贴合生活,学生自主或以小组合作方式完成师生或生生对话、语篇跟读、角色扮演、歌谣演唱等活动,帮助学生感知和积累教室相关词汇和日常化语言表达,帮助学生串连新旧知识,加强学校、学习生

活的言语表达能力，具有促进学生做热爱学习、文明有礼好少年的育人价值。

【课时目标】

1. 借助猜谜活动、播放音视频材料、使用教师教具等方式，学生可在学校或家庭等日常情景中表达句式 What's on/in the...? 能够将核心词汇（desk 和 chair）整合融入知识结构，加深对学校生活的认知，体会学习活动的乐趣。（学习理解）

2. 学生能根据具体情境，基于自己的结构化知识，准确询问 What's on/in the...? 和回答 A/An...，从而促进学校主题表达能力的提升，加深对文明礼仪的理解。（应用实践）

3. 学生借助所学校园主题相关词汇和句式，友好互动交流，表达展示自己，认识并享受自己的学习生活。（迁移创新）

【教学过程】

1.Let's play guessing game!

教师先拿出自己的铅笔盒，询问学生 Guess, what's in my pencil—box? 帮助学生激活文具旧知及所学核心句式。

接下来学生将上节课作业的书本卡片带来，邀请学生进行猜谜游戏，询问 Guess, what's in my hand? 并回答，以学生熟悉的活动作为支点，呈现教学情境，激发学生学习兴趣。

2.Let's listen and answer!

学生聆听音频，整体感知对话内容，体会语篇情感基调，关注课文中出现的新人物 robot。

Q: Who is he?

3.Let's watch, listen and answer!

（1）学生观看对话视频，激活已经学习的打招呼句式，复现对话内容，并通过简单操练再次深化所学知识。

（2）学生再次聆听对话，回答问题，并将对应答案在课文中圈出，初步感知核心句式和单词。

Q1: What's on the desk?　　　Q2: What's on the chair?

（3）教师将教室中的空桌子和椅子摆在明显的位置，并在书桌、椅子上方及书箱里依次摆放学生学习过的书本文具，引导学生根据板书上的语言框架进行询问和回答。帮助学生与之前所学知识建立关联，形成新的知识结构。

What's on/in the...? A/An...

4.Let's read and act!

（1）学生全体跟读后进行自主朗读，模仿过程中注意语调、重音、节奏、意群等，多种朗读方式促进学生对文本整合与吸收，感受学习的乐趣，感受和谐友好的氛围。

（2）学生以对话内容作为依托，模仿角色语音语调，再现文中场景，帮助学生内化所学并运用，帮助学生产生情感共鸣，提升学习兴趣。

⊙ 设计意图：借助 Lisa，Yang Ming 和机器人的有趣对话，通过活动设置激活学生已知的互相问候方式，通过聆听、观看、回答问题等活动辅助学生获取对话内容，梳理语言表达与关键信息，进行概括和整合。学生通过跟读音频、角色扮演、歌谣演唱的活动，细致模仿、大方展示，从而促进语音、词汇知识掌握，丰富语用知识。友好问候的表达再次提升学生文明素养，促进班级形成和谐氛围，核心单词的学习也帮助学生更加爱护学校及班级设施，层层递进的学习活动帮助学生感知学习的乐趣，促进学生积极参加学习活动。

5.Let's chant!

教师呈现教材中的 chant，将部分核心词汇挖空，学生通过听歌曲进行补全，进行跟唱并邀请部分学生演唱。教师邀请学生在此结构上进行创编，提供学生学过的文具及书本图片来辅助学生，帮助学生通过有意义的语言实践活动，内化所学知识，促进能力的提升。

⊙ 设计意图：在学习理解的基础上，借助核心句式及教材中歌谣的框架，引导学生联系头脑中的旧知，进行内化与运用，帮助学生顺利进行应用实践，活动也帮助学生体验本课时中的情感内涵，加深学生的情感认识，同时为学生更为复杂的语言表达和知识结构奠定基础。

6.Let's design and act!

教师围绕机器人进教室的情境，提供语言框架，包括本课所学及之前所学句式，提供场景、书本、设施的词汇图片，引导学生结合已有知识经验，小组合作，发散思维，形成对话结构，活动中加深对主题意义的理解，促进学生对世界的探索和认识。

⊙ 设计意图：帮助学生在教师提供的框架基础上，将新旧知识更好地融合，学生创造性地运用方法策略和知识技能，深入理解主题意义，通过教师和其他学生的反馈对英语学习感兴趣，乐于模仿、表达，提升学习能力和思想意识。

Period 5　A fun story

【课时对应的子主题】与朋友友好和谐相处；认识并爱惜自己的书本和文具
【适用年级】三年级
【语篇类型】日常对话
【语篇研读】

What：语篇是围绕动物小伙伴们 Monkey，Cat 和 Rabbit 开学时一起上学路上发生的有趣故事展开的对话。对话包含动物小伙伴们互相打招呼，交流自己拥有的新文具，礼貌地展示、欣赏，调皮的 Monkey 将砖头放入 Cat 的书包，Cat 和 Rabbit 一起寻找书包里有什么。Monkey 的恶作剧帮助学生理解合理的交友尺度，Cat 和 Rabbit 的友好相处促进学生完善自身的人际交往原则与技能，新学期准备的新文具和书本启发学生珍惜爱护的思想意识，从而促进学生健康成长。

Why：语篇帮助学生理解友好交友的原则和尺度，引导学生串连前几课所学核心句式和词汇，建构本单元整体的知识结构，积累有关校园生活、学习活动的语言表达，享受作为学生的乐趣。

How：语篇是通过有趣的故事将前几课所学知识点关联、整合起来的语篇。语篇中涉及的书本相关词汇为 textbook，storybook，Chinese book，English book，desk，并涉及了其他相关的文具词汇，如 bag，pencil—box，marker。涉及的交友句式 Nice to see you again. Let's go to school. 表达自己拥有并互相欣赏的句式 I have... Can I see it? Here you are. 以及询问某处有某物的句式 What's in/on...? 通过对话视听、角色扮演、题目练习等个人、小组或集体活动，真正内化核心词汇和生活化语言表达，帮助学生在日常生活中运用，同时也可促进学生在学习活动中再次感知与人友善相处的方式方法，热爱学校生活。

【课时目标】

1. 借助有趣好笑的故事，学生能够激活已知核心词汇（如 textbook，English book 等），运用 I have... What's on the desk? Can I see it? 等句式交流表达书本、文具相关的信息；（学习理解）

2. 学生在校园学习主题下，借助相关语言框架（如 What's in/on...? A/An...），结合学习情境、游戏活动，内化所学、交流书本，并友好互动；（应用实践）

3. 通过结合所学语言表达句式及核心词汇，学生借助校园学习生活情境创编歌谣，或角色扮演再现对话等方式，深入理解和谐友好的学习环境需要大家一起维护，表达对学习的热爱；（迁移创新）

【教学过程】

1.Let's play guessing game!

教师创设情境，欢迎学生来到动物学校，通过呈现文中动物主人公 Monkey，Cat，Rabbit 等的身体部分，由学生猜测动物名称，激活旧知，引入情景。

2.Let's sing!

教师呈现歌曲 School things，学生边听边试着跟唱，调动学生学习兴趣，并询问学生问题，帮助学生从知识经验中提取相关信息。

Q1：What's in your bag?   Q2：What's on your desk?

3.Let's find!

教师呈现题目，学生在众多字母中挑出本单元所学单词，通过简单有趣的练习锻炼学生获取信息、积极思考、解决问题的能力，同时再次加深学生对所学知识的印象。

4.Let's listen and think!

学生观看视频，整体感知对话内容，体会语篇情感变化。Q：Why is Cat angry?

5.Let's watch, listen and answer!

（1）学生观看对话视频，激活已经学习的打招呼句式，呈现三个小伙伴及空白对话框，由学生扮演角色互相打招呼，调动学生已知经验，发散学生思维。

（2）学生听对话，补充信息，并根据教具及板书，通过师生和生生互动的方式，模拟文中对话，学生佩戴不同动物的头箍，调动学习热情，通过教师示范形成学习期待，完善知识结构。

Cat: I have a/an new ____ .　　　Rabbit: I have a/an new ____ .

Cat: Can I see it?　　　Rabbit：____ .

Cat: Let's go to ____ .

6. 教师再次播放视频后，学生回答问题，教师对 Monkey 行为中涉及的物品英文简单拓展，并引导学生从不同角度思考与人相处的原则及开玩笑的尺度，帮助学生感知友善的人际关系，加深对原有知识的掌握。Q: What's in Cat's bag?

7.Let's read and act!

（1）学生跟读视频，后自主朗读，认真模仿语调、重音、节奏、连读等，形成语感，促进学生对对话内容的整合与吸收，感受学习的乐趣。

（2）学生以组为单位，模仿角色语音语调，再现文中场景，从而帮助学生内化所学并运用，帮助学生产生情感共鸣，提升学习兴趣。

🔁 设计意图：借助 Monkey,Cat 和 Rabbit 上学路上发生的有趣故事，通过活动设置激活学生已知的互相问候、拥有物品并互相欣赏，以及询问某处的物品的表达方式，聆听、观看、回答问题等活动帮助学生进行概括和整合，完善已有知识结构。学生通过跟读音频、角色扮演的活动，细致模仿、大方展示，从而促进语音、词汇及句式知识掌握。友好问候的主题意义再次提升学生文明素养，促进班级形成和谐氛围，核心词汇加深学生对书籍的爱护、提升学生参与学习的兴趣。

8.Let's listen, number, design and act!

教师呈现教材中的练习题，学生听录音并标注序号，在完成题目更正答案后，教师将语篇进行挖空，邀请学生在已有的知识经验基础上，拓展思维，结合题目中出现的核心词汇，以组为单位编写对话，并邀请学生表演。帮助学生内化所学，灵活表达，加深知识的掌握。

🔁 设计意图：通过书本练习题检测学生知识掌握效果，借助文本情境，结合课文框架及题目出现的核心词汇，帮助学生进行角色转换，学生能够内化所学，加深文明和学习主题意义理解，乐于交流，愿意大胆尝试。

9.Let's act and think!

教师引导学生以小组为单位扮演不同的角色，对对话进行创编，可增加句式，或改变句式中的词汇，同时学生可借助道具真实扮演，借助活动形成积极的学习体验，思考如何认真学习、成为文明有礼的好少年。

○ 设计意图：通过创编对话，提高学生创造性提取、运用语言的能力，表演活动提升学生的表达性技能，同时学生通过思考，加深对生活与学习、人际沟通的认识。

Period 6　In the library

【课时对应的子主题】学生热爱读书；对知识充满探索的欲望

【适用年级】三年级

【语篇类型】日常对话

【语篇研读】

What：语篇为小男孩和父母来到图书馆，父母通过询问小男孩喜欢的事物，推荐小男孩不同类型的书籍的故事。学生在获取新知、学习对话的过程中，感知、领悟、应用、迁移与书籍相关的知识经验，拓展、提升询问及回答喜好的语言表达能力。

Why：通过对话的方式展现交流喜好事物的语言表达，引导学生了解书籍种类，认识到书籍可以扩宽自己的视野、发展自己的思维，从而更加热爱读书、热爱学习。

How：语篇谈论的是不同种类的书籍，包括的类型词汇 car，snake，bear，bird，bike，train，plane；句型包括询问是否喜欢的句式 Do you like...? 表达喜欢的句式 I like... 和各类推荐书目的句式。该对话结构清晰、贴近学生生活，易于学生理解和积累，也有利于学生在日常生活中运用，学生可运用句式在日常交流中谈论书籍，同时可以促进学生的合作、探究能力，具有育人价值。

【课时目标】

1. 学生通过看、听、说、读等学习活动，能够获取、梳理有关书籍类型的词汇（如 car，snake，bear 等），运用句式 Do you like...? I like/love... 等句式感知多种多样的书籍。（学习理解）

2. 在谈论书籍的情境下，学生能够借助句式 Do you like...? I like/love... This is a good book. 进行表达交流，从而内化所学，并提升对书籍探索的热爱。（应用实践）

3. 学生能够通过所学核心句式及相关词汇展示交流自己喜欢的书籍，学生能够清楚知晓书籍具有增长见识、感受文化思想、提升能力等作用，能够表达对书籍的热爱。（迁移创新）

【教学过程】

1.Let's listen and sing!

教师播放歌曲 Books! Books! 引导学生跟唱歌曲，通过动听的旋律和有意义的歌词激发学生对书籍主题的探索欲望。

2.Let's watch, answer and choose !

教师介绍本课情景,小男孩 Bob 和 mum and dad 一起来到图书馆,通过设置问题,引导学生观看视频,选择出现的书籍图片,引导学生在调动已知的基础上,了解不同类型的书籍。

Q1:How many books?　　　　Q2:What are they?

3.Let's watch and talk!

(1)学生再次观看视频,教师引导学生感知和梳理询问与表达喜爱的句式。

(2)教师呈现语言框架,学生在教师的引导下运用 Do you like...? 的句式进行询问,借助教具笑脸和哭脸引导学生回答 Yes./No. 并继续用句式 I like... 去描述喜欢的书籍,内化提取的关键信息。

4.Let's fill in the blanks.

学生听录音抓取关键信息,并将题目中的空白处在文本中圈出,获取介绍书本的句式,对核心语言进行概括整合,对文本进行整体理解。

Here is ＿＿＿ . Try ＿＿＿ . This is ＿＿＿ . You will ＿＿＿ .

5. Let's read and act!

(1)通过学生全体或个体方式听音频后进行跟读,模仿过程中注意重音、语调、节奏、意群等,促进学生对文本内容的整合与吸收,感受主人公对书籍的喜爱。

(2)教师呈现语篇框架,学生尝试借助语言支架进行角色扮演,从而帮助学生灵活运用知识和技能,感受阅读书籍的快乐,加深学生对书籍的喜爱。

⟳ 设计意图:通过父母询问主人公喜爱的书籍并进行推荐,主人公介绍自己喜欢的书籍展开,通过观看、选择、回答问题等活动激活学生已知书籍类型,聆听、补全句子等方式帮助学生梳理语言表达相关句式和核心词汇。学生通过跟读音频、角色扮演的活动,细致模仿,从而熟悉语音知识、丰富词汇知识、感受主人公的情感态度,从而初步感知书籍对自己的重要性,学会通过书籍提升自己的能力、去认识多彩的世界。

6.Let's talk!

学生以小组为单位,借助教具、图片等,运用句式包括 Do you like...? Yes./No. I like/love... Try this book. 等讨论和描述书籍,从而再次深化核心句式和词汇,并提升对书籍的认识和喜爱。

⟳ 设计意图:在学生梳理、整合核心句式和词汇的基础上,帮助学生在结合自己的实际情况下了解不同类型的书籍,完成语言知识内化,体验语篇中的情感内涵,帮助学生顺利进行应用实践,促进知识经验向能力转化,从而帮助学生加深对书籍的认识与热爱。

7.Let's share!

学生拿出提前准备好的自己喜爱的书籍,在借助语言框架和核心词汇的基础上,以组为单位讨论自己喜欢的书籍，在交流展示中加深对书籍魅力的认识，提升借助书籍认识世界的意识。

⟳ 设计意图：帮助学生借助所学表达自我感受，学生能创造性地运用方法策略和知识技能，深入理解主题意义，乐于模仿、表达，逐步加深对书籍的认识和阅读的意愿，并通过与他人交流吸引他人热爱读书、发现书籍的意义。

☑ 三年级下册 Unit 2　教学设计 ①

Period 1　Which class are you in?

【课时对应的子主题】用英语介绍班级年级；结交更多的好朋友

【适用年级】三年级

【语篇类型】日常对话

【语篇研读】

What：语篇为用英语介绍自己的姓名以及班级年级的对话。描述了 1.李燕和安互相介绍自己的班级并热情地打招呼。2.迈克和刘玉互相介绍自己的姓名、班级年级的场面。学生们在学习、理解对话内容的过程中，积累、运用、拓展与动物相关的语言经验，发展其语言能力。

Why：通过不同的场景，引导学生做自我介绍。

How：该对话用英语介绍自己的姓名以及班级年级，涉及到名词和数词，如 name，class，grade，one，two，three，four，five；以及询问姓名和对方的班级、年级的核心语言：What's your name? I'm in Class Four, Grade Three. What about you? 回答 My name's… I'm in Class…，Grade… 该对话情节较为简单，学生易于理解，但因中英之间表达上的差异，也会带来一些表达上的困难，只有通过学生在学习过程中开展自主探究等学习活动，才会掌握它。

【课时目标】

1. 借助教学媒介学历案——英语歌曲，在律动中掌握数词（如 one，two，three，four，five 等），运用游戏：Let's do. 来感知多样化的数字；（学习理解）

2. 在对话情境中，根据不同场景，运用 I'm in Class Four，Grade Three. What about you? 回答 I'm in Class…Grade…（应用实践）

3. 借助不同的场景，运用 What's your name? I'm in Class Four，Grade Three. What about you? 回答：My name's… I'm in Class…Grade… 展示交流，培养学生主动与他人交际的意愿；

_____

① 本文作者：天津市河北区育婴里小学　王玥。

使他们逐渐形成相互了解、相互友爱等积极的情感态度。（迁移创新）

【教学过程】

1. 学生欢唱歌曲 One, Two, Three, Four Five, 营造愉快学习氛围的同时激活旧知。

2. Introduce yourself to the class.

My name's... I'm... years old. I like...（food, colour, subject, hobby）

3. Play a game（Who's he/she?）

请全班同学闭上眼睛，教师请一位学生变着声音说介绍自己的爱好、特长或特点的句子，同学们猜他是谁。

4. Let's watch and talk!

（1）学生观看对话视频，获取与梳理问答场景。

（2）学生观察同学之间的对话

（3）学生运用语言支架，引出数词 1—5，在单词 class 和 grade 中练习数字

5. Let's read and act!

（1）学生听录音跟读、分角色朗读对话，关注语音、语调、节奏、连读、重读等语言现象，体会人物认识新朋友时的快乐心情。

（2）学生基于对话内容，以角色扮演的形式表演本课内容，内化与运用所学语言，促进情感共鸣，建构主动与他人交际的思想意识。

➥ 设计意图：以认识新朋友并介绍自己为情境依托，借助学历案梳理班级年级，引导学生实现从大意到细节的逐步理解和深化，发展空间概念和逻辑思维，深入体会如何介绍自己的情景。基于文本理解，学生还通过参与细致模仿、分角色朗读、角色扮演等活动进行准确性和流畅性练习，并基于语调、节奏等多种语言现象体会人物情感，培养学生主动与他人交际的意愿。

6. Let's do! Show me....

一名学生命令说："Show me five. 其他学生用手表示出数字五。看哪位同学反应快！通过此游戏，来训练学生对数词掌握的流畅性程度。

7. Let's play.

学生们迅速从老师手里拿走表示班级和年级的卡片，用正确的形式表达出班级与年级。

➥ 设计意图：引导学生熟练掌握数词 1—5 和班级年级的正确表达方法。运用游戏将语言学习从学习理解过渡到实践应用，既帮助学生在游戏中实现语言内化，又促进学生思维品质的提升，充实对于中外不同表达方式的理解，为其后的真实表达奠定基础。

8. Let's design!

情景短剧　　　　时间：in the morning

　　　　　　　　地点：at the playground

事件：meet a new friend

（要求互相询问 name，age，class，grade，hobby…）

学生自主选择时间和地点，分组设计情景短剧，运用对话中的核心语言进行分组展示，互动交流中强化整体认知。

➡ 设计意图：帮助学生从文本走向真实生活，引导学生在真实的语境中灵活运用所学语言知识进行交流，逐步形成相互了解、相互友爱等积极的情感态度。

【作业设计】

Period 1　Homework
Activity Card

1.Must—do Tasks

基本要素	具体内容		
作业内容	1. Read the dialogues and fill in the blanks. Name：　　& Class　　　　　　Class Name：　　& Class & Grade　　　　Class & Grade		
形式和类型	形式	听—说□　听—写□　读—写□　其他□	
	类型	基础型□　拓展应用性□　实践型□	
作业时长	＿6＿分钟（建议时长 5—10 分钟）		
完成方式	独立完成□　合作完成□		
提交时间	当天完成□　＿＿天后□		
评价标准	根据实际情况选择活动。 查找补充相关周末活动。 正确朗读所填写的对话。	☆☆☆☆☆ ☆☆☆☆☆ ☆☆☆☆☆ （自我评价）	☆☆☆☆☆ ☆☆☆☆☆ ☆☆☆☆☆ （小组评价）
	（教师评价）　Good □　Super □　Excellent □		

2.Optional Task

基本要素	具体内容	
作业内容	Draw a table about you and talk about it.	
形式和类型	形式	听—说□　听—写□　读—写□　其他□
	类型	基础型□　拓展应用性□　实践型□

基本要素	具体内容		
作业时长	__10__ 分钟（建议时长 5—10 分钟）		
完成方式	独立完成□　合作完成□		
提交时间	当天完成□　____天后□		
评价标准	准确运用教师提供框架。 核心句式和词汇灵活运用。 能流利演唱。	☆☆☆☆☆ ☆☆☆☆☆ ☆☆☆☆☆ （自我评价）	☆☆☆☆☆ ☆☆☆☆☆ ☆☆☆☆☆ （小组评价）
	（教师评价）　Good □　Super □　Excellent □		

Period 2　How old are you?

【课时对应的子主题】认识更多的数词；主动与他人合作交流

【适用年级】三年级

【语篇类型】日常对话

【语篇研读】

What：语篇是妈妈带高伟去看病，医生询问高伟的姓名和年龄以及简单的应答，这一场景下进行的对话。学生们在学习、理解对话内容的过程中，积累、运用、拓展与数字相关的语言经验，发展其语言能力。

Why：通过医生与高伟的对话，引导学生学会问答姓名与年龄以及简短的应答，感受中英文化的差异。

How：对话是谈论年龄，如 six，seven，eight，How old... 以及描述核心语言 How old are you? 该对话情节较为简单，学生易于理解，也便于学生在学习过程中开展自主探究等学习活动，具有现实交流意义。

【课时目标】

1.学习理解：能够问答姓名与年龄并能听命令做出简单的动作，熟练运用 How old are you? 和 I'm... 感知数字的魅力。（学习理解）

2.应用实践：在对话情境中，通过医生与高伟的对话，学生运用 How old are you? 和 I'm... 感受中英文化的差异。（应用实践）

3.迁移创新：学生借助与医生的对话，运用 How old are you? 和 I'm... 展示交流，从而感受在英语语境中与他人合作的快乐，拓宽视野，增长见识。（迁移创新）

【教学过程】

1.Let's sing and perform!

教师播放英语歌的视频，学生跟唱并动作模仿表演。思考并讨论教师提出的问题，初步认识并感知数字的魅力。

2.Introduction：生活中需要记住的一些数字 110　119　120　114……

3.Let's listen and answer!

学生初步视听对话，整体感知篇章内容与情感基调。Q：How is Gao Wei?

4.Let's watch，answer and talk!

（1）学生观看对话视频，获取与梳理数字 Q：How old is Gao Wei?

（2）强调数字 6 到 10 的正确读音

（3）通过英语歌，进一步巩固数字 1 到 10.

（4）学生运用语言支架 How ola are you? 和 I'm… 进行语言操练。

5.Let's read and act!

（1）学生听录音跟读、分角色朗读对话，关注语音、语调、节奏、连读、重读等语言现象，体会人物看病的心情

（2）学生基于对话内容，以角色扮演的形式表演本课内容，内化与运用所学语言，促进情感共鸣，建构积极与他人合作的思想意识。

➡ 设计意图：以去医院看病为依托，借助学案梳理，引导学生实现从大意到细节的逐步理解和深化，发展空间概念和逻辑思维，深入体会中英文化的差异。基于文本理解，学生还通过参与细致模仿、分角色朗读、角色扮演等活动进行准确性和流畅性练习，并基于语调、节奏等多种语言现象体会对话，感受中英文化的差异，树立合作意识。

6.Let's see and talk!

学生两人一组观察几张图片，图片的内容为过生日必备的插着蜡烛的蛋糕，基于此，进行核心句型训练。

➡ 设计意图：引导学生联系生活实际将语言学习从学习理解过渡到实践应用，帮助学生在对话情境中实现语言内化，促进学生感知实际生活，充实文化知识储备，为其后的更加复杂的表达奠定基础。

7.Let's design!

以本节课学过的单词和句型为核心，联系实际，学生进行创编对话，并运用对话中的核心语言进行分组展示，互动交流中强化整体认知。

（1）Today is Kate's birthday!　　（2）Li Yan is not very well.

➡ 设计意图：帮助学生从文本走向真实生活，引导学生在真实的语境中灵活运用所学语言知识进行交流，逐步加深对主题意义的认知，积极主动地与他人合作与交流。

Period 3   What time is it?

【课时对应的子主题】认识时间；养成良好的生活习惯

【适用年级】三年级

【语篇类型】日常对话

【语篇研读】

What：语篇为日常对话，故事分别发生在家和学校，围绕询问时间展开的对话，1. 晚上高伟问妈妈时间，然后和妈妈互道晚安，养成良好的生活习惯。2. 杨明和高伟在向刘老师有礼貌地问时间，做彬彬有礼的好学生。

Why：主人公在不同的情境中问时间，在认识新数字的同时，养成良好的生活习惯、做彬彬有礼的好学生。

How：对话是比较典型的在家、在学校询问时间的对话，涉及问答时间的相关词汇，如 eleven，twelve，time，o'clock 以及问答时间的核心语言，如 What time is it? It's…o'clock. 本课时学习旨在引导学生运用对话核心语言来问答时间，在问答时间的过程中，认识新的数字，养成良好的生活习惯、做彬彬有礼的好学生。

【课时目标】

1. 在视听对话的情境中，借助情境认识新的数词，学习用 What time is it? It's…o'clock. 来问答时间。（学习理解）

2. 在家里看到妈妈问时间、在学校打扰老师问时间的过程中，运用本课核心句型 What time is it? It's…o'clock. 在参与的过程中学会有礼貌的问答时间。（应用实践）

3. 小组合作设计时间游戏，运用核心句型在组内进行描述，再向全班进行分享展示。（迁移创新）

【教学过程】

1. 学生欢唱歌曲 Numbers，营造愉快的学习氛围的同时激活旧知。

2. 学生回顾上一课的主题情境，学生在教师的引导下进行头脑风暴，回忆高伟在医院与医生的问答，说出表示数字的单词。

3.Let's watch and talk!

（1）学生观看对话视频，获取与梳理对话发生的地点。

（2）学生观察对话。

（3）教师逐一呈现家和学校的图片，通过图片上时间的提示，来问答 What time is it? It's…o'clock.

4. 学生再听对话文本，细致模仿，关注语音语调、节奏、连读、重读等，培养语感的同时加深对知识的理解和记忆。教师引导学生进行同伴间分角色练习并表演对话。

△突出文化意识的培养。活动1、2将语篇内容与实际生活相结合，观察、辨识不同数词，根据自身生活经验，使用问答形式学习，参与其中，愉快合作。

△融合思维品质的培养。活动3、4通过提问引导学生仔细捕捉关键信息，激发学生的兴趣、观察力以及逻辑分析能力，辅助对语篇意义的理解。

⟳ 设计意图：帮助学生回顾已有知识，属于学习理解层次。教师引导学生说出数词的名称，活跃学生的思维，唤醒学生对数词的相关知识的记忆，学生通过积极思考理解有关数词的词汇，为本课的学习奠定基础，真正实现文本来源于生活。

5.学生之间相互出示图片两两合作，谈论时间。

△突出文化意识的培养。活动5基于语篇主题，创设情境，鼓励学生积极参加，引导学生充分运用核心语言。

△融合学习能力的培养。活动5借助图片，学生能够积极与他人合作，注意倾听，敢于表达，不怕出错，共同完成学习任务，加深对语篇内容的理解，获得了学习能力上的提升。

⟳ 设计意图：借助文本的情境，与同伴交流问答时间；在此基础上，进行角色迁移，初步运用核心语言进行交流，促进语言内化。从学习理解过渡到实践应用，为后面的真实表达奠定基础。在学生调查和展示的过程中，适时地渗透学科育人理念，帮助学生正确合理认识时间。

6.学生在教师创设的课表的情境中，通过小组合作的形式交流展示。

语言支持：Excuse me! What time is it? It's....o'clock./It's...（非整点的时间）

7.布置家庭作业

（1）制作一个课表，标注出每节课的时间。

（2）结合上一环节选择的课表，运用本课核心句型问答看到的时间。

△融合思维品质的培养。活动6给出语言框架，设置开放性的答案，有目的的引导学生思考不同选择的差异性，学会换位思考看待问题。激发学生思辨，初步建立学生的辩证思维。

△融合学习能力的培养。活动7借助思维导图，学生积极与他人合作，注意倾听，敢于表达，不怕出错，加深对语篇内容的理解，获得学习能力上的提升。

⟳ 设计意图：帮助学生迁移到其他的语境中，创造性地运用所学语言，利用课表问答时间。引导学生合理搭建语言框架，有效进行语言输出，提高学生的综合语言运用能力。使学生在小组合作的过程中发展语言能力，帮助学生养成彬彬有礼问问题和合理分配时间的好习惯。

Period 4　What's one and two?

【课时对应的子主题】练习数数和问答加法算式

【适用年级】三年级

【语篇类型】日常对话

【语篇研读】

What：语篇是张老师与学生上数学课时的对话，呈现了按要求数数和问答加法算式两个情景，师生配合默契，自然能引起师生的情感共鸣，愿意主动去合作；使他们逐渐形成相互了解、相互友爱等积极的情感态度和主动合作的意识，同时提高学生的学习兴趣。

Why：建构学生对数字概念的认知，即：学习认知生活中数字，积累用于表达生活中的数字，并基于此引导学生尝试用数字去表达，从而极大地调动了学生们学习英语的热情。

How：语篇涉及数字相关词汇 thirteen，fourteen，fifteen，sixteen 以及数数和问答加法算式的语言结构：Let's count from…to… What's…and…? 词汇及语言结构通过师生对话、生生对话、歌谣伴唱、角色扮演等方式不断复现，帮助学生形成相对完整的语言结构，发展语言能力，加深语篇意义的理解。同时，学生依托语言结构参与到数字活动中，在合作学习过程中提升语言技能，强化文化意识培养。

【课时目标】

1. 借助教学媒介学历案，在听命令数数中学习数词（如 thirteen，fifteen…），然后，扩展数字在加法算式中的应用与运用 What's…and…? 通过快速问答练习，感受胜利带给自己的幸福感，初步认识英语的广泛性和实用性。（学习理解）

2. 在教师帮助下，分角色表演对话，在创设的情境中用所学目标语言进行交流。（应用实践）

3. 在小组活动中，创编对话与做游戏相结合，运用 Let's count from…to… What's…and…? 展示交流，从而提升知识的流畅性。（迁移创新）

【教学过程】

1.Say the chant. 通过复习数字韵律童谣，创设学习氛围，为本课和下一课进行学习数字作铺垫。

2.Act out the dialogues.

3.Let's listen and answer.

学生初步试听对话，整体感知篇章内容。

Q：What class do they have?

Q：What are they doing?

Q：What are they talking about?

4.Let's watch and talk.

学生们观看对话视频，获取如何听命令说数字和如何问答加法算式。

5.——Let's count from one to sixteen.

—One，two，three，four，five…

——What's one and two?

—It's three.

6. 听录音跟读后分角色朗读，关注文本语音、语调、连读和弱读，让学生在理解文本的同时感受人物角色情感。

△突出语言能力的培养。在学习活动 1、2 中，学生通过说童谣和表演对话去灵活运用已经学过的语言，在观看视频后总结出文本的话题信息，在听录音后跟读的过程中加深对文本的理解，并且在教师的带领下注意到语言的节奏感，根据人物情感代入角色朗读文本，有效地培养了学生的语言能力。

△融合思维品质的培养。在学习活动 3、4、5、6 中，学生能观察部分文本插图后去思考文本主题和关键信息，锻炼了学生的思维能力。

➲ 设计意图：引导学生去理解文本的基础信息，帮助他们感知文本，学习文本核心语言，同时复习之前学过的语言，属于学习理解层次。教师通过呈现文本插图，让学生去回答基本问题，也是在锻炼学生提出问题的能力，能够更好地实现教学目标。

7. 学生在规定的时间内分角色朗读，了解评分规则后有目的地练习，每个大组展示一到两组后进行生生互评和自评。

Pronunciation（语音）	Fluency（流利）	Cooperation（合作）
☆	OK!	
☆☆	Great!	
☆☆☆	Super!	

8. 学生在教师的引导下提炼文本核心语言，引导学生思考核心语言在日常生活的用途。

△突出语言能力的培养。学生参与不同的语言实践活动后，理解文本使用的目标语言，锻炼了学生的语言逻辑思维，并为接下来的迁移创新部分打下基础。

△融合学习能力的培养。学习活动 7 体现了语言能力和学习能力的发展，通过生生合作，学生既可以锻炼学习合作能力，相互学习，又能锻炼目标语言的使用能力。

➲ 设计意图：鼓励所有学生参与到语言实践活动中，通过角色扮演让学生进一步理解文本，学得比较快的学生可以脱离文本将目标语言进行有效地迁移，从学习理解层面过渡到实践应用层面，为接下来的创新环节奠定语言基础。

9. 以本节课学过的单词和句型为核心，创设小猫做数学的情景。学生进行创编对话，并运用对话中的核心语言进行分组展示，互动交流中强化整体认知。

10.Let's play games.

（1）Find your neighbours. 　　　　（2）Let's think.

🔷 设计意图：帮助学生从文本走向真实生活，引导学生在真实的语境中灵活运用所学语言知识进行交流，逐步加深对主题意义的认知，培养学生的听说能力、理解力、观察力和语言运用能力及团结合作的精神。

Period 5　Happy birthday!

【课时对应的子主题】了解过生日的习俗，培养热情友好的品质

【适用年级】三年级

【语篇类型】日常对话

【语篇研读】

What：语篇是围绕过生日展开的对话，今天是 Wendy 的生日，李燕和她的妈妈一起来到 Wendy 家给她过生日。让我们了解到不同国家过生日的习俗以及人际交往的习俗，从而建构热情友好待人的思想意识。

Why：语篇描述了过生日的场景，从而让我们发现不同国家过生日习俗的不同。在此期间，李燕与 Wendy 以及 Wendy 的小弟弟 Bobby 进行了愉快的交谈，也让我们了解了英语国家人际交往的习俗。

How：语篇涉及的词汇有：sing，birthday，以及使用的核心语言，如 What's your name? How old are you? I'm in Class One, Grade Two. How about you? Let's sing. Happy birthday to you! 词汇及语言结构通过师生对话、生生对话、歌曲演唱、角色扮演等方式不断复现，帮助学生形成相对完整的语言结构，发展语言能力，加深语篇的意义理解。其次，通过几幅图片，可以让学生了解不同国家过生日的习俗，拓宽学生的视野。同时，学生依托语言结构参与到问答之中，在合作学习过程中提升语言技能，强化了学生热情友好待人的品质。

【课时目标】

1.通过本课时学习，学生能够：借助文本插图和音频，理解对话大意，以过生日为线索，梳理关于询问姓名、年龄以及年级班级的语言表达。（学习理解）

2.在教师的引领下，基于语篇情境进行角色扮演，内化并熟练运用核心语言 What's your name? How old are you? I'm in Class One, Grade Two. How about you? Let's sing. Happy birthday to you! 将姓名、年龄、年级班级的问答以及过生日的特定语言的表达串联起来。（应用实践）

3.仿写对话、创编以过生日为主题的短剧、评选"生日创意小达人"等活动，深入探讨

如何过一个有意义的生日，培养学生们的创新意识和集体合作的能力。（迁移创新）

【教学过程】

1.Sing and guess.（感知与注意）

Question：What are they doing? 学生演唱歌曲 "Happy birthday!"

学生们通过头脑风暴进行问答练习，激活已知。

Question：What's your name?

Question：How old are you?

Question：Which class are you in?

2.Listen and think.（获取与梳理）

学生听录音，思考以下问题，初步获取对话内容。

Questions：a.Where are Li Yan and her mother?　　　b.Whose birthday is it today?

c.How old is she?

3.Read and talk.（获取与梳理）

（1）学生首先合理推测，李燕和妈妈所在地点，通过默读对话，找出答案。以此为线索梳理关于李燕和温蒂的信息。

（2）学生大声朗读课文，思考并回答以下问题：

Questions：a.Who is this little boy?　　　b.How old is he?

c.What time is it?　　　d.What are they doing?

4. Read and imitate.（概括与整合）

学生听录音跟读并分角色朗读对话，加深对语篇的理解和内化。

△突出语言能力的培养。学习活动1帮助学生回顾梳理了与自我介绍相关的语言表达。在学习活动2,3,4中学生通过问题的引领，理解本课核心语言，为语言的输出奠定基础。

△融合思维品质的培养。学习活动3体现了语言能力和思维品质的融合。学生通过观察与分析，正确回答相关的问题，为后面的知识串联提供保障。

⟳ 设计意图：帮助学生理解对话内容，学习对话中有关问答姓名、年龄、班级年级的核心语言，属于学习理解层次。教师创设与学生现实生活紧密关联的过生日的情境，引导学生通过听、读对话，细致观察、积极思考、模仿操练等形式进行对话理解，在情境中运用核心语言，为形成良好的语音意识和语用能力奠定基础。

5.Retell and act.（描述与阐释）

（1）学生利用板书提示尝试复述对话。

（2）学生在小组内分角色完成对话表演。

Rules 规则：
1.Retell and act the dialogue loudly.
2.Use the language correctly.
3.Communicate fluently.
两个一组完成对话表演，其他同学评价。

Loudly（洪亮地）	Correctly（准确地）	Fluently（流利地）
☆	Good!	
☆ ☆	Great!	
☆ ☆ ☆	Super!	

△突出语言能力的培养。在学习活动中，学生能理解本课核心句的功能，尝试用相关的语言进行简单的交流。

△融合文化意识的培养。学生在学习活动中，基于真实情境进行角色扮演，探讨与他人合作的重要意义。

⊃ 设计意图：引导学生借助文本情境，进行核心句的问答并进行角色迁移，运用核心语言进行交流，促进语言内化。从学习理解过渡到实践应用，为后面的真实表达奠定基础。

6.Think and evaluate.（批判与评价）

学生通过过生日的图片，结合自己的经验，探讨如何过一个有意义的生日。

Questions：（1）What do you think of birthday?

（2）How do we spend birthday?

7.Create and present.（想象与创造）

学生们在小组内展开讨论并创编对话，评选"创意小达人"，通过评选，让学生们理解过有意义的生日的重要性，表达对父母深深的感恩。

Choose：Today is my birthday! Talk about what you can do for your friend's birthday.

小组合作讨论各自如何过生日以及我能为过生日的朋友做些什么，其他同学进行评价。

△突出学习能力的培养。在学习活动中，学生通过在小组内讨论并创编对话等活动进一步灵活运用所学语言，培养创新性、提升学习能力。

△融合文化意识的培养。在学习活动中，学生结合自己过生日的经历，探讨如何过一个有意义的生日，培养学生树立感恩父母的意识。

⊃ 设计意图：帮助学生在迁移的自主设计的语境中，创造性地运用所学语言，评选"创意小达人"。学生从文本走向真实生活，在对新情境中发展语用能力。

Period 6　Time od Day

【课时对应的子主题】珍惜时间并合理安排，养成良好的生活习惯

【适用年级】三年级

【语篇类型】日常对话

【语篇研读】

What：语篇以一块钟表的口吻讲述了它一天的主要轨迹，记录了女孩一天的生活。学生们在学习、理解对话内容的过程中，积累、运用、拓展与时间相关的动作，发展其语言能力。

Why：通过问时钟不同的时间，引出女孩一天的生活，让学生们感受时间一去不复返，一定要珍惜并合理安排时间。

How：对话是谈论时间与之配合的动作为主线，如 seven o'clock—get up，seven thirty–breakfast... 来描述不同核心语言 What time is it? It's time to/for... 该对话情节较为简单，学生易于理解，便于学生在学习过程中开展自主探究等学习活动，具有现实意义和教育意义。

【课时目标】

1. 学习理解：能够认识更多的数词和动词词组（如 thirty，get up，go home 等），运用 What time is it? It's time to/for.... 感知多样的情景；

2. 应用实践：在对话情境中，学生运用 What time is it? 来问时间，钟表回答时间的同时，用 It's time to/for... 来搭配相应的动作；

3. 迁移创新：学生借助时钟，运用 What time is it? It's time to/for... 展示交流，从而感受时间一去不复返，一定要珍惜并合理安排时间。

【教学过程】

1. 通过猜谜语，引出单词 clock 和数词 thirty。I have a round face and two hands. Can you guess what I am. Now I tell you I'm four thirty.

2. 教师拿出时钟，不断变换时间，不断问：

—What time is it?

—It's…o'clock/thirty.

3.Let's watch and talk!

（1）学生观看对话视频，获取与梳理文本信息；

（2）学生运用听到的 It's…o'clock/thirty. 用 It's time to/for... 来搭配不同的动作，从而巩固复习所学知识点 。

4. 学生视听对话，问题驱动，整体感知文本，理解主旨大意，梳理关键信息，补全短文内容。

◯ 设计意图:以不断变化的时间情境为依托,借助学历案进行梳理,了解学生一天的生活安排,引导学生实现从大意到细节的逐步理解和深化,发展逻辑思维能力。基于文本理解,学生还通过分角色朗读、角色扮演等活动进行准确性和流畅性练习,基于语调、节奏等多种语言现象体会人物不同的时段的不同动作。学生通过思考和讨论教师提出的问题,初步意识时间一去不复返,一定要珍惜并合理安排好时间。

5.Let's read and talk!

学生两人一组观察时间与动作的搭配,运用 What time is it? 和 It's time to/for… 来练习搭配,感知一天的生活的安排。

◯ 设计意图:引导学生了解时间与动作的搭配,联系生活实际将语言学习从学习理解过渡到实践应用,帮助学生在对话情境中实现语言内化,促进学生思维品质的提升,充实对于中外文化的理解,为其后的真实表达奠定基础。

6.Let's design!

学生自主选择自己的伙伴,分组设计自己一天的生活安排,并运用对话中的核心语言进行分组展示,互动交流中强化整体认知。

◯ 设计意图:帮助学生从文本走向真实生活,引导学生在真实的语境中灵活运用所学语言知识进行交流,加深对主题意义的认知——珍惜时间、合理安排,养成良好的生活习惯。

☑ 三年级下册 Unit 3 教学设计 ①

Period 1　This is my father.

【课时对应的子主题】家庭成员;礼貌交际

【适用年级】三年级

【语篇类型】日常对话

【语篇研读】

What: 语篇是 Gao Wei 和自己的父母,在外出游玩时候偶遇了 Miss Wang,文本中呈现出 Gao Wei 向双方介绍对方,之后双方互相打招呼的交际场景。感知社会交际中礼貌交际的表达形式。

Why: 建构学生在真实的语言环境中自然、大方、得体地向朋友、长辈互相引荐的能力,对家庭成员中父亲、母亲词汇的积累,基于此积累初次见面如何互致问候,形成良好的人际关系与人际交往能力,学生有与人交流沟通的愿望,能大方地与人接触,体现出礼貌、

---

① 本文作者:天津市河北区第二实验瑞庭小学　张媚。

得体的品质。

How：语篇涉及家庭成员中相关词汇 father（dad）和 mother（mum），以及向他人介绍身边人物时所用的语言结构 This is… 和初次见面互致问候所用的语言结构 Pleased to meet you. Pleased to meet you, too. 词汇及语言结构通过师生对话、生生对话、学唱歌曲、角色扮演等方式不断复现，帮助学生形成相对完整的语言结构，发展语言能力，加深语篇意义理解。自然流露出家庭成员之间的爱，发现爱，表达爱。

【课时目标】

1. 借助教学媒介，积累家庭成员单词 father, mother, 或者 mum, dad, mummy, daddy 等多种表达形式，运用 This is… 介绍自己身边的长辈、家人、朋友。能大方地与人接触，介绍人物时候体现出礼貌与得体，感知社会交际中礼貌交际的表达形式；（学习理解）

2. 在对话情境中，模仿文本场景，切换到生活实际的情境，让学生运用 This is… 和 Pleased to meet you. 等来表达和描述，做到可以在生活中自然应用，提升沟通技能；（应用实践）

3. 借助歌谣、学生创编对话等活动后的语言基础，学唱歌曲 *Father and mother*，运用 I love my mother/father. 和 They love me. 来拓展表达对家人之间浓浓的爱。（迁移创新）

【教学过程】

1. 播放歌曲 Finger Family，让学生表演跟唱，初步感知家庭成员的主题，在欢快的氛围中，进入英语的学习。

2. 教师和学生对话，借助头饰，请同学扮演不同的小动物，在互致问候或利用学过的句型（What's your name?）简单问答后，利用本课新知 This is… 来向全班同学介绍不同的动物小朋友，如：This is Cat. 等，让学生在趣味性、反复性的互动中，初步感知核心句型 This is… 的用法。

3. 学生观看对话视频，获取与梳理人物关系，以及对话内容。学习词汇 father 和 mother。

运用语言支架 This is… 将自己的父母和老师进行互相引荐、介绍初次见面互致问候：Glad/Pleased to meet you.

4. 学生根据本节课所学家庭成员词汇和句型信息提示补全歌谣文本，并借助伴奏进行歌谣表演。

5. 学生听录音跟读、分角色朗读对话，关注语音、语调、节奏、连读、重读等语言现象，以角色扮演的形式表演本课内容，体验社会交际中礼貌交际。

➲ 设计意图：本阶段学习活动是基于话题场景：Gao Wei 和自己的父母，在外出游玩时候偶遇了 Miss Wang，文本中呈现出 Gao Wei 向双方介绍对方，之后双方互相打招呼。借助以前学过的动物角色作为人物介绍的初步感知，利用 This is… 向同学们介绍小动物们，引导学生由旧知过渡到新知，逐步理解和深化、发展。基于文本理解，学生还通过细致模仿、分角色朗读、角色扮演等活动进行准确性和流畅性练习，并基于语调、节奏等多种语言现象体会人物情感，大方地与人接触，体现出礼貌、得体。

6.借助头饰、照片等多种形式，切换到学生的家庭生活中，基于已学对话内容，小组内创编对话，内化与运用所学语言，促进生活中的自然运用与情感共鸣。

➡ 设计意图：学生在创编对话的过程中，联系自己的生活实际将语言学习从学习理解过渡到实践应用，既帮助学生在对话情境中实现语言内化，又促进学生生活实际沟通中的交流技巧。

7.教师适时播放视频资料，带领学生感知家庭生活的温暖，展现出父母对自己默默的爱，过渡到学生自己想要表达对父母浓情的爱。跟唱并理解歌曲 *Father and mother*，运用 I love my mother/father. 和 They love me. 来拓展表达家庭生活中的真情实感。

➡ 设计意图：学生学唱歌曲，愉悦地巩固自己本课所学的同时，联系自己的生活实际，自然流露对父母的爱，自然过渡，拓展到生活中的情感表达。

【作业设计】

Period 1　Homework
Activity Card

1.Must—do Tasks

基本要素	具体内容		
作业内容	1. Listen to the dialogue and read it. 2. Introduce your different（不同的）teachers to your friends or your parents.		
形式和类型	形式	听–说□　听–写□　读–写□　其他□	
	类型	基础型□　拓展应用性□　实践型□	
作业时长	5　分钟（建议时长 5—10 分钟）		
完成方式	独立完成□　合作完成□		
提交时间	当天完成□　＿＿＿天后□		
评价标准	根据实际情况选择活动。 查找补充相关周末活动。 正确朗读所填写的对话。	☆☆☆☆☆ ☆☆☆☆☆ ☆☆☆☆☆ （自我评价）	☆☆☆☆☆ ☆☆☆☆☆ ☆☆☆☆☆ （小组评价）
	（教师评价）　Good □　Super □　Excellent □		

2.Optional Task

基本要素	具体内容		
作业内容	Make a poster to introduce your parents. You can add（增加）more information. What does he/she look like? What does he/she like?		
形式和类型	形式	听–说□　听–写□　读–写□　其他□	
	类型	基础型□　拓展应用性□　实践型□	
作业时长	___10___ 分钟（建议时长 5—10 分钟）		
完成方式	独立完成□　合作完成□		
提交时间	当天完成□　____天后□		
评价标准	准确运用教师提供框架。 核心句式和词汇灵活运用。 能流利演唱。	☆☆☆☆☆ ☆☆☆☆☆ ☆☆☆☆☆ （自我评价）	☆☆☆☆☆ ☆☆☆☆☆ ☆☆☆☆☆ （小组评价）
	（教师评价）　Good □　Super □　Excellent □		

Period 2　How old are you?

【课时对应的子主题】家庭成员；礼貌交际；尊长爱幼

【适用年级】三年级

【语篇类型】日常对话

【语篇研读】

What：语篇是 Gao Wei 和他的妈妈外出游玩，偶遇了 Miss Wu，妈妈将自己的儿子 Gao Wei 介绍给 Miss Wu 认识，从而展开了系列对话。文中呈现出的家庭关系是 mother 和 son，但又将家庭成员关系放在介绍人物的交际场景中，让学生既在家庭关系的话题中，积累相关词汇，又进一步感知社会交际的场景表达，促进社会交际能力的提升。

Why：本单元话题学生已经具备用 This is... 句型在真实的语言环境中自然、大方、得体的向朋友、长辈互相引荐的能力，结合本课，积累了新的词汇 son/daughter 用于已有建构之中，向他人介绍自己的儿子或女儿。同时引导学生在自然场景中，体味尊老爱幼，自然的情景中感知关爱。

How：对话涉及到的话题词汇是 son 和 daughter，介绍人物认识时所用的语言结构是 This is... 以及运用旧知 What's your name? How old are you? 来认识、了解年龄较小的朋友，自然流露出对他们的关爱。词汇及语言结构通过师生对话、生生对话、角色扮演等方式不断复现，帮助学生形成相对完整的语言结构，发展语言能力，加深语篇意义理解。结合歌曲跟唱的环节,拓展儿子和女儿之间的关系词汇:brother/sister,为后面文本的学习做好铺垫。学生感受到的是家庭成员之间互相关爱的温暖,以及提升人际沟通、人际交往的能力。

【课时目标】

1. 借助文本插图和音频视频,积累家庭成员单词 son,daughter,运用到已有核心句型 This is... 介绍自己儿子、女儿。能大方地与人接触,与新认识的长辈问答中要有礼貌、得体,初步感知社会交际中礼貌交际的表达形式;(学习理解)

2. 理解对话大意,模仿文本场景,切换到生活实际的情境,让学生运用 This is... 和之前所学 What's your name? /How old are you? 等来表达和描述,做到可以在生活中自然应用,提升沟通技能;(应用实践)

3. 借助文本对话的语言基础,学唱歌谣,将 son 和 daughter 的词汇积累拓展到人物之间的关系 brother and sister,运用 Love their son and daughter. 和 Help each other. 来拓展表达家人之间的互相关爱。(迁移创新)

【教学过程】

1. 播放歌曲《Father and mother》,渲染课堂氛围。让学生表演跟唱,进入本节课英语的学习。

2. 做 Listen and do 活动,教师给出指令 Act like a father/mother... 然后相机继续 Period 1 的出游故事情节,为出示本课视频做好铺垫。

3. 学生观看对话视频,获取与梳理人物关系,以及对话内容。

(1)学习词汇 son 和 daughter。

(2)运用语言支架 This is... 将自己的儿子向朋友进行介绍

(3)初次见面的礼貌问答:What's your name? How old are you?

4. 学生再听对话文本,细致模仿,关注语音语调,培养语感的同时加深对课文知识的理解和记忆。

🔘 设计意图:帮助学生串联已有旧知,将本课积累的词汇应用到已有语言框架之中。积累在本课的场景中,可以应用到以前哪些已知的核心语句来进行交际问答。要做到活跃学生的思维,顺畅地理解话题相关词汇和句型,将文本与学生的生活相融合。输入来源于生活,输出服务于生活。

5.Let's talk! 学生根据本节课所学家庭成员词汇和句型信息,进行不同生活场景的创编,充分发挥学生的自主、合作、探究意识,做对话的改变与拓展。

🔘 设计意图:借助创编对话的形式,串联以前的旧知,可以是正在和父母购物时偶遇朋友,加入购物常用的话题语言,也可是和父母在户外放风筝时偶遇他们的朋友,加入户外活动的话题语言等等,新知与旧知的碰撞,正是生活实际的自然输出,正是知识的有效迁移,是学以致用的体现。

6.Lets sing! 教师适时地为学生拓展成员关系词汇 brother 和 sister，然后导入歌曲环节，让学生在歌曲中体会家人之间的互助与关爱，促进情感共鸣。

→ 设计意图：通过愉悦的歌曲形式，体会家庭成员之间的"help"和"love"。帮助学生体会家庭生活的美好。

Period 3　Who's this?

【课时对应的子主题】同伴交往；家庭成员；礼貌交际

【适用年级】三年级

【语篇类型】日常对话

【语篇研读】

What：语篇是 Kate 和 Li Yan 在家中，看到全家照片时候的情景。同伴们间借助 This is…、That is… 句式来介绍家庭成员，并在此基础上渗透提问人物的新句式：Who is…? 在场景语言架构基础上，积累家庭成员词汇：grandfather 和 grandmother。展现了同伴间谈及家庭时候的恰当、得体。

Why：建构学生在真实的语言环境中自然、大方地介绍自己的家人，引导学生回忆在 period 1 和 2 已经学过的语言结构基础上，如何更进一步提问家庭成员中的人物，如何根据实际情况作出恰当回应。启发、培养学生与人交流沟通的愿望，有礼貌、得体交际的意识。

How：对话是讨论家庭成员的相关对话，涉及相关词汇 grandfather、grandmother，在快乐英语的教材中已经有所接触，学生并不陌生；想要进一步提问 Who's this/that? 以及作出回应的核心语言 This/That is… 发展学生语言能力的同时，进一步梳理家庭成员人物间的关系，激发对家庭生活的热爱。

【课时目标】

1. 在谈论全家福照片的视、听、说情境中，理解情景内容，获取、梳理主题的相关词汇：grandfather，grandmother，或者 grandpa，grandma 等多种表达形式，以及句型：Who's this/that?（学习理解）

2. 在向他人介绍家庭成员时，运用之前已经掌握的句型 This is…，再通过本课核心句型 Who's this? 来进行进一步的人物提问"这是谁？"，并在对话的实际过程中，变换近指和远指，将"this"适时地替换为"that"，将家庭成员的话题更加深入地应用实践。（应用实践）

3. 小组合作创编歌谣、歌曲、游戏，多种形式运用核心句型在组内进行语言输出，再向全班进行分享展示。（迁移创新）

【教学过程】

1.学生听唱歌曲 Family Song，歌曲中表达了对 father 和 mother 浓浓的爱，营造温馨的英语学习氛围,同时激活学生回忆有关家庭成员的词汇知识。

2. 教师出示歌曲中人物的全家福照片,并鼓励学生戴上头饰,利用刚才跟唱歌曲的记忆,用已有知识 This is 来介绍照片中的人物。教师相机出示两位"老人"的照片,并提问:Who's this? 引导学生观察并猜一猜。教师在引导的过程中可利用 father's father(mother's mother)来引出本课词汇:grandfather 和 grandmother。

3. 学生观看文本的视频,教师提出问题,引导学生在视听活动中梳理 Kate 手中全家福照片里的人物,在情境中,借助图片、视频等学习、相关词汇及核心语言。

Who is this? This is…

Who is that? That is…

4. 教师引导学生跟着音频跟读模仿语音语调,引导学生跟着视频注意模仿主人公的动作表情并进行分角色朗读对话。

◐ 设计意图:帮助学生深入理解对话内容,掌握对话中的重点词汇和核心语言,属于学习理解的层次。教师以歌曲代入人物关系,以旧知词汇和句型串入新知,引导学生通过观察和视听对话,全面理解对话内容。学生通过模仿、跟读和分角色朗读,能够正确、流利地朗读对话,从而更深入地理解对话内容,将语言内化吸收,为培养良好的语音语调和语用能力打下坚实的基础。

5. 学生分小组分角色表演对话,进行评价,适时指导学生的语音语调,关注学生对 this 和 that 在实际应用中的理解情况,关注对话中的交际感。教师根据课堂实际情况,学生反馈情况,提升难度,让学生在教师指导下,结合板书梳理、归纳对话的核心语言,并根据板书提示尝试复述课文。

◐ 设计意图:引导学生通过角色扮演、复述文本的活动,将核心语言知识内化于心中,属于应用实践类活动;这样的活动可以创造更加丰富、立体的语言学习环境,提高学生的语言运用能力和思维发展。

6. 教师指导学生小组合作,以 Let's play! 环节为基础提示,利用今日话题及本节课的核心词汇和句型,创编小组喜爱的歌谣、歌曲、对话等活动(将自己带来的家庭成员照片在组内进行互动分享,根据目前所积累的关于话题的词汇和核心句型,将提问和介绍人物相结合,在大方、得体的交际沟通中,拓展更多的语言可能性。)

◐ 设计意图:给学生足够的发挥空间,让学生在主题情景中通过自己的思考,小组的合作,发挥自身的创新能力,最后借助教师提供的语言支架进行创编,与此同时激发学生感知家庭生活的美好。

Period 4　My family tree.

【课时对应的子主题】家庭成员；礼貌交际；尊长爱幼

【适用年级】三年级

【语篇类型】日常对话

【语篇研读】

What：语篇描述了 Yang Ming 和 Peter 在户外游玩时，分别向彼此介绍了自己的家庭成员。语篇延续的是本单元家庭成员话题中类似的场景，对于核心语言结构都在之前有所学习，拓展了 man 和 woman 的表达，需要积累的是新的人物称谓：uncle、aunt、brother、sister。截至本课话题情境，基本的家庭成员的称谓都已学习完毕，以此为基础，引领学生建构家谱树，从而将单元知识进行回顾梳理的同时，理清家庭成员关系，尊长爱幼。

Why：建构学生在真实的语言环境中自然、大方、得体的向朋友介绍自己的家庭成员，对单元主题下的核心语句进行恰当、准确的运用，对家庭成员中 uncle、aunt、brother、sister 词汇的积累。学生有与人交流沟通的愿望，能大方地与人接触，体现出礼貌、得体的交际品质。

How：对话是同伴间户外玩耍时候展开的介绍家庭成员的简单对话，进一步积累了此话题下的家庭成员词汇，将核心语句进行巩固运用。包含较常见的日常生活对话，通过师生对话、生生对话、制作家谱树等不断复现，帮助学生形成相对完整的语言结构，发展语言能力，加深语篇意义理解。同时，自然流露出家庭成员之间的爱。

【课时目标】

1. 在户外游玩时，Gao Wei 和 Yang Ming 相遇的视、听、说情境中，尝试用句型 This/That is… 来向对方介绍自己的家人。在之前已有的语言框架 Who is this/that? 的基础上，拓展为 Who is that man/woman? 在轻松愉悦的对话场景中，完善此话题的语言积累，进一步感知尊长爱幼的美好品质。（学习理解）

2. 在教师帮助下，分角色表演对话，在创设的情境中输出使用所学目标语言进行交流。（应用实践）

3. 借助 Let's do 环节，引领学生回顾家庭成员相关词汇，借助家庭成员照片建构家谱树，从而将单元知识进行回顾梳理的同时，理清家庭成员关系，在互动交流中自然流露出家庭成员之间的爱。（迁移创新）

【教学过程】

1. 教师课前搜集学生带来的家庭成员的照片，通过投影的形式，与学生互动问答：Who's this/that?

2. 教师将展示后的照片进行 man 和 woman 的分类，帮助学生理解后板书单词，为课文的理解做好铺垫。

3. 观看课文视频后，分别针对本课两幅图片提问：

Q1：How many（多少）people are there?   Q2：Who is this boy?

Q3：Who is that man?   Q4：Who is that woman?

学生在回答问题的过程中，理清人物关系，积累人物英文表达词汇。

4. 听录音跟读后分角色朗读，关注文本语音、语调、连读及弱读，让学生在理解文本的同时感知尊老爱幼的美好品质。

➡ 设计意图：引导学生去理解文本的基础信息，帮助他们感知文本，学习文本核心语言，同时复习之前学过的语言，属于学习理解层次。教师通过呈现文本插图，让学生去回答基本问题，也是在锻炼学生提取关键信息的能力，能够更好地实现教学目标。

5. 学生在规定的时间内分角色朗读，了解评分规则后有目的地练习，每个大组展示一到两组后进行生生互评和自评。

6. 借助头饰、照片、学生的问卷调查等多种形式，切换到学生的家庭生活中，基于已学对话内容，小组内创编对话，内化与运用所学语言，促进生活中的自然运用与情感共鸣。

➡ 设计意图：鼓励学生参与到语言实践活动中去，通过角色扮演让学生进一步理解文本，逐渐可以脱离文本将目标语言进行有效地迁移，从学习理解层面过渡到实践应用层面，为接下来的创新环节奠定语言基础。

7. 师生、生生互动，玩 Listen and do 的游戏，让学生根据指令呈现不同家庭成员的照片，巩固操练单元词汇。

8. 借助游戏环节高涨的热情，鼓励学生制作家谱树，根据人物之间的关系，合理粘贴制作，在小组内，借助单元核心句型将自己的家谱树成果进行交流分享。

➡ 设计意图：创造性地运用所学语言，教师创设的情境，贴近生活的场景，以制作家谱树为依托，学生进行自我检验，是否对核心词汇、人物之间的关系等理清，是否能借助核心句型向他人大方、准确地介绍自己的家谱，语言在实践中内化，情感在分享中流露，促进学生的各方面能力的发展。

Period 5 Duck's family.

【课时对应的子主题】家庭成员；礼貌交际；尊长爱幼

【适用年级】三年级

【语篇类型】日常对话

【语篇研读】

What：语篇描述了 Cat 在户外遇到了 Duck 一家人的场景。场景中，融合了单元旧知：Duck 家人和 Cat 互致问候、介绍家庭成员、询问年龄等。对于核心语言结构 This is…, That is… 都在之前有所学习，拓展了 He's/She's my… 的表达，与我们的日常生活息息相关，便于学生把课堂上学到的语言和日常生活联系起来。结合 Period 4 内容，学生已经可以建构家谱树，在此基础上，本课带领学生进一步梳理家庭人物之间的关系的同时，理清家庭成员关系，尊长爱幼。

Why：学生在这一课进一步复习旧知：father, mother, sister 等，加深各家庭成员之间的关系理解，进一步建构学生在真实语言环境中自然、大方、得体地向朋友介绍自己的家庭成员和成员基本信息的能力，对单元主题下的核心语句进行性别拓展应用，最终达到能够结合生活实际进行恰当、准确、自由地输出。快乐、可爱的 Duck 一家人让学生在轻松、愉悦的学习氛围中感知家庭、热爱家庭生活。

How：该课内容上是较常见的日常生活对话，人物可爱，富有趣味性，通过师生对话、生生对话、角色扮演等不断巩固旧知、拓展新知，文本帮助学生形成相对完整的语言结构。提升学生主动交际的意愿，能够自然、得体、大方地与他人交际。

【课时目标】

1. 在户外游玩时，Cat 和 Duck 相遇，礼貌交际，并介绍家庭成员和交流年龄等基本信息，尝试用句型 This/That is… 来向对方介绍自己的家人的基础上，准确运用 He/She's my… 来分别介绍男性和女性。在之前用数字回答已有的语言框架 How old are you? 的基础上，拓展了用数字数鸭子数量，在轻松愉悦的对话场景中，完善此话题的语言巩固积累，进一步感知得体的人际关系。（学习理解）

2. 在教师帮助下，分角色表演对话，在创设的情境中输出使用所学目标语言进行交流，内化并应用实践。（应用实践）

3. 借助 Let's check 和 Let's think 环节，引领学生回顾家庭成员相关词汇，并借助文字叙述理清家庭成员中人物关系，从而将单元知识进行回顾梳理的同时，在互动交流中自然流露出家庭成员之间的爱。（迁移创新）

【教学过程】

1. 唱英语歌曲 *My family*，教师提问：What is "family"？

2. 教师课前准备好小动物头饰，扮演小鸭子，并通过描述请同学们猜谜语。如：I'm a little duck. This man is my uncle's brother. But I never call him uncle. Who is this man? 等。

3. 教师呈现文本的多幅图片，并根据书上提示帮助学生猜一猜，说一说，了解文本的大致内容，相机复习数字，并指出 He/She 的准确用法。

4. 听录音，看图片，加深对故事情节的理解。

5. 请同学打开书读故事，齐读的基础上分角色朗读故事。感知得体的人际关系。

⟳ 设计意图：引导学生去理解文本的基础信息，帮助他们感知文本，学习文本核心语言，同时复习之前学过的语言，属于学习理解层次。教师通过呈现文本插图，让学生去回答基本问题，也是在锻炼学生自主表达的能力，能够更好地实现教学目标。

6. 学生进行小组创编对话练习（小组至少由 6 人组成）。组内分成鸭子一家和小猫咪一家，情境是两家外出踏青相遇，一家代表通过创编对话的问题形式，试图让另外一家每个成员都有回答问题的机会，可以拓展问题内容，自由表演，并进行班级展示。

⟳ 设计意图：鼓励所有学生参与到语言实践活动中去，通过自主创编对话，将目标语言进行有效地迁移，从学习理解层面过渡到实践应用层面，通过角色扮演，体验人际交往以及家庭生活的美好。

7. 师生、生生互动，完成 Let's check 和 Let's think 环节，观察图片，分清任务，思考人物关系，进一步巩固、复现本单元所学的词汇和各个人物在家庭间的关系。

⟳ 设计意图：将知识迁移到实际生活中，在互动交流中感受尊老爱幼，以及家庭成员之间的爱，促进学生的各方面能力的发展。

Period 6　My family.

【课时对应的子主题】家庭与家庭生活；个人喜好与情感表达

【适用年级】三年级

【语篇类型】绘本阅读

【语篇研读】

What：本课是绘本阅读，带领学生在家庭成员主题下进入一篇简短的绘本阅读。绘本内容围绕 Rabbit 介绍自己家庭成员及每位家庭成员的喜好展开，话题内容活泼可爱，较容易引起学生阅读兴趣。本篇绘本阅读，复现家庭成员类词汇，接触到表达喜好的语言结构，以及一些由话题拓展出来的动词词汇。理清人物关系，了解不同喜好。

Why：语篇以 Rabbit 介绍家庭成员为主线，进而拓展表达每位家庭成员不同的喜好。老师带领走进 Rabbit 一家，设计环节参与到认识他们、了解他们的过程中，感知 Rabbit 一家人之间相亲相爱的情感，引发学生的情感共鸣。

How：我们在了解 Rabbit 一家人及其各自喜好，仿佛看到了我们自己的家庭和家庭生活，复现了家庭成员词汇及介绍人物的句式，更让学生在兴趣中积累了一些日常活动的表达，非常贴近学生的生活，鼓励学生将绘本迁移至自己的生活，激发他们对家庭生活的热爱。

【课时目标】

1. 借助游戏形式、绘本插图等多种形式，理解绘本内容，巩固复习家庭成员主题词汇，能用 like 表达喜好，并在绘本中拓展积累家庭生活中常见的活动词汇。（学习理解）

2. 在教师的引领下，基于绘本情境，能够进行故事的复述，引导学生进行梳理家庭人物关系和各自的喜好，培养学生大方交际、敢于表达的意愿。（应用实践）

3. 在小组内讲一讲自己家中的成员以及他们喜爱的食物、活动等，在活动中迁移使用绘本中的语言结构，联系生活实际，融合旧知，拓展创编。（迁移创新）

【教学过程】

1.Play a game. 课前搜集学生带来的家庭成员照片，借助投影设备，随机出示照片，请看到自己的家人的同学走到台前，向大家介绍自己的家庭成员。带入话题的同时，巩固复习句型结构，引导学生大方交流。

2.Brief introduction 进行绘本简介，从猜故事标题入手，激发学生学习兴趣。

3.Read and choose 整体阅读，通过提问、判断等形式，检测学生阅读和理解效果。

4.Find and guess 通过图片与上下文，帮助学生解决文中生词，如 run,eat,bake 等。

5.Read and answer 教师指导学生细读文本，理解家庭成员喜欢不同活动的含义，Rabbit 和家人之间的爱。

⇨ 设计意图：帮助学生由浅入深地理解绘本内容，融入绘本故事情节中，巩固单元话题相关内容的同时，拓展了不同家庭成员喜爱的不同活动和其表达的语言输出支架，属于学习理解的层次。绘本故事贴近学生家庭生活的情境，引导学生通过认识、了解 Rabbit 家人的过程，从词汇到短语，从短语到句子再到绘本故事的全面理解，将语言内化吸收，更是学会阅读绘本的同时，更是在对学生进行学习策略的一种内化过程。

6. 学生为绘本加入其他家庭成员角色，进行绘本的拓展，并表演对话，然后进行师生、生生评价，适时指导学生的语音语调，有交际感。

7. 学生在教师指导下，结合板书梳理、归纳对话的核心语言，并根据板书提示让学生尝试复述绘本故事。

⇨ 设计意图：引导学生通过角色扮演以及复述绘本故事的活动，将核心语言知识内化于心中，属于应用实践类活动；这两个活动可以创造更加丰富、立体的语言学习环境，提高学生的语言运用能力和思维发展。

8. 教师指导学生小组活动，让学生讲一讲自己家中的成员以及他们喜爱的食物、活动等。通过绘本故事中的语言支架 Somebody likes… 等来进行表达，从绘本故事走进学生的生活实际，迁移创新，将内化到的语言知识和家庭生活意识有效输出。

⇨ 设计意图：给学生发挥空间，让学生在主题情景中通过自己的思考，小组的合作，充分迁移使用，与此同时，真正将理解转化为能力输出，将绘本故事转化为生活实际，是能力的迁移与提升。

三年级下册 Unit 4 教学设计 ①

Period 1 I like fruit.

【课时对应的子主题】个人喜好与情感表达；饮食健康

【适用年级】三年级

【语篇类型】日常对话

【语篇研读】

What: 语篇是 Li Yan 在水果店用英语表达自己喜欢和不喜欢的水果，询问 Lisa 喜好的小故事。

Why: 描述 Li Yan、Lisa 在水果店的对话，帮助学生掌握"个人饮食喜好"的英语表达，培养学生在真实情境中学会倾听与表达的能力。

How: 对话以表达个人喜欢的食物为主要内容，涉及介绍食物的词汇，如：apple，mango，banana，bread；表达食物喜好及询问他人意见的核心语言，如：I like... How about you? 通过角色扮演，加深对语篇意义的理解。

【课时目标】

1. 根据视频音频，获取梳理出 Li Yan、Lisa 的饮食偏好。（学习理解）

2. 小组合作分角色用正确的语音、语调有感情地表演对话。（应用实践）

3. 在本课的语言支架的帮助下，利用小组合作的方式，互相调查各自喜欢不喜欢的食物，并制作表格进行展示和交流。（迁移创新）

【教学过程】

1. 教师创设情境：今天我们来到了水果店，你能用英语说出尽可能多的水果吗？

2. 在教师引导下，试着用英语表达你喜欢和不喜欢的食物。

3. 学生听录音，了解对话大概内容，再次播放课文视频，梳理出 Li Yan、Lisa 的饮食偏好。

↻ 设计意图：首先在真实情境中，利用头脑风暴的方式，唤醒学生旧知，然后在教师引导下学习有关食物的词汇和核心语言，根据自身情况表达自己对食物的喜好。最后在音频、视频的帮助下从大意到细节逐步理解对话。

4. 听录音跟读对话，模仿语音语调，体会人物感情。

5. 学生小组合作借助语言支架进行角色扮演。

↻ 设计意图：引导学生归纳整理并运用核心语句，利用角色扮演的方式体会人物情感

---

① 本文作者：天津市河北区育婴里小学　王颖昇。

和语音语调的变化。

6. 小组成员互相运用本课核心语言"I like... What about you?"调查各自喜欢的食物，并进行统计，看看哪种食物最受欢迎并调查原因。

⟳ 设计意图：从应用实践过渡到迁移创新，做到了语言的内化和运用。通过统计喜欢的食物，提升学生归纳总结的能力，调查受欢迎食物原因，为规划健康饮食做铺垫。

【作业设计】

Period 1 Homework

Activity Card

1.Must—do Tasks

基本要素	具体内容		
作业内容	Act out the dialogue with your partner.		
形式和类型	形式	听-说☐ 听-写☐ 读-写☐ 其他☐	
	类型	基础型☐ 拓展应用性☐ 实践型☐	
作业时长	__5__ 分钟（建议时长 5—10 分钟）		
完成方式	独立完成☐ 合作完成☐		
提交时间	当天完成☐ ____天后☐		
评价标准	根据实际情况选择活动。查找补充相关周末活动。正确朗读所填写的对话。	☆☆☆☆☆ ☆☆☆☆☆ ☆☆☆☆☆（自我评价）	☆☆☆☆☆ ☆☆☆☆☆ ☆☆☆☆☆（小组评价）
	（教师评价） Good ☐ Super ☐ Excellent ☐		

2.Optional Task

基本要素	具体内容		
作业内容	Introduce your favourite food and give the reason.		
形式和类型	形式	听-说☐ 听-写☐ 读-写☐ 其他☐	
	类型	基础型☐ 拓展应用性☐ 实践型☐	
作业时长	__10__ 分钟（建议时长 5—10 分钟）		
完成方式	独立完成☐ 合作完成☐		
提交时间	当天完成☐ ____天后☐		

基本要素	具体内容		
评价标准	根据实际情况选择活动。 查找补充相关周末活动。 正确朗读所填写的对话。	☆ ☆ ☆ ☆ ☆ ☆ ☆ ☆ ☆ ☆ ☆ ☆ ☆ ☆ ☆ （自我评价）	☆ ☆ ☆ ☆ ☆ ☆ ☆ ☆ ☆ ☆ ☆ ☆ ☆ ☆ ☆ （小组评价）
	（教师评价） Good □ Super □ Excellent □		

Period 2　Having a picnic.

【课时对应的子主题】个人喜好与情感表达；饮食健康

【适用年级】三年级

【语篇类型】日常对话

【语篇研读】

What：语篇是 Gao Wei 等人一起野餐的对话故事，围绕同学们询问 Gao Wei 饮食喜好并分享食物而展开。

Why：通过礼貌表达自己的喜好，礼貌分享食物，鼓励学生懂得分享，学会朋友之间如何相处，感受朋友之间相处的快乐。

How：对话以野餐为主要内容，涉及介绍食物的词汇，如：cake，candy，doughnut，hot dog；送给别人食物的核心语言，如：Have…，please. Here you are. 通过角色扮演和创设真实情境进行对话，懂得互相尊重、互相分享，加深对语篇意义的理解。

【课时目标】

1.通过观察文本插图，理解课文大意，视听对话，梳理出 Gao Wei 喜欢什么食物以及原因，在教师指导下进行角色扮演。（学习理解）

2.在本课的语言支架的帮助下，在教师引导下，将文本中的情境延伸到真实语境，创编关于野餐的新对话。（应用实践）

3.小组合作，通过互相询问对方喜欢的食物并合理规划饮食，列举出你们的野餐食物清单。（迁移创新）

【教学过程】

1.快速出示已学过的食物类单词，学生用 "I like/don't like…" 根据自身喜好进行表达。

2.观看文本插图，用已有知识和经验预测对话内容。

3.观看对话视频，进行验证，并梳理出重要信息并学习新单词：

Question：What does Gao Wei like?

4. 学生听读对话，模仿语音语调。小组合作进行角色扮演，体会人物感情。

5. 学唱 chant，并运用已学过的食品类单词做替换练习，进行展示交流。

⟳ 设计意图：帮助学生理解对话内容，学习对话中的核心语言和词汇，属于学习理解类活动。学生通过模仿语音语调感知人物情感，培养语感的同时加深对课文知识的理解和记忆。

6. 教师提前准备食物模型和图片，创设举行野餐的情境，引导学生创编新对话

Teacher：I prepare many food for you? What do you like?

Kate：I like apples. It's sweet.

Teacher：Here's an apple for you.

⟳ 设计意图：创设真实情境，将学生从文本情境延伸到真实语境，灵活运用本课核心语言，促进语言内化和有效输出。从学习理解过渡到应用实践。

7. 创设即将要去野餐一起去购物的情境，引导学生用 "Do you like...?" "I like..." 进行对话，列举好要买的食物并分类（水果、零食、主食等）

⟳ 设计意图：从应用实践过渡到迁移创新，做到了语言的内化和运用。通过自主购买野餐食物，初步树立合理搭配饮食的意识和能力。

Period 3　Enjoying a buffet.

【课时对应的子主题】个人喜好与情感表达；饮食健康

【适用年级】三年级

【语篇类型】日常对话

【语篇研读】

What：语篇是 Kate 和 Lisa 一起吃自助餐挑选食物的小故事。

Why：描述 Kate 和 Lisa 一起吃自助餐挑选食物，表达各自喜好的对话，帮助学生掌握"个人饮食喜好"的英语表达，同时培养合理搭配饮食的意识。

How：对话以自助餐为主要内容，涉及介绍食物的词汇，如：egg，coffee，fruit；询问别人喜好等核心语言，如：What do you like? I like... 通过角色扮演和创设真实情境进行对话，加深对语篇意义的理解。

【课时目标】

1. 通过观察文本插图，理解课文大意，视听对话，梳理出 Kate 和 Lisa 分别挑选了什么食物。在教师指导下进行角色扮演。（学习理解）

2. 在本课的语言支架的帮助下，在教师引导下，将文本中的情境延伸到真实语境，创编关于自助餐的新对话。（应用实践）

3. 通过设计一餐食谱，树立健康饮食、合理搭配的意识。（迁移创新）

【教学过程】

1. 观看文本插图，用已有知识和经验预测对话内容。

2. 观看对话视频，进行验证，并梳理出重要信息：

Question：What does Kate like?

What does Lisa like?

3. 学生听读对话，模仿语音语调。小组合作进行角色扮演，体会人物感情。

4. 学唱 chant，并运用已学过的食品类单词做替换练习，进行展示交流。

⮕ 设计意图：帮助学生理解对话内容，学习对话中的核心语言和词汇，属于学习理解类活动。学生通过模仿语音语调感知人物情感，培养语感的同时加深对课文知识的理解和记忆。

5. 以吃自助餐为情境，创编新对话 Teacher：There are so many food. What do you like?

Student：I like mangoes. They are sweet.

⮕ 设计意图：创设真实情境，将学生从文本情境延伸到真实语境，灵活运用本课核心语言，促进语言内化和有效输出。从学习理解过渡到应用实践。

6. 教师创设情境：朋友即将来你家里做客，请你制作一份健康食谱进行介绍并说明为什么。

⮕ 设计意图：从应用实践过渡到迁移创新，做到了语言的内化和运用。通过制作食谱，让学生从文本走向真实生活，培养学生关怀他人的能力，在讨论食谱过程中发展语用能力，同时树立合理搭配饮食的意识和能力。

Period 4　What fruit do you like?

【课时对应的子主题】个人喜好与情感表达；饮食健康

【适用年级】三年级

【语篇类型】日常对话

【语篇研读】

What：语篇是 Peter 觉得水果对人身体有益处并询问 Yang Ming 喜欢什么水果的小对话。

Why：描述 Peter、Yang Ming 在水果店的对话，帮助学生掌握"个人饮食喜好"的英语表达，培养学生在真实情境中学会倾听与表达的能力。

How：对话以表达个人喜欢的食物为主要内容，涉及介绍食物的词汇，如：grapes，hamburger，honey；询问他人喜好的核心语言，如：What fruit do you like? I like… 通过角色扮演，加深对语篇意义的理解。

【课时目标】

1. 根据视频音频，获取梳理出 Peter、Yang Ming 喜欢的水果。（学习理解）

2. 在教师引导下，小组合作分角色用正确的语音、语调有感情地表演对话。利用小组合作的方式，互相调查各自喜欢不喜欢的水果，制作表格进行展示和交流。（应用实践）

3. 通过观看关于人体所需营养的小视频，讨论什么食物是人日常生活中必不可少的，认识到合理膳食的重要性。（迁移创新）

【教学过程】

1. 教师创设情境：今天我们一起来到了水果店，你能用英语说出尽可能多的水果吗?

2. 观看文本插图，用已有知识和经验预测对话内容。

3. 观看对话视频，进行验证，并梳理出重要信息：

Question：What does Peter like?

What does Yang Ming like?

🡢 设计意图：首先在真实情境中，利用头脑风暴的方式，唤醒学生旧知，然后在教师引导下学习有关食物的词汇和核心语言，根据自身情况表达自己对食物的喜好。最后在音频、视频的帮助下从大意到细节逐步理解对话。

4. 听录音跟读对话，模仿语音语调，体会人物感情。

5. 学生小组合作借助语言支架进行角色扮演。

6. 小组成员互相运用本课核心语言 "I like… What about you?" 调查各自喜欢的水果，进行统计，看看哪种水果最受欢迎并调查原因。

🡢 设计意图：引导学生归纳整理并运用核心语句，利用角色扮演的方式体会人物情感和语音语调的变化。

7. 教师出示空白食物金字塔和食物图片，学生小组合作一起讨论，将食物放在合适的位置上，并进行交流。例：

——Vegetable is good for our health. We should eat vegetables everyday.

——We shouldn't eat too much desserts.

🡢 设计意图：从应用实践过渡到迁移创新，做到了语言的内化和运用。通过完成食物金字塔，带领学生从文本走向真实生活，对合理饮食有更深刻的认识。

Period 5　Buying an ice cream.

【课时对应的子主题】个人喜好与情感表达；饮食健康

【适用年级】三年级

【语篇类型】日常对话

【语篇研读】

What：语篇是天气炎热，Yang Ming 买冰淇淋，妈妈提示不要吃太多的日常对话。

Why：通过和售货员礼貌对话，学会如何点餐，如何与售货员进行沟通与交流。

How：语篇以配图加文字的形式直接呈现 Yang Ming 买冰淇淋和售货员的对话，涉及介绍食物的词汇，如：ice cream，juice，jam 点餐时的核心语言，如：An ice cream，please? 通过角色扮演和创设真实情境进行对话，懂得如何礼貌点餐，加深对语篇意义的理解。

【课时目标】

1. 通过观察文本插图，理解课文大意，视听对话，梳理出 Yang Ming 想吃什么，在教师指导下进行角色扮演。（学习理解）

2. 在本课的语言支架的帮助下，在教师引导下，将文本中的情境延伸到真实语境。（应用实践）

3. 通过观看世界各国代表美食的小视频了解饮食差异以及形成的原因。（迁移创新）

【教学过程】

1. 观看文本插图，用已有知识和经验预测对话内容。

2. 观看对话视频，进行验证，并梳理出重要信息并学习新单词：Question：What does Yang Ming like?

3. 学生听读对话，模仿语音语调。小组合作进行角色扮演，体会人物感情。

⟳ 设计意图：帮助学生理解对话内容，学习对话中的核心语言和词汇，属于学习理解类活动。学生通过模仿语音语调感知人物情感，培养语感的同时加深对课文知识的理解和记忆。

4. 教师准备好中餐厅和西餐厅的背景，学生自主选择餐厅和食物，两两同学一组，分别扮演客人和服务员，利用本课的核心句式进行对话创编。

5. 完成课后小练习，将食物进行分类。

⟳ 设计意图：创设真实情境，将学生从文本情境延伸到真实语境，灵活运用本课核心语言，促进语言内化和有效输出。从学习理解过渡到应用实践。

6. 教师播放世界各地美食视频，学生提取关键信息完成表格，并用 "I'm from... I like..." 进行表达。

Country			
Food			

⟳ 设计意图：从应用实践过渡到迁移创新，做到了语言的内化和运用。了解世界各地美食，让学生从文本走向真实生活，在整理表格并表达的过程中发展语用能力，同时树立

尊重饮食文化差异的意识。

Period 6　Eat healthily

【课时对应的子主题】个人喜好与情感表达；饮食健康

【适用年级】三年级

【语篇类型】日常对话

【语篇研读】

What：语篇是绘本故事，讲述 Timmy 和 Mommy 准备制作蔬菜汤去超市购买食材的对话故事。

Why：通过选购蔬菜汤的食材，认识各种食物同时了解各种食物的营养价值。

How：语篇以配图加文字的形式呈现，简单有趣，句式基本重复，便于学生理解，运用所学句式来创编更多新的内容同时引发学生对合理搭配膳食的思考。

【课时目标】

1.通过观察绘本插图，理解绘本大意，思考何为健康食材。（学习理解）

2.在本课的语言支架的帮助下，在教师引导下，将文本中的情境延伸到真实语境，了解更多的健康食材以及富含的营养元素。（应用实践）

3.通过观看关于人体所需营养的小视频，为家人制作一日三餐食谱，将健康饮食意识应用到生活之中。（迁移创新）

【教学过程】

1.教师创设情境：Today, let's make vegetable soup !What food do we need? 学生回忆所学食物类单词，畅所欲言。

2.在教师引导下，学生通读绘本，理解主旨大意。

3.在教师指导下，学生再读绘本，回答问题。

What food does Timmy need? And why?

↻ 设计意图：帮助学生理解绘本内容，学习绘本中的核心语言和词汇，属于学习理解类活动。学生通过对重要内容进行梳理提炼加深对绘本知识的理解和记忆。

4.教师准备好食物模型或图片，让学生根据已有经验进行分类。

Healthy food			
Unhealthy food			

5.播放科普小视频，让学生了解何为健康食物，以及其中蕴含的营养元素（vitamin C 等），验证刚才的分类是否正确。

设计意图：创设真实情境，将学生从绘本情境延伸到真实语境，灵活运用核心语言，促进语言内化和有效输出。从学习理解过渡到应用实践。

6.教师播放科普视频，学生提取关键信息并完成表格，进行交流展示。

Food				
Benefit				

7.教师出示食物类图片，参考刚才的视频，选取合适的食物为家人搭配一日三餐健康食谱。

设计意图：从应用实践过渡到迁移创新，做到了语言的内化和运用。了解世界各地美食以及原材料，让学生从文本走向真实生活，在整理表格并表达的过程中发展语用能力，进一步加深对合理膳食，健康生活的认识与理解。

三年级下册 Unit 5　教学设计 ①

Period 1　Animals in a zoo

【课时对应的子主题】认识动物园的动物；喜爱动物

【适用年级】三年级

【语篇类型】日常对话

【语篇研读】

What：语篇为爷爷带领龙龙参观动物园对话。描述了爷爷和龙龙介绍动物园不同动物场面。学生们在学习、理解对话内容的过程中，积累、运用、拓展与动物相关的语言经验，发展其语言能力。

Why：通过描述不同动物的场景，引导学生通过观察动物，认识动物。

How：对话是谈论动物园里不同的动物，涉及动物物品词汇，如 kangaroo、lion、tiger、elephant 以及描述不同动物核心语言 What's this? 回答 It's a/an…，该对话情节较为简单，学生易于理解，也便于学生在学习过程中开展自主探究等学习活动，具有现实意义和教育意义。

【课时目标】

1.借助教学媒介学历案，在谈论动物园动物的情境中梳理动物名称（如 kangaroo, lion 等），运用 What's this? 回答 It's a/an… 描述不同动物，感知多样的动物；（学习理解）

---

① 本文作者：天津传媒学院　王清瑶，北京师范大学天津生态城附属学校　刘红芳工作室。

2.在对话情境中，根据不同动物图片，运用 What's this? 回答 It's a/an... 描述动物，初步认识到自然动物的特征与生活环境；（应用实践）

3.借助动物园不同动物的场景，运用 What's this? 回答 It's a/an... 展示交流，表达喜爱动物，热爱自然思想意识。（迁移创新）

【教学过程】

1.学生欢唱歌曲 Animals，营造愉快的学习氛围的同时激活旧知。

2.Let 's listen and tick! 学生视听对话，依托学历案完成勾选任务，整体了解动物信息。

Q1：Where is it?　　　　Q2：What's in a zoo?

3.Let's watch and talk!

（1）学生观看对话视频，获取与梳理动物园场景。

（2）学生观察 Longlong 和爷爷对话

（3）学生运用语言支架 What's this? 描述动物园动物并表达个人情感，引出字母 K 和 L 的字母发音及书写，在单词 kangaroo 和 lion 中练习字母 K 和 L 音标发音。

4.学生视听对话，问题驱动，整体感知文本，理解主旨大意，梳理关键信息，补全短文内容。

5.Let's read and act!

（1）学生听录音跟读、分角色朗读对话，关注语音、语调、节奏、连读、重读等语言现象，体会人物认识动物的快乐心情。

（2）学生基于对话内容，以角色扮演的形式表演本课内容，内化与运用所学语言，促进情感共鸣，建构喜爱动物的思想意识。

➲ 设计意图：以谈论动物园动物情境为依托，借助学历案梳理不同动物，引导学生实现从大意到细节的逐步理解和深化，发展空间概念和逻辑思维，深入体会动物的特征及生活环境。基于文本理解，学生还通过参与细致模仿、分角色朗读、角色扮演等活动进行准确性和流畅性练习，基于语调、节奏等多种语言现象体会人物情感，感受动物的多样性，树立美好生活观。学生通过思考和讨论教师提出的问题，初步认识到自然动物的意义与价值。

6.Let's count and talk! 学生两人一组观察生活在不同国家的不同动物，如中国熊猫和澳大利亚的袋鼠等，并运用 What's this? 和 It's a/an... 描述不同的动物，感知自然动物的特征和生活环境。

➲ 设计意图：引导学生结合动物的不同生活环境思考并交流动物的自然特征，联系生活实际将语言学习从学习理解过渡到实践应用，帮助学生在对话情境中实现语言内化，促进学生思维品质的提升，充实对于中外文化的理解，为其后的真实表达奠定基础。

7.Let's design! 学生自主选择喜爱的动物，分组设计动物园的作品，运用对话中的核心语言进行分组展示，互动交流中强化整体认知。

设计意图：帮助学生从文本走向真实生活，引导学生在真实的语境中灵活运用所学语言知识进行交流，逐步加深对主题意义的认知，表达爱护动物的思想意识。

Period 2　Animals in the aquarium

【课时对应的子主题】认识水族馆的动物；喜爱动物

【适用年级】三年级

【语篇类型】日常对话

【语篇研读】

What：语篇为龙龙和爷爷在水族馆这一场景下进行的对话。学生们在学习、理解对话内容的过程中，积累、运用、拓展与水族馆动物相关的语言经验，发展其语言能力。

Why：通过描述水族馆中的动物，引导学生了解和参观水族馆，观看海豚表演，观察海豚等动物，感受其中的文化魅力。

How：对话是谈论海族馆中的动物，如 aquarium，dolphin；以及描述不同动物核心语言 What's that？该对话情节较为简单，学生易于理解，也便于学生在学习过程中开展自主探究等学习活动，具有现实意义和教育意义。

【课时目标】

1. 学习理解：能够谈论中的动物（如 dolphin 等），运用 What's that？和 It's a/an… 感知多样的动物；

2. 应用实践：在对话情境中，通过海豚表演，观察海豚，学生运用 What's that？和 It's a/an… 了解海豚；

3. 迁移创新：学生借助海豚表演，运用 What's that？和 It's a/an… 展示交流，从而感受海洋生物的独特魅力，拓宽视野，增长见识。

【教学过程】

1.Let's sing and perform! 教师播放海洋动物的视频，学生跟唱并动作模仿表演。思考并讨论教师提出的问题，初步认识并感知海洋动物的可爱，呈现教学主题。

Q：Do you like animals in the sea?

2.Let's listen and answer! 学生初步视听对话，整体感知篇章内容与情感基调。

Q：Does Longlong like aquarium?

3.Let's watch，answer，write，and talk!

（1）学生观看对话视频，获取与梳理龙龙在水族馆看到的动物是什么。

Q：Which animal does Longlong see in the aquarium?

（2）强调 m 字母的正确书写

（3）通过远近两个场景的对比，归纳出新句型，即询问远方物体时要用 what's that?

学生运用语言支架 what's that? 和上节课学习的句型 It's a/an... 进行语言描述。

4.Let's chant! 学生根据对话内容和信息提示补全歌谣文本，并借助伴奏进行歌谣表演。

5.Let's read and act!

（1）学生听录音跟读、分角色朗读对话，关注语音、语调、节奏、连读、重读等语言现象，体会人物参观水族馆的快乐心情。

（2）学生基于对话内容，以角色扮演的形式表演本课内容，内化与运用所学语言，促进情感共鸣，建构热爱动物的思想意识。

➡ 设计意图：以参观水族馆情境为依托，借助学历案梳理，引导学生实现从大意到细节的逐步理解和深化，发展空间概念和逻辑思维，深入体会动物的可爱。基于文本理解，学生还通过参与细致模仿、分角色朗读、角色扮演等活动进行准确性和流畅性练习，基于语调、节奏等多种语言现象体会人物情感，感受水中生物的可爱，树立热爱动物的意识。同时，学生通过思考和讨论教师提出的问题，初步认识到热爱动物，热爱生活的重要性。

➡ 设计意图：引导学生联系生活实际将语言学习从学习理解过渡到实践应用，帮助学生在对话情境中实现语言内化，促进学生感知实际生活，充实文化知识储备，为其后的更加复杂的表达奠定基础。

6.Let's design!

以本节课学过的单词和句型为核心，联系实际，学生进行创编对话，并运用对话中的核心语言进行分组展示，互动交流中强化整体认知。

➡ 设计意图：帮助学生从文本走向真实生活，引导学生在真实的语境中灵活运用所学语言知识进行交流，逐步加深对主题意义的认知，认识海洋动物，热爱生活。

Period 3　The Animals on the Farm

【课时对应的子主题】认识动物；保护动物的家园

【适用年级】三年级

【语篇类型】日常对话

【语篇研读】

What：语篇为日常对话，故事发生在动物农场上，爷爷和龙龙两个人物之间围绕看到的动物进行的谈话，龙龙在地上发现了一个被破坏的鸟窝，因此龙龙和爷爷两人开始修复鸟窝，来保护动物的家园。

Why：介绍动物农场里看到的动物，认识新的动物，保护动物的家园。

How：对话是比较典型的在农场上介绍看到的小动物的对话，涉及介绍农场动物相关的词汇，如 mouse，horse，bird，owl 以及介绍动物和动物家园 nest 时使用的核心语言，如 What's this? It's a.an… Is this/that a/an…? Yes it is./No it isn't. 通过对农场动物的讨论，让学生尝试认识不同的农场动物。本课时学习旨在引导学生运用对话核心语言介绍动物和动物家园，在参观农场里的动物的过程中，认识新的动物，保护动物的家园。

【课时目标】

1. 在视听对话的情境中，借助情境认识农场动物名称，学习用 What's this? It's a/an… Is this/that a/an…? Yes it is./No it isn't. 介绍看到了农场动物。（学习理解）

2. 在谈论在农场里看到的动物的过程中，运用本课核心句型 What's this? It's a/an… Is this/that a/an…? Yes it is./No it isn't. 介绍看到的动物，并在参与的过程中认识动物。（应用实践）

3. 在谈论看到的农场动物的情境中，认识动物，保护动物家园。（迁移创新）

【教学过程】

1. 学生欢唱歌曲 Animals，营造愉快的学习氛围的同时激活旧知。

2. 学生回顾上一课的主题情境，学生在教师的引导下进行头脑风暴，回忆龙龙在动物园看到的动物，说出表示动物的单词。

3. 教师导入：今天我们要去龙龙的爷爷的动物农场里看看不一样的动物。

4.Let's watch and talk!

（1）学生观看对话视频，获取与梳理动物农场场景。

（2）学生观察龙龙和爷爷对话。

（3）学生在教师逐一呈现农场动物图片的提示下，通过回答 What's this? It's a/an… Is this/that a/an…? Yes it is./No it isn't. 认识看到的动物。

5.Let's read and write!

学生运用语言支架描述农场动物并表达个人情感，教师引出字母 N 和 O 的字母发音及书写，在单词 mouse nest 和 horse owl 中练习字母 N 和 O 的音标发音。学生视听对话，问题驱动，整体感知文本，理解主旨大意，梳理关键信息，补全短文内容。

6. 学生再听对话文本，细致模仿，关注语音语调、节奏、连读、重读等，培养语感的同时加深对课文知识的理解和记忆。教师引导学生进行同伴间分角色练习并表演对话。

突出文化意识的培养。活动 1、2 将语篇内容与实际生活相结合，观察、辨识不同动物的特点，并在思考后，根据自身生活经验，使用简单的短语和句子介绍动物，倾听他人想法，乐于参与合作活动。

△融合思维品质的培养。活动 3、4 通过提问引导学生仔细捕捉关键信息，运用已有知识进行猜测和推理，激发学生的兴趣、观察力以及逻辑分析能力，辅助对语篇意义的理解。

设计意图：帮助学生回顾已有知识，属于学习理解层次。教师引导学生说出动物名称，活跃学生的思维，唤醒学生对动物的相关知识的记忆，学生通过积极思考理解有关动物的词汇，为本课的学习奠定基础，真正实现文本来源于生活。

7. 学生之间相互出示图片两两合作，谈论自己看到的农场动物。

△突出文化意识的培养。活动5基于语篇主题，创设情境，鼓励学生积极参加，引导学生运用核心语言自己看到的农场动物的情况认识动物。

△融合学习能力的培养。活动5借助图片，学生能够积极与他人合作，注意倾听，敢于表达，不怕出错，共同完成学习任务，加深对语篇内容的理解，获得了学习能力上的提升。

设计意图：借助文本的情境，与同伴交流自己看到的农场动物；在此基础上，进行角色迁移，初步运用核心语言进行交流，促进语言内化。从学习理解过渡到实践应用，为后面的真实表达奠定基础。在学生调查和展示的过程中，适时地渗透学科育人理念，帮助学生认识动物。

8. 学生在教师创设的动物农场情境中，通过小组合作的形式交流展示。语言支持：

What's this? It's a/an… Is this/that a/an…? Yes it is./No it isn't.It's too bad, let's help it.

9. 布置家庭作业

（1）制作一个动物农场手抄报，标注出农场里的动物。

（2）结合上一环节选择的动物农场，运用本课核心句型介绍看到的动物。

△融合思维品质的培养。活动6给出语言框架，设置开放性的答案，有目的的引导学生思考不同选择的差异性，学会换位思考看待问题。激发学生思辨，初步建立学生的辩证思维。

△融合学习能力的培养。活动7借助思维导图，学生能够积极与他人合作，注意倾听，敢于表达，不怕出错，加深对语篇内容的理解，获得了学习能力上的提升。

设计意图：帮助学生在迁移的谈论农场动物的语境中，创造性地运用所学语言，介绍看到的动物。引导学生合理搭建语言框架，有效进行语言输出，提高学生的综合语言运用能力。学生在讨论动物的过程中发展语用能力，帮助学生认识动物，保护动物的家园。

Period 4　Talk about animals

【课时对应的子主题】个人喜好与情感表达

【适用年级】三年级

【语篇类型】日常对话

【语篇研读】

What：语篇是龙龙与妈妈之间谈论动物的对话，呈现了龙龙和妈妈谈论喜爱的动物的情景，表达了人物对于动物的喜爱之情，自然地引发了学生的情感共鸣，去宠物店购买宠物的情感意愿，又能逐步引导学生树立热爱动物的思想意识。

Why：建构学生对宠物概念的认知，积累用于表达和交流喜爱动物的语言，并基于此引导学生尝试介绍喜爱动物的表达，从而树立热爱动物，热爱生命的情感意识。

How：语篇涉及动物相关词汇 parrot 和 quail，以及谈论或表达喜爱的语言结构 I like... 词汇及语言结构通过师生对话、生生对话、歌谣伴唱、角色扮演等方式不断复现，帮助学生形成相对完整的语言结构，发展语言能力，加深语篇意义理解。同时，学生依托语言结构参与到表述喜爱动物，在合作学习过程中提升语言技能，强化文化意识培养。

【课时目标】

1. 借助教学媒介学历案，在表达自己喜欢动物的情境中梳理动物的名称（如 quail 和 parrot），正确书写字母 p 和 q，运用 I like... 描述自己喜爱的动物，感受动物带给自己的幸福感，初步认识到热爱动物，热爱生命的意义和价值。（学习理解）

2. 在对话情境中，根据动物图片，运用 I like... 描述喜爱的动物，感知热爱生命的意义和价值。（应用实践）

3. 在小组表演喜爱动物的活动中，创编对话，运用 I like...，展示交流，表达热爱动物，热爱生命思想意识。（迁移创新）

【教学过程】

1.Let's sing and perform! 教师播放卡通动物的视频，学生跟唱并动作模仿表演。思考并讨论教师提出的问题，初步感知动物的可爱以及给人带来的乐趣与幸福感，呈现教学主题。Q：Do you like animals?

2.Let's listen and answer! 学生初步视听对话，整体感知篇章内容与情感基调。

Q：Does Longlong like animals?

3.Let's watch，answer，write，and talk!

（1）学生观看对话视频，获取与梳理龙龙喜欢的动物是什么。

Q：Which animal does Longlong like?

（2）强调 p 和 q 字母的正确书写。

（3）呈现几张图片，让学生选择哪个图片是龙龙将要去的地方。

（4）学生运用语言支架 I like... 描述自己喜欢的动物并表达个人情感。

4.Let's read and act!

（1）学生听录音跟读、分角色朗读对话，关注语音、语调、节奏、连读、重读等语言现象，体会人物对动物的喜爱之情

（2）学生基于对话内容，以角色扮演的形式表演本课内容，内化与运用所学语言，促进情感共鸣，建构爱动物，爱生命的情感。

5.Let's think!

学生思考和讨论教师提出的问题，并视听有关宠物和人类生活在一起的视频，初步认识到宠物给人类带来的幸福感，以及热爱生活的重要性。

Q：What do pets mean to us?

⮕ 设计意图：谈论喜爱的动物为依托，借助学历案梳理课文内容，引导学生实现从大意到细节的逐步理解和深化，发展空间概念和逻辑思维，深入体会动物给人带来的幸福感。基于文本理解，学生还通过参与细致模仿、分角色朗读、角色扮演等活动进行准确性和流畅性练习，并基于语调、节奏等多种语言现象体会人物情感，感受动物带给人们的快乐，树立热爱生活的价值观。同时，学生通过思考和讨论教师提出的问题，初步认识到爱动物文化的意义与价值。

6.Let's count and talk! 学生两人一组观察鹌鹑，鹦鹉等动物的图片，并运用 I like... 进行描述，感知热爱动物的情感。

⮕ 设计意图：引导学生用规定句型进行喜爱的情感表达，联系生活实际将语言学习从学习理解过渡到实践应用，既帮助学生在对话情境中实现语言内化，又促进学生热爱生命价值观的树立，为其后的更复杂的情感表达奠定基础。

7.Let's design!

以本节课学过的单词和句型为核心，联系实际，学生进行创编对话，运用对话中的核心语言进行分组展示，互动交流中强化整体认知。

Period 5　Animals in the pet hospital

【课时对应的子主题】热爱并善待生命

【适用年级】三年级

【语篇类型】日常对话

【语篇研读】

What：语篇围绕 Longlong 与妈妈之间救助小动物的对话，呈现了 Longlong 和妈妈在买宠物的路上遇到了一只受伤的小狗，并将其送往附近的宠物医院进行救助的情景，他在宠物医院发现还有许多流浪受伤的动物，表达对动物的怜爱之情，自然地引发了学生情感共鸣，促使学生产生自主交流表达保护动物的意愿，逐步引导学生树立正确地爱惜动物的观念，从而建构爱护动物的思想意识。

Why：建构学生对保护动物这一概念的认知，积累用于表达和交流动物的语言，通过介绍流浪受伤动物的现状，认识到动物生命的脆弱，从而引发保护动物，热爱动物生命的情感。

How：语篇涉及介绍动物相关的词汇有 dog，rabbit，goat，rooster 以及介绍受伤动物使用的核心语言如 What's this?/What's that? It's a/an…/Let's help it。词汇及语言结构通过师生对话、生生对话、歌谣伴唱、角色扮演等方式不断复现，帮助学生形成相对完整的语言结构，发展语言能力，加深语篇意义理解。通过对流浪动物的讨论，让学生了解不同的流浪动物，拓宽学生的视野，认识到动物生命的脆弱，从而引发热爱动物生命的情感。学生依托语言结构参与到表述我国在保护动物方面所做的举措以及学生们通过讨论等形式做出一系列有利于保护动物的活动，在合作学习过程中提升语言技能，强化保护动物意识的培养。

【课时目标】

1. 借助文本插图和音频，理解对话大意，以救助受伤的流浪动物为线索，梳理关于询问、介绍动物及保护动物的语言；（学习理解）

2. 在教师的引领下，基于语篇情境进行角色扮演，内化并熟练运用核心语言 "What's this/that? It's a/an… Let's help it." 询问、介绍动物以及如何对流浪动物进行保护；（应用实践）

3. 通过仿写对话、创编以保护动物为主题的诗歌、评选"保护动物小达人"等活动，深入探讨如何救助流浪动物并为动物们提供良好的居住环境，培养保护动物的意识，表达爱护动物的情感。（迁移创新）

【教学过程】

1.Sing and guess.（感知与注意）Question：Do you remember Longlong wants to go to the pet shop? 学生接龙演唱歌曲 "Animals"

学生根据提示猜测动物名称、讨论在动物园以及农场所见到的动物，通过头脑风暴谈论动物给人类带来的影响，激活已知。What's this/that? It's a… Is this/that a…? Yes，it is./No，it isn't.

2. 教师介绍课堂评价方式之一：答对问题的学生获得不同动物图片奖励；

3.Listen and think.（获取与梳理）

学生听录音，思考以下问题，初步获取对话内容。Questions：

a.Where are they? b.What animal do they help? c.How do they help the animal?

4.Chant and play.（概括与整合）

（1）学生说唱歌谣，巩固与动物相关的语言；

What's this?	It's a dog.
What's this?	It's a rabbit.
What's that?	It's a rooster.
What's that?	It's a goat. Let's help them.

（2）学生完成希沃图片与单词配对游戏，拓展与动物相关的语言。

5.Read and imitate.（概括与整合）

学生听录音跟读并分角色朗读对话，关注语音、语调、节奏、连读、重读等，培养语感，同时加深对语篇的理解和内化。通过书写练习加强学生书写意识。

△突出语言能力的培养。学习活动 1 帮助学生回顾梳理了与描述动物相关的语言表达。在学习活动 2,3,4,5 中学生学习单词发音、掌握简单句的重音和升降调，能正确跟读对话、积累介绍动物的句式，理解本课核心语言，为语言的输出奠定基础。

△融合思维品质的培养。学习活动 3 体现了语言能力和思维品质的融合。学生通过观察与分析，对不同动物具有具体的了解与认识，并提高学生保护动物的意识，处理好人与自然的关系。

⚙ 设计意图：帮助学生理解对话内容，学习对话中有关介绍动物的词汇、短语和核心语言，属于学习理解层次。教师创设与学生现实生活紧密关联的情境，引导学生通过听、读对话，从大意到细节逐渐理解对话内容。学生通过细致观察、积极思考、模仿操练等形式进行对话理解，并在情境中运用核心语言，为形成良好的语音意识和语用能力奠定基础。

6.Think and talk.（分析与判断）

Use the mindmap to talk about what animals you like best and how to help them. Share with your partner.

Word bank：Dog；rabbit；goat；rooster.

Sentence type：What's this/that? It's a… Let's help it.

7.Act in role.（内化与运用）

学生分享自己与动物的亲身经历或见闻，基于救助动物为情境进行角色扮演，探讨动物的重要性和如何保护动物，可尝试拓展对话，灵活运用核心语言。

Welcome to the pet hospital.

What's this/that?

It's a/an…

How…

Let's help it.

Rules：

Try to make a dialogue.

Learn to cooperate.

小组合作完成对话创编和表演，其他同学评价。

△突出语言能力的培养。在学习活动 6,7 中，学生能理解本课简单句的表意功能，尝试习得与建构与询问、介绍动物及救助动物相关的语言并进行简单交流。

△融合文化意识的培养。学生在学习活动 8 中真实经历或见闻为原型，基于真实情境进行角色扮演，探讨动物的重要性和救助动物的重要意义。

设计意图：引导学生借助文本情境，延伸到不同的情境中，进行询问、描述动物；在此基础上，进行角色迁移，初步运用核心语言进行交流，促进语言内化。从学习理解过渡到实践应用，为后面的真实表达奠定基础。

8.Think and evaluate.（批判与评价）

学生通过动物图片，结合自己的经验，探讨动物对人类的重要性以及如何帮助受伤的、流浪的动物。

Questions：a.What do you think of animals?

b.How do we help animals?

9.Create and present.（想象与创造）

学生利用本节课得到的动物图片，在小组内就不同种类的动物及如何帮助动物展开讨论或创编对话，评选"爱动物小达人"，通过感受动物的重要性，表达对动物的热爱。

Choose：a.Talk about your favourite animals.

b.Talk about what you can do for animals.

小组合作讨论各自喜欢的动物以及能为他们做什么，其他同学进行评价。

△突出学习能力的培养。在学习活动 10 中，学生通过在小组内仿写小诗或创编对话等活动进一步灵活运用所学语言，培养创新性、提升学习能力。

△融合文化意识的培养。在学习活动 9 中，学生结合自己最喜欢的动物，探讨如何保护动物，培养学生树立人与自然和谐关系的意识。

设计意图：帮助学生在迁移自主设计的语境中，创造性地运用所学语言，评选"爱动物小达人"。学生从文本走向真实生活，在新情境中发展语用能力。

Period 6　Chinese zodiac

【课时对应的子主题】中华传统文化

【适用年级】三年级

【语篇类型】日常对话

【语篇研读】

What：语篇为中外两个小朋友拿着中国的剪纸画进行对话，描述中国十二生肖的场景。学生们在学习、理解对话内容的过程中，积累、运用、拓展与生肖相关的语言经验，发展其语言能力。

Why：描述剪纸画中的动物，引导学生了解十二生肖，感受中华优秀传统文化，同时让学生产生民族认同感。

How：对话是谈论十二生肖的动物，如 mouse，cow，tiger，rabbit，dragon，snake，horse， goat,monkey,rooster,dog,pig；以及描述不同动物核心语言 What's this?/What's that?/Is it a/ an...? 该对话情节较为简单，学生易于理解，也便于学生在学习过程中开展自主探究等学习活动，具有现实意义和教育意义。

【课时目标】

1. 学习理解：能够谈论十二生肖中的动物（如 mouse,cow,dragon 等），运用 What's this?/What's that? 和 It's a/an... 感知多样的动物；

2. 应用实践：在对话情境中，通过剪纸画中的动物图片，学生运用 What's this?/What's that? 和 It's a/an... 初步了解中国十二生肖；

3. 迁移创新：学生借助剪纸画，运用 What's this?/What's that? 和 It's a/an... 展示交流，从而感受中国传统文化的博大精深和源远流长，传播中华优秀传统文化，产生民族自豪感和认同感。

【教学过程】

1. 学生欢唱歌曲 Animals，营造愉快的学习氛围的同时激活旧知 .

2. 教师拿出剪纸画引导学生说出每张的动物生肖

—What's this/that? —It's a/an...

3.Let's watch and talk!

（1）学生观看对话视频，获取与梳理文本信息；

（2）学生运用语言支架 What's this?/What's that? 描述十二生肖，巩固复习所学知识点

4. 学生视听对话，问题驱动，整体感知文本，理解主旨大意，梳理关键信息，补全短文内容。

5.Let's read and act!

（1）学生听录音跟读、分角色朗读对话，关注语音、语调、节奏、连读、重读等语言现象，体会人物了解十二生肖的高兴之情。

（2）学生基于对话内容，以角色扮演的形式表演本课内容，内化与运用所学语言，深刻感受中华优秀传统文化的魅力。

⟳ 设计意图：以讨论十二生肖的情境为依托，借助学历案梳理不同生肖，引导学生实现从大意到细节的逐步理解和深化，发展逻辑思维能力，了解中国的十二生肖文化。基于文本理解，学生还通过分角色朗读、角色扮演等活动进行准确性和流畅性练习，并基于语调、节奏等多种语言现象体会人物情感，感受中华优秀传统文化。同时，学生通过思考和讨论教师提出的问题，初步意识到十二生肖传统文化的意义与价值。

6.Let's read and talk! 学生两人一组观察，如十二生肖中的猪，龙等，运用 What's this?/ What's that? 和 It's a/an... Is it a/an...? 描述不同的动物，感知中国传统民俗文化的魅力。

⟳ 设计意图：引导学生了解中国的十二生肖，联系生活实际将语言学习从学习理解过

渡到实践应用,帮助学生在对话情境中实现语言内化,促进学生思维品质的提升,充实对于中外文化的理解,为其后的真实表达奠定基础。

7.Let's design! 学生自主选择喜爱的动物,分组设计自己的剪纸画作品,运用对话中的核心语言进行分组展示,互动交流中强化整体认知。

➡ 设计意图:帮助学生从文本走向真实生活,引导学生在真实的语境中灵活运用所学语言知识进行交流,逐步加深对主题意义的认知,传播中华优秀传统文化。

✅ 三年级下册 Unit 6 教学设计 ①

Period 1 Is this your skirt?

【课时对应的子主题】人与社会

【适用年级】三年级

【语篇类型】日常对话

【语篇研读】

What:本课时涉及两个情景,但属于一个话题。都是他们捡到一件衣服,用英语询问这件衣服是不是对方的,并作出相应回答。

Why:本课涉及的是关于衣服类的单词,学生学习起来应该不会陌生,以情景导入为依托学习衣服类的单词。并在 Let's do 部分针对这些重点词汇进练习。让学生们在有趣的活动中巩固所学内容。

How:语篇涉及衣服类相关词汇 skirt,T—shirt,uniform,vest 和四个新字母 Ss,Tt,Uu,Vv 以及语言结构 Is this your...? 通过师生对话、生生对话、角色扮演等方式不断复现,帮助学生形成相对完整的语言结构,发展语言能力,加深语篇意义理解。同时培养学生好好管理自己物品的习惯和乐于助人的品质。

【课时目标】

1. 在 clothes 的相关语境中,听、说、认读本课有关衣服的 4 个新词汇:skirt,T—shirt,uniform,vest,并能够根据有关图片或实物,在相关的语境中填入、运用新单词;(学习理解)

2. 在对话情境中,表达询问的功能句 Is this your...? Oh,yes. Thank you. 或 No,that's...并在此句型中运用所学词汇,培养学生运用所学进行初步的交流能力;(应用实践)

3. 在教师的指导和小组的合作中,创编对话。在鼓励性评价中树立信心,在小组活动中积极参与合作,使学生感受学习英语的乐趣,并能懂得积极帮助他人。(迁移创新)

---

① 本文作者:天津外国语学校南普小学 王倩。

【教学过程】

1.Greeting and letter song.

2. 用英语 chant 的方式对学生进行分组，共分为四组，A，A，A，we're A. B，B，B，we're B… 同时与学生进行打招呼。

3.Guessing game. 老师提前准备一个 box，里面放一些玩具和学习用品，让同学们猜猜看，利用句型 What's this? It's a… 最后老师拿出短裙和 T 恤衫，Oh! It's a skirt. It's nice. Oh! It's a T—shirt. It's cool. 再引出 uniform 和 vest。

4.T：Girls，do you like skirts?　　　　　S：Yes.

（女孩们纷纷拿出自己的漂亮的裙子，然后挂在前面）

T：Boys，do you like T—shirts?　　　　S：Yes.

（男生们纷纷拿出自己的 T 恤衫挂在前面？）

同样的方式出示 uniform 和 vest。

T：There are many skits，T—shirts，uniforms and vests. 老师开始询问，Is this your skirt? 学生来进行回答，然后再由学生来问，学生来回答。

5. 观察新单词 skirt，T—shirt，uniform，vest 的首字母，学习新字母 Ss，Tt，Uu，Vv.

6.Let's chant.

在黑板展示字母卡，并要求同学一起练习书写，然后练习。

➡ 设计意图：用 chant 的方式，更好地调动了学生们的积极性，学有所用，用所学的字母命名分组，可以巩固旧知识，在愉悦的氛围中，把学生带入到英语的学习之中，为后面的学习做铺垫。本阶段的旨在帮助学生理解核心词汇在语篇中的语用和语义。通过复习旧知，引出本课重点句型 Is this your…? 模拟情景，学生们参与其中，更能有效地练习新句型和新单词。以欢快的歌曲来巩固以前所学的字母和单词，从而引出新的字母以歌曲的方式能够便于学生们记忆字母的顺序。

7. 练习新句型 Is this your…? Oh，yes. Thank you. 或 No，that's…（提前收集了一些孩子们的文具，然后用于练习句型）

8.Let's read and act!

（1）学生听录音跟读、分角色朗读对话，关注语音、语调、节奏、连读、重读等语言现象，体会人物的动作和表情。

（2）学生基于对话内容，以角色扮演的形式表演本课内容，内化与运用所学语言，促进情感共鸣。

Who's the fastest? 学生们准备好字母和单词卡片，教师发布指令 Show me…，学生快速反应，出示指定卡片。

➡ 设计意图：通过本阶段的学习活动，实现语言真实的交流。文本是在突破了重难点之后呈现的,跟着教学资源的动画去体会文本,更能加深对文本的理解,以及新句型的运用。在 TPR 活动中锻炼学生快速反应能力并帮助学生巩固单词句型。联系生活实际将语言学习从学习理解过渡到实践应用,既帮助学生在对话情境中实现语言内化,又为其后的真实表达奠定基础。

9.Play a game:find its owner 让学生们在物归原主这一游戏中,用 Is this your...? Yes, thank you 以及 No,that's... 句型找回商店的货物。

10. 布置课后作业

(1)听录音,仿读对话。

(2)鼓励学生课后与同学询问物品的归属,将课上所学内容运用于生活实际。

➡ 设计意图:回归本节课大的情境,大情境贯穿始终,在此情境中巩固本课的所学单词句型,调动学生积极性,让学生们在学中玩,玩中学。在小组活动中积极参与合作,使学生感受学习英语的乐趣,并能懂得积极帮助他人。

【作业设计】

Period 1　Homework
Activity Card

1.Must—do Tasks

基本要素	具体内容		
作业内容	1. Listen to the dialogue and read it. 2. Act out with your friends.		
形式和类型	形式	听-说□　听-写□　读-写□　其他□	
	类型	基础型□　拓展应用性□　实践型□	
作业时长	___5___ 分钟(建议时长 5—10 分钟)		
完成方式	独立完成□　合作完成□		
提交时间	当天完成□　____天后□		
评价标准	根据实际情况选择活动。 查找补充相关周末活动。 正确朗读所填写的对话。	☆☆☆☆☆ ☆☆☆☆☆ ☆☆☆☆☆ (自我评价)	☆☆☆☆☆ ☆☆☆☆☆ ☆☆☆☆☆ (小组评价)
	(教师评价)　Good □　Super □　Excellent □		

2.Optional Task

基本要素	具体内容
作业内容	Make up a new dialogue with your friends.

续表

基本要素	具体内容		
形式和类型	形式	听–说☐　听–写☐　读–写☐　其他☐	
	类型	基础型☐　拓展应用性☐　实践型☐	
作业时长	___10___ 分钟（建议时长 5—10 分钟）		
完成方式	独立完成☐　合作完成☐		
提交时间	当天完成☐　____天后☐		
评价标准	根据实际情况选择活动。 查找补充相关周末活动。 正确朗读所填写的对话。	☆☆☆☆☆ ☆☆☆☆☆ ☆☆☆☆☆ （自我评价）	☆☆☆☆☆ ☆☆☆☆☆ ☆☆☆☆☆ （小组评价）
	（教师评价）　Good ☐　　Super ☐　　Excellent ☐		

Period 2　Is that your watch?

【课时对应的子主题】人与社会

【适用年级】三年级

【语篇类型】日常对话

【语篇研读】

What：语篇描述了孩子们在公园里玩耍，Zhou Pei 发现地上有一块手表，连忙问旁边的 Gao Wei，这是你的手表吗？Gao Wei 回答是。把手表赶快归还给他的情景。

Why：学生在询问物品归属时，提醒学生保管好自己的物品，培养学生主动与他人交际的意愿；使他们逐渐形成相互了解、团结友爱等积极的情感态度和主动合作的意识，提高学生的学习兴趣。

How：语篇涉及相关词汇 watch, water, box, taxi 和两个新字母 Ww, Xx 以及语言结构 Is that your…? Oh! Yes, it is. 通过师生对话、生生对话、角色扮演等方式不断复现，帮助学生形成相对完整的语言结构，发展语言能力，加深语篇意义理解。同时培养学生好好管理自己物品的习惯和乐于助人的品质。

【课时目标】

1. 在语境中，听、说、认读本课 4 个新词汇：watch, water, box, taxi 并能够根据有关图片或实物，在相关的语境中填入、运用新单词；（学习理解）

2. 通过情境展开对话，自然地引入本课句型，让学生感知、学说："Is that your…? Yes, it is./No, it isn't." 让学生通过看、听、模仿、理解、表演这些句子，最终能在生活中灵活运用；

（应用实践）

3. 在教师的指导和小组的合作中，创编对话。在鼓励性评价中树立信心，在小组活动中积极参与合作，提醒学生保管好自己的物品，培养学生主动与他人交际的意愿。（迁移创新）

【教学过程】

1.Sing an English song.

2.Ask and answer.

3.Look at the clothes. Can you ask your classmates some questions with them?

教师展示自己的手表：I have a watch. This is a new watch. Do you have a watch? Let me see.

4.Can you introduce your watch?

5. 教师板书 watch，领读。对于读对的学生，教师奖励巧克力、水。为后面的学习作准备。

6. 教师利用奖励给学生的水教学新词 water，教师板书，领读。学习字母 Ww, Xx. 学生试着归纳。学生书写、跟读。然后在四线三格中书写。

7. 教师走到学生中间，指着讲台上的手表问学生：Is that your watch? 让学生回答。示范几组后，让学生问答。

8. 教师适当讲解 Is that your…? 的用法。

Look at the picture. The children are playing in the park. What are the boy and the girl talking about? Now listen to the tape. Then the teacher asks：Is that Gao Wei's watch? 播放录音。

9.Let the students read the dialogue together.

➲ 设计意图：课前热身巩固，活跃气氛，提高学生学习英语的兴趣。利用游戏复习了前面的知识，为后面的学习做好了铺垫。为学生创设情景，让学生在真实的情景中，合理运用英语语言。反复领读及跟读，让学生接触到标准的发音。加深学生对新知识的巩固。培养学生的观察力和良好的书写习惯。教师设计真实的语境，引入本课句型及回答，并让学生在活动中理解并运用。

10.Let's read and act!

（1）学生听录音跟读、分角色朗读对话，关注语音、语调、节奏、连读、重读等语言现象，体会人物的动作和表情。

（2）学生基于对话内容，以角色扮演的形式表演本课内容，内化与运用所学语言，促进情感共鸣。

11. 让学生闭上眼睛，教师把学生的一些物品拿到讲台上。教师走到学生中间，说：I forget the owners of things. Let me guess. Is that your…? Can you help me find the owners?

➲ 设计意图：通过本阶段的学习活动，实现语言真实的交流。文本是在突破了重难点之后呈现的，跟着教学资源的动画去体会文本，更能加深对文本的理解，以及新句型的运用。在 TPR 活动中锻炼学生快速反应能力并帮助学生巩固单词句型。联系生活实际将语言学习从学习理解过渡到实践应用，既帮助学生在对话情境中实现语言内化，又为其后的真实表达奠定基础。

12.Let's sing. Is that your watch? Make a new chant.

13.Make a new dialogue.

14. 布置课后作业

（1）听录音，仿读对话。

（2）鼓励学生课后与同学询问物品的归属，将课上所学内容运用于生活实际。

➲ 设计意图：师生共同学习、歌唱 Is that your watch? 小组内依据歌词替换个别词语编歌谣，以自己的形式展示，培养学生的创造力。以学生们喜欢的卡通人物创设一个失物招领的情境，小组内创编新对话，帮助学生提高综合语言的运用能力。

Period 3　Is that your yacht?

【课时对应的子主题】人与社会

【适用年级】三年级

【语篇类型】日常对话

【语篇研读】

What：语篇描述了两个小朋友在房间玩玩具的情景，让学生在情境中运用所学语言 Is that your...?并在所学肯定回答的基础上学习否定回答。

Why：学生在询问物品归属时，提醒学生保管好自己的物品，培养学生主动与他人交际的意愿；使他们逐渐形成相互了解、团结友爱等积极的情感态度和主动合作的意识，同时提高学生的学习兴趣。

How：语篇涉及相关词汇 yacht,yellow,zip,zebra 和两个新字母 Yy,Zz 以及语言结构 Is that your...? No,it isn't. 通过师生对话、生生对话、角色扮演等方式不断复现，帮助学生形成相对完整的语言结构，发展语言能力，加深语篇意义理解。同时培养学生好好管理自己物品的习惯和乐于助人的品质。

【课时目标】

1. 在语境中，听、说、认读本课 4 个新词汇：yacht,yellow,zip,zebra 并能够根据有关图片或实物，在相关的语境中填入、运用新单词。（学习理解）

2. 通过情境展开对话，自然地引入本课句型，让学生感知、学说："Is that your...? No, it isn't." 让学生通过看、听、模仿、理解、表演这些句子，最终能在生活中灵活运用。（应用实践）

3. 在教师的指导和小组的合作中，创编对话。在鼓励性评价中树立信心，在小组活动中积极参与合作，提醒学生保管好自己的物品，培养学生主动与他人交际的意愿。（迁移创新）

【教学过程】

1.Greetings.

2.Sing a song：Is that your watch?

3. 出示学生和教师的作品展览，带领第一小组上前来观看，请学生猜一猜哪些是教师的作品，可以由学生提问说 Is that your skirt? 如果的确是教师的作品，教师要回答 Yes，it is. 如果不是教师的作品，教师要说：No，it isn't. 然后指着自己的作品介绍说：This is my skirt. 以此带出本课书的教学内容。

4. 带领第二小组到前面来参观，这一次由教师询问 Is that your taxi? 由学生做出相应的回答。

5. 教师带领第三小组的学生到前面参观，这一次由在展台前的学生提问台下的学生，方法同上。

6. 教师参与学生第四小组的活动，为新词教学打下埋伏。教师用手指向一个游艇模型说道：Wow，look，what an ice yacht．Whose is that yacht? A，is that your yacht? 学生在听了三遍单词的基础上，能够用先前已有的知识来回答该问题 Yes，it is. 或者是 No，it isn't，为了让学生说出 yacht 一词，教师可以用指令语 Show me your yacht. 学生们此时纷纷拿出自己的作品介绍 This is my yacht。用同样的方法引出 zebra 一词。

7. 教师准备一张老虎的图片，拿着图片问学生：What's this? 学生回答 It's a tiger. 然后教师问 What colour is the tiger? It's yellow and black．Can you spell yellow? 出示 yellow 单词卡拼读该单词。

8. 教师提前准备斑马毛绒玩具，最好是带拉练的那种，为教学 zip 打下埋伏。将以上单词的图卡和单词卡片分放两处，进行比赛。比赛规则如下：每组选派一名学生站到讲台前，一位学生负责抢图卡，一位学生负责抢词卡，他们将同时听到学生发号施令，然后找出对应的图卡和词卡，比一比看谁先正确出示卡片，谁就为获胜方。

↪ 设计意图：课前热身巩固，活跃气氛，提高学生学习英语的兴趣。利用游戏复习了前面的知识，为后面的学习做好了铺垫。为学生创设情景，让学生在真实的情景中，合理运用英语语言。反复领读及跟读，让学生接触到标准的发音。加深学生对新知识的巩固。培养学生的观察力和良好的书写习惯。教师设计真实的语境，引入本课句型及回答，并让学生在活动中理解并运用。

9.Let's read and act!

（1）学生听录音跟读、分角色朗读对话，关注语音、语调、节奏、连读、重读等语言现象，体会人物的动作和表情。

（2）学生基于对话内容，以角色扮演的形式表演本课内容，内化与运用所学语言，促进情感共鸣。

10. 教师将 Uu,Vv,Ww,Xx,Yy,Zz 的字母卡片握在手中，把学生分成两组，每组各派一名学生参加比赛。当教师出示一张字母卡片时，学生迅速找到含有该字母的单词，谁先找到卡片举起来谁为获胜者。

↪ 设计意图：通过本阶段的学习活动，实现语言真实的交流。文本是在突破了重难点之后呈现的，跟着教学资源的动画去体会文本，更能加深对文本的理解，以及新句型的运用。在 TPR 活动中锻炼学生快速反应能力并帮助学生巩固单词句型。联系生活实际将语言学习从学习理解过渡到实践应用，既帮助学生在对话情境中实现语言内化，又为其后的真实表达奠定基础。

11. 将展台上的物品归还小组，以组为单位进行游戏活动。活动形式如下：

A：Is that your yacht，B？

B：Yes，it is./No，it isn't.

Sing a song：I can say my ABC

12 布置课后作业

听录音，仿读对话。

向其他人（同学或爸爸、妈妈）用所学过的单词，问一问别人这是谁的物品或玩具。

↪ 设计意图：编故事并进行表演，让学生从输入到输出，创造性地使用语言。教师创设与学生现实生活紧密关联的情境，引导学生通过听、读对话，从大意到细节逐渐理解对话内容。学生通过细致观察、积极思考等形式进行对话理解。

Period 4　Lost and found.

【**课时对应的子主题**】人与社会

【**适用年级**】三年级

【**语篇类型**】日常对话

【**语篇研读**】

What：语篇主要通过创设失物招领处这一情景，让学生在询问物品的基础上，学会根据实际情况做出回答，在实际情景和生活中自然运用 Is this your…? Yes,it is. No,it isn't.

Why：学生在询问物品归属时，提醒学生保管好自己的物品，培养学生主动与他人交际的意愿；使他们逐渐形成相互了解、团结友爱等积极的情感态度和主动合作的意识，同时提高学生的学习兴趣。

How：语篇涉及服装类相关词汇 coat 和 sweater 以及语言结构 Is that your…? Yes,it is./

No, it isn't. 通过师生对话、生生对话、角色扮演等方式不断复现,帮助学生形成相对完整的语言结构,发展语言能力,加深语篇意义理解。培养学生好好管理自己物品的习惯和乐于助人的品质。

【课时目标】

1. 在语境中,听、说、认读本课 2 个新词汇:coat 和 sweater 并能够根据有关图片或实物,在相关的语境中填入、运用新单词;(学习理解)

2. 通过情境展开对话,自然地引入本课句型,让学生感知、学说: "Is that your...? Yes, it is./No, it isn't." 让学生通过看、听、模仿、理解、表演这些句子,最终能在生活中灵活运用;(应用实践)

3. 在教师的指导和小组的合作中,创编对话。在鼓励性评价中树立信心,在小组活动中积极参与和合作,提醒学生保管好自己的物品,培养学生主动与他人交际的意愿。(迁移创新)

【教学过程】

1. 先由情境导入,讲述一个名叫 Bob 的小男孩,要去游乐园玩,他来到游乐园的第一项活动是观看一场 Magic Show。在魔术中,魔术师将两名台下观众的帽子互换了位置,引出本课句型:—Is this your...? —No, it isn't. That's my...

2. Find and Get

通过设置 words puzzle 的方式,以旧带新,复习旧词,呈现新词,同时进行句型教学。在此环节中,学生每找到一个单词,就会得到相应的图卡。当一个 puzzle 图中的词全部被找出后,邀请另一名同学上来,根据图片距离的远近,用所学句子以询问的方式为答对的同学分发图卡。

3. Find the letter stars

根据给出的星座图,让学生在夜空中,寻找字母星星,并连成该星座。随后会有一个书写形式的小练习。在四幅图中找出与其他不同类的一个,并在四线格上写出该单词。

4. The lost and found office

主人公 Bob 在游玩过程中,丢失了自己的书包,为了找到它,Bob 来到了一个地方。此时,让学生观看本课视频,观看后老师提问:Is this a shop? 紧接着,让学生带着问题回归本课文本,再次感知。在全体读,同桌读之后,再次提问 "Is this a shop?" 学生回答:No, it isn't. 然后进行文本延伸,猜猜接下来要寻找自己书包的 Bob 和失物招领处的服务员之间会有怎样的对话,并补全对话内容。随后会有另外一个练习环节:连词成句和根据文本内容作出正确选择。

◯ 设计意图:以讲故事的方式自然导入,创设情境,能够更好地将孩子们带进课堂,为他们主动参与整个学习过程作好准备。通过魔术秀的方式呈现句型,可以在潜移默化中淡化教学痕迹,达到让学生整体感知文本的目的。小学生有争强好胜爱表现的特性,words puzzle 环节可以激发学生的表现欲；并通过句型操练，分发图卡，让学生达到用英语做事情的目的。Find the letter stars 环节，一方面可以通过这种新颖的方式，使学生的精神得以放松，在了解认识星座知识的同时也提高了注意力，对新词加以巩固。书写练习环节，通过找不同类的图片，让学生从视觉和概念上更清晰地认识区分新词。在四线格上书写单词，是为了加强书写的规范性。最后将本课对话的呈现，自然融入到整体情境中，这样可以淡化教学痕迹，保持故事情境的完整性和连续性。在学习文本后，对文本进行扩展，让学生的思维随着情节的发展一起延展。及时加入练习题，可以帮助学生迅速掌握句型，并加深记忆。

5.Lucky Draw

课前已为每个同学分发了一张数字卡，让一名同学上来对着不停滚动的数字喊"Stop"抽取幸运者，被抽到的同学会得到一张图卡，教师负责把每张图卡放在远近各不相同的位置。每轮抽 2—3 个，每一轮负责抽奖的同学，需要运用所学句子："Is this/that your…"负责把相应的图卡正确地发到获奖人手里，得奖同学要根据实际情况回答 Yes, it is./No, it isn't.

⮕ 设计意图：抽奖的方式，可以充分调动每一个同学的积极性，让他们有充分的课堂参与感。在学生之间交流的过程中，进一步巩固了句型的使用。联系生活实际将语言学习从学习理解过渡到实践应用，既帮助学生在对话情境中实现语言内化，又为其后的真实表达奠定基础。

6.Return the missing things

此时，Bob 即将结束此次游玩，临走时他提醒大家走之前不要丢失自己的东西。教师从一个大盒子里拿出同学们"丢失"的东西，每次让一名同学上来，负责将 1—2 样东西根据自己的判断，利用所学句子归还给班里丢失该物品的同学。

7. 布置课后作业

（1）听录音，仿读对话。（2）归还同学丢失的物品。

⮕ 设计意图：这一环节是对新句型在真实情景下的再次操练，因情境真实取材于课堂，所以更具趣味性和参与感。再次调动起学生的参与热情，让他们积极投入操练中。

Period 5　Look at your bag!

【课时对应的子主题】人与社会

【适用年级】三年级

【语篇类型】日常对话

【语篇研读】

What：通过粗心的小猴子丢失物品展开情景会话，让学生学习如何用英语询问是不是自己的物品，以进一步熟悉所学的 Is this/that…? 句型。"Listen and colour"部分主要练习有关衣物和颜色的掌握情况。

Why：学生在询问物品归属时，提醒学生保管好自己的物品，培养学生主动与他人交际的意愿；培养学生的爱心和公益意识，教育学生做事要认真细心，不能粗心大意。

How：语篇复习关于服装衣帽类的单词以及再现重点句型：Is this/that your…? Show me your… Look at your… 通过师生对话、生生对话、角色扮演等方式不断复现，帮助学生形成相对完整的语言结构，发展语言能力，加深语篇意义理解。同时培养学生好好管理自己物品的习惯和乐于助人的品质。

【课时目标】

1. 通过小故事的学习，对本单元 Just talk 中所学的内容进行系统复习，再现重点词句：Is this/that your…? Show me your… Look at your…。（学习理解）

2. 在一定的情境中表演对话，灵活运用，让学生巩固所学语言知识，提升语言运用能力。让学生通过看、听、模仿、理解、表演这些句子，最终能在生活中灵活运用。（应用实践）

3. 在教师的指导和小组的合作中，创编对话。在鼓励性评价中树立信心，在小组活动中积极参与合作，培养学生谨慎做事的良好生活习惯和助人为乐的精神，同时培养小组合作意识。（迁移创新）

【教学过程】

1.Greetings.

2.Let's play a chain game：say the letters one by one.

3.Let's play a game：What's missing? 屏幕上随机出现英文字母，然后迅速消失，让学生猜刚才看到了哪些字母。

4.Show the pictures about the story and introduce them：This is a monkey. This is a panda. This is a kangaroo. This is a lion. This is an owl. 出示小故事的图片，介绍故事中的人物，把学生带入故事情境。

5.Look at the pictures and listen to the tape，then get the main meaning. 看着图片听录音，并试着说出故事的大意，锻炼了学生的听力和归纳总结能力。

6.Devide the story into six parts，listen to the tape again and then try to repeat it. 把小故事分成六部分，逐一看图听录音，掌握故事梗概并复述，锻炼了学生听，说的能力。

➲ 设计意图：帮助学生理解本节课的核心句型。在图片、视频，各种提示以及教师的帮助下完成各种听力或练习活动，理解对话语篇内容，提升听的能力。基于文本理解，学生还通过参与细致模仿，体会人物情感，模仿画面中各个人物的行动和话语。

7.Open your books and read the story in many ways. 打开书用多种方式朗读课文，包括齐读，分角色朗读，分组读，再次巩固故事的内容。

8.Act the story in groups. 分组表演对话，培养了学生的小组合作意识，锻炼了学生的口语表达能力。

⟳ 设计意图:引导学生在归纳和整理核心语言的基础上,通过角色扮演使每位学生都能深入角色,运用语言理解意义。联系生活实际将语言学习从学习理解过渡到实践应用,既帮助学生在对话情境中实现语言内化,又为其后的真实表达奠定基础。

9.Listen to the tape and do part 2. 听录音完成第二部分的复习内容,让学生分组进行,培养了学生的竞争意识,巩固了服装和数字等重点单词。

10. 布置课后作业

(1)听录音,仿读对话。

(2)Sing the letter song to your parents.

⟳ 设计意图:这一环节是对新句型在真实情景下的再次操练,因情境真实取材于课堂,所以更具趣味性和参与感。也能再次调动起学生的参与热情,让他们积极投入操练中。

Period 6　Is this your axe?

【课时对应的子主题】人与社会

【适用年级】三年级

【语篇类型】日常对话

【语篇研读】

What: 语篇讲述的是,一个男孩过桥时,不小心将自己的铁斧头掉入河中,河中一条大鱼前来帮忙,依次带回一把金斧头与银斧头,但男孩都否认那是自己的斧头,直到大鱼带回铁斧头,男孩子才确认那是自己的斧头,大鱼发现这是一个诚实的男孩,于是将三把斧头均赠与男孩。男孩的邻居听闻此事,故意将自己的铁斧头扔入河中,等大鱼带回金斧头时,邻居连忙说那是自己的斧头,因为邻居的不诚实,大鱼很生气地游走了,邻居什么都没有拿回。

Why: 语篇通过故事让学生明白一个诚实的人,将收获人们的爱、信任与帮助,反之则不会,让学生懂得"诚实"这一美德的重要性。

How: 故事采用一般现在时态,涉及词汇如 silver,iron,axe,neighbour,drop,throw,believe,laugh 等,故事情节简单,搭配图片易于学生理解,具有现实意义和教育意义。

【课时目标】

1. 在图片、文本和教师提问的帮助下,通过观察、预测、分析、推理,从而理解故事。(学习理解)

2. 通过小组合作,对故事情节进行梳理,并完成表格。在板书的帮助下,照样子对故事内容进行简单复述。(应用实践)

3. 基于故事的主题展开讨论，让学生意识到"诚实"这一美德的重要性。不应让学生产生"诚实是为了得到更多利益"这一认知，而应强调，一个诚实的人，将收获人们的爱、信任与帮助，反之则不会。（迁移创新）

【教学过程】

1.Greetings.

2.T presents the song：Shepherd Boy is Lying and invites Ss to sing and dance.Ss watch the video. Then sing and dance.

3.Before—reading

T：presents three pictures showing a gold，silver，and an iron axe.

T：Which axe is the most expensive?

Ss：observe the pictures and answer the question.

S1：The gold axe!

Then T guides Ss to practise the pronunciation of the new words：axe，gold，silver，iron.Ss practise the pronunciation of the new words：axe，gold，silver，iron.

4.While—reading

Read for main characters.

T：presents the key question：What are the characters in the story? And guides Ss to read the story together.

S：listen to the audio and read the story. Then answer the question.

S1：The boy!

S2：The neighbour!

S3：A big fish!

5.Read for details（Part 1）.

T：asks Ss to read pictures 1—7，and presents the questions Ss are going to answer.

Ss：read pictures 1—7 carefully and answer the questions.

Q1：Why does the boy cry?   S1：He drops his axe into the river.

Q2：Who helps him?   S2：A big fish.

Q3：What can the boy take in the end?   S3：All three axes.

After Ss answer the three questions above. T presents the following question.

Q4：Why does the fish like the boy?

S4：Because he is honest.

6.Role play.

T：organizes Ss to role play the first part of the story.

Ss：role play the main part of the story.

7.Read for details（Part 2）.

T：asks Ss to read pictures 8—10，and presents the questions Ss：are going to answer.

Ss：read pictures 8—10 carefully and answer the questions.

Q1：Why does the neighbour throw his axe into the river?

S1：Because he wants to get a gold axe.

Q2：Who comes to help him?

S2：The fish.

Q3：What does he get in the end?

S3：He doesn't get anything.

After Ss answer the three questions above. T presents the following question.

Q4：Why is the fish angry with the neighbour?

S4：Because he is not honest.

　设计意图：选择与故事一紧密关联的歌曲作为暖场，一方面活跃课堂气氛，一方面引入故事一的情境。通过询问哪把斧头最贵，一方面铺垫本故事的背景，明确金银铁三把斧头的价值，另一方面引入核心生词，让学生留下语音、词意印象，为后续阅读发挥辅助作用。对故事进行整体感知，解决第一个核心问题：人物角色有哪些？同时，解决生词 neighbour 的语音、词意问题，辅助学生的后续阅读。通过问题引导，学生阅读得知发生在主人公 The boy 身上的故事，了解到 The boy 是因为诚实，所以得到了 fish 的帮助和喜欢。通过 role play，帮助学生加强对故事主要情节的理解，并且使课堂更有趣味性。通过问题引导，学生阅读得知发生在主人公 The neighbour 身上的故事，了解到 The neighbour 是因为不诚实，所以 fish 不喜欢他，最终没有帮助他。

8.Post—reading

T：presents the pictures of the boy and the neighbour. Then guides Ss to find out what they have in common and the differences between them.

T：What do they have in common?　　S1：They both have an iron axe.

T：What are the differences between them?　　S2：The boy is honest，but the neighbour is not honest. Then T leads in the word：dishonest.

9.Finally，retell and do.

Retell the story.

　设计意图：本阶段学习活动旨在鼓励所有学生参与到语言实践活动中去，通过角色扮演让学生进一步理解文本，学得比较快的学生可以脱离文本将目标语言进行有效地迁移，从学习理解层面过渡到实践应用层面，为接下来的创新环节奠定语言基础。引导学生对两位主人公进行横向对比，更加直观地总结出两人的相同与不同之处。从而呼应主题：Be honest.

10.Think and express.

T organizes Ss to think and express：

Being honest, people will…me.

Being dishonest, people will（not）…me.

（Word bank：like, love, hate, respect, believe, help…）

Ss：think and express their ideas.

11.Think further

T：presents two questions and asks Ss to think and answer.

Ss：think and share their ideas.

Q1：When parents talk to children, should they be honest?

S1：Yes, they should be honest.

12.Groupwork：read and match. Then discuss.

T：organizes Ss to work in groups to finish the sentence through discussion：When we …, we should be honest.

Ss：work in groups, discuss and finish the sentence.

13. Homeork：

Must do：Listen to the tape, and read the three stories again.

Choose to do：Write a short summary for each story.

➲ 设计意图：将所学知识进行迁移，引导学生思考诚实与不诚实带来的不同结果。联系生活实际，引导学生思考在哪些场景下，我们格外要注意诚实，旨在用所学知识引导生活实际。拓展维度，培养学生的批判性思维，思考家长与老师是否也要诚实？同时引发成年人对本身行为的思考。

后 记
epilogue

　　英语是小学阶段一门重要的基础学科，在新课程改革不断深入的背景下，小学英语教学面临着新的发展机遇与挑战。通过对若干小学英语教学的实证研究，结果表明，单元整体教学模式在提高学生英语学习兴趣、语言综合运用能力以及课堂参与度方面效果显著。以单元为单位进行整体教学设计能帮助学生整体地接触、感知、理解语言，在单元话题的统领下构建话语体系；能将知识与技能的发展融入语境、语篇和语用之中，以语言运用为目的，带动语言知识的内化和语言能力的转化，在有意义的情境中促进学生语言学习和语言运用能力的发展，进而提升学生的学习能力和思维能力。学生不仅在词汇和语法知识上有了更好的掌握，更重要的是，他们在真实情境中自信地使用英语进行交流，语言交际能力得到了明显提升。

　　回顾整个研究和写作过程，既有探索未知领域的兴奋，也有面对挑战时的坚持。这段旅程不仅丰富了我们的理论知识，更深化了我们对小学英语教学实践的理解。在研究过程中，我们得到了许多教育专家、学者和一线教师的宝贵指导与支持。他们丰富的教学经验和深刻的教育见解，为我们的研究提供了重要的理论支撑和实践参考。特别感谢那些参与实证研究的教师，正是他们的积极参与和反馈，使得我们的研究结果更加真实和有意义。在此，向所有为本书付出辛勤劳动的同仁们表示衷心的感谢。正是因为你们的不懈努力和默默奉献，才使得本书得以顺利出版。

　　教育是国家之大计。习近平总书记强调少年儿童是祖国的未来，是中华民族的希望。新时代中国儿童应该是有志向、有梦想，爱学习、爱劳动，懂感恩、懂友善，敢创新、敢奋斗，德智体美劳全面发展的好儿童。希望同学们立志为强国建设、民族复兴而读书，不负家长期望，不负党和人民期待。

　　路漫漫其修远兮，本书虽然完成了，但小学英语教学改革的道路仍在继续。我们深知，单元整体教学模式在小学英语教学中的应用还有许多值得深入探讨和完善的地方。希望本书的出版，能够为更多教育工作者提供参考和借鉴，共同推动小学英语教育的不断进步。在此，对参与本书编写的天津市河北区教师发展中心胡建玲和天津市北辰区教师发展中心周凤菊两位教研员表示衷心感谢！

　　最后，真诚地希望读者们能够从本书中获得启发，进一步思考和实践单元整体教学模式在小学英语教学中的应用。期待在未来的教育实践中，能有更多教师和研究者加入到这一领域，共同为提高小学英语教育质量而努力。

编　者